ITALIEN

DIE LANDESTYPISCHE KÜCHE

ITALIEN

DIE LANDESTYPISCHE KÜCHE

INGEBORG PILS • STEFAN PALLMER

MARTIN KURTENBACH • BUENAVISTA STUDIO
(FOTOGRAFIE)

LOVE FOOD™

Parragon Books Ltd
Queen Street House
4 Queen Street
Bath BA1 1HE, UK

LOVE FOOD is an imprint of Parragon Books Ltd

LOVE FOOD and the accompanying heart device is a registered trade mark of Parragon Books Ltd in Australia, the UK, USA, India and the EU

Producing: ditter.projektagentur GmbH
Projektkoordination: Michael Ditter
Texte: Ingeborg Pils, Johannes B. Bucej
Rezepte: Stefan Pallmer
Redaktionelle Mitarbeit und Recherche: Julia Sodomann
Textredaktion: Ralph Henry Fischer
Redaktion Rezepte: Birgit Beyer für Ralph Henry Fischer
Gestaltung und Layout: Sabine Vonderstein
Bildredaktion: Claudia Bettray
Foodstyling für Buenavista Studio: Stevan Paul, Oliver Trific
Fotoassistenz Martin Kurtenbach: Franzo Soli, Alexander Krämer, Tania Concialdi
Foodstyling für Martin Kurtenbach: Anton von Doremalen, Monika Steinkötter (Assistenz)
Karten: Burga Fillery
Lithografie: Klaussner Medien Service GmbH

ISBN: 978-1-4454-2210-7

Printed in China

Mengenangaben in den Rezepten:
Wenn nicht anders angegeben, sind die Rezepte für 4 Personen berechnet. Die Zutatenliste kann gleichzeitig als Einkaufsliste dienen, deshalb sind die Mengen der Zutaten, die innerhalb eines Rezepts mehrmals vorkommen, zusammengerechnet. Abkürzungen und Mengenangaben siehe Anhang, S. 500.

Hinweise für den Leser:
Löffelmengen beziehen sich auf gestrichene Esslöffel (15 ml) und gestrichene Teelöffel (5 ml). Sofern nicht anders angegeben, wird Vollmilch (3,5 % Fett) verwendet. Die Angaben für Eier, Gemüse und Kartoffeln beziehen sich auf mittlere Größen. Pfeffer ist immer frisch gemahlener schwarzer Pfeffer. Zeitangaben sind als ungefähre Richtwerte zu verstehen.
Frische Kräuter sollten immer frisch gehackt bzw. klein geschnitten verwendet werden. Geriebener Käse sollte immer frisch geriebener sein.
Kleinkinder, ältere Menschen, Schwangere, Kranke und Rekonvaleszenten sollten auf den Verzehr von Gerichten mit rohen oder nur leicht gegarten Eiern, rohem Fisch und Meeresfrüchten verzichten. Sofern die Schale von Zitrusfrüchten benötigt wird, verwenden Sie unbedingt unbehandelte Früchte.
Schwangeren und Stillenden wird vom Verzehr von Erdnüssen abgeraten. Alle, die allergisch auf Nüsse reagieren, seien darauf hingewiesen, dass in diesem Buch verwendete halbfertige Zutaten Spuren von Nüssen enthalten können. Bitte überprüfen Sie die Herstellerangaben auf der Verpackung.

Alle Rezepte und Informationen in diesem Buch wurden von den Autoren nach bestem Wissen erarbeitet und vom Verlag mit größtmöglicher Sorgfalt überprüft.
Eine Verantwortung oder Haftung für inhaltliche Fehler oder etwaige Unrichtigkeiten können jedoch weder von den Autoren noch vom Verlag und seinen Mitarbeitern übernommen werden.

Inhalt

Vorwort 8

La Cucina Italiana 10
Die italienische Küche

Der Osterie-Führer 12
Italien – Das Mutterland der europäischen Küche 13
Küchentradition 14
Kochen 15
Kochen im alten Rom 16
Die Küche der Renaissance 17
Slow Food 19
Accademia Italiana della Cucina 19
Die Universität der gastronomischen Wissenschaften 19
Zu Gast in Italien 21
Restaurant-Kategorien 21
Die Speisekarte 22
Die Speisenfolge 23
Restaurant-Knigge 24
Kleines kulinarisches Lexikon 27
Kulinarische Regionen 30
Italienische Märkte 37
Italiens kulinarische Botschafter 38

Aperitivi
Der Aperitivo – Kult und Kultur 40

Die Galleria Vittorio Emanuele II 42
Campari 43
Spritz und Ombretta 45
Die Bar 46
Ernest Hemingway und Harry's Bar 47
Vermouth 48
Trinken, Reden, Entspannen 49
Bier im Land des Weins 49

Antipasti e Salumi
Antipasti, Würste und Schinken 50

Das Beste vom Land und aus dem Meer 53
Beliebte Antipasti 54
Mozzarella 56
Basilikum 56
Crostini, Bruschetta und Fettunta 58
Gemüse einlegen 60
Getrocknete Tomaten 61
Lorbeer 63
Gemüse-Antipasti 64
Besonders beliebte Gemüse-Antipasti 64
Gemüse grillen 66
Radicchio trevisiano 67
Gemüse füllen 68
Fisch und Meeresfrüchte 70
Bianchetti 70
Beliebte Antipasti mit Fisch 73
Carpaccio 74
Anchovis 76
PIEMONT 77
Vitello tonnato 78
Kapern 79
Prosciutto di Parma 80
Schinken 81
San Daniele 81
Bresaola 82
Salumi 84
Cinta senese 84
Pancetta 85
Italienische Wurstwaren 86
Lardo di Colonnata 86

Pizza e Pane
Pizza und Brot 88

Brot in der Mythologie 91
Regionale Brotsorten 92
Carta da musica 92
Brotbacken 94
Focaccia 97
Pizza 98
Marinara und Margherita 98
Die einzige und echte neapolitanische Pizza 99
Der Pizzaofen 100
Piadina 100
Die beliebtesten Pizzen 102

Insalate e Minestre
Salat und Suppen 106

SALAT 108
Chicorée 109
Olivenöl 110
Italienische Olivenöle 111
Aceto balsamico & Co. 112
Das Orleans-Verfahren 112
Beliebte Salate 114
Rucola 116

SUPPEN 118
Die Zolfino-Bohne 119
Hülsenfrüchte 119
Beliebte Suppen 120
TOSKANA 122

Primi Piatti
Der erste Gang 124

PASTA 126
Pastaproduktion 128
Hartweizen 129
Pasta mit Tradition 129
Hausgemachte Nudeln 130
Pasta al dente 133
Pasta und Sauce 134
Ragù 136
LIGURIEN UND DER PESTO 139
Spaghetti & Co. 141
Die königliche Spaghetti-Gabel 141
Spaghetti alla chitarra 141
Formenvielfalt 144
Pastasciutta 144
Beliebte Pastagerichte 146
Bandnudeln 146
Neapel 149
Die Veltliner Küche 152
Teigtaschen – lecker gefüllt, heiß geliebt 155
Tortellini 156
AOSTATAL 158
TRENTINO-SÜDTIROL 159
Lasagne 161
Knoblauch 161
MARKEN 164
Vincisgrassi 164

GNOCCHI 166
Verona und das Fest der Gnocchi 168
Salbei 168
Gnocchi-Vielfalt 170

POLENTA 172
VENETIEN 175
Maisgrieß 175

REIS 178
Risotto-Reis 179
Risotto kochen 180
LOMBARDEI 182
Mailänder Risotto 182
Risi e bisi 186
Pilze – überaus feine Begleiter 188

Secondi Piatti

Der zweite Gang 190

Platinas Speisenfolge 193
Die Entwicklung der Tischkultur in Italien 194

FISCH 196
Frischer Fisch 198
Slow Fish in Genua 199
Fisch vorbereiten 200
Fischbesteck 201
Fisch zubereiten 202
Forellen 204
Karpfen und Aal 207
Aal, wie der Papst ihn mag 207
Hecht und Barsch 208
Beliebte Süßwasserfische 210
Italiens blaue Fische 212
Aquakultur 212
Auf dem Markt 214
Speisefische aus dem Meer 216
Der Fisch in Mythologie und Religion 219
Fischsuppe 220
Salz 222
Die Salinen von Trapani und Pacaco 222
Salzgewinnung 222
Garen in Salzkruste 224
Scilla und der Schwertfisch 230
SIZILIEN 232
Salumi di pesce 232
Thunfisch 235
Garen in Verpackung 237
Burrida, Bagnun und Ciuppin 240
Couscous 240
Klippfisch und Stockfisch 243
Cappon magro 246

FRUTTI DI MARE 248
Neptun 250
Italiens Küste 251
Vom Umgang mit Meeresfrüchten 252
Fischfond 253
Tiefgekühlte Meeresfrüchte 253
Muscheln und Tintenfische 254
Krustentiere 256
APULIEN 259
Zitronen aus Sorrent 261
Austern 262
Austernverkäufer in Neapel 262
Miesmuscheln 264
Jakobsmuscheln 269
Triest und seine Heuschreckenkrebse 270
FRIAUL-JULISCH VENETIEN 271
Garnelen 272
Flusskrebs 272
Die reiche Küche von Capri und Ischia 276
Alghero und die Languste 280
Die Schätze der Lagune 282
Cicheti 283
Kraken 286
Tintenfisch 288

FLEISCH, WILD UND GEFLÜGEL 292
Fleisch in Mittel- und Süditalien 294
SARDINIENS FLEISCHKÜCHE 295
Sardischer Wacholder 295
Fleisch in der Küche 296
Fleischschnitt 297
Kalbfleisch 298
Goldene Speisen 301
Die Kunst des sanften Garens 304
Die Bistecca 310
Chianina-Rinder 311
Kochen à la Rossini 312
Opera buffa 312
Schwein 314
UMBRISCHE SCHWEINE 314
Arista 314
Spanferkel 316
Beliebte Schweinefleischgerichte 318
Zampone 318
Sanguinaccio 318
Lamm, Schaf und Hammel 322
Beliebte Lammgerichte 324
Osterlämmer 326
MOLISE 326
Innereien 328
Beliebte Innereien 328
Huhn und Pute 332
Kapaun 332
Beliebte Gerichte mit Huhn und Pute 334
Die Schlacht bei Marengo 334
Taube und Perlhuhn 338
Gans 340
Ente à la Verdi 342
Vielseitiges Kaninchen 344
Wildschwein 347
Beliebte Wildgerichte 348
Hasenjagd 353

Verdure e Contorni

Gemüse und Beilagen 354

GEMÜSE 356
Das große C 356
Beliebte Dips zu Gemüse 358
Tomate 360
Tomatenkonserven 360
Pinienkerne 361
Auberginen 362
LATIUM 365
Zwiebeln 365
Artischocken 366
Karden 369
Beliebte Gemüsegerichte 370
Beliebte Gemüsegerichte aus dem Ofen 372
Kürbis und Zucchini 374
Mangold und Spinat 377
Katharina von Medici und der Spinat 377
Toskanische Bohnentradition 378
Bohnenkraut 379
Kichererbsen 381

Basilikata 382
Spargel 384
Kampanien 386
Kräuter 389
Salat als Gemüse 391
Kartoffeln 392

Eierspeisen 394
Picknick 394
Abruzzen 396
Trüffel 402
Alba-Trüffel 402

Formaggi
Käse 404

Käse und Wein 406
Käsesorten 407
Käsebestecke und -reibe 407
Beliebte Käsesorten 408
Emilia-Romagna 410
Parmigiano-Reggiano 412
Grana Padano 413
Pecorino 414
Mascarpone und Ricotta 416
Gorgonzola 417

Dolci e Caffè
Nachspeisen und Kaffee 420

Früchte 424

Kalabrien 427
Beliebte Dolci 428
Mandeln 428
Maronen 431
Zimt 431
Die Klassiker 434
Frutta martorana:
Marzipanfrüchte 438
Cassata und Cannoli 439
Das weiße Gold des Orients 439
Eiscreme 442
Eiscreme-Geschichten 442
Eiscremeherstellung 442
Schokolade und Pralinen 446
Torrone 446
Schokoladenmesse in Perugia 446
Kuchen 448
Beliebte Kuchen 450
Biscotti 456
Kuchen und Kleingebäck 457
Dolci di carnevale –
Karnevalsgebäck 458
Ostern 462
Weihnachten 464
Panforte 464
Caffè 466
Espresso-Kunst 466
Italienische Kaffeevielfalt 466

Digestivi
Verdauungsschnäpse 468

Liköre 472

Amari und Bitter 474
Alchermes – Kräuter-
elixier der Medici 475
Grappa 476

Vini e Acque
Wein und Wasser 478

Wein 480
Rebsorten 480
Weinland Italien 481
Italiens große Weine 482
Weinvielfalt 484
Klassifikationen 485
Prosecco, Frizzante und Spumante 486
Franciacorta 487
Leichte Weißweine 488
Rotweine 490
Rotweinlese 490
Autochthone Rebsorten 491
Barolo und Barbaresco 492
Angelo Gaja 492
Die großen Gewächse 494
Brunello di Montalcino 494
Nobile di Montepulciano 495
Süßweine 496
Malvasia 497

Mineralwasser 498
Wasser und Wein 499

Anhang 500
Garmethoden, Abkürzungen
und Mengenangaben,
Maße und Gewichte von
Lebensmitteln 500
Bibliografie 501
Danksagung 502
Bildnachweis 503
Rezeptregister deutsch 504
Rezeptregister italienisch 506
Sachregister 509

Vorwort

Italien ist ein reich gedeckter Tisch – nicht nur für Gourmets, sondern auch für die Liebhaber einfacher, bodenständiger Hausmannskost. In kaum einem anderen Land gibt es solch eine verlockende Vielfalt von kulinarischen Genüssen, verheißungsvollen Düften und differenzierten Geschmacksnuancen. Seit über zwei Jahrtausenden verstehen die Menschen es hier, sich das Beste aus der reich gefüllten Schatztruhe der Natur zu nehmen und selbst die einfachsten Produkte in kleine Köstlichkeiten zu verwandeln. Zwischen Alpen und Mittelmeer, weiten Ebenen und sanften Hügeln sind auf der Halbinsel, die zu Recht auch Bel Paese, das schöne Land, heißt, über viele Generationen hinweg regionale Spezialitäten entstanden, die man nur in Italien findet.

Wir laden Sie ein, mit uns an dieser üppigen Tafel Platz zu nehmen und die Küche von Italiens 20 Regionen kennenzulernen. Ein gutes Essen, so sagt man in Italien, nährt auch kulturell und kann auf tausenderlei Arten in die Geschichte, die Traditionen und den Alltag einer Region einführen. In diesem Sinn wünschen wir Ihnen *buon appetito* – Guten Appetit – und viel Vergnügen bei der Schlemmerreise von den Alpen bis ins südliche Sizilien.

Ingeborg Pils Stefan Pallmer

La Cucina Italiana

Die italienische Küche

Der Osterie-Führer

1990 erschien die erste Ausgabe von *Osterie d'Italia* – einem von Slow Food zusammengestellten Führer durch die italienische Landküche. Er ist bis heute eine unentbehrliche Hilfe beim Aufspüren der einfachen, ehrlichen und familiär geführten Gasthäuser, egal, ob in Rom, Florenz, Venedig oder in einem kleinen Bergdorf in den Abruzzen. Aufrichtigkeit und Anstand in der Küche waren und sind bis heute die Kriterien, die Slow Food für die Aufnahme eines Gasthauses in diesen Gastroführer anlegt. Die aktuelle Ausgabe bietet eine einzigartige Auswahl von über 1700 Osterien, Trattorien, Bauernhöfen und Enotechen, die noch eine echte italienische Regionalküche und Gastlichkeit bieten. Tipps über handwerkliche Betriebe, die über die Restauration hinaus lokale Qualitätsprodukte anbieten, und kurze Essays zu regionalen Besonderheiten geben einen ausgezeichneten Einblick in die kulinarischen Traditionen Italiens.

Italien – das Mutterland der europäischen Küche

Italien als das Mutterland der europäischen Küche zu bezeichnen, ist wohl keine Übertreibung. Doch wie kommt es, dass hier die Kochkunst ein Ansehen genießt wie in kaum einem anderen Land in Europa – von Frankreich vielleicht einmal abgesehen. „Mutterland" – schon dieser Begriff verdeutlicht, was im Grunde das Geheimnis dieses Erfolges ist: das Familiäre, das Zusammengehörigkeitsgefühl, die Identität einer überschaubaren Gruppe von Menschen – und nirgendwo anders als in der bäuerlichen und ländlichen Umgebung, wo die Menschen seit Jahrhunderten verwurzelt sind, konnte diese Tradition entstehen.

Von „der" italienischen Küche zu sprechen, verbietet sich freilich – zu heterogen sind die kulinarischen und gastronomischen Traditionen auf der rund 1500 Kilometer langen Halbinsel. Und auch die Tatsache, dass Italien, wie wir es heute kennen, eigentlich erst eine politische Schöpfung des 19. und 20. Jahrhunderts ist, darf nicht übersehen werden. Die wechselvolle Geschichte des Landes sollte man in Erinnerung haben, will man verstehen, weshalb die Küche für Italiens Bewohner seit jeher auch ein Stück „Heimat auf dem Teller" war, etwas, das nicht in Dokumenten festgehalten oder in Büchern nachgelesen und gelernt werden kann, sondern das man sich tagtäglich im wahrsten Sinne des Wortes „einverleibt".

So gesehen ist es verständlich, dass der Ruf „Die italienische Küche stirbt" oder auch die Klage darüber, dass „die Mamma nicht mehr kocht", in der Mitte des 20. Jahrhunderts auf fruchtbaren Boden fielen. Doch trotz aller Unkenrufe ist die Küche Italiens immer noch lebendig. Und trotz des teilweisen Wandels der Ess- und Lebensgewohnheiten hat sich Italien seine herzliche Gastlichkeit und seine traditionelle Landküche bewahren können.

Hektik bei Tisch ist in Italien verpönt. Auch mittags nimmt man sich die Zeit, um in Ruhe mit Kollegen oder Freunden zu essen (links).

Die kleinen und großen Küchengeheimnisse werden seit Jahrhunderten in den Familien von einer Generation an die nächste weitergegeben (unten).

Küchentradition

Nach dem Zweiten Weltkrieg hatte auch in Italien zunächst eine Landflucht eingesetzt, die ganze Gegenden vor allem im Süden entvölkerte und die reichen Städte und Industriezentren im Norden wachsen ließ. Die Umsiedler aus Kampanien, Sizilien und Apulien brachten ihre Küche mit, und die nördlichen Metropolen lernten Zutaten und Kochtraditionen kennen, die den Alteingesessenen fast exotisch anmuteten. Zum ersten Mal hatten viele nun Pizza oder Hartweizenpasta auf dem Teller. Olivenöl trat neben Speck und Butter auf den Plan.

Auf dem Land dagegen geriet die regionale Küche fast in Vergessenheit – wer hätte sie auch fortführen sollen? Umgekehrt setzte nun in Mailand, in Bologna und im übrigen Norden ein Boom von Lokaleröffnungen ein, eine Welle, die sich auch wieder nach Süden hin fortsetzte. Gleichwohl blieb Italien natürlich von den „Segnungen der Moderne" nicht verschont, auch nicht von der Faszination für den anglo-amerikanischen Lifestyle mit all seinen Facetten. Ob Convenience-Produkte oder Fast Food – auch auf den italienischen Tellern machte sich die industriell geprägte Lebensmittelproduktion breit, wobei man nicht unterschlagen darf, dass dazu mittlerweile selbst Pizza und Pasta gehören.

Der Bruch mit der Tradition und der Verlust der Kenntnisse einer ganzen Generation, die heute selbst wieder Kinder hat,

Essen ist in Italien weit mehr als bloße Nahrungsaufnahme. Ebenso wichtig daran ist das gesellige Beisammensein mit Freunden und Familie.

Italiener verstehen es wie kaum eine andere Nation, selbst einfache Gerichte hingebungsvoll zu genießen.

Von der Sonne und dem milden Klima verwöhnt entwickeln italienische Tomaten ein unverwechselbares Aroma.

waren in Italien allerdings nie so stark wie in den Ländern, die sich den anglo-amerikanischen Lebensstil geradezu zur Leitkultur erkoren haben. Dies verdankt die italienische Küche unter anderem der Tatsache, dass Italien – insbesondere im Süden – nach wie vor zuallererst ein Agrar- und kein Industrieland ist, von Ausnahmen wie der Automobilindustrie einmal abgesehen.

Das in den letzten Jahrzehnten wiedererwachte Interesse von Feinschmeckern an der ehrlichen, authentischen *cucina casalinga*, der traditionellen Landküche, bot auch jungen Menschen die Gelegenheit, sich in ihrer Heimat gastronomisch zu etablieren und vom neuen Tourismusboom zu profitieren. So manche Osteria, so mancher Agriturismo ist im Zuge der Suche nach dem ursprünglichen italienischen Gasthaus erst in den letzten beiden Jahrzehnten entstanden.

Eine bäuerliche und ländliche Kultur, in der sich der Stolz auf die Produkte des Landes und ein gesundes Selbstbewusstsein widerspiegeln, ist die beste Voraussetzung dafür, dass die Agrar- und Kochkultur ein fester Bestandteil der Alltagskultur bleibt. Ganz abgesehen von der jahrtausendealten Geschichte der Kochkunst, die einst mit den Sybariten begann und durch das römische Weltreich, durch Mittelalter und Renaissance bis zur Gegenwart reicht – sie wirkte stilbildend, wenn auch nicht ohne gelegentliche Einbrüche.

Das Restaurant La Rocca im Albergo-Hotel in San Leo präsentiert lokale Spezialitäten.

Kochen

Das Kochen wird als eine der wichtigsten Ausdrucksformen der Kultur einer Nation begriffen, als die Frucht einer langen Traditionsgeschichte ihrer Einwohner, die von Region zu Region, von Stadt zu Stadt und von Dorf zu Dorf variiert. Speisen und Rituale drücken aus, wer wir sind, helfen uns, unsere Wurzeln zu verstehen, und repräsentieren uns Fremden gegenüber. Eingebunden in eine spezifische Landschaft mit ihren typischen Produkten, wandeln wir durchs Kochen die uns umgebende Natur in unsere kulturelle Identität um. Deshalb sind kulinarische Traditionen auch nichts Statisches, sondern ein aktiver Prozess, der sich fortwährend erneuert und an die nächste Generation weitergegeben wird.

Kochen im alten Rom

Die erste wirkliche Kochkunst entwickelte sich in Europa im antiken Rom. Schon damals nahm jedoch nicht nur das eigentliche Essen, sondern auch das Beisammensein und Genießen im Kreis von Freunden und Familie eine zentrale Rolle im Alltagsleben ein. Die gemeinsame Mahlzeit war ein selbstverständlicher Teil des Tages, gab Gelegenheit zu Gesprächen und Geselligkeit und bekräftigte die Zugehörigkeit zu bestimmten Gesellschaftsschichten. Anders als im antiken Griechenland durften auch Frauen an den Gastmählern teilnehmen – und genascht wurde, glaubt man den Zeitzeugen, mitunter nicht nur Kulinarisches.

Selten allerdings gerieten die Gastmähler so üppig, wie sie einige antike Schriftsteller beschreiben. Den Auftakt bildeten meist appetitanregende Vorspeisen, zu denen Honigwein gereicht wurde. Dann folgten drei Gänge, zu denen man Wein trank. Beliebte Hauptgerichte waren gekochtes Fleisch von Zicklein und Lamm, Geflügel, Würstchen, Pökelfleisch, Schinken und Gemüsegerichte. Zum Nachtisch gab es Obst, Backwaren oder ein süßes Omelett. Schon damals bestimmte nicht nur der Anlass, sondern auch der Geldbeutel die Art der Speisen. So notierte Plinius nach einem Gastmahl leicht verärgert: „Sich selbst und einigen wenigen setzte er allerhand Delikatessen vor, den übrigen billiges Zeug und in kleinen Portiönchen ..."

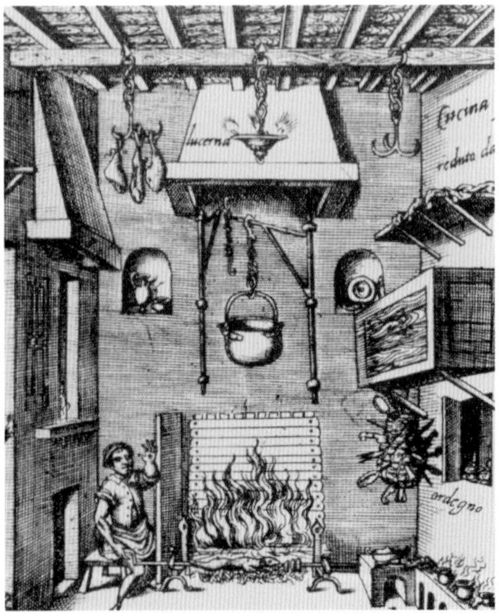

Weit entfernt von den ergonomisch gestylten Küchen der Neuzeit waren vor 400 Jahren die dunklen Küchenräume mit den offenen Feuerstellen (oben).

Die Illustration aus einem gegen Ende des 16. Jahrhunderts erschienenen Kochbuch zeigt das geschäftige Treiben in einer großen Küche (rechts).

Die Küche der Renaissance

Nach der eher bescheidenen Küche des Mittelalters erblühte die italienische Kochkunst zu Beginn der Renaissance erneut. Die Rückbesinnung auf die Antike beeinflusste nicht nur die Kunst, sondern auch die Kulinarik. Venedig war durch den Gewürzhandel reich geworden, die großen Adelsfamilien in Florenz, Mailand und Neapel übertrafen sich gegenseitig mit üppigen Festen und noch üppigeren Banketten. Selbst die Päpste in Rom waren den leiblichen Genüssen sehr zugetan und förderten die hohe Kunst des Kochens.

Die erlesensten Genüsse tischte man bei den Medici in Florenz auf, besonders zu Lebzeiten des legendären Lorenzo des Prächtigen. An den reich gedeckten Tafeln wurde mithilfe der Kochkunst nicht nur pure Lebensfreude zelebriert, sondern vor allem auch Macht und Reichtum der Gastgeber zur Schau gestellt.

Eines der spektakulärsten Bankette gab der Papstneffe Pietro Riario 1473 für die neapolitanische Königstochter Eleonore von Aragon. Der Historiker Bernardino Corio berichtete: „Es wurden kandierte, mit Gold überzogene Früchte und Malvasierwein gereicht. Dieser Imbiss wurde stehend eingenommen. Bevor alles an den mit vier Tüchern bedeckten Tischen Platz nahm, wuschen Pagen den Gästen die Hände mit Rosenwasser. Trompeten schmetterten, dann wurden die ersten Gerichte aufgetragen: gebratene Hühner und Kapaune, verschiedene Fische, Kälber, Ziegen, Kaninchen, insgesamt über dreißig Gerichte, zu denen man korsischen Wein servierte. Sogar das Brot war mit Gold überzogen und ließ die Familienwappen des Gastgebers und seines Gastes erkennen."

Würdevoll wartet der Doge Alvise mit seinen Gästen auf kommende Tafelfreuden, die im angrenzenden Raum mit allerhöchstem Segen angerichtet werden.

Slow Food

Die Geschichte von Slow Food liest sich streckenweise wie eine Legende. Am bekanntesten ist wohl die Anekdote, dass im Jahr 1986 anlässlich der Eröffnung des ersten Fast-Food-Restaurants in Roms Altstadt Journalisten aus dem nahegelegenen Redaktionsgebäude der Tageszeitung *Il Manifesto* ein Bankett unter freiem Himmel veranstalteten. Gemeinsam mit der Bewegung „Arcigola“, an deren Spitze der Piemonteser Journalist Carlo Petrini stand, wurde daraus schließlich die Organisation „Slow Food“, die als „Internationale Bewegung zur Wahrung des Rechts auf Genuss“ offiziell 1989 in der Opéra Comique in Paris ins Leben gerufen wurde.

Heute ist Slow Food in über 100 Ländern aktiv. Der internationale Verein mit Sitz in Bra – etwa 50 Kilometer südlich von Turin – hat inzwischen weltweit rund 80 000 Mitglieder. Neben dem Eintreten für die Bewahrung der regionalen Esskultur sind die Erhaltung der Vielfalt der Nutzpflanzen und Nutztierrassen (Biodiversität) und die Unterstützung der bäuerlichen Landwirtschaft und des traditionellen Lebensmittelhandwerks zentrale Themen. Slow Food setzt sich weltweit für gerechte Rahmenbedingungen für Lebensmittelproduzenten ein, die nach den Kriterien „Gut – sauber – fair“ arbeiten.

Zur Unterstützung von traditionellen Produzenten sind zahlreiche Förderkreise (ital.: *presidi*) gegründet worden, die vom Verschwinden bedrohten Produkten und Produktionsweisen helfen, eine Chance auf dem Lebensmittelmarkt zu behalten. Hierzu gehören sowohl verarbeitete Lebensmittel als auch Projekte, wie z.B. die Wanderschäferei oder die Verbesserung traditioneller handwerklicher Erzeugungsmethoden.

Der alle zwei Jahre stattfindende Salone del Gusto in Turin ist die größte gastronomische Messe der Welt mit rund 150 000 Besuchern. Der gleichzeitig stattfindende Kongress Terra Madre, der Bauern, Fischer, Hirten, Wissenschaftler und Gastronomen aus der ganzen Welt zusammenbringt, ist ein Zeichen dafür, wie nachhaltig sich die Ziele von Slow Food in den vergangenen zwei Jahrzehnten im Bewusstsein der Öffentlichkeit verankert haben.

Carlo Petrini (kleines Bild links) begründete 1986 Slow Food. Er prägte den Begriff der Ecogastronomie, *die für eine verantwortliche Agrarwirtschaft und eine regionale Geschmacksvielfalt steht.*

Die Universität der Gastronomischen Wissenschaften ist in Pollenzo bei Bra (Piemont) sehr schön in einer ehemaligen Sommerresidenz des Savoyer Königshauses untergebracht.

Die Universität der Gastronomischen Wissenschaften

Am 4. Oktober 2004 öffnete in Pollenzo die erste Hochschule, die sich ganz der Lebensmittelkultur widmet, ihre Pforten – die Universität der Gastronomischen Wissenschaften (UNISG). Ausgebildet werden zukünftige Fachleute für Kommunikation, multimediale Meinungsmacher und Journalisten im Wein- und Gastronomiebereich, Marketingfachleute für vorzügliche Produkte sowie Manager für Schutzkonsortien, Agrar- und Lebensmittelbetriebe oder Fremdenverkehrsvereine. Die Universität, an der zweisprachig gelehrt wird (italienisch und englisch), steht Studenten aus der ganzen Welt offen. Der Studiengang unterliegt dem Numerus clausus und ist auf 60 Plätze pro Jahr beschränkt. Die private, vom italienischen Staat gesetzlich anerkannte Hochschule, wird von Slow Food in Zusammenarbeit mit den Regionen Piemont und Emilia-Romagna gefördert.

Accademia Italiana della Cucina

„Die italienische Küche stirbt“. Mit diesem schmerzlich dramatischen Aufschrei über den Zustand der Kochkunst im unruhigen Italien der 1950er-Jahre erregte der Journalist Orio Vergani große Aufmerksamkeit. Er und einige seiner intellektuellen Mitstreiter empfanden es als eine moralische Verpflichtung, vehement zum Erhalt und zur Weiterentwicklung der italienischen gastronomischen Tradition beizutragen. Dies führte am 29. Juli 1953 zur Gründung der Accademia Italiana della Cucina.

Neben dem Studium der Geschichte der italienischen Gastronomie und einer kritischen Auseinandersetzung mit aktuellen kulinarischen Entwicklungen wurden in den Statuten die Beratung öffentlicher Behörden, Einrichtungen und privater Institutionen sowie die Unterstützung von Projekten und Initiativen festgeschrieben, mit dem Ziel, zum Erhalt der charakteristischen nationalen, regionalen und lokalen Küche beizutragen. Sie verpflichten die Akademie zu absoluter Unabhängigkeit und verbieten gewinnorientiertes Handeln ihrer Mitglieder.

Zu Gast in Italien

In Italien gibt es eine fast unüberschaubare Zahl von Restaurants ganz unterschiedlicher Prägung – und mit ganz unterschiedlichem Speisenangebot. Viele Besucher haben weniger ein Problem, ein Restaurant zu finden, als vielmehr, die richtige Gaststätte aus dem vielfältigen Angebot herauszusuchen. Zunächst entscheidet sicher auch das Budget darüber, ob man die delikaten Genüsse der *cucina grande*, der großen Küche, in einem Nobelrestaurant genießen will und kann oder ob man das familiäre Ambiente und die bodenständigen Spezialitäten der *cucina casalinga*, der Landküche, in einer traditionellen Osteria vorzieht. Doch abgesehen von finanziellen Überlegungen empfiehlt es sich auch kulinarisch, die auf den ersten Blick bisweilen verborgenen kleinen Lokale zu entdecken, wo man in Ruhe die Spezialitäten der Gegend essen und guten offenen Wein trinken kann. Doch Vorsicht: Italienische Wirte lieben das Understatement. So findet man vor allem in größeren Städten auch Feinschmeckertempel, die sich schlicht Osteria oder Enoteca nennen und dennoch das Angebot und die Preise eines Luxusrestaurants haben. Am besten folgt man den Einheimischen in ihre Stammlokale. Denn die Italiener kochen nicht nur leidenschaftlich gern, sie gehen auch regelmäßig zum Essen aus und kennen die besten Plätze.

Die Osteria Barella in Lucca ist ein beliebter Treffpunkt für Einheimische und Touristen, die die traditionelle Küche schätzen (rechts).

Unter freiem Himmel genießt man wie hier im Restaurant Pietratorcia auf Ischia die kulinarischen Spezialitäten Italiens (rechte Seite).

Restaurant-Kategorien

Il Bar

Italienische Bars sind die ideale Lösung für den kleinen Hunger zwischendurch. Insbesondere in den Städten bieten sie leckere Kleinigkeiten wie die klassischen Tramezzini oder Panini und kleine Minipizzen. Nüsse, Kräcker oder Salami- und Käsehappen zu einem Glas Wein oder einem Aperitivo sind obligatorisch.

L'Enoteca

Einst war die Enoteca lediglich eine Weinhandlung, in der man gute Weine glasweise trinken konnte. Inzwischen gibt es immer mehr Wirte, die auch kalte und warme lokale Spezialitäten anbieten, manchmal sogar komplette Mahlzeiten.

La Pizzeria

Hier ist der Name Programm. Alles dreht sich um die – idealerweise im mit Holz befeuerten Steinbackofen – gebackenen knusprigen Brotfladen. Nicht nur Eltern mit Kindern wissen die ungezwungene lockere Atmosphäre zu schätzen. Guten Pizzabäckern eilt meist ein guter Ruf voraus. Einheimische danach zu fragen, macht Sinn.

Il Ristorante-Pizzeria

Neben den reinen Pizzerien gibt es zunehmend Gaststätten, die ihren Gästen auch „Primi" wie Pasta und Risotti anbieten und einfache „Secondi" mit Fleisch, Fisch und Gemüse servieren. Gehobene Ansprüche an die Küche dieser Gaststätten sollte man jedoch nicht stellen.

L'Osteria

Die Osteria ist ein einfaches Wirtshaus, das überwiegend von Einheimischen frequentiert wird und einige wenige einfache Speisen regionaler Herkunft bietet. In vielen kleinen Gemeinden stellt sie das Zentrum des Dorflebens dar. In größeren Städten hingegen verstecken sich hinter dem bescheiden anmutenden Namen gelegentlich wirkliche Edel-Restaurants.

La Trattoria

Die Trattoria ist eine einfache Gaststätte, die mit lokalen kulinarischen Spezialitäten ihr Publikum meist unter Einheimischen findet. Unter Fernfahrern werden die Adressen der besten Häuser ausgetauscht, kann man doch in Trattorien zu moderaten Preisen oft sehr gut essen.

Il Ristorante

Das klassische Ristorante bietet die ganze Bandbreite der italienischen Küche in Form der typischen Speisenfolge und dazu eine gehobene Tischkultur. Pizza sucht man auf der Speisekarte vergeblich. Gediegenes Ambiente und die hohe Qualität der Speisen und Weine dominieren und lassen die Rechnung entsprechend hoch ausfallen.

L'Agriturismo

Was vielerorts in Italien als Ferien auf dem Bauernhof (L'Agriturismo) begann, hat sich mittlerweile zu einem wichtigen Gastronomiezweig entwickelt. Hier werden wenige, aber sehr gute Produkte aus meist eigenem Anbau nach traditionellen Rezepten zu regionalen Spezialitäten verarbeitet – die vielleicht beste (und preisgünstigste) Möglichkeit, sich den Menschen einer Landschaft und ihrer Kochkultur zu nähern.

Die Speisekarte

Das Essen in einem italienischen Restaurant besteht in der Regel aus mindestens drei Gängen: der Vorspeise sowie dem ersten und dem zweiten Gang. Als Abschluss wird zumindest frisches Obst gegessen, lieber noch ein Dessert oder etwas Käse. Es ist üblich, zum Essen ein Glas Wein zu trinken. Vor allem mittags bestellt man gern einen offenen roten oder weißen Hauswein, *rosso* oder *bianco della casa*. Meist sind es einfache, aber gute Weine aus der Region, die nicht zu schwer sind.

Obwohl die meisten italienischen Restaurants eine gedruckte oder handgeschriebene Speisekarte haben, findet man vor allem in kleinen Osterien und Trattorien noch immer am Eingang eine Schiefertafel, auf der die Tagesgerichte stehen. Ob Speisekarte oder Tafel – beide zeigen in der Regel nicht das komplette Angebot. Es empfiehlt sich deshalb, den Kellner nach den Tagesspeziali-

Auszug aus der Speisekarte einer sizilianischen Trattoria, die lokale Pasta- und Fischspezialitäten anbietet (rechts).

Einen Besuch wert ist die Osteria Il Riffaioli in Florenz, eines der über 1700 vom Slow-Food-Osterien-Führer empfohlenen Lokale (unten).

TRATTORIA AL PONTE

Insalate

Insalata verde cogli agrumi *Gemischter Salat mit Zitrusfrüchten*	5,50
Insalate siciliana *Salat mit Tomaten, Gurken, Kartoffeln, Bohnen, Schafskäse und Oliven*	7,40

Primi Piatti

Pasta e ceci *Nudeln und Kichererbsen*	7,20
Spaghetti alla Trapanese *Nudeln nach Art von Trapani mit Tomaten*	8,60
Perciatelli con le sarde *Nudeln mit Sardinen*	8,90
Polenta sulla spianatoia con vongole *Polenta auf dem Brett mit Venusmuscheln*	9,00

Secondi Piatti

Stocca alla Moda di Messina *Stockfisch nach Art von Messina*	15,80
Tunnu auruduci *Gebratene Thunfischsteaks süß-sauer*	17,40
Pesce spada ai ferri *Gegrillter Schwertfisch*	8,00

Verdure e Contorni

Carote al Marsala *Karotten in Marsala*	4,00
Carciofi al tegame *Gedünstete Artischocken*	5,00
Melanzane alla campagnola *Auberginen ländliche Art*	5,00
Patate fritte *Frittierte Kartoffeln*	4,50

Dolci

Latte fritto *Gebackener Pudding*	5,50
Cassata siciliana *Geeiste Biskuittorte*	6,20
Coperto	3,00

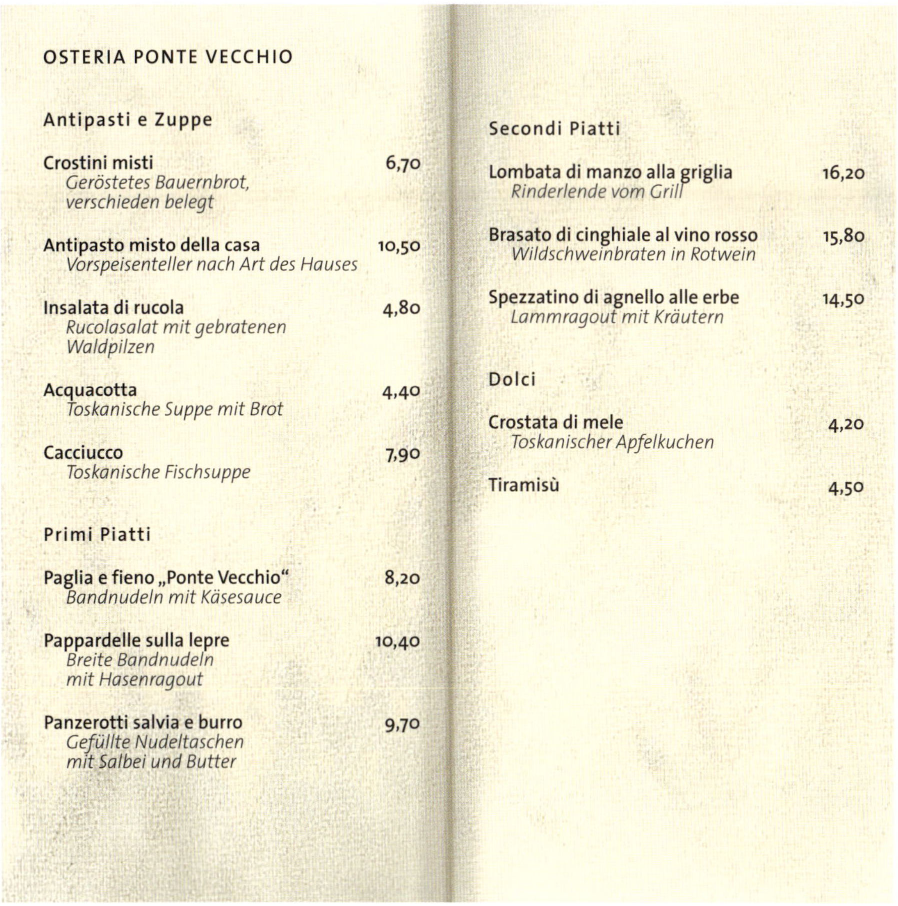

OSTERIA PONTE VECCHIO

Antipasti e Zuppe	
Crostini misti *Geröstetes Bauernbrot, verschieden belegt*	6,70
Antipasto misto della casa *Vorspeisenteller nach Art des Hauses*	10,50
Insalata di rucola *Rucolasalat mit gebratenen Waldpilzen*	4,80
Acquacotta *Toskanische Suppe mit Brot*	4,40
Cacciucco *Toskanische Fischsuppe*	7,90
Primi Piatti	
Paglia e fieno „Ponte Vecchio“ *Bandnudeln mit Käsesauce*	8,20
Pappardelle sulla lepre *Breite Bandnudeln mit Hasenragout*	10,40
Panzerotti salvia e burro *Gefüllte Nudeltaschen mit Salbei und Butter*	9,70
Secondi Piatti	
Lombata di manzo alla griglia *Rinderlende vom Grill*	16,20
Brasato di cinghiale al vino rosso *Wildschweinbraten in Rotwein*	15,80
Spezzatino di agnello alle erbe *Lammragout mit Kräutern*	14,50
Dolci	
Crostata di mele *Toskanischer Apfelkuchen*	4,20
Tiramisù	4,50

Auszug aus der Speisekarte einer toskanischen Osteria, die vor allem traditionelle Fleischspezialitäten anbietet (links).

Vor allem in kleineren Osterien und Trattorien ersetzt die hangeschriebene Schiefertafel am Eingang noch immer die gedruckte Speisekarte (oben).

täten zu fragen und sich ein wenig Zeit zu nehmen, mit ihm die Auswahl der Speisen zu besprechen. In der Regel lohnt es sich, auf die Vorschläge des Kellners einzugehen und sich beraten zu lassen.

In Restaurants, die häufiger von Touristen besucht werden, gibt es inzwischen auch mehrsprachige Speisekarten. Dennoch ist es ratsam, ein wenig „Küchen-Italienisch“ zu beherrschen, denn nicht jeder Kellner kann dem Gast in dessen Landessprache weiterhelfen. Vor allem bei teureren Gerichten wie Hummer, einem ganzen Fisch oder einer *bistecca fiorentina* sollte man wegen des Preises nachfragen. Hier werden auf der Speisekarte oftmals nur die Preise pro 100 Gramm angegeben.

Die Speisenfolge

Ein Menü beginnt in Italien häufig mit kalten oder warmen Vorspeisen, den *antipasti*. Sie regen nicht nur den Appetit an, sondern geben auch einen ersten Einblick in die Qualität der Küche. Beliebt sind *antipasti misti*, mehrere kleine Vorspeisen auf einem Teller, den man sich entweder selbst zusammenstellt oder vom Kellner komponieren lässt. Man kann jedoch auch mit einem Salat, *insalata*, oder einer Suppe, *zuppe* oder *minestre*, starten.

Der erste Gang, *primo piatto*, besteht in der Regel aus *pasta*, einem Nudelgericht, *risotto* oder *gnocchi*. Wie bei den Vorspeisen ist es auch hier möglich, zwei (bis) oder drei (tris) Gerichte als Kostproben zu bestellen. Die Portionen bei den *primi* sind in der Regel kleiner, weil anschließend noch ein Hauptgang folgt.

Hauptgerichte findet man unter *secondi di pesce* (Fischgerichte) oder *secondi di carne* (Fleischgerichte). Secondi werden meistens ohne Beilagen *(contorni)* angeboten. Gemüse, Kartoffeln oder – vor allem im Norden Italiens – Polenta, müssen also gesondert bestellt werden. Nudeln oder Reis sucht man in Restaurants vergeblich unter *contorni* – sie werden ja schon gesondert als erster Gang gereicht.

In Touristenlokalen werden inzwischen auch Tellergerichte als *piatto unico* angeboten, also Fleisch oder Fisch mit Beilagen. In diesen Lokalen gibt es meistens auch ein *menu turistico*, bei dem der Wirt schon die Speisenfolge zusammengestellt hat. Wer auf der Suche nach der authentischen italienischen Küche ist, sollte allerdings solche Restaurants meiden.

Süßspeisen, *dolci*, und Käse, *formaggi*, runden das Menü ab. Als süßer Schlusspunkt werden nicht nur klassische Desserts angeboten, sondern oft auch Kuchenspezialitäten, frisches Obst oder Obstsalat. Bei der Käseauswahl lässt man sich am besten wieder vom Kellner beraten. Den Schlusspunkt setzt ein Espresso, mit oder ohne Digestiv. Wer nach dem Essen einen Cappuccino bestellt, outet sich als Tourist. Denn der Italiener trinkt Cappuccino nur zum Frühstück oder am Vormittag.

Restaurant-Knigge

Andere Länder, andere Sitten. Das gilt auch für das Essen im Restaurant. Beim Betreten eines Lokals stürmt man in Italien nicht zielbewusst auf den begehrten Tisch am Fenster zu, sondern wartet am Eingang auf den Kellner. Dem sagt man anschließend, für wie viele Personen man einen Tisch braucht – und bittet ihn höflich um den angestrebten Fensterplatz.

Traditionsgemäß besteht das Essen in Italien aus mehreren Gängen. Doch während es früher vor allem in besseren Restaurants ein Zwang war, mindestens drei Gänge zu bestellen, kann man inzwischen in vielen Restaurants durchaus auf einen Gang verzichten oder sich beispielsweise einen *risotto* als *primo piatto* teilen, ohne den Unmut des Wirts auf sich zu ziehen.

In vielen Gasthäusern, vor allem in ländlichen Gegenden, ist es immer noch üblich, zusätzlich einen Betrag für das *coperto* (Brot und Gedeck) zu bezahlen. Dieser Betrag muss aber deutlich sichtbar auf der Karte ausgewiesen sein. Trinkgeld, *servizio*, ist inzwischen im Preis inbegriffen *(servizio compreso)*. Anders als in vielen Reiseführern noch zu lesen ist, erwarten die Kellner kein zusätzliches Trinkgeld mehr. Zufriedene Gäste lassen dennoch einen kleinen Betrag als Anerkennung auf dem Tisch liegen.

Die einfachste Art, sich beim Kellner unbeliebt zu machen, ist das Beharren auf getrennten Rechnungen für jeden Gast. In Italien ist es üblich, pro Tisch eine Rechnung auszustellen. Nach dem Zahlen wird der Rechnungsbetrag einfach unter den Gästen geteilt. Anhand der Speisekarte akribisch nachzurechnen, wer wie viel konsumiert hat, gilt als unhöflich.

Um der von Spöttern als Volkssport bezeichneten Steuerhinterziehung Einhalt zu gebieten, wurde es Pflicht, den Kassenbon oder die Rechnung, *ricevuta fiscale*, einzustecken, um sie auf Verlangen den Steuerfahndern vorzeigen zu können. Auch heute noch ist es ratsam, die Rechnung nach Verlassen des Restaurants zumindest kurzzeitig aufzubewahren.

Essig, Öl, Salz und Pfeffer findet man im Restaurant fast immer auf dem Tisch, denn in Italien darf man sich den Salat meistens selbst anmachen.

Auch bei Restaurants, in denen man im Freien speist – wie hier in der Via di Arco de San Callisto in Rom – wartet man, bis man vom Kellner einen Tisch zugewiesen bekommt.

Eine Mahlzeit ohne abschließenden Espresso ist für die meisten Italiener undenkbar (unten).

Der Küchenchef des Restaurants Il Canto im Hotel Certosa di Maggiano (Siena), Paolo Lopriore, richtet mit einem Mitarbeiter einen Meeresfrüchteteller an.

Kleines kulinarisches Lexikon

A

abbacchio Milchlamm
acciuga Sardelle
aceto Essig
aceto balsamico Balsamessig
acido sauer, herb
affettato Aufschnitt
affumicato geräuchert
aglio Knoblauch
agnello Lamm
agro sauer
agrodolce süß-sauer
albicocca Aprikose
alimentari Lebensmittel
alimentarista Lebensmittelhändler
alloro Lorbeer
amarena Sauerkirsche
amaretti aromatische Mandelmakronen
amaro bitter
aneto Fenchelsamen
anguilla Aal
antara Ente
antipasto Vorspeise
aragosta Hummer
arancia Apfelsine
aranciata Orangensaft
asparago Spargel
astice Languste

B

barbabietola Rote Bete
barba di frate Mönchsbart
biscotto Keks
bistecca Steak
branzino Seebarsch
brasato Braten
brodetto di pesce Fischsuppe
brodo Fleisch-, Gemüse-, Fischbrühe
burro Butter

C

calamaro Tintenfisch
caldo heiß
calzone gefüllte und gefaltete Pizza
candito kandierte Früchte
canederli Knödel
cannella Zimt
cantucci toskanische Mandelkekse
cappero Kaper
cappone Kapaun
capra Ziege
carciofo Artischocke
carne Fleisch
carota Möhre
carpa, carpione Karpfen
cavolfiore Blumenkohl
cavolini di Bruxelles Rosenkohl
cavolo Kohl
cece Kichererbse
cereali Getreide
cernia Zackenbarsch
cervo Hirsch
cetriolo Gurke
cime di rapa Stängelkohl
cinghiale Wildschwein
cioccolato Schokolade
cipolla Zwiebel
cocomero Wassermelone
coda di rospo Seeteufelschwanz
coniglio Kaninchen
coniglio selvatico Wildkaninchen
contorno Beilage
coriandolo Koriander
cornetto Hörnchen
costata di manzo Rumpsteak
costoletta Kotelett
cotoletta Schnitzel
crostacei Krustentiere

D

dentice Zahnbrasse
dolce süß, Süßspeise
dolcificante Süßstoff
dragoncello Estragon

E

erba cipollina Schnittlauch
erbe Kräuter

F

fagiano Fasan
fagiolino Brechbohne
fagiolo Bohne
faraona Perlhuhn
farina Mehl
fegato Leber
fico Feige
filetto Filet
finocchio Fenchel
formaggio Käse
fragola Erdbeere
freddo kalt
frutta Obst
frutti di bosco Waldfrüchte
frutti di mare Meeresfrüchte
fungo Pilz

G

galetto Hähnchen
gallo Hahn
gamberetto Garnele
gambero Krebs, Garnele
gamberone Riesengarnele
gelato Eis
grasso Fett
gusto Geschmack

I

indivia Endivie
insalata Salat
integrale Vollkorn
interiora Innereien
involtino Roulade

L

lampone Himbeere
lardo Speck
latte Milch
lattuga Kopfsalat
lauro Lorbeer
legumi Hülsenfrüchte
lenticchia Linsen
lepre Hase
limone Zitrone
lingua Zunge
luccio Hecht

M

macedonia Obstsalat
maggiorana Majoran
magro mager
maiale Schwein
maionese Mayonnaise
mandorla Mandel
manzo Rind
marrone Edelkastanie
mela Apfel
melanzana Aubergine
menta Pfefferminz
merluzzo Kabeljau
miele Honig
minestra Suppe
mora Brombeere

N

nocciola Haselnuss

noce	Walnuss
noce moscata	Muskatnuss
O	
oca	Gans
olio	Öl
oliva	Olive
orata	Goldbrasse
origano	Oregano
osso	Knochen
ostrica	Auster
P	
pancetta	durchwachsener Speck
pan di spagna	Biskuitteig
pane	Brot
pangrattato	Semmelbrösel
panino	Brötchen
panna	Sahne
pasta	Teigwaren
pasta brisée	Blätterteig
pasta frolla	Mürbeteig
patata	Kartoffel
pepe	Pfeffer
peperoncino	Chili
peperone	Paprika
pera	Birne
pernice	Rebhuhn
pesca	Pfirsich
pesce	Fisch
pesce persico	Süßwasserfisch
pesce spada	Schwertfisch
piccante	scharf
piccione	Taube
piedino	Haxe
pinolo	Pinienkern
pisello	Erbse
pistacchio	Pistazie
pollame	Geflügel
pollo	Huhn
polpetta	Klößchen
pomodoro	Tomate
porcino	Steinpilz
prugna	Pflaume
Q	
quaglia	Wachtel
R	
rafano	Meerrettich
ravanello	Radieschen
ribes	Johannisbeere
riccio di mare	Seeigel
ripieno	Füllung
riso	Reis
rombo	Steinbutt

Ein Glas Prosecco ist immer ein guter Auftakt für einen kulinarischen Abend.

rosmarino	Rosmarin
S	
sale	Salz
salmone	Lachs
salsa	Sauce
salume	Wurst
salvia	Salbei
sambuco	Holunder
sanguinello	Blutorange
sardina	Sardine
scampo	Kaisergranat
sedano	Sellerie
selvaggina	Wild
semifreddo	Halbgefrorenes
semolino	Grieß
senape	Senf
seppia	Tintenfisch
sformato	Auflauf
sgombro	Hering
siluro	Wels
sogliola	Seezunge
sorbetto	Sorbet
spezzatino	Fleischragout
spinacio	Spinat
spugnola	Morchel
surgelato	tiefgefroren
T	
tacchino	Truthahn
tartufo	Trüffel
tonno	Thunfisch
torta	Torte, Kuchen
trota	Forelle
U	
uovo	Ei
uva	Traube
uva spina	Stachelbeere
uvetta	Rosine
V	
vaniglia	Vanille
verdura	Gemüse
vitello	Kalb
vongola	Muschel
Z	
zafferano	Safran
zenzero	Ingwer
zucca	Kürbis
zucchero	Zucker

Mit kleinen Schildern preist die Osteria Vini da Pinto in Venedig ihre Antipasti an (rechte Seite).

Hauchdünn aufgeschnittene Wurst- und Schinkenspezialitäten sind beliebte Antipasti (unten).

Zubereitungsarten

ai ferri	gegrillt
al cartoccio	in Backpapier oder Alufolie gegart
al dente	bissfest
al forno	aus dem Ofen
all'amatriciana	Nudelsauce mit Zwiebeln, Speck, Tomaten und Chili
alla cacciatora	nach Jägerart
alla carbonara	nach Köhlerart
alla griglia	vom Grill
alla marinara	mit Tomaten, Oregano, Oliven, Sardellen und Kapern
alla norma	Nudelsauce mit Auberginen und Tomaten
alla parmigiana	Zubereitung mit geriebenem Parmesan
alla pescatora	Zubereitung mit Schalen- und Krustentieren
all'arrabbiata	Zubereitung mit scharfer Sauce
arrosto	gebraten
bollito	gekocht
casalinga	hausgemacht
cotto	gekocht
crudo	roh
fritto	frittiert
marinata	mariniert
ripieno	gefüllt
salmì	Zubereitung von Wild in Flüssigkeit
sott'olio	unter Öl (Konservierungsmethode)
sottaceto	in Essig eingelegt
(in) umido	Zubereitung in einer aromatischen Flüssigkeit

Getränke

Acqua	Wasser
acqua minerale	Mineralwasser
aranciata	Orangeade
birra	Bier
birra alla spina	Bier vom Fass
cioccolata	Schokolade
limonata	Limonade
liquore	Likör
spremuta	Getränk aus ausgepressten Früchten
spumante	Schaumwein
succo	Saft (aus Obst oder Gemüse)
vino	Wein
vino bianco	Weißwein
vino rosso	Rotwein

Kulinarische Regionen

Italien gliedert sich in 20 Regionen – von den Alpen bis hinunter ins südliche Sizilien. Sie unterscheiden sich nicht nur in den natürlichen Gegebenheiten wie Klima und Bodenbeschaffenheit stark voneinander, sondern waren in der Geschichte auch ganz verschiedenen kulturellen Einflüssen ausgesetzt. Kein Wunder also, dass sich die traditionellen Landküchen der einzelnen Regionen mit ihren lokalen Produkten teilweise erheblich voneinander abheben. In jeder haben sich im Lauf der Jahrhunderte typische Gerichte und Zubereitungsarten entwickelt, die man nur dort findet und die wie ein wertvoller Schatz gehütet werden.

Auf den nächsten Seiten wird ein erster Überblick über die kulinarischen Besonderheiten der Regionen, ihre landwirtschaftlichen Erzeugnisse, Spezialitäten und gastronomischen Feste gegeben. Innerhalb des Buchs werden die regionalen Küchen dann im Zusammenhang mit einem traditionellen Gericht oder einem typischen Produkt nochmals ausführlicher vorgestellt.

Zwischen Zypressen schlängeln sich Straßen wie hier in Monticchiello durch die toskanische Landschaft.

Italien ist in 20 Regionen untergliedert, auf die im Buch noch ausführlicher eingegangen wird. Die Seitenzahlen in der Karte verweisen auf die entsprechenden Stellen im Buch.

Aostatal/Valle d'Aosta

Der *fontina* ist das berühmteste Produkt des Aostatals, hergestellt aus der Milch von Kühen, die auf den Alpenhängen in den höchsten bergigen Gebieten Italiens weiden. Andere bekannte Produkte sind der *lardo di Arnad*, ein mit Kräutern und Gewürzen aromatisierter Speck, *jambon de Bosses*, ein milder roher Schinken mit einem wildwürzigen Nachgeschmack und *boudin*, eine Blutwurst aus Schweinefleisch mit Roter Bete. Im Juli feiert man in Saint Rhémy en Bosses das Fest des gleichnamigen Schinkens, im August in Arnad das Speckfest.

Piemont/Piemonte

Das Piemont ist eine kulinarische Goldgrube – von der weißen Trüffel aus Alba über zahlreiche Käsesorten mit geschützter Herkunftsgarantie, würzigen Wurstspezialitäten wie der Eselsalami bis zum Fleisch der piemontesischen Rinderrasse und süßen Versuchungen wie *amaretti, biscotti* und *torcetti*, Nougat und *gianduiotti*, Haselnusspralinen aus Turin. Neben vielen Volksfesten rund um die berühmten Rotweine *Barolo, Barbaresco* und *Barbera* findet im Oktober in Alba die Nationale Messe der weißen Trüffeln statt.

Ligurien/Liguria

Frisches Basilikum ist neben Gemüse und Fisch eines der Wahrzeichen von Liguriens Küche. Dazu kommt das aromatische kaltgepresste Öl aus den Taggiasca-Oliven, Nudeln wie die *trenette* und die *trofie*, der *pandolce* aus Genua und die *amaretti di Sassello*. Gesuchte Küchenschätze sind die Bohnen aus Conio und die Quarantina-Kartoffel aus Pigna. In Camogli feiert man jedes Jahr die Sagra del pesce, ein Fischfest, auf dem in einer riesigen Pfanne frischer Fisch frittiert wird.

Lombardei/Lombardia

Die Lombardei hat so unterschiedliche Spezialitäten wie *panettone* und Mailänder Risotto, *bresaola* und *torrone alle mandorle* (Mandelnougat), *gorgonzola* und Kürbistortelli, *pizzoccheri* (Buchweizennudeln) und *violin*, einen köstlichen Bergschinken. Und sie ist die Heimat des berühmten trockenen Schaumweins, des *Franciacorta*. Nicht versäumen sollte man im September das Gänsefest, Sagra dell'oca, in Motara, auf dem unter anderem Gänsesalami angeboten wird.

Trentino-Südtirol/Trentino-Alto Adige

Von den Ufern des Gardasees bis in die Dolomiten erstreckt sich eine Region, in der man vor allem in Südtirol bis heute gastronomisch die Nähe zu Österreich spürt. Wein und Äpfel werden hier in großem Stil kultiviert, alpenländische Spezialitäten lassen die Nähe zum Nordosten Europas erkennen. Im Trentino ist dagegen immer noch der ehemalige Einfluss der Republik Venetien präsent. Im Herbst finden in vielen Dörfern kleine Weinfeste statt, Bozen widmet im Mai dem berühmten Südtiroler Speck ein Festival.

Venetien/Veneto

Vier Produkte prägen Venetien kulinarisch: Reis, Polenta, Hülsenfrüchte und Stockfisch. Doch während man in der ehemaligen Handelsmetropole Venedig Reis und Polenta vor allem mit frischem Fisch und Meeresfrüchten kombiniert, überwiegen im ländlichen Venetien Gemüse wie Spargel, Brokkoli und Radicchio sowie Wurstspezialitäten wie die *soppressata*. Regionale Köstlichkeiten kann man im September auf dem Bleichselleriefest in Rubbio di Conco verkosten.

Friaul-Julisch Venetien/Friuli Venezia Giulia

Schon frühzeitig mischten sich in dieser Region österreichische, ungarische, slowenische und kroatische kulturelle und kulinarische Einflüsse. Das berühmteste Produkt ist zweifelsohne der luftgetrocknete milde San-Daniele-Schinken und der Montasio-Käse. Aus Collio und Grave del Friuli kommen hervorragende Weißweine. Grappa und Maraschino sind in aller Welt bekannt. Dem Schinken ist im August die Aria di Festa in San Daniele gewidmet, ein fröhliches Fest mit Musik und Produktverkostungen.

Emilia-Romagna/Emilia-Romagna

Schweinefleisch, Tortellini, Parmesan und nicht zuletzt einer der edelsten Essige der Welt, der *aceto balsamico tradizionale*, haben die Emilia-Romagna bei Feinschmeckern bekannt gemacht. Aus Parma stammt der gleichnamige luftgetrocknete Schinken, aus Bologna die *mortadella* und aus Felino eine würzige Salami. Weitere Wurstspezialitäten sind der *culatello di Zibello* und der Schinken von Langhirano. In Borgotaro findet im September alljährlich das Sagra del fungo porcino, das Steinpilzfest, statt.

Toskana/Toscana

Eine der beliebtesten Urlaubsregionen für Genießer ist die Toskana. Ihre einfache Küche gründet sich auf die hohe Qualität der Rohmaterialien. Besonders schmackhafte Beispiele dafür sind neben dem weltbekannten Olivenöl die Wursterzeugnisse aus der Schweinerasse *cinta senese*, der aromatische Speck aus Colonnata und das Fleisch der Chianina-Rinder in der Maremma. Und natürlich die Weine aus dem Chianti, an deren Spitze der *Brunello di Montalcino* und der *Vino Nobile di Montepulciano* stehen.

Umbrien/Umbria

Schwarze Trüffeln und die Wurst aus Norcia haben Umbrien weit über die Landesgrenzen hinaus berühmt gemacht. Auch die feinen Linsen aus Castelluccio, die Kartoffeln aus Colfiorito und das grüne kaltgepresste Olivenöl sind bei Feinschmeckern bekannt. Die bekanntesten Weine sind der weiße *Orvieto* und der *Sangrantino di Montefalco*, einer der besten italienischen Rotweine. Jeden Oktober findet in Perugia die Eurochocolate statt, eine Messe rund um die Schokolade.

Marken/Marche

Die vielfältige Küche der Marken zwischen Adria und Apennin basiert auf hervorragenden Produkten aus Land und Meer: Trüffeln aus Acqualagna, Wurst und Schinken aus Fabriano, Fleisch und frischer Fisch. Besonders große und aromatische Früchte bringt die lokale Olivensorte Asolane hervor. Von den Weinen sind vor allem der weiße *Verdicchio del castelli di Jesi* und der Rotwein des Conero sowie der *Lacrima di Morro* (Rotwein) beachtenswert.

Latium/Lazio

Im Latium und rund um die Ewige Stadt Rom wird vor allem bäuerlich deftig gekocht. Grundlage ist die jahrtausendealte landwirtschaftliche Tradition, zu der das zarte Milchlamm an Ostern ebenso gehört wie nahrhafte Pastagerichte und Innereien. Die wichtigsten Gemüse sind Artischocken, Bohnen, Erbsen, Zucchini, Sellerie, Kartoffeln, Linsen und Oliven. Und eines der schönsten kulinarischen Feste ist das Erdbeerfest in Nemi. Nicht nur die süßen Früchte, auch Eis, Wein und Likör aus Erdbeeren kann man hier im Juni verkosten.

Abruzzen/Abruzzo

Viehzucht und Ackerbau prägen die raue Bergregion, deren kulinarische Eckpfeiler Nudeln, Gemüse und Fleisch sind. Geschmacklich regiert hier der *peperoncino*, die kleine, höllisch scharfe Chili, die fast alles würzt. Die wichtigsten regionalen Produkte sind Safran, handwerklich hergestellte Pasta, Olivenöl und Käse, vor allem *pecorino* und *scamorza*. Unbedingt probieren sollte man den körperreichen Rotwein *Montepulciano d'Abruzzo*.

Die ligurische Küste bei Genua bietet landschaftliche und kulturelle Sehenswürdigkeiten.

Molise/Molise

Von den Bergketten des Apennin bis ans Meer reicht das kleine schmale Gebiet der Molise. Schafe und Ziegen werden hier immer noch traditionell in Herden gehalten und vor allem wegen ihrer Milch gezüchtet. Die würzigen Schafs- und Ziegenkäse aus Agone sind auch außerhalb der Region bekannt, ebenso deftige Wurstspezialitäten wie die *salsiccia ferrazzanese*, die mit Chillies und Fenchelsamen aromatisiert ist. Auf dem Zwiebelfest in Isernia werden im Juni Zwiebeln angeboten, denen man früher besondere Heilkräfte nachsagte.

Kampanien/Campania

Auf den fruchtbaren Lavaböden rund um den Vesuv reifen unter besten klimatischen Bedingungen Tomaten, Paprika, Artischocken, Fenchel und Zitrusfrüchte heran. Sie prägen die Küchen Kampaniens ebenso wie Fisch und Meeresfrüchte, neapolitanische Pasta und der berühmte *mozzarella di bufala* aus der aromatischen Milch der Wasserbüffel. Immer beliebter wird der frische und zugleich würzige Zitronenlikör *Limoncello*.

Apulien/Puglia

Gemüse, Olivenöl, Pasta und Wein sind die Säulen der apulischen Küche. Die Kornkammer Italiens, wie die Region heute auch genannt wird, liefert einen Großteil des Hartweizens für die Nudelproduktion. Zugleich ist Apulien der größte Olivenölproduzent des Landes. Nach traditionellen Rezepturen werden hochwertige eingelegte Gemüse- und Wurstspezialitäten hergestellt. Die kräftigen Rotweine, allen voran *Primitivo* und *Malvasia*, kann man auf dem volkstümlichen Weinfest in Orsara im Juni verkosten.

Basilikata/Basilicata

Umringt von den Provinzen Kampanien, Apulien und Kalabrien liegt die vom Tourismus noch nicht sonderlich entdeckte Basilikata. Hier soll die Geburtsstätte der *salsiccia* sein, die ebenso wie die zweite Wurstspezialität, die *soperzata*, bereits in der Antike hergestellt wurde. Weitere bekannte Produkte der Region sind Austernpilze und *peperoncini*. Als *Barolo* des Südens wird der bekannte Rotwein *Aglianico del Vulture* gepriesen, einer der wichtigsten Weine Italiens.

Aromatisches Olivenöl ist in vielen Regionen eines der wichtigsten Produkte.

Kalabrien/Calabria

Strategisch günstig zwischen dem Tyrrhenischen und dem Ionischen Meer liegt Kalabrien, das seit jeher fremde Herrscher angelockt hat: Griechen, Germanen, Araber, Franzosen und Spanier. Heute gedeihen hier unter der südlichen Sonne mit die besten italienischen Zitrusfrüchte, Feigen, Aprikosen, Pflaumen, Mandeln und Bergamotten, eine Pomeranzenart, aus der ein ätherisches Öl für die Parfümherstellung gewonnen wird. Berühmt sind auch die Auberginen und die roten Zwiebeln aus Tropea.

Sizilien/Sicilia

Thunfisch und Langusten aus Trapani, Schwertfisch aus Messina – die größte Insel des Mittelmeers ist ein Paradies für Fischliebhaber. Doch sie hat weit mehr zu bieten als „nur" Neptuns Schätze. Hier werden vor allem Zitrusfrüchte und aromatische Gemüse wie Kürbis und Zucchini angebaut und entlang der Salzstraße zwischen Trapani und Marsala in großen Salinen Meersalz gewonnen. Weitere Spezialitäten sind die bunten Marzipanfrüchte aus Martorana und süße Dessertweine wie der *Marsala*.

Sardinien/Sardegna

Die kulinarischen Spezialitäten dieser Insel basieren auf der Viehzucht und dem früher eher bescheidenen Leben der Bauern und Hirten. Rund 1000 verschiedene Schaftskäsearten soll es hier geben. Unbedingt probieren sollte man auch das hauchdünne, knusprige sardische Brot, *pane frattau*, luftgetrocknete Würste wie die Wildschweinsalami und den Honig aus Asfodelo. Die bekanntesten Weine sind der kräftige rote *Cannonau* und der leichte weiße *Vermentino*.

Im Nordwesten Italiens liegt das Aostatal. Die kleinste Region Italiens grenzt nördlich an die Schweiz und westlich an Frankreich (rechts).

In einigen italienischen Regionen sind die Trüffelmessen ein Höhepunkt im kulinarischen Kalender (rechts).

Auf dem Markt in Maratea in der Basilikata scheint die Zeit noch ein wenig stehen geblieben zu sein. Hier wird Obst und Gemüse noch von Hand abgewogen.

Italienische Märkte

Eines der größten Vergnügen ist für viele Italien-Reisende ein Bummel über einen der vielen bunten Märkte, die man in jedem Dorf und in jedem Stadtviertel findet. So verlockend, sinnenfroh und lebendig wie in den Straßen, auf den Plätzen und in den Markthallen Italiens werden *alimentari* (Lebensmittel) kaum anderswo präsentiert. Was hier angeboten wird, kommt frisch aus der Region: Gemüse, Fisch und Fleisch, hausgemachte Pasta, Käse, Wurst, Brot und Wein – zum Teil direkt von den Bauern, Fischern und Winzern. Es gibt kaum eine bessere und schönere Gelegenheit, sich einen Überblick über die lokalen Produkte zu verschaffen.

Anders als beim Einkaufen im Supermarkt ist der Einkauf auf dem Markt kein schnelles Vergnügen. Qualität und Preise der meist regionalen Produkte wollen verglichen sein, und nicht immer findet man auf Anhieb die Waren, die man ursprünglich auf dem Einkaufszettel notiert hatte. Denn das Angebot richtet sich auf den bäuerlichen Märkten nach der Jahreszeit – einheimische Obst- und Gemüsesorten haben eben nicht immer Saison. Doch italienische Hausfrauen sind flexibel: Ihr Speiseplan richtet sich eben nach dem, was sie auf dem Markt gerade erstanden haben.

Lebensmittelmärkte sind in der Regel immer nur vormittags, meist zwischen 8 und ca. 13 Uhr geöffnet – im Gegensatz zu anderen Märkten, auf denen die Händler, abgesehen von einer langen Mittagspause, oft bis in den späten Abend hinein ihre Waren anbieten.

Ein alltägliches Bild in Italiens Straßen: die offenen Lieferwagen der Obst- und Gemüsebauern (oben).

Stolz präsentiert der Inhaber eines Feinkostgeschäfts seine Salami-Spezialitäten (unten links).

Das Schönste beim Einkaufen ist die anschließende Rast in einer kleinen Osteria (unten rechts).

Hochwertiges, kaltgepresstes Olivenöl hat Italiens Küchenschätze auf der ganzen Welt berühmt gemacht.

Italiens kulinarische Botschafter

Pizza, Pasta, Parmesan, Salami und Schinken, Olivenöl und Wein sind fast auf der ganzen Welt die bekanntesten Botschafter der italienischen Küche. Pasta ist die Seele der italienischen Küche. Es gibt sie in unzähligen Variationen, Formen und Farben – und ebenso vielen Zubereitungen. Am bekanntesten sind weltweit sicher Spaghetti, klassisch mit Tomatensauce und frisch geriebenem Parmesan, dem international berühmtesten italienischen Hartkäse.

Auf Platz zwei stehen ganz sicher Salami und Parmaschinken. Mit großem handwerklichen Können und viel Geduld stellen die Metzger auch heute noch Schinken- und Wurstspezialitäten nach alten Rezepturen her. Die schonenden Verarbeitungsprozesse garantieren den herausragenden Geschmack und den unverwechselbaren Charakter von Schinken und Salami. Bereits 18 italienische Schinken- und Wurstspezialitäten haben eine von der EU geschützte Ursprungsbezeichnung errungen, die ihre außergewöhnliche Qualität garantiert.

Schon in der Antike wurde Olivenöl sowohl als Nahrungs- wie auch als Heilmittel verwendet. Heute schwören Kenner weltweit auf kaltgepresstes Öl aus handgepflückten Oliven.

Neben der Pizza ist Italiens berühmtestes kulinarisches Produkt sicher die Eiscreme, der Inbegriff von Urlaub, Süden, Sonne und Meer. Rund 1 500 Eiscremesorten soll es im Bel Paese geben – und jedes Jahr kommen neue hinzu. Ein Grund mehr, das süße Leben im Ursprungsland zu genießen.

Italien ist ein Nudelparadies – die typischen Spaghetti mit Bologneser Sauce bringen vielen Kindern schon früh die italienische Küche nahe (rechts oben).

Der Käse Parmigiano Reggiano *– aus der Reggio-Emilia – genießt weltweit unter der landläufigen Bezeichnung „Parmesankäse" eine enorme Popularität als typisch italienisches Produkt.*

Rund 1500 verschiedene Eiscremesorten gibt es in Italien. Und ständig kommen neue dazu (unten).

PARMIGIANO
REGGIANO
COOP
12

Aperitivi

Der Aperitivo – Kult und Kultur

Längst ist *l'aperitivo*, der kleine Drink vor dem Abendessen, vor allem in Nord- und Mittelitalien zur Institution geworden. Er ist Ritual und Lebensgefühl zugleich. Man trifft sich im Freundeskreis oder mit Geschäftspartnern in einer der unzähligen kleinen Bars, um neue private oder berufliche Kontakte zu knüpfen, bestehende zu pflegen oder ganz einfach, um eine kleine Zäsur zwischen Berufsalltag und Familienleben zu setzen – und um dabei gesellschaftliche Präsenz sowie *bella figura* zu zeigen (diese häufig benutzte italienische Phrase bedeutet, dass man weiß, was an Wichtigem geschieht, und die richtigen Leute und Plätze kennt).

Besonders beliebt ist der gesellige italienische Start in den Feierabend in Mailand, der eleganten und glamourösen Hauptstadt der Lombardei. Die zweitgrößte Stadt Italiens ist Wirtschafts-, Mode- und Medienzentrum. Was hier im Trend liegt, prägt wenig später auch das Leben in den anderen Metropolen des Landes. Mailand soll übrigens auch die Geburtsstätte des Aperitivo gewesen sein. Tatsache ist: In den Bars und Cafés rund um den Dom scheint sich allabendlich alles, was Rang und Namen hat oder dazugehören will, auf ein Gläschen zu treffen – im Stehen oder in einem der bequemen Korbstühle vor den Cafés der schönsten Einkaufspassage Italiens, der Galleria Vittorio Emanuele II, in der die Mailänder nicht nur beim Aperitivo ihrem Volkssport frönen: Leute beobachten.

Bars sind beliebte Treffpunkte zum Sehen und Gesehenwerden – während man sich vom Kellner mit Drinks verwöhnen läßt.

Die Galleria Vittorio Emanuele II gilt als Italiens schönste überdachte Einkaufspassage.

Die Galleria Vittorio Emanuele II

Seit ihrer Eröffnung im Jahr 1867 verbindet die Galleria Vittorio Emanuele II den Platz vor dem Mailänder Dom mit dem Platz vor dem Mailänder Opernhaus, der weltberühmten Scala. Die Passage besteht aus zwei 14 Meter breiten Einkaufsstraßen mit Marmorboden, die von Gewölben aus Stahl und Glas überdacht sind. Über ihrem Schnittpunkt wölbt sich in 47 Meter Höhe eine Glaskuppel, deren Innenmaße denen des Petersdoms gleichen. Guiseppe Mengoni, der Architekt des monumentalen Bauwerks, konnte dessen Fertigstellung nicht mehr erleben. Kurz vor Ende der Bauzeit stürzte er von einem Baugerüst in den Tod.

An der Ecke zum Domplatz liegt das Caffé Zucca, das frühere Caffé Camparino. Gaspare Davide Campari hatte sich hier seinen Lebenstraum erfüllt, als er bereits einige Jahre vor Fertigstellung der Galleria eine kleine Bar kaufte, um seinen *Bitter d'Olanda*, seinen Holländisch-Bitter, auszuschenken. Er wurde dabei kräftig unterstützt von seiner Frau Letizia, die eine geschickte Verkäuferin war und den Holländisch-Bitter unter dem Namen *Campari* populär machte.

Für einen klassischen Campari braucht man erstens ein schmales, hohes Glas, um das Aroma zu erhalten. Zweitens darf der Campari „den Hals nicht beleidigen", er darf also weder zu kalt noch zu warm sein, und drittens gehört ein Schuss Sodawasser dazu. In Italien und anderen Ländern wird Campari Soda auch fertig gemischt in kleinen, konischen Fläschchen angeboten, ein Markenzeichen seit den 30er-Jahren des letzten Jahrhunderts und mittlerweile ein Designklassiker mit hohem Wiedererkennungswert.

Punt e Mes

Cinzano rosso

Cynar

Campari

Campari (in Italien: Campari Bitter oder einfach nur Bitter) ist der Markenname für einen roten Kräuterlikör mit bittersüßem Geschmack, der 1862 in Mailand kreiert wurde. Der leicht bittere Geschmack und die rubinrote Farbe machten den Campari bald zu einem beliebten Bestandteil von Mixgetränken. Erfunden wurde er allerdings als Magenbitter. An seiner Rezeptur hat der damals in Italien lebende schwedische Kräuterdoktor Fernet mitgewirkt.

Bis heute wird der Campari nach dem Originalrezept hergestellt, das ein gut gehütetes Familiengeheimnis ist. Es heißt, dass 86 verschiedene Wurzeln, Kräuter, Gewürze und Früchte die Basis dieses Bitters bilden. Die Farbe stammt aus dem natürlichen Farbstoff Koschenille (E 120), den man aus Schildläusen gewinnt. Diese werden in der Sonne getrocknet und anschließend gemahlen. Die Zutaten für den Campari werden in destilliertem Wasser eingeweicht und mit Ethanol versetzt. Nach einigen Tagen wird die Mischung in mehreren Filterdurchgängen von Trübstoffen gereinigt, in große, innen verglaste Behälter gefüllt und mit Wasser und Zuckersirup auf Trinkstärke gebracht (Alkoholgehalt: 25 Vol.-%). Nach 30 Tagen Ruhezeit wird das Getränk nochmals gefiltert und in Flaschen abgefüllt.

Tramezzini al prosciutto e rucola

Für tramezzini eignet sich Sandwichbrot am besten. Zunächst ringsum die Rinde abschneiden.

8 Brotscheiben nebeneinanderlegen und gleichmäßig mit einer Salatmayonnaise bestreichen.

Vom Rucola die groben Stiele entfernen und die Blätter gleichmäßig auf 4 Brotscheiben verteilen.

Gekochten Schinken und Tomatenscheiben auf den Rucola legen, dann salzen und pfeffern.

Die Tomaten mit Basilikumblättern garnieren, dann mit den restlichen 4 Brotscheiben bedecken.

Jedes Sandwich diagonal durchschneiden und die tramezzini portionsweise auf Tellern anrichten.

Tramezzini al prosciutto e rucola Sandwich mit Schinken und Rucola

1/2 Bund Rucola
8 Scheiben Sandwichbrot
2 EL Mayonnaise
150 g gekochter Schinken
2 Tomaten, in Scheiben geschnitten
Salz
frisch gemahlener Pfeffer
einige Basilikumblätter

Den Rucola waschen, trocken schleudern und die groben Stiele entfernen. Die Brotscheiben entrinden und mit der Mayonnaise bestreichen. 4 Scheiben mit dem Rucola belegen, dann Schinken und Tomaten daraufgeben. Mit Salz und Pfeffer würzen, das Basilikum darauf verteilen und mit den restlichen Brotscheiben belegen. Jedes Sandwich einmal diagonal durchschneiden – den gekochten Schinken kann man auch durch Parmaschinken, Mortadella oder Mozzarellascheiben ersetzen.

Tramezzini di tonno Sandwich mit Thunfisch

185 g Thunfisch in Öl aus der Dose
1 EL Kapern
2 Eier, hart gekocht
8 Kopfsalatblätter
8 Scheiben Sandwichbrot
3–4 EL schwarze Olivenpaste

Den Thunfisch abtropfen lassen, dann mit einer Gabel zerpflücken. Die Kapern fein hacken und unter den Thunfisch mengen. Die Eier schälen und in gleichmäßige Scheiben schneiden. Die Salatblätter waschen und trocken schleudern. Die Brotscheiben entrinden und mit Olivenpaste bestreichen. Die Thunfisch-Kapern-Mischung auf 4 Brotscheiben verteilen. Mit Eischeiben und jeweils 2 Salatblättern bedecken, dann die restlichen Brotscheiben darauflegen. Jedes Sandwich einmal diagonal durchschneiden.

Tramezzini di gamberi Sandwich mit Garnelen

150 g kleine gekochte Garnelen, ausgelöst
1 EL Limettensaft
Salz
frisch gemahlener Pfeffer
2 Eier, hart gekocht
4 EL Mayonnaise
4 Kopfsalatblätter
8 Scheiben Sandwichbrot

Die Garnelen mit Limettensaft, Salz und Pfeffer würzen. Die Eier schälen und hacken. Die Garnelen mit den Eiern und 2 Esslöffeln Mayonnaise vermengen. Die Salatblätter waschen und trocken schleudern. Die Brotscheiben entrinden, 4 Scheiben mit der restlichen Mayonnaise bestreichen. Die Garnelenmischung auf die anderen 4 Brotscheiben verteilen, jeweils mit 1 Salatblatt bedecken. Die restlichen Brotscheiben darauflegen und jedes Sandwich einmal diagonal durchschneiden.

Spritz und Ombretta

Bereits Ende des 18. Jahrhunderts wurde der Aperitivo in den großen Kaffeehäusern von Mailand, Turin, Venedig, Florenz, Bologna, Rom und Neapel zelebriert. In Friaul-Venetien und im größten Teil des Veneto genießt man ihn heute am frühen Abend mit Wein und kleinen Häppchen. Beliebt ist der Spritz (venezianisch Spriz, sprich: „s-prietz"), eine Kreation aus Weißwein aus dem Veneto, Sodawasser und einer Beigabe *(correzione)* von Bitter (Campari oder Aperol), Eis und einer Zitronen- oder Orangenscheibe.

Venedig ist auch die Heimat der als *ombra* oder *ombretta* bezeichneten Gewohnheit, bereits am Vormittag ein Gläschen Wein zu trinken. Die leichten, zartgliedrigen moussierenden Weine aus der Proseccotraube sind dafür ebenso geeignet wie ein lieblich frischer Garda Cortese oder ein trockener Verdicchio mit der angenehmen Note von Aprikosen und Holunderblüten.

Schatten am Canale Grande

Dai, andemo a bèver un'ombra! (Komm, lass uns ein Gläschen trinken!) – diese Aufforderung hört man in Venedig oft schon am späten Vormittag auf den Straßen und Plätzen der Stadt. Dann füllen sich die *Bacari*, schlicht möblierte Stehbars mit einem überschaubaren Angebot an Wein und *Tramezzini*, zum ersten Mal mit Einheimischen.

Ombra (ital.: Schatten) ist der venezianische Begriff für ein Glas Wein, ein Gläschen, um es genau zu nehmen, denn es fasst nicht mehr als 100 ml. Bei rund 50 000 Ombre, die pro Tag getrunken werden, kommt insgesamt dennoch eine hübsche Menge zusammen.

Der Begriff stammt – so erzählen die alten Venezianer – aus der Zeit, als in den heißen Sommermonaten auf dem Markusplatz den Passanten und Besuchern kühler Wein zur Erfrischung angeboten wurde. Um ihn vor der Sonne zu schützen, folgten die Weinverkäufer mit ihren Karren dem über den Platz wandernden Schatten des Glockenturms von San Marco. Die fliegenden Weinhändler gibt es schon lange nicht mehr, der Ombra aber ist geblieben.

Die Bar

Eine Bar ist für Italiener – anders als für den Rest der westlichen Welt – weit mehr als nur ein Ort, an dem man alkoholische Getränke zu sich nimmt. Das Wort *bar* bezeichnet in Italien meistens eine kleine gastronomische Einrichtung, die sich in fast jeder Straße einer Stadt findet. Hier trifft man sich bereits morgens, um meist im Stehen einen Espresso oder Cappuccino zu trinken und eine *brioche*, ein *cornetto* (süßes Hörnchen) oder ein *panino* (belegtes Brot) zu essen. Im Lauf des Tages schauen Arbeiter, Angestellte und Hausfrauen vorbei, um in einer der ausgelegten Zeitungen zu blättern oder den neuesten Klatsch aus der Nachbarschaft auszutauschen. Am Nachmittag füllt sich die Bar dann mit Jugendlichen, die ihr Abendprogramm planen, und etwas später mit Geschäftsleuten, die schnell auf einen Aperitivo vorbeischauen. Abends treffen sich dann, vor allem in den ländlichen Gebieten, an den kleinen Tischen neben der Bar die älteren Männer zum Kartenspiel. Solange es die Witterung erlaubt, stellt der Wirt die Stühle auf die Straße, und man beobachtet das Treiben auf der Piazza.

Die italienische Bar hat noch eine weitere Besonderheit. Meist steht gleich bei der Tür die Kasse auf dem Tresen. Hier gibt man seine Bestellung auf, bezahlt und erhält die Rechnung auf einem kleinen Papierstreifen, dem *scontrino*, den man beim Barmann mit seiner Bestellung abgibt. Wer im Stehen trinkt und isst, zahlt in der Regel übrigens weniger als die Gäste, die an den Tischen sitzen. Gratis sind die in ganz Italien zum Aperitif gereichten eingelegten grünen und schwarzen Oliven sowie Schälchen mit Nüssen und Salzgebäck.

Für einen klassischen Bellini *schält man zunächst einen weißen Pfirsich und püriert das Fruchtfleisch im Mixer.*

Dann gibt man einen Löffel Fruchtpüree in ein eisgekühltes Sektglas und füllt das Glas mit kaltem Prosecco auf.

Spremuta di frutta
Fruchtsaft-Cocktail

2 Limetten
4 TL brauner Rohrzucker
zerstoßenes Eis
600 ml frisch gepresster Orangensaft
4 frische Minzezweige

Die Limetten achteln, auf 4 Gläser verteilen und mit dem Rohrzucker zerstoßen. Die Gläser zu 2/3 mit zerstoßenem Eis auffüllen und den Orangensaft angießen. Mit den Minzezweigen garnieren.

Bellini
von Giuseppe Cipriani, Harry's Bar, Venedig, 1948

1 großer weißer Pfirsich
400 ml Prosecco oder Champagner

Den Pfirsich schälen, vierteln und den Stein entfernen. Das Pfirsichfleisch pürieren und in 4 hohe, eisgekühlte Sektgläser verteilen. Mit dem Prosecco aufgießen und sofort servieren.

Spritz

60 ml Aperol
100 ml trockener Weißwein, eisgekühlt
100 ml eiskaltes Sodawasser

Den Aperol und den Weißwein in ein Weinglas geben und mit Sodawasser auffüllen.

Gingerino col Bianco

Saft von 1/2 Zitrone
Zucker
100 ml Gingerino (alkoholfreies Erfrischungsgetränk)
100 ml Weißwein
1 Limettenscheibe

Den Rand eines Cocktailglases mit dem Zitronensaft befeuchten und so in Zucker tauchen, dass das Glas einen Zuckerrand bekommt. Gingerino und Weißwein hineingeben und mit der Limettenscheibe dekorieren.

Ernest Hemingway und Harry's Bar

Sie gilt geradezu als Aushängeschild der Barkultur – und das nicht nur in Venedig, sondern international: Harry's Bar. Gegründet wurde sie 1931 von Giuseppe Arrigo Cipriani dank einer kräftigen Kapitalspritze seines Freundes Harry Pickering, dem die Bar auch ihren Namen verdankt. Bald war sie nicht nur wegen der Qualität ihrer Getränke, sondern auch wegen verschiedener kleiner Speisen berühmt, insbesondere für die famosen Hähnchen-Sandwiches. Was Harry's Bar aber vor allem auszeichnete, war Giuseppe Ciprianis sechster Sinn für vollendete Gastgeberschaft, sein feines Gespür für die Wünsche und sein Verständnis für die Launen seiner Gäste. Eine eigene Erfindung des Hauses, ein Drink aus püriertem weißen Pfirsich und Schaumwein, trat unter dem Namen *Bellini* ihren Siegeszug um die ganze Welt an.

Schon bald nach dem Zweiten Weltkrieg wurde Harry's Bar zum Anziehungspunkt für den internationalen Jetset, für Größen wie Orson Welles, Lauren Bacall, Truman Capote und den Literatur-Nobelpreisträger Ernest Hemingway, der ihr literarische Unsterblichkeit in seinem Roman *Über den Fluss und in die Wälder* verlieh. 1980 übernahm Giuseppes Sohn Arrigo die Leitung der Bar und veränderte – nichts. Noch heute ist das Lokal hinter dem Markusdom eine Pilgerstätte für alle Bar-Aficionados.

Ein Besuch in der legendären Harry's Bar in der Calle Vallaresso ist für jeden Venedig-Besucher Pflicht wie die Gondeln und die Tauben am Markusplatz.

Negroni-Cocktail
Hotel Baglioni, Florenz, 1920

20 ml Campari
20 ml süßer roter Vermouth
20 ml Gin
3 Spritzer Angostura
Sodawasser
1 Orangenscheibe

In einem Tumblerglas Campari, Vermouth, Gin und Angostura verrühren. Ein wenig Sodawasser angießen und den Cocktail mit der Orangenscheibe dekorieren.

Americano

20 ml Campari
20 ml süßer Vermouth
20 ml trockener Vermouth
1/2 Zitronenscheibe
Sodawasser

In einem Tumblerglas Campari mit den beiden Vermouth-Sorten verrühren und mit etwas Sodawasser auffüllen. 2 Eiswürfel und die Zitronenscheibe hineingeben.

Vermouth

Vermouth ist die Bezeichnung für einen mit Gewürzen und Kräutern aromatisierten süßen Wein, der gern als Aperitif serviert wird. Seinen Namen verdankt er dem Wermutkraut, dessen bitteres Aroma den Geschmack des Vermouths prägt. Der berühmte Arzt Hippokrates hatte schon im 5. Jahrhundert v. Chr. erkannt, dass Wein, der mit Wermutkraut angereichert wurde, anregend und wohltuend für den Magen ist. Der erste Vermouth wurde im späten 18. Jahrhundert im Piemont von der Familie Cinzano hergestellt. Cinzano ist die älteste heute noch existierende italienische Vermouth-Marke und feierte im Jahr 2007 ihr 250-jähriges Bestehen.

Die erste offizielle Lizenz zur Erzeugung von Vermouth in Italien, die sogenannte „Licenza No. 1", erhielt 1863 das Turiner Unternehmen Martini & Rossi. Auch heute noch ist Martini der beliebteste und meistgekaufte Vermouth in Italien. Ein echter italienischer Vermouth wird übrigens aus der Muscato-d'Ásti-Traube hergestellt, was in Italien seit 1933 gesetzlich vorgeschrieben ist.

Trinken, Reden, Entspannen

Es gibt viele gute Gründe für einen Aperitivo. Mit dem kleinen Appetitanreger kann man den Stress des Alltags vor dem Essen loswerden und sich schnell in Vorfreude auf das kommende Menü und die Tischgesellschaft versetzen. Der Aperitif ist für Gastgeber eine willkommene Empfangsgeste, weil die Gäste nicht mit leeren Händen warten müssen, bis auch die letzten eingetroffen sind. Und der Feinschmecker liebt ihn eben wegen seiner appetitanregenden Wirkung. Dazu gehört auch – neben einem mäßigen Alkoholgehalt –, dass er zumeist Bestandteile enthält, die „den Magen öffnen" – seien es nun saure oder bittere Stoffe. Bestimmte Kräuterbitter, Vermouth oder Obstsäfte erfüllen diese Funktion ebenso wie ein kleines Bier. Ein spritziger, junger Weißwein lockert nicht nur die Zunge, sondern belebt durch seine Säure auch den Gaumen.

In Frage kommen als Aperitif sowohl alkoholische als auch alkoholfreie Getränke. Sie sollen anregend wirken und den Gaumen auf die kommenden Genüsse einstimmen. Eines dürfen sie aber auf keinen Fall: sättigen. Daher sind – zumal bei Cocktails oder Longdrinks – Kreationen mit Ei oder Sahne tabu, nicht zuletzt auch deshalb, weil diese Zutaten die Geschmacksknospen zu sehr beanspruchen. Für alkoholfreie Aperitifs eignen sich frisch gepresste Gemüse- oder Obstsäfte, ob nun pur, mit Mineralwasser verdünnt oder zu erfrischenden Cocktails gemischt.

Gern wird als Aperitif auch ein *frizzante* (Perlwein), *spumante* (Schaumwein) oder *talento* (Schaumwein mit Flaschengärung) gereicht, die durch ihr Prickeln erfrischen, die Zunge lösen und gute Laune garantieren. Zu kalt sollte man sie nicht servieren, damit das feine Bukett optimal zur Geltung kommt. Mixgetränke auf Fruchtbasis werden häufig mit einem Spumante oder Frizzante zu leichten, erfrischenden Aperitifs aufbereitet.

Auch das nachfolgende Essen bzw. die dafür vorgesehenen Weine spielen bei der Wahl des richtigen Aperitifs eine Rolle. So ist es keine glückliche Kombination, einen süßen oder Likörwein als Aperitif anzubieten, wenn der erste Gang von einem leichten, trockenen Weißwein begleitet wird. Und auf eisgekühlte Drinks sollte man verzichten, wenn der erste Gang eine heiße Suppe ist.

Chi comincia bene è a metà dell'opera (Wer gut beginnt, ist schon auf halbem Weg), sagt ein italienisches Sprichwort. Deshalb ist die wichtigste Regel für einen gelungenen Start in den Abend: Den Aperitivo stets mit Muße und natürlich in angenehmer Gesellschaft genießen.

Traditionell und trendig ist die Rosa Rosae Bar in der Via Clavature in Bologna. Hier trifft man sich gern auf einen Aperitivo mit Freunden.

Bier im Land des Weins

Lange Zeit war Italien ein weißer Fleck auf der Bierkonsum-Weltkarte. Das hat sich in den letzten zwei Jahrzehnten geändert. Italien ist heute das wichtigste Importland für Bier aus Bayern: Fast die Hälfte des Bierexports aus dem Freistaat geht nach Italien. Das Jahr 2003 war für die Biergeschichte Italiens ein historisches Jahr. Erstmals stieg der Pro-Kopf-Konsum auf über 30 Liter an. Neben den großen oberitalienischen Biermarken Wührer (Brescia), Dreher (Triest) und Forst (Meran) findet man häufig auch deutsche Biere auf den Getränkekarten. Der typische italienische Biertrinker, so fanden Statistiker heraus, ist zwischen 25 und 44 Jahre alt und wohnt in einer der größeren Städte Norditaliens. Rund die Hälfte des Biers konsumiert er außer Haus, und das beliebteste Essen zum Bier ist die Pizza.

Antipasti e Salumi

Antipasti, Würste und Schinken

Eine der schönsten und köstlichsten kulinarischen Traditionen in Italien sind die *antipasti*, kalte und warme Kleinigkeiten, die Lust auf die folgenden Genüsse machen sollen. Um die Entstehung der Antipasti (wörtlich übersetzt: vor den Teigwaren) ranken sich viele Geschichten, und kaum eine italienische Provinz, die nicht für sich in Anspruch nähme, die Geburtsstätte der echten Antipasti zu sein.

Marcus Gavius Apicius, der Autor der ältesten erhaltenen Rezeptsammlung Italiens, hatte bereits im 1. Jahrhundert n. Chr. in seinem Kochbuch kleine Appetitmacher (lat.: *gustaciones*) wie Schinken mit Feigen, Aal in Rosmarinmarinade oder Singvogelzungen empfohlen. Und in den Straßen Roms und Pompejis boten Imbiss-Küchen frittierte Reiskugeln und Kichererbsenpfannkuchen für den kleinen Hunger zwischendurch an.

Auch die Rennaissance reklamiert die Antipasti als Erfindung ihrer Zeit. Bestandteil der üppigen Bankette waren damals kunstvoll dekorierte Buffets mit kalten Speisen, zu denen man süße und pikante Saucen reichte. Sie eröffneten und beendeten in der Regel ein frugales Mahl. Bis heute erinnert die Anordnung der Antipasti in vielen Restaurants noch immer an diese Tradition. Meist stehen die Kühlvitrinen mit den einladenden Vorspeisen-Platten in der Mitte des Gastraums oder am Eingang, und der Gast kann sich in Ruhe aus dem reichhaltigen Angebot aussuchen, welche Kostproben der Küchenkunst er probieren will.

Antipasti haben jedoch nicht nur luxuriöse Wurzeln. Viele der inzwischen klassischen Kleinigkeiten entstammen der Küche der Ärmeren. Schon immer siegten hier die Fantasie und der Einfallsreichtum über die bescheidenen Vorräte. Bestes Beispiel dafür ist die *bruschetta*, eine dicke Scheibe Bauernbrot, mit einer Knoblauchzehe aromatisiert und mit Olivenöl beträufelt. Mit reifen Tomatenscheiben belegt, wurde aus diesem bäuerlichen Alltagsgericht eine internationale Spezialität. Im Süden Italiens liebt man die *crostini*, geröstete Brotscheiben, die mit Pasten aus verschiedenen Gemüsen wie Artischocken, Auberginen, Oliven, Pilzen oder Spargel bestrichen sind.

Lange wurden Antipasti vor allem in Restaurants und bei großen Familienfesten serviert. Doch auch in Italien haben sich die Essgewohnheiten in den letzten Jahren verändert, und so ersetzen heute vor allem in

Antipasti sind ein Grundpfeiler der italienischen Küche. Das Angebot ist so vielfältig und abwechslungsreich, dass die Vorspeisen oft fast schon ein komplettes Menü ergeben.

den Großstädten immer häufiger Antipasti eine große Mahlzeit. Denn wie kaum ein anderer Gang in der Speisenfolge eignen sich die Antipasti auch „solo" vorzüglich für ein kleines Essen.

Das Beste vom Land und aus dem Meer

Das vielfältige Angebot an Antipasti wird in drei Kategorien aufgeteilt:

Affettati (Wurstaufschnitt), *antipasto misto* (gemischter Vorspeisenteller, oft auch ohne Fleisch oder Wurst) und *antipasto misto mare* (gemischter Vorspeisenteller mit Fisch und Meeresfrüchten).

Klassische *affettati* sind vor allem in Norditalien und in der Landesmitte beliebt. Sie bestehen meist aus verschiedenen Sorten Schinken und Salami, die durch regionale Spezialitäten wie Bresaola, Mortadella, Soppressata oder Zampone ergänzt werden. Dünn aufgeschnitten, mit Obst kombiniert oder mit eingelegtem Gemüse wie Artischockenherzen, Waldpilzen, Oliven und Perlzwiebeln serviert, sind sie eine zeitlose Delikatesse.

Antipasto misto war einst ein typisches Resteessen, zusammengestellt aus den Speisen, die nach großen Einladungen für die Dienerschaft übrig geblieben waren. Ein Gebot der italienischen Küche, *l'arte di arrangiarsi* (die Kunst zurechtzukommen), machte aus der Not schnell eine Tugend. Die Köche erfanden immer neue Kreationen, um die Speisereste auf schmackhafte Art zu veredeln.

Die Restaurants an der 7600 Kilometer langen italienischen Küste bieten eine beeindruckende Fülle von Antipasti misti mare an: frische, gebackene und panierte Meeresfrüchte, marinierte Muscheln und kleine frittierte Fische. Kaum ein anderes Gericht vereint nach Meinung von Feinschmeckern Neptuns Schätze geschmacklich so harmonisch wie der *insalata di frutti di mare*, der Meeresfrüchtesalat, an dessen Qualität oft die Fertigkeiten eines Kochs gemessen werden.

Gegrillte Auberginenscheiben mit Knoblauch in Essig und Öl

Eine kleine Auswahl von typischen Antipasti

Beliebte Antipasti

Olive ascolane
Gefüllte frittierte Oliven

30 große grüne Oliven, entsteint
150 g Salsiccia (grobe, gewürzte Bratwurst)
2 EL geriebener Parmesan
1 EL passierte Tomaten
Öl zum Ausbacken
Mehl zum Wenden
1 Ei, verquirlt
Semmelbrösel zum Wenden

Die Oliven mit Wasser abspülen und gut abtropfen lassen.
Das Wurstbrät aus der Haut herausdrücken und mit dem Parmesan und den passierten Tomaten vermengen. In die Oliven füllen und die Öffnungen zusammendrücken.
Das Öl in einer Fritteuse auf 175 °C erhitzen. Die gefüllten Oliven in Mehl wenden, durch das Ei ziehen und anschließend in den Semmelbröseln wenden. Dann im heißen Öl goldbraun ausbacken, auf Küchenpapier abtropfen lassen und warm oder kalt servieren.

Melanzane alla campagnola
Marinierte Auberginenscheiben auf ländliche Art

4 Auberginen
Salz
6 Tomaten
2 Knoblauchzehen
1/2 Bund Petersilie
Salz
frisch gemahlener Pfeffer
4 EL Olivenöl, plus etwas mehr zum Einfetten

Die Auberginen waschen, putzen und in 1 cm dicke Scheiben schneiden. Salzen und in einem Sieb 1 Stunde abtropfen lassen.
Inzwischen die Tomaten häuten, vierteln, entkernen und sehr fein würfeln. Den Knoblauch schälen und mit der Petersilie fein hacken, unter die Tomaten mischen, dann salzen und pfeffern. 2 Esslöffel Olivenöl unterrühren und alles etwas ziehen lassen. Den Backofen auf 200 °C vorheizen.
Die Auberginenscheiben mit Küchenpapier trocken tupfen, nebeneinander auf ein mit Öl bestrichenes Backblech legen, das restliche Olivenöl darüberträufeln, dann im Backofen auf jeder Seite 5 Minuten rösten.
Die gebackenen Auberginenscheiben mit der Tomatenmischung bestreichen und zu kleinen Türmchen stapeln.

Pomodorini ciliegia ripieni
Gefüllte Cocktailtomaten

500 g Kirschtomaten
200 g Schafskäse, in Würfel geschnitten
Salz
frisch gemahlener Pfeffer
2 EL Olivenöl
1 Bund Basilikum

Von den Tomaten einen Deckel abschneiden und entsorgen, dann die Tomaten entkernen. Den Schafskäse in kleine Würfel schneiden.
Die Tomaten innen mit Salz und Pfeffer würzen und mit den Käsewürfeln füllen. Mit dem Olivenöl beträufeln und erneut pfeffern.
Das Basilikum waschen und trocken schütteln, dann die Blätter abzupfen und die Tomaten damit garnieren.

Vongole veraci marinate
Marinierte Venusmuscheln

1 kg frische Venusmuscheln
1 Zwiebel
2 Knoblauchzehen
100 ml Olivenöl
250 ml trockener Weißwein
1 EL fein gehackte Petersilie
Saft von 1 Zitrone
Salz
frisch gemahlener Pfeffer
8 Jakobsmuschelschalen (beim Fischhändler erhältlich)

Die Muscheln abbürsten und 1 Stunde in kaltes Wasser legen, dabei das Wasser mehrmals wechseln. Anschließend geöffnete Muscheln wegwerfen. Zwiebel und Knoblauch schälen und in feine Würfel schneiden.

2 Esslöffel Öl in einem breiten Topf erhitzen, Zwiebel und Knoblauch darin glasig dünsten. Mit dem Wein ablöschen und einmal aufkochen. Die Muscheln hinzufügen und zugedeckt bei großer Hitze 3–4 Minuten garen, dabei den Topf mehrmals rütteln.

Die Muscheln mit einem Schaumlöffel aus dem Topf heben, geschlossene wegwerfen. Das Muschelfleisch aus den Schalen lösen und in eine Schüssel geben.

Die Petersilie mit Zitronensaft, Salz, Pfeffer und dem restlichen Olivenöl verrühren. Über das Muschelfleisch gießen und 30 Minuten ziehen lassen.

Die marinierten Muscheln in den Jakobsmuschelschalen anrichten.

Bruschetta
Geröstetes Brot mit Mozzarella

4 Scheiben toskanisches Landbrot
2 Knoblauchzehen
4 EL Olivenöl
150 g Büffelmilch-Mozzarella, in Scheiben geschnitten
2 Tomaten, in Scheiben geschnitten
Salz
frisch gemahlener Pfeffer
einige Basilikumblätter zum Garnieren

Die Brotscheiben auf dem Grill oder im Backofen auf beiden Seiten goldbraun rösten.

Den Knoblauch halbieren. Jede Brotscheibe mit einer Knoblauchhälfte einreiben und mit 1 Esslöffel Olivenöl beträufeln, dann halbieren.

Die Brothälften mit Mozzarella und den Tomaten belegen, salzen und pfeffern und mit den Basilikumblättern garnieren.

Salvia fritta
Gebackene Salbeiblätter

2 Eier
4 EL Mehl
1 Prise Salz
1 Msp. Trockenhefe
125 ml trockener Weißwein
250 g Büffelmilch-Mozzarella
32 große Salbeiblätter
Olivenöl zum Frittieren

Die Eier trennen. Das Eigelb mit Mehl, Salz, Trockenhefe und Weißwein glatt rühren. Den Teig 30 Minuten quellen lassen. Dann das Eiweiß sehr steif schlagen und unter den Teig heben.

Den Mozzarella in 8 Scheiben schneiden, dann jede Scheibe halbieren. 16 Salbeiblätter mit Mozzarella belegen, die restlichen Salbeiblätter darauflegen und andrücken.

Das Öl in der Fritteuse oder einer tiefen Pfanne auf 175 °C erhitzen. Die Salbeipäckchen einzeln durch den Teig ziehen und portionsweise im heißen Öl goldbraun frittieren. Vor dem Servieren kurz auf Küchenpapier abtropfen lassen.

Insalata caprese di bufala

Mozzarella

Nichts repräsentiert die Farben der italienischen Flagge so köstlich wie frisches Basilikum, zarter Mozzarella und aromatische Tomaten.

Mozzarella ist ein frischer, zarter, weißer Käse mit einem leicht süßlichen Unterton. Er gehört zur Gruppe der Pasta-Filata-Käse (ital.: *filare:* ziehen). Der Brühkäse wird zu Kugeln, Zöpfen oder anderen regionaltypischen Gebilden geformt und meist frisch in Salzlake angeboten. Eine besondere Köstlichkeit sind die *burrielli*, kleine Mozzarellabällchen, die in tönernen Amphoren in Milch aufbewahrt werden.

Der Mozzarella hat ein ähnliches kulinarisches Schicksal wie der Parmesan: Beide Käsesorten sind fast in der ganzen Welt berühmt – und doch kommen meist nur die preiswerten Kopien dieser italienischen Käsespezialitäten in den Handel. Der echte *mozzarella di bufala* wird in Kampanien in den Regionen Aversa, Battipaglia, Capua, Eboli und Sessa Aurunca produziert und trägt seit den 1990er-Jahren das Gütezeichen D.O.P. (geschützte Ursprungsbezeichnung). Um sich dessen rühmen zu dürfen, muss er aus der Milch von Wasserbüffelkühen hergestellt sein, die im Freiland aufwachsen und mit natürlichem Futter ernährt werden. Büffelmilch enthält das entscheidende Mehr an Kalzium, Eiweiß und Fett als Kuhmilch.

Mozzarella di bufala ist eine Spezialität, die ihren Preis hat. Deshalb findet man in vielen Geschäften die günstigere Variante aus Kuhmilch, *fiordilatte* (dt.: Milchblume), die geschmacklich aber nicht an das Original heranreicht. Die beiden Mozzarella-Arten unterscheiden sich nicht nur geschmacklich. Mozzarella di bufala hat einen höheren Fettgehalt (über 50 % Fett i. Tr.), enthält weniger Wasser als sein Verwandter aus Kuhmilch (45 % Fett i. Tr.) und zeigt beim Aufschneiden eine feinblättrige Struktur. Er eignet sich besser zum Füllen und für den berühmten *insalata caprese*, Tomatenscheiben mit Büffelmilch-Mozzarella und Basilikum.

Basilikum

Basilikum wird seit über 4000 Jahren kultiviert. Die Griechen gaben den intensiv duftenden Blättern den Namen „Königskraut" und schätzten nicht nur ihr kräftiges Aroma, sondern auch ihre Wirkung als Heilpflanze. Die ursprüngliche Heimat des Basilikums ist Asien. Heute gibt es rund 60 Basilikumsorten. Die bekanntesten sind das kleinblättrige „griechische" Basilikum und das sogenannte „süße" oder „italienische" Basilikum, auch *basilico genovese* genannt. Beide unterscheiden sich geschmacklich stark von den asiatischen und afrikanischen Basilikumsorten. Die zarten grünen Basilikumblätter aus dem Mittelmeerraum haben, wenn man sie frisch verwendet, einen leicht pfeffrigen, süß-würzigen Geschmack. Die empfindliche Pflanze braucht viel Sonne und Feuchtigkeit. Geradezu ideale Voraussetzungen für ein optimales Wachstum findet sie in Ligurien, inzwischen auch im Piemont. Basilikum sollte nicht mitgekocht, sondern den Gerichten erst am Ende der Garzeit zugegeben werden. In Italien ist Basilikum übrigens ein Symbol der Liebe.

Insalata caprese di bufala
Mozzarella mit Tomaten und Basilikum

500 g reife Strauchtomaten, in Scheiben geschnitten
1 Büffelmilch-Mozzarella (ca. 300 g), in Scheiben geschnitten
1 Bund Basilikum
4 EL Olivenöl
Salz
frisch gemahlener Pfeffer

4 Teller mit den Tomaten- und Mozzarellascheiben auslegen.
Das Basilikum waschen und trocken schütteln. Die Blätter abzupfen und über den Salat verteilen.
Das Olivenöl mit Salz und Pfeffer verquirlen und den Salat damit beträufeln. Der klassische Caprese-Salat wird ohne Essig zubereitet, inzwischen wird die Salatsauce aber immer häufiger mit *aceto balsamico* abgeschmeckt.

Mozzarella in carozza
Paniertes Mozzarella-Sandwich

1 Büffelmilch-Mozzarella (ca. 300 g)
8 dünne Scheiben Weißbrot, ohne Rinde
Salz
frisch gemahlener Pfeffer
125 ml Milch
2 Eier
Mehl zum Wenden
Olivenöl zum Ausbacken

Den Mozzarella in 4 gleich dicke Scheiben schneiden, etwas kleiner als die Brotscheiben. Den Käse auf 4 Brotscheiben legen, mit Salz und Pfeffer würzen, dann die restlichen Brotscheiben darauflegen und leicht andrücken.
Die Milch in eine flache Schale gießen, jedes Sandwich kurz darin wenden und die Brotscheiben am Rand fest zusammendrücken.
Die Eier in einem tiefen Teller verquirlen. Die Brote zunächst gründlich in den Eiern, dann im Mehl wenden.
Reichlich Olivenöl in einer tiefen Pfanne erhitzen und die Brote darin auf beiden Seiten goldbraun ausbacken. Sehr heiß servieren.

„Glückliche" Büffel liefern die Milch für den echten Mozzarella. Ein Großteil der Tiere lebt in Kampanien am Golf von Neapel.

Für die Herstellung von Mozzarella vermengt man zunächst Büffelmilch mit Lab. Der Käsebruch, der dadurch entsteht, wird in Stücke geschnitten und in einen Kessel gefüllt.

Die Käsestücke überbrüht man nun mit heißem Wasser und zieht sie von Hand mit einem Holzstock zu Fäden, bis schließlich ein elastischer Teigstrang entsteht.

Dann trennt man gleichmäßige Stücke ab, die so lange in Form gezogen, geknetet und danach wieder in heiße Molke getaucht werden, bis sie die gewünschte Konsistenz haben.

Crostini, Bruschetta und Fettunta

Crostini, so behaupten zumindest die Florentiner, seien eine typisch florentinische Vorspeise, die es in unzähligen Variationen gibt. Doch auch in Süditalien sind sie sehr beliebt. Jede Hausfrau, jede Trattoria und jedes Restaurant hat für den Belag der gerösteten Weißbrotscheiben ein eigenes Hausrezept, das sich in der Zusammenstellung der Zutaten und der beigefügten Kräuter ein wenig von den anderen unterscheidet.

Auf jeden Fall ist dies eine unbestrittene Tatsache: Crostini sind einfach gut. Den klassischen Belag in der Toskana bildet eine Hühner- oder Wildlebercreme, in Kampanien sind es saftig-reife Tomaten, in Apulien bevorzugt man Oliven- und Artischockenpasten und im Piemont eine feine Trüffelcreme. Doch der Fantasie der Köche sind kaum Grenzen gesetzt. Als Unterlage ist auch längst nicht mehr das toskanische Landbrot zwingend. Heute wird auch Baguette, Focaccia, Mais- oder Roggenbrot dafür verwendet.

Die traditionelle toskanische Küche ist eine Landküche. Typische Produkte dieser Region sind seit jeher das Olivenöl und das ungesalzene Weißbrot. Es gibt viele Erklärungsversuche, warum bis heute beim Brotbacken auf Salz verzichtet wird. Gastronomiehistoriker meinen, schuld daran seien die Vorliebe der Toskaner für stark gewürzte Schinken und Salami sowie der intensive Geschmack der Speisen. Brot soll hier nur dazu dienen, die Güte des leicht scharfen Olivenöls und den besonderen Geschmack der berühmten Hühnerlebercreme sowie der aromatischen Pasten hervorzuheben, anstatt ihn zu überdecken.

Wenn im Spätherbst die Zeit des Olivenpressens beginnt, finden in vielen kleinen Ortschaften fröhliche Feste zur Verkostung des neuen Öls statt. Wenn es frisch aus der Ölpresse kommt, hat es ein schärferes Aroma, das sich auf geröstetem Brot am besten entfaltet. Bereits in der Antike ließ der römische Senat an wichtigen Festtagen im Dezember und Januar mit Öl getränkte Brotfladen an die Bevölkerung verteilen. Noch heute schmeckt die Bruschetta oder *fettunta*, wie sie in der Toskana auch genannt wird, in dieser Zeit am besten.

Crostini con erbe e pomodori
Geröstete Brotschnitten mit Kräutern und Tomaten

6 Eiertomaten
1 kleiner Bund Basilikum
2 Knoblauchzehen, fein gehackt
3 EL Olivenöl
Salz
frisch gemahlener Pfeffer
1 EL fein gehackte Petersilie
1/2 TL fein gehackter Oregano
12 kleine Scheiben toskanisches Weißbrot (alternativ Ciabatta)

Die Tomaten häuten, vierteln, entkernen und in kleine Würfel schneiden. Das Basilikum waschen, trocken schütteln und die Blätter in feine Streifen schneiden. Die Tomaten mit Knoblauch, Öl, Salz, Pfeffer und den Kräutern vermengen und kurz ziehen lassen.
Die Brotscheiben auf dem Holzkohlengrill oder im Backofen von beiden Seiten goldbraun rösten. Mit der Tomatenmischung belegen.

Bruschetta
Geröstetes Brot mit Knoblauch und Öl

4 Scheiben toskanisches Landbrot
2 Knoblauchzehen
4 EL Olivenöl
Salz
frisch gemahlener Pfeffer

Die Brotscheiben auf dem Holzkohlengrill oder im Backofen auf beiden Seiten goldbraun rösten.
Den Knoblauch halbieren. Jede Brotscheibe mit einer Knoblauchhälfte einreiben und mit 1 Esslöffel Olivenöl beträufeln. Nach Geschmack mit Salz und Pfeffer würzen.

Crostini gibt es bei den italienischen Antipasti in zahllosen Variationen (rechts).

Das salzlose toskanische Landbrot wird bis heute ausschließlich aus Mehl und Wasser zubereitet und auf Holz gebacken.

Crostini neri
Geröstete Brotschnitten mit Olivenpaste

200 g schwarze Oliven, entsteint
3 in Öl eingelegte Sardellenfilets
1 EL Kapern
3-4 EL Olivenöl
Salz
Cayennepfeffer
12 kleine Scheiben toskanisches Weißbrot (alternativ Ciabatta)
12 Basilikumblätter

Oliven und Sardellenfilets grob hacken. Dann zusammen mit den Kapern pürieren und so viel Olivenöl dazugeben, bis eine dicke Paste entsteht. Mit Salz und Cayennepfeffer würzig abschmecken.
Die Brotscheiben auf dem Holzkohlengrill oder im Backofen von beiden Seiten goldbraun rösten. Mit der Olivenpaste bestreichen und jeweils mit 1 Basilikumblatt garnieren.

Crostini al pomodoro
Geröstete Brotschnitten mit Tomaten

12 kleine Scheiben toskanisches Weißbrot (Ciabatta)
2 Knoblauchzehen
2–3 EL Olivenöl
4 kleine Fleischtomaten, in Scheiben geschnitten
Salz
frisch gemahlener Pfeffer
50 g Parmesan am Stück
einige Basilikumblätter

Die Brotscheiben auf dem Holzkohlengrill oder im Backofen von beiden Seiten goldbraun rösten.
Den Knoblauch schälen und halbieren. Das geröstete Brot mit dem Knoblauch einreiben und mit dem Olivenöl beträufeln. Mit den Tomatenscheiben belegen, salzen, pfeffern und den Parmesan in dünnen Spänen darüberhobeln.
Das Basilikum in feine Streifen schneiden und die Brotschnitten damit garnieren.

Crostini alla toscana
Geröstete Brotschnitten mit Geflügellebercreme

200 g Geflügelleber
1 Schalotte, fein gehackt
2 EL Olivenöl
100 ml Vin santo (süßer Weißwein)
1 EL fein gehackter Thymian
Salz
frisch gemahlener Pfeffer
12 kleine Scheiben toskanisches Weißbrot (alternativ Ciabatta)

Die Geflügelleber waschen, trocken tupfen und von der Haut befreien, dann klein schneiden.
Die Schalotte im heißen Olivenöl glasig dünsten, die Leber zugeben und unter Wenden anbraten. Mit dem Wein ablöschen, den Thymian zufügen und so lange schmoren, bis der Wein fast verdampft ist. Vom Herd nehmen, etwas abkühlen lassen und pürieren. Geflügellebercreme mit Salz und Pfeffer abschmecken.
Die Brotscheiben auf dem Holzkohlengrill oder im Backofen von beiden Seiten goldbraun rösten. Leicht abkühlen lassen, dann mit der Lebercreme bestreichen und sofort servieren.

Gemüse einlegen

Hausgemachte Gemüsekonserven sind der Stolz jeder italienischen Hausfrau. Neben dem Salzen und Trocknen ist das Einlegen eine der ältesten Konservierungsmethoden. Während man in anderen Teilen Europas vor allem die Milchsäuregärung zur Haltbarmachung von rohem Gemüse benutzt, wird in Italien das Gemüse vor dem Einlegen getrocknet, gebraten oder gegrillt. Dadurch entstehen zusätzliche Aromen, die in Verbindung mit frischen Kräutern und Gewürzen dem Gemüse einen besonderen Geschmack verleihen.

Zum Einlegen nimmt man am besten reifes, aber nicht überreifes Gemüse aus dem eigenen Garten oder aus Bio-Anbau. Es wird gründlich gewaschen und getrocknet und je nach Rezept in Scheiben, Streifen oder Würfel geschnitten oder im Ganzen verarbeitet. Bei der Essiggärung wird der natürliche pH-Wert eines Lebensmittels abgesenkt und damit das Wachstum von Mikroorganismen gehemmt. Je saurer ein Lebensmittel wird, desto weniger Bakterien und Schimmelpilze können sich darin ausbreiten. Mehr noch: Die Säure hindert nicht nur das Wachstum von Bakterien, sie zerstört sie sogar. Ideale Gemüsesorten sind Karotten, Paprika, kleine Gurken, kleine Zwiebeln, Pilze und Blumenkohl – jeweils einzeln konserviert oder als bunte Mischung von all dem, was man gern mag.

Beim Konservieren in Öl werden die Lebensmittel mit Speiseöl, in Italien meist mit Olivenöl, übergossen. Es umschließt die Produkte luftdicht und verhindert das Wachstum von schädlichen Mikroorganismen. Bereits in der Antike wurden Käse und Oliven auf diese Weise haltbar gemacht.

Die Herstellung hausgemachter Gemüsekonserven erfordert etwas Zeit und Sorgfalt. Wichtig ist zunächst einmal das richtige Gefäß. Am besten geeignet sind gut verschließbare Gläser. Man kann sie problemlos reinigen, außerdem sind sie geschmacksneutral. Ein weiterer Vorteil: Man sieht auf einen Blick, was sich darin befindet.

Bevor das vorbereitete Gemüse in die Gläser gefüllt wird, muss man diese gründlich sterilisieren. Dazu werden sie zunächst gespült und anschließend 10 Minuten in kochendes Wasser gelegt. Danach stellt man sie einige Minuten in den heißen Backofen. Nach dem Füllen werden die Gläser fest verschlossen. Der ideale Lagerungsraum ist kühl, trocken und möglichst dunkel. Hier halten sich die selbst gemachten Spezialitäten bis zu zehn Monate – lang genug also, um die Zeit zu überbrücken, bis wieder frisches Gemüse am Markt ist.

Die Basis von vielen eingelegten Gemüsespezialitäten ist ein aromatischer Essigsud, der mit Kräutern und Gewürzen aufgekocht wird.

Gemüse wie Zucchini, Romanesco, Frühlingszwiebeln und Karotten wird geputzt, in mundgerechte Stücke zerteilt und anschließend blanchiert.

Dann füllt man das blanchierte Gemüse in ein sauberes, sterilisiertes Gefäß. Am besten eignet sich dafür ein gut verschließbares Glas.

Zum Abschluss wird das Gemüse mit dem noch kochend heißen Essigsud übergossen und das Gefäß fest verschlossen.

Verdure miste sott'olio
In Öl eingelegtes gemischtes Gemüse

2 Auberginen
2 große Zucchini
200 g Austernpilze
250 ml Olivenöl, plus etwas mehr zum Einfetten
Salz
frisch gemahlener Pfeffer
2 Knoblauchzehen, in dünnen Scheiben
Blätter von 4–5 Thymianzweigen
2 Lorbeerblätter
125 ml Rotweinessig

Auberginen und Zucchini waschen, putzen und in Scheiben schneiden. Die Austernpilze putzen und je nach Größe halbieren oder vierteln. Das Gemüse nun portionsweise in einer mit Olivenöl eingefetteten Grillpfanne auf jeder Seite 2–3 Minuten grillen. Dann in eine Schale legen, salzen und pfeffern.

Knoblauch und Thymianblätter über das Gemüse verteilen, die Lorbeerblätter dazwischenlegen. Olivenöl mit Salz, Pfeffer und Essig zu einer Marinade verrühren und über das warme Gemüse gießen. Abkühlen lassen, dann mit Frischhaltetfolie abdecken und über Nacht im Kühlschrank ziehen lassen. 30 Minuten vor dem Servieren aus dem Kühlschrank nehmen.

Getrocknete Tomaten

Seit Jahrhunderten werden in Italien Tomaten auf traditionelle Weise für den Winter konserviert. Nach der Ernte wählt man die schönsten aus und wäscht sie, bevor man sie zum Trocknen auslegt. Von Fliegennetzen geschützt, werden die halbierten Früchte zum Trocknen auf Paletten vor die Eingangstür in die Sommersonne gelegt. Aus 11 kg frischen Tomaten erhält man 1 kg sonnengetrocknete Früchte. Ein Großteil der getrockneten Tomaten wird in aromatische Öle eingelegt. Als *pomodori secchi* sind sie eine klassische Vorspeise.

Funghi sott'olio

Funghi sott'olio
In Öl eingelegte Pilze

1 kg kleine Pilze (z.B. Champignons, Steinpilze, Pfifferlinge, Hallimasch)
1 frische rote Chili
250 ml Olivenöl
100 ml weißer Balsamico-Essig
Salz
1 kleiner Oregano- oder Rosmarinzweig

Die Pilze putzen und mit Küchenpapier sauber abreiben. Die Chili halbieren, entkernen und in feine Streifen schneiden.
5 Esslöffel Öl in einer großen Pfanne erhitzen und die Pilze darin rundum braten, bis alle Flüssigkeit verdampft ist.
Die Chili dazugeben und kurz anschwitzen. Mit Essig ablöschen, salzen und in eine Schüssel füllen. Den Kräuterzweig zugeben und das restliche Olivenöl zugießen. Abgedeckt über Nacht ziehen lassen.

Verdure sottaceto
In Essig eingelegtes Gemüse

Für die Marinade:
250 ml trockener Weißwein
200 ml Weißweinessig
100 ml Olivenöl
1 Stück Zitronenschale
5 Petersilienzweige
1 Selleriestange, gewürfelt
1 Thymianzweig
1 Lorbeerblatt
1 Knoblauchzehe
10 Pfefferkörner
1/2 TL Salz

1 kg Gemüse (z.B. Karotten, grüne Bohnen, Stangensellerie, grüner Spargel, Zucchini, Blumenkohl, Paprika, Lauch, Zwiebeln)
Salz
1 EL Zucker
Saft von 1 Zitrone

Alle Zutaten für die Marinade mit 500 ml Wasser 15 Minuten kochen. Das Gemüse in gleich große Stücke schneiden. In einem zweiten Topf reichlich Salzwasser mit Zucker und Zitronensaft aufkochen. Das Gemüse darin nacheinander je nach Sorte und Größe 3–7 Minuten kochen. Dann herausheben, in einem Sieb gut abtropfen lassen und lagenweise in ein großes Einmachglas schichten. Mit der kochend heißen Marinade übergießen und das Einmachglas verschließen. Das Gemüse im Kühlschrank mindestens 2 Tage marinieren.

Cipolle all'agrodolce
Perlzwiebeln in Balsamico

500 g Perlzwiebeln
1 Knoblauchzehe
2 Thymianzweige
2 Lorbeerblätter
2 Gewürznelken
5 schwarze Pfefferkörner
250 ml Rotwein
125 ml Balsamico-Essig
1 TL Thymian-Honig
2 EL Olivenöl

Perlzwiebeln und Knoblauch in einen Topf geben. Thymian, Lorbeerblätter, Gewürznelken und Pfefferkörner zufügen. Rotwein und Essig zugießen und den Honig einrühren. Einmal aufkochen, dann bei kleiner Hitze ca. 25 Minuten köcheln lassen, bis die Perlzwiebeln weich sind.
Anschließend vom Herd nehmen und die Zwiebeln im Kochsud erkalten lassen. Thymian, Lorbeerblätter und Gewürznelken entfernen. Das Olivenöl unterrühren.

Fagioli all'agrodolce
Marinierte weiße Bohnen

250 g getrocknete weiße Bohnen
1 Lorbeerblatt
1 Knoblauchzehe
4 Frühlingszwiebeln
1 EL Zitronensaft
3 EL Weißweinessig
5 EL Olivenöl
Salz und Pfeffer
1 EL fein gehackte Petersilie
50 g Parmesanspäne

Die Bohnen über Nacht in reichlich Wasser einweichen. Am nächsten Tag mit Einweichwasser, Lorbeerblatt und Knoblauch in einem Topf zum Kochen bringen. Einmal aufkochen, dann abschäumen und bei geringer Hitze weich kochen.
Die Bohnen vom Herd nehmen, Knoblauch und Lorbeer entfernen und die Bohnen im Kochwasser abkühlen lassen, bis sie lauwarm sind.
Die Frühlingszwiebeln putzen und in feine Streifen schneiden. Aus Zitronensaft, Essig, Öl, Salz und Pfeffer ein Dressing anrühren.
Die Bohnen abgießen und gut abtropfen lassen. Mit den Frühlingszwiebeln und dem Dressing vermengen und mindestens 15 Minuten ziehen lassen. Vor dem Servieren mit der Petersilie und den Parmesanspänen bestreuen.

Lorbeer

Aus Vorderasien stammt der immergrüne Lorbeerbaum, dessen Blätter schon im alten Rom zum Siegerkranz gewunden wurden. Ebenso wichtig war auch damals bereits der Lorbeer in der Küche. Die frischen oder getrockneten Lorbeerblätter würzen Suppen, Fleisch- und Fischgerichte, Saucen und Pasten und geben den Speisen ein herbes, leicht bitteres Aroma. Allerdings sollte man nicht nur wegen des intensiven Geschmacks darauf verzichten, Lorbeerblätter mitzuessen. Das ledrige Grün ist keine Delikasse und wird deshalb vor dem Servieren meist entfernt. Gemahlene Lorbeerblätter sollte man möglichst nicht verwenden, denn wie die meisten Gewürze verliert auch der Lorbeer nach dem Zerkleinern den größten Teil seines Aromas. Er schmeckt dann einfach nur bitter. Für das Einlegen von Gemüse eignen sich frische Lorbeerblätter weitaus besser als getrocknete, weil sie intensiver würzen.

Fagioli all'agrodolce

Gemüse-Antipasti

Auch für Vegetarier ist die italienische Antipasti-Theke ein wahres Schlemmerparadies. Die Kunst, aromatisches Gemüse auf einfache Weise mit wenigen guten Zutaten zu einem lukullischen Erlebnis zu machen, beherrschen die Italiener perfekt. Sehr beliebt sind im ganzen Land Waldpilze, die mit frischen Kräutern kurz gedünstet werden, gebackenes paniertes Gemüse und süß-sauer eingelegte Paprika oder Auberginen. Ihren unvergleichlichen Geschmack bekommen all diese Gerichte durch die hohe Qualität des reif geernteten Gemüses, durch aromatische frische Kräuter und natürlich durch hochwertiges Olivenöl.

Besonders beliebte Gemüse-Antipasti

Süß-saure Karotten, *carote in agro*, kommen aus dem Piemont: Karotten in Scheiben schneiden und mit gleichen Teilen Wein, Essig und Wasser einmal aufkochen. Mit gehacktem Knoblauch, Lorbeerblatt, Rosmarin, Zucker, Salz und Pfeffer würzen und knapp bissfest garen. Leicht abkühlen lassen, Olivenöl unterrühren. Über Nacht ziehen lassen.

Eine Spezialität der Lombardei ist der lauwarme Bohnensalat, *fagioli in insalata*: Getrocknete dicke weiße Bohnen über Nacht einweichen. Am nächsten Tag mit dem Einweichwasser zum Kochen bringen und weich garen. Abgießen und abtropfen lassen. Die lauwarmen Bohnen mit Zwiebelwürfeln, fein gehackter Petersilie, Olivenöl, Essig, Salz und Pfeffer vermengen.

Funghi porcini all'ambrosiana

Funghi porcini all'ambrosiana
Steinpilze mit Kräutern

500 g feste Steinpilze
2–3 Knoblauchzehen
1 EL Rosmarinblätter
4 EL Olivenöl
1 Lorbeerblatt
75 ml Weißwein
Salz
frisch gemahlener Pfeffer

Die Steinpilze säubern und in etwa 1 cm dicke Scheiben schneiden. Den Knoblauch in dünne Stifte schneiden.
Das Olivenöl in einer tiefen Pfanne erhitzen. Pilze, Knoblauch, Rosmarin und Lorbeerblatt zufügen und alles unter Wenden anbraten. Mit dem Wein ablöschen, salzen und bei schwacher Hitze 10 Minuten köcheln lassen.
Anschließend vom Herd nehmen und in der Garflüssigkeit leicht abkühlen lassen. Vor dem Servieren mit Pfeffer würzen.

Peperonata
Eingelegte Paprika

je 2 rote, grüne und gelbe Paprika
500 g Tomaten
4 EL Olivenöl
2 Zwiebeln, fein gehackt
2 Knoblauchzehen, fein gehackt
Salz und Pfeffer
1 Lorbeerblatt
1 getrockneter Peperoncino
3 EL Balsamico-Essig
1 Prise Zucker
1 kleiner Rosmarinzweig

Die Paprika putzen, halbieren und in mundgerechte Stücke schneiden. Die Tomaten häuten, entkernen und grob hacken.
Das Öl in einer großen Pfanne erhitzen und die Zwiebeln darin andünsten. Paprika und Knoblauch hinzufügen, leicht salzen und alles 5 Minuten sanft schmoren lassen.
Tomaten, Lorbeerblatt und den zerkrümelten Peperoncino dazugeben. Mit Essig und Zucker würzen. Alles gut durchrühren und zugedeckt bei kleinster Hitze 15 Minuten sanft schmoren. Mit Pfeffer abschmecken. Heiß in ein Einmachglas füllen und mindestens über Nacht ziehen lassen.

Peperonata

Gemüse grillen

Jahrtausende hindurch wurden überall auf der Welt Speisen am offenen Feuer zubereitet. Bis heute ist das einzigartige Aroma eines über Holzkohle gegrillten Fischs oder saftigen Stücks Fleisch auch durch modernste Küchentechniken nicht zu ersetzen. Doch während man in anderen Ländern vor allem Proteinhaltiges auf den Grill legt, lieben die Italiener auch bei Gemüse, Polenta und Brot den typischen Grillgeschmack. Er kommt besonders gut zur Geltung, wenn man das Gemüse nach dem Grillen mit bestem Olivenöl dünn begießt und sich beim Würzen auf Zitronensaft, Salz und frisch gemahlenen Pfeffer beschränkt. Dann wird auch ein schlichter Radicchio oder eine Aubergine zum perfekten Genuss.

Auch die zweite Methode, Gemüse zu grillen, stammt aus vergangenen Zeiten. Früher wärmte im Spätherbst ein Feuer die Feldarbeiter in den Pausen. Es diente aber nicht nur zum Aufwärmen, sondern auch zum Zubereiten kleiner Speisen. Man nahm Feldfrüchte wie Rote Bete oder Zwiebeln, wickelte sie in mehrere Lagen feuchtes Papier und legte das Gemüse in die Glut. Bis zur nächsten Pause war es gar.

Funghi alla griglia
Gegrillte Steinpilze

8 große Steinpilzkappen
Saft von 1 Zitrone
100 ml Olivenöl
1 EL fein gehackte Petersilie
1 Knoblauchzehe, fein gehackt
Salz
frisch gemahlener Pfeffer
Zitronenspalten zum Garnieren

Die Steinpilzkappen putzen. Aus Zitronensaft, Olivenöl, Petersilie, Knoblauch, Salz und Pfeffer eine Marinade anrühren. Die Pilzkappen in eine Schale legen, mit der Marinade begießen und bei Zimmertemperatur 30 Minuten ziehen lassen, dabei häufiger wenden.
Die Pilzkappen aus der Marinade heben, abtropfen lassen und auf dem heißen Rost des Holzkohlengrills bei mittlerer Hitze von beiden Seiten etwa 5 Minuten grillen. Auf einer Platte anrichten, mit der Marinade beträufeln und mit Zitronenspalten garnieren.

Peperoni alla griglia
Gegrillte Paprika

2 rote Paprika
2 grüne Paprika
2 gelbe Paprika
Olivenöl zum Einfetten

Den Backofen auf 250 °C vorheizen.
Die Paprika putzen, längs halbieren, waschen und mit Küchenpapier trocken tupfen.
Ein Backblech mit reichlich Olivenöl einfetten und die Paprika mit der Schnittfläche nach unten auf das Blech legen, dann 25–30 Minuten im Backofen braten, bis die Haut Blasen wirft. Anschließend herausnehmen und mit einem feuchten Küchentuch zudecken.
Die Paprika etwa 10 Minuten ruhen lassen. Dann die Haut mit einem Küchenmesser abziehen und die Paprika je nach Rezept in Streifen oder Würfel schneiden.

Artischocken (rechts) werden manchmal halbiert und bei mittlerer Hitze gegrillt. Essbar sind dann nur die zarten Innenblätter und der Boden.

Eine beliebte Delikatesse sind grüne Spargelstangen (unten), die mit etwas Olivenöl etwa 10 Minuten bei kleiner Hitze gegrillt werden.

Um Paprika zu enthäuten, werden die Früchte zunächst halbiert und entkernt. Dann legt man sie in den heißen Backofen.

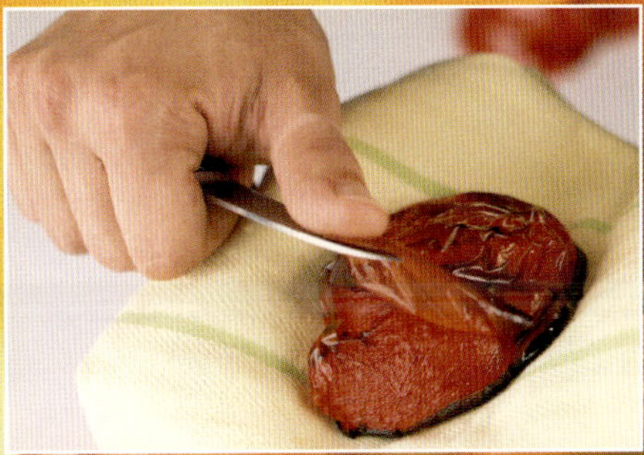

Nach kurzem Abkühlen kann man die Paprikahaut problemlos mit einem Küchenmesser vom Fruchtfleisch abziehen.

Radicchio trevisano

In den Provinzen Treviso, Padua und Venedig wird eine ganz besondere Radicchiosorte angebaut. Sie hat weinrote, weiß geäderte lange glatte Blätter und eine feine Bitternote. Wegen seiner bissfesten Konsistenz eignet sich dieser Radicchio nicht nur für Salate, sondern auch hervorragend zum Grillen und Braten. Das Anbaugebiet beschränkt sich auf wenige Ortschaften, wo er in traditioneller Weise mit höchstens 6–8 Pflanzen pro Quadratmeter angepflanzt wird. Er ist das Wahrzeichen von Treviso und wird von seinen Anhängern liebevoll als „König der Wintertische" verehrt. Das Angebot umfasst zwei Sorten: Der „frühe" Treviso kommt ab 1. September auf den Markt, der teurere „späte" von Dezember bis März. Dieser späte Radicchio hat einen kleineren Kopf, und seine Blattspitzen biegen sich oben leicht zur Mitte. Seit 1966 ist der Name *radicchio di Treviso* als geografische Herkunftsbezeichnung geschützt. Und seither wacht ein Konsortium über die Produktions- und Vermarktungsstufen des beliebten Gemüses.

Radicchio ai ferri
Gegrillter Radicchio

4 feste Radicchio trevisano
2 EL Olivenöl
Salz
frisch gemahlener Pfeffer

Den Radicchio waschen und gut trocken tupfen. Das Olivenöl mit Salz und Pfeffer verrühren. Den Radicchio mit dem Öl bestreichen und auf dem heißen Grill unter Wenden garen, bis er gleichmäßig gebräunt ist. Während der Garzeit mehrfach mit dem Würzöl beträufeln. Den Radicchio heiß als Beilage servieren.

Gemüse füllen

Gefülltes Gemüse ist rund ums Mittelmeer ein sehr beliebtes Alltagsgericht. Am besten eignet sich dafür fleischiges Fruchtgemüse mit festerer Haut oder Schale, das man gut aushöhlen kann. Es sollte nicht zu reif sein, damit es seine Form behält.

Bei der Füllung sind der Fantasie kaum Grenzen gesetzt. Rohes Gemüse wie beispielsweise Tomaten oder Gurken eignet sich ausgezeichnet als aromatische „Verpackung“ für Salate mit Mayonnaise. Geschmortes Gemüse wie Auberginen und Zucchini dagegen gibt eine wohlschmeckende Hülle für Hackfleisch oder gewürzten Reis ab.

Gefülltes Gemüse eignet sich aber nicht nur als Hauptspeise, sondern auch als Antipasti. Dafür schneidet man es in mundgerechte Portionsstücke und serviert es lauwarm oder kalt.

Pomodori ripieni di tonno
Gefüllte Tomaten

4 große feste Fleischtomaten
Salz
150 g Thunfisch in Öl aus der Dose
2 Eier, hart gekocht
1 kleine weiße Zwiebel, fein gehackt
4 EL Salatmayonnaise
1 EL fein gehackte Petersilie
frisch gemahlener Pfeffer
4 Salatblätter

Die Tomaten waschen und von jeder Tomate einen Deckel mit dem Stielansatz abschneiden. Die Kerne und die Samenstränge mit einem Löffel herauslösen.

Die Tomaten innen salzen, kopfüber in ein Sieb legen und abtropfen lassen.

Den abgetropften Thunfisch mit einer Gabel zerpflücken. Die Eier schälen und hacken. Zwiebel, Thunfisch und Eier mit Mayonnaise und Petersilie vermengen, dann mit Salz und Pfeffer abschmecken.

Die Füllung in die Tomaten geben, die Deckel aufsetzen und die Tomaten auf den Salatblättern anrichten.

Pomodori ripieni di tonno

Von den gewaschenen Tomaten schneidet man zunächst die Deckel ab und entfernt mit einem Löffel die Kerne und die Samenstränge. Übrig bleibt nur das festere Fruchtfleisch.

Dann werden die Tomaten leicht gesalzen, um ihnen Wasser zu entziehen. Man legt sie nun zum Abtropfen 10 Minuten mit der Öffnung nach unten in ein Sieb.

Für die Füllung wird eingelegter und abgetropfter Thunfisch mit Mayonnaise, klein gehackten hart gekochten Eiern und fein gehackter Petersilie verrührt und das Ganze mit Salz und Pfeffer gewürzt.

Die Thunfischfüllung gibt man anschließend in die Tomaten und setzt als Dekoration die Tomatendeckel auf die Füllung. Das gefüllte Gemüse auf einer Servierplatte anrichten und servieren.

Funghi porcini ripieni
Gefüllte Steinpilze

500 g Steinpilze
100 ml Olivenöl, plus etwas mehr zum Einfetten
1 kleine Zwiebel, fein gehackt
1 Knoblauchzehe, fein gehackt
50 ml Weißwein
2 EL fein gehackte Petersilie
Salz
frisch gemahlener Pfeffer
50 g geriebener Pecorino
1 EL Semmelbrösel

Die Steinpilze mit einem feuchten Tuch säubern. Die Pilzkappen von den Stielen trennen und die Stiele fein hacken.

Die Hälfte des Olivenöls in einer großen Pfanne erhitzen, dann die Pilzkappen darin bei geringer Hitze etwa 5 Minuten dünsten. Anschließend die Pilzkappen herausnehmen und mit der gewölbten Seite nach unten in eine eingefettete Auflaufform legen.

Zwiebel, Knoblauch und die gehackten Pilzstiele im Bratfond 5 Minuten unter Wenden braten. Mit dem Wein ablöschen, dann die Petersilie unterrühren, mit Salz und Pfeffer würzen und weitere 5 Minuten dünsten.

Die Masse in die Pilzköpfe füllen. Pecorino und Semmelbrösel mischen und über die Pilze streuen. Mit dem restlichen Olivenöl beträufeln und unter dem heißen Grill im Backofen einige Minuten gratinieren.

Cipolle ripiene
Gefüllte Zwiebeln

4 große Gemüsezwiebeln
Salz
50 g Parmaschinken, in feine Streifen geschnitten
1 EL fein gehackter Salbei
1 EL fein gehackter Oregano
200 g Ziegenfrischkäse
1 Ei
frisch gemahlener Pfeffer
125 ml Weißwein
60 g geriebener Parmesan

Die Zwiebeln schälen und in kochendem Salzwasser 10–15 Minuten garen. Dann unter kaltem Wasser abschrecken, etwas abkühlen lassen und das obere Drittel als Deckel abschneiden. Mit einem Löffel vorsichtig aushöhlen, dabei einen etwa 1 cm dicken Rand stehen lassen. Das herausgelöste Fruchtfleisch in kleine Würfel schneiden.

Den Backofen auf 175 °C vorheizen. Zwiebelwürfel, Schinken und Kräuter mit Käse und Ei vermengen und mit Salz und Pfeffer würzen. Die Masse in die Zwiebeln füllen und die Deckel auflegen.

Die gefüllten Zwiebeln dicht nebeneinander in eine Auflaufform setzen und den Wein angießen. Die Form mit Alufolie abdecken und die Zwiebeln im Backofen 30–40 Minuten garen. Herausnehmen, die Folie entfernen und die Zwiebeln vor dem Servieren mit dem Parmesan bestreuen.

Cipolle ripiene

Fisch und Meeresfrüchte

Es ist keine Überraschung, dass Meeresfrüchte auf keinem Antipasti-Buffet entlang der italienischen Küste fehlen, auch wenn heute die Krustentiere längst nicht mehr nur aus dem Mittelmeer kommen, sondern aus Aquafarmen in Mittelamerika und Asien. Geblieben ist die Liebe der Italiener zu allen Schätzen aus Neptuns Reich und das kulinarische Geschick, mit wenigen, aber richtigen Zutaten aus Muscheln, Garnelen und kleinen Fischen eine Vielzahl leckerer kleiner und großer Gerichte zu zaubern.

In den Küstenstädten sollte man vormittags den lokalen Fischmarkt besuchen. Nicht nur, um staunend festzustellen, dass es doch noch Fische im italienischen Meer gibt, sondern auch, um in einem der kleinen Lokale Muscheln und andere Meeresfrüchte zu genießen. Nirgends schmecken sie so gut wie hier, wo sie frisch aus dem Meer direkt im Topf landen und ohne Schnickschnack zubereitet werden. Dazu ein Stück Brot und ein Gläschen Wein – viel mehr braucht es nicht, um sich rundum wohlzufühlen.

Bianchetti

Eine Spezialität für Kenner sind *bianchetti*, junge Sardellen und Sardinen, die nicht nur sehr schmackhaft, sondern wegen ihres hohen Anteils an Omega-3-Fettsäuren auch gesund sind. In Ligurien und Venetien frittiert man die kleinen Fische und isst sie im Ganzen. In der Maremma werden sie mit Ei für eine *frittata* oder mit dünnflüssigem Teig für eine *fritelle* verwendet. Im Süden Italiens kocht man Bianchetti mit Tomaten und Peperoncini zu einer Paste ein und streicht sie auf geröstete Brotscheiben.

Insalata di mare
Meeresfrüchtesalat

500 g Venusmuscheln
1 kleine Zwiebel
2 Knoblauchzehen
1 Bund Suppengrün
100 ml Olivenöl
250 ml Weißwein
400 g kleine Tintenfische, küchenfertig
200 g rohe Garnelen, ausgelöst
1 Selleriestange
2 EL fein gehackte Petersilie
4 EL Zitronensaft
Salz
frisch gemahlener schwarzer Pfeffer

Die Muscheln unter fließend kaltem Wasser abbürsten, alle geöffneten wegwerfen. Zwiebel und Knoblauch schälen und hacken. Das Suppengrün klein würfeln. In einer tiefen Pfanne 3 Esslöffel Olivenöl erhitzen, Zwiebel, Knoblauch und Suppengrün darin anschwitzen. Weißwein angießen, Muscheln zugeben und 10 Minuten garen. Muscheln herausheben, geschlossene wegwerfen. Den Muschelsud abseihen, wieder aufkochen und die Tintenfische darin etwa 20 Minuten garen. Dann die Garnelen zugeben und 2–3 Minuten weiterköcheln lassen. Abseihen und abtropfen lassen. Den Sellerie in dünne Halbmonde schneiden. Das Muschelfleisch auslösen, mit Tintenfischen, Garnelen, Sellerie und Petersilie vermengen. Restliches Olivenöl mit Zitronensaft, Salz und Pfeffer würzen und über den Salat gießen. Gut verrühren und zugedeckt 2 Stunden im Kühlschrank ziehen lassen. 10 Minuten vor dem Servieren aus dem Kühlschrank nehmen.

Sarde in saor
Sardinen venezianische Art

2 EL Korinthen
1 l trockener Weißwein
750 g frische kleine Sardinen, küchenfertig
Salz und Pfeffer
Mehl zum Wenden
150 ml Olivenöl
4 Zwiebeln, in dünne Ringe geschnitten
1 EL gemischte Gewürzsamen (schwarzer Pfeffer, Piment, Koriander)
4 Lorbeerblätter
250 ml Weißweinessig
2 EL Zucker

Die Korinthen in 100 ml Wein 10 Minuten quellen lassen. Die Sardinen waschen und trocken tupfen. Innen und außen mit Salz und Pfeffer würzen, im Mehl wenden, überschüssiges Mehl abklopfen.

100 ml Öl in einer tiefen Pfanne erhitzen und die Fische portionsweise von beiden Seiten goldbraun anbraten. Aus der Pfanne heben und auf Küchenpapier abtropfen lassen.

Die Zwiebeln im restlichen Olivenöl goldgelb anschwitzen, den restlichen Wein angießen, Samen und Lorbeerblätter zugeben und zum Kochen bringen. Den Essig zugießen, Korinthen und Zucker unterrühren und den Sud 10 Minuten bei kleiner Hitze köcheln lassen.

Die Hälfte der Sardinen in eine Porzellanschüssel legen und etwas Zwiebel-Korinthen-Sud zugießen. Die restlichen Sardinen hineinlegen und mit dem übrigen Sud bedecken. Die Schüssel mit Frischhaltefolie abdecken und die Sardinen an einem kühlen Ort mindestens 2 Tage ziehen lassen.

Die frischen kleinen Sardinen werden gewaschen, trocken getupft und in Mehl gewendet. Das überschüssige Mehl wird abgeklopft.

In einer großen Pfanne brät man die Sardinen dann in Olivenöl auf beiden Seiten bei mittlerer Hitze goldbraun an.

Zwiebelringe werden mit Lorbeerblättern in Olivenöl hellgelb gedünstet und anschließend in Weißwein bissfest gegart.

Der heiße Zwiebelsud wird mit Essig, Rosinen und Zucker gewürzt und über die gebratenen Sardinen gegeben.

Cozze e vongole passate ai ferri
Gratinierte Muscheln

1 kg Miesmuscheln
500 g Herzmuscheln
3 EL Olivenöl
1 Bund Suppengrün, grob gehackt
1 Zwiebel, gehackt
2 Knoblauchzehen, gehackt
grobes Meersalz
2 EL Pinienkerne
25 g weiche Butter
2 EL geriebener Parmesan
1 EL fein gehackte Petersilie
Salz
frisch gemahlener Pfeffer

Die Muscheln unter fließend kaltem Wasser gründlich abbürsten und ggf. von den Bärten befreien. Geöffnete Muscheln wegwerfen.
Das Olivenöl in einem großen Topf erhitzen, Suppengrün, Zwiebel und Knoblauch darin anbraten. Die Muscheln dazugeben und zugedeckt etwa 5 Minuten dünsten, dabei den Topf mehrmals rütteln. Die Muscheln herausheben und auskühlen lassen. Geschlossene Muscheln wegwerfen.
Ein tiefes Backblech dick mit Meersalz ausstreuen. Von jeder Miesmuschel eine Schalenhälfte abbrechen, das Fleisch aus der anderen Muschelschale lösen, wieder in die Schalenhälfte legen und in das Salzbett setzen. Das Muschelfleisch aus den Herzmuscheln lösen und im Mixer mit Pinienkernen, Butter und Parmesan pürieren. Die Petersilie unterrühren, dann mit Salz und Pfeffer abschmecken.
Die Miesmuscheln mit der Masse überziehen und unter dem heißen Grill etwa 5 Minuten überbacken.

Carciofi e frutti di mare
Artischocken mit Meeresfrüchten

4–6 junge kleine Artischocken
Saft von 2 Zitronen
3 Knoblauchzehen
60 ml Olivenöl
Salz
frisch gemahlener Pfeffer
125 ml Weißwein
450 g gegarte gemischte Meeresfrüchte, Tiefkühlware
Butter zum Einfetten
300 g Büffelmilch-Mozzarella, in Scheiben geschnitten

Die Artischocken putzen. Dazu den Stiel bis auf 4 cm kürzen und den Stielansatz schälen. Die kräftigen äußeren Artischockenblätter entfernen, die harten Spitzen der inneren Blätter abschneiden.
Eine Schüssel mit 1 Liter Wasser füllen und den Zitronensaft zufügen. Artischocken der Länge nach in dünne Scheiben schneiden und sofort in das Zitronenwasser legen. 10 Minuten darin ziehen lassen, dann abgießen und gut abtropfen lassen.
Den Knoblauch in Scheiben schneiden. Das Olivenöl in einer beschichteten Pfanne erhitzen und den Knoblauch darin goldbraun rösten, dann herausnehmen und wegwerfen.
Die Artischockenscheiben im Öl unter Wenden anbraten, mit Salz und Pfeffer würzen, dann den Weißwein angießen. Zugedeckt bei mittlerer Hitze etwa 30 Minuten weich dünsten, dabei die Pfanne mehrmals rütteln.
Die Meeresfrüchte in einer Schüssel auftauen lassen. Den Backofen auf 225 °C vorheizen.
Eine Auflaufform mit Butter einfetten, mit den Artischockenscheiben auslegen und den Kochsud zugießen. Meeresfrüchte darauf verteilen und mit den Mozzarellascheiben bedecken. Im Backofen 20–25 Minuten überbacken, bis der Mozzarella zu bräunen beginnt.

Carciofi e frutti di mare

Gamberetti olio e limone
Garnelen in Zitronendressing

500 g gekochte Garnelen
7 EL Zitronensaft
Salz
frisch gemahlener weißer Pfeffer
Cayennepfeffer
150 ml Olivenöl
4 Salatblätter
4 Zitronenscheiben

Die Garnelen in ein Sieb geben, kurz unter Wasser abspülen und gut abtropfen lassen. Zitronensaft mit Salz, Pfeffer, 1 Prise Cayennepfeffer und dem Olivenöl verrühren. Die Garnelen darin wenden und kurz ziehen lassen.
4 Glasschälchen mit den Salatblättern auslegen und die Garnelen darauf anrichten. Jeweils mit 1 Zitronenscheibe garnieren.

Beliebte Antipasti mit Fisch

Acciughe al verde (Piemont): eingelegte Anchovis mit Knoblauch, Petersilie, Zitronensaft und Olivenöl
Baccala mantecato (Venetien): Stockfisch mit Schnittlauch, Knoblauch und Öl
Bottarga (Sardinien): dünne Scheiben getrockneter, gesalzener Thunfischrogen mit Olivenöl und Zitronensaft
Moscardini (Ligurien): Mini-Tintenfische, mit Tomaten, Rosmarin und Knoblauch gedünstet
Mussoli in insalata (Julisch Venetien): gedämpfte Muscheln in Zitronensaft und Olivenöl mit Petersilie
Mustica (Kalabrien): gesalzene Anchovis in scharfer Peperoncino-Marinade
Pesce scabecciau (Sardinien): kleine, gebackene Fische in Essigmarinade mit Knoblauch, Petersilie und Tomaten
Sfogie in saor (Venetien): kleine gebackene Seezungen, in Essig mit Rosinen und Gewürzen süß-sauer eingelegt

Carpaccio

Der legendäre Giuseppe Cipriani kreierte vor rund 50 Jahren in „Harry's Bar" in Venedig zu Ehren der Contessa Amalia Nani Mocenigo das erste *carpaccio*. Die adlige Dame war Stammgast in seiner Bar und litt unter Blutarmut. Deshalb hatte ihr Arzt ihr eine Diät mit vorwiegend rohem Fleisch verordnet. Wegen der Farben, die auf dem Teller vorherrschten – Rot (Fleisch) und Weiß (Mayonnaise) – benannte Cipriani seine Kreation nach dem berühmten Renaissancemaler Vittore Carpaccio, der diese beiden Farben besonders schätzte und in seinen Gemälden häufig verwendete.

Heute versteht man unter einem Carpaccio rohe, hauchdünn geschnittene Scheiben Fleisch, Fisch oder Gemüse, die mit wenig Olivenöl, Zitrone, Salz und Pfeffer aromatisiert oder mariniert werden. Deshalb ist es besonders wichtig, für ein Carpaccio nur qualitativ hochwertige Produkte zu verwenden, die einen ausgereiften Eigengeschmack haben. Wer kein Küchen-Purist ist, kann dem Carpaccio auch mit Rucola, Parmesan, Kräutern und Knoblauch zusätzliche Geschmacksnoten verleihen.

Carpaccio di finocchi con finocchiona

Carpaccio di finocchi con finocchiona Fenchel-Salami-Carpaccio

2 große Fenchelknollen
100 g Fenchelsalami, in dünnen Scheiben
Saft von 1 Zitrone und 1 Orange
1 TL Blütenhonig
1 TL Senf
1 EL Weißweinessig
Salz und Pfeffer
50 ml Olivenöl

Den Fenchel putzen und mit dem Gemüsehobel oder der Aufschnittmaschine in hauchdünne Scheiben schneiden. Mit den Salamischeiben auf 4 Tellern dekorativ anrichten.
Die restlichen Zutaten in einer Schüssel verrühren und über den Fenchel-Salami-Carpaccio gießen. 10 Minuten ziehen lassen.

Carpaccio cipriani Rinderfilet-Carpaccio

200 g Rinderfilet
3 EL Mayonnaise
1 EL Milch
1–2 TL Zitronensaft
Worcestersauce
Salz
frisch gemahlener Pfeffer

Das Filet in Frischhaltefolie wickeln und im Tiefkühlfach anfrieren lassen.
Mayonnaise, Milch und Zitronensaft zu einer dickflüssigen Creme verrühren, mit Worcestersauce, Salz und Pfeffer abschmecken. Das Filet in hauchdünne Scheiben schneiden und eine gekühlte Servierplatte damit auslegen. Die Mayonnaisesauce mit einem Löffel gitterförmig über das Fleisch träufeln.

Carpaccio di porcini Steinpilz-Carpaccio

2 Bund Rucola
400 g kleine Steinpilze
Saft von 2 Zitronen
5 EL Olivenöl
2 EL Balsamico-Essig
Salz
frisch gemahlener Pfeffer
50 g Parmesan am Stück

Den Rucola verlesen, welke Blätter und grobe Stiele entfernen. Dann waschen und trocken schütteln. 4 Teller damit auslegen.
Die Steinpilze putzen, der Länge nach in dünne Scheiben schneiden und sofort im Zitronensaft wenden. Dann die Pilzscheiben auf dem Rucola verteilen. Das Olivenöl mit Essig, Salz und Pfeffer verrühren und über das Carpaccio träufeln. Den Parmesan in dünnen Spänen darüberhobeln.

Carpaccio cipriani

Carpaccio di porcini

Carpaccio di pesce spada Schwertfisch-Carpaccio

100 g Gemüsealgen
1 Avocado
Saft von 3 Zitronen
1 TL rosa Pfefferkörner
500 g Schwertfischfilet, Tiefkühlware
Salz
frisch gemahlener weißer Pfeffer
4 EL Olivenöl

Die Algen verlesen, von harten Stielen befreien und waschen. Dann in mundgerechte Stücke zupfen und auf Küchenpapier trocknen lassen. Die Avocado der Länge nach halbieren, die Hälften gegeneinander vom Stein drehen. Das Fruchtfleisch mit einem Löffel im Ganzen aus der Schale lösen, in dünne Scheiben schneiden und sofort mit etwas Zitronensaft beträufeln.
Die Pfefferkörner im Mörser zerstoßen. Den gefrorenen Schwertfisch mit der Aufschnittmaschine in hauchdünne Scheiben schneiden und 4 Teller damit auslegen. Mit dem restlichen Zitronensaft, den zerstoßenen Pfefferkörnern, Salz und weißem Pfeffer würzen. Die Algen und die Avocadoscheiben dekorativ auf dem Fisch verteilen, mit Olivenöl beträufeln und sofort servieren.

Anchovis

Anchovis, kleine Sardellenfilets, werden in der italienischen Küche oft und gern wie ein Gewürz eingesetzt und geben Saucen, Salaten und Fleischgerichten ein ganz besonderes Aroma.

Bereits die Römer bereiteten aus kleinen Sardellen, die sie in Salzlake mit Oregano und Most einkochten, eine klare Würzsauce, *liquamen*, die ähnlich wie heutige Fertigsaucen vielen Gerichten Geschmack verlieh.

Sardellenfilets, die in Salzlake oder Öl eingelegt und fermentiert werden, nennt man Anchovis. Die Anchovis reifen zum Teil zwei Jahre und länger und haben eine mürbe Konsistenz. Die Qualität der Anchovis hängt von der Dauer der Reifung und der Güte des verwendeten Öls ab.

Das Ausgangsprodukt für die Herstellung von Anchovis sind frisch gefangene Sardellen.

Sie werden mit reichlich Salz mindestens drei Monate gelagert, um ihnen Wasser zu entziehen.

Dann werden die gereiften Fische von Hand filetiert und mit Speiseöl in Gläser gefüllt.

Piemont

Die piemontesische Küche zählt zu den abwechslungsreichsten und feinsten in Italien. Viele Rezepte entstammen der bäuerlichen Küche, sind aber im Lauf der Jahrhunderte verfeinert und – auch wenn Patrioten dies vehement bestreiten – ein wenig vom Nachbarland Frankreich inspiriert und abgewandelt worden. Mit den Worten Oscar Wildes kann man die Piemonteser und ihre Essgewohnheiten am treffendsten beschreiben: „Sie haben einen einfachen Geschmack: Das Beste ist gerade gut genug für sie."

Charakteristika der Küche sind der verschwenderische Gebrauch von Butter und Speck und die Vorliebe für Reis, rohes Gemüse sowie für Milchkalbfleisch. Frische Meeresfische haben in der klassischen piemontesischen Küche kaum eine Rolle gespielt. Ein Grund dafür ist sicher der zwar schmale, aber sehr bergige Landstreifen Ligurien, der das Piemont vom Meer trennt. Dafür hatte eingelegter und getrockneter Fisch schon früh einen festen Platz auf dem Speisezettel. Zwar galten Sardellen früher als Fleisch der armen Leute – doch ohne sie würde eines der piemontesischen Nationalgerichte, die *bagna cauda*, nur halb so gut schmecken.

Mitten im Lago Maggiore liegt die Isola Bella mit ihren barocken Gartenanlagen. Sie wurden ab 1632 von Conte Carlo Borromeo angelegt und zählen bis heute zu den schönsten Gärten Italiens.

Bagna cauda
Gemüsefondue

2 rote Paprika
1 Bund junge Karotten
8 Selleriestangen
1 Fenchelknolle
50 g in Öl eingelegte Sardellenfilets
6–8 Knoblauchzehen
100 g Butter
150 ml Olivenöl

Das Gemüse waschen bzw. schälen und putzen. Die Paprika halbieren, entkernen und in 2 cm breite Streifen schneiden. Die Karotten der Länge nach vierteln, die Selleriestangen halbieren. Die Fenchelknolle in dünne Scheiben schneiden. Das Gemüse auf einer großen Platte oder portionsweise in Schälchen anrichten. Die Sardellenfilets kalt abspülen, trocken tupfen und fein hacken. Den Knoblauch schälen und ebenfalls fein hacken. Die Butter in einem Pfännchen zerlassen und den Knoblauch darin glasig andünsten, nicht bräunen. Die Sardellen und das Olivenöl einrühren und bis zum Siedepunkt erhitzen. Dann die Sauce bei geringster Hitze 10 Minuten leicht köcheln lassen. Bei Tisch auf ein Rechaud stellen und warm halten, aber nicht mehr kochen. Die Gemüsestreifen mit der Hand oder mit einer Gabel in die Sardellensauce tunken. Das Gemüse variiert je nach Jahreszeit – zum Tunken eignen sich auch gut junge Frühlingszwiebeln, Chicoréeblätter, Brokkoliröschen und Zucchinistreifen.

Vitello tonnato

Ein Klassiker in italienischen Vorspeisen-Theken ist das *vitello tonnato* – dünn geschnittene gekochte Kalbfleischscheiben in einer Thunfisch-Mayonnaise mit Kapern. Das ursprüngliche Rezept stammt vermutlich aus der piemontesischen oder lombardischen Küche des 18. Jahrhunderts, als es noch keine Thunfischkonserven gab. Damals schmorte man den Kalbsbraten mehrere Stunden mit gesalzenen Sardellen. Dann wurde er aufgeschnitten, mit Bratenfond überzogen, mit Kapern garniert und heiß serviert. Von der Zubereitungsart her war das Gericht eher ein *brasato*, ein Braten, der aber bereits durch die Sardellen einen ganz eigenen Geschmack hatte.

Später ging man im Piemont dazu über, das Fleisch nicht mehr zu schmoren, sondern zu kochen und anschließend in einer Sauce aus Olivenöl, Thunfisch, Sardellen, Kapern, Petersilie, Zitronensaft und dem Eigelb wachsweich gekochter Eier über Nacht ziehen zu lassen. Dieses Vitello tonnato *alla maniera rustica antica* – nach herkömmlicher Art – wird heute noch in traditionellen Osterien angeboten. Seit Anfang des letzten Jahrhunderts wird das Vitello tonnato mit Thunfisch-Mayonnaise zubereitet.

Carne cruda all'albese
Kalbfleisch-Tatar

400 g Kalbsfilet
Salz
Cayennepfeffer
4 EL Olivenöl
1 EL Zitronensaft
frisch gemahlener Pfeffer
100 g Wildkräuter

Das Kalbfleisch mit einem großen scharfen Messer fein hacken oder durch den Fleischwolf drehen. Dann mit etwas Salz und Cayennepfeffer abschmecken und die Hälfte des Olivenöls unterrühren.
Das restliche Öl mit Zitronensaft, Salz und Pfeffer verrühren. Die Wildkräuter verlesen, waschen und trocken schleudern. Das Fleisch in der Mitte einer Platte anrichten und mit den Wildkräutern umlegen. Die Kräuter mit dem Olivenöldressing beträufeln.

Ein Wahrzeichen des alten piemontesischen Städtchens Montechiaro d'Asti ist die Kirche der Heiligen Nazario und Celso. Sie wurde Anfang des 7. Jahrhunderts aus Sandstein und Ziegeln erbaut.

Kapern

Seit der Antike sind Kapern ein fester Bestandteil der italienischen Küche. Bei der Kapernernte im Frühjahr werden die ungeöffneten Blütenknospen vor Sonnenaufgang von Hand gepflückt. Anschließend werden sie gereinigt und in Salz, Salzlake, Weinessig oder Öl eingelegt. Dadurch bekommen sie ihren typischen herb-würzigen Geschmack. Das intensivste Aroma haben eingesalzene Kapern, die in der italienischen Küche bevorzugt werden. Roh sind sie ungenießbar. Je kleiner die Kaper, desto milder ihr Geschmack. Aromatische Kapernäpfel, die ausgebildeten Früchte des Kapernstrauchs, werden in eine Salz-Essig-Lake eingelegt und als Antipasti serviert.

Vitello tonnato
Kalbfleisch in Thunfischsauce

600 g Kalbfleisch (Nuss)
750 ml trockener Weißwein
2 EL Weißweinessig
1 Selleriestange
1 kleine Zwiebel
1 Lorbeerblatt, zerkleinert
2 Gewürznelken
5 schwarze Pfefferkörner
150 g Thunfisch in Öl aus der Dose
3 eingelegte Sardellenfilets
2 EL Kapern
2 Eigelb
2 EL Zitronensaft
Salz und frisch gemahlener Pfeffer
200 ml Olivenöl

Das Kalbfleisch von Haut und Sehnen befreien, waschen, trocken tupfen und mit Küchengarn in Form binden. In eine Porzellanschüssel legen.

Für die Marinade Weißwein und Essig verrühren. Sellerie und Zwiebel in kleine Würfel schneiden und mit Lorbeerblatt, Gewürznelken und Pfefferkörnern unterrühren. Marinade über das Fleisch gießen.

Das Fleisch 24 Stunden im Kühlschrank marinieren, dabei mehrmals wenden. Anschließend mit der Marinade in einen Topf geben, so viel Wasser angießen, dass das Fleisch ganz bedeckt ist, leicht salzen und etwa 1 Stunde leise köcheln lassen.

Den abgetropften Thunfisch mit Sardellenfilets und Kapern im Mixer pürieren. Eigelb mit Zitronensaft, Salz und Pfeffer aufschlagen, dann das Öl in dünnem Strahl zugießen und so lange rühren, bis eine steife Mayonnaise entsteht. Das Thunfischpüree untermischen.

Das Fleisch aus der Brühe heben und auskühlen lassen. Das Küchengarn entfernen und das Fleisch in dünne Scheiben schneiden. Auf einer Servierplatte anrichten und die Thunfischmayonnaise darüber verteilen.

Prosciutto di Parma

Mild im Geschmack, würzig im Duft, kupferrot in der Farbe – der Parmaschinken ist unverwechselbar. Nur vier Dinge benötigt man für seine Herstellung: eine frische, 12–15 Kilogramm schwere Schweinekeule von den Rassen Large White, Landrace oder Duroc, Meersalz, die außergewöhnlichen klimatischen Gegebenheiten der Region rund um Parma und genügend Zeit zum Reifen, mindestens zwölf Monate. Nach dieser Zeit kontrolliert ein Prüfer des unabhängigen Istituto Parma Qualità die Qualität des Schinkens. Nur wenn er diese Prüfung besteht, wird ihm das Markenzeichen, die Krone der Herzöge, eingebrannt. Fast zehn Millionen Parmschinken erhalten jährlich dieses Gütesiegel.

Die Keulen, aus denen Parmaschinken hergestellt wird, werden nur leicht mit Meersalz eingerieben, vor allem auf der Fleischseite und rund um die Gelenkkugel des Hüftknochens.

Im Kühlraum nimmt die Keule 100 Tage lang Salz auf. Dann wird sie gewaschen und in Reifehallen luftgetrocknet. Zwischendurch wird die Fleischseite mit Schmalz bestrichen.

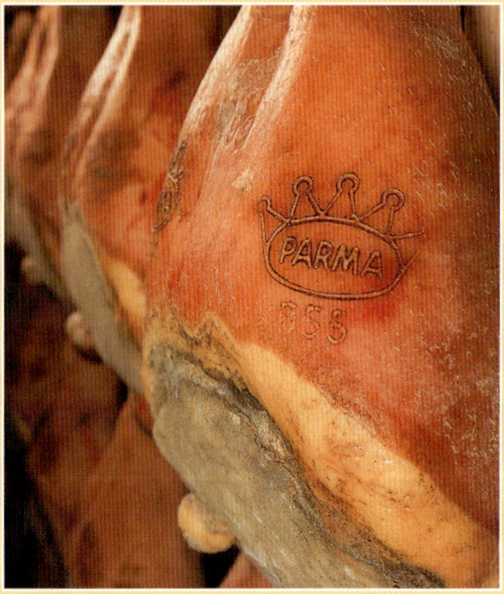

Die Krone der Herzöge ist das Gütezeichen des Consorzio del Prosciutto di Parma. Sie belohnt ein Jahr Aufmerksamkeit und Jahrhunderte an Erfahrung in der Schinkenproduktion.

Schinken

Schinken ist das beste Stück vom Schwein. Davon sind nicht nur die italienischen Schinkenhersteller und Konsumenten überzeugt. Das schmackhafte luftgetrocknete Hinterteil des Schweins wurde schon in der Antike geschätzt. Das italienische Wort *prosciutto* kommt aus dem Lateinischen *perexsutum* und bedeutet „getrocknet". Die Römer waren mit den Geheimnissen der Schinkenherstellung bestens vertraut und wussten, dass die geringe Feuchtigkeit, der Wind und das Klima am norditalienischen Alpenrand hervorragend für die Fleischkonservierung geeignet waren und die Fleischqualität sogar noch verbessern.

An der Zubereitungsart roher Schinken hat sich in Italien bis heute wenig geändert. Die Hinterkeulen werden – mit oder ohne Knochen – zunächst in Salz und Kräutern gepökelt und anschließend getrocknet. Dabei streicht die würzige Luft durch die Räume und verleiht den Schinken ihren besonderen Geschmack, der wie das Klima von Region zu Region verschieden ist.

Die bekanntesten italienischen Rohschinken sind zweifelsohne der Parmaschinken und der San Daniele. Beide genießen seit Jahren den Schutz der EU als D.O.P. (Denominazione d'Origine Protetta, geschützte Ursprungsbezeichnung), über beide wacht ein Konsortium, das die hohen Qualitätsstandards dieser Spezialitäten überwacht.

Prosciutto con melone e fichi
Parmaschinken mit Feige und Melone

1/2 Honigmelone
8 frische Feigen
200 g Parmaschinken

Die Melone in 4 Spalten schneiden, entkernen, schälen und dann das Fruchtfleisch in Scheiben schneiden. Die Feigen waschen, trocken tupfen und über Kreuz so einschneiden, dass sie sich wie eine Blüte öffnen.
Die Feigen in die Mitte einer Platte legen, die Melonenstücke dazugeben. Den Schinken um die Früchte herum dekorativ anrichten.

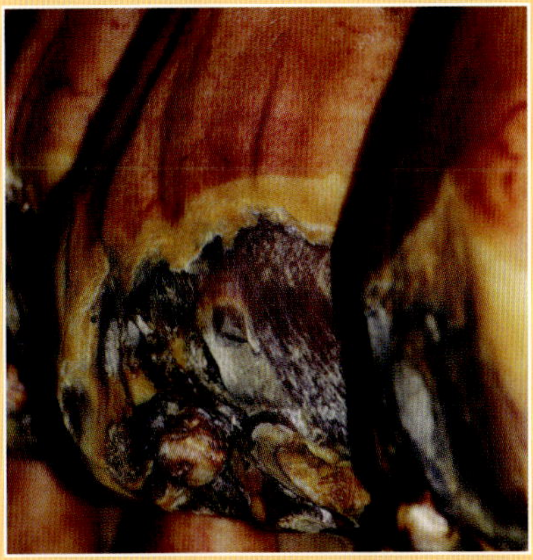

San Daniele

Der *San Daniele* kann auf eine lange und ruhmreiche Geschichte zurückblicken. Die Kelten legten an dem Ort im Friaul den Grundstein für eine fruchtbare Landwirtschaft. Und den antiken Grabstein eines Metzgers, den man in Portogruaro bei Venedig fand, ziert ein perfekt nachgebildeter Schinken aus San Daniele einschließlich Spitzfuß. Bis heute wird der Schinken aus Schweinekeulen mit dem kompletten Beinknochen (Spitzfuß) hergestellt. Die Schweine müssen in bestimmten Regionen Italiens geboren, gezüchtet, vorschriftsmäßig ernährt und geschlachtet werden. Die frischen Keulen werden nur mit Meersalz eingerieben und an der Luft getrocknet. Die Reifezeit beträgt mindestens zwölf Monate. Der fertige Schinken hat ein intensives Aroma mit einem markanten Nachgeschmack. Besonders gut kommt er zur Geltung, wenn man die hauchdünn geschnittenen Schinkenscheiben um eine Grissinistange wickelt.

Bresaola

Bresaola ist ein luftgetrocknetes Rindfleisch, das im norditalienischen Veltlin aus hochwertigen Muskelstücken hergestellt wird. Die Fleischstücke werden mit wenig Salz und Gewürzen wie Pfeffer, Zimt, Muskatnuss, Knoblauch, Lorbeer und Wacholderbeeren gepökelt und reifen anschließend an der trockenen und kühlen Luft. Dank der günstigen klimatischen Bedingungen bleibt das Fleisch auch nach dem Trocknen elastisch und saftig. Es ist dunkelrot und besonders zart und mild. 1998 wurde ein Konsortium für den Schutz des Namens *bresaola della valtellina* gegründet, das die traditionelle Herstellung schützt und den Vertrieb fördert.

Bresaloa wird hauchdünn aufgeschnitten und meist als Vorspeise serviert – pur oder nach Art eines Carpaccios mit Olivenöl und Pfeffer.

Bresaola con rucola
Bresaola mit Rucola

1 Bund Rucola
300 g Bresaola, in dünnen Scheiben
80 ml Olivenöl
grob gemahlener Pfeffer
1 Zitrone, in Spalten geschnitten

Den Rucola waschen, trocken schleudern und die gröben Stiele entfernen. Die Blätter in feine Streifen schneiden.
4 Teller mit den Bresaolascheiben auslegen. Das Olivenöl darüberträufeln, dabei die Teller drehen, damit sich das Öl gleichmäßig verteilt.
Den Bresaola mit dem Pfeffer übermahlen und mit den Rucolastreifen bestreuen. Mit Zitronenspalten garnieren.

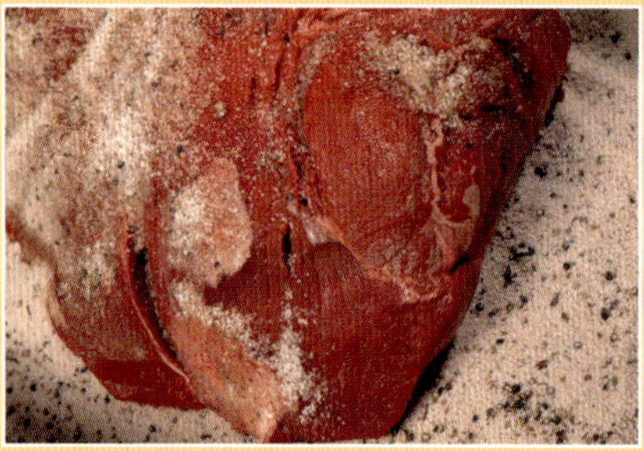

Ausgewählte Rindfleischstücke werden zugeschnitten und anschließend mit Gewürzen und Salz eingerieben.

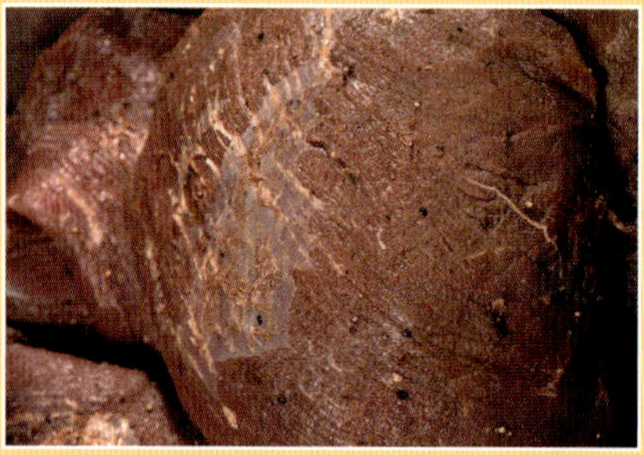

Das Fleisch wird einen Monat hindurch trocken mariniert, dabei wird es alle zwei Tage in den Aromen gewendet.

Dann umwickelt man das Fleisch wie einen Rollbraten und lässt es einige Monate an der Luft trocknen.

Während der Reifephase bildet sich auf dem Bresaola eine natürliche Schutzschicht aus weißem Schimmel.

Grissini

1 Würfel Hefe (42 g)
1 Prise Zucker
400 g Mehl, plus etwas mehr zum Bestäuben
1 TL Salz
3 EL Olivenöl

Die Hefe in 250 ml lauwarmes Wasser bröckeln und mit dem Zucker darin auflösen. 4 Esslöffel Mehl einrühren und den Vorteig an einem warmen Platz abgedeckt 15 Minuten gehen lassen.

Das restliche Mehl in eine Schüssel sieben, in die Mitte eine Mulde drücken und den Vorteig hineingeben. Mit Salz und Olivenöl zu einem geschmeidigen Teig verkneten, zu einer Kugel formen und abgedeckt 1 Stunde bis zum doppelten Volumen aufgehen lassen.

2 Backbleche mit Backpapier auslegen und den Backofen auf 200 °C vorheizen.

Den Teig nochmals kräftig durchkneten. Dann in 30 etwa gleich große Portionen teilen und jedes Teigstück auf einer bemehlten Arbeitsfläche zu einer dünnen, ca. 30 cm langen Stange ausrollen. Die Teigstangen nebeneinander auf die Backbleche legen und im Backofen in etwa 15 Minuten goldbraun backen. Nach der Hälfte der Backzeit die Grissini mit Wasser bepinseln. Die fertigen Gebäckstangen auf den Blechen auskühlen lassen.

Salumi

Zunächst etwas Theorie: *Salumi* ist der Oberbegriff für alle Wurstwaren aus gesalzenen, getrockneten ganzen oder gemahlenen Fleischstücken. Die jahrhundertealte Tradition, Fleisch zu pökeln und auf diese Weise zu konservieren, stammt aus der Zeit der Pachtherrschaft. Im Tausch für Land und Haus bezahlten die Bauern damals den Landeigentümer im Herbst mit der Hälfte der Ernte oder mehr. Darunter waren oft auch Schweine, die geschlachtet und haltbar gemacht werden mussten.

Die wichtigsten Salumi innerhalb und außerhalb Italiens sind Rohschinken und die verschiedenen Salamispezialtiäten. Daneben gibt es aber noch eine ganze Reihe von köstlichen Wurstsorten, die oft nur lokale Bedeutung haben.

Capocollo calabrese wird in Mittel- und Süditalien aus Fleischstücken vom Nacken und Kopf der Schweine hergestellt. Die Stücke werden einige Tage in Salzlake gepökelt, dann in Rotwein gelegt und mit Pfefferkörnern bestreut in Därme gefüllt, die man zwischen zwei dünne Holzleisten spannt. Anschließend werden sie an der Luft getrocknet oder geräuchert. Dann werden die Holzlatten entfernt und die Würste mit Schnüren zusammengebunden. In Apulien ist diese Wurst kleiner und schärfer. Sie wird

Cinta senese

Cinta senese ist ein fast schwarzes Freizuchtschwein, das man sofort an seinem weißen Gürtel (ital.: *cinta*) erkennt, der den Brustkorb, die Schultern und die Vorderbeine umfasst. Seit dem Mittelalter war diese Rasse im ganzen Chianti-Gebiet zu Hause. Mitte des letzten Jahrhunderts wurde das genügsame Borstentier von fleisch- und nachwuchsstärkeren Rassen fast verdrängt. Vor rund 20 Jahren gab es nur noch wenige Tiere, und die Cinta senese wurde in die Liste der gefährdeten Rassen aufgenommen. Heute wird sie wieder gezüchtet, und ein Konsortium wacht über ihre Vermarktung. Die Rasse ist nicht nur Lieferant für die aromatischen toskanischen Rohschinken, sondern auch für traditionelle Wurstsorten wie Salsicce (kleine Rohwürste), Salami und Rigatino, einen Bauchspeck mit dünner Fettschicht. Eine echte Salami aus einem Cinta senese trägt eine vom Konsortium vergebene Prüfnummer, um sie vor Nachahmungen zu schützen.

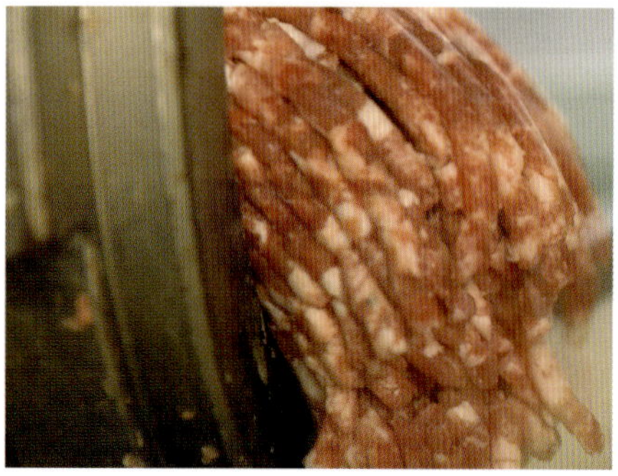

Für viele Salamisorten wird Schweinefleisch mit einem Fettanteil von ca. 30 Prozent zunächst in einem Kutter zerkleinert.

Anschließend wird es mit Salz, Zucker, Pfeffer und anderen Gewürzen vermengt. Oft kommt zusätzlich roher Speck dazu.

Italienische Feinkostgeschäfte sind ein wahres Paradies für Genießer. Die Auswahl an Schinken, Speck und Salamispezialitäten ist auf den ersten Blick verwirrend, aber auch verheißungsvoll.

im kalten Rauch grüner Eichenzweige getrocknet und hat einen intensiven Rauchgeschmack.

Finocchiona ist eine toskanische Spezialität, die eine ähnliche Form wie eine Salami hat. Rind- und Schweinefleisch werden durch den Fleischwolf gedreht und anschließend mit den Samen von wildem Fenchel, Pfeffer, Salz, Knoblauch und Rotwein gewürzt. In Därme gefüllt muss sie einige Zeit reifen, bis sie ihr volles Aroma entfaltet hat.

Luganega oder *lucanica* heißt eine herzhafte Bratwurst aus Venetien. Sie wird aus dem Nacken- und Backenfleisch von Schweinen hergestellt. Das wichtigste Würzmittel ist Pfeffer, andere Aromen sind von Produzent zu Produzent verschieden.

Soppressata, eine Wurstspezialität aus Süditalien und Venetien, besteht zu 70 Prozent aus magerem Schweinefleisch, der Rest ist fetter Rücken- und Bauchspeck. Das Fleisch wird nur grob mit dem Messer zerkleinert und mit Salz, Pfeffer, Chilipulver und Rotwein gewürzt, bevor es in Därme gefüllt wird. Die Wurst wird zunächst im Rauch getrocknet und reift anschließend bis zu 15 Monate in kühlen, gut durchlüfteten Räumen. Die Soppressata ist deutlich größer als eine Salami und oft rechteckig. Sie wird in Scheiben geschnitten und mit Obst gegessen oder leicht erhitzt als Beilage zu Polenta serviert.

Zampone heißt der gefüllte Schweinefuß, der ein fester Bestandteil der Küche in der Emilia-Romagna ist. Die Haut des entbeinten und gepökelten Schweinefußes wird mit Fleischbrät, Zunge und Pistazien gefüllt und in besonderen Öfen getrocknet. Anschließend wird die Wurst mehrere Stunden bei kleiner Hitze gegart. Sie wird in Scheiben geschnitten und meist heiß mit Gemüse gegessen.

Pancetta

Pancetta ist der leicht durchwachsene Bauchspeck, der meist mit Schwarte gepökelt wird. Er wird vor allem in Norditalien sowohl zum Würzen von Fleischgerichten als auch aufgeschnitten als Antipasto verwendet. Traditionell wird der rohe Bauchspeck vor dem Räuchern gesalzen und mit Pfeffer, Knoblauch, Gewürznelken, Rosmarin und Fenchelsamen gewürzt.

Besonders zart und schmackhaft ist ein Pancetta von nicht so fetten Schweinen, der mit Gewürzen aromatisiert, gerollt, in Därme gefüllt und einige Monate luftgetrocknet wurde.

Das Salamibrät wird in Naturdärme gefüllt und von erfahrenen Metzgern in Handarbeit je nach Salamiart in die typische Form gebunden.

Nun werden die Rohwürste je nach Größe 60–90 Tage in speziellen Räumen an der Luft getrocknet.

Italienische Wurstwaren

Mailänder Salami
Die fein gemaserte salame di Milano ist die bekannteste und beliebteste italienische Salamisorte. Traditionell werden die ca. 30 cm langen Würste während der Reifezeit mit Strohhalmen bedeckt und mit Wurstgarn verschnürt. So ergibt sich ihre unverwechselbare Form.

Salametto
Die kleine, feinkörnige Rohwurst reift mindestens 30 Tage im Naturdarm. Sie gehört zu den salami macinati fini, den fein gehackten Salamisorten, die es in unterschiedlichen Größen und Formen gibt.

Salsiccia stagionata di cinghiale
In der Toskana und in Umbrien stellt man aus Wildschweinfleisch kleine würzige Mini-Salami her, die kettenförmig aneinandergereiht luftgetrocknet werden.

Pancetta
Eine italienische Spezialität ist der zarte pancetta, der regional unterschiedlich mit verschiedenen Kräutern gewürzt und meist mit der Schwarte gepökelt wird.

Prosciutto di Guarcino
Der traditionell hergestellte Schinken aus dem Latium reift mindestens 15 Monate. Sein würziges Aroma verdankt er einem körperreichen Rotwein, der unter anderem mit Chili gewürzt ist.

Lardo di Colonnata

Unmittelbar in der Nähe der toskanischen Marmorsteinbrüche in den Apuanischen Alpen liegt das Städtchen Colonnata, Heimat des gleichnamigen Specks, der eine erstaunliche Karriere hinter sich hat: Vom sättigenden Nahrungsmittel der Steinbrucharbeiter hat er es als besondere Spezialität auf die Tafeln der Gourmets in aller Welt geschafft.

Fast hätte die EU-Bürokratie die Italiener um ihren Lieblingsspeck gebracht. Traditionell reifen die Speckstücke unter einer wohlduftenden Schicht von Meersalz und wilden Kräutern sechs Monate lang in insgesamt 500 Marmorwannen in unterirdischen Kellern. Zu unhygienisch, befanden die EU-Bürokraten und wollten die Herstellung stoppen. Heute sind die Reifekeller gekachelt, die Marmorwannen sind geblieben, und auch die Herstellungsweise hat sich nicht verändert. Inzwischen wird außerhalb von Colonnata versucht, ähnlichen Speck in Plastikwannen herzustellen. Doch wer einmal einen echten Lardo gegessen hat, wird das Original sofort wiedererkennen, denn er zergeht auf der Zunge. „Wenn man den Speck von Colonnata isst, muss man das Brot und die Tomate schmecken. Der Speck darf kein anderes Aroma überdecken." So beschreiben die Einheimischen den einzigartigen Geschmack ihres Lardo, der ein wenig zwischen süß und delikat changiert.

Coppa
Aus dem muskulösen Teil des Schweinenackens wird der coppa hergestellt. Das Fleisch wird 10–18 Tage in Salzlake eingelegt und danach in einen Rinderdarm gefüllt und luftgetrocknet.

Cotechino
Aus Modena kommt der cotechino aus Schweineschwarte, magerem Schweinefleisch, Fett und Gewürzen. Während des Garens verwandelt sich die Schwarte in eine gallertartige Masse, die der Wurst eine besondere Konsistenz und einen unvergleichlichen Geschmack verleiht.

Indugghia
Diese Rohwurst ist eine Spezialität aus Kalabrien. Sie wird aus Schweinefleisch, Speck, Leber und Lunge hergestellt und meist als Bestandteil einer Antipasti-Platte serviert.

Salami di Varzi
Als erste Salami Italiens erhielt die lombardische salami di Varzi das Gütezeichen D.O.C. Die Salami ist fein im Geschmack und dank einer langen Reifezeit besonders aromatisch.

Pancetta supermagra
Für diese Wurstspezialität wird magerer Bauspeck gerollt, in Därme gefüllt, luftgetrocknet und als Aufschnitt angeboten.

Norcinetto
Eine besondere Delikatesse für Salamiliebhaber ist diese kleine, feste, in der Gebirgsluft gereifte Salami.

Mortadella
Mortadella aus Bologna ist die bekannteste Kochwurst Italiens. Sie wird aus fein gemahlenem Schweinefleisch mit groben Speckwürfeln, Salz, Zucker und Pfefferkörnern hergestellt. Das Wurstbrät wird in Naturdärmen zu großen, schweren Würsten geformt und bei 90 °C gegart.

Soppressata
Hergestellt aus magerem Schweinefleischwürfeln, Speck, Salz und Pfefferkörnern, wird diese würzige Wurst im Naturdarm eine Weile gepresst, bevor sie getrocknet wird. Dieser Zubereitungsart verdankt sie ihren Namen.

Pizza e
Pane

Pizza und Brot

S*enza il pane tutto divento orfano* – „Ohne Brot ist jede Speise nur eine halbe Sache", sagt ein italienisches Sprichwort. Ein Brotkorb oder zumindest ein Glas mit dünnen Grissini-Stangen gehört in Italien einfach auf jeden Tisch. Meist ist es Weißbrot, das, so scheint es zumindest für Fremde, praktisch rund um die Uhr in erheblichen Mengen gegessen wird. Der erste Schein trügt wie so oft. Italiener konsumieren nicht mehr Brot als Franzosen, Deutsche oder Spanier. Dennoch darf ein Stückchen Brot zu keiner Mahlzeit fehlen. Richtig ist jedoch, dass in Italien vor allem Weißbrot in allen nur denkbaren Formen und Größen gegessen wird. Wahrscheinlich, weil das weiße Brot früher den Besserverdienenden vorbehalten war, während sich die Armen mit den dunkleren Broten aus dem Mehl von Mais, Roggen und Kastanien begnügten. Heute ist es vielfach umgekehrt, obwohl der Weizen nach wie vor das wichtigste Getreide für die Brotherstellung ist.

Brot – in welcher Form auch immer – ist seit der Antike ein Grundnahrungsmittel in Italien. Schon bei den Römern war das Bäckerhandwerk ein bedeutender Wirtschaftszweig: 258 Bäckereien und eine Bäckerschule zählte man in Rom 100 Jahre v. Chr. Und die Cäsaren hatten früh erkannt, dass man das Volk mit Brot und Spielen – *panem et circenses* – zumindest für eine gewisse Zeit zufriedenstellen kann.

„Das Verhältnis von Brot zu Getränken sollte zwei zu eins sein, von Brot zu Eiern anderthalb zu eins, von Brot zu Fleisch drei zu eins und von Brot zu feuchtem Fisch, grünem Gemüse und Früchten vier zu eins." Diese Regel stellte im 15. Jahrhundert der Philosoph Marsilio Ficino in seiner Schrift *De longa vita* (Vom langen Leben) für den idealen Brotverzehr auf. Brot wurde in der Renaissance sowohl an den festlichen Tafeln der Medici zu jedem Gang gereicht als auch bei den eher bescheidenen Mahlzeiten in den Werkstätten von Leonardo da Vinci. Und Michelangelo soll, so wird überliefert, sich ausschließlich von Brot ernährt haben, wenn er arbeitete.

Eine der ältesten Brotsorten ist das *pane di padula*, das heute noch in der Provinz Salerno aus einer Mischung von Hartweizengrieß und Weichweizenmehl gebacken wird. In die runden Brotlaibe sind auf der Oberseite Quadrate eingeritzt; sie ähneln Broten, die auf Mosaiken in Pompeji abgebildet sind. Eine lange Tradition hat auch das typische Brot der Basilikata, *pane di matera*. Schon der römische Dichter Horaz pries den wohlschmeckenden Teig aus zweimal gemahlenem Hartweizengrieß und den betörenden Duft des im Holzofen gebackenen Brotes.

Brot ist in ganz Italien ein wichtiges Grundnahrungsmittel. Es wird zu jeder Mahlzeit gereicht. Vor allem Weißbrot wird in allen nur erdenklichen Formen und Größen angeboten. Jede Region hat ihre eigenen Rezepturen und Spezialitäten.

Brot in der Mythologie

Brot ist das Sinnbild des Lebens und nimmt nicht nur im Christentum eine zentrale Stellung ein. Bereits in der Antike war es ein Symbol für Fruchtbarkeit und wurde in religiösen Zeremonien den Göttern dargeboten. Korn symbolisierte die Fruchtbarkeit der Erde, und das auf heißen Steinen geröstete Brot galt als heilig. In den ersten Jahrhunderten des Christentums waren die Brotlaibe sehr groß und ringförmig. Erst vom 11. Jahrhundert an wurden die Laibe kleiner und rund. Mitte des 13. Jahrhunderts funktionierte man das eucharistische Brot in die Hostie um, die zunächst nur von Priestern aus feinstem Weizenmehl auf besonderen Rosten gebacken wurde.

Auch heute noch werden in Italien zu religiösen Festen besondere Brote gebacken. In der Basilikata bereitet man zu Mariä Empfängnis am 8. Dezember ein ringförmiges Schmalzbrot mit Fenchelsamen zu. In Kalabrien wird an Fronleichnam ein ringförmiges Brot aus Weichweizenmehl gebacken, das man sich während der Prozession über den Arm hängt. Und in vielen Regionen kommen an Ostern, am Fest des Heiligen Nikolaus (6. Dezember) und am Tag der Heiligen Lucia (13. Dezember) rituelle Brotspezialitäten auf den Tisch.

Nicht zuletzt wegen seiner großen symbolischen Bedeutung wird Brot in Italien kaum weggeworfen. Mit Brotrinden bindet man Suppen, Brotkrumen dienen zum Andicken von Saucen, und übrig gebliebenes hartes Brot wird für Suppen und Salate verwendet.

Regionale Brotsorten

Bei einer Reise durch Italien wird man schnell feststellen, dass jede Region ihre eigene Brotspezialität hat, die auch aus unterschiedlichen Zutaten hergestellt wird. In Italien gibt es über 200 Brotsorten, die sich – aufgrund der Vielfalt an Formen und lokalen Bezeichnungen – auf die stolze Zahl von 1500 unterschiedlichen Broten und Brötchen hochrechnen lassen.

Je nach Mehlsorte unterscheidet man zwischen normalem Weißbrot, Roggenbrot, Vollkornbrot und Spezialbroten aus Mehlmischungen. In den Abruzzen backt man heute noch das traditionelle *pane cappelli* aus Hartweizengrieß. Typisch für die Provinz Teramo ist das *parruozzo*, ein weiches Maisbrot, das mit gekochtem Gemüse gegessen wird. Und die sizilianische Provinz Messina ist die Heimat des *pane a birra*, das mit Bierhefe hergestellt, zu Zöpfen geflochten und mit Sesam bestreut wird.

Panino condito

Crocetta

Panino di soia

Pane siciliano

Panino classico

Rosetta

Pane sardo

Ciabatta

Coccia

Carta da musica

Ein ganz besonderes Brot ist auf der Insel Sardinien seit Jahrhunderten zu Hause: *pane carasau* oder auch *carta da musica* (Notenpapier) genannt, weil es so dünn wie Papier ist. Die hauchdünnen Fladen werden geröstet und getrocknet. Sie sind lange haltbar und dienten einst den Schäfern als Grundnahrungsmittel. Das Carasau wird über dem Feuer oder im Backofen aufgewärmt und mit einem Tropfen Olivenöl und Salz gegessen. Man weicht es auch in Milch ein, füllt es mit Käse oder Gemüse und rollt es zusammen. Eine besondere Spezialität ist die sardische Hirtensuppe, *zuppa dei pastori galluresi*, eine kräftige Lammsuppe mit frischem Gemüse. Die Zutaten werden lagenweise mit dem Brot in einen Topf geschichtet, mit Käse bestreut und im Backofen überbacken. Die Zubereitung ist sehr aufwendig, deshalb wird die Suppe nur an Festtagen serviert.

Frisella casareccia

Frustina

Michetta

Marsigliese

Frisella integrale

Tarallo sugna e pepe

Sfilatino

Miciarella

Pane napoletano

Panello canole

Brotbacken

Die Zutaten für ein gutes Brot sind durch Jahrtausende die gleichen geblieben: Mehl, Wasser und Hefe, meist auch etwas Salz. Neben diesen klassischen Grundbestandteilen dürfen die rund 35 000 italienischen Bäcker ihre Brote noch mit vielerlei anderen natürlichen Zutaten anreichern. Erlaubt sind Butter, Olivenöl, Schweineschmalz, Milch, Traubenmost, Trauben, Rosinen, Feigen, Oliven, Nüsse, Mandeln, Rosmarin, Anis, Oregano, Kümmel, Sesam, Leinsamen, Malz, Saccherose oder Dextrose, Kürbis und Honig. So entstehen neben den klassischen Brotsorten auch die leckeren *panini dolci*, süße Brote mit Rosinen *(pane all'uvetta)*, Mandelbrot *(pane con le mandorle)* und Nussbrot *(pane con le noci)*, um nur einige zu nennen.

Pane casalingo alle olive
Hausgebackenes Olivenbrot

Zutaten für 3 kleine Brote:
500 g Mehl, plus etwas mehr zum Bestäuben
1 Päckchen Trockenhefe
1 TL Salz
1 Prise Zucker
300 ml lauwarmes Wasser
250 g Mangold, gehackt
100 g schwarze Oliven, entsteint und gehackt
2 EL Olivenöl, plus etwas mehr zum Einfetten

Mehl in eine Schüssel sieben, in die Mitte eine Mulde drücken. Hefe, Salz und Zucker hineingeben, das Wasser zufügen und alles zu einem glatten, geschmeidigen Teig verkneten. Zugedeckt etwa 1 Stunde bis zum doppelten Volumen aufgehen lassen.

Mangold und Oliven unter den Brotteig kneten und diesen dann in 3 Stücke teilen. Aus ihnen rechteckige gewölbte Brotlaibe formen und diese auf ein mit Olivenöl eingefettetes Backblech legen. Ein mit Mehl bestäubtes Küchentuch über die Brote legen und diese nochmals 1 Stunde gehen lassen.

Den Backofen auf 220 °C vorheizen. Die Brote mit Olivenöl bestreichen und im Ofen 20–25 Minuten backen. Anschließend auf einem Kuchengitter gut auskühlen lassen.

Pane casalingo alle olive

Taralli
Brotkringel

1 Würfel frische Hefe (42 g)
1 Prise Zucker
500 g Mehl, plus etwas mehr zum Bestäuben
1 TL Salz
1 TL zerstoßene Fenchelsamen
120 g weiches Schweineschmalz
Olivenöl

Die Hefe in 250 ml lauwarmes Wasser bröckeln und mit dem Zucker darin auflösen. 4 Esslöffel Mehl einrühren und den Vorteig an einem warmen Platz abgedeckt 15 Minuten gehen lassen.

Das restliche Mehl in eine Schüssel sieben, in die Mitte eine Mulde drücken und den Vorteig hineingeben. Mit Salz, Fenchelsamen und Schmalz zu einem geschmeidigen Teig verkneten, diesen zu einer Kugel formen und abgedeckt an einem warmen Ort 1 Stunde bis zum doppelten Volumen aufgehen lassen.

Den Teig nochmals kräftig durchkneten, auf einer bemehlten Arbeitsfläche zu einer Rolle formen und diese in 10 Stücke schneiden. Jedes Teigstück zu einer dünnen Rolle und dann zu einem Kringel formen. Auf ein mit Backpapier ausgelegtes Backblech legen, mit etwas Öl bepinseln und mit einem Küchentuch abgedeckt ca. 1 Stunde gehen lassen. Den Backofen auf 160 °C vorheizen Die Brotkringel 50–60 Minuten backen und dann auf einem Kuchengitter vollständig abkühlen lassen.

Ausgangsprodukte für alle weißen Brote und Brötchen sind Weizenmehl, Hefe, Wasser und meistens auch Salz.

Zunächst wird aus einem Teil des Mehls, der zerbröckelten Hefe und lauwarmem Wasser ein Vorteig hergestellt.

Sobald der Vorteig aufgegangen ist, wird er mit dem restlichen Mehl und den übrigen Zutaten gründlich verknetet.

Zur Kugel geformt, ruht der Teig abgedeckt an einem warmen Ort, bis er zu doppeltem Volumen aufgegangen ist.

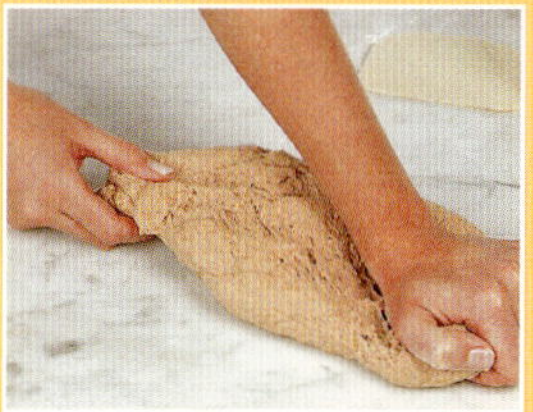

Anschließend wird der Teig nochmals kräftig mit der Hand einige Minuten durchgeknetet und gezogen.

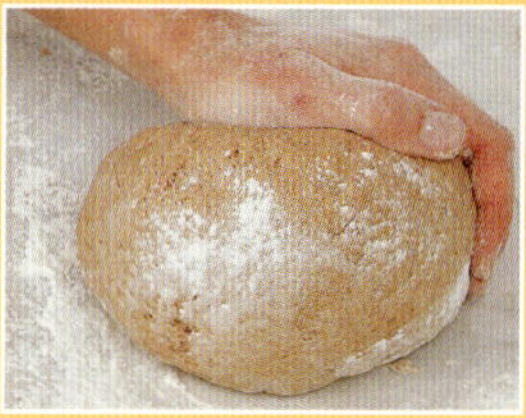

Zuletzt formt man aus dem fertigen Teig einen Brotlaib und lässt ihn vor dem Backen nochmals gehen.

Focaccia alla salvia

Focaccia

Die *focaccia* ist in Ligurien ein sehr beliebtes Fladenbrot. Perfekt gebacken, ist sie innen weich und außen knusprig. Früher wurde sie mit frischen Feigen als Hauptmahlzeit verzehrt. Heute ist sie fast rund um die Uhr präsent: als unverzichtbarer Bestandteil des Frühstücks, kleiner Zwischenimbiss oder als pikanter Happen zum Aperitif. Zahlreiche *panetterie* und *focaccerie* in Genua und im Umland bieten das köstliche Fladenbrot schon am frühen Morgen an. Und viele Einheimische essen das Brot im Gehen auf der Straße direkt aus der Tüte.

Das mittelalterliche Städtchen Recco in Ligurien gilt als die Geburtsstätte der Käse-Focaccia. Ein gewisser Manuelina Maggio soll vor langer Zeit dieses besondere Fladenbrot zum ersten Mal gebacken haben. Sein Rezept: ein einfacher Hefeteig mit Öl von der ligurischen Riviera, gefüllt mit dem gehaltvollen weichen Käse dieser Region, dem *stracchino.*

Seit 1976 organisiert das gastronomische Konsortium von Recco Veranstaltungen rund um die *focaccia col formaggio*, die seit 1995 eine geschützte Handelsmarke ist. Am 4. Sonntag im Mai feiert Recco alljährlich das Fest der Focaccia, Sagra della focaccia. Dann verteilen die Bäcker den ganzen Tag über gratis ihre köstlichen Fladenbrote.

Focaccia alla salvia
Fladenbrot mit Salbei

1 Würfel frische Hefe (42 g)
1 Prise Zucker
400 g Mehl, plus etwas mehr zum Bestäuben
1 TL Salz
125 ml Olivenöl, plus etwas mehr zum Einfetten
12 frische Salbeiblätter, fein gehackt
2 EL grobes Meersalz

Die Hefe in 250 ml lauwarmes Wasser bröckeln und mit dem Zucker darin auflösen. 4 Esslöffel Mehl einrühren und den Vorteig an einem warmen Platz abgedeckt 15 Minuten gehen lassen.
Das restliche Mehl in eine Schüssel sieben, in die Mitte eine Mulde drücken und den Vorteig hineingeben. Mit Salz und 3–4 Esslöffeln Olivenöl zu einem geschmeidigen Teig verkneten, zu einer Kugel formen und abgedeckt an einem warmen Ort 1 Stunde bis zum doppelten Volumen aufgehen lassen.
Ein Backblech mit Olivenöl einfetten und den Backofen auf 250 °C vorheizen.
Den Teig nochmals kräftig durchkneten, dabei die Salbeiblätter einarbeiten. Den Teig auf einer bemehlten Arbeitsfläche etwa 2 cm dick ausrollen, auf das Backblech legen und mit den Fingern leicht eindrücken, sodass sich darin viele kleine Dellen bilden. Mit dem restlichen Olivenöl bestreichen, mit dem Meersalz bestreuen und 20–25 Minuten backen. Anschließend in Quadrate schneiden.

Focaccia con cipolle
Fladenbrot mit Zwiebeln

1 Würfel frische Hefe (42 g)
1 Prise Zucker
400 g Mehl, plus etwas mehr zum Bestäuben
1 TL Salz
125 ml Olivenöl, plus Öl zum Einfetten
2 Zwiebeln, in dünne Ringe geschnitten
100 g schwarze Oliven, entsteint
2–3 Knoblauchzehen, fein gehackt
1 EL grobes Meersalz
2 TL grob zerstoßene Pfefferkörner

Die Hefe in 250 ml lauwarmes Wasser bröckeln und mit dem Zucker darin auflösen. 4 Esslöffel Mehl einrühren und den Vorteig an einem warmen Platz abgedeckt 15 Minuten gehen lassen.
Das restliche Mehl in eine Schüssel sieben, in die Mitte eine Mulde drücken und den Vorteig hineingeben. Mit dem Salz und 3–4 Esslöffeln Olivenöl zu einem geschmeidigen Teig verkneten, zu einer Kugel formen und abgedeckt an einem warmen Ort 1 Stunde bis zum doppelten Volumen aufgehen lassen.
Den Backofen auf 250 °C vorheizen. Den Teig nochmals kräftig durchkneten. Ein Backblech mit Olivenöl einfetten. Den Teig auf einer bemehlten Arbeitsfläche etwa 2 cm dick ausrollen, auf das Backblech legen und mehrmals mit einer Gabel einstechen. Mit Zwiebeln und Oliven belegen und mit Knoblauch bestreuen. Das restliche Olivenöl darüberträufeln, mit Meersalz und Pfeffer würzen und dann etwa 20 Minuten backen.

Für den Focaccia-Teig zunächst die Hefe in lauwarmes Wasser bröckeln und mit ein wenig Zucker darin auflösen.

Etwas Mehl einrühren und dann den Vorteig abgedeckt an einem warmen, zugfreien Platz gehen lassen.

Anschließend den Vorteig mit den übrigen Zutaten per Hand oder mit der Küchenmaschine verkneten.

Den Teig in eine Schüssel geben, abdecken und zu doppeltem Volumen aufgehen lassen.

Dann den Teig auf der bemehlten Arbeitsfläche etwa 2 cm dick zu einem Oval ausrollen.

Auf ein gefettetes Backblech legen und mit Zwiebelringen und Oliven belegen.

Pizza

Kaum ein anderes italienisches Gericht ist international so zum Synonym für die hiesige Küche geworden wie die *pizza* (wobei der Italiener darunter in erster Linie die Pizza nach neapolitanischer Art versteht). Das ist umso bemerkenswerter, als die Pizza ein Kind der Küche der Armen ist, geboren aus der Notwendigkeit, aus wenigen einfachen Zutaten ein schmackhaftes und sättigendes Essen zuzubereiten.

Das erste schriftliche Pizzarezept stammt aus dem Jahr 1858 – allerdings kannten die Neapolitaner dieses Gericht schon seit Anfang des 18. Jahrhunderts. Ende des 17. Jahrhunderts soll in Neapel zum ersten Mal ein Pizzateig mit Tomaten belegt worden sein. Ihren Siegeszug rund um die Welt trat die Pizza aber nicht von Neapel, sondern vom fernen New York aus an. 1905 eröffnete nämlich ein Signore Lombardi in New Yorks „Little Italy" die erste Pizzeria. Anders als in der Heimatstadt Neapel waren die amerikanischen Pizzen reichlich belegt und wurden schon bald ein großer Erfolg.

Dünne Hefeteigfladen werden zunächst mit einer aromatischen Tomatensauce bestrichen.

Anschließend belegt man die Pizzen mit klein geschnittenem Büffel-Mozzarella.

Marinara und Margherita

Als König Umberto I. von Italien am 11. Juni 1889 mit seiner Frau Margarete von Savoyen in Neapel weilte, äußerte sie den Wunsch, eine einheimische Spezialität zu probieren. In der Hofküche kreierte der Pizzabäcker Raffaele Eposito für sie eine neue Variante der üblichen *pizza marinara*. Die Marinara, eine Pizza mit Knoblauch, Oregano und Öl, war vor allem bei Fischern beliebt, wenn sie frühmorgens nach einer Nacht auf See wieder an Land kamen. Raffaele hielt die einfache Knoblauchpizza wohl für unpassend und wählte stattdessen als Belag Zutaten in den italienischen Landesfarben: Grün (Basilikum), Weiß (Mozzarella) und Rot (Tomaten). Die Pizza erhielt den Namen der Königin: *pizza Margherita*. Sie hat ihr wohl gemundet, denn fortan durfte sich Raffaele *Fornitore della Real Casa*, Königlicher Hoflieferant, nennen. Eine der ältesten Pizzerien Neapels, die Pizzeria Da Michele, serviert bis heute ausschließlich Pizza Marinara und Pizza Margherita.

Die einzige und echte neapolitanische Pizza

Die Associazione Vera Pizza Napoletana bemüht sich, die neapolitanische Pizza gegen Nachahmungen zu verteidigen. Sie hat Standards für eine authentische Pizza aufgestellt: Eine echte Pizza muss von Hand geknetet sein, der Pizzaboden darf nur von Hand geformt und abgeflacht werden und muss rund sein. Pizzateig darf nur aus Mehl, Hefe, Salz und Wasser bestehen.

Die Pizza darf höchstens einen Durchmesser von 30 cm haben und muss direkt auf dem Steinboden des Pizzaofens gebacken werden. Alle Abweichungen vom ursprünglichen Rezept „müssen in den Grenzen des guten Geschmacks und der kulinarischen Verantwortlichkeit liegen".

Frische Basilikumblätter und fruchtiges Olivenöl geben der Pizza Farbe und Würze.

Der Pizzaofen

Italiener müssen nicht lange nachdenken, wenn man sie nach den Gründen fragt, warum die Pizza bei ihnen um so viel besser schmeckt als anderswo. Es ist der noch mit Holz befeuerte Ofen, der den Teigfladen ihren ganz besonderen Geschmack verleiht. Der echte Pizzaofen ist kuppelförmig, und seine Innenwände sind mit feuerfesten Ziegeln ausgekleidet. Unweit von Neapel, in dem kleinen Dorf Maiano, werden diese Öfen seit dem 15. Jahrhundert in einer speziellen Technik aus dem Lehm der Halbinsel von Sorrent in Handarbeit hergestellt.

Auf dem Steinboden des Pizzaofens, direkt auf der Backfläche, brennt ein Feuer aus Holz, das kaum Rauch entwickelt, wie Kirsch- oder Olivenholz. Die Flammen erhitzen die Ofenwände, wobei die Form des Ofens für eine gleichmäßige Verteilung der Hitze sorgt. Ist der Ofen aufgeheizt, wird die Glut in den hinteren Teil des Ofens geschoben, um Platz für die Pizzafladen zu machen. Die glühende Asche hält die Temperatur des Backofens bei mindestens 400 °C. Bei dieser Hitze ist die Pizza schnell gebacken: In knapp einer Minute ist der Teigboden knusprig, die Tomaten sind noch nicht ausgetrocknet, der Mozzarella ist optimal geschmolzen, und die Fettsäuren des Olivenöls sind noch nicht zerstört.

Piadina

Was die Pizza für Neapel ist, das ist die *piadina* für die Emilia-Romagna und den Norden der Marken: ein unkompliziertes, preiswertes Gericht, das man mit den Fingern isst und zu dem man gern ein kleines Glas einfachen Landwein trinkt. Die Piadina besteht aus Weizenmehl, Schmalz, Salz, Bikarbonat und Wasser. Der Teig wird mit dem Nudelholz zu dünnen Kreisen von ca. 20 cm Durchmesser ausgerollt und traditionell in einer Terrakotta-Pfanne gebacken. Die fertige Piadina wird zusammengeklappt und in vier Stücke geschnitten oder zusammengerollt. Man isst sie heiß zu Käse, Schinken, Wurst oder Salat oder auch gefüllt mit gedünstetem Gemüse.

Pizza-Grundrezept

1 Würfel frische Hefe (42 g)
1/2 TL Zucker
400 g Mehl, plus etwas mehr zum Bestäuben
1 TL Salz
3 EL Olivenöl

Die Hefe in eine kleine Schüssel bröckeln und mit dem Zucker bestreuen. 125 ml lauwarmes Wasser zugießen, Hefe und Zucker darin unter Rühren auflösen. Mit einem sauberen Küchentuch abdecken und 30 Minuten an einem warmen Platz gehen lassen. Das Mehl in eine große Schüssel sieben. In die Mitte eine Mulde drücken und die Hefemischung sowie Salz, Olivenöl und 75–100 ml Wasser hineingeben. Alles zu einem glatten, geschmeidigen Teig verkneten. Diesen zu einer Kugel formen, mit etwas Mehl bestäuben und zugedeckt an einem warmen Platz noch 1 Stunde bis zum doppelten Volumen aufgehen lassen.

Pizzette

Pizzette
Kleine Pizzen

1 Würfel frische Hefe (42 g)
1/2 TL Zucker
400 g Mehl, plus etwas mehr zum Bestäuben
1 TL Salz
60 ml Olivenöl, plus etwas mehr zum Einfetten
500 g Tomaten
1 Radicchio
100 g Frühstücksspeck, in Streifen
50 g Pinienkerne

Die Hefe in eine kleine Schüssel bröckeln und mit dem Zucker bestreuen. 125 ml lauwarmes Wasser zugießen, Hefe und Zucker darin unter Rühren auflösen. Mit einem Küchentuch abdecken und 30 Minuten an einem warmen Platz gehen lassen. Das Mehl in eine große Schüssel sieben. In die Mitte eine Mulde drücken und die aufgelöste Hefe sowie Salz, 3 Esslöffel Olivenöl und 75–100 ml Wasser hineingeben. Alles zu einem glatten, geschmeidigen Teig verkneten. Diesen zu einer Kugel formen, mit etwas Mehl bestäuben und zugedeckt an einem warmen Platz etwa 1 Stunde bis zum doppelten Volumen aufgehen lassen.

Die Tomaten häuten, vierteln, entkernen und klein würfeln. Den Radicchio putzen und in mundgerechte Stücke zerteilen.

Den Backofen auf 200 °C vorheizen und 2 Backbleche mit Olivenöl einfetten. Den Teig in 12 gleich große Stücke teilen, diese zu Kugeln formen und flach drücken. Auf die Backbleche setzen, Tomaten und Speck darauf verteilen und mit dem restlichen Öl beträufeln. 15 Minuten backen, anschließend Radicchio und Pinienkerne darübergeben und die Pizzette weitere 5 Minuten backen.

Pizza di patate
Apulische Kartoffelpizza

750 g mehlig kochende Kartoffeln
Salz
3 EL Mehl
70 ml Olivenöl, plus etwas mehr zum Einfetten
400 g geschälte Tomaten aus der Dose
100 g schwarze Oliven
12 in Öl eingelegte Sardellenfilets
150 g Schafskäse, gewürfelt
1 Zwiebel, in Ringe geschnitten
2 Knoblauchzehen, fein gehackt
frisch gemahlener Pfeffer
1/2 TL Rosmarin
1/2 TL getrockneter Oregano

Die Kartoffeln in Salzwasser garen. Abgießen, abschrecken, schälen und noch warm durch die Kartoffelpresse drücken. 1 Teelöffel Salz, Mehl und 2 Esslöffel Olivenöl unterrühren und die Masse auskühlen lassen.

Eine flache Springform (28 cm Ø) mit Olivenöl einfetten. Den Backofen auf 220 °C vorheizen. Die Tomaten abtropfen lassen und klein schneiden. Den Kartoffelteig in die Form drücken, dabei den Rand hochziehen. Tomaten, Oliven, Sardellenfilets, Schafskäse, Zwiebel und Knoblauch auf dem Teig verteilen. Mit Pfeffer, Rosmarin und Oregano bestreuen und dann ca. 30 Minuten backen.

Die beliebtesten Pizzen

Pizza con gamberi
Pizza mit Garnelen

1 Pizzateig (siehe Grundrezept Seite 101)
750 g Tomaten
600 g gekochte Garnelen, ausgelöst
4 EL Olivenöl, plus Öl zum Einfetten
Mehl zum Bestäuben
100 g schwarze Oliven
Salz und Pfeffer
2 TL Fenchelsamen
1 Bund Rucola

Die Tomaten häuten, vierteln, entkernen und klein würfeln. Die Garnelen waschen und gut abtropfen lassen.

Den Backofen auf 225 °C vorheizen und 4 runde Pizzableche mit Olivenöl einfetten.

Den Pizzateig in 4 gleich große Portionen teilen und auf einer bemehlten Arbeitsfläche zu Kreisen ausrollen. Die Pizzableche mit den Kreisen auslegen. Tomaten, Garnelen und Oliven darauf verteilen, mit Salz, Pfeffer und Fenchelsamen würzen und mit Olivenöl beträufeln. Etwa 20 Minuten backen.

Den Rucola waschen, verlesen und die groben Stiele entfernen. Die Rucolablätter kurz vor dem Servieren auf den Pizzen verteilen.

Pizza Margherita

1 Pizzateig (siehe Grundrezept Seite 101)
75 ml Olivenöl, plus etwas mehr zum Einfetten
2 kleine Zwiebeln, gewürfelt
400 g gehackte Tomaten aus der Dose
500 g passierte Tomaten
1 TL getrockneter Oregano
Salz und Pfeffer
Mehl zum Bestäuben
400 g Mozzarella
Basilikumblätter zum Garnieren

4 Esslöffel Olivenöl erhitzen und die Zwiebeln darin glasig dünsten. Sämtliche Tomaten sowie Oregano dazugeben und mit Salz und Pfeffer würzen. Die Sauce etwa 30 Minuten bei mittlerer Hitze einkochen lassen.
Den Backofen auf 225 °C vorheizen und 4 runde Pizzableche mit Olivenöl einfetten.
Den Pizzateig in 4 gleich große Portionen teilen und auf einer bemehlten Arbeitsfläche zu Kreisen ausrollen. Die Pizzableche mit den Kreisen auslegen. Den Mozzarella in dünne Scheiben schneiden.
Den Teig mit der Tomatensauce bestreichen, mit dem Mozzarella belegen und mit dem restlichen Olivenöl beträufeln. Etwa 20 Minuten backen, anschließend mit Basilikum garnieren und sofort servieren.

Pizza alla marinara
Pizza auf Seemannsart

1 Pizzateig (siehe Grundrezept Seite 101)
3 EL Olivenöl, plus etwas mehr zum Einfetten
Mehl zum Bestäuben
800 g gehackte Tomaten aus der Dose
3–4 Knoblauchzehen, fein gehackt
1 EL getrockneter Oregano
Salz
frisch gemahlener Pfeffer
50 g Kapern
100 g schwarze Oliven
200 g geriebener Bel Paese

Den Backofen auf 225 °C vorheizen und 4 runde Pizzableche mit Olivenöl einfetten.
Den Teig in 4 gleich große Portionen teilen und diese auf einer bemehlten Arbeitsfläche zu Kreisen ausrollen. Die Pizzableche mit den Kreisen auslegen.
Die Tomaten auf dem Teig verteilen und mit Knoblauch, Oregano, Salz und Pfeffer würzen. Mit Kapern und Oliven belegen und mit dem Käse bestreuen. Das Olivenöl darüberträufeln, dann die Pizzen ca. 20 Minuten backen.

Pizza quattro stagioni
Vier-Jahreszeiten-Pizza

1 Pizzateig (siehe Grundrezept Seite 101)
200 g Champignons
1 EL Butter
4 Tomaten
200 g gekochter Schinken
200 g Mozzarella
4 in Öl eingelegte Artischockenherzen
4 EL Olivenöl, plus etwas mehr zum Einfetten
Mehl zum Bestäuben
16 schwarze Oliven
Salz und Pfeffer
1 TL getrockneter Oregano

Die Champignons in Scheiben schneiden und 10 Minuten in der Butter braten. Die Tomaten häuten, vierteln, entkernen und klein würfeln. Den Schinken klein schneiden, den Mozzarella in dünne Scheiben schneiden. Die Artischockenherzen vierteln.
Den Backofen auf 225 °C vorheizen und 4 runde Pizzableche mit Olivenöl einfetten.
Den Pizzateig in 4 gleich große Portionen teilen und auf einer bemehlten Arbeitsfläche zu Kreisen ausrollen. Die Pizzableche mit den Kreisen auslegen. Tomaten und Mozzarella gleichmäßig darauf verteilen.
Je ein Viertel der Teigkreise mit Champignons, Schinken, Artischocken und Oliven belegen, dann mit Salz, Pfeffer und Oregano würzen und mit dem Olivenöl beträufeln. Etwa 20 Minuten backen.

Sardenaira
Zwiebelpizza

1 Pizzateig (siehe Grundrezept Seite 101)
500 g Gemüsezwiebeln
4 Knoblauchzehen
6 EL Olivenöl, plus etwas mehr zum Einfetten
2 EL fein gehackter frischer Oregano
Mehl zum Bestäuben
400 g gehackte Tomaten aus der Dose
Salz und Pfeffer
50 g in Salz eingelegte Sardellenfilets
100 g entsteinte schwarze Oliven, halbiert

Die Zwiebeln in sehr feine Ringe hobeln, den Knoblauch in dünne Scheiben schneiden. 4 Esslöffel Olivenöl in einer tiefen Pfanne erhitzen, Zwiebeln und Knoblauch darin glasig dünsten. Den Oregano unterrühren. Vom Herd nehmen und etwas abkühlen lassen.
Den Backofen auf 225 °C vorheizen und 4 runde Pizzableche mit Olivenöl einfetten.
Den Pizzateig in 4 gleich große Portionen teilen und diese auf einer mit Mehl bestäubten Arbeitsfläche zu Kreisen ausrollen. Die Pizzableche mit den Kreisen auslegen. Zwiebelmasse und Tomaten darauf verteilen, mit Salz und Pfeffer würzen.
Die Sardellenfilets unter kaltem Wasser abspülen. Sardellen und Oliven auf der Zwiebelmasse verteilen und mit dem Olivenöl beträufeln. Etwa 20 Minuten backen.

Sfinciuni
Sizilianische Pizza

1 Pizzateig (siehe Grundrezept Seite 101)
75 ml Olivenöl, plus etwas mehr zum Einfetten
1 kleine Zwiebel, fein gehackt
800 g gehackte Tomaten aus der Dose
Salz und Pfeffer
300 g in Salz eingelegte Sprotten
150 g Caciocavallo
Mehl zum Bestäuben
2 EL Semmelbrösel

2 Esslöffel Olivenöl erhitzen und die Zwiebel darin glasig dünsten. Die Tomaten zugeben, mit Salz und Pfeffer würzen und die Sauce etwa 20 Minuten eindicken lassen.
Die Sprotten unter kaltem Wasser abspülen und trocken tupfen. Die Köpfe entfernen und die Fische entgräten. Den Käse in kleine Würfel schneiden.
Den Backofen auf 175 °C vorheizen und eine Springform (26 cm Ø) mit Olivenöl einfetten.
Den Pizzateig auf einer bemehlten Arbeitsfläche ausrollen und die Springform damit auslegen, dabei am Rand etwa 5 cm hochziehen. Die Hälfte der Tomatensauce darauf verstreichen, mit der Hälfte der Sprotten belegen und die Hälfte des Käses darauf verteilen. Anschließend 20 Minuten backen.
Die Pizza herausnehmen, restliche Tomatensauce, Käsewürfel und Sprotten daraufgeben, mit den Semmelbröseln bestreuen und mit dem restlichen Olivenöl beträufeln. Weitere 10 Minuten backen.

Pizza alla napoletana
Pizza aus Neapel

1 Pizzateig (siehe Grundrezept Seite 101)
750 g Tomaten
200 g Mozzarella
8 in Öl eingelegte Sardellenfilets
4 EL Olivenöl, plus etwas mehr zum Einfetten
Mehl zum Bestäuben
Salz und Pfeffer
2 TL getrockneter Oregano

Die Tomaten häuten, vierteln, entkernen und klein würfeln. Den Mozzarella in dünne Scheiben, die Sardellenfilets klein schneiden.
Den Backofen auf 225 °C vorheizen und 4 runde Pizzableche mit Olivenöl einfetten.
Den Pizzateig in 4 gleich große Portionen teilen und diese auf einer bemehlten Arbeitsfläche zu Kreisen ausrollen. Die Pizzableche mit den Kreisen auslegen. Tomaten, Mozzarella und Sardellen darauf verteilen, mit Salz, Pfeffer und Oregano würzen und mit dem Olivenöl beträufeln. Etwa 20 Minuten backen.

Pizza con carciofi
Pizza mit Artischocken

1 Pizzateig (siehe Grundrezept Seite 101)
400 g Artischockenherzen, in Öl eingelegt
200 g Mozzarella
4 EL Olivenöl, plus etwas mehr zum Einfetten
Mehl zum Bestäuben
8 milde Peperoni, in Öl eingelegt
4 Knoblauchzehen, fein gehackt
2 EL fein gehackte Petersilie
Salz und Pfeffer

Die Artischockenherzen längs in Scheiben, den Mozarella in kleine Würfel schneiden.
Den Backofen auf 225 °C vorheizen und 4 runde Pizzableche mit Olivenöl einfetten.
Den Pizzateig in 4 gleich große Portionen teilen und diese auf einer bemehlten Arbeitsfläche zu Kreisen ausrollen. Die Pizzableche mit den Kreisen auslegen. Artischocken und Peperoni darauf verteilen. Mit dem Knoblauch und der Hälfte der Petersilie bestreuen, mit Salz und Pfeffer würzen und mit dem Olivenöl beträufeln. Den Mozzarella über die Pizzen verteilen und diese etwa 20 Minuten backen. Vor dem Servieren mit der restlichen Petersilie bestreuen.

Pizza con carciofi

Insalate e Minestre

Salat und Suppen

SALAT

Bunte Salate stehen in Italien beinahe zu jeder Mahlzeit auf dem Tisch. Fast rund ums Jahr findet man auf allen Märkten knackige Salate, Wildkräuter und frisches Gemüse, aus denen im Handumdrehen schmackhafte Salate zubereitet werden. Doch auch Pilze, Früchte, Geflügel, Fisch und Hülsenfrüchte werden mit dem entsprechenden Dressing perfekt kombiniert und bereichern die klassische Salatauswahl.

Das Wort Salat stammt vom lateinischen *salata* ab und bedeutet wörtlich übersetzt „eingesalzen". Es bezieht sich auf die ursprüngliche Zubereitungsart: Rohes Salatgemüse wurde mit einer meist sehr salzigen Sauce aromatisiert. Im alten Rom war die Kunst, einen Salat richtig zu würzen, hoch angesehen. Es gab spezielle Köche, die bei großen Gastmählern nur für die Salate zuständig waren.

Ein altes Sprichwort sagt, für einen gelungenen Salat bräuchte man vier Menschen: Einen Verschwender, der das Öl zugibt, einen Geizhals für den Essig, einen Weisen, der das Salz zufügt und einen Narren, der den Salat kräftig durchmischt. Bis auf den Narren hat das Sprichwort auch heute noch Gültigkeit. Denn zarte Blattsalate mischt man am besten vorsichtig mit der Hand oder einem Salatbesteck aus Olivenholz, um die feinen Blätter nicht zu beschädigen. Und das Dressing wird erst kurz vor dem Servieren zugefügt, damit der Salat knackig bleibt.

Blattsalate sind nicht nur in der Zubereitung empfindlich. Je frischer sie sind, desto mehr wertvolle Nährstoffe enthalten sie. Nur einige robuste Sorten wie Endivie, Romana und Radicchio halten sich länger. Da einige der im Salat vorhandenen Vitamine wasserlöslich sind, sollte man Salat immer nur kurz unter fließendem kaltem Wasser waschen und nie länger im Wasser liegen lassen. Anschließend schleudert man die Blätter am besten in einer Salatschleuder oder einem sauberen Küchentuch trocken, damit das Dressing nicht verwässert wird. Je nach Rezept werden die Blätter dann in mundgerechte Stücke gezupft oder in Streifen geschnitten.

Batavia *kommt ursprünglich aus Frankreich und ist ein Verwandter des Eisbergsalats. Er ist innen grün und an den Blatträndern rötlich. Batavia wird meist in Treibhäusern gezüchtet und wie Kopfsalat zubereitet.*

Eichblatt, foglia di quercia, *hat seinen Namen von den rötlichen Blattenden, die Eichenlaub ähneln. Die Blätter sind sehr zart, welken schnell und schmecken leicht nussig.*

Endivie, indivia scarola, *bildet keine geschlossenen Salatköpfe. Die breiten ungeteilten Blätter sind robuster als die des Kopfsalats und haben einen leicht bitteren Geschmack. Sie werden in Streifen geschnitten.*

Frisée, indivia riccia, *ist eine krause Endivie mit stark geschlitzten Blättern. Sie schmeckt etwas bitterer als ihre ungefiederte Verwandte, hat aber mehr Biss. Die Blätter werden einzeln zerzupft.*

Kopfsalat, lattuga, *wird das ganz Jahr über angeboten. Die Blätter werden bis auf das Herz einzeln vom Strunk gelöst und in mundgerechte Stücke zerzupft. Im Winter kommt Kopfsalat aus dem Gewächshaus und ist dann ziemlich neutral im Geschmack.*

Löwenzahn, dente di leone (*auch* insalata matta, sofione, tarassaco) *ist ursprünglich eine Wiesenpflanze mit zarten, herb-süßen Blättern, die ähnlich gezackt sind wie Rucola. Freiland-Löwenzahn hat kräftige grüne Blätter, Treibhausware erkennt man an den hellen gelbgrünen Blättern.*

Radicchio *schmeckt angenehm bitter und wird vorwiegend im Winter in verschiedenen Sorten angeboten. Die gängigste Sorte ist der* radicchio di Chioggia, *der kleine, weinrote, feste, geschlossene Köpfe und eine weiße Wurzel hat. Seit Kurzem gibt es auch eine weiße Radicchiosorte, die weniger Bitterstoffe enthält.*

Römischer Salat oder Sommerendivie, romana, *ähnelt im Geschmack dem Kopfsalat, hat aber einen ausgeprägteren süßlichen Eigengeschmack. Die robusten Außenblätter werden in Streifen geschnitten. Romana wurde früher Bindesalat genannt, weil man den wachsenden Salat zusammenband, damit das Herz gelb blieb. Neue Züchtungen, die aufrecht wachsen und bis zu 40 cm hoch werden, erledigen das sozusagen von selbst.*

Chicorée

Indivia belga – der Chicorée – wird in abgedunkelten Räumen oder unter lichtundurchlässiger Folie gezogen, damit seine Blätter weiß bleiben. Ein Brüsseler Gärtner entdeckte vor etwa 200 Jahren in einer dunklen Kellerecke des Botanischen Gartens Zichorienwurzeln, die zu treiben begonnen hatten. Sie waren das Ausgangsprodukt für den heute in aller Welt beliebten Chicorée. Er hat einen frischen und zart würzigen Geschmack, lediglich der Strunk ist bitter und wird deshalb keilförmig herausgeschnitten. Die Blätter schneidet man in Streifen oder verwendet sie im Ganzen zum Dippen.

Selbst wenn Belgien heute als Heimat des Chicorée gilt: Bereits die Römer kannten die gebleichten Chicoréeblätter als Salat, wie man bei Plinius dem Älteren, einem in der Antike berühmten Naturforscher, nachlesen kann. Er beschrieb auch die Heilkräfte der Staude. Chicorée ist besonders reich an Karotin, Phosphor und Kalzium. Aus Italien kommt der Rote Chicorée, eine Kreuzung aus weißem Chicorée und rotem Radicchio.

Roter Lollo, lollo rosso, *ist die gekräuselte Variante zum Bataviasalat, einer roten Kopfsalatsorte aus Frankreich. Er schmeckt zart nussig und bringt optisch Abwechslung auf den Salatteller. Sein grüner Bruder ist der* lollo verde *oder* lollo bianco, *mit stark gekrausten welligen Blättern und hellgrünen bis gelblichen Spitzen.*

Olivenöl

Im November und Dezember ist die Zeit der Olivenernte. Traditionell werden die reifen Oliven mit langen Holzstangen von den Bäumen geschlagen, mit der Hand abgezupft oder auch mit einer Art kleinen Harke vorsichtig von den Zweigen abgestreift und in Netzen oder Planen, die unter den Bäumen ausgelegt sind, aufgefangen. Aus 50–70 Kilogramm Oliven, die ein einzelner Baum durchschnittlich trägt, entstehen später etwa 8 Liter Olivenöl.

Auch wenn mittlerweile andere Methoden entwickelt worden sind, arbeiten die meisten Ölpressen immer noch mit hydraulischer Pressung: Schwere Mühlsteine zermahlen die Früchte samt Kern zunächst zu Brei. Der ergibt, auf Matten verteilt und hydraulisch gepresst, bei einer Temperatur, die der des menschlichen Körpers entspricht, eine Emulsion aus Öl und oliveneigenem Wasser. Dieses Gemisch wird in Zentrifugen getrennt und das gewonnene Öl dann durch Filtern von Rückständen gereinigt. Eine neue Methode arbeitet mit einem Endlos-Schneckensystem, das über „Dekanter" verfügt, die das Öl, bevor es gefiltert wird, von Fruchtwasser und Trester trennen. Solche Systeme beginnen nach und nach die traditionellen hydraulischen Pressen zu verdrängen.

Bei keiner der Pressarten darf den Früchten Wärme zugeführt werden, die der Qualität des Endproduktes schaden könnte. Zu Zeiten, als die Pressen noch von Hand oder mit Tierkraft bedient wurden, musste der Brei oft bis zu dreimal ausgequetscht werden, um den Oliven das letzte Öl abzupressen. Vor der zweiten und dritten Pressung ist dann heißes Wasser über den schon einmal gepressten Brei gegossen worden. Werden reife Oliven nicht sachgerecht gepresst, steigt im Öl der Anteil freier Fettsäure. Die ist das Produkt eines natürlichen chemischen Prozesses, der die geschmackliche Güte stark beeinflusst. Je weniger Ölsäure ein Öl enthält, desto besser ist seine Qualität.

In der Regel werden Oliven heute nur einmal mechanisch gepresst. Das ergibt Öl in verschiedenen Güteklassen und Geschmacksrichtungen – je nach Land und Lage, Klima und Reifegrad der Frucht. Um sie in Güteklassen einteilen zu können, wird eine Reihe chemisch-physikalischer Parameter gemessen. In welcher Klasse ein Öl am Ende wirklich landet, bestimmen Feinempfinden, Geschmacks- und Geruchssinn von je acht bis zwölf Experten. Sie prüfen den Geschmack und den Geruch der Öle und stellen fest, ob Produkte fehlerhaft sind.

Seit dem 1. November 2003 darf „Natives Olivenöl extra" den Vermerk „kaltgepresst" oder „kaltextrahiert" nur noch dann tragen, wenn das Öl bei einer Temperatur von unter 27 °C gepresst wurde. Allerdings arbeitet man in modernen Pressen wegen der unterschiedlichen Olivensorten und der recht unterschiedlichen Konsistenz des Breis manchmal mit warmem Wasser.

Olivenbäume können einige Hundert Jahre alt werden. Mit zunehmendem Alter werden sie immer knorriger.

Für die Erzeugung hochwertiger Öle werden die reifen Oliven auch heute noch von Hand geerntet.

Die unverletzten gesunden Früchte lagern bis zur Weiterverarbeitung in gut durchlüfteten Räumen.

Die gewaschenen ganzen Oliven werden mit großen Mahlsteinen zu einem dicken Brei zermahlen.

Dann wird dieser Olivenbrei auf große Matten gestrichen, die übereinandergestapelt werden.

Die Matten werden so fest zusammengepresst, dass eine Emulsion aus Pflanzenwasser und Öl abfließt.

Italienische Olivenöle

Rund 250 verschiedene Olivenbaumsorten sorgen beim Olivenöl für eine große Geschmacksvielfalt. Man unterteilt Italien grob in vier Anbauzonen:

Ligurien, Sardinien und die Küstenzonen der Toskana Die dortigen Öle sind wegen des vom Meer bestimmten Klimas eher leicht und fein im Geschmack.

Zentralitalien Vor allem aus der Toskana und aus Umbrien kommen sehr aromatische Öle, die, vor allem wenn sie frisch gepresst sind, einen kräftigen „Biss" im Nachgeschmack haben.

Süditalien Im heißen Klima entstehen sehr kräftige Öle mit einem intensiven, fast „fetten" Olivengeschmack.

Sizilien Die unterschiedlichen Mikroklimazonen auf dieser Insel bringen eine Vielfalt an Ölen hervor wie sonst keine Region Italiens.

Für Olivenöle gibt es gesetzlich festgelegte Klassifizierungen, damit die Verbraucher wissen, was sie kaufen:

Natives Olivenöl extra oder **extra vergine** ist die erste Güteklasse. Dieses Öl wird ausschließlich über mechanische Verfahren direkt aus den Oliven gewonnen. Sein Ölsäuregehalt darf höchstens 0,8 Gramm auf 100 Gramm Öl betragen.

Natives Olivenöl. Dieses Öl wird gleichfalls mechanisch direkt aus Oliven gepresst. Sein Ölsäuregehalt darf maximal 2 Gramm auf 100 Gramm Öl ausmachen.

Olivenöl Standard. Öl, das nicht als „Natives Olivenöl" klassifiziert wurde, ist physikalisch gereinigt – „raffiniert" – worden. Anschließend wird ihm „natives Olivenöl" beigemischt, um den typischen Geschmack wieder herbeizuführen. Es wird als Olivenöl verkauft. Sein Ölsäuregehalt darf auf 100 Gramm 1 Gramm nicht übersteigen.

Der Hinweis „aus Italien" bedeutet: Das Öl muss aus Oliven stammen, die in Italien gewachsen und gepresst wurden. Stehen auf dem Etikett der Name des Produzenten und der Zusatz „produziert und abgefüllt in …" *(prodotto e confenzionato da …)*, dann kann man sicher sein, dass dieses Olivenöl in dem erwähnten Ort oder Gebiet aus dort geernteten Früchten gepresst und abgefüllt wurde. So etikettierte Olivenöle stammen meist aus kleineren Familienbetrieben. Das gilt in noch strengerem Maße für Olivenöle, die aus einem geschützten Ursprungsgebiet (g.U.) oder einem geschützten geografischen Anbaugebiet (g.g.A.) stammen.

Bereits im alten Rom waren Öl und Oliven tägliche Nahrungsmittel. Die eigenen Olivenbäume deckten den Bedarf der Römer bei Weitem nicht. Sie führten das Öl aus den Provinzen, vor allem aus Spanien und Nordafrika, ein. Welche Mengen das waren, davon zeugt der Testaccio-Hügel bei Ostia: Er besteht ausschließlich aus den Scherben zerbrochener Ölgefäße.

Das Orleans-Verfahren

Im einfachsten Fall entsteht Essig von selbst. Wird Wein für eine länger Zeit offen stehen gelassen, verwandelt er sich durch Oxidation in Essig. Die klassische Art, Essig herzustellen, ist das „Orleans-Verfahren“, benannt nach der französischen Stadt Orleans, in der viel Wein gehandelt wurde – unter nicht immer idealen hygienischen Bedingungen. Resultat: Durch zu viel Luftkontakt wurde der Wein sauer. Bei der traditionellen Essigherstellung nützt man dieses Verfahren bis heute. Allerdings gibt man dem Wein zur schnelleren Gärung inzwischen eine sogenannte „Essigmutter“ zu, natürliche Essigbakterien, die bei der offenen Gärung durch Zelluloseproduktion an der Oberfläche des Weines langsam eine gallertartige dünne Haut bilden und für die Gärung sorgen.

Aceto balsamico & Co.

In den italienischen Provinzen Modena und Reggio Emilia wird seit über 1000 Jahren aus dem Most der weißen Trebbiano- und Sauvignontrauben (in der Reggio Emilia auch aus Lambrusco-Traubenmost) ein außergewöhnlicher Würzessig hergestellt, der *aceto balsamico*. Sein unvergleichliches Aroma verdankt er weder Kräutern noch irgendwelchen anderen Zutaten, sondern einzig und allein dem Umstand, dass er ohne Zugabe von Konservierungs- und Farbstoffen viele Jahre in verschiedenen Holzfässern reift.

Der zunächst viele Stunden auf rund die Hälfte eingekochte Most wird in Holzfässer gefüllt, wo er eine langsame Gärung durchläuft. Während seiner mindestens zwölfjährigen Reifezeit wird er in immer kleinere Fässer aus verschiedenen Hölzern wie Eiche, Kastanie, Kirsche, Esche und Maulbeere umgefüllt. Von 100 Kilogramm Trauben bleiben am Ende der Reifezeit 2,5–5 Liter Balsamico-Essig übrig. Der verdunstete Essig wird teilweise wieder mit jüngerem Essig aufgefüllt und ein Teil des ausgereiften Essigs wieder in das „jüngste“ Fass mit Traubenmost zurückgegeben. Deshalb fehlt auf dem Etikett des *aceto balsamico tradizionale* auch die Altersangabe. Nur der 25 Jahre alte Essig darf sich mit der Bezeichnung *extravecchio* schmücken. Jährlich werden nur 10 000 Liter Aceto balsamico tradizionale hergestellt.

Der Name Balsamico ist allerdings nicht geschützt. Jeder Essig darf sich Aceto balsamico nennen, egal wo auf der Erde er hergestellt wird. Grundlage der so genannten Balsam-Ansatzessige sind in der Regel hochwertige Frucht- und Weinessige. Durch Zusatz von Aromen und Karamelsirup werden daraus ausgewogene, fein-fruchtige Essigkreationen. *Balsamico bianco*, weißer Balsam-Essig, ist deutlich milder als gewöhnlicher Weinessig. Bei ihm kommen die unterschiedlichen Aromen zur Geltung, ohne durch Säure überlagert zu werden.

Aceto balsamco di Modena ist eine Mischung aus gewöhnlichem Weinessig und eingedicktem Traubensaft, die mit Zuckerkulör braun gefärbt wird. Bei besseren Sorten wird eine kleine Menge echter Balsamico tradizionale zugegeben.

Ein Blick über Modena (oben)

In Italien gibt es eine Vielzahl von aromatischen Essigsorten, die je nach Anlass und Zutat verwendet werden. Von links nach rechts:

Giusti aceto stravecchio, Aceto di vino cabernet, Giusti aceto balsamico D.O.P., Giusti aceto balsamico, Giusti aceto balsamico banda rossa

Der echte aceto balsamico tradizionale reift mindestens zwölf Jahre in Holzfässern.

Ein Leinentuch auf dem Spundloch verhindert das Eindringen von Staub und Schmutz.

Während der Reifezeit wird der Balsamico jedes Jahr in ein anderes Holzfass umgefüllt.

Am Ende der langen Reifezeit bleiben von den ursprünglich 100 Kilogramm Trauben im besten Fall gerade einmal 5 Liter Aceto balsamico übrig.

Beliebte Salate

Insalata di arance
Orangensalat

4 Orangen
1 rote Zwiebel
2 EL fein gehackte frische Petersilie
Salz
frisch gemahlener Pfeffer
4 EL Olivenöl

Die Orangen schälen und von der weißen Haut befreien, dann quer in Scheiben schneiden und mit diesen eine Salatplatte oder einen Teller fächerförmig auslegen. Die Zwiebel schälen und halbieren, eine Hälfte in dünne Scheiben schneiden. Die andere Hälfte fein hacken und mit der Petersilie vermengen.
Alles über die Orangenscheiben verteilen, mit ein wenig Salz und Pfeffer würzen und das Olivenöl darüberträufeln. Mit Frischhaltefolie abgedeckt 1 Stunde im Kühlschrank ziehen lassen. 5 Minuten vor dem Servieren aus dem Kühlschrank nehmen.

Insalata di tonno e fagioli
Bohnensalat mit Thunfisch

400 g weiße Bohnen, gekocht
4 Frühlingszwiebeln, fein gehackt
1 frische rote Chili, fein gehackt
2 Selleriestangen, klein gewürfelt
2 EL Zitronensaft
6 EL Olivenöl
Salz
frisch gemahlener Pfeffer
170 g Thunfisch in Öl aus der Dose
1 EL fein gehackte Petersilie

Die Bohnen mit Frühlingszwiebeln, Chili und Sellerie vermengen. Zitronensaft, Olivenöl, Salz und Pfeffer zu einem Dressing verrühren und über den Salat träufeln. 15 Minuten ziehen lassen.
Den Thunfisch abtropfen lassen und mit einer Gabel mundgerecht zerteilen. Dann mit der Petersilie unter den Bohnensalat geben.

Insalata di arance

Olio e sale alla barese
Tomatensalat mit Gurke, Zwiebeln und Brot

1 kleine Salatgurke, geschält
2 Fleischtomaten
1 weiße Zwiebel
4 EL Olivenöl
2 EL Weißweinessig
Salz
frisch gemahlener Pfeffer
2 Scheiben weißes Bauernbrot

Gurke und Tomaten in dünne Scheiben schneiden und in eine Salatschüssel geben. Die Zwiebel in feine Ringe hobeln. Mit Gurke und Tomaten vermischen.

Olivenöl, Essig, Salz und Pfeffer verrühren und über den Salat gießen. 20 Minuten marinieren.

Die Brotscheiben unter dem heißen Grill oder im Backofen auf beiden Seiten goldbraun rösten. Anschließend in mundgerechte Stücke schneiden. Dann unter den Salat heben und sofort servieren.

Insalata di carciofi
Artischockensalat

8 kleine violette Artischocken
3 EL Zitronensaft
250 ml Weißwein
Salz
100 ml Olivenöl
2 Knoblauchzehen, fein gehackt
1 kleine rote Zwiebel, fein gehackt
2 EL Estragonessig
Salz
frisch gemahlener Pfeffer
6 Basilikumblätter

Die äußeren harten Blätter der Artischocken entfernen. Die obere Hälfte der zarten Innenblätter abschneiden. Die Stiele auf 5 cm kürzen und die Stielansätze schälen. Jede Artischocke sofort in einen Topf mit Wasser und dem Zitronensaft legen.

Den Weißwein mit 1/2 Teelöffel Salz und 2 Esslöffeln Olivenöl dazugeben und alles zum Kochen bringen. Zugedeckt bei mittlerer Hitze 20–25 Minuten köcheln lassen. Dann die Artischocken herausnehmen, etwas abkühlen lassen und der Länge nach halbieren.

Knoblauch und Zwiebel mit 2 Esslöffeln Artischocken-Kochsud, Essig, Salz und Pfeffer verrühren, das restliche Olivenöl untermischen. Die Basilikumblätter in feine Streifen schneiden.

Artischockenhälften mit der Schnittfläche nach oben in eine Schale legen, mit dem Dressing begießen und das Basilikum darüberstreuen. Lauwarm servieren.

Radicchio alla vicentina
Radicchiosalat

400 g Radicchio di Chioggia
100 g Pancetta
1 EL Olivenöl
2 EL Balsamico-Essig
Salz
frisch gemahlener Pfeffer

Den Radicchio putzen, waschen und trocken schleudern. Die Blätter in mundgerechte Stücke zupfen und auf 4 Teller verteilen.

Den Speck in kleine Würfel schneiden. Olivenöl in einer Pfanne erhitzen und die Speckwürfel darin knusprig ausbraten. Mit dem Essig ablöschen, mit Salz und Pfeffer würzen. Dann den Speck mit dem Bratfett über den Radicchio verteilen und sofort servieren.

Panzanella
Brotsalat

400 g toskanisches Landbrot vom Vortag
1 kleine Salatgurke
2 kleine weiße Zwiebeln
100 ml Olivenöl
Salz
frisch gemahlener Pfeffer
2–3 EL Rotweinessig
500 g Tomaten, in Scheiben geschnitten
1 Bund Rucola

Das Weißbrot in etwa 2 cm dicke Scheiben schneiden und in einer Schüssel mit kaltem Wasser knapp 10 Minuten einweichen.
Die Gurke schälen, der Länge nach halbieren und entkernen. Gurkenhälften in dünne Halbmonde schneiden. Die Zwiebeln in dünne Ringe hobeln. Die Brotscheiben gut ausdrücken und in mundgerechte Stücke zupfen.
In einer beschichteten Pfanne die Hälfte des Olivenöls erhitzen und das Brot darin unter Wenden anbraten. Vom Herd nehmen und auskühlen lassen.
Das restliche Öl mit Salz, Pfeffer und Essig verrühren. Gurke, Tomaten, Zwiebeln und das geröstete Brot in einer Schüssel mit dem Dressing vermengen.
Den Rucola abspülen, trocken tupfen, welke Blätter und grobe Stiele entfernen. 4 Salatschalen mit dem Rucola auslegen und den Brotsalat darauf anrichten. In der ursprünglichen Variante lässt man den Brotsalat zugedeckt einige Stunden kühl ziehen. Heute serviert man ihn meist sofort nach dem Anrichten, damit das geröstete Brot knusprig bleibt.

Asparagi all'olio e aceto balsamico
Spargelsalat mit Balsamico-Essig

je 400 g grüner und weißer Spargel
Salz
75 ml Olivenöl
2 EL Balsamico-Essig
frisch gemahlener Pfeffer
Petersilienblätter zum Garnieren

Den Spargel waschen und putzen. Den weißen Spargel dünn schälen, von beiden Sorten die holzigen Enden entfernen. Alle Spargelstangen auf die gleiche Länge zurechtschneiden, portionsweise bündeln und in einen hohen, schmalen Topf stellen. Zu zwei Drittel mit kaltem Wasser füllen, leicht salzen und zugedeckt zum Kochen bringen. So lange köcheln lassen, bis der Spargel gar, aber noch bissfest ist.
Spargel aus dem Wasser nehmen und gut abtropfen lassen. Das Olivenöl mit dem Essig, Salz und Pfeffer zu einem Dressing verrühren.
Den Spargel auf eine Servierplatte legen, mit dem Dressing begießen und mit der Petersilie garnieren. Lauwarm servieren.

Rucola

Rucola, in Deutschland auch als Rauke bekannt, ist ein einjähriges Wildkraut mit länglichen, tiefgrünen Blättern. Der feinblättrige Rucola ist als Salatgemüse bekannt, die breitblättrige Rauke wird vorwiegend zur Ölgewinnung verwendet. Ältere Rucola-Sorten schmecken leicht säuerlich und etwas pfeffrig. Die heute meist angebotenen Zuchtsorten haben einen vorwiegend nussigen milden Geschmack. Rucola ist, obwohl er auf den ersten Blick robust wirkt, sehr empfindlich und welkt leicht. Er wird meist in Kombination mit anderen Blattsalaten, oft auch mit Früchten, verwendet. Eine beliebte Vorspeise ist Rucola mit Bresaola oder Parmaschinken und Parmesan. Immer häufiger wird Rucola auch über eine Pizza gegeben oder klein geschnitten unter die Pasta gemischt.

Insalata con rucola e parmigiano
Rucola mit Parmesan

2 Bund Rucola
1 kleine Fenchelknolle
75 ml Olivenöl
2 EL Balsamico-Essig
Salz
frisch gemahlener Pfeffer
100 g Parmesan am Stück
50 g Pinienkerne

Den Rucola abspülen, trocken tupfen, dann welke Blätter und grobe Stiele entfernen. 4 flache Teller mit den Blättern auslegen. Die Fenchelknolle halbieren und in dünne Scheiben hobeln. Über den Rucola verteilen.
Olivenöl, Balsamico-Essig, Salz und Pfeffer zu einem Dressing verrühren und über den Salat träufeln. Den Parmesan in feinen Spänen über den Salat hobeln. Die Pinienkerne in einer Pfanne ohne Fett goldbraun rösten, dann über den Salat streuen.

Insalata con rucola e parmigiano

SUPPEN

Suppen sind, so sagt man in Italien, die wahre Meisterprüfung für Liebhaber der guten Küche. Die Zubereitung einer guten Suppe erfordert Zeit, Sorgfalt und Aufmerksamkeit, auch beim Einkauf. Dabei variieren die Zutaten, die in den Suppentopf kommen, von Region zu Region. Eines aber ist in ganz Italien gleich: Die Brühe wird aus einem Stück Fleisch gekocht und nicht mit einem Brühwürfel. Jede Hausfrau, jeder Metzger kennt die besten Fleischstücke für eine kräftige Brühe: Brust, Bäckchen, Bauch, Schulter und Zunge. Für Geflügelbrühen verwendet man nicht nur Suppenhühner, sondern auch Ente, Gans und Kapaun.

Alle Suppen basieren auf zwei Grundrezepten: *minestra in brodo*, Brühe mit Gemüse, Nudeln oder Reis, und *zuppa*, eine dickflüssige Suppe, die oft über eine Brotscheibe gegossen wird. Die bekannteste Minestra ist die *minestrone*, von der es unzählige Variationen gibt. Im Norden bereitet man sie mit Reis und Parmesan zu, in der Toskana mit Bohnen und frischem Olivenöl und im Süden mit Tomaten und Knoblauch.

Die Zuppa ist bäuerlichen Ursprungs. Sie wird aus dem gekocht, was gerade Erntezeit hat und vom Schlachten oder vom Fischfang übrig bleibt. Köstliche und sättigende Beispiele dafür sind Grünkern- und Schwarzkohlsuppe, der kräftige Kutteleintopf und die Fischsuppe, die oft auch als Hauptmahlzeit serviert wird.

Minestrone
Gemüsesuppe

200 g getrocknete weiße Bohnen
2 Kartoffeln
2 Karotten
1 Selleriestange
1 Zwiebel, fein gehackt
1 Knoblauchzehe, fein gehackt
4 EL Olivenöl
2 kleine Zucchini
2 kleine Tomaten
150 g Erbsen
125 g Gerstengraupen
125 g geräucherter Speck (nach Belieben)
Salz
frisch gemahlener Pfeffer
50 g geriebener Parmesan
1 EL fein gehacktes Basilikum

Die Bohnen über Nacht einweichen. Kartoffeln, Karotten und Sellerie schälen bzw. waschen und in kleine Würfel schneiden.

Zwiebel und Knoblauch in einem großen Topf im Olivenöl glasig dünsten. Die Gemüsewürfel zufügen und kurz anrösten. Dann die Bohnen abgießen und dazugeben, 2 Liter Wasser angießen und alles zugedeckt bei schwacher Hitze 1 Stunde köcheln lassen.

Die Zucchini in dünne Scheiben schneiden. Die Tomaten häuten, vierteln, entkernen und würfeln. Zucchini, Tomaten, Erbsen und Gerstengraupen und nach Belieben in feine Streifen geschnittener Speck zur Suppe geben, mit Salz und Pfeffer würzen und unter gelegentlichem Rühren 20–25 Minuten köcheln lassen. Vor dem Servieren mit Parmesan und Basilikum bestreuen. In alten Rezepten wird diese Gemüsesuppe bis zu 4 Stunden gekocht. Heute bevorzugt man das Gemüse ein wenig knackiger.

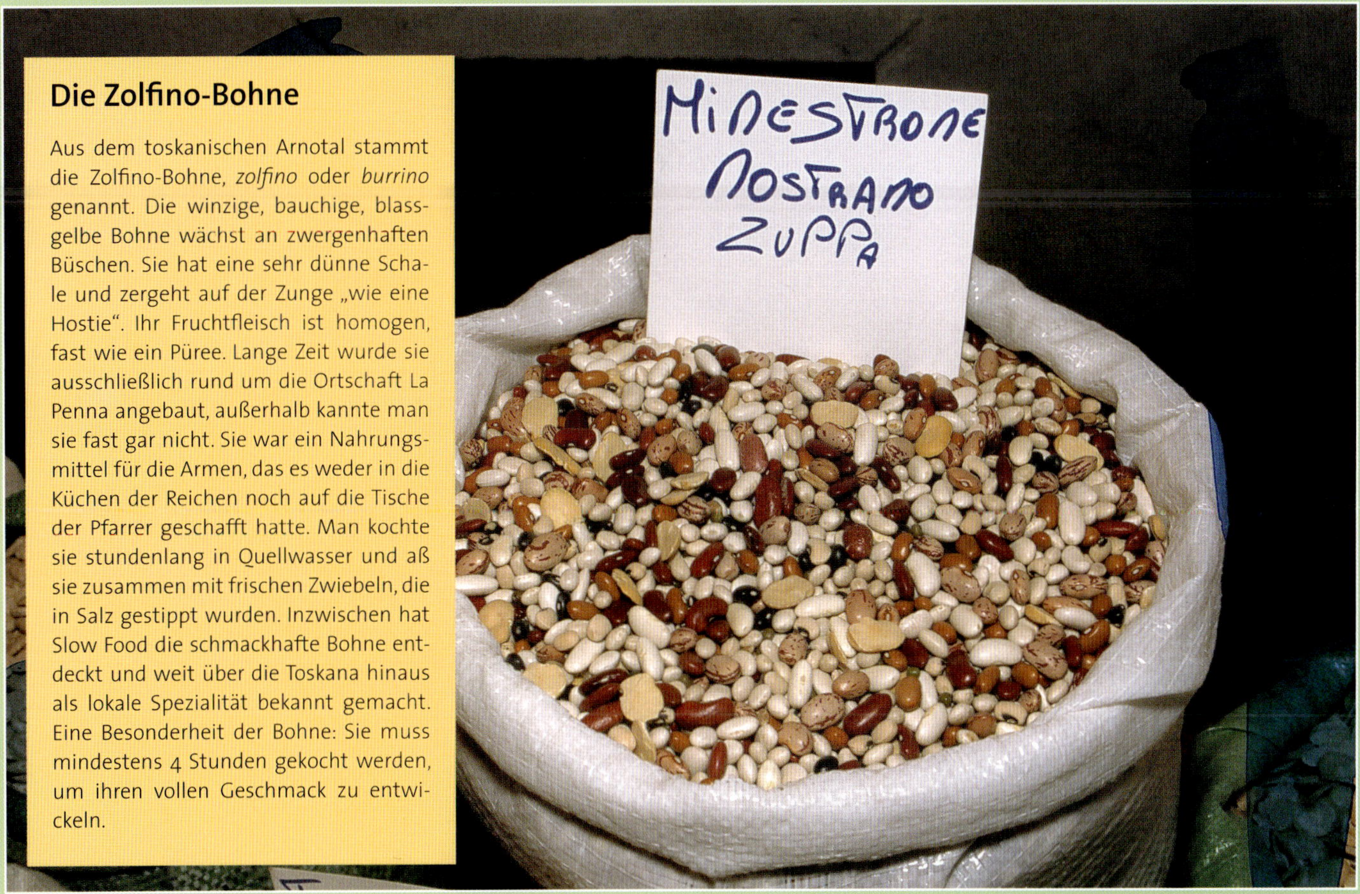

Die Zolfino-Bohne

Aus dem toskanischen Arnotal stammt die Zolfino-Bohne, *zolfino* oder *burrino* genannt. Die winzige, bauchige, blassgelbe Bohne wächst an zwergenhaften Büschen. Sie hat eine sehr dünne Schale und zergeht auf der Zunge „wie eine Hostie". Ihr Fruchtfleisch ist homogen, fast wie ein Püree. Lange Zeit wurde sie ausschließlich rund um die Ortschaft La Penna angebaut, außerhalb kannte man sie fast gar nicht. Sie war ein Nahrungsmittel für die Armen, das es weder in die Küchen der Reichen noch auf die Tische der Pfarrer geschafft hatte. Man kochte sie stundenlang in Quellwasser und aß sie zusammen mit frischen Zwiebeln, die in Salz gestippt wurden. Inzwischen hat Slow Food die schmackhafte Bohne entdeckt und weit über die Toskana hinaus als lokale Spezialität bekannt gemacht. Eine Besonderheit der Bohne: Sie muss mindestens 4 Stunden gekocht werden, um ihren vollen Geschmack zu entwickeln.

Hülsenfrüchte

Hülsenfrüchte, ob Linsen, Bohnen oder Kichererbsen, spielen in der italienischen Küche eine große Rolle. Traditionsgemäß werden Hülsenfrüchte eher mit einer „armen" Küche in Verbindung gebracht. Doch in Italien waren sie stets auch auf den Tafeln von Feinschmeckern gern gesehen. Heute raten Ernährungsexperten dazu, Fleisch öfter einmal durch die proteinreichen Hülsenfrüchte zu ersetzen – am besten in Verbindung mit Pasta. Hochwertiges pflanzliches Eiweiß ist aber nicht der einzige Pluspunkt, auf den Hülsenfrüchte verweisen können: B-Vitamine, Mineralstoffe wie Eisen, Kalium, Magnesium und Phosphor, Lecithin – ein bedeutender Baustein im Zellstoffwechsel – und nicht zuletzt die wichtigen Ballaststoffe machen Hülsenfrüchte unentbehrlich für eine gesunde Ernährung.

Die berühmtesten Linsen Italiens sind die 2 mm dicken Linsen von Castelluccio in Umbrien. 1000 Linsen wiegen gerade einmal 23 Gramm. Sie werden in 1400 Meter Höhe angebaut, haben eine sehr dünne Schale und einen ausgezeichneten Geschmack.

Die bekannteste italienische Bohne ist die Borlotti-Bohne, die aus den subtropischen Wäldern Mittel- und Südamerikas nach Italien kam. Sie wird hauptsächlich in Mittel- und Süditalien angebaut. Die Kerne der italienischen Borlotti-Bohne sind rötlich gefleckt und färben sich beim Kochen grünlich.

Vom Trasimener See kommen die kleinen *fagiolina del Trasimeno*, Trasimener Böhnchen, die zart und zugleich würzig schmecken. Die winzigen Bohnen haben die Größe von Reiskörnern. Etwas größer, doch nicht minder köstlich, sind die Bohnen aus Pigna, Conio und Badalucco in Ligurien, die man auch „den weißen Schatz von den Hügeln" nennt. Sie werden auf ewa 300 Meter Höhe auf nach Süden ausgerichteten Terrassen in den drei Dörfern und deren Umgebung angebaut. Sie sind klein, nierenförmig und von einem dünnen Häutchen überzogen, das, sobald die Bohne gekocht wird, zu einer kaum noch wahrzunehmenden Schicht wird. Das verleiht diesen Bohnen einen unvergleichlichen, überaus feinen Geschmack.

Beliebte Suppen

Canederli allo speck in brodo
Speckknödelsuppe

5 Brötchen vom Vortag
125 ml lauwarme Milch
100 g geräucherter Speck, gewürfelt
1 kleine Zwiebel, fein gewürfelt
2 EL fein gehackte Petersilie
2 Eier
Salz
frisch gemahlener Pfeffer
frisch geriebene Muskatnuss
1 l kräftige Fleischbrühe

Die Brötchen in feine Scheiben schneiden, mit der lauwarmen Milch übergießen und 10 Minuten quellen lassen.
Den Speck in einer Pfanne ohne Fett auslassen, die Zwiebel dazugeben und andünsten. Die Hälfte der Petersilie untermischen, vom Herd nehmen und etwas abkühlen lassen. Dann die Mischung zu den Brötchen geben, die Eier hinzufügen und alles gut verkneten. Mit Salz, Pfeffer und Muskatnuss abschmecken und 30 Minuten ziehen lassen.
Mit nassen Händen aus dem Teig kleine Knödel formen. Die Knödel in reichlich kochendes Salzwasser geben und dann bei kleiner Hitze ca. 10 Minuten gar ziehen lassen. Dann die Fleischbrühe einmal aufkochen, die Knödel hineingeben und kurz in der Brühe ziehen lassen, aber nicht mehr kochen. Mit der restlichen Petersilie bestreut servieren.

Zuppa di pesce
Fischsuppe

750 g gemischte frische Fische, küchenfertig
Salz
2 EL Olivenöl
1 Gemüsezwiebel, fein gehackt
2 Knoblauchzehen, fein gehackt
1 Lauchstange, in dünne Ringe geschnitten
1 EL Tomatenmark
4 Tomaten
1 TL Fenchelsamen
frisch gemahlener Pfeffer
1 EL fein gehackte Petersilie

Die Fische sorgfältig waschen. 1 Liter Wasser mit 1 Teelöffel Salz zum Kochen bringen, die Fische hineingeben und bei schwacher Hitze 10 Minuten gar ziehen lassen, aber nicht mehr kochen. Dann aus dem Sud nehmen, abtropfen und etwas abkühlen lassen.
Das Olivenöl in einem Topf erhitzen, Zwiebel, Knoblauch und Lauch darin glasig dünsten. Das Tomatenmark einrühren, den Fischsud angießen und zum Kochen bringen.
Die Tomaten häuten, vierteln, entkernen und würfeln. Die Fenchelsamen in einem Mörser zerstoßen. Tomaten und Fenchelsamen in die Suppe geben und 10 Minuten köcheln lassen.
Die Fische häuten, entgräten und in mundgerechte Stücke teilen. Den Fisch in der Suppe wieder erhitzen, mit Salz und Pfeffer abschmecken. Mit der Petersilie bestreut servieren.

Cipollata
Zwiebelsuppe

50 g geräucherter Speck, gewürfelt
5 EL Olivenöl
750 g weiße Zwiebeln, in dünne Scheiben geschnitten
500 g passierte Tomaten
Salz
frisch gemahlener Pfeffer
2 Eier
40 g geriebener Parmesan
8 Basilikumblätter, in Streifen geschnitten

Den Speck im heißen Olivenöl auslassen. Die Zwiebeln dazugeben und bei schwacher Hitze unter Wenden glasig dünsten, aber nicht bräunen. Dann die passierten Tomaten unterrühren und 500 ml Wasser zugießen. Mit Salz und Pfeffer würzen und zugedeckt etwa 1 Stunde köcheln lassen. Dabei öfter umrühren, bei Bedarf noch etwas Wasser zugießen – die Suppe sollte aber nicht zu flüssig werden.
Die Eier mit dem Parmesan verquirlen. Die Zwiebelsuppe vom Herd nehmen und die Ei-Käse-Mischung einrühren. Mit dem Basilikum bestreut servieren.

Minestra di farro
Grünkernsuppe

1 kleine Zwiebel, fein gehackt
1 Karotte, gewürfelt
1 Selleriestange, gewürfelt
3 vollreife Tomaten, enthäutet und gewürfelt
2 EL Olivenöl
1,5 l Fleischbrühe
Salz
200 g Grünkernmehl
100 g gekochter Schinken
je 1 EL geriebener Pecorino und Parmesan
frisch gemahlener Pfeffer

Zwiebel und Gemüse im heißen Olivenöl andünsten, dann mit der Fleischbrühe angießen. Zum Kochen bringen und etwa 1 Stunde köcheln lassen.

Die Suppe durch ein Sieb passieren und wieder aufkochen. Mit Salz würzen und das Grünkernmehl einrühren. Bei schwacher Hitze etwa 25 Minuten köcheln lassen, dabei öfter umrühren.

Den Schinken in schmale Streifen schneiden. Dann den Käse in die Suppe rühren und die Schinkenstreifen hinzufügen. Mit Pfeffer und Salz abschmecken und sofort servieren.

Toskana

Die Küche der Toskana ist einfach, bodenständig und verleugnet bis heute nicht ihre bäuerlichen Wurzeln. Sie verlässt sich auf den Eigengeschmack der erntefrischen Produkte, der meist nur durch das aromatische Olivenöl und einige Kräuter unterstrichen wird. Fleisch, Hülsenfrüchte, Pecorino und das salzlose Brot sind die Säulen der toskanischen Küche. Das Fleisch von Schwein, Rind, Lamm und Wildschwein wird traditionell gegrillt. In den alten Bauernhöfen war der offene Kamin lange die einzige Heizquelle, und auf dem Feuer wurde gleichzeitig auch das Fleisch gegart. Die Bauern in der Toskana waren arm und konnten es sich nicht leisten, altes Brot wegzuwerfen. Es wurde zu dicken, sättigenden Suppen verarbeitet, die heute noch eine Spezialität der regionalen Küche sind.

Die Wegbereiter der toskanischen Küche waren die Etrusker. Sie bauten Obst, Hülsenfrüchte und Getreide an. Die Römer gaben das fruchtbare Land als Lehen an Legionäre für ihre Verdienste um das Vaterland. Bereits damals war eine kräftige Getreidesuppe aus Zweikorn, einer alten Weizensorte, in allen sozialen Schichten weit verbreitet. Hülsenfrüchte waren sehr beliebt, ebenso wie Milch und Milchprodukte. Das Fleisch blieb den Wohlhabenden vorbehalten. Lange vor Christi Geburt bauten die Etrusker in der Toskana bereits Wein an – damit ist die Region eines der ältesten Weinbaugebiete Europas.

Panata
Brotsuppe

200 g vollreife Eiertomaten
1 Selleriestange
1 Knoblauchzehe, fein gehackt
100 ml Olivenöl
2 Lorbeerblätter
Salz
frisch gemahlener Pfeffer
4 Scheiben toskanisches Landbrot vom Vortag
4 Eier
50 g geriebener Parmesan
1 EL fein gehackte Petersilie

Die Tomaten häuten, vierteln, entkernen und würfeln. Den Sellerie in dünne Scheiben schneiden. Gemüse und Knoblauch in 4 Esslöffeln Olivenöl andünsten. 1 Liter Wasser angießen, die Lorbeerblätter hineingeben, mit Salz und Pfeffer würzen. Die Brühe etwa 30 Minuten köcheln lassen. Dann durch ein Sieb in einen Topf abgießen.
Das Brot entrinden, in mundgerechte Stücke schneiden und im restlichen Öl anrösten. In 4 Suppenteller verteilen. Die Gemüsebrühe wieder zum Kochen bringen, die Eier einzeln hineinschlagen und in der Brühe pochieren. In jeden Teller 1 pochiertes Ei geben und mit der heißen Brühe übergießen. Mit Parmesan und Petersilie bestreuen und sofort servieren.

Pappa al pomodoro
Tomatensuppe

1 kg vollreife Tomaten
4 Knoblauchzehen, fein gehackt
4 EL Olivenöl
750 ml Fleischbrühe
Salz
frisch gemahlener Pfeffer
4 Scheiben toskanisches Landbrot
einige Basilikumblätter zum Garnieren

Die Tomaten häuten, halbieren, entkernen und grob würfeln. Den Knoblauch im heißen Olivenöl glasig andünsten. Die Tomatenwürfel dazugeben und 5 Minuten mitdünsten. Mit der Fleischbrühe aufgießen und bei mittlerer Hitze eindicken lassen, bis die gewünschte Konsistenz erreicht ist. Die Suppe mit Salz und Pfeffer würzen.
Die Brotscheiben unter dem heißen Grill oder im Backofen auf beiden Seiten goldbraun rösten, anschließend in Würfel schneiden. Vor dem Servieren in die Suppe geben, mit Basilikumblättern garnieren.

Ribollita
Toskanische Bohnensuppe

150 g getrocknete weiße Bohnen
100 g Pancetta
1/2 Wirsing, in Streifen geschnitten
2 Karotten, in Scheiben geschnitten
400 g geschälte Tomaten aus der Dose
1 l Fleischbrühe
Salz
frisch gemahlener Pfeffer
1 EL gehackter Oregano
1 Zwiebel
4 Scheiben toskanisches Landbrot vom Vortag
50 g geriebener Parmesan
2 EL Olivenöl

Die Bohnen über Nacht in 1 Liter Wasser einweichen. Am nächsten Tag mit dem Einweichwasser aufkochen und 1 Stunde köcheln lassen.
Den Pancetta in kleine Würfel schneiden und in einem Topf auslassen, Wirsing und Karotten darin andünsten. Die Tomaten mit einer Gabel zerdrücken und in den Topf geben, dann die Brühe angießen und mit Salz, Pfeffer und Oregano würzen.
Die Bohnen abgießen, zur Suppe geben und diese weitere 15 Minuten köcheln lassen. Die Zwiebel in sehr dünne Ringe hobeln. Den Backofen auf 250 °C vorheizen.
Das Brot rösten, halbieren und 4 feuerfeste Suppenschalen damit auslegen. Die Suppe darauf verteilen und mit den Zwiebelringen bedecken. Mit Parmesan bestreuen und mit dem Olivenöl beträufeln. So lange überbacken, bis die Zwiebelringe gebräunt sind.

Primi Piatti

Der erste Gang

PASTA

Bis heute ist nicht klar, wer nun eigentlich die Nudel erfunden hat. Wahrscheinlich ist, dass alle Völker, die die Kunst des Brotbackens beherrschten, aus Mehl und Wasser auch nudelähnliche Speisen zubereiteten. Doch in keinem anderen Land hat *pasta* (wörtlich übersetzt: Teig) eine solche Bedeutung wie in Italien. Durchschnittlich lässt sich jeder Italiener laut Statistik 27 Kilogramm Pasta pro Jahr munden. Keinem anderen Lebensmittel schenken die Italiener so viel Aufmerksamkeit und Zeit, kein anderes Produkt ist auf der ganzen Welt ein besserer kulinarischer Repräsentant des Landes. Pasta vereint alle italienischen Küchentugenden in sich: hergestellt aus einfachen, aber sehr guten Zutaten und gekocht mit Hingabe, Einfallsreichtum und Liebe.

Die ersten Hinweise auf die Zubereitung von Pasta fanden Archäologen in etruskischen Hügelgräbern aus dem 4. Jahrhundert v. Chr.: Geräte zur Nudelherstellung und Abbildungen von Mehlsack, Nudelbrett, Teigzange, Nudelholz und Teigrädchen auf Reliefs der steinernen Grabpfeiler. Viele glauben, dass hier die Wiege der Pasta stand.

Einen wesentlichen Beitrag zur Weiterentwicklung der Pasta leisteten über 1000 Jahre später die Araber, als sie das Trocknen frischer Nudeln und die Herstellung röhrenförmiger Nudeln „erfanden". Sie brachten diese Küchentechnik mit nach Sizilien, als sie im 9. Jahrhundert die Insel eroberten. Daneben führten sie auch ihre hoch entwickelten neuen Bewässerungformen ein. So erblühte auf den einst trockenen Böden Siziliens der Getreideanbau in großem Stil.

Die ersten erhalten gebliebenen Pastarezepte stammen aus der Renaissance. Im 15. Jahrhundert beschreibt Maestro Martino da Como, der berühmte Leibkoch des Patriarchen von Aquileia, in seinem *Libro de Arte Coquinaria* (Das Buch von der Kochkunst) mehrere Arten, Pasta herzustellen. Das Kochbuch ist nicht im bis dahin üblichen Latein verfasst, sondern in italienischer Alltagssprache und enthält unter anderem ein Rezept für „Nudeln aus feinstem Mehl, Eiweiß und Rosenwasser", die dünn wie Strohhalme sind, mit den Händen gerollt und anschließend in der Sonne getrocknet werden. Ein weiteres Rezept beschreibt die Herstellung *con siciliani*, für die der Teig so um einen kleinen Metallstab gewickelt wird, dass die Nudeln innen hohl bleiben.

Pasta war zu dieser Zeit noch kein Grundnahrungsmittel, sondern eine luxuriöse Speise der Reichen. Teigwaren kosteten dreimal so viel wie Brot und wurden entsprechend privilegiert zubereitet: Verfeinert wurden sie mit Zucker und Gewürzen (ebenfalls teuren Importwaren) und nach Rezepten, die heute ein wenig gewöhnungsbedürftig klingen.

Noch vor 100 Jahren wurden in Neapel die Nudeln in langen Strängen auf Holzstangen im Freien zum Trocknen aufgehängt.

Die Tomate, heute für viele untrennbar mit der Pasta verbunden, war zu dieser Zeit in Europa noch unbekannt.

Doch der Siegeszug der Pasta war nicht aufzuhalten. Im 18. Jahrhundert schickte sie sich an, die Klassenschranken zu überwinden. Neapel wurde das Zentrum der Pastabewegung. In der Provinz Kampanien gedieh nicht nur der Hartweizen optimal, auch das Klima – geprägt von der Sonne, den sanften Seebrisen rund um Neapel und den heißen Winden vom Vesuv – eignete sich bestens für die Produktion von getrockneten Nudeln. Hier konnte die Pasta so langsam trocknen, dass sie nicht spröde wurde, und dennoch schnell genug, um nicht zu schimmeln. Ende des 18. Jahrhunderts säumten Hunderte Pastageschäfte die Straßen Neapels. Die Pasta wurde an offenen Ständen über Holzkohlenfeuer gegart und an Ort und Stelle mit den Fingern verzehrt.

Und dann kam die Politik: Der große italienische Freiheitskämpfer Giuseppe Garibaldi, der Italien von der Fremdherrschaft befreien wollte, soll in den Kampf um Neapel mit dem Schlachtruf gezogen sein: „Italien wird durch die Makkaroni geeint werden, das schwöre ich euch."

Mit solchen Maschinen (links) wurde Anfang des 20. Jahrhunderts der Pastateig zu langen Spaghetti- oder Makkaronisträngen gepresst und von Hand geschnitten.

Nudeln wurden früher an Straßenständen gekocht und gleich an Ort und Stelle im Stehen mit den Fingern gegessen (unten).

Pastaproduktion

Pasta wird aus gemahlenem Hartweizen und Wasser hergestellt – je nach Region können noch Eier hinzukommen. Die Basis ist Grieß, ein Mahlprodukt mit einer etwas gröberen Körnung als Mehl. Die Produktion einer guten Nudel beginnt mit der Auswahl der richtigen Hartweizensorte. Unter Kennern gilt der Capelli-Hartweizen als der beste. Diese Sorte stammt aus den 1920er-Jahren und gilt als Urahn vieler heutiger Hartweizensorten.

Neben den großen und weltweit bekannten Pastaproduzenten gibt es in Italien noch eine Reihe handwerklich arbeitender kleiner *pastifici* (Pastahersteller) wie die Firmen Lucchese und Latini, die sich der Fertigung der Pasta nach alten, traditionellen Methoden verschrieben haben. Bei dieser Pasta steht das kräftige Getreidearoma im Vordergrund.

Die Weizenkörner werden in Walzen von ihren äußeren Schichten getrennt. Einige Produzenten vermahlen nur das Innerste des Korns zu einem grobkörnigen Grieß, andere das ganze Korn samt Keimling. Dieser Grieß wird mit kaltem Wasser verknetet. Die Teigaufbereitung vollzieht sich langsam und schonend, damit das Gluten im Grieß ausreichend Zeit hat, sich zu entwickeln und der Pasta später ihre feste Konsistenz zu verleihen. Während die Hausfrau den Nudelteig immer wieder knetet, flach drückt, schlägt und wieder drückt, bis er glatt und elastisch ist, wird dem Nudelteig in der Fabrik die eingemischte Luft in einer Vakuumkammer entzogen, um ihn geschmeidig zu machen

In der Fabrik kommt der Teig nun in eine Presse und wird mit hohem Druck durch Düsen oder Schablonen zu den verschiedenen Nudelformen gepresst oder glatt gewalzt und in Bänder unterschiedlicher Dicke geschnitten. Das Ausformen der Nudeln geschieht in handwerklichen Betrieben in Bronzeformen. Bronze hat eine raue Oberfläche und gibt diese Struktur an die Nudel weiter. In den großen Fabriken verwendet man teflonbeschichtete Formen, aus denen Nudeln mit einer sehr glatten Oberfläche hervorgehen. Diese Nudeln nehmen die Sauce längst nicht so gut auf wie die handwerklich gefertigten, leicht porösen Nudeln.

Am Ende steht die Trocknung, in deren Verlauf der Nudel gleichmäßig von innen nach außen die Feuchtigkeit entzogen wird. Geschieht das zu schnell, wird die Nudel spröde und verliert nicht nur einen Teil ihrer Nährwerte und ihres Geschmacks, sondern auch später beim Kochen ihr appetitliches Aussehen. Die schonendste Trocknung findet je nach Pastasorte bei 35–50 °C statt und dauert 12–48 Stunden.

In Italien gibt es mehr als 600 verschiedene Nudelarten, -sorten und -formen. Immer wieder kommen fantasievolle Neuschöpfungen auf den Markt.

In alten Granitmühlen werden Hartweizenkörner zu grobem Mehl vermahlen, der Grundlage einer guten, handwerklich hergestellten Pasta (rechts).

In der Fabrik wird der Nudelteig zu großen dünnen Platten ausgewalzt, die dann anschließend zu Bandnudeln geschnitten werden.

Hartweizen

Pasta wird aus Hartweizengrieß hergestellt, der durch gröberes Vermahlen von Hartweizen (Durumweizen) entsteht. Der goldgelbe Hartweizen hat einen höheren Kleberanteil und eine andere Struktur als Weichweizen. Dadurch wird der Nudelteig elastisch und gut formbar, hat aber dennoch eine feste Konsistenz, die dafür sorgt, dass die Nudeln beim Kochen ihre Form behalten.

Bereits 1574 verfügte die Zunft der Pastahersteller in Genua in ihrem Statut, dass für ihre Pasta ausschließlich Hartweizen, *semola*, plus Wasser zu verwenden sei. Laut italienischem Lebensmittelgesetz muss Original-Pasta auch heute noch aus Hartweizengrieß hergestellt werden. Auf der Verpackung steht dann *pasta di semola di grano duro*.

Nachdem ausländische Konkurrenten Eiernudeln mit italienischen Namen und Formen erfolgreich auf dem Markt etablierten, begannen auch die Italiener, *pasta all'uovo*, Eiernudeln, zu produzieren. Sie werden – frisch oder getrocknet – vor allem als gefüllte Pasta oder in Form von Bandnudeln angeboten.

Weizenkörner

Weizenmehl

Pasta mit Tradition

In Italien gibt es heute noch eine Reihe von Pastifici, Pastaproduzenten, deren Nudeln auf traditionelle, handwerkliche Art aus hochwertigem Hartweizen und frischem Quellwasser hergestellt, auf alten Maschinen in Bronzeformen gezogen und bei niedriger Temperatur bis zu 50 Stunden schonend getrocknet werden. Zu diesen Produzenten gehören Cavalier Giuseppe Cocco aus den Abruzzen, Leonardo Saltarelli (Perugia), die Familie Martelli aus Lari bei Pisa, die Pastificio Fabbri aus Strada im Chianti, Pasta Lucchese (Toskana), La Fabbrica della Pasta Gragnano in der Nähe von Neapel und die Familie Latini (Marken), die zudem den Hartweizen für ihre Pasta, die alte Getreidesorte Senatore Capelli, selbst anbaut.

Der große Pastahersteller De Cecco begann vor über 120 Jahren mit einer Steinmühle in Fara San Martino, wo De Cecco „das beste Mehl der Umgebung" herstellte. Daneben entstand eine Nudelfabrik, in der erstmals Pasta in einer Niedrigtemperatur-Anlage getrocknet wurde und nicht mehr in der Sonne. So bleibt die Struktur der Stärke erhalten, und die flüchtigen Duftstoffe können nicht mehr entweichen.

Hausgemachte Nudeln

Für italienische Hausfrauen ist es selbstverständlich, mit frischen Zutaten zu kochen. Und natürlich wird auch heute noch *pasta fresca* (frische Nudeln) häufig zu Hause hergestellt. Generell unterscheidet man zwischen *pasta liscia* (glatte und flache Teigwaren wie Bandnudeln) und *pasta ripiena* (gefüllte Nudeln). Die goldgelben Bandnudeln hat angeblich 1503 ein Koch aus Bologna erfunden, den die blonden Locken der Lucrezia Borgia dazu inspiriert hatten.

Ähnlich wie bei der Verwendung von Butter oder Olivenöl in der Küche verläuft auch beim Nudelteig eine Grenze durch das Land. In der Emilia-Romagna wird der Nudelteig traditionell mit sehr vielen Eiern und Mehl, aber ganz ohne Wasser und Salz zubereitet. Im Piemont rechnet die Köchin sogar auf 1 kg feines Weizenmehl 8 frische Eier oder 3 ganze Eier und 9 Eigelb. Hier und da findet man ähnliche Rezepte auch in den Abruzzen, den Marken, Latium, Umbrien und der Toskana. In Ligurien und Venetien dagegen enthält der Teig weniger Eier, dafür wird dort mehr Mehl oder manchmal auch Olivenöl hinzugefügt. Im Süden schließlich gehören in den klassischen Pastateig nur Hartweizengrieß und Wasser.

Pasta fatta in casa (pasta fresca)
Hausgemachte Nudeln (frische Nudeln)

400 g Mehl, plus etwas mehr zum Bestäuben

Salz

1 Ei

2 EL Olivenöl

Das Mehl auf die Arbeitsfläche sieben und in die Mitte eine Mulde drücken. 1 Prise Salz, 8 Esslöffel Wasser, Ei und Olivenöl verrühren und in die Mulde geben. Alles miteinander verrühren, bis ein glatter, geschmeidiger Teig entstanden ist. Zu einer Kugel formen und 40 Minuten unter einem feuchten Tuch ruhen lassen.

Den Teig in kleine Portionen teilen und nach Herstelleranweisung mit der Nudelmaschine bis zur gewünschten Stärke ausrollen. Die Teigbahnen mit dem entsprechenden Vorsatz in die gewünschte Breite schneiden. Die Nudeln mit einer Gabel zu lockeren Nestern aufrollen und auf einem Brett oder Backblech etwas antrocknen lassen.

Für einen Eiernudelteig siebt man zunächst das Mehl auf eine Arbeitsfläche, drückt eine Mulde in die Mitte und gibt Eier, Salz, Wasser und Olivenöl hinein.

Einen Teil des Mehls vom Rand her mit einem Kochlöffel einrühren, dann alle Zutaten mit den Händen zu einem glatten, geschmeidigen Teig verkneten.

Den Teig 40 Minuten unter einem feuchten Tuch ruhen lassen. Dann mit einem Nudelholz möglichst dünn zu einer rechteckigen Teigplatte ausrollen.

Pasta rossa
Roter Nudelteig

400 g Mehl, plus etwas mehr zum Bestäuben
Salz
3 EL Tomatenmark
1 EL Öl
3 Eier

Das Mehl auf die Arbeitsfläche sieben, in die Mitte eine Mulde drücken. 1 Prise Salz und das Tomatenmark mit 1 Esslöffel Wasser sowie dem Olivenöl verrühren und in die Mulde geben. Die Eier zufügen und alles 10 Minuten lang zu einem glatten, geschmeidigen Teig verkneten. Eventuell noch 1–2 Esslöffel Wasser hinzufügen. Den Teig zu einer Kugel formen und 40 Minuten unter einem feuchten Tuch ruhen lassen.

Pasta verde
Grüner Nudelteig

200 g Blattspinat, Tiefkühlware aufgetaut
Salz
400 g Mehl, plus etwas mehr zum Bestäuben
3 Eier
1 EL Olivenöl

Den Blattspinat gut ausdrücken, mit 1 Prise Salz fein pürieren und in einer beschichteten Pfanne dünsten und eindicken lassen. Vom Herd nehmen und abkühlen lassen.
Das Mehl auf die Arbeitsfläche sieben, in die Mitte eine Mulde drücken. Eier, Öl und Spinatpüree in die Mulde geben und alles zu einem glatten, geschmeidigen Teig verkneten. Eventuell 1–2 Esslöffel Wasser hinzufügen. Den Teig zu einer Kugel formen und 40 Minuten unter einem feuchten Tuch ruhen lassen.

Pasta nera
Schwarzer Nudelteig

400 g Mehl, plus etwas mehr zum Bestäuben
1 Prise Salz
8 g Tintenfischtinte
1 EL Öl
3 Eier

Das Mehl auf die Arbeitsfläche sieben, in die Mitte eine Mulde drücken. Salz und Tintenfischtinte mit 1 Esslöffel Wasser sowie dem Olivenöl verrühren und in die Mulde geben. Die Eier zufügen und alles zu einem glatten, geschmeidigen Teig verkneten. Eventuell noch 1–2 Esslöffel Wasser hinzufügen. Den Teig zu einer Kugel formen und 40 Minuten unter einem feuchten Tuch ruhen lassen.

Für Bandnudeln die Teigplatte mit Mehl bestäuben und längs locker aufrollen. Mit einem großen scharfen Messer dünne Streifen abschneiden.

Die Nudelstränge zunächst entrollen, dann mit einer Gabel zu kleinen lockeren Nestern aufrollen und nebeneinander auf ein leicht bemehltes Brett legen.

Vor dem Kochen etwas antrocknen lassen. Je länger die Nudeln getrocknet werden, desto länger ist ihre Garzeit. Ganz trocken sind sie Wochen haltbar.

Pasta al dente

Pasta richtig zu kochen ist ein Kinderspiel, wenn man nur einige Grundregeln beachtet. Die wichtigste: Die Nudeln müssen nach dem Abgießen sofort angerichtet und serviert werden. In Italien fragt man deshalb Gäste, die zum Essen kommen: *Si butta?* (zu Tisch?), was in etwa heißt: Soll ich die Nudeln aufsetzen?

Der Pastatopf sollte groß und möglichst breit sein, damit sich die Hitze gleichmäßig darin verteilen kann. In der Regel rechnet man 1 Liter Wasser und 10 Gramm Salz (am besten Meersalz) pro 100 Gramm Nudeln. Wenn das Wasser kocht, wird zuerst das Salz, dann die Nudeln hineingegeben. Nun kurz umrühren, damit die Nudeln nicht zusammenkleben, und die Pasta in der auf der Verpackung angegeben Kochzeit garen, dabei gelegentlich rühren. Kurz vor Ende der Garzeit sollte man eine Garprobe machen: Einfach eine Nudel aus dem Topf nehmen und mit einer Gabel zerteilen. Sieht man im Innern einen weißen Kreis oder ein weißes Pünktchen, müssen die Nudeln noch etwas kochen. Haben die Nudeln eine gleichmäßige Farbe, sind sie fertig, und zwar *al dente*. Wörtlich übersetzt bedeutet dieser Begriff „für den Zahn", womit gemeint ist, dass die Nudeln noch Biss haben und nicht zu weich oder gar matschig sind. Jetzt kann man die Nudeln abgießen, mit der Sauce vermengen und auftragen. Mehr ist hinter dem ganzen Geheimnis einer perfekt gekochten Pasta nicht verborgen.

Perfekt gekochte Spaghetti müssen in Italien al dente *sein, wörtlich übersetzt „für den Zahn" – also weich mit einem kleinen bissfesten Kern.*

Pasta und Sauce

Die perfekte Kombination von Pasta und Sauce – der *sugo* – ist eine kleine Wissenschaft für sich. Doch erst mit der richtigen Sauce kann eine Pasta ihren vollen Geschmack entfalten.

Natürlich ist die Wahl der Sauce auch von eigenen Vorlieben abhängig. Dennoch gibt es einige kulinarische Regeln: Frische Eiernudeln und gefüllte Nudeln harmonieren gut mit Sahne- und Buttersaucen, während getrocknete Pasta zu Saucen auf Olivenölbasis passt. Je mehr Hohlraum eine Nudel hat, desto mehr Sauce kann sie aufnehmen und desto gehaltvoller kann auch die Sauce sein. Dünne Nudeln sollten nicht von einer mächtigen Sauce „erschlagen" werden. Eine Faustegel besagt: Je schwerer die Sauce, umso breiter die Pasta. Der Klassiker unter den Saucen ist die Tomatensauce, *sugo al pomodoro.* Sie passt eigentlich zu jeder Pasta – vorausgesetzt, sie wird aus aromatischen Tomaten und mit gutem Olivenöl zubereitet und durch Kräuter und/oder Gemüse geschmacklich abgerundet.

An zweiter Stelle steht die Fleischsauce, *ragù.* Angeblich gibt es dafür in Italien ebenso viele Rezepte wie Herde. Ragù passt ideal zu Röhrennudeln, Spaghetti und anderen Bandnudeln.

Fisch- und Meeresfrüchtesaucen eignen sich für lange, dünne Nudeln, *pesto* kann zu Spaghetti oder Bandnudeln und sogar zu gefüllter Pasta gereicht werden.

Salsa al gorgonzola
Gorgonzolasauce

1 EL Butter
100 g Gorgonzola
150 g süße Sahne
150 ml Milch
2 Salbeiblätter, fein gehackt
Salz
frisch gemahlener Pfeffer

Butter, Gorgonzola, Sahne und Milch in einer Schüssel über einem heißen Wasserbad langsam unter Rühren erhitzen, bis der Käse geschmolzen ist. Die Sauce mit Salbei, Salz und Pfeffer abschmecken.

Sugo ai carciofi e speck

Ragù alla bolognese
Bologneser Sauce

25 g getrocknete Steinpilze
1 EL Butter
50 g Pancetta, gewürfelt
1 kleine Zwiebel, fein gehackt
1 Knoblauchzehe, fein gehackt
2 kleine Karotten, fein gewürfelt
2 Selleriestangen, fein gewürfelt
300 g Rinderhackfleisch
Salz
frisch gemahlener Pfeffer
Zucker
frisch geriebene Muskatnuss
1 EL Tomatenmark
125 ml Rotwein
250 g passierte Tomaten aus der Dose

Die Steinpilze in 125 ml lauwarmem Wasser 20 Minuten einweichen.
Die Butter in einer Pfanne zerlassen und den Pancetta darin ausbraten. Zwiebel und Knoblauch zufügen und glasig dünsten. Karotten und Sellerie dazugeben und unter Rühren einige Minuten anbraten.
Das Hackfleisch untermischen und unter Rühren ausbraten. Mit Salz, Pfeffer, 1 Prise Zucker und Muskatnuss würzen. Das Tomatenmark einrühren und anrösten. Dann den Rotwein zugießen und die passierten Tomaten unterrühren.
Die Steinpilze klein schneiden und zur Sauce geben. Das Einweichwasser durch ein feines Sieb dazugießen. Die Sauce bei kleiner Hitze 1 Stunde einkochen lassen.

Ragù

Spötter behaupten, es gäbe in Italien ebenso viele Rezepte für *ragù* wie Herde, auf denen die Fleischsauce zubereitet wird. Fleischsorten, Gemüse, Gewürze und Kräuter sind je nach Region verschieden. Die Rezepte werden überdies noch je nach persönlichen Vorlieben und Familientradition abgewandelt.

Aus dem Piemont kommt das *ragù alla romagnola* aus Rindfleisch, Salsiccia, Pancetta, Karotten, Sellerie, Zwiebel, Tomaten und Weißwein. Für das *ragù alla napoletana* gart man Schweinefleisch in Schweineschmalz, in den Abruzzen schmort man Lamm mit Tomaten, Paprika, Knoblauch und Lorbeerblättern in Weißwein. Eines haben alle Fleischsaucen gemeinsam: Während vor allem die ältere Generation darauf besteht, dass ein echtes Ragù mindestens zwei, besser noch drei Stunden köcheln muss, tendiert man heute dazu, die Sauce nicht gar so lange auf dem Herd zu lassen – nicht nur aus Zeitersparnis, sondern auch weil man den Eigengeschmack der Zutaten noch erhalten will.

Sugo ai carciofi e speck
Artischocken-Speck-Sauce

8 kleine violette Artischocken
4 EL Zitronensaft
4 Knoblauchzehen
150 g Pancetta
5 EL Olivenöl
250 ml trockener Weißwein
400 ml Brühe (nach Geschmack)
Salz
frisch gemahlener Pfeffer

Die Artischocken putzen: Die Stiele bis auf ca. 4 cm kürzen und die Stielansätze schälen, die harten Außenblätter entfernen und die harten Spitzen der übrigen Blätter kappen. Artischocken längs in Scheiben schneiden und sofort in eine Schüssel mit Zitronenwasser legen. Etwas ziehen lassen, dann abgießen und trocken tupfen.

Den Knoblauch schälen und in dünne Scheiben schneiden. Den Speck würfeln. Das Olivenöl in einer großen Pfanne erhitzen, den Speck und die Artischocken darin anbraten. Knoblauch dazugeben und goldbraun braten. Mit dem Wein ablöschen, die Brühe angießen, einmal aufkochen lassen und mit Salz und Pfeffer würzen. Das Gemüse zugedeckt bei kleiner Hitze etwa 15 Minuten kochen, bis die Artischocken gar sind.

Salsa alla cacciatora
Jägersauce

50 g getrocknete Steinpilze
4 EL Olivenöl
1 Zwiebel, fein gehackt
1 Knoblauchzehe, fein gehackt
50 g geräucherter Pancetta, gewürfelt
1 Selleriestange, fein gewürfelt
50 g roher Schinken, gewürfelt
Salz
frisch gemahlener Pfeffer
100 ml Rotwein
1 Lorbeerblatt
150 g süße Sahne

Die Steinpilze in 250 ml lauwarmem Wasser 30 Minuten quellen lassen. Dann die Pilze durch ein feines Sieb abgießen, dabei das Einweichwasser auffangen. Die Pilze grob hacken.

Das Olivenöl in einer tiefen Pfanne erhitzen. Zwiebel, Knoblauch und Speck im Öl glasig dünsten. Sellerie und Schinken zufügen, mit Salz und Pfeffer würzen. Den Rotwein zugießen und einkochen lassen.

Steinpilze mit dem Einweichwasser und dem Lorbeerblatt in die Pfanne geben. Die Sauce 10 Minuten köcheln lassen. Dann die Sahne einrühren und die Sauce weitere 10 Minuten einkochen lassen. Das Lorbeerblatt entfernen, Sauce mit Salz und Pfeffer abschmecken.

Sugo con le conchiglie
Muschelsauce

1 kg gemischte Muscheln
1 kg Eiertomaten
5 EL Olivenöl
1 große Zwiebel, fein gehackt
2 Knoblauchzehen, fein gehackt
2 Selleriestangen, gewürfelt
2 Karotten, gewürfelt
Salz
frisch gemahlener Pfeffer
2 EL fein gehackte Petersilie

Die Muscheln gründlich waschen, abbürsten, ggf. die Bärte entfernen, geöffnete Muscheln wegwerfen. Die Tomaten häuten, vierteln, entkernen und in kleine Würfel schneiden.

Das Olivenöl in einem großen Topf erhitzen, Zwiebel und Knoblauch darin glasig dünsten. Sellerie und Karotten dazugeben und kurz andünsten. Die Muscheln hinzufügen und bei geschlossenem Deckel etwa 5 Minuten bei großer Hitze garen, dabei den Topf mehrmals rütteln.

Muscheln aus dem Topf nehmen, geschlossene Muscheln wegwerfen. Die Tomaten in die Gemüsemischung geben, mit Salz und Pfeffer würzen und etwas einkochen lassen.

Die Muscheln in die Tomatensauce geben und bei kleiner Hitze kurz darin ziehen lassen. Die Petersilie unterrühren.

Salsa all'amatriciana
Tomaten-Speck-Sauce

150 g Pancetta
500 g Tomaten
2 EL Olivenöl
1 kleine Zwiebel, fein gehackt
1 frische rote Chili, fein gehackt
Salz
frisch gemahlener Pfeffer

Den Pancetta in ca. 1 cm große Würfel schneiden. Die Tomaten häuten, vierteln, entkernen und grob hacken.

Das Öl in einem Topf erhitzen und den Pancetta darin auslassen. Zwiebel und Chili zugeben und glasig dünsten. Die Tomaten untermischen. 15–20 Minuten köcheln lassen. Mit Salz und Pfeffer abschmecken.

Sugo con le conchiglie

Für eine echte Bologneser Sauce werden zunächst getrocknete Steinpilze eingeweicht.

Dann werden Pancetta und klein gewürfeltes Wurzelgemüse in Olivenöl angedünstet.

Jetzt gibt man Rinderhackfleisch dazu und brät es so lange, bis es krümelig ist.

Mit Salz, Pfeffer und Muskatnuss würzen, Tomatenmark unterrühren und anrösten.

Die klein gehackten Steinpilze zufügen und das Einweichwasser durch ein Sieb angießen.

Ligurien

LIGURIEN UND DER PESTO

Das Meer und frische aromatische Kräuter prägen den Geschmack der ligurischen Küche. Ligurien ist die kleinste Region Italiens, hat aber gleichzeitig die höchste Bevölkerungsdichte. Deshalb ist die Küche traditionell eher sparsam. Verwendet werden nur wenige, aber sehr gute Zutaten: frischer Fisch, Gemüse aus dem eigenen Garten, Hülsenfrüchte, Wild- und Gartenkräuter sowie feinstes Olivenöl. Vor allem in Genua wird die Küche durch Gewürze und Einflüsse aus dem Orient bereichert, ein Erbe des regen Handels, der bereits im Mittelalter stattfand. Fleisch wird nur in geringen Mengen verzehrt, und man beschränkt sich vor allem auf die hellen Fleischsorten. Tierische Fette sind eher selten, auch Käse und Sahne werden nur in geringen Mengen verwendet, so zum Binden von Saucen und zum Füllen von Teigwaren.

Das Aushängeschild der ligurischen Küche ist der *pesto alla genovese*. Die grüne Mischung aus Basilikum, Olivenöl, Pinienkernen, Knoblauch und geriebenem Käse hat unterdessen auch Einzug in die internationale Küche genommen. Zu den Grundzutaten kommen, je nach Dorf, noch zerdrückte Kartoffeln, frische Bohnen oder eigene Gewürze hinzu. Entscheidend ist die Qualität der Zutaten: Das beste Basilikum soll aus Pra kommen, einer Kleinstadt bei Genua. Einige Hausfrauen pflegen auch noch die Tradition des *pesto corto*: Die nach der Herstellung von Pesto im Mörser verbleibenden Reste werden mit frischen Tomaten zusammengerührt und zu Teigwaren serviert.

Pesto alla genovese
Basilikumsauce

2 EL Pinienkerne
3–4 Knoblauchzehen
2 Bund Basilikum
1/2 TL Salz
je 1 EL geriebener Parmesan und Pecorino
100 ml Olivenöl

Die Pinienkerne in einer Pfanne ohne Fett goldbraun rösten. Abkühlen lassen, dann grob hacken. Den Knoblauch schälen und ebenfalls grob hacken.

Das Basilikum abbrausen, gut trocken tupfen und die Blätter in Streifen schneiden. Alles mit dem Salz in einem großen Mörser zu einer Paste zermahlen.

Nach und nach die beiden Käsesorten unterarbeiten. Dann das Olivenöl in dünnem Strahl zugeben und so lange rühren, bis eine cremige Sauce entsteht.

Die Basis des Pesto sind klein geschnittenes Basilikum, Pinienkerne und Knoblauch.

Die Zutaten werden in einen großen Mörser aus Porzellan, Granit oder Keramik gegeben.

Den mit Salz zu einem Mus zermahlenen Zutaten wird frisch geriebener Käse hinzugefügt.

In einem dünnem Strahl wird langsam aromatisches Olivenöl unter die Paste gerührt.

Der Pesto wird zu einer cremigen Sauce verrührt, bei Bedarf unter Hinzufügung von etwas Wasser.

Die königliche Spaghetti-Gabel

Nudeln machen nicht nur glücklich, sondern auch erfinderisch. So war etwa Ferdinand II., von 1830 bis 1859 König von Neapel, ein passionierter Spaghetti-Liebhaber. Da man diese Nudeln aber nicht mit den damals bei Hof bekannten scharfen, dreizackigen Gabeln essen konnte (und der König nicht wie das gemeine Volk seine Hände zum Nudelessen benutzen wollte), ließ er sich von seinem Hofmeister eine stumpfe vierzackige Gabel anfertigen, Vorläuferin der uns heute bekannten Gabelform.

Spaghetti & Co.

Spaghetti gehören zur *pasta lunga*, den langen Nudeln. Der Name ist abgeleitet von *spago* (zu Deutsch: Schnur). Auch wenn Spaghetti im Ausland oft als Inbegriff der italienischen Pasta gelten, sind sie nicht die älteste Nudelsorte, ganz sicher aber die berühmteste. Sie werden in der Regel industriell hergestellt.

Ursprünglich war der Name *spaghetti* der Sammelbegriff für alle getrockneten, schnurförmigen Nudeln, egal, wie dick sie waren. Heute sind die Bezeichnungen differenzierter. Doch eines haben alle Fadennudeln, ob dick oder dünn, gemeinsam: Man isst sie nur mit der Gabel. Auch wenn der Kellner inzwischen Touristen einen Löffel zur Gabel serviert: Spaghetti werden stilgerecht am Tellerrand auf die Gabel gewickelt und gegessen. Dabei ist es durchaus erlaubt, sich ein wenig über den Teller zu beugen.

Spaghettini, in Neapel auch *vermicelli* genannt, sind dünner als gewöhnliche Spaghetti. Sie werden gern mit Muscheln und Fisch oder einfach nur mit Knoblauch, Olivenöl und Peperoncino – *aglio, olio e peperoncino* – zubereitet.

Bucatini sind in Mittelitalien sehr beliebt. Die dickeren Spaghetti mit einem Loch, *buco*, passen hervorragend zu kräftigen Tomatensaucen oder gehaltvollen Saucen mit Speck.

Linguine – Zungen – sehen aus wie flach gewalzte Spaghetti. Sie haben eine raue Oberfläche, an der die Saucen besonders gut haften.

Spaghetti alla chitarra

Spaghetti alla chitarra, auch *maccheroni alla chitarra* genannt, sind etwa 2 mm dicke Spaghetti mit einem quadratischen Querschnitt. Sie werden in den Abruzzen auf einem mit Drähten bespannten Rahmen, der *chitarra* (Gitarre), hergestellt. Dazu legt man den dünn ausgerollten Teig über die Saiten und fährt mit einem Nudelholz darüber. So entstehen aus dem Teig lange, dünne Nudeln.

Spaghetti alla carbonara
Spaghetti nach Köhlerart

400 g Spaghetti
Salz
4 Eier
4 EL süße Sahne
50 g geriebener Parmesan
50 g geriebener Pecorino
frisch gemahlener Pfeffer
150 g Pancetta, in Würfel geschnitten
1 EL Butter

Die Spaghetti in reichlich kochendem Salzwasser *al dente* garen.
Inzwischen die Eier mit Sahne, Käse, Salz und Pfeffer in einer Schüssel verrühren.
Den Pancetta in einer großen Pfanne in der Butter knusprig ausbraten. Die Spaghetti abgießen und noch tropfnass in die Pfanne geben. Die Käsesauce darübergießen. Dann die Pfanne vom Herd nehmen und die Nudeln in der Sauce wenden, bis das Ei zu stocken beginnt, aber noch cremig ist. Auf vorgewärmte Teller verteilen und mit Pfeffer bestreuen.

Spaghetti aglio, olio e peperoncino
Spaghetti mit Knoblauch, Öl und Chili

400 g Spaghetti
Salz
4–6 Knoblauchzehen, fein gehackt
2–3 getrocknete Chillies
100 ml Olivenöl
2 EL fein gehackte Petersilie
frisch gemahlener Pfeffer
75 g geriebener Parmesan

Die Spaghetti in reichlich kochendes Salzwasser geben und *al dente* garen.
Den Knoblauch mit den ganzen Chillies in einer tiefen Pfanne im Olivenöl anbraten. Sobald die gewünschte Schärfe erreicht ist, die Chillies wieder herausnehmen. Wer es scharf liebt, kann die Chillies auch im Knoblauchöl lassen. Die Spaghetti abgießen und noch tropfnass mit dem heißen Knoblauchöl und der Petersilie vermischen. Mit Pfeffer würzen und in vorgewärmten Tellern portionsweise anrichten. Den Parmesan getrennt dazu reichen.

Spaghetti al pomodoro
Spaghetti mit Tomatensauce

600 g vollreife Tomaten
4 EL Olivenöl
Salz
1 Prise Zucker
frisch gemahlener Pfeffer
400 g Spaghetti
1 EL fein geschnittene Basilikumblätter
75 g geriebener Parmesan oder Pecorino

Die Tomaten häuten, halbieren, entkernen und würfeln. Dann im Olivenöl anbraten, mit Salz, Zucker und Pfeffer würzen und bei schwacher Hitze etwa 20 Minuten köcheln lassen.
Die Spaghetti in reichlich kochendes Salzwasser geben und *al dente* garen. Spaghetti abgießen und noch tropfnass mit der Tomatensauce vermengen. Auf vorgewärmte Teller verteilen und mit dem Basilikum bestreuen. Den Käse getrennt dazu servieren.

Bucatini alla puttanesca
Bucatini mit Tomaten, Kapern und Oliven

100 g entsteinte schwarze Oliven
5 in Öl eingelegte Sardellenfilets
4 EL Olivenöl
2 EL Tomatenmark
800 g geschälte Tomaten aus der Dose
60 g kleine Kapern
Salz
frisch gemahlener Pfeffer
400 g Bucatini

Die Oliven vierteln und die Sardellenfilets fein hacken. Das Olivenöl in einem Topf erhitzen, das Tomatenmark einrühren und anrösten. Die geschälten und mit einer Gabel zerdrückten Tomaten dazugeben. Oliven, Sardellen und Kapern einrühren und die Sauce bei schwacher Hitze 20 Minuten köcheln lassen. Mit Salz und Pfeffer abschmecken
Die Nudeln in reichlich kochendem Salzwasser *al dente* garen. Dann abgießen und noch tropfnass unter die Sauce mischen. Auf vorgewärmte Teller verteilen und sofort servieren.

Formenvielfalt

Mehr als 600 verschiedene Nudelarten und -formen sind in Italien auf dem Markt. Sie unterscheiden sich oft nur minimal in Gestalt, Größe, Durchmesser und Teigsorte. Nudeldesigner geben sich viel Mühe, immer neue Formen und fantasievolle Namen zu entwerfen. Die Nudelindustrie ist auf diesem Gebiet sehr kreativ. Klassische Nudelformen tragen so schöne und lautmalerische Namen wie *conchiglie* (Muscheln), *farfalle* (Schmetterlinge), *orecchiette* (kleine Ohren), *penne* (Federn), *ruote* (Kutschenräder), *strozzapreti* oder *strangolapreti* (Priesterwürger) oder *capelli d'angelo* (Engelshaar).

Aber trotz aller Marketingbemühungen der großen Teigwarenhersteller machen immer noch rund ein Dutzend Nudelsorten – die Standards – über 90 Prozent des Nudelmarkts aus. Der Rest sind regionale Besonderheiten, Neuschöpfungen, die schon bald wieder vom Markt verschwinden, oder Nudeln, die für bestimmte Anlässe kreiert werden, wie die Millenniums-Nudel zur Jahrtausendwende oder eine Pasta in Tennisschlägerform, die speziell für Weltmeisterschaften hergestellt wird.

Quadrucci

Orecchiette

Trofie

Malloreddus

Fettuccine

Maltagliati

Spaghetti

Pastasciutta

Eines der größten Nudel-Missverständnisse außerhalb Italiens ist die *pastasciutta*. Denn hierbei handelt es sich nicht um ein Rezept für Nudeln mit Hackfleischsauce. Als Pastasciutta (trockene Nudeln) bezeichnet man generell alle Nudelgerichte, die mit Sauce oder Käse angerichtet werden, von schlichten Spaghetti in Tomatensauce über raffinierte Kürbis-Tortellini in Butter bis zur gehaltvollen Lasagne. Diese Nudeln gelten in der italienischen Küche trotz Sauce im Gegensatz zu Nudeln in Brühe oder Suppe als „trocken".

In Restaurants wird Pastasciutta wie Risotto oder Gnocchi als erster Hauptgang serviert. Darauf folgt immer noch ein Fleisch- oder Fischgericht. Deshalb sind die Nudelportionen nicht allzu üppig bemessen. In Italien ist es immer noch nicht üblich, nur eine Pastasciutta zu bestellen. Das befremdet den Gastronomen ebenso wie die touristische Untugend, über jedes Nudelgericht, selbst wenn es Fisch oder Meeresfrüchte enthält, geriebenen Käse zu streuen.

Penne
Farfalle
Fusilli
Casareccia al Pomodoro
Cavatellucci
Rigatoni
Tagliatelle
Ruote tricolori
Tagliatelle verdi
Tofarelle
Cannelloni
Lasagneblätter
Fusilli tricolori

Beliebte Pastagerichte

Tagliolini al tartufo
Tagliolini mit weißer Trüffel

400 g Tagliolini
Salz
100 g Butter
1 kleine weiße Trüffel

Die Tagliolini in reichlich kochendem Salzwasser *al dente* garen.
In der Zwischenzeit die Butter zerlassen, aber nicht bräunen. Die Trüffel mit einer weichen Bürste trocken reinigen.
Die Nudeln in ein Sieb abgießen, gut abtropfen lassen und auf 4 vorgewärmte Teller verteilen. Die Butter darübergießen. Mit einem Trüffelhobel die Trüffel in feinen Spänen über die Nudeln hobeln.

Linguine con salsa di pesce
Linguine mit Fischsauce

400 g Fischfilet (z.B. Barsch oder Dorsch)
Mehl zum Bestäuben
600 g vollreife Tomaten
1 Zwiebel
4 EL Olivenöl
Salz
frisch gemahlener Pfeffer
350 g Linguine
1 EL fein gehackte Petersilie
Basilikumblätter zum Garnieren

Das Fischfilet waschen, trocken tupfen und in Mehl wenden. Die Tomaten häuten, vierteln, entkernen und in Würfel schneiden. Die Zwiebel schälen, halbieren und in feine Scheiben schneiden.
Den Fisch im heißen Olivenöl auf beiden Seiten goldbraun anbraten und dann herausnehmen und warm stellen. Die Zwiebel im Bratöl glasig werden lassen, Tomatenwürfel dazugeben und andünsten. Mit Salz und Pfeffer würzen und zugedeckt bei schwacher Hitze 10 Minuten köcheln lassen.
Inzwischen die Nudeln in reichlich kochendem Salzwasser *al dente* garen. Nudeln abgießen und noch tropfnass mit der Petersilie unter die Tomatensauce heben. Fisch in mundgerechte Stücke zerpflücken und unter die Nudeln mengen. Zugedeckt kurz ziehen lassen. Portionsweise in vorgewärmten Tellern anrichten und mit Basilikumblättern garnieren.

Bandnudeln

Als ob die Nudelformenvielfalt nicht schon verwirrend genug wäre – dazu kann noch je nach Region und Hersteller ein und dieselbe Nudelform bis zu zehn verschiedene Namen haben. Die Klassiker unter den Bandnudeln heißen zum Glück in ganz Italien gleich. Oft werden sie nicht nur getrocknet, sondern auch als frische Eierteigwaren angeboten.

Die breitesten Bandnudeln sind die toskanischen *pappardelle*. Gar nicht fein ist die sprachliche Herkunft der köstlichen Nudel. Das toskanische Wort bedeutet ursprünglich „sich den Wanst vollschlagen" und findet sich in diesem Sinn auch in Boccaccios *Decamerone*.

Tagliatelle, sicher eine der beliebtesten Bandnudelsorten, sind gut 1 cm breit. Ihren Namen haben sie vom italienischen Verb für „schneiden", *tagliare*. Meist werden sie zu kleinen Nestern oder Spiralen aufgerollt angeboten. Sie stammen ursprünglich aus Bologna und passen ideal zu Fleischsaucen.

Die etwas schmaleren und dickeren Tagliatelle heißen rund um Rom *fettuccine*, in Ligurien *trenette*. Sie passen sowohl zum aromatischen Pesto als auch zu Sahne- und Buttersaucen mit Gemüse, Fisch und Meeresfrüchten.

Tagliarellini sind etwa 4 mm breit. Grüne und weiße Tagliarellini sind die Grundlage für das klassische Nudelgericht „Stroh und Heu", *paglia e fieno*.

Tagliolini, die feinsten Bandnudeln, sind nur 1 mm breit und schmecken am allerbesten nur mit etwas Butter und weißen Trüffeln.

Pappardelle al sugo di lepre
Pappardelle mit Hasenragout

4 Hasenkeulen
Salz
frisch gemahlener Pfeffer
4 EL Olivenöl
1 Zwiebel, fein gewürfelt
1 Karotte, gewürfelt
1 Selleriestange, gewürfelt
250 ml Rotwein
400 g Pappardelle
1 EL fein gehackte Petersilie

Die Hasenkeulen waschen, trocken tupfen und kräftig mit Salz und Pfeffer einreiben.

Das Öl in einem Schmortopf erhitzen und die Gemüsewürfel darin anrösten. Die Hasenkeulen hineingeben und auf beiden Seiten anbraten. Mit Rotwein ablöschen und zugedeckt bei schwacher Hitze etwa 40 Minuten schmoren lassen, bis das Fleisch gar ist. Dann die Keulen aus der Sauce nehmen. Das Fleisch vom Knochen lösen, in kleine Würfel schneiden und wieder in die Sauce geben.

Die Nudeln *al dente* garen, dann abgießen und noch tropfnass mit der Sauce vermischen. Mit Salz und Pfeffer abschmecken und mit der Petersilie bestreut servieren.

Penne all'arrabbiata
Scharfe Penne

500 g vollreife Tomaten
2 EL Olivenöl
100 g Pancetta, gewürfelt
1 Zwiebel, fein gehackt
2 Knoblauchzehen, fein gehackt
2–3 getrocknete rote Chillies
400 g Penne rigate
Salz
75 g geriebener Pecorino

Die Tomaten häuten, vierteln, entkernen und klein würfeln. Das Olivenöl in einer tiefen Pfanne erhitzen und den Speck darin anbraten. Zwiebel und Knoblauch zufügen und glasig dünsten. Dann die Tomatenwürfel und die ganzen Chillies dazugeben und die Sauce bei schwacher Hitze etwas köcheln lassen. Sobald sie die gewünschte Schärfe erreicht hat, die Chillies wieder entfernen.

Die Penne in reichlich kochendes Salzwasser geben. Nach der Hälfte der auf der Packungsanleitung angegebenen Garzeit abgießen, dabei etwas Nudelwasser auffangen. Die Penne, 2 Esslöffel Pecorino sowie 3–4 Esslöffel Nudelwasser unter die Tomatensauce mischen und die Nudeln unter Rühren fertig garen. Auf vorgewärmten Tellern anrichten und mit dem restlichen Pecorino bestreuen.

Rigatoni all'amatriciana
Rigatoni mit Speck und Zwiebeln

3 Tomaten
100 g Pancetta, gewürfelt
2 EL Olivenöl
2 kleine weiße Zwiebeln, fein gehackt
1 kleine getrocknete rote Chili, fein gehackt
Salz
350 g Rigatoni
60 g geriebener Pecorino

Die Tomaten häuten, vierteln, entkernen und würfeln.

Die Speckwürfel im heißen Olivenöl knusprig braten, dann aus der Pfanne nehmen und warm halten. Zwiebeln und Chili im Bratfett andünsten. Tomaten dazugeben, leicht salzen und 10 Minuten köcheln lassen.

Inzwischen die Nudeln in reichlich kochendem Salzwasser *al dente* garen. Abgießen und in einer vorgewärmten Schüssel mit den Speckwürfeln, der Tomatensauce und dem Pecorino gründlich vermengen. Sofort servieren.

Ziti con salsiccia
Ziti mit Bratwurst

250 g Salsiccia (rohe italienische Bratwurst)
2 gelbe Paprika
2 Tomaten
2 EL Olivenöl
1 weiße Zwiebel, fein gehackt
2 Knoblauchzehen, fein gehackt
250 ml Weißwein
frisch gemahlener Pfeffer
1 EL fein gehackter Oregano
350 g Ziti
Salz

Die Salsiccia enthäuten und in Scheiben schneiden. Die Paprika halbieren, entkernen und in Streifen schneiden. Die Tomaten häuten, vierteln, entkernen und klein würfeln.

Das Olivenöl in einer tiefen Pfanne erhitzen, Zwiebel und Knoblauch darin glasig dünsten. Die Wurstscheiben sowie die Paprikastreifen dazugeben und unter Wenden anbraten. Tomatenwürfel zufügen, den Wein angießen und alles mit Pfeffer und Oregano abschmecken. Bei schwacher Hitze 15–20 Minuten köcheln lassen.

Inzwischen die Nudeln in mundgerechte Stücke brechen und in reichlich kochendem Salzwasser *al dente* garen. Die Nudeln abgießen, abtropfen lassen und mit der Saunce vermengen. Zugedeckt 1–2 Minuten ziehen lassen. In vorgewärmten Tellern portionsweise anrichten.

Neapel

„Drei Dinge können eine Familie ruinieren: Konfekt, frisches Brot und Makkaroni", sagt ein altes neapolitanisches Sprichwort. Teigwaren, hergestellt aus feinem Mehl, waren lange Zeit ein teures Vergnügen. Und so besingt man heute noch in Volksliedern sehnsuchtsvoll ein fernes Land, in dem es Makkaroni vom Himmel regnet. Erst die industrielle Fertigung machte die Pasta zur preiswerten Alltagszutat.

In Neapel, heute noch das Zentrum der Pastaproduktion, begann im 19. Jahrhundert mit der Erfindung der Walz- und Knetmaschinen die fabrikmäßige Herstellung von Nudeln. Fast jede Nudelpackung zierte damals die Ansicht der Bucht von Neapel mit der Rauchfahne über dem Vesuv.

Kein Geringerer als der Gott Vulcanus, so glauben die Neapolitaner, soll als Erster eine formlose Masse aus Hartweizengrieß und Wasser in anmutige Pastafäden verwandelt haben. Nachdem die Speise die Herzen und Gaumen der Götter erobert hatte, verriet Ceres, die Göttin der Erdfrüchte, das Geheimnis der Pastaherstellung den Neapolitanern, für die sie eine besondere Vorliebe hegte.

Pipe con rana pescatrice
Pipe mit Seeteufel

400 g Seeteufelfilet
400 g Pipe
Salz
60 ml Olivenöl
1 kleine weiße Zwiebel, fein gehackt
1 Knoblauchzehe, fein gehackt
frisch gemahlener Pfeffer
1 EL Kapern, grob gehackt
1 EL fein gehackte Petersilie

Den Fisch waschen, trocken tupfen und in Würfel schneiden. Die Nudeln in reichlich kochendem Salzwasser *al dente* garen.

Inzwischen das Öl in einer großen Pfanne erhitzen, Zwiebel und Knoblauch darin glasig dünsten. Den Fisch dazugeben und unter Rühren 4 Minuten dünsten. Mit Salz und Pfeffer würzen, danach die Kapern zufügen.

Die Nudeln abgießen, noch tropfnass unter den Fisch mischen und zugedeckt 1–2 Minuten ziehen lassen. Die Petersilie zugeben. Die Nudeln in 4 vorgewärmten Tellern portionsweise anrichten.

Orecchiette con broccoli
Orecchiette mit Brokkoli

500 g Brokkoliröschen
Salz
1 frische rote Chili
4 eingelegte Sardellenfilets
100 ml Olivenöl
4 Knoblauchzehen, fein gehackt
25 g Pinienkerne
400 g geschälte Tomaten aus der Dose
frisch gemahlener Pfeffer
300 g Orecchiette
60 g geriebener Pecorino

Die Brokkoliröschen in reichlich kochendem Salzwasser 3 Minuten blanchieren. Dann herausnehmen und gut abtropfen lassen, das Kochwasser aufheben.
Die Chili halbieren und entkernen, die Sardellenfilets unter kaltem Wasser abspülen. Dann beides fein hacken.
Das Olivenöl in einer tiefen Pfanne erhitzen, Chili, Sardellen, Knoblauch und Pinienkerne darin andünsten. Die Tomaten zufügen, mit Salz und Pfeffer würzen und 15 Minuten köcheln lassen.
Inzwischen das Brokkoliwasser wieder zum Kochen bringen und die Orecchiette darin *al dente* garen. Die Nudeln abgießen und noch tropfnass in die Tomatensauce geben. Die Brokkoliröschen sowie 2 Esslöffel Pecorino unterheben und alles zugedeckt bei kleiner Hitze einige Minuten ziehen lassen. Mit dem restlichen Käse bestreut servieren.

Farfalle con pomodori secchi e basilico
Schmetterlingsnudeln mit getrockneten Tomaten

30 g getrocknete Tomaten
50 g Pinienkerne
1 Bund Basilikum
2 Knoblauchzehen, gehackt
Salz
7 EL Olivenöl
1 EL geriebener Parmesan
400 g Farfalle
frisch gemahlener Pfeffer

Die getrockneten Tomaten mit heißem Wasser übergießen und 25 Minuten quellen lassen. Dann abgießen, gut ausdrücken und hacken.
Die Pinienkerne in einer Pfanne ohne Fett goldbraun rösten. Das Basilikum abspülen und trocken tupfen, die Blätter abzupfen. In einem großen Mörser die Hälfte der Pinienkerne mit Basilikumblättern, Knoblauch und 1/2 Teelöffel Salz zermahlen. Nach und nach das Olivenöl einarbeiten, zuletzt den Parmesan unterrühren. Die Tomatenstücke in die Basilikumsauce geben.
Die Nudeln in reichlich kochendem Salzwasser *al dente* garen. Nudeln abgießen und noch tropfnass in einer vorgewärmten Schüssel mit der Basilikum-Tomaten-Sauce vermengen. Auf vorgewärmten Tellern anrichten, mit Pfeffer würzen und mit den restlichen Pinienkernen bestreuen.

Trofie pesto rosso
Handgerollte Nudeln mit rotem Pesto

Für den Nudelteig:
300 g Hartweizenmehl, plus etwas mehr zum Bestäuben
1 TL Weißweinessig
2 EL Olivenöl
Salz
3 EL Grieß

Für den Pesto:
50 g Pinienkerne
2 Knoblauchzehen, gehackt
1 frische rote Chili, gehackt
150 g getrocknete Tomaten, in Öl eingelegt
1 EL Tomatenmark
frisch gemahlener Pfeffer
1 EL geriebener Parmesan

Das Mehl in eine Schüssel sieben. Eine Mulde ins Mehl drücken, ca. 150 ml Wasser, Essig, Öl und eine Prise Salz hineingeben. Dann alle Zutaten zu einem glatten, geschmeidigen Teig verkneten.
Den Teig in 2 Portionen teilen, auf einer bemehlten Arbeitsfläche dünn ausrollen und etwas antrocknen lassen. Mit Grieß bestreuen und mit einem scharfen Messer oder einem Teigrad dünne Nudeln abschneiden und von Hand rollen.
Die Pinienkerne in einer Pfanne ohne Fett bei kleiner Hitze unter Rühren goldbraun rösten. Pinienkerne, Knoblauch, Chili und Tomaten samt Öl im Mixer pürieren. Tomatenmark und so viel Wasser unterrühren, bis eine homogene Paste entsteht. Gut mit Salz und Pfeffer abschmecken.
Die Nudeln in reichlich kochendem Salzwasser *al dente* garen. Den Parmesan und 3 Esslöffel Nudelkochwasser unter den Pesto rühren. Nudeln abgießen, in eine vorgewärmte Schüssel geben, mit dem Pesto vermischen und sofort servieren. Nach Belieben mit zusätzlichem Parmesan bestreuen.

Von einer Nudelteigplatte mit dem Teigrad oder einem Messer einheitlich dünne Streifen abschneiden.

Sämtliche Zutaten für den roten Pesto in der Küchenmaschine oder im Mixer mit Öl gut pürieren.

Die Nudeln in kochendem Salzwasser al dente garen, dann abgießen und mit dem Pesto vermengen.

Trofie pesto rosso

Die Veltliner Küche

Das Veltlin oder Valtellina, ein Teil der Lombardei, ist eigentlich das Tal der Adda und erstreckt sich im Nordosten Italiens über rund 129 Kilometer bis hin zur Schweizer Grenze. Die Küche dieser Region ist bäuerlich bodenständig und besteht meist aus einfachen Zutaten aus der Region: aromatischen kleinen Schinken, Fleischspezialitäten wie *bresaola*, dem luftgetrockneten Rindfleisch, würzigem Käse, Mais und Buchweizen und nicht zuletzt Wein.

Das bekannteste Veltliner Gericht sind die *pizzoccheri*, eine Art Bandnudeln aus Buchweizen, die mit Kartoffeln und Wirsing oder Schweinerippchen gekocht und mit *casera*, dem regionalen Halbfettkäse aus teilweise gekochter, entrahmter Kuhmilch, angemacht werden. Wirsing wächst in jedem Bauerngarten und ist ein beliebtes Wintergemüse. Auch der Buchweizen gedeiht im kühlen Klima des Alpentals sehr gut. Früher genoss das graue Buchweizenmehl allerdings kein allzu großes Ansehen. Inzwischen schätzen Genießer aber den angenehm kräftigen Geschmack des Buchweizens.

Pasta e lenticchie
Nudeln mit Linsen

150 g Berglinsen
50 g Pancetta, gewürfelt
4 EL Olivenöl
1 kleine Zwiebel, fein gehackt
2 Knoblauchzehen, fein gehackt
1 Selleriestange, gewürfelt
1 Karotte, gewürfelt
500 ml Gemüsebrühe
1 Lorbeerblatt
1 Rosmarinzweig
200 g kurze Makkaroni
Salz
frisch gemahlener Pfeffer
2 EL fein gehackte Petersilie

Die Linsen abspülen und abtropfen lassen. Den Speck im heißen Olivenöl ausbraten. Zwiebel und Knoblauch darin glasig dünsten. Sellerie und Karotte zugeben und andünsten. Linsen zufügen, Brühe angießen, Lorbeerblatt und Rosmarin zufügen. Ca. 40 Minuten bei kleiner Hitze garen. Lorbeerblatt und Rosmarin entfernen. Makkaroni in Salzwasser *al dente* garen. Abgießen und unter die Linsen mengen. Mit Salz und Pfeffer würzen und mit Petersilie bestreuen.

Als „Perle des Comer Sees" gilt das Städtchen Bellagio, dessen Uferpromenade stilvolle Hotels und Cafés säumen.

Pizzoccheri
Buchweizennudeln mit Wirsing

100 g Buchweizenmehl
100 g Weizenmehl, plus etwas mehr zum Bestäuben
1 Ei
2 Eigelb
Salz
3–5 EL Weißwein
250 g Wirsing
2 Kartoffeln
100 g Butter
2 Knoblauchzehen, in Scheiben geschnitten
6 Salbeiblätter, in Streifen geschnitten
250 g Casera, gewürfelt

Die beiden Mehlsorten auf eine Arbeitsfläche sieben, in die Mitte eine Mulde drücken. Ei, Eigelb, 1 Teelöffel Salz und den Weißwein hineingeben. Alles zu einem glatten, geschmeidigen Teig verkneten. Den Teig in ein feuchtes Tuch einschlagen und 1 Stunde bei Zimmertemperatur ruhen lassen. Teig auf der bemehlten Arbeitsfläche ca. 5 mm dick ausrollen und mit dem Teigrad 5 cm x 2 cm große Nudeln daraus schneiden. Den Wirsing in feine Streifen und die Kartoffeln in Scheiben schneiden. Wirsing und Kartoffeln in reichlich kochendem Salzwasser 15 Minuten garen. Dann die Nudeln zufügen und 10 Minuten weiterkochen.
Inzwischen die Butter zerlassen, Knoblauch und Salbei unterrühren. Karoffeln, Wirsing und Nudeln abgießen und in eine vorgewärmte Schüssel füllen. Casera untermischen und das Gericht mit der Salbeibutter begießen.

Teigtaschen – lecker gefüllt, heiß geliebt

Gefüllte Nudeln, *pasta ripiena*, haben seit Jahrhunderten die Fantasie und Kreativität italienischer Hausfrauen und Köche angeregt. Das Ausgangsprodukt ist bis heute ein Nudelteig mit frischen Eiern, der mit allerlei Leckerem gefüllt und zu kleinen Taschen, Quadraten, Rechtecken, Dreiecken, Kreisen oder Halbkreisen, zu Hüten oder Kringeln geformt wird. Pasta ripiena findet man vor allem in Nord- und Mittelitalien. Ein Grund dafür ist sicher, dass früher in Süditalien frische Eier nicht alltäglich waren. Sie sind aber die Voraussetzung für einen geschmeidigen Teig, der sich problemlos formen lässt.

Für Nicht-Italiener ist die Nudeltaschen-Vielfalt zunächst verwirrend. Nicht nur ihre Form unterscheidet sich fast von Stadt zu Stadt. Auch für die Füllung hat jede Gegend ihre eigene Tradition: Fleisch in der Romagna, Kräuter in der Emilia, Bratenfleisch im Piemont, Kräuter, Fisch oder Fleisch in Ligurien, Fleisch und Wurst in der Toskana. Die kleinsten gefüllten Nudeln, *cappelletti*, kommen aus Ferrara und sind mit einer Truthahnmasse gefüllt. Mit Kürbis gefüllt heißen sie *cappellacci*. Die großen *tortelloni* aus Piacenza sind mit Ricotta und Kräutern gefüllt, die kleinen *tortellini* aus Bologna mit einer Masse aus Fleisch, Mortadella und Schinken, die *ravioli* aus Modena mit gebratenem Fleisch, während Parma die Stadt der *anolini* mit einer Fleisch-Gemüse-Füllung ist. Im Piemont füllt man *agnolotti* mit Fleisch und Kohl, in Ligurien *pansoti* mit Wildkräutern, in den Marken *cappelletti alla pescarese* mit Schweinebraten, gekochtem Kapaun oder Truthahn.

Die Basis der vor allem in Nord- und Mittelitalien so beliebten Teigtaschen ist ein frischer Eiernudelteig, der zurechtgeschnitten und gefüllt wird.

Tortellini

Die Liebesgöttin Venus persönlich soll Modell gestanden haben für die verführerischen Teigkringel der *tortellini*. Der Legende nach hatte Venus bei einem Besuch auf der Erde in einem bescheidenen Gasthaus Station gemacht. Als der Wirt ihr eine Erfrischung auf das Zimmer brachte, stand er unvermutet der nackten Venus gegenüber. Überwältigt von der perfekten Form ihres Bauchnabels eilte er sofort in die Küche, um den Nabel in Teig nachzubilden.

Tatsache ist: Tortellini sind das kulinarische Wahrzeichen von Bologna. In den kleinen Gassen der Provinzhauptstadt kann man den Tortellini-Herstellern bei ihrer Arbeit fast über die Schulter schauen. Die Nudeltaschen werden in einer kräftigen Brühe oder mit Fleischragout serviert. Am besten schmecken sie in einer der typischen Trattorien zwischen der Piazza Maggiore und den Laubengängen der historischen Altstadt, nur wenige Schritte entfernt von den Geschlechtertürmen der alten Familien Asinelli und Garisenda.

Tortellini sind lecker gefüllte kleine Teigtaschen. Traditionell werden sie einfach in Butter geschwenkt und mit Parmesan serviert.

Der Bauchnabel der Göttin Venus soll Pate gestanden sein für die wohlgeformten Teigtaschen.

Die Spitze des um den Zeigefinger gelegten Dreiecks wird hochgebogen, zuletzt schließt man die Teigenden zu einem Ring.

Der Nudelteig wird dünn ausgerollt und zunächst in Streifen, danach in Quadrate geschnitten.

In die Mitte jedes Quadrats kommt etwas Füllung, dann wird es zu einem Dreieck gefaltet.

Tortellini ai funghi
Tortellini mit Pilzfüllung

Für den Teig:

1 g Safranfäden
300 g Hartweizenmehl, plus etwas mehr zum Bestäuben
1 Ei und 1 Eiweiß
2 EL Öl
1/2 TL Salz
1 TL Essig

Für die Füllung:

2 EL Butter
2 Schalotten, fein gehackt
1 Knoblauchzehe, fein gehackt
300 g Champignons oder Waldpilze, fein gehackt
2 EL fein gehackte Petersilie
Salz und Pfeffer
1 TL getrockneter Thymian
2 EL geriebener Parmesan

Den Safran in 2 Esslöffeln heißem Wasser einweichen. Das Mehl in eine Schüssel geben, eine Mulde hineindrücken und das Safranwasser durch ein Sieb hineingießen. Mit Ei, Eiweiß, Öl, Salz und Essig zu einem glatten, geschmeidigen Teig verkneten, eventuell noch etwas Wasser zugeben. In Frischhaltefolie wickeln und 1 Stunde im Kühlschrank ruhen lassen.

Die Butter in einem Topf zerlassen. Schalotten, Knoblauch und Pilze zugeben. Bei mittlerer Hitze dünsten, bis alle Flüssigkeit eingekocht ist. Die Petersilie untermischen, mit Salz, Pfeffer und Thymian würzen. Die Pilzmasse leicht abkühlen lassen und den Parmesan unterrühren. Im Kühlschrank abkühlen lassen.

Den Nudelteig dünn ausrollen. Mit einem Teigrad 6 cm große Teigquadrate ausschneiden und in die Mitte jedes Quadrats etwas Füllung setzen. Das Quadrat über der Füllung zu einem Dreieck zusammenfalten, die Teigränder fest andrücken.

Das Teigdreieck über dem Zeigefinger formen: Die Spitze hochbiegen und die beiden seitlichen Ecken über den Finger legen. Die Teigenden zu einem Ring schließen und fest zusammendrücken. Die Tortellini auf einem bemehlten Küchentuch 30 Minuten trocknen lassen. Die Tortellini in kochendem Salzwasser *al dente* garen.

Ravioli al formaggio
Ravioli mit Schafskäse

Für den Teig:

300 g Hartweizenmehl, plus etwas mehr zum Bestäuben
2 Eier
1 EL Öl
1/2 TL Salz
1 TL Essig
3–4 EL Wasser

Für die Füllung:

250 g Schafskäse
2 Knoblauchzehen, fein gehackt
2 EL fein gehackte Petersilie
1 frische rote Chili, entkernt und fein gehackt
Salz und Pfeffer

Aus Mehl, Eiern, Öl, Salz, Essig und Wasser einen glatten, geschmeidigen Teig kneten. In Frischhaltefolie wickeln und 1 Stunde im Kühlschrank ruhen lassen.

Für die Füllung den Käse zerbröckeln und mit Knoblauch, Petersilie und Chili vermengen.

Die Ravioli wie im nebenstehenden Rezept *Ravioli alla zucca* zubereiten.

Ravioli alla zucca
Kürbisravioli

Für den Teig:

300 g Hartweizenmehl, plus etwas mehr zum Bestäuben
2 Eier
1 EL Öl
1/2 TL Salz
1 TL Essig
3–4 EL Wasser

Für die Füllung:

500 g Kürbisfleisch, fein gewürfelt
1 Schalotte, fein gewürfelt
1 EL Olivenöl
60 g frisch geriebener Parmesan
1 Ei
1 EL fein gehackte Petersilie
Salz und Pfeffer

Aus Mehl, Eiern, Öl, Salz, Essig und Wasser einen glatten, geschmeidigen Teig kneten. In Frischhaltefolie wickeln und 1 Stunde im Kühlschrank ruhen lassen.

Kürbis und Schalotte im Olivenöl glasig dünsten. 125 ml Wasser angießen und den Kürbis so lange garen, bis die Flüssigkeit verdampft ist. Etwas abkühlen lassen und mit Parmesan, Ei, Petersilie Salz und Pfeffer vermischen.

Den Teig in 2 Stücke teilen. Jedes Stück auf einer bemehlten Arbeitsfläche dünn ausrollen. Von der Kürbismasse nussgroße Stücke abstechen und im Abstand von ca. 4 cm auf eine Teigplatte setzen. Die entstandenen Zwischenräume mit etwas Wasser bestreichen. Die zweite Teigplatte darüberlegen und jeweils um die Füllung herum leicht andrücken. Mit einem Teigrad Quadrate ausschneiden und die Ränder mit einer Gabel zusammendrücken. Die Ravioli 30 Minuten trocknen lassen, danach in kochendes Salzwasser geben und bei mittlerer Hitze garen. Mit einem Schaumlöffel herausheben und auf Küchenpapier gut abtropfen lassen.

AOSTATAL

Jahrhundertelang hat die schwer überwindliche Alpenkette die Bewohner des Aostatals und ihre Traditionen von vielen fremden Einflüssen abgeschirmt. Dennoch haben dort bereits römische Legionäre ihre kulinarischen Spuren hinterlassen. Sie brachten nicht nur die Kunst des Weinbaus in die abgeschiedene Region, sondern auch die Gerstensuppe. Bis heute sind Suppen auf der Basis von Fleischbrühe neben *polenta* und *fonduta*, einer Art Käsefondue, wichtige Bestandteile der Alltagsküche.

Noch aus der Römerzeit stammen die bekanntesten Suppenrezepte, die *zuppa valdostana* und die *zuppa alla valpellinetze*, die aus Wirsing, Kohl, Fontinakäse und altbackenem Roggenbrot gekocht wird. Zur Suppe wird oft Speck oder Wurst gereicht. Berühmt sind der luftgetrocknete Schinken aus Bosses, dem jedes Jahr im Juli eine Messe gewidmet wird, außerdem der *lardo di Arnad*, ein mit Kräutern und Gewürzen aromatisierter Speck, und eine in Salz konservierte Rindfleischspezialität.

Das Valle d'Aosta grenzt im Norden an die Schweiz. Vom idyllisch gelegenen Lago Blu aus, einem Gletschersee, hat man einen der schönsten Ausblicke auf das Matterhorn.

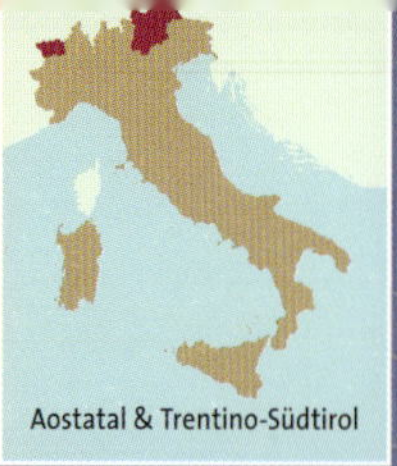

Trentino-Südtirol

Bäuerliche Kultur und Tradition prägen die bodenständige Südtiroler Küche, die mediterrane und tirolerische Küchengeheimnisse raffiniert vereint. Wein, Milch, Käse, Gemüse, Obst, Honig und Brot – so vielfältig wie das Land ist auch die Palette der Produkte, die noch weitgehend nach überlieferten handwerklichen Methoden hergestellt werden. Mit Wildkräutern gewürzte Würste, *moretti*, sind hier ebenso zu Hause wie der berühmte Speck. Mit mehr als 300 Sonnentagen und bis zu 2000 Sonnenstunden im Jahr sind in Südtirol die Bedingungen für den Obstanbau geradezu paradiesisch. Vor allem Äpfel und Weintrauben gedeihen hier prächtig.

Bei Touristen und Einheimischen beliebt ist das Bozener Speckfest im Mai, auf dem die Konsortien zur Verkostung ihrer Schinkenspezialitäten einladen. Ein Publikumsmagnet im Herbst ist das Törggelen, wenn in fast jeder Wirtschaft zum jungen Wein heiße Maroni, Schüttelbrot, Speck und Käse angeboten werden. Das Törggelen ist ein alter Brauch: Nach der Weinlese, wenn auch die Erntearbeit auf den Feldern beendet war, hatten die Bauern endlich Zeit, mit Familie und Freunden den *Nuien* (Neuer, Susser, noch süsser Wein) zu probieren. Aus dem lateinischen *torculum* abgeleitet, nennt man die Traubenpresse im Volksmund auch heute noch „Torkl" oder „Torggl".

In der Provinz Bozen liegt das Villnösstal, das vor allem im Herbst bei naturbegeisterten Bergwanderern sehr beliebt ist.

Schlutzkrapfen

150 g Roggenmehl
100 g Weizenmehl
1 Ei
1 EL Olivenöl
300 g Blattspinat
1 kleine Zwiebel, fein gehackt
1 kleine Knoblauchzehe, fein gehackt
150 g Butter
100 g Quark
100 g geriebener Parmesan
frisch geriebene Muskatnuss
Salz und Pfeffer
gehackter Schnittlauch zum Garnieren

Roggen- und Weizenmehl, Ei, Öl und ca. 50 ml lauwarmes Wasser zu einem glatten Teig verkneten. Zu einer Kugel formen, in Frischhaltefolie wickeln und 30 Minuten ruhen lassen.
Den Spinat waschen und noch tropfnass in einem Topf einige Minuten zugedeckt dünsten, bis er zusammenfällt. Abgießen, gut abtropfen lassen und anschließend fein hacken. Zwiebel und Knoblauch in 1 Esslöffel Butter glasig dünsten. Vom Herd nehmen und den Spinat, Quark und 1 Esslöffel Parmesan unterrühren. Mit Muskatnuss, Salz und Pfeffer würzen.
Den Teig mit der Nudelmaschine zu möglichst dünnen Teigplatten ausrollen. Runde Kreise von ca. 7 cm Ø ausstechen. Auf jeden Teigkreis etwas Spinatfüllung setzen, den Teigrand mit Wasser befeuchten und die Kreise über der Füllung zu einem Halbkreis zusammenklappen. Die Ränder zusammendrücken. In leicht kochendem Salzwasser *al dente* garen.
Die restliche Butter bräunen. Schlutzkrapfen mit der Butter anrichten, mit dem restlichen Parmesan und dem Schnittlauch bestreuen.

Panzerotti al gambero
Panzerotti mit Garnelenfüllung

250 g Mehl, plus etwas mehr zum Bestäuben
2 Eier
5 EL Olivenöl
Salz und Pfeffer
1 EL Weinessig
300 g rohe Garnelen
40 ml Weinbrand
250 ml Weißwein
300 g Tomaten
1 Zwiebel, gewürfelt
1 Knoblauchzehe, fein gehackt
1 EL Balsamico-Essig
Zucker
4 Frühlingszwiebeln, gehackt
1 Selleriestange, gewürfelt
2 EL fein gehackte Petersilie
Sellerieblätter zum Garnieren

Mehl, Eier, 1 Esslöffel Öl, 1 Prise Salz, Essig und 1–2 Esslöffel Wasser zu einem glatten, geschmeidigen Teig verkneten. Teig in Frischhaltefolie wickeln und 2 Stunden im Kühlschrank ruhen lassen.

Die Garnelen waschen und abtropfen lassen. In einer Pfanne 1 Esslöffel Öl erhitzen und die Garnelen darin kurz auf beiden Seiten anbraten, bis sie sich rosarot färben. Dann aus der Pfanne nehmen und abkühlen lassen. Die Garnelen auslösen und die Darmfäden entfernen. Köpfe und Schalen klein hacken und in der Pfanne 2 Minuten rösten. Weinbrand und Wein angießen, den Sud stark einkochen. Dann durch ein feines Sieb abgießen und beiseitestellen.

Die Tomaten häuten, vierteln, entkernen und würfeln. Zwiebel und Knoblauch in der Pfanne im übrigen Öl anbraten. Tomaten dazugeben, und kurz andünsten. Den Sud angießen, mit Essig, Zucker, Salz und Pfeffer abschmecken. Auf kleiner Hitze köcheln lassen, bis die Sauce eindickt.

Das Garnelenfleisch in Würfel schneiden. Mit den Frühlingszwiebeln und dem Sellerie vermengen, salzen und pfeffern.

Den Teig auf einer bemehlten Arbeitsfläche dünn ausrollen. 10 cm große Kreise ausstechen. Von der Füllung mit einem Teelöffel haselnussgroße Portionen abstechen und auf die Teigkreise setzen. Jeweils eine Teighälfte so über die Füllung schlagen, dass ein Halbkreis entsteht. Den Rand um die Füllung herum mit einer Gabel zusammendrücken.

Die Panzerotti portionsweise in kochendes Salzwasser geben und dann bei mittlerer Hitze 3–4 Minuten garen. Mit einem Schaumlöffel herausnehmen und in die Sauce geben. Zum Servieren mit gehackter Petersilie bestreuen und mit Sellerieblättern garnieren.

Die Garnelen kurz in Olivenöl anbraten, bis sie sich rosarot färben. Dann aus der Schale lösen.

Gewürfelte Tomaten mit Zwiebel und Knoblauch dünsten und den Garnelenschalen-Sud angießen.

Aus dem Teig Kreise ausstechen, in die Mitte etwas Füllung geben. Den Teig zu Halbkreisen zusammenklappen.

Die Panzerotti in kochendem Salzwasser einige Minuten garen, dann mit einem Schaumlöffel herausheben.

Lasagne

Wie so vieles in der italienischen Küche hat auch der bekannteste Nudelauflauf, die *lasagne*, altrömische Wurzeln. Schon der Schriftsteller Horaz schwärmte von *lagani*, dünnen, aus Wasser und Mehl bereiteten Teigstreifen. Er aß sie gern mit Kichererbsen und Lauch. Bis heute ist *lasagne e ceci*, Lasagne mit Kichererbsen, in der Basilikata ein beliebtes Gericht.

Tüchtige Hausfrauen und gute Restaurants bereiten die Lasagne mit hausgemachten Nudelblättern zu. Der Nudelteig wird dünn ausgerollt und in 10 cm breite Streifen geschnitten, die so lang sind wie die verwendete Auflaufform. Die Nudelstreifen lässt man etwas antrocknen und kann sie anschließend ungekocht verwenden. Schneller und einfacher geht es mit gekauften Lasagneplatten, die ebenfalls ohne Vorkochen gebrauchsfertig sind.

Lasagne ist ein kulinarischer Hochgenuss. Sie besteht aus abwechselnden Schichten von Nudeln, Gemüse, Fleisch oder Fisch und Saucen. Die Tomatensauce sorgt für den frischen und saftigen Geschmack, die Béchamelsauce macht die Lasagne cremig und gibt ihr gleichzeitig Festigkeit. Mozzarella oder Parmesan verleihen ihr beim Überbacken eine knusprige Käsekruste.

Knoblauch

Lange galt die aromatische und gesunde Knolle als Speise der Armen. Adligen, die nach Knoblauch rochen, wurde der Zugang zum Hof verweigert. Doch die kleine weiße oder rosa Knoblauchknolle eroberte schließlich auch die feinen Küchen – zumindest in Italien. Nicht nur das würzige Aroma, auch die Heilwirkungen des Knoblauchs sind unumstritten. Sein sehr intensiver und von vielen als störend empfundener Geruch stammt von dem ätherischen Öl, das nach dem Verzehr nicht nur über den Atem, sondern auch über die Haut ausgeschieden wird.

Lasagne con verdure e coda di rospo
Gemüselasagne mit Seeteufel

2 Zwiebeln, gewürfelt
100 g Butter
1 EL Mehl
150 ml Fischfond
125 ml trockener Vermouth
500 g süße Sahne
2 Eigelb
Salz und Pfeffer
1 EL scharfer Senf
Saft von 1 Zitrone
200 g Lauch, in Scheiben geschnitten
3 Zucchini, gewürfelt
4 Karotten, gewürfelt
1 Fenchelknolle, gewürfelt
80 g Semmelbrösel
2 Knoblauchzehen, fein gehackt
2 EL fein gehackte Petersilie
12 Lasagneblätter
500 g Seeteufelfilet
1 Bund Dill, fein gehackt

Die Zwiebel in 20 g Butter andünsten, mit Mehl bestäuben. Fischfond und Vermouth angießen, 10 Minuten köcheln lassen, Sahne einrühren und weitere 10 Minuten kochen. Vom Herd nehmen, mit dem Eigelb binden. Mit Salz, Pfeffer, Senf und Zitronensaft würzen.

Den Backofen auf 200 °C vorheizen. Das Gemüse blanchieren und abtropfen lassen. In einer Schüssel mit der Hälfte der Sauce verrühren. Semmelbrösel mit dem Knoblauch in 60 g Butter goldbraun braten, die Petersilie untermischen. Eine rechteckige Auflaufform mit der übrigen Butter einfetten, den Boden dünn mit Sauce überziehen. Je 1 Lage Lasagneblätter, die Hälfte des Gemüses und der Semmelbröselmischung schichten, mit Lasagneblättern schließen. Darauf den Fisch verteilen, mit Salz, Pfeffer und Dill würzen und etwas Sauce darübergeben. Dann wieder Lasaganeblätter, den Rest des Gemüses und etwas Semmelbröselmischung schichten und mit 1 Lage Lasagneblätter beenden. Mit der restlichen Sauce übergießen, mit der übrigen Semmelbröselmischung bestreuen und 20–25 Minuten backen.

Lasagne verde al forno
Grüne Lasagne mit Hackfleisch

1 Zwiebel, gewürfelt
2 Knoblauchzehen, fein gehackt
1 Karotte, gewürfelt
1 Selleriestange, gewürfelt
2 EL Olivenöl, plus etwas mehr zum Einfetten
400 g gemischtes Hackfleisch
500 g passierte Tomaten aus der Dose
Salz
frisch gemahlener Pfeffer
2 TL getrockneter Oregano
600 ml Béchamelsauce
12 grüne Lasagneblätter, ohne Vorkochen gebrauchsfertig
300 g Mozzarella, in dünne Scheiben geschnitten
50 g geriebener Parmesan

Zwiebel, Knoblauch, Karotte und Sellerie im heißen Olivenöl andünsten, dann das Hackfleisch dazugeben und unter Rühren ausbraten. Die passierten Tomaten untermischen, mit Salz, Pfeffer und Oregano würzen und 15 Minuten köcheln lassen.

Den Backofen auf 200 °C vorheizen. Die Béchamelsauce erhitzen. Eine rechteckige Auflaufform einfetten und den Boden dünn mit Béchamelsauce überziehen. Abwechselnd 1 Lage Lasagneblätter, Hackfleischsauce, Mozzarellascheiben, Lasagneblätter und Béchamelsauce schichten, bis alle Zutaten aufgebraucht sind. Zuletzt mit Béchamelsauce bedecken und mit dem Parmesan bestreuen. 25–30 Minuten backen. Die Lasagne vor dem Anschneiden 5 Minuten ruhen lassen.

Trenette al forno con tonno
Nudelauflauf mit Thunfisch

370 g Thunfisch mit Gemüsebeilage aus der Dose
500 g passierte Tomaten
1 TL getrockneter Oregano
1 EL fein gehackte Petersilie
Salz
frisch gemahlener Pfeffer
350 g Trenette
300 g Mozzarella, gewürfelt
Öl zum Einfetten
2 Tomaten, in Scheiben geschnitten

Den Thunfisch mit dem Gemüse in einem Sieb abtropfen lassen, den Fisch zerpflücken. Die passierten Tomaten aufkochen, Thunfisch mit Gemüse dazugeben und einige Minuten köcheln lassen. Sauce vom Herd nehmen, mit Oregano, Petersilie, Salz und Pfeffer würzen. Die Nudeln in reichlich kochendem Salzwasser *al dente* garen. Abgießen und gut abtropfen lassen. Den Backofen auf 200 °C vorheizen. In eine gefettete Auflaufform ein Drittel der Sauce geben, die Hälfte der Nudeln und des Mozzarellas darauf verteilen. Dann das nächste Drittel Sauce und die restlichen Nudeln einfüllen. Mit der übrigen Sauce bedecken und mit den Tomatenscheiben belegen. Den restlichen Mozzarella darauf verteilen und den Auflauf etwa 30 Minuten backen.

Cannelloni agli spinaci
Cannelloni mit Spinat

600 g Blattspinat
1 kleine Zwiebel, fein gehackt
25 g Butter
200 g Ricotta
Salz
frisch gemahlener Pfeffer
frisch geriebene Muskatnuss
Öl zum Einfetten
12 Cannelloni-Röhren, ohne Vorkochen gebrauchsfertig
600 ml Béchamelsauce
50 g geriebener Parmesan

Den Spinat verlesen, welke Blätter und grobe Stiele entfernen und den Spinat gründlich waschen. Die Zwiebel in der Butter glasig dünsten. Den Spinat noch tropfnass dazugeben und zugedeckt zusammenfallen lassen. Dann in einem Sieb gut abtropfen lassen und anschließend hacken. Mit dem Ricotta vermischen, mit Salz, Pfeffer und Muskatnuss abschmecken. Den Backofen auf 200 °C vorheizen.

Eine Auflaufform einfetten. Die Spinatmasse in einen Spritzbeutel mit großer Tülle geben und die Cannelloni damit füllen. Nebeneinander in die Form legen, mit der Béchamelsauce überziehen und mit dem Parmesan bestreuen. 25–30 Minuten backen.

Marken

Marche, die Marken, sind geografisch gesehen ein Bindeglied zwischen dem Norden und Süden Italiens. Die angrenzenden Regionen haben starken Einfluss auf die Küche gehabt: im Norden das Piemont, entlang des Apennins im Westen die Toskana und Umbrien und im Süden die Abruzzen. Allerdings war es nicht die prunkvolle Renaissanceküche der Nachbarn, die Spuren hinterließ.

Die klassische Küche der Marken ist nämlich ohne Schnörkel und geprägt von den landwirtschaftlichen Produkten der Gegend: Getreide und Wein, Honig, Obst, Gemüse und Milchprodukte. An der 180 Kilometer langen Adriaküste kommen Fisch und Meeresfrüchte hinzu, im Landesinnern vor allem Schweinefleisch, Schinken und Wurst. *Porchetta*, gegrilltes, mit wildem Fenchel gewürztes Spanferkel, ist ein typisches Gericht dieser Region. Ihre größten Reichtümer, so sagen die Einheimischen, kommen aber aus dem Boden. Neben den begehrten weißen Trüffeln sind das vor allem Waldpilze, Kräuter und die bereits in der Antike berühmten großen Oliven. Sie bringen ein aromatisches Öl mit geringem Säuregehalt hervor.

Abseits der zahlreichen Läden und kleinen Lokale befindet sich in der Stadt Gradara eine gut erhaltene mittelalterliche Burg.

Vincisgrassi

Das Pasta-Nationalgericht der Marken ist *vincisgrassi*, eine Art Lasagne, die ohne Tomatensauce mit Hühnerinnereien und Pancetta zubereitet wird. An Feiertagen wird das klassische Rezept auch gern mit Trüffelscheiben ergänzt, wobei sich die Menge der verwendeten Trüffeln nach dem Geldbeutel und nicht nach einer Rezeptvorgabe richtet.

Der Rezeptname selbst soll auf den Fürsten von Windisch-Graetz zurückgehen, einen österreichischen Feldmarschall, der 1799 während der Napoleonischen Kriege in den Marken war und der Legende nach dieses Gericht über alles schätzte. Das Gericht selbst dürfte allerdings wesentlich älter sein.

Vincisgrassi
Lasagne nach Art der Marken

100 g Butter
100 g Pancetta, gewürfelt
1 kleine Zwiebel, gewürfelt
1 Karotte, gewürfelt
300 g Hühnerinnereien, klein geschnitten
50 ml Weißwein
1 EL Tomatenmark
100 ml Fleischbrühe
Salz
frisch gemahlener Pfeffer
1 Msp. Zimt
20 g getrocknete Steinpilze
125 ml Milch
400 ml Béchamelsauce
Öl zum Einfetten
12 Lasagneblätter, ohne Vorkochen gebrauchsfertig
75 g geriebener Parmesan

Die Butter in einer tiefen Pfanne erhitzen und den Pancetta darin auslassen. Zwiebel und Karotte zufügen und andünsten. Die Hühnerinnereien bis auf die Leber dazugeben, kurz anbraten und mit dem Wein ablöschen. Das Tomatenmark mit der Brühe verrühren und zum Fleisch in die Pfanne geben. Mit Salz, Pfeffer und Zimt würzen. Zugedeckt bei kleiner Hitze ca. 1 Stunde köcheln lassen. Die Steinpilze in lauwarmem Wasser einweichen.

Die Pilze abgießen, gut ausdrücken und klein schneiden, mit der Hühnerleber und der Milch in die Pfanne geben. Gut untermischen und noch weitere 30 Minuten köcheln lassen.

Den Backofen auf 200 °C vorheizen. Die Béchamelsauce erhitzen. Eine rechteckige Auflaufform einfetten und den Boden dünn mit Béchamelsauce überziehen. Abwechselnd 1 Lage Lasagneblätter, Hühnersauce, Lasagneblätter und Béchamelsauce schichten, bis alle Zutaten aufgebraucht sind. Abschließend mit Béchamelsauce bedecken und mit dem Parmesan bestreuen. 25–30 Minuten backen. Vor dem Anschneiden 5 Minuten ruhen lassen.

GNOCCHI

Gnocchi sind ein Klassiker der italienischen Küche und vor allem in Nord- und Mittelitalien ein beliebter erster Gang. Trotz der einfachen Zutaten sind sie eine Delikatesse. Kenner schwören, sie würden am besten pur mit zerlassener Butter und Parmesan schmecken. Allerdings wäre es schade, wenn man deshalb auf all die anderen köstlichen Gnocchi-Gerichte verzichten würde.

Entstanden sind die Gnocchi wahrscheinlich in der Lombardei zur Karnevalszeit. Sie wurden traditionell von den Männern des Hauses zubereitet und mit Butter, Tomatensauce oder süß mit Zucker und Zimt gegessen. Perfekte Gnocchi zu kochen ist eine Kunst, die Erfahrung braucht: Sie müssen locker sein und dennoch beim Kochen ihre Form bewahren. Beim ersten Mal gelingt das fast nie.

Die Zubereitung des Teigs erfordert Fingerspitzengefühl, denn es gibt keine exakte Vorgabe der Zutaten. Wie viel Mehl man für den Teig braucht, das hängt vom Stärkeanteil der verwendeten Kartoffeln ab. Man rechnet zwischen 200 und 350 Gramm Mehl auf 1 Kilogramm Kartoffeln. Die besten Gnocchi erhält man mit abgelagerten, mehlig kochenden Kartoffeln, die man nach dem Kochen zunächst gut ausdampfen lässt, ehe man sie durch die Kartoffelpresse drückt.

So wichtig wie die Wahl der richtigen Kartoffel ist aber auch die Form der Gnocchi. Echte Gnocchi müssen Rillen oder Vertiefungen aufweisen, damit sie die Butter oder die Sauce besser aufnehmen können. Das erreicht man, indem man die Gnocchi mit leichtem Druck über einen Gabelrücken rollt oder leicht gegen die Innenseite einer Käsereibe drückt. Industriell hergestellte Gnocchi haben meistens eine glatte Oberfläche – für Traditionalisten eine kleine Küchensünde.

Gnocchi-Grundrezept

1 kg mehlig kochende Kartoffeln
Salz
1 Ei
2 Eigelb
ca. 300 g Mehl

Die Kartoffeln in Salzwasser etwa 25 Minuten garen. Dann abgießen, leicht abkühlen lassen, schälen und noch warm durch eine Kartoffelpresse drücken. Etwas abkühlen lassen und leicht salzen.
Die Kartoffelmasse mit dem Ei und dem Eigelb verkneten. So viel Mehl einarbeiten, dass ein glatter und geschmeidiger Teig entsteht, der nicht an den Fingern kleben bleibt. Die genaue Mehlmenge hängt von der Kartoffelsorte ab.
Aus dem Kartoffelteig auf einer bemehlten Arbeitsfläche fingerdicke Rollen formen. 2–3 cm lange Stücke abschneiden und mit leichtem Druck über einen Gabelrücken rollen, um den Gnocchi die typische Form zu geben.
Die Gnocchi portionsweise in reichlich kochendem Salzwasser garen, bis sie an die Oberfläche steigen. Dann mit einem Schaumlöffel herausnehmen, abtropfen lassen und je nach Rezept weiter zubereiten.

Für den Gnocchi-Teig die Kartoffeln kochen, schälen und noch warm durch die Kartoffelpressse drücken.

Die Kartoffelmasse mit Ei, Eigelb und so viel Mehl verkneten, dass ein glatter und geschmeidiger Teig entsteht.

Vom Kartoffelteig Portionen abteilen und auf einer bemehlten Fläche zu fingerdicken Rollen formen.

Mit einem scharfen Messer oder einem Küchenbeil kleine Stücke von der Kartoffelteigrolle abschneiden.

Gnocchi di zucca mantovani
Kürbisgnocchi aus Mantua

500 g Kürbisfleisch
Salz
ca. 150 g Mehl
50 g Amarettibrösel
2 Eier
75 g Butter, zerlassen
75 g geriebener Parmesan

Den Backofen auf 200 °C vorheizen. Das Kürbisfleisch würfeln und in eine Auflaufform geben. 45 Minuten garen. Den Kürbis noch heiß durch ein Sieb streichen, dann mit 1 Prise Salz, Mehl, Amarettibröseln und Eiern gründlich zu einem glatten, geschmeidigen Teig verkneten. Aus dem Teig fingerdicke Rollen formen. 2–3 cm lange Stücke abschneiden und mit leichtem Druck über einen Gabelrücken rollen, um den Gnocchi die typische Form zu geben. Gnocchi in reichlich kochendem Salzwasser garen, bis sie an die Oberfläche steigen. Dann mit einem Schaumlöffel herausnehmen und abtropfen lassen. Portionsweise mit zerlassener Butter beträufeln und mit dem Parmesan bestreuen.

Die Gnocchi über einen Gabelrücken rollen und portionsweise in kochendem Salzwasser garen.

Die Gnocchi sind gar, wenn sie an die Oberfläche steigen. Mit einem Schaumlöffel aus dem Wasser heben.

Die Gnocchi abtropfen lassen und, wenn alle fertig gekocht sind, unter eine Tomatensauce heben.

Kurz in der Sauce ziehen lassen, anschließend mit frisch geriebenem Parmesan bestreuen.

Verona und das Fest der Gnocchi

Auf einer Landzunge, die von der Etsch gebildet wird, liegt die Altstadt Veronas – vornehm, berühmt und farbenfroh lebendig. Römer, Ostgoten, Franken, Sachsen und Hohenstaufer, später auch die Venezianer, haben das Stadtbild der oberitalienischen Stadt geprägt, die zu den schönsten ganz Italiens zählt. Im Jahr 2000 nahm die UNESCO sie ins Weltkulturerbe auf. Touristische Anziehungspunkte sind die *Casa di Giulietta*, das Haus an der Via Cappello 23, auf dessen Balkon der Legende nach einst Shakespeares Julia sehnsüchtig auf ihren Romeo wartete, und das römische Amphitheater, das jeden Sommer die Kulisse für die weltbekannten Opernfestspiele bildet.

Sehenswert ist auch der Karneval in Verona mit dem Baccanale del gnocco, auch Funzione dei gnocchi (Andacht der Gnocchi) oder Festa dell'abbondanza (Fest des Überflusses) genannt. Am Karnevals-Freitag wird hier der Gnocchi-Vater, *papà del gnocco*, gewählt. Er führt auf einem Esel reitend den fröhlichen Karnevalszug durch die Altstadt an – ausgestattet mit einem falschen Bauch voller Gnocchi und mit einer riesigen Gabel als Zepter, auf der ein überdimensionaler Gnocco aufgespießt ist. Nach dem Umzug werden an alle Anwesenden Gnocchi verteilt – traditionell mit Butter und Käse oder mit *patissada de caval*, einem aromatischen Pferdefleischragout. Der Brauch geht auf das 16. Jahrhundert zurück. Zwischen 1520 und 1531 führten Überschwemmungen der Etsch mehrfach zu Hungersnöten. Der Arzt Tommaso da Vico ließ damals rund um die romanische Basilika San Zeno kostenlos Mehl, Käse und Wein an die Bedürftigen verteilen.

Gnocchi heißt wörtlich übersetzt „Klößchen", doch im in Volksmund bedeutet *gnocco* auch „Dummkopf". In einem Spottvers aus dem 19. Jahrhundert wurden die Veroneser einst als *gnocchi* bezeichnet, getreu der Devise: Man ist, was man isst.

Die Ponte Pietra gehört zu den Sehenswürdigkeiten Veronas. Die beiden Brückenbögen am linken Ufer der Etsch stammen noch aus römischer Zeit.

Salbei

Salbei ist ein dominantes Kraut. Seine graugrünen, länglichen, behaarten Blätter haben ein sehr würziges, herbes Aroma, das sich nur mit wenigen anderen Gewürzen verträgt. Deshalb sollte Salbei immer vorsichtig dosiert und als Hauptaroma verwendet werden. Salbeiblätter immer frisch verwenden – sie entfalten ihre Würze am besten in fettreichen Speisen oder wenn sie in Butter oder Öl kurz angeröstet werden. In Italien kommt Salbei in Geflügel-, Fisch- und Fleischgerichte sowie in Buttersaucen und Füllungen.

Gnocchi con patissada de caval
Gnocchi mit Pferdefleischragout

800 g Pferdefleisch von der Schulter
2 EL Olivenöl
1 EL Butter
1 weiße Zwiebel, fein gehackt
2 Knoblauchzehen, fein gehackt
Salz
frisch gemahlener Pfeffer
1 TL edelsüßes Paprikapulver
250 ml Rotwein
4 Tomaten, grob gehackt
1 Lorbeerblatt
1 Bund Thymian
250 ml Fleischbrühe
gekochte Gnocchi aus 1 kg Kartoffeln (siehe Gnocchi-Grundrezept auf Seite 167)

Das Fleisch in kleine Würfel schneiden. Olivenöl und Butter in einem Schmortopf erhitzen und das Fleisch darin anbraten. Zwiebel und Knoblauch zufügen und andünsten. Mit Salz, Pfeffer und Paprikapulver würzen und mit dem Wein ablöschen. Dann die Tomaten untermischen und die Kräuter hineingeben. Die Brühe angießen. Zugedeckt bei kleiner Hitze ca. 2 Stunden schmoren. Dann die Kräuter entfernen, das Ragout mit Salz und Pfeffer abschmecken und mit Gnocchi servieren.

Gnocchi-Vielfalt

Die Gnocchi-Familie ist groß. Die feinen Klößchen oder Nockerln werden je nach Region aus Kartoffeln, Kürbis, Grieß, Mais- oder Kastanienmehl hergestellt. Im Trentin bereitet man kleine Gnocchi aus einem Kartoffelteig mit Roter Bete zu, die mit zerlassener Butter beträufelt und mit Mohn bestreut wird, oder füllt Kartoffelteig-Gnocchi mit einer deftigen Käse-Speck-Mischung.

Die süßen *gnocchi di prugne* aus dem Grenzland zu Österreich werden mit getrockneten Pflaumen gefüllt. Ebenfalls süß sind die *gnocchi al cacao* aus Triest, Kartoffel-Gnocchi mit Zartbitterschokolade und kandierten Früchten, die man nicht als Dessert, sondern als ersten Gang serviert und die, obwohl eine Süßspeise, zu einem Antipasti-Buffet gehören können.

Aus dem Piemont – und nicht, wie ihr Name vermuten ließe, aus der italienischen Hauptstadt – kommen die *gnocchi alla romana* aus Hartweizengrieß, die als Nockerln oder Scheiben im Backofen mit geriebenem Käse gratiniert werden. Niemand weiß, wie sie den Weg vom Piemont nach Rom fanden und woher die Tradition stammt, dieses Gericht vor allem donnerstags zu essen.

Wenig schmeichelhaft ist der Name der lombardischen Gnocchi-Spezialität *malfatti* (wörtlich übersetzt: schlecht gemacht). Es sind kleine köstliche Bällchen aus gehacktem Spinat, Ricotta und Mehl. Ihren Namen verdanken sie wohl der im Vergleich zu den klassischen Gnocchi eher einfachen Form.

Die sardischen *malloreddus* hingegen ähneln kleinen geriffelten Muscheln und werden mit Safran gewürzt. Man serviert sie mit Tomatensauce, klein geschnittener würziger Wurst und geriebenem Schafskäse.

Gnocchi gibt es in ganz Italien in zahlreichen verschiedenen Formen und Größen, und auch die Zutaten variieren je nach Region.

Gnocchi con salsa all'astice
Venezianische Gnocchi mit Hummersauce

250 g süße Sahne
125 ml Weißwein
200 g gekochtes Hummerfleisch
Salz
frisch gemahlener Pfeffer
frisch geriebene Muskatnuss
1 EL fein gehacktes Fenchelkraut
gekochte Gnocchi aus 1 kg Kartoffeln (siehe Grundrezept auf Seite 167)

Die Sahne mit dem Wein etwas einkochen lassen. Das ausgelöste Hummerfleisch klein schneiden und in der Sauce erhitzen, aber nicht mehr kochen. Mit Salz, Pfeffer und Muskatnuss abschmecken und das Fenchelkraut zugeben. Die gekochten Gnocchi portionsweise mit der Hummersauce anrichten.

Gnocchi alla romana

Gnocchi alla romana
Gnocchi auf römische Art

500 ml Milch
125 g Butter
Salz
250 g Hartweizengrieß
100 g frisch geriebener Parmesan
2 Eigelb
frisch gemahlener Pfeffer
frisch geriebene Muskatnuss
Öl zum Einfetten
2 EL geriebener Fontina

Die Milch mit 2 Esslöffeln Butter, 1/2 Teelöffel Salz sowie 400 ml Wasser zum Kochen bringen. Den Grieß langsam einstreuen und bei schwacher Hitze unter Rühren 25–30 Minuten quellen lassen. Dann in eine Schüssel umfüllen, 2 Esslöffel Parmesan und anschließend das Eigelb unterrühren. Die Masse mit Salz, Pfeffer und Muskatnuss würzen und etwas abkühlen lassen.

Den Backofen auf 200 °C vorheizen. Eine Auflaufform einfetten. Mit zwei Löffeln kleine Nockerln aus der Grießmasse abstechen und nebeneinander in die Form setzen. Den übrigen Parmesan mit dem Fontina mischen und über die Gnocchi streuen. Die restliche Butter zerlassen und über den Käse gießen. Das Gericht etwa 20 Minuten goldbraun überbacken.

Malfatti
Lombardische Gnocchi

500 g Blattspinat
1 kleine Zwiebel, fein gehackt
100 g Butter
200 g Ricotta
75 g frisch geriebener Parmesan
2 Eier
frisch geriebene Muskatnuss
Salz
frisch gemahlener weißer Pfeffer
150 g Mehl
2 EL Speisestärke
8 Salbeiblätter

Den Spinat verlesen, welke Blätter und grobe Stiele entfernen. Dann gründlich waschen und noch tropfnass in einen Topf geben. Zugedeckt bei mittlerer Hitze zusammenfallen lassen. Dann abgießen und gut abtropfen lassen.

Die Zwiebel in 1 Esslöffel Butter glasig dünsten. Den Spinat fein hacken, zur Zwiebel geben, dann vom Herd nehmen und abkühlen lassen.

Den Ricotta mit 2 Esslöffeln Parmesan und den Eiern glatt verrühren. Gehackten Spinat dazugeben und mit Muskatnuss, Salz und Pfeffer würzen. Nach und nach das Mehl und die Speisestärke einarbeiten. Sollte der Teig zu weich sein, noch etwas Mehl darunterkneten.

Aus dem Teig kleine Bällchen formen und in siedendem Salzwasser so lange garen, bis sie an die Oberfläche steigen. Gnocchi mit einem Schaumlöffel herausnehmen und gut abtropfen lassen. Die restliche Butter zerlassen und die Salbeiblätter darin schwenken. Die Gnocchi auf vorgewärmten Tellern anrichten, mit dem übrigen Parmesan bestreuen und die Salbeibutter darüber verteilen.

Malfatti

POLENTA

Schon in der Antike war Getreidebrei, *puls* oder *pulmentum*, ein wichtiges Grundnahrungsmittel. Er bestand aus gemahlenem Getreide, meist Hafer, Buchweizen oder Dinkel, das in Wasser gekocht wurde. Lange bevor Reis, Mais und Kartoffel nach Italien kamen, ernährte der Getreidebrei, die Urform der *polenta*, römische Legionäre, einfache Handwerker und Bauern.

Mit der Entdeckung der Neuen Welt kam der Mais nach Europa – zunächst als Importware. Von Venedig aus eroberte er Nord- und Mittelitalien. Leonardo Emo Capodilista, ein Patrizier, soll als Erster in Italien Mais angebaut haben – als preiswertes Lebensmittel für seine Dienerschaft. Schnell erkannten die versierten venezianischen Kaufleute den Wert der neuen Kulturpflanze: Der Ernteertrag betrug bis zum 80-fachen des Saatguteinsatzes. Später wurde die Mais-Polenta zum Nahrungsmittel für Menschen, die zu arm waren, um sich Brot zu kaufen. Sie wurde bereits zum Frühstück gegessen. Der Legende nach haben piemontesische Bauern die Polentascheiben mit gesalzenen Sardellen eingerieben, um ihnen etwas Geschmack zu geben. Die Sardellen wurden nicht mitgegessen, sondern mehrfach zum Aromatisieren verwendet. Bis heute wird in Venedig Mortadella oder eingelegter Fisch auf kalten Polentascheiben gegessen.

Im Lauf der Jahrhunderte machte die Polenta die gleiche kulinarische Karriere wie viele andere einfache Gerichte: Sie wurde von der Speise für Arme zum Küchenklassiker und eroberte sich auch auf dem Speisezettel der gehobenen Küche einen festen Platz. *Polentoni*, Polenta-Esser, nennen die Süditaliener bis heute ihre Landsleute im Norden spöttisch wegen ihrer Vorliebe für den goldgelben oder weißen Maisbrei. Auf dem Land wird die Polenta immer noch nach alter Sitte in einem Kupferkessel, dem *paiolo*, über offenem Feuer bis zu einer Stunde mit einem langen Holzlöffel gerührt. Danach wird der Brei auf ein mit Grieß bestreutes Tuch oder ein feuchtes Brett gestürzt, mit einem Holzspachtel zu einem Rechteck geformt und später, wenn er kalt ist, mit einer dünnen Schnur in Scheiben geschnitten.

Polenta ist sehr vielseitig: Sie wird frisch gekocht als eigenständige Mahlzeit mit zerlassener Butter und Käse serviert – oder mit Fisch, Geflügel oder Fleisch kombiniert. Man kann sie erkalten lassen, anschließend in Scheiben schneiden und braten, grillen oder überbacken. In Venedig kocht man Polenta mit Milch, in den Abruzzen bereitet man sie wie einen Risotto mit Gemüse zu. Im Norden der Lombardei mischt man den gelben Maisgrieß mit Buchweizenmehl und erhält so eine aromatische dunkle Polenta, die *polenta taragna*. Die feinste Variante kommt aus dem Piemont: Dort brät man die Polentascheiben, legt ein Spiegelei darauf und krönt das Gericht mit fein gehobelten weißen Trüffelscheiben.

Mais wird vor allem in Norditalien angebaut. Seine zu Grieß vermahlenen Körner sind das Ausgangsprodukt für die beliebte Polenta, die weit mehr ist als nur ein schlichter „Maisbrei".

Polenta e fontina
Polenta mit Fontina

1 TL Salz
250 g Maisgrieß
60 g Butter, plus etwas mehr zum Einfetten
150 g Fontina
frisch gemahlener weißer Pfeffer

Die Polenta mit Salz und Maisgrieß nach Grundrezept (siehe Seite 173) kochen, in eine mit kaltem Wasser ausgespülte runde Auflaufform gießen, glatt streichen und erkalten lassen. Dann aus der Form stürzen und zweimal horizontal durchschneiden. Die Form säubern und mit Butter ausfetten.
Den Backofen auf 200 °C vorheizen. Den Käse in dünne Scheiben schneiden. 1 Scheibe Polenta in die Auflaufform legen. Mit einem Drittel der Käsescheiben belegen, pfeffern und mit der nächsten Scheibe Polenta bedecken. Wiederholen und die Polenta mit dem restlichen Käse belegen. Die Butter in Flöckchen daraufsetzen. Im Backofen 20–25 Minuten backen.

Der erste Schritt zu einer gelungenen Polenta: Maisgrieß in kochendes gesalzenes Wasser einrühren.

Die Polenta 30 Minuten köcheln lassen. Dann in eine Form umfüllen, glatt streichen und auskühlen lassen.

Die kalte Polenta aus der Form stürzen, in dünne Scheiben schneiden, anschließend grillen oder in der Pfanne braten.

Polenta-Grundrezept

1 TL Salz

250 g Maisgrieß

In einem großen Topf 1 Liter Wasser mit dem Salz zum Kochen bringen. Den Maisgrieß unter Rühren einstreuen und 5 Minuten kochen. Die Polenta bei kleiner Hitze unter ständigem Rühren etwa 30 Minuten köcheln lassen, bis sie sich vom Topf löst.

Die fertige Polenta entweder in eine Schüssel umfüllen und servieren oder in eine mit kaltem Wasser ausgespülte Form gießen, glatt streichen und abkühlen lassen. Dann in Scheiben schneiden und braten oder grillen.

Venetien

Venetien

Die venezianische Küche ruht auf vier soliden Säulen: Polenta, Reis, Bohnen und Klippfisch, Produkte, die ab dem 16. Jahrhundert von der Handelsmacht aus fernen Ländern eingeführt wurden. Zu diesen Grundelementen kommen noch Muscheln, Sardinen, Scampi, Tintenfische und Meerspinnen aus der fischreichen Lagune und die Produkte der regionalen Viehzucht und Landwirtschaft. Auf den fruchtbaren Feldern des Veneto wachsen Reis für die *risotti*, Mais für die *polenta* sowie Obst und Gemüse.

Kulinarisch veredelt werden all diese Produkte von Kräutern und orientalischen Gewürzen. Sie machen die Küche Venetiens zu einer der interessantesten und leichtesten Italiens. Lange beruhte der Reichtum Venetiens auf dem Handelsmonopol für Zucker, Salz, Kaffee und Gewürze. Doch die Venezianer belieferten damit nicht nur ganz Europa, sondern verwendeten sie auch fantasievoll in der eigenen Küche: Pfeffer und Salz, Zimt und Koriander, Gewürznelken und Muskatnuss, Mandeln und Rosinen. Während in anderen europäischen Ländern Gewürze oft eher zum Konservieren von Speisen als zur Geschmacksverfeinerung verwendet wurden, kreierten die Venezianer daraus eine Küche mit einem ausgewogenen Gleichgewicht zwischen süß, salzig und sauer.

Typisch für die venezianische Küche ist das traditionelle Rezept *polenta fasoa*: Weißer Polentagrieß wird mit Bohnen gekocht, nach dem Erkalten in Scheiben geschnitten und auf dem Grill geröstet. Dazu serviert man gegrillte Sardinen oder Koteletts.

Maisgrieß

Nach Weizen und Reis ist Mais das weltweit am häufigsten angebaute Getreide. Er stammt ursprünglich aus Mittelamerika und wird seit dem 17. Jahrhundert in Italien gezüchtet. Es gibt ca. 50 000 Maissorten mit gelben und weißen, roten, blauen und schwarzen Körnern. Für Polenta werden vorwiegend die Körner des gelben Mais zu feinem oder grobem Maisgrieß vermahlen. Je feiner der Grieß ist, umso kürzer sind die Kochzeiten. Eine Spezialität aus Venetien ist die weiße Polenta, die einen leicht süßlichen Geschmack hat und besonders gut zu Fisch und Geflügel passt. Polenta aus feinem Maisgrieß wird meist *all'onda* (wörtlich: mit Welle) in der Konsistenz von Kartoffelpüree serviert, aus grobkörnigem Grieß kocht man eine feste Polenta.

Das historische Städtchen Rivoli Veronese liegt im Zentrum des sogenannten Moränen-Amphitheaters. Es besteht aus natürlichen Terrassen, die malerisch zum Etschtal hin abfallen.

Polenta con le quaglie
Polenta mit Wachteln

60 ml Olivenöl
Salz
frisch gemahlener Pfeffer
einige Salbeiblätter, fein gehackt
8 Wachteln, küchenfertig
4 dickere Scheiben Lardo (weißer Speck)
16 Lorbeerblätter
250 ml Wildfond
500 ml Milch
250 g weißer Maisgrieß

Das Olivenöl mit Salz und Pfeffer verrühren, den Salbei hinzufügen. Die Wachteln waschen und trocken tupfen. Jede Speckscheibe in 3 Teile schneiden. Auf 4 große Holzspieße jeweils 1 Stück Speck, 1 Lorbeerblatt, 1 Wachtel, 1 Lorbeerblatt, 1 Stück Speck, 1 Lorbeerblatt, 1 weitere Wachtel, 1 Lorbeerblatt und 1 Stück Speck stecken. Mit dem gewürzten Öl rundum bestreichen und kurz marinieren.

Das restliche Würzöl in einer tiefen Pfanne erhitzen und die Wachtelspieße darin von allen Seiten anbraten, dann mit etwas Wildfond aufgießen. Bei kleiner Hitze insgesamt 15 Minuten schmoren, dabei nach und nach den restlichen Wildfond angießen. Nach halber Garzeit die Spieße wenden, dann ziehen lassen.

Währenddessen in einem großen Topf die Milch mit 500 ml Salzwasser zum Kochen bringen. Den Maisgrieß unter Rühren einstreuen und 5 Minuten kochen. Den Maisbrei bei schwacher Hitze unter ständigem Rühren etwa 30 Minuten köcheln lassen, bei Bedarf noch etwas Wasser hinzufügen. Die Polenta sollte weich, aber nicht zu flüssig sein. Die Wachtelspieße portionsweise mit Polenta auf vorgewärmten Tellern mit etwas Schmorfond anrichten.

Polenta con le sardine
Polenta mit Sardinen

Salz
250 g Maisgrieß
8 Sardinen à 150 g, küchenfertig
frisch gemahlener Pfeffer
75 ml Olivenöl

Die Polenta mit Salz und Maisgrieß nach Grundrezept (siehe Seite 173) zubereiten und auf ein Backbrett oder ein mit Wasser befeuchtetes Blech stürzen. Dann mit einem Teigspatel etwa 5 cm dick auf dem Brett verstreichen. Polenta ganz erkalten und fest werden lassen. Anschließend in 1 cm dicke Scheiben schneiden.
Die Sardinen innen und außen mit Salz und Pfeffer einreiben. Die Fische und die Polentascheiben mit dem Olivenöl bestreichen auf dem heißen Grill rösten.

Polenta smalzada trentina
Trentiner Polenta mit Kapern und Sardellen

Salz
250 g Maisgrieß
125 g Butter, plus etwas mehr zum Einfetten
100 g geriebener Parmesan
1 EL Kapern in Salzlake
8 Sardellenfilets in Öl aus der Dose

Die Polenta mit Salz und Maisgrieß nach Grundrezept (siehe Seite 173) zubereiten. Den Backofen auf 225 °C vorheizen. Eine Auflaufform mit Butter einfetten, die Polenta einfüllen, glatt streichen und mit dem Parmesan bestreuen.
Die Butter in einem kleinen Topf zerlassen. Kapern und die fein gehackten Sardellenfilets untermischen und über die Polenta verteilen. Das Gericht 10 Minuten überbacken und noch in der Form servieren.

Polenta con le sardine

REIS

Reis war zwar schon in der Antike bekannt, doch er wurde kulinarisch nicht eben geschätzt und lediglich als nahrhafte Speise für Gladiatoren und Kranke eingesetzt. Erst in der Renaissance kam der Reis durch die Spanier ins reiche Neapel. Von dort aus führte sein Weg über die Toskana in die Po-Ebene. Hier herrschten ideale Bedingungen für den Reisanbau: ein ausgeglichenes Klima und eine sichere Versorgung der Reisfelder mit klarem, reinen Quellwasser. Heute wird Reis im Piemont, in der Lombardei und in kleinem Umfang auch in der Toskana angebaut. Italien ist europaweit der größte Reisproduzent und Exporteur.

Nach der Ernte wird der Reis zunächst gedroschen und getrocknet. Noch sind seine Körner von harten Spelzen umhüllt, die in Reismühlen entfernt werden. In mehreren Arbeitsschritten wird das Korn geschält, geschliffen und poliert. Dabei werden allerdings auch das eiweißreiche Silberhäutchen und der nährstoffhaltige Keimling entfernt. Der Reis ist jetzt zwar schön weiß, hat aber einen Teil seiner Nährstoffe verloren. Dafür quillt er besser auf und ist länger haltbar.

Italien ist der größte Reisproduzent Europas. Angebaut werden vor allem die Risotto-Reissorten Arborio, Vialone Nano und Carnaroli.

In Frühjahr werden die Reisfelder am Po durch ein komplexes Kanalsystem überflutet.

In den künstlichen Lagunen wachsen die feuchtigkeitsliebenden Pflanzen schnell heran.

Vor der Ernte im Herbst, wenn der Reis voll ausgereift ist, werden die Felder trockengelegt.

Die Ernte, früher eine mühsame Handarbeit, wird heute weitgehend maschinell ausgeführt.

Große Mähdrescher trennen dabei gleich die ungeschälten Körner vom Stroh.

Risotto-Reis

Risotto-Reis enthält zwei verschiedene Stärkesorten. Auf der Oberfläche des Reiskorns befindet sich eine Stärkeschicht, die sich beim Kochen teilweise auflöst, während die Stärke im Innern des Korns fest bleibt und dem Reis Biss verleiht. Hält man ein Risotto-Reiskorn gegen das Licht, kann man diese beiden unterschiedlichen Stärkesorten mit bloßem Auge erkennen. Der Kern des Korns ist weiß und fest, die äußere Randschicht erscheint durchsichtig.

Es gibt drei Risotto-Reissorten: Arborio, Vialone Nano und Carnaroli, die sich in der Stärkezusammensetzung und in der Korngröße unterscheiden und deshalb unterschiedlich garen. Arborio ist im Piemont, der Lombardei und der Emilia-Romagna beliebt. Er hat große Körner, deren Stärke sich beim Kochen zum größten Teil auflöst. Das Ergebnis ist ein weicher Risotto, der recht schnell klebrig wird, wenn man beim Kochen unachtsam ist.

Vialone Nano, ein kleinkörniger Reis, dessen Stärke sich beim Kochen nicht so leicht löst, wird vor allem in Venetien verwendet. Hier liebt man den Reis ein wenig bissfester. Die hochwertigste und teuerste Reissorte Carnaroli wurde erst vor rund 50 Jahren von einem Mailänder Reisproduzenten durch die Kreuzung von Vialone mit einer japanischen Reissorte entwickelt. Die schlanken, zarten Körner sind von viel weicher Stärke umschlossen, die sich leicht beim Kochen auflöst, und enthalten im Kern mehr feste Stärke als die beiden anderen Risotto-Reissorten. Die kritische Zeitspanne zwischen „gekochtem" und „verkochtem" Reis ist bei Carnaroli größer als bei den beiden anderen Risotto-Reissorten, was die Zubereitung eines geschmeidigen Risotto wesentlich erleichtert.

Risotto kochen

Ein guter *risotto* ist cremig und noch leicht feucht, ohne flüssig zu sein. Zubereitet wird er aus hochwertigen Rundkornreissorten, die nur in Italien angebaut werden. Die Kochmethode für Risotto basiert auf einer Kochanleitung aus dem 15. Jahrhundert. Damals mischte man den Reis noch mit gequollenen Gerstenkörnern.

Die Basis jedes Risotto ist der *soffritto*: Zwiebeln oder Schalotten, manchmal auch Knoblauch, werden in Olivenöl oder Butter glasig gedünstet. Dann werden weitere Zutaten – Fleisch, Gemüse, Pancetta oder Schinken – untergemischt, die ihre Aromen im Fett entfalten, bevor der ungewaschene Reis hinzugefügt und unter Rühren angeschwitzt wird. Sobald die Reiskörner gleichmäßig mit dem aromatisierten Fett überzogen sind, löscht man sie mit Wein ab. Dessen Säure verhindert, dass sich die Stärke in der äußeren Randschicht der Reiskörner zu schnell löst, und stabilisiert gleichzeitig das Korn, damit es nicht aufplatzt und die Stärke auf einmal austritt.

Nach und nach wird nun heiße Flüssigkeit zugegeben, im Idealfall (und der ist in Italien eigentlich die Regel) eine hausgemachte Fleischbrühe (außer für Fisch- und Meeresfrüchte-Risotto). Durch das schrittweise Hinzufügen der heißen Flüssigkeit und das ständige Umrühren löst sich die weiche Stärke, die das Korn umschließt, langsam auf, wird abgerieben und verteilt sich gleichmäßig über alle Zutaten. Ist der Reis gar, wird als letzter Schritt Butter oder Sahne untergerührt, um dem Risotto eine sahnig-cremige, weiche Konsistenz zu verleihen. Der ebenfalls untergemischte Parmesan bindet die noch vorhandene Flüssigkeit.

Risotto-Grundrezept

1 kleine Zwiebel, fein gehackt
60 g Butter
300 g Risotto-Reis
1 Lorbeerblatt
250 ml Weißwein
1 l Fleischbrühe
Salz
frisch gemahlener Pfeffer
50 g geriebener Parmesan

Die Zwiebel in der Hälfte der Butter glasig dünsten. Den Reis und das Lorbeerblatt dazugeben und andünsten.

Den Wein unter Rühren angießen und bei mittlerer Hitze eindicken lassen. Die Fleischbrühe in einem zweiten Topf erhitzen.

Sobald der Wein eingekocht ist, ein Drittel der heißen Brühe unter Rühren zugießen. Ist die Brühe eingedickt, das nächste Drittel zugießen und ebenfalls eindicken lassen.

Die restliche Brühe zugießen und den Risotto so lange bei schwacher Hitze unter Rühren garen, bis der Reis gar ist, aber noch Biss hat.

Den Risotto mit Salz und Pfeffer würzen und das Lorbeerblatt entfernen. Restliche Butter und den Parmesan unterziehen und zugedeckt kurz ziehen lassen.

Die Ausgangsbasis für einen echten Mailänder Risotto sind fein gehackte Zwiebeln, die in Butter glasig gedünstet werden.

Dann wird der ungewaschene Risotto-Reis zugefügt und unter Rühren im Bratfett bei mittlerer Hitze angeschwitzt.

Anschließend löscht man mit Wein ab, dessen Säure verhindert, dass sich die Stärke aus den Reiskörnern zu schnell löst.

Risotto con gamberi
Risotto mit Garnelen

500 g rohe Garnelen
Salz
1 Zwiebel, gespickt mit 2 Gewürznelken
1 Lorbeerblatt
3 EL Olivenöl
2 Schalotten, gewürfelt
2 Selleriestangen, gewürfelt
300 g Risotto-Reis
125 ml Weißwein
frisch gemahlener Pfeffer
1 EL Zitronensaft
1 EL fein gehackte Petersilie

Die Garnelen in 1 Liter kochendem Salzwasser 3 Minuten garen. Mit dem Schaumlöffel herausnehmen und etwas abkühlen lassen. Garnelen auslösen und die Darmfäden entfernen. Köpfe und Schalen wieder in das Kochwasser geben, die gespickte Zwiebel und das Lorbeerblatt zufügen und zugedeckt 30 Minuten köcheln lassen. Die Kochbrühe durch ein Sieb gießen.

2 Esslöffel Öl in einem Topf erhitzen. Schalotten und Sellerie darin andünsten. Den Reis dazugeben und anbraten. Den Wein angießen und bei mitterer Hitze einkochen lassen. Dannach ein Drittel der heißen Garnelenbrühe unter Rühren zugießen. Ist die Brühe aufgenommen, das nächste Drittel zugießen. Schließlich die restliche Brühe zugießen und den Risotto so lange bei schwacher Hitze unter Rühren garen, bis der Reis gar ist, aber noch Biss hat. Mit Salz und Pfeffer würzen.

Restliches Olivenöl, Zitronensaft und Petersilie unterrühren. Die Garnelen untermischen und das Risotto unter gelegentlichem Rühren wieder erhitzen und servieren.

Nach und nach wird heiße Fleischbrühe untergerührt. Mit der letzten Kelle Brühe kann man nach Belieben Safranfäden unter den Reis rühren.

Sobald sich die Safranfäden zum größten Teil aufgelöst haben, wird ein Stück Butter und geriebener Parmesan hinzugefügt.

Der Risotto wird vom Herd genommen, nochmals kräftig durchgerührt und vor dem Servieren mit etwas Salz abgeschmeckt.

LOMBARDEI

Die Lombardei, heute die reichste und am dichtesten besiedelte Region Italiens, gilt als die Wiege des Risotto. Doch die lombardische Küche hat weit mehr zu bieten. Immer wieder geriet die Region unter Fremdherrschaft: Spanier, Franzosen und Österreicher hinterließen auch in der Küche ihre Spuren. Spanischen Ursprungs ist der deftige Eintopf *cassoeula*, der aus den weniger edlen Teilen vom Schwein sowie aus Würstchen und Wirsing zubereitet wird. Den Österreichern schauten die Lombarden einst ihre Vorliebe für Paniertes ab. Und die Franzosen brachten etwas Raffinesse in die Küche. Dennoch ist die lombardische Küche bodenständig und rustikal geblieben.

In der Lombardei werden vor allem Rinder gezüchtet, darum findet man hier neben Reisgerichten auch viele Fleischgerichte und eine vielfältige Käsetradition. Mozzarella, Gorgonzola und Taleggio sind nur einige der bekannten Spezialitäten. Ein einzigartiges gastronomisches Volksfest findet am letzten Sonntag im September jedes Jahr in Mortara statt, das Gänsefest Sagra dell'oca. An zahlreichen Ständen entlang der Straßen des kleinen Städtchens wird eine spezielle Wurst aus Gänsefleisch, Gänseleberpastete und andere Köstlichkeiten angeboten.

Mailänder Risotto

Während der Bauarbeiten am Mailänder Dom in der zweiten Hälfte des 16. Jahrhunderts wurde der berühmte goldgelbe Mailänder Risotto „erfunden". An dem Bau, der damals schon seit zwei Jahrhunderten in Gang war, arbeitete auch eine Gruppe belgischer Handwerker, die einige Kirchenfenster gestalten sollten. Ein junger Handwerker hatte die Angewohnheit, stets eine Spur Safran unter die Glasmasse zu mischen, um damit überraschende Farbeffekte zu erzielen. Sein Meister belächelte diese Vorliebe und meinte spöttisch, er werde wohl irgendwann auch Safran unter das Essen mischen. Als nun die Tochter des Meisters heiratete, überredete der junge Handwerker den Koch, beim Hochzeitsmahl Safran über den Reis zu streuen – und schrieb Küchengeschichte.

Am Lago di Mezzola in der lombardischen Provinz Sondrio vereinen sich mediterranes Klima und spektakuläre, steil aufragende Gebirgszüge.

Risotto al radicchio

Risotto al radicchio
Rotweinrisotto mit Radicchio

400 g Radicchio trevigiano
1 l Gemüsebrühe
2 EL Butter
1 Zwiebel, fein gehackt
1 TL Tomatenmark
300 g Risotto-Reis
100 ml Rotwein
1 EL Puderzucker
1 EL Balsamico-Essig
3 EL geriebener Parmesan
Salz
frisch gemahlener Pfeffer

Das obere zarte Drittel der Radicchio-Stauden abschneiden und beiseitestellen. Den Strunk entfernen und den Radicchio in feine Streifen schneiden. Die Gemüsebrühe erhitzen.

Die Hälfte der Butter in einem Topf zerlassen und die Zwiebel darin glasig dünsten. Tomatenmark und Reis dazugeben und anbraten. Radicchio-Streifen hinzufügen, mit Wein ablöschen. Wenn der Wein fast eingekocht ist, ein Drittel der heißen Brühe unter Rühren angießen. Diesen Vorgang zweimal wiederholen. Kurz bevor der Reis fertig gegart ist, den Puderzucker in einer Pfanne hellbraun karamellisieren. Die beiseitegestellten Radicchio-Spitzen zufügen, unter Rühren ca. 1 Minute braten. Mit Essig ablöschen und zum Risotto geben. Restliche Butter und Parmesan in den Risotto rühren, mit Salz und Pfeffer abschmecken.

Risotto nero con seppie
Schwarzer Risotto mit Tintenfisch

500 g Tintenfische
1 Bund glatte Petersilie
Salz
1 Schalotte, fein gehackt
1 Knoblauchzehe, fein gehackt
4 EL Olivenöl
300 g Risotto-Reis
250 ml Weißwein
1 l Fischfond
frisch gemahlener Pfeffer

Die Tintenfische säubern (siehe S. 288) und die Tintenbeutel vorsichtig aus dem Körper lösen. Dann die Tintenfische in schmale Streifen schneiden. Die Petersilie abspülen, die Stängel abschneiden und die Blättchen fein hacken. Tintenbeutel mit den Petersilienstängeln, 1 Prise Salz und etwas Wasser einige Minuten kochen lassen. Dann durch ein Sieb abgießen und die Flüssigkeit auffangen.

Schalotte und Knoblauch im heißen Öl glasig dünsten. Tintenfischstreifen zugeben und kurz anbraten. Den Reis einstreuen und im Öl anbraten. Mit dem Weißwein ablöschen.

Den Fischfond in einem zweiten Topf erhitzen. Sobald der Wein eingekocht ist, ein Drittel des heißen Fischfonds unter Rühren angießen. Diesen Vorgang zweimal wiederholen. Nach etwa 15 Minuten die Tintensauce einrühren und einige Minuten weiter köcheln lassen. Den Risotto mit Salz und Pfeffer abschmecken, portionsweise anrichten und mit der gehackten Petersilie bestreuen.

Risotto nero con seppie

Arancini di riso
Gefüllte Reiskugeln

1 Zwiebel, fein gehackt
3 EL Olivenöl
150 g Hackfleisch
1 EL Tomatenmark
150 g feine Erbsen, Tiefkühlware
Salz
frisch gemahlener Pfeffer
200 g Risotto-Reis
3 Eier
4 EL geriebener Pecorino
100 g Semmelbrösel
Fett zum Frittieren

Die Zwiebel im heißen Öl glasig dünsten. Das Hackfleisch dazugeben und unter Rühren ausbraten. Das Tomatenmark und die tiefgekühlten Erbsen untermischen, mit Salz und Pfeffer würzen. Bei schwacher Hitze garen, bis die Erbsen aufgetaut sind. Vom Herd nehmen und abkühlen lassen.

Den Reis in reichlich Salzwasser in etwa 20 Minuten gar kochen. Abgießen und gut abtropfen lassen. Dann mit 1 Ei und dem Pecorino mischen und erkalten lassen.

Aus der Reismasse 8 Kugeln formen. Jeweils in die Mitte eine Vertiefung drücken, etwas Hackfleischfüllung hineingeben, verschließen und die Kugeln wieder korrekt formen. Die restlichen Eier verquirlen. Reiskugeln im Ei und anschließend in den Semmelbröseln wenden.

Das Fett in der Fritteuse auf 175 °C erhitzen. Die Reiskugeln im heißen Fett etwa 10 Minuten ausbacken, auf Küchenpapier abtropfen lassen und heiß servieren.

Risi e bisi
Venezianischer Reis mit Erbsen

2 EL Olivenöl
100 g gekochter Schinken, gewürfelt
1 weiße Zwiebel, fein gehackt
2 Knoblauchzehen, fein gehackt
500 g frische feine Erbsen, gepalt
250 g Risotto-Reis
125 ml Weißwein
750 ml Hühnerbrühe
60 g geriebener Parmesan
1 EL Butter
2 EL fein gehackte Petersilie
Salz
frisch gemahlener Pfeffer

Das Öl in einem Topf erhitzen, Schinken, Zwiebel und Knoblauch darin andünsten. Die Erbsen unterrühren. Den Reis dazugeben und anbraten. Mit dem Weißwein ablöschen und den Wein einkochen lassen.

Ein Drittel der zuvor erhitzen Brühe unter Rühren zugießen. Ist die Brühe aufgenommen, das nächste Drittel zugießen.

Den Reis mit der restlichen Brühe aufgießen und so lange bei schwacher Hitze unter Rühren garen, bis er gar ist, aber noch Biss hat.

Parmesan, Butter und Petersilie unterrühren, mit Salz und Pfeffer würzen. Zugedeckt kurz ziehen lassen.

Risotto con gli asparagi
Risotto mit Spargel

500 g grüner Spargel
3 EL Butter
Salz
Zucker
1 kleine Zwiebel, fein gehackt
300 g Risotto-Reis
125 ml Weißwein
Salz
frisch gemahlener Pfeffer

Die holzigen Enden vom Spargel entfernen, die Spitzen abschneiden und beiseitelegen. Den restlichen Spargel in Stücke schneiden.

1 Liter Wasser mit 1 Teelöffel Butter, etwas Salz und 1 Prise Zucker zum Kochen bringen, Spargelspitzen kurz darin blanchieren. Dann mit einem Schaumlöffel herausnehmen, in Eiswasser abschrecken und beiseitestellen. Spargelstücke in die Brühe geben und 15 Minuten garen. Anschließend durch ein Sieb abgießen, dabei die Brühe auffangen. Den Spargel mit dem Stabmixer pürieren und warm halten.

Die Zwiebel in 1 Esslöffel Butter glasig dünsten, den Reis einstreuen, in der Butter anbraten und mit dem Weißwein ablöschen. Sobald der Wein eingekocht ist, ein Drittel der heißen Spargelbrühe unter Rühren angießen. Diesen Vorgang zweimal wiederholen.

Nach etwa 15 Minuten Garzeit die restliche Butter und das Spargelpüree einrühren und die Spargelspitzen unter den Risotto heben. Das Gericht mit Salz und Pfeffer abschmecken, vom Herd nehmen und zugedeckt 2–3 Minuten ruhen lassen.

Risi e bisi

Der Heilige Markus ist der Schutzpatron von Venedig. Sein Symbol, der geflügelte Löwe, ist das Wahrzeichen der Lagunenstadt. Das alljährliche Festmahl der Dogen am Markustag, dem 25. April, wurde stets mit *risi e bisi*, Risotto mit jungen Erbsen und den ersten frischen Zwiebeln, eröffnet. Die Erbsen kamen aus den Feldern der Lagune. Auf jedes Reiskorn sollte eine zarte Erbse kommen.

Pilze – überaus feine Begleiter

Italiener lieben die aromatischen Waldpilze, die in den kühlen, feuchten Wäldern Nord- und Mittelitaliens wachsen. Sie begleiten fast jeden Gang eines Menüs. Als Antipasto serviert man frische Steinpilze, dünn aufgeschnitten als Carpaccio, oder gemischte Pilze, die mit Kräutern in Öl und Essig eingelegt sind. Die würzige Pilzcreme ist in der Toskana ein beliebter Aufstrich für geröstetes Weißbrot. Risotto, Pasta und Polenta schmecken mit einer aromatischen Pilzsauce besonders fein, und beim zweiten Gang beweisen Pilze sogar Eigenständigkeit oder liegen ebenbürtig neben Fleisch und Geflügel auf dem Teller.

Das Sammeln von Pilzen hat in der Menschheitsgeschichte eine lange Tradition. Pilze waren nicht nur in Italien ein wichtiger Bestandteil der saisonalen Ernährung. Sie sind reich an hochwertigem pflanzlichem Eiweiß, enthalten wichtige Mineralstoffe und wenig Kalorien, wobei Letzteres in vergangenen Zeiten kaum eine Rolle spielte.

Anders als in vielen nordeuropäischen Ländern ist die Pilzsuche in Italien durch regionale Gesetze streng geregelt. Wer zum Pilzesammeln gehen will, braucht dafür eine amtliche Erlaubnis, die gegen Zahlung eines entsprechenden Betrags bei den Gemeinden ausgestellt wird.

Risotto ai funghi porcini
Steinpilzrisotto

300 g Steinpilze
75 g Parmaschinken
50 g Butter
2 Schalotten, fein gehackt
300 g Risotto-Reis
250 ml Prosecco
1 l Fleischbrühe
Salz
frisch gemahlener Pfeffer
1 EL fein gehackte Petersilie
75 g geriebener Parmesan

Die Steinpilze säubern, putzen und in dünne Scheiben schneiden. Den Schinken in kleine Würfel schneiden.

Die Hälfte der Butter in einem Topf zerlassen. Schalotten und Schinkenwürfel zugeben und andünsten. Den Reis einstreuen und anbraten. Mit dem Prosecco ablöschen. In einem zweiten Topf die Fleischbrühe erhitzen. Wenn der Prosecco fast eingekocht ist, ein Drittel der heißen Brühe unter Rühren angießen. Diesen Vorgang zweimal wiederholen.

Inzwischen die Steinpilze in der restlichen Butter unter Wenden anbraten. Dann unter den fertigen Risotto heben. Mit Salz und Pfeffer würzen, portionsweise anrichten und mit der Petersilie bestreuen. Den Parmesan getrennt dazu reichen.

Secondi Piatti

Der zweite Gang

Der Höhepunkt eines jeden italienischen Essens sind üblicherweise die Hauptgerichte, die *secondi piatti*. An Festtagen und bei großen Familienfesten versucht sich jede Hausfrau an den traditionellen Braten und anderen zeitaufwendigen Hauptgerichten. Im Alltag und im kleineren Kreis dagegen behaupten die einfacheren Tellergerichte ihre Stellung. Antipasto, Suppe und Pasta haben durch ihre Qualität und Vielfalt bereits neugierig gemacht auf das, was danach kommt. Und dennoch gilt auch hier, dass der Wohlgeschmack und die Raffinesse fast zur Gänze aus den Produkten selbst stammen.

Im Gegensatz zur französischen Menüfolge wird in Italien als Hauptgericht entweder Fisch oder Fleisch aufgetischt – wahrscheinlich ein Relikt aus der Zeit, als die katholische Kirche für das ganze Jahr Fastengebote erlassen hatte. Die strenge Beachtung der *vigilie*, das heißt der Zeiträume, in denen die Kirche ihren Gläubigen das *mangiare di magro* (Fasten) auferlegte, hat die alltägliche Küche stark beeinflusst. Damals teilte sich das kulinarische Jahr in 210–220 Fleisch- und 150 Fischtage. Für viele Köche und Hausfrauen eine echte Herausforderung.

Nicht komplizierte Garmethoden oder kunstvolle Zubereitungsarten, sondern die erstklassige Beschaffenheit der Grundprodukte und ihre gekonnte Kombination machen den Reiz der meisten italienischen Hauptgerichte aus. „Man nehme die besten Zutaten so frisch wie möglich und belasse ihnen bei der Zubereitung in den Grenzen des Möglichen ihre Eigenart" – diesen Rat gibt Luigi Barzini, Verfasser des kulturgeschichtlichen Buches *Die Italiener* allen, die den Geheimnissen der *vera cucina italiana*, der echten italienischen Küche, auf die Spur kommen wollen.

Der kulinarische Reichtum, die Vielfalt des Angebotes in den einzelnen Provinzen und die Sorgfalt, mit der bereits die Produzenten der Zutaten zu Werke gehen, machen vor Ort möglich, womit sich anderswo die Liebhaber der italienischen Küche schwertun. Grundlage ist aber nicht nur die Qualität der Ingredienzen, sondern ebenso die seit Jahrtausenden praktizierte Kunst des Kochens selbst, die in den Volksküchen ihren Ursprung hat. Auch in den berühmtesten Lokalen begegnet man den bäuerlichen und ländlichen Wurzeln der italienischen Küche. Kaum eine Region wird daher müde zu betonen, wie viel ihre Küche der *cucina casalinga*, der Hausmannskost, verdankt, die doch weit über dem steht, was gemeinhin unter diesem Begriff verstanden wird.

Ein unbestechliches Auge und ein geschulter Geschmackssinn sowie der Ehrgeiz der Produzenten und Köche, dem kundigen Konsumenten das Beste zu liefern, sind Voraussetzung für die hohe Qualität der Speisen. Essen und Trinken werden als kostbarer Bestandteil des Alltags, nicht als lästige Pflicht zur Sättigung verstanden – obwohl es gerade in den ärmsten Gebieten einst hauptsächlich um das Sattwerden ging, was auch solche Grundzutaten wie Reis, Polenta oder Pasta bezeugen. Neben Fleisch und Fisch spielt aber auch oft genug Gemüse die Hauptrolle, dessen Bedeutung in anderen europäischen Ländern häufig nicht über eine Beilagenfunktion hinausreicht und das selten den Ehrgeiz des Kochs oder der Köchin zu Höherem weckt.

Platinas Speisenfolge

Nach dem Zusammenbruch des Römischen Reichs dauerte es einige Jahrhunderte, bis man sich in Italien wieder an eine kulinarische Gewohnheit der Antike erinnerte, an das Servieren einer Mahlzeit in mehreren Gängen. 1475 erschien in Rom das erste gedruckte Kochbuch, *De honesta voluptate et valetudine* (Über die ehrsame Wollust und das Wohlbefinden). Der Autor Bartholomeo Sacchi, der sich Platina nannte, war Humanist und Bibliothekar am päpstlichen Hof. Das Buch enthält rund 240 Kochrezepte und zusätzlich Artikel über Fisch, Getreide und Gemüse, dazu Anleitungen zur rechten Lebensweise und gutem Essen.

Platina wollte die klassische, römisch-lateinische Ess- und Kochkultur wiedererwecken, tadelte aber gleichzeitig die kulinarischen Auswüchse im alten Rom. Ganz im Sinn moderner Ernährungsexperten riet er dazu, eine Mahlzeit in mehrere Gänge aufzuteilen und mit verschiedenen Früchten zu beginnen. Dem Übermaß kalter und feuchter Säfte in rohem Obst sollte man dann durch gekochte Speisen in einem zweiten Gang entgegenwirken. Heute weiß man, dass Vitamine vom Körper tatsächlich besser aufgenommen werden können, wenn man frisches Obst als Vorspeise isst. Außerdem sorgen die meist pektinhaltigen Früchte mit ihrem hohen Ballaststoffanteil schon für ein erstes wohliges Sättigungsgefühl. Die beliebte italienische Vorspeise, Schinken mit Melone oder Feigen, ist also nicht nur wohlschmeckend, sondern auch gesund.

Und auch Plinius' Erkenntnis *Qui physicen non ignorat, haec testificatur* („Ist der Leib in Ruh, schließe ich – der Käse – den Magen zu") ist immer noch hochaktuell.

Frische saisonale Zutaten und Produkte von bester Qualität sind die Grundlage der italienischen Küche (links).

Italienische Familien essen gern in gemütlichen Trattorien oder Osterien, die regionale Spezialitäten anbieten (rechte Seite).

Die Entwicklung der Tischkultur in Italien

Nicht nur hinsichtlich der Speisen, auch bei der Verfeinerung der Tischsitten war Italien tonangebend. Schon zu Zeiten der Römer hatte der vielfältige Kontakt zu anderen Völkern dazu geführt, dass sich die ursprünglich bäuerlich-agrarische Kultur zu wandeln begann. Mit Beginn der Eroberung und Unterwerfung anderer Völker, vor allem im Nahen Osten sowie im arabischen Raum, und durch die Begegnung mit der hellenistisch-griechischen Kultur hielten andere Umgangsformen Einzug. Der Handel blühte, die Stadt wurde zur bestimmenden Lebensform, und wer es sich leisten konnte, unterhielt eine große Küche im Haus.

Die Sitte, im Liegen zu tafeln, hatten die Römer von den Griechen abgeschaut. Die ritualisierte Gastgeberschaft erforderte immer mehr und raffiniertere Utensilien, sei es in der Küche, sei es bei Tisch. In aller Regel brauchte man kein Besteck – man aß mit der Hand. Nur der Löffel machte „Karriere" – von ihm gab es gleich mehrere Formen für verschiedene Speisen. So waren spezielle Löffel für Eier, für Schnecken oder Muscheln und wieder andere für Suppen und Saucen im Gebrauch. Serviert wurde auf Tabletts, und für die einzelnen Gäste gab es Teller, Schüsseln und Trinkschalen aus Keramik oder Metall. Glaspokale waren ein ausgesprochener Luxus.

In der Antike kannte man als Besteck lediglich den Löffel, den es in unterschiedlichen Formen für die verschiedenen Speisen gab. Die abgebildeten Löffel und die Schale stammen aus Pompeji.

Mit dem Auseinanderbrechen des Römischen Weltreichs versank zunächst auch die Kunst der Tafelkultur. Im ausgehenden Mittelalter und in der Renaissance lebte sie jedoch wieder auf – zunächst in den damaligen Zentren der Macht und des Handels, in Rom, Bologna und Florenz, Genua und Venedig. Legendär ist etwa das Gastmahl, das der Genueser Admiral Andrea Doria zu Ehren Kaiser Karls V. gab. Direkt am Meer, auf einem eigens erbauten Kai, speiste die Gesellschaft, die ihre beschmutzten goldenen und silbernen Teller anschließend einfach ins Meer warf – allerdings waren unter Wasser Fischernetze gespannt, um das Geschirr hinterher wieder an Land zu holen.

Doch nicht nur goldenes und silbernes Geschirr kam zum Einsatz. Angeregt durch Platina, war für die junge Katharina von Medici, Urenkelin Lorenzos des Prächtigen, der Gebrauch der Gabel bei Tisch schon üblich. Nachdem sie den Kronprinzen und nachmaligen König Heinrich II. geehelicht und als Königin von Frankreich den Thron bestiegen hatte, führte sie dieses Utensil auch in ihrer neuen Heimat ein – eine unerhörte Neuerung für die Franzosen, die über Messer und bestenfalls Löffel hinaus kein weiteres Werkzeug bei Tisch gewohnt waren. Und auch die feineren Sitten bei Tisch, die Platina bereits angemahnt hatte – den Gebrauch der Serviette, das Händewaschen vor dem Essen oder das Verbot, ins Tischtuch zu schneuzen – setzte Katharina nachhaltig durch.

Michel de Montaigne, Zeitgenosse der Königin, berichtet in seinem *Tagebuch der Reise nach Italien* häufig von den anspruchsvollen italienischen Tischsitten im Unterschied zu seinem Heimatland Frankreich – und spart auch nicht mit Schilderungen der Küche, die ihm sowohl bei Einladungen von Adligen und Kirchenfürsten als auch in Gasthäusern serviert wurde.

In der Renaissance begann auch das kunstvolle Tranchieren bei Tisch zur Gewohnheit zu werden. Wurden Braten zuvor einfach geschnitten, so wurde nun beim Zerlegen auf die jeweilige Struktur des Fleischs geachtet, um besonders schöne Stücke zu erhalten. Das Erlernen des Tranchierens war Bestandteil der Fürstenerziehung und später auch – neben Reiten, Tanzen und Fechten – der universitären Bildung.

Die schon im alten Rom gepflegte Tischkultur lebte in der Renaissance wieder auf. Unser Foto zeigt einen Ausschnitt aus dem Gemälde Hochzeit zu Kana *aus der Schule des Paolo Veronese.*

FISCH

In weiten Landstrichen Italiens ist Fisch ein häufiger Bestandteil des Mahls – kein Wunder, ist Italiens Küste doch beeindruckend lang. Die großen rivalisierenden Städte und früheren Seemächte Venedig und Genua haben wesentlich zur Entwicklung der Fischküche beigetragen. Isolabona in Ligurien ist vor allem für seine Stockfischgerichte bekannt. Auch Venedig verfügt über eine große Anzahl dieser Gerichte, obwohl doch die Adria reichlich fangfrischen Fisch bietet.

Nicht zuletzt gehören mit Sizilien und Sardinien auch zwei große Inseln zur Nation, obgleich auf Letzterer seltsamerweise nicht Fisch, sondern Lamm die Hauptgerichte dominiert. Das hat seinen Grund: Die ursprünglichen Bewohner Sardiniens waren Schafhirten, Fischfang und Seefahrt interessierten sie nicht. Den Sarden als altem Hirtenvolk war das Meer nicht geheuer. „Was vom Meer kommt, ist von Übel", lautet eine alte sardische Hirtenweisheit. Und die Insel existierte immer am Rand der italienischen Geschichte und pflegt bis heute eine eigene kulinarische Sprache.

Üppige Fischschwärme an der sizilianischen Küste lassen die Herzen von Tauchern und Feinschmeckern höher schlagen.

Anders auf Sizilien, wo Fisch und Meeresfrüchte seit jeher den Speisezettel beherrschen. Insbesondere Syrakus kann als Zentrum der sizilianischen Fischküche gelten. Auch Muscheln und Schalentiere werden raffiniert und einfach zugleich zubereitet. Nicht nur Meeresgetier, auch Süßwasserfische werden hier geschätzt. Die seit der Antike bekannte Quelle der Arethusa ist nach einer Nymphe benannt, welcher der Sage nach der Flussgott Alpheus nachstellte. Dabei achtete er jedoch darauf, dass sich ihr Meerwasser nicht mit seinem Süßwasser vermischte. Die Nähe der Quelle zum Meer jedenfalls erklärt, weshalb eine massive Mauer das Salz- vom Süßwasser trennt.

Auf der anderen Seite des Stiefels, entlang der langen Adriaküste, bekommt man in den Marken den vielleicht besten Fisch Italiens – geht es nach den Bewohnern dieser Region. Das berühmteste Fischgericht ist hier der *brodetto.* In fast jedem Küstendorf gibt es ein überliefertes und gut gehütetes Rezept für diesen Fischtopf, der auf zwei unterschiedlichen Zubereitungsarten beruht.

Um Ancona werden verschiedene Fischsorten in einer kräftigen, dickflüssigen Brühe mit Tomaten gegart und mit Essig abgeschmeckt. Und weiter südlich bestäubt man die Fische zunächst mit Mehl und brät sie dann kurz an, ehe man sie in einem Safransud fertig gart.

In den frühen Morgenstunden bringen die Fischer ihren Fang auf den Markt.

Aber nicht nur das Meer, sondern auch die Seen und Flüsse Italiens liefern eine schmackhafte Bereicherung des Speisezettels. Rund um den Lago Maggiore steht an erster Stelle ganz eindeutig der Barsch. Dieser aus Mesopotamien stammende Fisch, den schon die alten Ägypter für sein weiches und zartes Fleisch schätzten, wird als köstliches Filet oder in Verbindung mit Risotto zubereitet. Zahlreiche Restaurants am See und in seiner Umgebung bieten diesen wohlschmeckenden Fisch an. Auch Silberfische, Forellen, Saiblinge, Schleien, Karpfen, Hechte und Felchen gehören hier ganz fest auf jede Speisekarte.

Auch in Umbrien und der Toskana stehen oft Süßwasserfische, vor allem Forellen, auf dem Speiseplan. Aus dem Lago di Trasimeno kommt die begehrte und schmackhafte Plötze, auch Rotauge genannt. Ein traditionelles umbrisches Gericht aus Süßwasserfischen ist der *tegamaccio*, eine herzhafte und gehaltvolle Suppe, fast schon ein Hauptgericht. Und in Rom ist Aal eine traditionelle Spezialität, vor allem kurz vor Weihnachten, wenn sich in der Großmarkthalle in der Nacht vor Heilig Abend die Familien zum Einkaufsbummel einfinden, da sie dann bei den Großhändlern einkaufen können.

Nirgendwo schmeckt Fisch so frisch und aromatisch wie in den kleinen Restaurants, die man überall entlang der italienischen Küste findet (oben).

Die kleinen Sardellen werden auf italienischen Märkten häufig fangfrisch angeboten und meist im Ganzen ausgebacken und gegessen (unten).

Frischer Fisch

Italienische Hausfrauen wissen: Auch an der Küste bekommt man nicht immer fangfrische Ware, denn auch hier schreibt kein Gesetz vor, wie frisch „frischer“ Fisch wirklich sein muss. Beim Einkauf achten sie deshalb auf einige untrügliche Erkennungszeichen für frisch gefangenen Fisch.

Liegt der ganze Fisch beim Händler, hilft zunächst ein kritischer Blick ins Fischauge. Die Augen müssen klar und glänzend sein, leicht durchsichtig und etwas hervorstehend. Die Schuppen sind glänzend und sitzen fest, der ganze Fisch schimmert glänzend metallisch. Die Haut ist fest gespannt und haftet gut am hellen, elastischen Fleisch, die Kiemen sind rot und feucht glänzend. Frische Süßwasserfische sind von einer wasserklaren Schleimschicht umgeben.

Bei bereits filetiertem Fisch wird die Altersbestimmung schwieriger. Hier muss man sich auf den Fischhändler seines Vertrauens verlassen – und auf die eigene Nase. Frischer Fisch riecht nicht fischig, sondern nur schwach und kaum wahrnehmbar nach Tang und Meer. Erst ab dem fünften Tag entwickelt sich der typische intensive Geruch.

Wer den Fisch nicht gleich nach dem Einkauf zubereitet, bewahrt ihn am besten bei ca. 0 °C im Kühlschrank auf: Den ausgenommenen Fisch locker in Frischhaltefolie hüllen und mit etwas Eis bedecken. Fetter Fisch wie Aal, Lachs und Makrele verdirbt übrigens schneller als Magerfische wie Forelle, Hecht und Barsch.

Die Qualität von tiefgekühltem Fisch hängt wesentlich davon ab, ob er gleich nach dem Fang verarbeitet und eingefroren wurde und ob die Kühlkette vom Boot bis in die Verkaufstheke nicht unterbrochen wurde. Die Temperatur sollte dabei stets bei –18 °C liegen. Tiefgekühlter Fisch sollte langsam im Kühlschrank aufgetaut und anschließend rasch verarbeitet werden.

Ob Austern, Garnelen oder Fisch: Frische ist das wesentliche Kriterium für Qualität (rechts).

Frischen Fisch erkennt man an den glänzenden, klaren Augen, die etwas hervorstehen, und der festen, glänzenden Haut. Er riecht nur schwach und angenehm nach Meer.

Slow Fish in Genua

Welch hohen Stellenwert Fisch und Meeresfrüchte als Nahrungsmittel in Italien genießen, wird deutlich, wenn alle zwei Jahre in Genua die von Slow Food und der Region Ligurien gemeinsam veranstaltete Messe Slow Fish stattfindet. Hier treffen sich nicht nur die kulinarischen Liebhaber der Meeresbewohner, es ist gleichzeitig ein Kongress rund um die Nachhaltigkeit und die sozialen Aspekte der Fischerei.

Die Messe wurde ins Leben gerufen, um die Aufmerksamkeit des breiten Publikums auf die immer aktuelleren und dringenderen Problematiken rund um das Meer zu lenken und um gleichzeitig das Bewusstsein für einen kritischen Konsum zu fördern. Zum Schutz des Fischbestands und zur Bewahrung der kulinarischen Kultur des Lebensraums Meer tritt die Slow Fish für eine Gastronomie ein, die einen dauerhaften Beitrag zur Zukunft der maritimen Kultur liefert. Gleichzeitig sollen auch die Fischer und Beschäftigten der Fischereiwirtschaft zu Wort kommen, die die Ressourcen verwalten und bewahren.

Die letzte Slow Fish im Jahr 2007 verzeichnete rund 46 000 Besucher. Bei der Messe treten nicht nur Händler und Fischer auf, vielmehr gibt es auch Vorträge von Wissenschaftlern, Diskussionen und Symposien. Ein „Kulinarisches Theater des Geschmacks", in dem renommierte Küchenchefs ihre Tricks und Kniffe vorführen, fehlt ebenso wenig wie die für Slow Food typischen *laboratori del gusto* – Seminare, die den Geschmack der Besucher schulen.

Fisch vorbereiten

Der richtige Umgang mit frischem Fisch ist schnell erlernt und leichter, als viele Kochanfänger zunächst befürchten. In der Regel kauft man den Fisch bereits ausgenommen und geschuppt beim Fischhändler. Falls nicht, muss der Fisch in der Regel zunächst einmal sein Schuppenkleid verlieren. Dazu trennt man mit der Küchenschere die Flossen in Richtung Kopf ab. Dann schuppt man das Tier im Spülbecken (am besten unter fließendem Wasser) mit einem Fischschupper vom Schwanz zum Kopf hin. Preiswerte Schaber mit senkrecht gezackter Klinge oder Lochungen gibt es im Fachhandel.

Anschließend wird der Fisch ausgenommen. Wenn trotz aller Vorsicht einmal die Gallenblase beim Ausnehmen verletzt wird, muss man den Fisch sofort gründlich unter fließendem Wasser waschen, damit austretende Gallenflüssigkeit nicht den ganzen Fisch verdirbt. Wird der Fisch nicht im Ganzen gebraten oder pochiert, schneidet man ihn in Portionsstücke. Um den Kopf anzuschneiden, durchtrennt man den Fisch mit einem großen Messer direkt hinter der Kiemenöffnung auf beiden Seiten schräg in Kopfrichtung bis zur Mittelgräte, und zwar mit einem schweren, scharfen Messer. Zuletzt wird die Mittelgräte durchtrennt. Quer zur Mittelgräte zerteilt man den Fisch anschließend in gleich große Scheiben. Vor allem Plattfische werden gern filetiert, das heißt, man löst die Filets vom Rückgrat und den Brustgräten.

Fisch füllen

1 Regenbogenforelle

Die Bauchflossen abschneiden. Den Fischrücken entlang der Mittelgräte vom Kopf bis zum Schwanz einschneiden. Die Fischfilets links und rechts der Mittelgräte mit einem Filetiermesser von den Gräten trennen.

Beide Filets bis zur Bauchseite hinunter ablösen, dabei die Bauchhaut nicht durchstechen und die Eingeweide nicht verletzen.

Die freigelegte Mittelgräte mit einer Küchenschere direkt hinter dem Kopf durchschneiden, dann vor dem Schwanz durchtrennen. Die Gräte vom Schwanz zum Kopf hin aus dem Fisch ziehen. Nun die Eingeweide in Kopfrichtung vorsichtig herauslösen.

Mit einer Pinzette die feinen Gräten aus den Fischfilets ziehen. Den Fisch unter fließendem Wasser gründlich waschen.

Aal vorbereiten

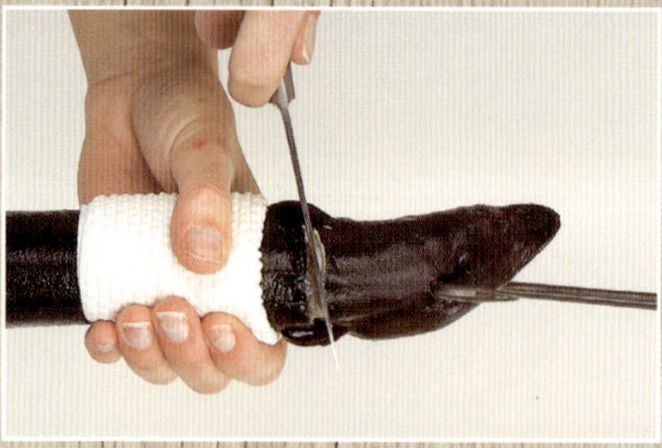

Vor dem Häuten trennt man zunächst die Flossen ab und schneidet die Haut hinter dem Kopf quer ein.

Den Aal entweder am Kopf aufhängen oder anders befestigen und die Haut mit dem Messer ein wenig lösen.

Rundfisch durch den Rücken ausnehmen

Zunächst die Bauchflossen des Fisches abschneiden.

Den Fischrücken mit einem scharfen Messer vom Kopf bis zum Schwanz einschneiden.

Plattfisch häuten und filetieren

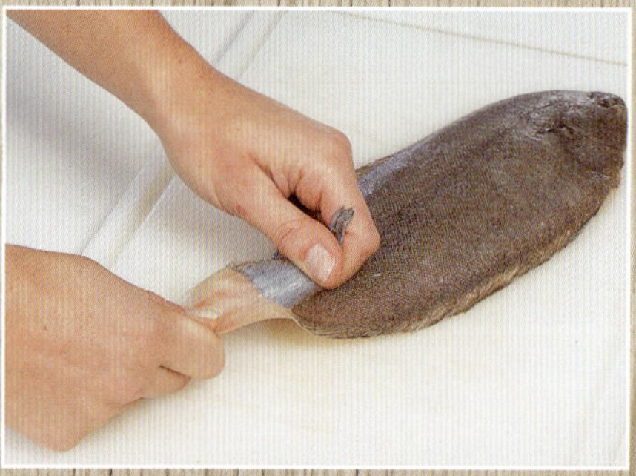

Die Haut am Schwanz des Fischs einschneiden und mit dem Messer ein Stück ablösen.

Die Haut mit einer Hand fassen und mit einem festen Ruck zum Kopf hin abziehen.

Die Filets durch einen Schnitt entlang der Mittelgräte trennen und nach außen hin ablösen.

Auch das zweite Filet mit kleinen Schnitten parallel zu den Gräten abtrennen.

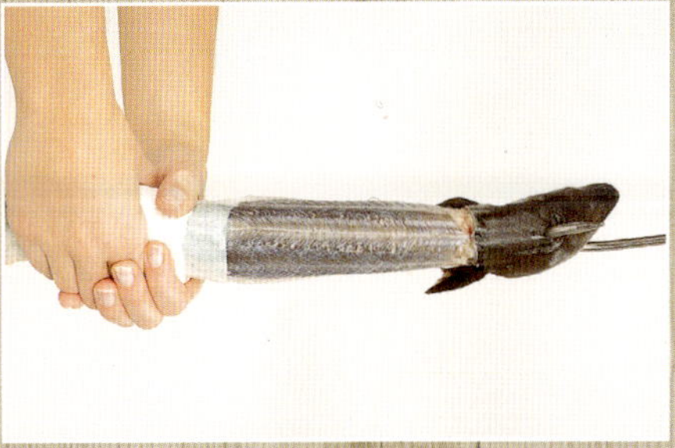

Den Aal fest umfassen und die Haut mit den Händen in einem Ruck kräftig nach unten oder hinten ziehen.

Nach dem Waschen den Aal trocken tupfen. Das Fleisch hinter dem Kopf quer bis zur Mittelgräte einschneiden.

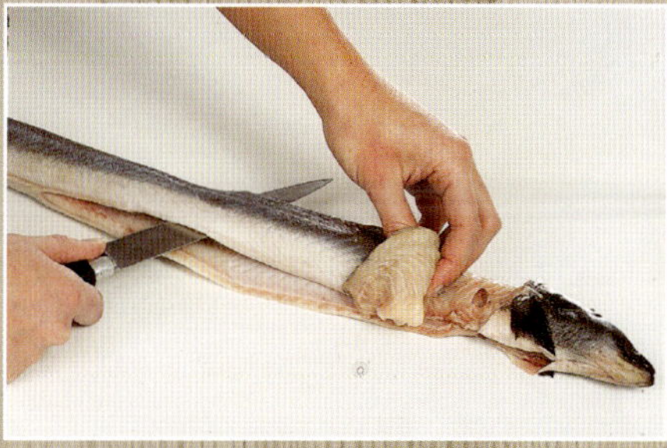

Das Fischfilet in Schwanzrichtung direkt auf der Mittelgräte abschneiden. Den Aal wenden und das zweite Filet abtrennen.

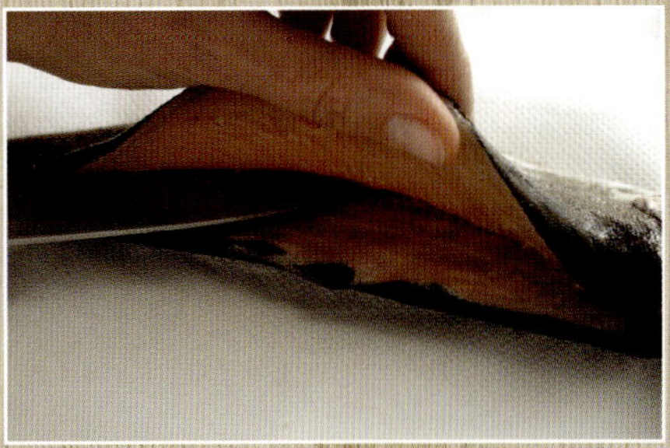

Die Fischfilets links und rechts der Mittelgräte mit einem Filetiermesser von den Gräten trennen.

Die freigelegte Mittelgräte hinter den Kiemen und am Schwanz mit der Küchenschere durchschneiden.

Mittelgräte und Eingeweide in Kopfrichtung aus dem Fisch ziehen, dann den Fisch gründlich waschen.

Fisch ausnehmen

Den Fisch am Schwanzende festhalten und die Schuppen, falls nötig, mit einem Fischschupper zum Kopf hin abstreifen.

Die Bauchhöhle mit einem spitzen scharfen Messer von der Afteröffnung zum Kopf hin vorsichtig aufschneiden.

Die Kiemendeckel aufklappen und die Kiemen an der Ansatzstelle abschneiden und entfernen.

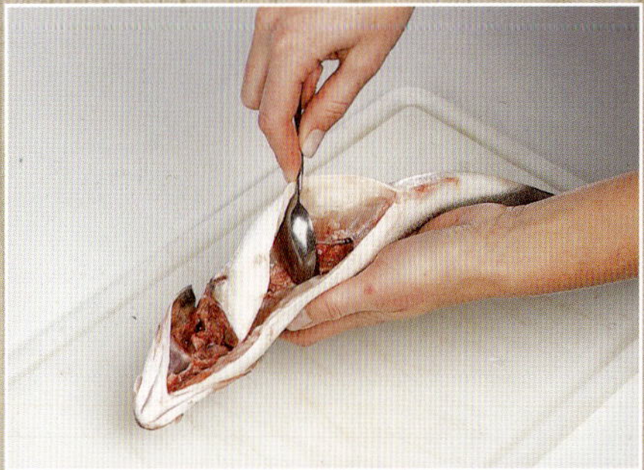

Die Eingeweide hinten lösen und nach vorn herausziehen. Die Bauchhöhle mit einem Löffel säubern.

Fischbesteck

In guten Restaurants wird zu Fischgerichten ein spezielles Fischbesteck gereicht. Diese Tradition stammt aus einer Zeit, in der Messer noch eine Eisenklinge hatten, die den zarten Fischgeschmack beeinträchtigte. Deshalb bestand das Fischbesteck komplett aus Silber. Es wird ausschließlich für Fischfilets oder ganze Fische verwendet. Das Messer hat keine geschliffene Klinge und ist daher nur zum Zerteilen oder Schieben des Fisches gedacht. Die Klinge ist symmetrisch geformt und setzt sich nach unten hin vom Messerheft ab.

Die Gabel hat als besonderes Merkmal einen Einschnitt von den Zinken in das Gabelschiff, wird aber dennoch wie eine normale Gabel verwendet und ist fast identisch mit der Vorspeise-/Dessertgabel. In manchen Restaurants deckt man statt des Fischmessers auch eine zweite Gabel oder einen Gourmetlöffel zum Zerteilen des Fisches ein.

Fisch zubereiten

Fisch kann man auf vielfältige Weise zubereiten, und abgesehen vom sprudelnden Kochen eignet sich eigentlich jede Zubereitungsart für die Fischküche.

Die sanfteste Garmethode für ganze Fische ist das Dämpfen, das zu Hause wegen der erforderlichen Topfgröße hauptsächlich für kleinere Fische praktikabel ist. Die Fische, beispielsweise Forellen, werden im Dämpfeinsatz über einem siedenden, oftmals aromatisierten Sud bei ca. 100 °C im Dampf gegart. Dabei sollte der Fisch nicht mit der Flüssigkeit in Berührung kommen.

Das Pochieren, auch Garziehen oder Blaukochen genannt, ist die häufigste Garmethode für ganze Fische. Dabei gart der Fisch knapp unter dem Siedepunkt in gewürztem Fischsud, der gerne noch mit Weißwein verfeinert wird. Beim Dünsten wird der Fisch, meist auf einem Gemüsebett, mit wenig Flüssigkeit in einem fest verschlossenen Topf gegart. Diese Methode eignet sich sehr gut für zarte Filets und Fische, deren Fleisch leicht trocken wird.

Das Braten eignet sich sowohl für Plattfische, wie Seezungen, als auch für Rundfische, wie Barsche, oder portionierten Fisch. Ganze Fische werden zunächst kurz auf beiden Seiten bei großer Hitze angebraten und anschließend bei schwacher Hitze fertig gegart. Fischfilets brät man zuerst auf der Hautseite und dann bei reduzierter Temperatur auf der Fleischseite, damit das Fleisch nicht trocken wird. Beim Braten verändert sich der Eigengeschmack des Fischs durch die bei dieser Zubereitung entstehenden Röststoffe.

Ob aber nun Schmoren, Braten oder Backen: Im Backofen zubereitet, gelingt der Fisch auch Kochanfängern problemlos – sei es im Tontopf, in Backpapier gehüllt, in einen Teigmantel gekleidet oder unter einer Salzkruste. Ein weiterer entscheidender Vorteil des Backofens ist die geringere Geruchsentwicklung beim Garen.

Kleine Fische werden in Italien gern im Ganzen, mit Kopf und Schwanz, unter einer schützenden Teig- oder Mehlhülle frittiert. Dazu wird das Bratfett auf 175 °C erhitzt. Höhere Temperaturen sollte man vermeiden, denn Fischfleisch ist empfindlich.

Fisch filetieren

Den gegarten Fisch mit einer Palette vorsichtig auf eine vorgewärmte Servierplatte heben.

Das Filet zunächst behutsam mit dem Fischmesser vom Kopf trennen.

Fisch braten

Die Fischfilets mit der Haut waschen, trocken tupfen und mit Salz und Pfeffer würzen.

Anschließend die Filets in Mehl wenden und das überschüssige Mehl abklopfen.

Die Fischfilets mit der Hautseite nach unten in heißes Fett legen und braten.

Fisch frittieren

Die ganzen Fische waschen, trocken tupfen und innen und außen mit Salz und Pfeffer würzen.

Die Fische mit etwas Zitronensaft beträufeln und in Mehl wenden, überschüssiges Mehl abklopfen.

Das Fett in der Fritteuse auf 175 °C erhitzen und die Fische darin frittieren.

Die Rückenflosse samt Flossenträger mit einer Gabel und dem Fischmesser herausziehen.

Die Haut hinter dem Kopf und entlang des Rückens mit dem Fischmesser durchtrennen.

Dann die Haut auf eine Gabel aufrollen und zum Schwanz hin abziehen.

Das Filet mit dem Fischmesser vom Kopf aus in Richtung Schwanz von der Mittelgräte lösen.

Anschließend die Mittelgräte vom unteren Filet abheben. Kopf und Schwanz vom Filet trennen.

Das Filet mit der Hautseite nach oben auf einen Teller legen und die Haut abziehen.

Fisch in Folie garen

Frische Forellen, auch aus ökologischer Aufzucht, sind auf Italiens Speisekarten oft zu finden.

Forellen

Die Forelle aus der Familie der Lachse gehört auch in Italien zu den beliebtesten Süßwasserfischen. Einst war sie in vielen kalten und sauerstoffreichen Seen, Gebirgsbächen und Flüssen Mittel- und Norditaliens zu Hause. Im letzten Jahrhundert ging der Bestand jedoch aufgrund der Verschmutzung der Gewässer stark zurück.

Inzwischen kommen die meisten Forellen, in der Hauptsache Regenbogenforellen, aus Aquakultur und Teichwirtschaft. Die ziemlich robusten Regenbogenforellen stammen ursprünglich aus Nordamerika und sind erst im 19. Jahrhundert nach Europa gekommen. Als besondere Delikatesse gelten die kleinen Bachforellen, die man gut an den leuchtend roten Punkten an den Körperseiten erkennt. Ihr feines weißes Fleisch gilt als das schmackhafteste aller Forellen.

Die meisten traditionellen italienischen Forellenrezepte kommen aus dem Norden des Landes. Kein Wunder, fühlt sich der Fisch doch in den dortigen klaren Gebirgsbächen und Seen am wohlsten. Oft kombiniert man das zarte Aroma des Edelfischs mit frischen Waldpilzen und Kräutern und dünstet ihn sanft in Weißwein.

Involtini di trotelle
Forellenröllchen

8 frische Forellenfilets
Salz
frisch gemahlener Pfeffer
1 EL Zitronensaft
200 g Blattspinat
150 g rohe Garnelen, ausgelöst
1 Eiweiß
1 Msp. Cayennepfeffer
2 EL Butter, plus etwas mehr zum Einfetten
125 ml Fischfond
125 ml Weißwein

Die Forellenfilets waschen, trocken tupfen und mit Salz und Pfeffer würzen. Mit Zitronensaft beträufeln und etwas ziehen lassen.

Den Spinat verlesen und die groben Stiele entfernen. Spinat noch tropfnass in einen Topf geben. Zugedeckt dünsten, bis die Blätter zusammengefallen sind. Den Spinat abgießen und gut ausdrücken.

Die Garnelen im Mixer mit Eiweiß, etwas Salz und Cayennepfeffer pürieren. Den Backofen auf 175 °C vorheizen.

Die Forellenfilets auf der Hautseite mit dem Spinat belegen und mit dem Garnelenpüree bestreichen. Forellenfilets zusammenrollen und die Enden mit Zahnstochern feststecken.

Eine Auflaufform mit Butter einfetten und die Fischröllchen hineinsetzen. Die Butter in Flöckchen daraufgeben. Fischfond und Wein angießen. Im Backofen ca. 15 Minuten garen.

Trotelle ai funghi porcini

Trotelle ai funghi porcini
Forellenfilets mit Steinpilzen

8 frische Forellenfilets
Salz
frisch gemahlener Pfeffer
1 EL gehackter Estragon
500 ml Weißwein
500 g Steinpilze
1 kleine Zwiebel, fein gehackt
100 g Butter
1 EL gehackter Thymian

Die Forellenfilets waschen, trocken tupfen und mit Salz und Pfeffer einreiben. In eine Schale legen, mit dem Estragon bestreuen und mit 125 ml Wein begießen. Zugedeckt 30 Minuten marinieren.
Inzwischen die Steinpilze mit einem feuchten Tuch säubern, putzen und in 1 cm dicke Scheiben schneiden. Die Zwiebel in 50 g Butter glasig dünsten. Die Pilze hinzufügen und unter Wenden so lange braten, bis die Garflüssigkeit verkocht ist. Den restlichen Wein angießen, mit Salz, Pfeffer und Thymian würzen und 10 Minuten bei schwacher Hitze köcheln lassen.
Die übrige Butter in einer großen beschichteten Pfanne zerlassen. Forellenfilets aus der Marinade heben, trocken tupfen und in der heißen Butter auf jeder Seite 3 Minuten braten. Dann die Marinade angießen und einmal aufkochen lassen. Die Fische mit dem Pilzgemüse anrichten.

Trote affogate
Forellen in Weißwein

4 frische Bachforellen, küchenfertig
Salz
frisch gemahlener Pfeffer
Mehl
75 ml Olivenöl
1 weiße Zwiebel, fein gehackt
2 Knoblauchzehen, fein gehackt
1 EL fein gehackte Petersilie
250 ml Weißwein

Die Forellen waschen, trocken tupfen und mit Salz und Pfeffer würzen. Im Mehl wenden, überschüssiges Mehl abklopfen.
In einer großen Pfanne das Öl erhitzen und die Forellen hineingeben. Zwiebel, Knoblauch und Petersilie zufügen. Die Forellen auf einer Seite 4 Minuten bei mittlerer Hitze braten, dann wenden und weitere 4 Minuten braten.
Den Wein angießen und die Forellen weitere 10 Minuten bei kleiner Hitze garen. Portionsweise mit dem Garsud anrichten.

Carpa con finocchio
Karpfen in Fenchel

2 Fenchelknollen
Salz
1 Karpfen, ca. 1,2 kg, küchenfertig
100 g geräucherter Spanferkelschinken, ersatzweise Frühstücksspeck
4 Knoblauchzehen, gehackt
1 EL Fenchelsamen
2 Rosmarinzweige
100 ml Olivenöl, plus Öl zum Einfetten
Saft von 1 Zitrone
frisch gemahlener Pfeffer
Zitronenscheiben zum Garnieren

Den Fenchel putzen und der Länge nach in dicke Scheiben schneiden. In kochendem Salzwasser 3 Minuten blanchieren, dann gut abtropfen lassen. Den Backofen auf 200 °C vorheizen.

Den Karpfen waschen und trocken tupfen. Den Schinken mit Knoblauch, Fenchelsamen und Rosmarinblättern durch die feine Scheibe des Fleischwolfs drehen. Den Fisch mit der Masse füllen.

Die Fenchelscheiben in eine mit Olivenöl ausgestrichene Auflaufform legen, den Karpfen darauflegen und 30 Minuten im Backofen garen.

Zitronensaft mit Olivenöl verquirlen, salzen und pfeffern und damit den Karpfen zwischendurch einpinseln.

Mit Zitronenscheiben garniert servieren.

Carpa con finocchio

Karpfen und Aal

Der Karpfen gilt als der älteste aller Zuchtfische und stammt ursprünglich aus Asien. In der Antike wurde er zunächst im Römischen Reich angesiedelt. Von hier aus breitete er sich in ganz Europa aus. Im Mittelalter war der Karpfen in den Klöstern eine beliebte Fastenspeise, besagte doch eine Kirchenregel, dass ein Fisch nicht über den Tellerrand hinausragen durfte. Der hochrückige Karpfen hatte viel mehr Fleisch und sättigte weit besser als die schlanke Forelle. Auf dem Teller landen heute nur noch selten wild lebende Karpfen. Der größte Teil wird in Teichwirtschaft gezüchtet.

Auch der in Italien sehr beliebte Aal stammt inzwischen weitgehend aus Aquakulturen. Der schlangenförmige Fisch wandert von seiner Geburtsstätte, der Saragossasee, mit dem Golfstrom über den Atlantik bis an Europas Küsten. Hier kommen die jungen Tiere als ca. 7 cm große, durchsichtige so genannte Glasaale, *cieche*, an, bevor sie sich an den Aufstieg in Flüsse und Seen machen. Cieche (wörtlich übersetzt: Blinde), die noch nicht gelaicht haben, sind eine immer seltenere und ökologisch nicht ganz unumstrittene kulinarische Spezialität.

Anguille ripiene
Gefüllter Aal

1 kg frischer Aal, küchenfertig (siehe S. 200)
Saft von 1 Zitrone
Salz und Pfeffer
2 Lauchstangen
2 weiße Zwiebeln
3 in Öl eingelegte Sardellenfilets
60 g entsteinte schwarze Oliven
3 EL Olivenöl
2 Salbeizweige
500 ml Weißwein

Den Aal waschen, trocken tupfen und in ca. 6 cm lange Stücke schneiden. Mit Zitronensaft beträufeln, salzen und pfeffern. 10 Minuten ziehen lassen. Den geputzten Lauch in ca. 6 cm lange Streifen schneiden. Die geschälten Zwiebeln in feine Ringe hobeln. Sardellenfilets und Oliven fein hacken. Das Olivenöl in einer tiefen Pfanne erhitzen und den Lauch darin kurz anbraten. Aus der Pfanne nehmen und die Aalstücke damit füllen. Aal im Olivenöl auf beiden Seiten anbraten. Die Zwiebeln zugeben und kurz andünsten. Sardellenfilets, Oliven und Salbei zugeben, den Weißwein angießen und einmal aufkochen. Alles zugedeckt bei mittlerer Hitze 25 Minuten köcheln lassen. Portionsweise mit dem Garsud servieren.

Die marinierten Aalstücke mit den kurz angebratenen Lauchstreifen füllen.

Die Aalstücke anbraten, die übrigen Zutaten dazugeben und den Wein angießen.

Aal, wie der Papst ihn mag

Papst Martin IV. soll eine Schwäche für Aale aus dem Lago di Bolsena gehabt haben – eine Leidenschaft, die ihm zum Verhängnis wurde, denn er starb wohl nach einem ausgiebigen Aalessen an Verdauungsbeschwerden. Dass Dante ihn in seiner *Göttlichen Komödie* nur ins Fegefeuer zu den Schlemmern verbannte, zeigt, dass der italienische Dichterfürst für dieses Laster wohl einiges Verständnis aufbrachte.

Rund um den Lago di Bolsena gelten *anguille del Papa* heute noch als Spezialität. Dafür werden Stangensellerie, Karotten, Steinpilze und Zwiebel fein gewürfelt, bei mittlerer Hitze in Öl gedämpft, gewürzt und unter gelegentlichem Rühren immer wieder mit Vernaccia begossen. Am Schluss werden gehäutete und in Stücke geschnittenen Aale hinzugefügt, ein- bis zweimal gewendet und nach 10–15 Minuten aus dem Topf serviert – natürlich mit einem Glas Vernaccia.

Kurz nach dem Tod Martin IV. kursierte ein lateinischer Spottvers in Form einer Grabinschrift – frei übersetzt: Es jubeln die Aale hienieden/denn hier ruht jener in Frieden/der ihnen den Bauch aufschlitzte/und sie mit Vernaccia bespritzte (nach Josef Imbach: *Was Päpsten und Prälaten schmeckte*).

Hecht und Barsch

Der Hecht, ein delikater, aber leider grätenreicher Speisefisch, kam in Venetien schon seit dem Spätmittelalter auf die Tafeln des Adels. In der Renaissance wurde er meist gebraten und süß-sauer mit Orangen, Zimt und Zucker abgeschmeckt oder in einer gewürzten Essigmarinade haltbar gemacht. Hechtfleisch ist mager und zart, trocknet aber beim Garen leicht aus. Der Fisch eignet sich sehr gut zum Füllen mit einer buttrigen Farce oder zum Schmoren in Sahnesaucen.

Wie der Hecht, so ist auch der Barsch ein Raubfisch mit fettarmem weißen Fleisch. Barsche sind in zahlreichen europäischen Flüssen und Seen heimisch. Vor allem in der Lombardei ist der Flussbarsch eine beliebte Beute der Hobbyangler. Sein Genuss setzt allerdings ein wenig Mühe voraus, denn seine Haut ist von vielen gezahnten Schuppen bedeckt, die sich nur schwer entfernen lassen. Kleine Barsche werden beim Fischhändler oft filetiert angeboten oder als Fischröllchen zubereitet. Große Fische dünstet man auf einem aromatischen Gemüsebett oder brät sie im Ganzen.

Pesce persico alla salvia
Barsch mit Salbei

1 kg Barschfilet
Saft von 1 Zitrone
Salz
frisch gemahlener Pfeffer
Mehl
2 Eier, verquirlt
Semmelbrösel
3 EL Butter
3 EL Olivenöl
20 Salbeiblätter

Die Fischfilets waschen, trocken tupfen und mit Zitronensaft beträufelt mit Salz und Pfeffer würzen. In je einen tiefen Teller Mehl, Eier und Semmelbrösel geben. Die Fischfilets im Mehl wenden, überschüssiges Mehl abklopfen. Dann durch das Ei ziehen und abschließend in den Semmelbröseln wenden. Die Panade leicht andrücken.

Butter und Olivenöl in einer großen Pfanne erhitzen und den Fisch darin portionsweise bei mittlerer Hitze auf jeder Seite 3 Minuten goldbraun braten. Dann aus der Pfanne nehmen, kurz auf Küchenpapier abtropfen lassen und warm stellen, bis alle Fische gebraten sind. Die Salbeiblätter im Bratfett knusprig ausbraten. Vor dem Servieren über den Fischfilets verteilen.

Brodetto friulano
Friaulischer Fischtopf

1 kg gemischte Süßwasserfische (z.B. Hecht, Aal, Schleie oder Barsch), küchenfertig
Salz
frisch gemahlener Pfeffer
1 weiße Zwiebel
2 Knoblauchzehen
2 Karotten
2 Selleriestangen
250 g Tomaten
2 EL Olivenöl
500 ml Fischfond
2 Lorbeerblätter
1 EL Balsamico-Essig
4 Scheiben Weißbrot

Die Fische waschen, trocken tupfen und in mundgerechte Stücke schneiden. Mit Salz und Pfeffer würzen. Zwiebel und Knoblauch fein würfeln. Karotten und Sellerie in kleine Würfel schneiden. Die Tomaten häuten, vierteln, entkernen und ebenfalls in kleine Würfel schneiden.

Das Öl in einer tiefen Pfanne erhitzen, Zwiebel und Knoblauch darin glasig dünsten. Karotten und Sellerie dazugeben und anschwitzen. Die Tomaten untermischen, den Fischfond angießen und die Lorbeerblätter zugeben. Alles 10 Minuten köcheln lassen.

Den Fisch in die Suppe geben und etwa 10 Minuten bei kleiner Hitze garen. Dann die Lorbeerblätter entfernen und die Suppe mit Salz, Pfeffer und Balsamico-Essig abschmecken.

Das Weißbrot toasten und in 4 tiefe Teller legen. Die Fischsuppe darüber verteilen und sofort servieren.

Beliebte Süßwasserfische

Der Karpfen lebt vorwiegend in stehenden Gewässern. Sein wohlschmeckendes Fleisch eignet sich zum Dünsten, Pochieren, Braten und Backen.

Der Hecht gehört zu den Raubfischen. Er hat mageres, festes und weißes Fleisch, das sehr grätenreich ist.

Lachsforellen, auch Meerforellen genannt, haben lachsrotes und saftiges Fleisch, das wenig Fett enthält und leicht verdaulich ist.

Der Wels hat weißes, zartes Fleisch und ist fast grätenfrei. Der große Fisch wird häufig in Scheiben geschnitten angeboten.

Die Forelle ist der beliebteste Süßwasserfisch. Ihr Fleisch ist äußerst aromatisch und hat einen geringen Fettgehalt.

Der delikate Zander zählt zu den Barschen. Der Raubfisch hat weißes, sehr saftiges Fleisch, das sich auf vielerlei Arten zubereiten lässt.

Den Bachsaibling erkennt man an seinen gelben Tupfen. Sein feines rosa- bis lachsfarbenes Fleisch ist weich und saftig.

Der Aal gehört zu den Wanderfischen, die sowohl in Flüssen als auch im Meer zu Hause sind. Er hat festes, grätenfreies und fettes Fleisch.

In kleinen, klaren Gewässern frisch geangelte Fische – rechts eine kapitale Regenbogenforelle – erfreuen sich in vielen Küchen großer Beliebtheit.

Italiens blaue Fische

Pesce azzurro, blauer Fisch, nennen die Italiener Sardinen, Sardellen, Makrelen, Schwert- und Thunfische. Diese Fische gehören – wissenschaftlich betrachtet – nicht zur selben Fischfamilie oder Ordnung. Sie haben lediglich eines gemeinsam: Ihr Rücken schimmert dunkelblau und der Bauch silbern.

Klassische blaue Fische waren einst vor allem die kleinen Sardinen und Sardellen. Jahrhundertelang waren sie ein Grundnahrungsmittel der Fischer und ihrer Familien – ein preiswertes Lebensmittel, das in den Gewässern rund um die italienischen Küsten in großen Mengen vorhanden war. Inzwischen schätzen auch Chefköche den feinen Geschmack dieser Fische, und Ernährungswissenschaftler preisen ihren gesundheitlichen Wert. Denn das fettreiche Fleisch von Sardine, Sardelle und Makrele enthält viele Omega-3-Fettsäuren, die im Ruf stehen, Herzkrankheiten vorzubeugen und schädliches Cholesterin zu senken.

Wie alle Meeresfische enthalten die blauen Fische hochwertiges Eiweiß, essenzielle Fettsäuren, Vitamine und viele Mineralien, darunter auch Jod, ein wichtiges Spurenelement. Deshalb raten Experten dazu, zweimal pro Woche Meeresfische zu essen. Fisch ist außerdem leichter verdaulich als Fleisch und belastet den Organismus weniger. Es genügen 200 Gramm Fisch, um den Tagesbedarf eines Erwachsenen an tierischem Eiweiß zu decken.

Vor allem die kleinen blauen Fische, also Sardellen und Sardinen, sollten so frisch wie möglich zubereitet werden. Oft werden sie einfach nur in Mehl gewendet und mit Kopf und Schwanz knusprig frittiert. In den Lagunen rund um Venedig serviert man dazu gegrillte Polentascheiben und natürlich ein Glas gut gekühlten Weißwein. Ein einfaches, aber dennoch köstliches Essen – auch für eingeschworene Landratten.

Die Makrelen zählen wegen ihrer Farbe zu den blauen Fischen, pesce azzurro, *die wie keine anderen den Geschmack des Meeres auf den Teller bringen.*

Aquakultur

Als Aquakultur bezeichnet man die kontrollierte Aufzucht von im Wasser lebenden Organismen durch Anwendung von Techniken, welche auf Produktionssteigerungen ausgerichtet sind, die über das unter natürlichen Bedingungen mögliche Maß hinausgehen. Man unterscheidet in der Aquakultur zwei Teilbereiche: die Süßwasserfischzucht in Teichwirtschaft und die marine Aquakultur im Meer- oder Brackwasser.

Auch in Italien boomt die kommerzielle Züchtung von Fischen, Krebsen und Weichtieren. Derzeit werden weltweit mehr als 200 Arten in Aquakultur produziert. Innerhalb der Europäischen Gemeinschaft liegt Italien mittlerweile an dritter Stelle der Aquakulturproduktion. Insbesondere Forellen, Aal und Muscheln werden hier intensiv gezüchtet. Der Sektor Aquakultur bildet ein immer wichtiger werdendes Segment der Fischereiindustrie der EU.

Auf dem Markt

Fischmärkte sind nichts für Langschläfer. Wer das bunte, turbulente Marktgeschehen in seiner ganzen Pracht und Geschäftigkeit genießen will, muss früh aufstehen. So richtig lebendig geht es in den Morgenstunden ab 5 Uhr zu, wenn die Fischer mit ihrem Fang wieder im Hafen sind. Händler überbieten sich dann – auch stimmlich – im lautstarken Anpreisen ihrer fangfrischen Barsche und Brassen, Sardinen und Seezungen, Muscheln und Meeresfrüchte. Hier feilschen Hausfrauen mit Küchenchefs um die Wette, mit fachkundigem Blick auf der Suche nach Neptuns besten Schätzen. Die dargebotene Vielfalt an Fischen und Schalentieren ist für Nicht-Einheimische vielleicht verwirrend, doch für den Kundigen ist sie ein verheißungsvolles Schlaraffenland künftiger Genüsse. Berühmte und sehenswerte Fischmärkte sind die Pescheria in Catania (Sizilien) und der Fischmarkt an der Rialto-Brücke in Venedig. Die besten Fischmärkte, die nicht an der Küste liegen, findet man in Mailand und Bergamo.

Auch in Italien ein eher seltenes Bild ist der ganze Thunfisch, der vor einem Fischgeschäft hängt, bevor er zerlegt wird.

Wer auf Fischmärkten die beste Auswahl haben möchte, sollte früh aufstehen (links).

Ein Blickfang auf jedem Fischmarkt sind Thunfische (oben) und Schwertfische (unten), die zum Verkauf in kochgerechte Scheiben geschnitten werden.

Speisefische aus dem Meer

Der Drachenkopf ist eine beliebte Zutat für Fischsuppen und Eintöpfe. Sein festes, weißes Fleisch ist sehr aromatisch.

Der Rote Knurrhahn verdankt seinen Namen den knurrenden Lauten, die er ausstößt. Er hat delikates festes Fleisch.

Wie die Goldbrasse zählt auch die Rotbrasse zu den Edelfischen. Sie hat feines, mageres Fleisch.

Die Weißbrasse steht im Geschmack der edlen Goldbrasse kaum nach. Sie eignet sich gut zum Braten in Salzkruste.

Wegen ihres saftigen und sehr schmackhaften Fleischs ist die Goldbrasse in der italienischen Fischküche unverzichtbar.

Die fettreiche Makrele hat saftiges rosabräunliches Fleisch und eignet sich vor allem zum Braten, Grillen und Räuchern.

Die Sardelle, auch Anchovis genannt, ist maximal 15 cm lang. In Italien wird sie oft im Ganzen gebraten und gegessen.

Die 10–20 cm langen Sardinen haben fettes, sehr schmackhaftes Fleisch und eignen sich gut zum Grillen.

Der schlanke Seehecht zählt zu den Magerfischen. Sein aromatisches Fleisch eignet sich sehr gut für Fischeintöpfe, zum Dünsten in Folie und zum Grillen.

Wegen seines Aussehens wird der Seeteufel häufig ohne Kopf angeboten. Sein fast grätenfreies Fleisch ist fein-aromatisch.

Kein klassischer Mittelmeerfisch ist die delikate Seezunge, die bei italienischen Feinschmeckern beliebt ist.

Auch der Kabeljau ist kein „echter" Italiener. Südlich der Alpen wird er meist in getrockneter Form als Stock- oder Klippfisch verkauft.

Der Petersfisch mit seinem saftigen, zarten Fleisch gilt unter Fischliebhabern als einer der feinsten Mittelmeerfische.

Vom Rochen werden nur die Stücke aus den segelartigen großen Flügeln gegessen, die ein grobfaseriges schmackhaftes Fleisch haben.

Einer der teuersten und delikatesten Speisefische ist der Steinbutt aus der Familie der Plattfische. Sein festes weißes Fleisch bleibt lange frisch.

Der Rote Thunfisch, auch Blauflossen-Thun genannt, hat einen sehr intensiven Geschmack und eignet sich gut zum Rohverzehr.

Das feste aromatische Fleisch des Zackenbarschs schmeckt besonders gut, wenn der Fisch gegrillt oder gebraten wird.

Weißer Thunfisch hat feineres Fleisch als der Rote. Er ist vielen Fischliebhabern vor allem als Dosenware bekannt.

Unter Feinschmeckern gilt der Wolfsbarsch wegen seines delikaten Fleischs als einer der edelsten Fische.

Zur Familie der Brassen gehört der grätenreiche Gelbstriemen, der vor allem im Atlantik lebt.

Der Kapitänsfisch hat festes, weißes Fleisch, das sich für alle Zubereitungsarten eignet.

Der wohlschmeckende Stöcker, auch Holzmakrele genannt, wird meist gebraten oder in Folie gedünstet.

Die delikate Rote Meerbarbe, auch Rotbarbe genannt, war schon in der Antike ein beliebter und teurer Speisefisch.

Außer dem weißen, festen und leicht fetten Fleisch der Meeräsche schätzt man in Italien auch ihren gesalzenen und gepressten Rogen.

Die Rotbrasse, Dorade rosè, gleicht in Form und Farbe der Goldbrasse, ihr Fleisch ist jedoch nicht ganz so fein.

Die kleinen, ungefährlichen Hundshaie werden in Scheiben angeboten und wie Schwertfisch zubereitet.

Der Fisch in Mythologie und Religion

Schon immer waren das Meer und seine Bewohner Gegenstand zahlreicher Mythen, Sagen und religiöser Deutungen. Dass alles Leben aus dem Wasser komme, war bereits die These des Philosophen Thales von Milet im 6. Jahrhundert v. Chr. Das Sternzeichen Fische geht auf die griechische Sage zurück, dass die Liebesgöttin Aphrodite und ihr Sohn Eros auf der Flucht vor dem Ungeheuer Typhon in den Euphrat sprangen, sich dort in Fische verwandelten und so entkamen. In China ist das Schriftzeichen für Fisch gleichbedeutend mit dem für Reichtum.

Im frühen Christentum war das Fischsymbol ein Erkennungszeichen, mit dem sich die Christen zu ihrem Glauben bekannten. Das griechische Wort *ichthys* (= Fisch) wurde zum Apronym (ein Sonderfall des Akronyms, in dem die Anfangsbuchstaben einer Wortreihe ein bereits bestehendes Wort bilden) und bedeutete: Jesus Christus (Iesous-Christos), Gottes (Theou) Sohn (Yios), der Retter (Soter). Dass im Jahr 7 v. Chr. gleich dreimal eine sogenannte Große Konjunktion zwischen den Planeten Jupiter und Saturn im Sternbild Fische stattfand, nährte Vermutungen, der Stern von Bethlehem könne auf diese Himmelserscheinung zurückgeführt werden.

Insgesamt hat der Fisch in der christlichen Symbolwelt eine überragende Bedeutung. Im Evangelium speist Jesus die Menge der Fünftausend mit fünf Broten und zwei Fischen. Nach seiner Auferstehung erscheint er den Jüngern am See Genezareth und isst mit ihnen Fisch. Den Apostel Petrus, der wie andere aus der Apostelgruppe von Beruf Fischer war, macht er zum „Menschenfischer" – noch heute heißt der Siegelring, den der Papst, der Nachfolger Petri, nach seiner Wahl erhält, „Fischerring". Und der nach dem Heiligen Petrus benannte Petersfisch (St.-Pierre, San Pietro, Heringskönig, lat.: *Zeus faber*) weist an seinen Flanken eine dunkle Stelle auf, die der Legende nach ein Fingerabdruck des Apostels sein soll, der entstand, als dieser dem Fisch ein Goldstück aus dem Mund zog.

Ausschnitt aus dem Fresko Die Speisung der Fünftausend *von Francesco Figini Pagani.*

Fischsuppe

Zuppa di pesce, Fischsuppe, ist an Bord der Fangkutter entstanden, und das Rezept dafür war denkbar einfach. Die Basis bildeten traditionell Zutaten, die lange haltbar und in jeder Schiffskombüse vorhanden waren: Tomatenmark, Salz, Pfeffer, Olivenöl und getrocknete Pasta, Reis oder Schiffszwieback. Sie wurden ergänzt durch frischen Fisch, später am heimischen Herd kam noch Gemüse dazu. Längst hat das einstmals schlichte Gericht die Speisekarten der ganzen italienischen Küste erobert und sich vom Arme-Leute-Essen zur bisweilen hochpreislichen Delikatesse gemausert, die oft als eigenständiger Hauptgang serviert wird. Und inzwischen landen im Topf und auf dem Teller nicht mehr nur Fischreste, sondern auch ganze Fische.

Entlang der Adriaküste kocht man den *brodetto*, der obligatorisch aus 13 verschiedenen Fischsorten bestehen muss, z.B. Seebarbe, Makrele, Flunder, kleiner Steinbutt, große Scampi, Meeräsche, Heuschreckenkrebse, Drachenkopf, kleiner Seebarsch, Kabeljau, Sepien, Glatthai und Knurrhahn. Die große Kunst beim Zubereiten eines Brodetto liegt nicht nur im Besorgen der vielen Fischsorten, sondern auch in der Kenntnis der richtigen Garzeiten der jeweiligen Fische.

In der Toskana, genauer gesagt in Livorno, ist der *cacciucco* zu Hause. Er ist, wie ein toskanischer Journalist stolz erklärte, keine gewöhnliche Fischsuppe, sondern „ein Gericht, geboren aus der Tradition der Seeleute, die gekommen waren, eine freie, offene, impulsive Stadt zu gründen, impulsiv wie ihr geliebtes Meer." Auch für einen Cacciucco braucht man eigentlich 13 Fischsorten – wobei sich manche Köche auch mit fünf Sorten zufrieden geben (wegen der fünf „C" im Rezeptnamen).

Aus der sardischen Hauptstadt Cagliari stammt die *cassola*, eine reichhaltige Fischsuppe mit spanischem Ursprung. Sie wird aus verschiedenen Fischen, Tintenfischen, Muscheln und Schnecken zubereitet und mit kleinen Nudeln angereichert. Im Gegensatz zu anderen Suppen werden die Fische bei der Cassola vor dem Servieren entgrätet – ein angenehmer Extraservice für den Gast.

Brodetto alla vastese
Scharfer Fischeintopf nach Vasto-Art

1 kg gemischte Fische, küchenfertig
1 weiße Zwiebel, fein gehackt
2 Knoblauchzehen, fein gehackt
100 ml Olivenöl
4 frische rote Chillies
2 EL Rotweinessig
500 ml Fischfond
Salz
frisch gemahlener Pfeffer
2 EL fein gehackte Petersilie

Die Fische waschen und in mundgerechte Stücke teilen. Zwiebel und Knoblauch in einem großen Topf im Olivenöl glasig dünsten. Die Chillies zufügen und anrösten, dann herausnehmen und in einem Mörser mit dem Essig zermahlen. Wieder in den Topf geben und den Fischfond angießen. Zum Kochen bringen und 5 Minuten köcheln lassen.
Die Fischstücke in den Sud legen, mit Salz und Pfeffer würzen. Zugedeckt bei kleiner Hitze 15–20 Minuten garen lassen. Nach der Hälfte der Garzeit die Petersilie untermischen.

Zuppa di pesce
Fischsuppe

750 g gemischte frische Fische, küchenfertig
Salz
2 EL Olivenöl
1 Gemüsezwiebel, fein gehackt
2 Knoblauchzehen, fein gehackt
1 Lauchstange, in dünne Ringe geschnitten
1 EL Tomatenmark
1 TL Fenchelsamen
4 Tomaten, gehäutet und gewürfelt
frisch gemahlener Pfeffer
1 EL fein gehackte Petersilie

Die Fische waschen. 1 Liter Salzwasser zum Kochen bringen, die Fische zugeben und 10 Minuten garen, nicht kochen. Aus dem Sud heben, abtropfen und etwas abkühlen lassen. Olivenöl erhitzen, Zwiebel, Knoblauch und Lauch darin andünsten. Das Tomatenmark zufügen, den Fischsud angießen und zum Kochen bringen. Die Fenchelsamen in einem Mörser zerstoßen. Tomaten und Fenchelsamen in die Suppe geben und 10 Minuten köcheln lassen.
Die Fische häuten, entgräten und in mundgerechte Stücke teilen. Den Fisch in der Suppe wieder erhitzen, mit Salz und Pfeffer abschmecken. Vor dem Servieren mit der gehackten Petersilie bestreuen.

Die küchenfertigen Fische waschen und trocken tupfen.

Geröstete Chillies mit Essig zu einem Mus zermahlen.

Flossen, Kopf und Schwanz von den Fischen entfernen.

Fische mit Haut in mundgerechte Stücke zerteilen.

Die Fischstücke im gewürzten Sud gar ziehen lassen.

Brodetto alla vastese

Salz

Der Mensch braucht Salz zum Leben – nicht wegen der Würze, sondern weil es den Wasserhaushalt und den Säure-Basen-Haushalt im Körper reguliert. Das im Salz enthaltene Natrium sichert die Erregbarkeit von Nerven und Muskeln, das Chlorid bewirkt unter anderem die Bildung von Magensäure und ist damit von entscheidender Bedeutung für die Verwertung der Nahrung.

Rund 30 Prozent des Speisesalzes werden heute aus Meerwasser gewonnen, der Rest aus unterirdischen Salzvorkommen und Salinen. Feinschmecker schwören auf das intensivere Aroma des Meersalzes, das obendrein als gesünder gilt. Doch die meisten Meersalze enthalten weniger als zwei Prozent wertvolle Mineralien wie Kalzium und Magnesium. Sie sind gesundheitlich vernachlässigbar. Von Natur aus enthält Meersalz viel zu wenig Jod und sollte wie anderes Salz zusätzlich jodiert werden. Das im Meerwasser enthaltene Jod verdunstet nämlich zusammen mit dem Wasser beim Kristallieren.

In der Antike galt Salz, *sale*, als göttliche Gabe und Speise der Götter. Das weiße Gold war kostbar – römische Legionäre und Beamte bekamen einen Teil ihres „Salärs“ in Salz ausbezahlt. Die älteste Salzstraße Italiens, die Via Salaria, führte von den Salzgärten Ostias über den Apennin und endete in der Nähe von San Benedetto del Tronto an der Adria. Im Mittelalter hatte Venedig eine herausragende Bedeutung als Salzhandelsstadt.

Die Salinen von Trapani und Pacaco

„Fremder, erst dann bist du wirklich daheim auf Sizilien, wenn du mit deinem Essen sieben Hand voll Salz zu dir genommen hast“, sagt ein altes sizilianisches Sprichwort. Über Jahrhunderte war die Insel ein Zentrum der Salzgewinnung. Im 15. Jahrhundert hatten die Araber an der sizilianischen Westküste zwischen Trapani und Marsala über 30 Salzgärten angelegt, die damals zu den größten Europas gehörten. Bis heute prägen die Salzgärten, die von der Ferne wie ein unregelmäßiges Schachbrett wirken, und die Windmühlen, die früher zum Wasserpumpen und Mahlen des Salzes benutzt wurden, das Landschaftsbild dieser Gegend.

Die Salinen von Trapani und Pacaco sind inzwischen ein Naturschutzgebiet und WWF-Reservat. Rund 170 verschiedene Vogelarten leben hier, darunter Flamingos, Störche, Löffler, Austernfischer und Reiher. In der Mitte des letzten Jahrhunderts musste eine Saline nach der anderen aus wirtschaftlichen Gründen schließen. 1984 sollten die Salzgärten endgültig Erdölraffinerien weichen. Dieser Plan rief aber Naturschützer auf den Plan, die sich sehr engagiert für den Erhalt der einzigartigen Landschaft und für die Wiederinbetriebnahme zumindest eines Teils der Salinen und Windmühlen einsetzten. Heute wird etwa die Hälfte der früheren Fläche wieder bewirtschaftet. Im Unterschied zu anderen italienischen Salinen wird hier immer noch viel von Hand gearbeitet.

Im 300 Jahre alten Salzhaus der Salina di Nubia ist ein Salzmuseum untergebracht, das Werkzeuge für die Salzgewinnung aus den letzten Jahrhunderten vorstellt sowie eine Ausstellung zeigt, die den Ablauf der Salzgewinnung illustriert. Alberto Culcasi, der Besitzer der Saline, zeigt Besuchern nicht nur stolz seine umfangreiche Sammlung, sondern offeriert den Fremden gelegentlich auch das einfache Essen der Salzarbeiter: Brot mit Sardinen, Tomaten, Käse, Oliven und Wein – und natürlich Salz.

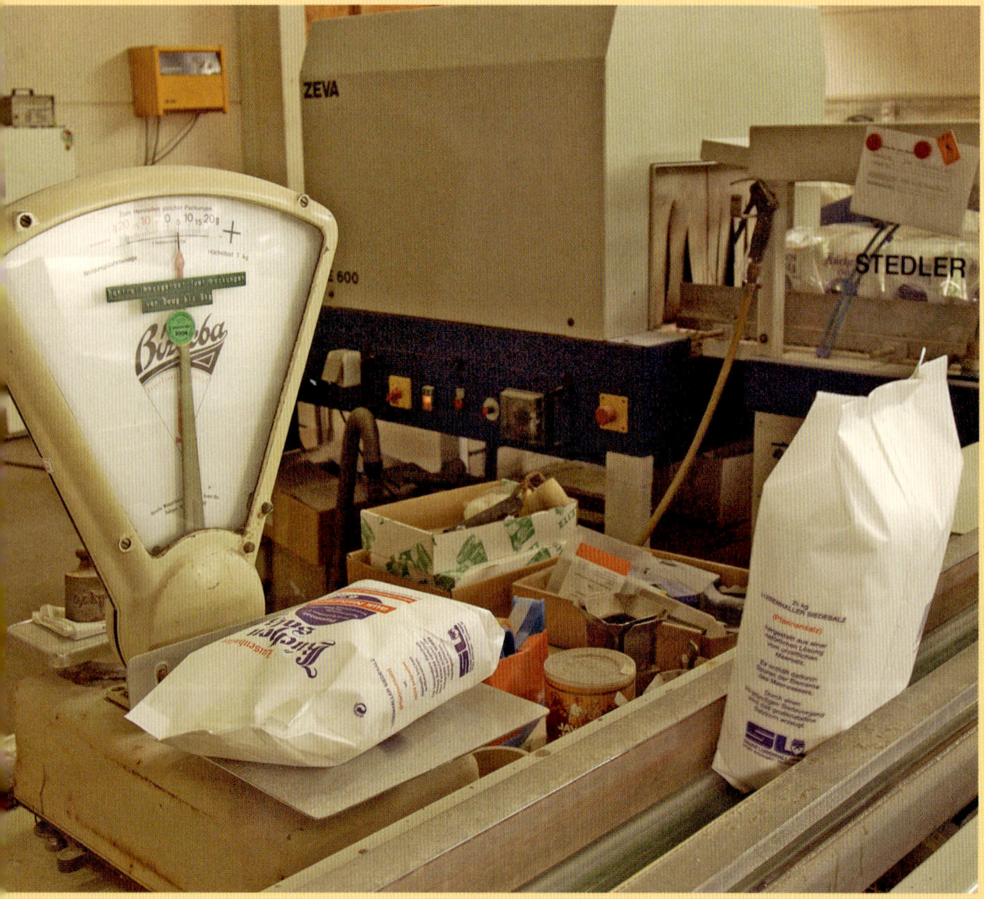

Salzgewinnung

Meersalz wird heute auf gleiche Weise gewonnen wie in der Antike: Sonne und Wind ausgesetzt, verdunstet Meerwasser, zurück bleibt das kristalline Salz. Traditionell geschieht dies in flachen Becken, sogenannten Salzgärten oder Salinen. Zunächst wird frisches Meerwasser in ein großes Becken abgeleitet. Nach der ersten Verdunstung wird es in ein flacheres Nachbarbecken abgelassen und von dort aus in noch kleinere Becken gepumpt, in denen es weiter verdunstet. Zurück bleiben nach rund drei Monaten die feuchten groben Salzkristalle. Sie werden mit einem Spezialwerkzeug vom Grund der Salzgärten abgestreift, kegelförmig aufgehäuft und in der Sonne getrocknet.

Orata al sale
Goldbrasse in der Salzkruste

1 Goldbrasse, ca. 1,2 kg, küchenfertig
frisch gemahlener Pfeffer
1 Zitrone
3 Dillzweige
3 Eiweiß
2 kg grobes Meersalz
Öl zum Einfetten

Den Fisch gründlich waschen und trocken tupfen. Innen und außen mit Pfeffer einreiben. Die Zitrone in dicke Scheiben schneiden und mit dem Dill die Brasse befüllen. Den Backofen auf 200 °C vorheizen.
Das Eiweiß halb steif schlagen. Dann nach und nach das Meersalz einrühren, bei Bedarf etwas Wasser zugeben. 3 dicke Alufolien aufeinanderlegen und zu einem etwa 5 cm breiten Streifen falten. Mit diesem Streifen die Umrisse eines Fischs formen, der etwas größer als die Brasse ist, und die Enden ineinanderstecken, sodass eine geschlossene Fischform entsteht.
Diese Form auf ein eingefettetes Backblech setzen und mit einem Drittel des Salzteigs füllen. Die Brasse darauflegen und mit dem restlichen Salzteig gleichmäßig bestreichen. Im Backofen etwa 40 Minuten backen. In der Salzkruste servieren und die Kruste am Tisch aufbrechen.

Branzino al forno
Gebackener Seebarsch

1 Seebarsch, ca. 1,2 kg, küchenfertig
Salz
frisch gemahlener Pfeffer
1 Bund Petersilie
2 Fenchelknollen
4 EL Olivenöl, plus etwas mehr zum Einfetten
1 weiße Zwiebel, in dünne Ringe geschnitten
150 ml Gemüsebrühe

Den Backofen auf 200 °C vorheizen. Den Fisch waschen und trocken tupfen. Die Haut auf beiden Seiten mit einem scharfen Messer mehrmals quer einschneiden. Den Fisch mit Salz und Pfeffer einreiben und 3 Petersilienzweige einfüllen. Die Fenchelknollen putzen und in Scheiben schneiden.
Eine Auflaufform einfetten und mit den Fenchelscheiben sowie den Zwiebelringen auslegen. Mit Salz und Pfeffer würzen und den Fisch daraufsetzen.
Die restlichen Petersilienzweige auf den Fisch legen, diesen mit dem Olivenöl beträufeln und die Gemüsebrühe angießen. Die Form mit Alufolie abdecken. Im Backofen 25–30 Minuten backen.

Acciunghe alla griglia
Frittierte Sardellen

500 g möglichst kleine Sardellen
Salz
Mehl zum Wenden
Olivenöl zum Braten
1 Zitrone
grobes Meersalz

Die Sardellen waschen und salzen. Sind die Fische größer als 9 cm, Kopf abschneiden und ausnehmen. Sind sie kleiner, kann man den Fisch als Ganzes weiterverarbeiten.
Mehl auf einen Teller geben, die Sardellen darin wenden. Überschüssiges Mehl abklopfen. Olivenöl in einer Pfanne erhitzen, die Fische dazugeben und ausbacken.
Die Zitrone vierteln. Sardellen auf einen Teller geben, mit etwas grobem Meersalz bestreuen und mit den Zitronenvierteln anrichten.

Sardine alla griglia
Gegrillte Sardinen

800 g frische Sardinen, küchenfertig
Salz
frisch gemahlener Pfeffer
einige Rosmarinzweige
125 ml Olivenöl, plus etwas mehr zum Einfetten
1 kleine frische rote Chili, fein gehackt
1 kleine Knoblauchzehe, fein gehackt
1 EL Zitronensaft

Die Sardinen waschen und trocken tupfen. Die Fische innen mit Salz und Pfeffer würzen und in jede Sardine etwas Rosmarin legen. Die Fische mit etwas Olivenöl bestreichen und auf dem Grill bei mittlerer Hitze auf jeder Seite ca. 4 Minuten braten.
Das Öl mit Chili, Knoblauch und Zitronensaft verrühren. Zu den Sardinen servieren.

Garen in Salzkruste

Das Garen unter einer schützenden Salzkruste eignet sich vor allem für größere ganze Fische mit festem Fleisch wie Dorade, Wolfs- und Zackenbarsch oder Steinbutt. Der Fisch bleibt bei dieser Garmethode saftig und zart. Weil im Salz die Hitze gleichmäßig übertragen wird, vermeidet man zudem ein Übergaren. Kräuter und Gewürze, die mit in den Salzteig eingeschlossen werden, sowie die im Meersalz enthaltenen Mineralien geben beim Dünsten in der schützenden Hülle ihre Aromen optimal an den Fisch ab.

Meersalz wird heute noch wie in der Antike gewonnen. Zunächst wird Meerwasser in flache Becken abgeleitet.

Mithilfe von Sonne und Wind verdunstet das Wasser allmählich, zurück bleiben feuchte grobe Salzkristalle.

Sie werden kegelförmig aufgehäuft und monatelang getrocknet. Die Salzhügel beschwert man mit Terrakottaziegeln.

In den alten Salzmühlen werden die getrockneten Salzkristalle zu Speisesalz vermahlen.

Triglie di fango al pesto
Rotbarbe mit Petersilienpesto

4 Rotbarben à 300 g, küchenfertig
Saft von 1 Zitrone
Salz
frisch gemahlener Pfeffer
60 g Pinienkerne
2 Knoblauchzehen, gehackt
2 Bund Petersilie, fein gehackt
150 ml Olivenöl
2 EL geriebener Parmesan
Mehl zum Wenden
Zitronenspalten zum Garnieren

Die Fische waschen, trocken tupfen und mit dem Zitronensaft beträufeln. Innen und außen mit Salz und Pfeffer würzen.
Die Pinienkerne in einer Pfanne ohne Fett goldbraun rösten. Vom Herd nehmen und etwas abkühlen lassen.
Den Knoblauch in einem großen Mörser mit 1 Teelöffel Salz zermahlen. Pinienkerne und Petersilie dazugeben und zu einer Paste zerreiben. Nach und nach 100 ml Olivenöl einarbeiten. Zuletzt den Parmesan untermischen, bei Bedarf noch etwas Wasser zufügen.
Das restliche Öl in einer großen Pfanne erhitzen. Die Fische in Mehl wenden, überschüssiges Mehl abklopfen. Fische im heißen Öl auf jeder Seite 4–5 Minuten braten. Aus der Pfanne nehmen und auf 4 vorgewärmte Teller legen. Etwas Petersilienpesto auf die Fische verteilen. Mit Zitronenspalten garnieren.

Sardine alla griglia

Sogliola ai carciofi
Seezunge mit Artischocken

8 kleine, violette Artischocken
Saft von 1 Zitrone
125 ml Olivenöl
4 Knoblauchzehen, in dünne Scheiben geschnitten
250 ml trockener Weißwein
400 ml Brühe
Salz
frisch gemahlener Pfeffer
800 g Seezungenfilet
Mehl zum Wenden
1 EL fein gehackte Petersilie

Die Artischocken putzen: Die Stiele auf 4 cm kürzen, den Stielansatz schälen, die harten Außenblätter der Artischocken entfernen und die harten Spitzen der übrigen Blätter kappen. Die Artischocken der Länge nach in Scheiben schneiden und sofort in eine Schüssel mit Zitronenwasser legen. Etwas ziehen lassen, dann abgießen und trocken tupfen.
6 Esslöffel Olivenöl in einer großen Pfanne erhitzen und die Artischocken darin anbraten. Den Knoblauch zugeben und goldbraun braten. Mit dem Wein ablöschen, mit Brühe aufgießen, salzen, pfeffern und 20–25 Minuten dünsten.
Die Fischfilets mit Salz und Pfeffer würzen, in Mehl wenden und das überschüssige Mehl abklopfen. Im restlichen Öl braten und auf den Artischocken anrichten. Mit der gehackten Petersilie bestreuen.

Branzino ripieno
Gefüllter Wolfsbarsch

10 g getrocknete Steinpilze
100 g gekochte Garnelen, ausgelöst
1 EL gehackter Thymian
1 Ei
1–2 EL Semmelbrösel
frisch geriebene Muskatnuss
1 Wolfsbarsch, ca. 1,4 kg, küchenfertig
Salz
frisch gemahlener Pfeffer
1 Gemüsezwiebel, in dünne Ringe geschnitten
Öl zum Einfetten
30 g Butter
250 ml Weißwein

Den Wolfsbarsch vom Fischhändler durch den Rücken entgräten und ausnehmen lassen.
Die Steinpilze 15 Minuten in 150 ml heißem Wasser einweichen, durch ein feines Sieb abgießen, dabei das Einweichwasser auffangen. Steinpilze abtropfen lassen und fein hacken. Die Garnelen fein hacken, mit Pilzen, Thymian, Ei und Semmelbröseln vermengen und mit Muskatnuss würzen. Den Backofen auf 175 °C vorheizen. Den Fisch waschen und trocken tupfen. Mit Salz und Pfeffer innen und außen einreiben und mit der Pilz-Garnelen-Masse füllen. Die Öffnung mit kleinen Holzspießen verschließen. Die Zwiebelringe in eine gefettete Auflaufform geben. Den gefüllten Fisch darauflegen, die Butter in Flöckchen auf dem Fisch verteilen, das Einweichwasser und die Hälfte des Weins angießen. Den Fisch im Backofen etwa 45 Minuten garen, dabei nach und nach mit dem restlichen Wein begießen.
Den Fisch auf eine vorgewärmte Platte legen. Den Bratenfond abgießen, mit Salz und Pfeffer abschmecken und zum Fisch reichen.

Branzino alla pugliese
Geschmorter Wolfsbarsch mit Zucchini

1 Wolfsbarsch, ca. 1 kg, küchenfertig
Salz
frisch gemahlener Pfeffer
2 fest kochende Kartoffeln
2 große Zucchini
2 Knoblauchzehen, fein gehackt
150 ml Olivenöl
2 EL fein gehackte Petersilie
250 ml Weißwein

Den Fisch waschen, trocken tupfen, innen und außen mit Salz und Pfeffer würzen. Die Kartoffeln schälen und in dünne Scheiben schneiden. Die Zucchini putzen und der Länge nach in Scheiben schneiden. Den Backofen auf 180 °C vorheizen.
Den Knoblauch mit 1/2 Teelöffel Salz im Mörser zerdrücken, dann mit dem Öl verrühren und die Petersilie untermischen. Die Hälfte der Ölmischung in eine Auflaufform gießen, die Form mit den Zucchini auslegen. Mit Pfeffer würzen. Den Fisch auf die Zucchini legen. Die Kartoffelscheiben fächerförmig auf dem Fisch anordnen, die restliche Ölmischung darüberträufeln.
Den Fisch im Backofen 15 Minuten braten. Dann den Weißwein angießen und weitere 30 Minuten schmoren. In der Form servieren.

Coda di rospo al rosmarino
Seeteufel mit Rosmarin

800 g Seeteufel, ohne Kopf, enthäutet
Salz
frisch gemahlener Pfeffer
150 ml Olivenöl
3 Rosmarinzweige
3 Knoblauchzehen, geschält

Das Fleisch des Seeteufels von der Mittelgräte lösen, waschen, trocken tupfen und mit Salz und Pfeffer würzen.
Das Olivenöl in einer tiefen Pfanne nicht zu stark erhitzen. Rosmarin und Knoblauch in das Öl geben und einige Minuten darin andünsten. Dann den Knoblauch herausnehmen und den Fisch hineinlegen. Bei mittlerer Hitze von beiden Seiten je 3 Minuten braten.
Den Seeteufel auf einem Gemüserisotto anrichten.

Involtini di pesce spada
Schwertfisch-Rouladen

4 lange dünne Schwertfischscheiben à ca. 200 g
etwas Zitronensaft zum Beträufeln
1 kleine Zwiebel
1 Knoblauchzehe
5 EL Olivenöl
2 EL gehackte Petersilie
2 EL geriebener Pecorino
2 EL Semmelbrösel
Salz
Cayennepfeffer
Mehl zum Wenden
125 ml Weißwein
1 TL gehackter Thymian
frisch gemahlener Pfeffer

Den Fisch waschen, trocken tupfen und mit dem Zitronensaft beträufeln. Zwiebel und Knoblauch schälen, fein hacken und in 2 Esslöffeln Olivenöl glasig dünsten. Die Petersilie untermischen, vom Herd nehmen und etwas abkühlen lassen. Dann mit Pecorino und Semmelbröseln vermengen, mit Salz und Cayennepfeffer würzen. Die Fischscheiben damit bestreichen, aufrollen und mit kleinen Holzspießen feststecken.
Die Fischrouladen in Mehl wenden und im restlichen Olivenöl bei schwacher Hitze 10–12 Minuten rundum braten. Dann aus der Pfanne nehmen und warm stellen. Den Bratensatz mit dem Wein ablöschen und die Sauce mit Thymian, Salz und Pfeffer abschmecken. Rouladen portionsweise mit der Sauce anrichten.

Involtini di mullo alle erbe
Meerbarbenröllchen mit Kräuterfüllung

20 Meerbarbenfilets mit Haut
Salz
frisch gemahlener Pfeffer
Saft von 1 Zitrone
2 Knoblauchzehen
1 kleine Zwiebel
3 EL Olivenöl, plus etwas mehr zum Einfetten
2 EL fein gehackte Petersilie
8 fein gehackte Salbeiblätter
10 dünne Scheiben roher Schinken, halbiert
125 ml Weißwein
4 EL Semmelbrösel

Die Fischfilets waschen, trocken tupfen, salzen und pfeffern. Auf eine Platte legen und mit dem Zitronensaft beträufeln. Den Backofen auf 200 °C vorheizen.
Knoblauch und Zwiebel fein würfeln. 1 Esslöffel Öl in einer Pfanne erhitzen, Knoblauch, Zwiebel und Kräuter darin andünsten. Vom Herd nehmen und etwas abkühlen lassen.
Die Filets mit der Hautseite nach unten auf die Arbeitsfläche legen. Jeweils mit der Kräuter-Zwiebel-Mischung bestreichen und 1 Schinkenscheibenhälfte darauflegen. Filets aufrollen und mit Holzspießen zusammenstecken.
Eine Auflaufform mit Öl einfetten. Die Röllchen nebeneinander hineinsetzen. Den Wein einmal aufkochen, dann über den Fisch gießen. Die Semmelbrösel darüberstreuen und mit dem restlichem Öl beträufeln. Im Backofen 15 Minuten garen.

Coda di rospo al rosmarino

Involtini di mullo alle erbe

Scilla und der Schwertfisch

Das sizilianische Städtchen Scilla an der Meerenge von Messina wurde bereits von Homer in der Odyssee beschrieben. Skylla, wie es damals hieß, war nach einem sagenumwobenen Meeresungeheuer benannt, um das sich unzählige Legenden ranken. Gefährliche Strömungen, Strudel und heftige Winde bedrohten in dieser Meerenge die Schifffahrt. Wer den Meeresstrudeln entronnen war, erlitt oft an der Küste von Skylla Schiffbruch.

Scilla, einst in Form eines Amphitheaters angelegt, umschließt die Buchten von Chianalea und Marina Grande und ist heute ein Zentrum für den Schwertfischfang, der eigentlich eine Jagd ist. Traditionell wird der Schwertfisch mit Motorbooten gejagt, deren Masten mit Ausguck bis zu 20 Meter aufragen. Aus dieser luftigen Höhe hält man bei ruhiger, glatter See Ausschau nach den bis zu fünf Meter langen Schwertfischen, die das Wasser durchpflügen. Hat man einen Fisch gesichtet, wird er verfolgt und vom Ausleger aus, der vom Bug des Schiffs einige Meter hinausragt, mit Harpunen erlegt. Im sizilianischen Dialekt heißt diese Harpune *draffinera* oder *ferru*, und die Handwerker, die sie herstellen, nennt man *ferrara* – einer der gängigsten Nachnamen an Siziliens Küsten. Eine besondere kulinarische Spezilität ist die *impanata*, ein süßer Teig, der mit Schwertfisch gefüllt und im Ofen gebacken wird.

Pesce spada ai ferri
Gegrillter Schwertfisch

2 Scheiben Schwertfisch à 300 g
Salz
frisch gemahlener Pfeffer
2 Lorbeerblätter, zerzupft
1 Rosmarinzweig
1 kleine Zwiebel, in dünne Ringe geschnitten
250 ml Olivenöl
2 Knoblauchzehen
1 EL Kapern
2 EL Zitronensaft
1 EL gehackte Petersilie

Den Schwertfisch waschen, trocken tupfen, mit Salz und Pfeffer einreiben und in eine Schale legen. Lorbeerblätter, Rosmarin und Zwiebelringe auf den Fisch geben. 200 ml Olivenöl darübergießen und den Schwertfisch abgedeckt im Kühlschrank 3 Stunden marinieren, dabei mehrmals in der Marinade wenden.
Den Fisch aus der Marinade nehmen und auf dem heißen Grillrost bei mittlerer Hitze auf jeder Seite 8–10 Minuten grillen. Während dieser Zeit mehrfach mit dem Marinadeöl bestreichen. Den Knoblauch fein hacken. Die Kapern ebenfalls hacken. Beides mit dem restlichen Olivenöl, Zitronensaft, Petersilie, Salz und Pfeffer verrühren. Die Filets halbieren, und die Sauce über den fertigen Fisch verteilen.

An der Meerenge von Messina liegt das Städtchen Scilla, einst in Form eines Amphitheaters angelegt.

Schwertfische, ein kulinarisches Wahrzeichen von Sizilien, haben festes, aromatisches Fleisch.

Der grätenfreie Schwertfisch wird in dicke Steakscheiben geschnitten. Er eignet sich besonders gut zum Grillen.

Schwertfischfleisch schmeckt am besten, wenn es auf dem Grill bei mittlerer Hitze auf den Punkt gegart wird.

Perfekt gegrillter Schwertfisch ist im Kern noch leicht rosafarben. Nach zu langem Braten schmeckt es leicht trocken.

Pesce spada ai ferri

Sizilien

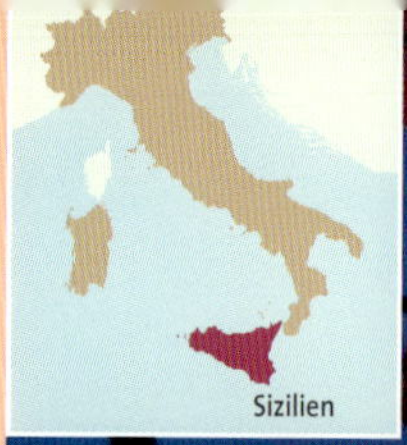

Die größte Mittelmeerinsel und die südlichste Region Italiens hat eine der ältesten und vielseitigsten Regionalküchen des Landes. Beinahe drei Jahrtausende war das Mittelmeer das Zentrum des Abendlands, und Sizilien lag im Schnittpunkt von Ost und West, von Süd und Nord. Hier entwickelte sich eine bunte und variantenreiche Vielvölkerküche, tief geprägt vom Einfluss fremder Kulturen. Den Anfang machten die Griechen, die Syrakus, Catania und Gela gründeten und die Oliven sowie den salzigen Ricotta einführten. Für die Römer war Sizilien ein wichtiger Produzent von Winterweizen, was der Insel den Namen „Kornkammer des Reichs" einbrachte. Nach den Römern kamen die Araber und mit ihnen Zucker, Gewürze, Mandeln und Reis. Die Normannen brachten den Stockfisch mit und die Spanier Schokolade, Tomaten und Auberginen.

Die Basis der modernen sizilianischen Küche bilden heimische Zitrusfrüchte, Tomaten, Oliven, Paprika und natürlich Auberginen. Dazu kommen Nudeln, Fisch, Kräuter und Wildgemüse wie Fenchel, Spargel oder wilder Mangold. Die beliebtesten Fischarten sind Schwert- und Thunfisch, Sardellen, Sardinen und Krustentiere.

Milazzo an der sizilianischen Nordküste gibt es seit der Antike. Von der malerischen Bucht schaut man auf den Ätna, den höchsten aktiven Vulkan Europas.

Salumi di pesce

Die ligurische Hafenstadt Alassio ist das Zentrum der *salumi di pesce*, proteinreicher Nebenprodukte, die aus Fisch hergestellt werden. Dazu gehören der gepresste und getrocknete Fischrogen sowie *busecca*, der aufgeschnittene Magen, der ebenso wie Stockfisch an der Sonne getrocknet wird.

Entstanden sind diese Spezialitäten aus der alten Tradition der Fischer, die Reste, die nach der Zerteilung und dem Verkauf des Fischs übrig bleiben, nicht wegzuwerfen, sondern weiterzuverarbeiten. Kutteln sind die Hauptzutat für ein altes Gericht aus Alassio, das heute nur noch selten in Restaurants angeboten wird. Dafür werden Kuttelstreifen mit Tomaten, Kartoffeln, Peperoncini, Knoblauch, Petersilie und Pinienkernen so lange in Olivenöl geschmort, bis sich auf dem Gericht eine leichte Kruste gebildet hat.

Triglie alla siciliana
Meerbarben mit Orangen

4 rote Meerbarben à 200 g, küchenfertig
Salz
frisch gemahlener Pfeffer
5 EL Olivenöl
2 Orangen
Mehl zum Wenden
125 ml Weißwein
Saft von 1 Zitrone
1 EL fein gehackte Petersilie

Die Meerbarben waschen, trocken tupfen und mit Salz und Pfeffer einreiben. In eine Schale legen, mit 3 Esslöffeln Olivenöl beträufeln und 10 Minuten ziehen lassen.

Die Orangen heiß waschen, trocken reiben und die Schale mit einem Zestenschneider in dünnen Streifen abziehen. Die Orangen auspressen.

Das restliche Öl in einer großen beschichteten Pfanne erhitzen. Die Fische in Mehl wenden und im Öl auf jeder Seite 5–6 Minuten bei mittlerer Hitze braten. Dann herausnehmen und warm stellen.

Den Bratenfond mit dem Weißwein ablöschen. Wenn der Wein fast eingekocht ist, Orangen- und Zitronensaft zugießen und die Sauce mit Salz und Pfeffer abschmecken. Die Meerbarben auf einer vorgewärmten Platte anrichten, mit der Sauce begießen, Petersilie und Orangenzesten darüberstreuen und servieren.

Für die traditionelle mattanza errichten die Fischer ein Fangnetzsystem.

Diese archaische Form des Thunfischfangs ist nichts für zarte Nerven.

Die Fische werden mit den Netzen immer enger zusammengetrieben.

Die Fischer warten, bis die Thunfische langsam erschöpft sind.

Dann werden sie harpuniert und mithilfe der Netze an Bord gezogen.

Es erfordert Kraft und Geschick, die schweren Fische an Bord zu hieven.

Thunfisch

Thunfische sind recht ungewöhnliche Meeresbewohner. Die torpedoförmigen, kräftigen Fische sind ausdauernde Schwimmer und legen bei ihren Wanderungen Tausende von Kilometern zurück. Da die Fische keine Schwimmblase haben, müssen sie ständig in Bewegung sein, um genügend Sauerstoff aufzunehmen.

Thunfischfleisch ist grätenfrei und hat wie das der Schwertfische eine feste Konsistenz, die eher an Fleisch als an Fisch erinnert. Beim Grillen oder Braten behält das Fleisch seine zarte Struktur, während es bei zu langem Garen trocken werden kann. Der größte Thunfisch ist der Blauflossen-Thun, wegen seines dunkelroten Fleischs auch Roter Thunfisch genannt. Er kann bis zu 4,5 m lang werden und ein Gewicht von mehr als 800 kg erreichen.

Tonno, Thunfisch, ist einer der beliebtesten Fische in der italienischen Küche. Auf jedem Fischmarkt wird der frische Fisch, der auch roh sehr gut schmeckt, in großen Scheiben angeboten. Die Sizilianer haben eine besonders innige Beziehung zum Thunfisch. Jedes Jahr passieren die Fische auf ihrem Weg zu den Laichgründen in der Ägäis die sizilianische Meerenge. Seit dem 9. Jahrhundert wird er hier nach einer besonderen Methode gejagt, der *mattanza*. Bei der Mattanza treibt man einen Thunfischschwarm mit einem System von Reusen und Netzen in eine zentrale Fangkammer, der *cammera della morte* (Todeskammer), aus der die Fische dann mit Enterhaken auf die Boote gezogen werden.

Thunfischfleisch ist leicht verderblich. Deshalb müssen die Fische gleich nach dem Fang verkauft und rasch verarbeitet werden.

Tonno fresco al forno
Gebackener Thunfisch

700 g Thunfisch am Stück
Salz
frisch gemahlener Pfeffer
2 EL Zitronensaft
Mehl zum Wenden
2 Lorbeerblätter
einige Zweige Fenchelgrün
4 Schalotten, geviertelt
7 EL Olivenöl
250 ml trockener Weißwein

Den Backofen auf 175 °C vorheizen. Den Thunfisch waschen, trocken tupfen, salzen, pfeffern, mit dem Zitronensaft beträufeln und in Mehl wenden. Überschüssiges Mehl abklopfen.
Den Fisch in eine Auflaufform setzen, Lorbeerblätter und Fenchelgrün daraufgeben. Die Schalotten um den Fisch legen. Das Olivenöl über den Fisch träufeln und den Wein angießen.
Die Form mit Alufolie abdecken. Den Thunfisch im Backofen 40 Minuten garen. 10 Minuten vor Ende der Garzeit die Alufolie entfernen. Den Fisch in 4 gleich große Stücke schneiden und mit den Schalotten anrichten.

Tonno all'alloro
Thunfisch mit Lorbeerblättern

4 Scheiben frischer Thunfisch à 250 g
8 EL Olivenöl
Saft von 1 Zitrone
Salz
frisch gemahlener Pfeffer
12 Lorbeerblätter

Den Thunfisch waschen und mit Küchenpapier trocken tupfen. 5 Esslöffel Olivenöl mit dem Zitronensaft, Salz und Pfeffer verrühren und die Fischscheiben damit bestreichen.
Die Lorbeerblätter mehrmals quer brechen, damit die ätherischen Öle besser austreten können. Die Thunfischscheiben aufeinanderlegen und zwischen die Scheiben die Lorbeerblätter verteilen. Den Fisch fest in Frischhaltefolie wickeln und im Kühlschrank etwa 3 Stunden ziehen lassen.
Das restliche Olivenöl in einer großen Pfanne erhitzen. Die Folie entfernen und die Fischscheiben ohne Lorbeerblätter im Öl auf jeder Seite etwa 5 Minuten braten.

Coda di rospo al vino bianco
Seeteufel in Weißweinsauce

8 kleine Seeteufelfilets
5 EL Olivenöl
1 Zwiebel, fein gehackt
2 Knoblauchzehen, fein gehackt
2 Selleriestangen, gewürfelt
2 EL fein gehackte Petersilie
Salz
frisch gemahlener Pfeffer
Mehl zum Bestäuben
250 ml Weißwein

Die Fischfilets waschen und trocken tupfen. Den Backofen auf 200 °C vorheizen.
2 Esslöffel Olivenöl in einer Pfanne erhitzen, Zwiebel, Knoblauch und Sellerie darin andünsten. Die Petersilie untermischen und das Gemüse in eine Auflaufform umfüllen.
Die Fischfilets salzen, pfeffern und leicht mit Mehl bestäuben. Das restliche Öl in der Pfanne erhitzen und den Fisch darin auf jeder Seite kurz anbraten. Dann aus der Pfanne nehmen und auf das Gemüse legen. Mit dem Bratfett begießen und den Wein zufügen. Im Backofen in 10–15 Minuten fertig garen.

Tonno fresco al forno

Filetti di sogliola al cartoccio
Seezungenfilets en papillote

4 große Seezungenfilets
50 g entsteinte schwarze Oliven
1 EL fein gehackter Oregano
2 EL fein gehackte Petersilie
3 EL Olivenöl, plus etwas mehr zum Einfetten
Salz
frisch gemahlener Pfeffer
2 EL Zitronensaft

Den Backofen auf 180 °C vorheizen. Die Fischfilets waschen und trocken tupfen. Die Oliven fein hacken und mit Oregano, Petersilie und 2 Esslöffeln Olivenöl verrühren.

4 Bögen Backpapier mit Olivenöl einfetten und auf jedes Stück 1 Seezungenfilet legen. Mit Salz, Pfeffer und Zitronensaft würzen und die Oliven-Kräuter-Mischung darauf verstreichen. Das Backpapier über den Fischfilets zusammenfalten und gut verschließen. Den Fisch im Backofen 6–7 Minuten garen, dann im Backpapier servieren.

Garen in Backpapier

Schon sehr früh haben unsere Vorfahren Gemüse, Fleisch, Fisch und Geflügel in einem Schutzmantel aus Blättern oder Lehm langsam und schonend gegart.

Die Verpackung erfüllt dabei zwei Aufgaben: Sie schützt die Aromastoffe im Innern und bewahrt die Gerichte vor dem Austrocknen. Die Speisen schmoren im eigenen Saft und behalten ihre wertvollen Inhaltsstoffe, ihren Eigengeschmack und ihre ursprüngliche Form. Außerdem wird so das Entstehen von schädlichen Röststoffen verhindert. Diese sanfte Garmethode eignet sich ganz besonders gut für Fisch.

Da Backpapier (früher Pergament) nicht zu heiß wird und obendrein „atmet", unterstützt es die Entfaltung der Aromastoffe während des Garprozesses optimal. Es gibt spezielles Papier, das für diese schonende Garmethoden entwickelt worden ist. Man kann aber auch schlichtes Butterbrotpapier verwenden, von dem man drei Blatt übereinanderlegt und dick mit Fett einstreicht, damit es nicht durchweicht. Achtung: Die Backofentemperatur darf 190 °C nicht übersteigen, sonst verbrennt das Papier.

Pesce spada in cartoccio

Pesce spada al cartoccio
Schwertfisch in der Folie

1 Schwertfischsteak, ca. 700 g
Saft von 1/2 Zitrone
Salz
frisch gemahlener Pfeffer
Maismehl zum Wenden
4 EL Olivenöl
1 Gemüsezwiebel, in Scheiben geschnitten
2 Knoblauchzehen, in Scheiben geschnitten
12 frische Minzeblätter
125 ml Weißwein

Den Backofen auf 180 °C vorheizen.
Den Fisch waschen, trocken tupfen, mit Zitronensaft beträufeln und mit Salz und Pfeffer würzen. In Mehl wenden, überschüssiges Mehl abklopfen.
2 Esslöffel Öl in einer Pfanne erhitzen und den Fisch darin kurz auf beiden Seiten anbraten. Aus der Pfanne nehmen und in eine Auflaufform mit Deckel legen. Zwiebel und Knoblauch im Bratöl andünsten, dann über den Fisch geben. Die Minzeblätter darüber verteilen und den Wein angießen.
Die Form mit Alufolie abdecken und mit dem Deckel verschließen. Den Fisch im Backofen ca. 25 Minuten dünsten.
Zum Servieren den Fisch in Scheiben schneiden und auf einer vorgewärmten Platte mit dem Zwiebel-Minze-Sud anrichten.

Das Fischfilet waschen, mit Küchenpapier trocken tupfen und würzen.

Die Tomaten häuten und in gleichmäßige, dünne Scheiben schneiden.

Fisch, Zwiebel, Knoblauch, Tomaten und Kräuter in die gefettete Alufolie legen.

Die Alufolie über dem Fisch zusammenfalten, dabei die Seiten nach unten einschlagen.

Fisch in Folie garen – Grundrezept

4 Fischfilets à 200 g
Saft von 1 Zitrone
Salz
frisch gemahlener Pfeffer
4 Tomaten
1 Zwiebel
1 Knoblauchzehe
60 ml Olivenöl, plus Öl zum Einfetten
8 Thymianzweige

Fischfilets waschen, trocken tupfen, mit Zitronensaft, Salz und Pfeffer würzen. Tomaten häuten und in dünne Scheiben schneiden. Zwiebel und Knoblauch ebenfalls in dünne Scheiben schneiden. Den Backofen auf 175 °C vorheizen. 4 Stücke Alufolie mit Olivenöl einpinseln. Auf jedes Folienstück 3 Tomatenscheiben legen, Zwiebel und Knoblauch darauf verteilen, mit Salz und Pfeffer würzen. Die Fischfilets daraufgeben, mit den restlichen Tomatenscheiben bedecken, die Thymianzweige darauf verteilen und das Öl darüberträufeln.
Die Alufolie über dem Fisch zusammenfalten, die Seiten nach unten einschlagen. Im Backofen 15 Minuten backen. In der Folie servieren.

Burrida, Bagnun und Ciuppin

Rezepte für Fischsuppen und Eintöpfe sind an Italiens Küste so zahlreich wie die kleinen Trattorien in den Fischerdörfern. Jeder Wirt, jede Mama und jeder Fischhändler hat ein eigenes Familienrezept dafür, das sich geringfügig von den Rezepten der Nachbarn unterscheidet. Die wirklich großen Unterschiede sind eher regional bedingt.

Ligurien, bekannt für seine Suppenvielfalt, wartet gleich mit drei typischen Fischsuppen auf: *burrida* (Rezept gegenüber), *bagnun* und *ciuppin*. *Bagnun de anciue* ist eine Spezialität des kleinen Fischerdorfs Riva Trigoso. Entstanden ist sie vor rund 200 Jahren an Bord der Fangboote aus den Zutaten, die für die Fischer damals leicht und preiswert zu beschaffen waren: Öl, Tomaten, frische Sardellen und Schiffszwieback. Das nicht weit von Riva Trigoso gelegene Sestri Levante ist der Geburtsort des Ciuppin, ursprünglich ein passierter Fischsud aus Fischresten und geröstetem Brot oder Zwieback. Im Lauf der Zeit wurde die Suppe mit immer edleren Fischen angereichert und leicht eingedickt. Heute ist sie oft schon eine eigenständige Mahlzeit.

Couscous

Aus der arabischen, genauer gesagt der nordafrikanischen Küche stammt der Couscous, ein Gericht aus fein geschrotetem Weizen oder Hirse. Doch während man in seiner Heimat den Couscous mit Fleisch, Fisch, Meeresfrüchten und Gemüse zubereitet, verwendet die sizilianische Küche für ihren *cuscusu* ausschließlich Fisch. Seinen Namen hat das Gericht von dem gleichnamigen Getreideprodukt. Dafür wird der Weizen zuerst gemahlen, dann gedämpft und anschließend in einem zeitaufwendigen Verfahren zu kleinen Kügelchen geformt.

Burrida
Fischtopf

1 kg gemischte Fische z.B. Seeteufel, Meeraal, Drachenkopf, küchenfertig
2 vollreife Fleischtomaten
5 EL Olivenöl
2 Knoblauchzehen, gehackt
1 Zwiebel, gehackt
1 in Öl eingelegtes Sardellenfilet, fein gehackt
5 Walnusskerne
250 ml Weißwein
Salz
1 Lorbeerblatt
100 ml Fischfond
frisch gemahlener Pfeffer

Die Fische waschen und in mundgerechte Stücke zerteilen. Tomaten blanchieren, häuten und in kleine Würfel schneiden. Das Olivenöl in einem Topf erhitzen, Knoblauch und Zwiebel darin andünsten. Sardelle und Tomaten zufügen und im Öl anbraten. Die Walnusskerne in einem Mörser zerstoßen und unter den Wein rühren. Dann unter die Tomaten geben, mit Salz und Lorbeerblatt würzen und etwas einkochen lassen. Die Fischstücke hineinlegen, mit dem Fischfond aufgießen und zum Kochen bringen. Bei schwacher Hitze zugedeckt 10 Minuten ziehen lassen. Vor dem Servieren mit Pfeffer abschmecken.

Zuppa di acciughe
Sardellensuppe

600 g frische Sardellen, küchenfertig
1 Zwiebel, in dünne Scheiben geschnitten
60 ml Olivenöl
2 Knoblauchzehen, fein gehackt
1 Karotte, fein gewürfelt
1 kleine Petersilienwurzel, fein gewürfelt
1 Selleriestange, fein gewürfelt
125 ml Weißwein
250 g passierte Tomaten aus der Dose
Salz und Pfeffer

Die Sardellen waschen und trocken tupfen. Die Zwiebel im Olivenöl andünsten. Knoblauch und Gemüse zufügen und unter Rühren anrösten. Mit dem Wein ablöschen und einkochen lassen. Die Tomaten unterrühren und alles zum Kochen bringen. Die Sardellen zufügen, mit Salz und Pfeffer würzen und ca. 30 Minuten köcheln lassen. Dabei nach und nach 1 Liter heißes Wasser zugießen. Während des Kochens den Topf ab und zu schwenken, aber nicht umrühren, damit die Sardellen nicht zerfallen.

Die burrida wird in unzähligen Varianten gekocht. Wichtigste Zutat ist aber stets fangfrischer Fisch.

Cuscusu
Sizilianischer Fisch-Couscous

1 kg kleine Mittelmeerfische, z.B. Meerbarbe, Knurrhahn
Salz
frisch gemahlener Pfeffer
100 ml Olivenöl
3 Tomaten
1 Zwiebel, fein gehackt
2 Knoblauchzehen, fein gehackt
1 Karotte, gewürfelt
1 Lorbeerblatt
1 Msp. Cayennepfeffer
1/2 Zimtstange
4 Tintenfische, küchenfertig
300 g vorgegarter Couscous
1 EL fein gehackte Petersilie

Die Fische putzen und entgräten, Köpfe und Gräten beiseitestellen. Das Fischfleisch in mundgerechte Stücke schneiden, in eine Schüssel legen, salzen, pfeffern und mit Olivenöl beträufeln – 2 Esslöffel Olivenöl zurückbehalten. Die Schüssel mit Frischhaltefolie abdecken und kühl stellen.
Die Tomaten blanchieren, vierteln, entkernen und klein schneiden.
Das restliche Öl in einem Topf erhitzen und die Zwiebel darin glasig dünsten. Knoblauch, Karotte, Fischköpfe und Gräten dazugeben, mit Lorbeerblatt, Salz, Pfeffer, Cayennepfeffer und Zimtstange würzen und kurz anrösten. Die Tomaten hinzufügen und 500 ml Wasser angießen. 30 Minuten bei kleiner Hitze köcheln lassen.
Die Tintenfische in Ringe schneiden. Den Fischsud durch ein feines Sieb in einen zweiten Topf passieren. 250 ml Wasser angießen, zum Kochen bringen und die Tintenfischringe darin 30–35 Minuten garen, bis sie weich sind. Mit einem Schöpflöffel herausheben und warm stellen.
Den Couscous in eine Schüssel geben, mit 250 ml kochender Fischbrühe übergießen und 10 Minuten quellen lassen. Mehrfach mit einer Gabel auflockern.
Die restliche Fischbrühe wieder aufkochen, den Fisch hineingeben und bei kleiner Hitze 3–4 Minuten gar ziehen lassen, aber nicht kochen. Die Tintenfischringe dazugeben und in der Brühe erhitzen.
Den Couscous auf eine vorgewärmte Servierplatte geben, Fisch und Tintenfisch aus der Brühe heben und um den Couscous herum anrichten. Mit Petersilie bestreut servieren.

Klippfisch und Stockfisch

Auch wenn es auf den ersten Blick verwunderlich scheint: Die Italiener lieben den getrockneten Kabeljau aus dem hohen Norden, der je nach Verarbeitungsart als *baccalà*, Klippfisch, oder *stoccafisso*, Stockfisch, angeboten wird. Erstmals ins Land gebracht haben ihn einst die Normannen, heute kommt er vorwiegend aus Norwegen nach Italien. Lange vor der Erfindung der Tiefkühltruhe war der getrocknete Fisch für die Menschen im Landesinnern die einzige Möglichkeit, rund um das Jahr qualitativ hochwertigen Meeresfisch zu bekommen. Über Jahrhunderte war er eine beliebte Fastenspeise, und Seeleuten diente er dank seiner monatelangen Haltbarkeit als proteinreicher Proviant auf ihren langen Fahrten.

Klipp- und Stockfisch unterscheiden sich in Geschmack und Konsistenz deutlich voneinander, obwohl das Ausgangsprodukt für beide der frische, ausgenommene Kabeljau ist. Für Klippfisch wird der Kabeljau zunächst in zwei Hälften geschnitten und die Rückengräte entfernt. Dann wird der Fisch gesalzen und anschließend zum Trocknen an der Luft ausgelegt. Früher geschah das auf den Klippen, daher sein Name. Für Stockfisch trocknet man den ganzen Kabeljau ungesalzen auf Stockgerüsten im Wind.

Vor der Zubereitung müssen Klipp- und Stockfisch gründlich gewässert werden, was gute Fischhändler in Italien schon vor dem Verkauf erledigen. Dafür wird der Fisch in ein Gefäß gelegt, durch das ständig frisches Wasser fließt. Während der Stockfisch schon nach einem Tag Wässern weiterverarbeitet werden kann, muss man den Klippfisch zwei bis drei Tage in Wasser legen, um ihm das Salz weitgehend zu entziehen. Auch wenn der getrocknete Fisch sehr robust ist – einmal gewässert, wird er wieder empfindlich. Klippfisch sollte nicht zu lange gekocht oder gebraten werden, sonst wird er zäh.

Stockfisch ist in ganz Italien seit Normannzeiten beliebt. Der getrocknete Kabeljau gibt Fischgerichten einen ganz besonderen Geschmack.

Ein alltägliches Bild sind die getrockneten Stockfischstücke in den Auslagen vieler Fischgeschäfte.

Baccalà in ziminio

Baccalà in ziminio
Klippfisch mit Mangold

750 g Klippfisch
Mehl zum Wenden
500 g Mangold
4 EL Olivenöl
1 kleine Gemüsezwiebel, gehackt
1 Knoblauchzehe, gehackt
250 ml Brühe
1 TL abgeriebene Orangenschale
Salz
frisch gemahlener Pfeffer
1 EL fein gehackte Petersilie

Den Klippfisch mindestens 48 Stunden wässern, dabei das kalte Wasser mehrmals wechseln. Dann den Fisch aus dem Wasser nehmen, gut abtropfen lassen und trocken tupfen. Den Fisch von Haut und Gräten befreien und in etwa 5 cm große Stücke schneiden. Die Fischstücke in Mehl wenden, überschüssiges Mehl abklopfen. Den Mangold putzen, waschen, abtropfen lassen und in Streifen schneiden.

Das Olivenöl erhitzen und den Fisch darin auf allen Seiten anbraten. Fischstücke aus der Pfanne nehmen und warm stellen. Zwiebel und Knoblauch im Bratenfond glasig dünsten, dann den Mangold dazugeben und kurz andünsten. Mit der Brühe aufgießen, mit Orangenschale, Salz, Pfeffer und Petersilie würzen und 10 Minuten zugedeckt garen.

Die Fischstücke auf das Gemüse legen und bei kleiner Hitze ca. 10 Minuten ziehen lassen.

Baccalà alla bolognese
Klippfisch auf Bologneser Art

750 g gewässerter Klippfisch
2 EL Butter
100 ml Olivenöl
Salz
frisch gemahlener Pfeffer
2 Knoblauchzehen, gehackt
2 EL fein gehackte Petersilie
1 TL abgeriebene Zitronenschale
Saft von 1 Zitrone

Den Fisch von Haut und Gräten befreien und in große Stücke schneiden. Den Backofen auf 175 °C vorheizen.

In einer backofenfesten Pfanne 1 Esslöffel Butter und das Olivenöl erhitzen. Die Fischstücke nebeneinander in die Pfanne legen und leicht anbräunen. Den Fisch vorsichtig wenden, mit Salz und Pfeffer würzen. Knoblauch, Petersilie und Zitronenschale darüber verteilen. Die restliche Butter in Flöckchen daraufsetzen.

Im Backofen 10 Minuten garen. Danach herausnehmen, den Fisch mit dem Zitronensaft beträufeln und in der Form servieren.

Stoccafisso alla fiorentina
Stockfisch auf Florentiner Art

750 g Stockfisch
Mehl zum Wenden
6 EL Olivenöl
1 weiße Zwiebel, fein gehackt
500 g passierte Tomaten aus der Dose
2 Lorbeerblätter
Salz
frisch gemahlener Pfeffer
600 g Spinat
frisch geriebene Muskatnuss

Den Stockfisch mindestens 24 Stunden wässern. Dann den Fisch trocken tupfen, von Haut und Gräten befreien und in mundgerechte Stücke schneiden. Die Fischstücke in Mehl wenden, überschüssiges Mehl abklopfen.

4 Esslöffel Olivenöl erhitzen und den Fisch darin auf allen Seiten anbraten. Die Fischstücke aus der Pfanne nehmen und die Zwiebel im Bratenöl glasig dünsten. Die passierten Tomaten unterrühren, Lorbeerblätter zufügen und die Sauce mit Salz und Pfeffer würzen. Die Fischstücke in die Sauce legen und 15 Minuten köcheln lassen.

Inzwischen den Spinat putzen und gründlich waschen. Das restliche Öl in einem Topf erhitzen, den noch tropfnassen Spinat zufügen und bei schwacher Hitze zugedeckt einige Minuten dünsten. Mit Salz und Muskatnuss würzen und zum Fisch servieren.

Stoccafisso alla fiorentina

Cappon magro

Das vielleicht berühmteste ligurische Fischgericht, *cappon magro*, ist ein Emporkömmling. Im Lauf der Jahrhunderte hat es den großen Schritt vom Genueser Arme-Leute-Essen ganz nach oben in die feine Küche geschafft. Auf dem weiten Weg dorthin ist aus dem einfachen Gericht eine üppige Köstlichkeit geworden. Ursprünglich wurde Cappon magro aus Resten und den frischen Zutaten, die ein Seemann im Hafen bekommen konnte, zubereitet: Etwas Fisch und Gemüse wurden auf Schiffszwieback gelegt, der zuvor mit Knoblauch eingerieben und mit Olivenöl beträufelt worden war.

Inzwischen präsentiert sich der Cappon magro als aufwendiger, fast schon barocker Fisch- und Gemüsesalat in einer gehaltvollen Kräutermayonnaise. Die Zusammenstellung der zahlreichen Gemüsesorten, Fische und Meeresfrüchte hängt dabei ganz vom persönlichen Geschmack ab. Es sollten jedoch möglichst viele verschiedene Aromen und Konsistenzen gemischt werden.

Der klassische Cappon magro ist ein überaus kunstvolles Gebilde. Seine Basis besteht nach wie vor aus Zwieback, der mit Knoblauch eingerieben und mit Meerwasser beträufelt wird. Auf den Zwieback werden nun pyramidenförmig viele Lagen von verschiedenen frischen Gemüsen und Fischen aufgeschichtet und mit Kräutermayonnaise angereichert. Gekrönt wird das kulinarische Kunstwerk von gekochten Krustentieren, und der Sockel schließlich wird mit frischen Austern und Muscheln umkränzt. Auch ein Streifen getrocknetes Delfinfleisch, einst Bordverpflegung der Genueser Seeleute, gehört als traditionelle Zutat zu einem „echten“ Cappon magro.

Seinen Namen bekam das einstige Seemannsgericht übrigens an Land. Während der strengen Fastenzeit war der Genuss des in Ligurien sehr beliebten Kapauns, eines fetten, kastrierten und gemästeten Hahns, verboten. Kirchenpolitisch korrekt ersetzte man ihn durch ein Fischgericht, das nun allerdings ganz zu Unrecht das Adjektiv „mager“ trägt. An der Riviera di Ponente wird auch heute noch eine „ärmliche Schwester“ des Cappon magro, die *capponada*, aus getrocknetem Thunfisch und Schiffszwieback zubereitet.

Cappon magro
Magerer Kapaun

Das Gericht besteht aus so vielen Zutaten, dass sich die Zubereitung nur für eine größere Tischrunde lohnt. Diese Variante macht etwa zwölf hungrige Gäste satt. Früher wurden alle Zutaten auf Zwieback angerichtet. Heute reicht man den Zwieback oder geröstetes Brot lieber getrennt dazu.

4 Selleriestangen
500 g Karotten, in Streifen geschnitten
1 Blumenkohl, in Röschen zerteilt
750 g Brokkoli, in Röschen zerteilt
4 Fenchelknollen, geviertelt
Salz
6 Zucchini
ca. 500 ml Olivenöl
ca. 300 ml Weißweinessig
frisch gemahlener Pfeffer
1 kg Kabeljaufilet
2 EL Zitronensaft
12 Eier, hart gekocht
2 Scheiben weißes Bauernbrot vom Vortag
3 Knoblauchzehen, gehackt
100 g Pinienkerne
7 in Öl eingelegte Sardellenfilets
3 EL fein gehackte Petersilie
3 EL fein gehacktes Basilikum
12 in Öl eingelegte Artischockenherzen
1 gekochte Languste
2 Zitronen
12 gekochte Scampischwänze
schwarze und grüne Oliven zum Garnieren

Die Selleriestangen in etwa 6 cm lange Stücke schneiden. Sellerie, Karotten, Blumenkohl, Brokkoli und Fenchel getrennt in kochendem Salzwasser bissfest garen und gut abtropfen lassen.
Die Zucchini waschen und längs vierteln. Dann in 4 Esslöffeln Olivenöl leicht anbraten und mit dem Bratenöl sowie 4 Esslöffeln Essig in eine Schüssel geben, salzen und pfeffern.
200 ml Essig mit 250 ml Olivenöl, Salz und Pfeffer zu einer Marinade verquirlen. Das Gemüse nach Sorten getrennt in Schalen legen und mit der Marinade beträufeln. Alles zugedeckt über Nacht ziehen lassen.
Am nächsten Tag das Kabeljaufilet in Salzwasser und dem Zitronensaft pochieren. Vom Herd nehmen und zugedeckt im Sud erkalten lassen. Dann den Fisch in mundgerechte Stücke zerpflücken.
Für die Sauce 6 Eier schälen und das Eigelb herauslösen, das Eiweiß wegwerfen. Das Brot entrinden und würfeln. Eigelb, Brotwürfel, Knoblauch, Pinienkerne, Sardellenfilets und Kräuter im Mixer glatt pürieren. Das restliche Olivenöl in dünnem Strahl zugießen und eine Mayonnaise herstellen. Mit Salz, Pfeffer und Essig würzen und in eine Schüssel füllen.
Restliche Eier und Artischockenherzen halbieren. Die gekochte Languste längs halbieren, das Schwanzfleisch auslösen und in Scheiben schneiden. Alle Zutaten auf 2 großen Servierplatten dekorativ anrichten. Die Zitronen achteln und das Gericht mit Scampischwänzen, Zitronenspalten und Oliven garnieren. Die Sauce getrennt dazu reichen.

Zucchini, Fenchel, Selleriestangen und Karotten in Stücke schneiden.

Die gebratenen Zucchini salzen, pfeffern und in Weinessig marinieren.

Salzwasser mit Zitronensaft aufkochen und den Fisch darin pochieren.

Das Olivenöl mit den übrigen Zutaten zu einer Mayonnaise aufschlagen.

FRUTTI DI MARE

Angeblich essen die Italiener alles, was schwimmt. Und auf viele Vertreter der *frutti di mare*, der Meeresfrüchte, trifft dies auch zu. Ob große oder kleine Garnelen, Muscheln und Austern, Tintenfische und Kraken, Seespinnen, Seeigel und Heuschreckenkrebse, Langusten oder Hummer – all diesen kleinen und großen Meeresbewohnern droht das gleiche Schicksal, und das heißt „Kochtopf“, wenn sie nicht gleich am Strand frisch mit etwas Zitronensaft gegessen werden.

Fast alle Regionen Italiens grenzen an das Meer. Da ist es nicht weiter verwunderlich, dass die Meeresbewohner schon früh das kulinarische Interesse der Küstenbewohner weckten, die das fast unerschöpfliche, nahrhafte und wohlschmeckende Reservoir zu nutzen wussten. Das Meer bringt im übertragenen Sinn seit vielen Jahrhunderten mehr Früchte hervor als alle Obst- und Gemüsegärten. Besonders beliebt waren dabei stets die Muscheln – sie waren einfach zu ernten und mussten nicht gejagt werden.

Schon in der Antike schätzte man das feine Fleisch von Hummer, Garnelen und Austern. Antike Schriftsteller wie Ovid und Plinius haben sich mit diesen Tieren beschäftigt und in ihren Werken die Methoden und Geräte beschrieben, mit denen sie gefangen wurden. Mosaike und Wandmalereien in Pompeji und anderen antiken Städten zeugen davon, dass die Frutti di mare schon damals gern gesehene Gäste auf den Tafeln fröhlicher Genießer waren.

Frische Meeresfrüchte sind nicht nur optisch eine Zierde jeder Tafel und begeistern seit Jahrtausenden die Feinschmecker (rechts).

Der Fischfang ist eine Haupterwerbsquelle auf der kleinen sardischen Insel Sant'Antioco, die bereits in prähistorischer Zeit bewohnt war (unten).

Neptun

Wer kennt ihn nicht, den bärtigen römischen Gott Neptun, der nicht nur in vielen italienischen Städten die Prachtbrunnen ziert, sondern auch in der christlichen Seefahrt bei der Äquatortaufe persönlich an Bord kommt. Mit seinem Dreizack spaltet er Felsen und lässt Quellen entspringen. Und wenn er auf seinem von Pferden gezogenen goldenen Wagen über das Meer zieht, peitscht er die Wellen zu Sturmfluten auf – oder besänftigt das Tosen.

Neptun war Gebieter über die Meere und wurde in der Antike nicht nur von Seeleuten verehrt. Nachdem er und seine Brüder den Vater Saturn vom Götterthron gestürzt hatten, teilten sie sein Reich unter sich auf. Jupiter erhielt den Himmel, Pluto die Unterwelt, Neptun das Meer und alle fließenden Gewässer. Zu seinen Ehren feierten die Römer jährlich am 23. Juli das Fest Neptunalia, um die Trockenheit zu bekämpfen. Das Datum war mit Bedacht gewählt – zu dieser Zeit hatte der Tiber den geringsten Wasserstand.

In der Renaissance entdeckte man dann Neptun neu: als beliebtes Motiv für prächtige Brunnen. Bis heute prägen diese Brunnen das Bild vieler italienischer Städte, wie in Florenz auf der Piazza della Signoria und auf dem Domplatz von Trient.

Italiens Küste

Die Cinque Terre hat die schönste Küste Italiens, sagen deren Bewohner. Die Amalfiküste sei viel schöner, behaupten die Amalfianer, und die Viestaner sind davon überzeugt, dass ihre Küste zwischen Vieste und Mattinata alle anderen Küsten Italiens in den Schatten stellt. Welcher Abschnitt der rund 8500 Kilometer langen Gesamtküste nun wirklich den Sieg davon trägt, wird immer vom Auge des jeweiligen Betrachters abhängen. Gerade in der außerordentlichen Vielfalt der ganz unterschiedlichen Küstenlandschaften – von den schroff zerklüfteten Felsküsten der Riviera bis zu den breiten Sandstränden der Adria – liegt der besondere Reiz Italiens.

Vier Meere umspülen die lang gezogene Halbinsel: das Ligurische Meer im Nordwesten, das Thyrrhenische Meer entlang der Westküste bis Sizilien, das Ionische Meer an der südlichen Stiefelspitze und das Adriatische Meer, das sich an der Ostküste bis zum Golf von Triest erstreckt. Sie geben den angrenzenden Landstrichen ihre ganz eigene Prägung.

Der ständige Wechsel von Formen und Farben, der Duft von wilden Kräutern, der sich mit salziger Meerluft vermischt, und die sanften Brisen, die vom Meer her weit ins Land streichen, haben schon vor Jahrhunderten Reisende nach Italien gezogen. Ab der zweiten Hälfte des 18. Jahrhunderts kamen neben Künstlern auch Adlige und Söhne aus gutem Hause nach Italien, um hier ihre „Erziehung zum Schönen" zu verfeinern.

Für die Bewohner der Küsten ist das Meer aber nicht nur eine ästhetische Freude, sondern auch harte Arbeit. Bevor der Tourismus Italiens Küsten entdeckte, war das Leben hier eher ärmlich und bescheiden. Vieles, was damals aus purer Not in den Kochtopf und auf den Tisch kam, wie beispielweise die Frutti di mare, ist heute eine begehrte und bisweilen auch kostspielige Delikatesse. Zubereitet werden die Meeresfrüchte häufig noch auf traditionelle Art – mit Sorgfalt, Fantasie und einer Prise Liebe zum Meer und seinen kulinarischen Schätzen.

Cinque Terre gehört zu den schönsten Küstenregionen Italiens. Der ligurische Küstenstreifen wurde 1997 zusammen mit dem nahe gelegenen Portovenere zum Weltkulturerbe der Unesco erklärt.

Vom Umgang mit Meeresfrüchten

Am besten schmecken Meeresfrüchte, *frutti di mare*, frisch gefangen an der Küste. Doch die wenigsten Genießer wohnen direkt an einem Hafen. Sie sind also auf gute Ware aus dem Landesinnern angewiesen. Dabei sollte man nicht vergessen, dass Qualität ihren Preis hat und vor allem Krustentiere kein billiges kulinarisches Vergnügen sind.

Schalen- und Krustentiere verderben schnell. Deshalb kauft man Hummer, Languste und Flusskrebs frisch im Fachgeschäft und verarbeitet sie möglichst schnell, das heißt noch am Tag des Einkaufs. Lange Transportwege oder viele Tage Lagerung sind der Qualität nicht zuträglich. Frische Tiere erkennt man daran, dass sie bei Berührung sofort den Schwanz krümmen.

Grundvoraussetzung für den Genuss von Langusten und Hummern ist es, die Tiere am heimischen Herd zu töten. Wer davor zurückschreckt, sie lebend in kochendes Wasser zu werfen, sollte solche Delikatessen lieber im Restaurant essen und das fachmännische Zubereiten den Profiköchen überlassen. Für manche Gerichte kann man auch bereits vorgekochte Krustentiere verwenden, die es inzwischen tiefgefroren in guter Qualität gibt. Allerdings muss man dann geschmacklich einige Abstriche machen.

Muscheln filtern das Meerwasser, um sich von dem darin enthaltenen Plankton zu ernähren. Dabei sammeln sie leider auch Schadstoffe in sich an. Die heute im Handel erhältlichen Muscheln kommen fast ausschließlich aus Zuchtanlagen. Hier sorgen strenge Vorschriften und Kontrollen dafür, dass die Schadstoffbelastung äußerst gering ist. Auch Muscheln müssen lebendig sein, wenn sie gekocht werden. Das erkennt man daran, dass ihre Schalen fest geschlossen sind oder sich zumindest, wenn man leicht dagegenklopft, verschließen. Geöffnete Muscheln muss man wegwerfen, ebenso solche, die sich nach dem Kochen nicht geöffnet haben.

Auch Austern, die oft roh gegessen werden, müssen vor dem Verzehr oder der Zubereitung noch leben. Ob dies tatsächlich der Fall ist, kann man nach dem Öffnen der Schalen leicht feststellen, indem man sie an den Rändern mit ein oder zwei Tropfen Zitronensaft beträufelt. Zieht sich die sehr säureempfindliche Auster deutlich sichtbar zusammen, kann sie unbedenklich gegessen werden.

Fischfond

Die Basis vieler Fisch- und Meeresfruchtegerichte ist ein würziger Fischfond. Er wird aus den sogenannten Fischkarkassen (Gräten und Köpfe von möglichst mageren Fischen) hergestellt. Die Kiemen müssen dazu entfernt werden, denn sie machen den Fond bitter. Zunächst dünstet man Zwiebeln und Wurzelgemüse in Butter an, gießt anschließend kaltes Wasser und Weiß- oder Rotwein an, legt die zerkleinerten Karkassen hinein und würzt mit Lorbeerblättern, Salz und Pfeffer. Anschließend lässt man den Fond 30 Minuten offen köcheln und seiht ihn dann ab. Lässt man den abgeseihten Fond auf ein Viertel der ursprünglichen Menge einkochen, erhält man ein Konzentrat, das sogenannte *glace de poisson*, das sich gut in Eiswürfelschalen einfrieren lässt und ideal zum Würzen ist. Auch aus den gerösteten Schalen von Krustentieren lässt sich ein aromatischer Fond herstellen.

Tiefgekühlte Meeresfrüchte

Auch wenn die rohen, ungeschälten Garnelen auf Eis in der Fischtheke wie frisch gefangen aussehen – sie sind fast ausnahmslos nach dem Fang an Ort und Stelle schockgefroren worden und werden dann im Fischhandel aufgetaut verkauft. Das sofortige Einfrieren hat viele Vorteile: Die empfindlichen Tiere sind in wenigen Sekunden tot, können nicht verderben und behalten Geschmack und Nährstoffe.

Die beste Qualität haben tiefgekühlte Schalentiere, die nach dem I.Q.F.-Verfahren (Individually Quick Frozen) eingefroren wurden. Sie erhalten unmittelbar nach dem Einfrieren eine schützende Glasur, indem sie entweder mehrmals in Wasser getaucht oder mit Wasser übersprüht und nochmals gefroren werden. Der Eispanzer schützt das empfindliche Fleisch zusätzlich und verhindert den sogenannten Gefrierbrand.

Immer häufiger findet man im Fachhandel neben tiefgefrorenen Garnelen auch vorgegarte glasierte gemischte Meeresfrüchte, Jakobsmuscheln oder Tintenfische. Dank der modernen Gefriertechnik ist diese Tiefkühlware inzwischen von sehr guter Qualität und besser als nicht mehr ganz frische „Frischware". Damit die empfindlichen Meeresfrüchte ihre guten Eigenschaften auch nach dem Auftauen behalten, sollte man sie langsam im Kühlschrank auftauen lassen.

Garnelen und Scampi sind auch in Italien die beliebtesten Meeresfrüchte. Inzwischen werden sie zum überwiegenden Teil in Aquakulturen gezüchtet.

Muscheln und Tintenfische

Wellhornschnecken sind die größten europäischen Schnecken. Man kocht sie wie Muscheln im Sud und zieht dann mit einem Spießchen das Fleisch aus dem Gehäuse.

Die Gemeine Strandschnecke ist eine der häufigsten Meeresschnecken in Europa. Sie wird oft in Fischsuppen mitgekocht.

Die alten Römer schätzten die Herkuleskeule vor allem wegen ihrer Farbkraft. Sie benutzten den Sud aus dem Weichkörper als Purpurfarbstoff.

Herzmuscheln haben dicke gewölbte Schalen mit strahlenförmig angeordneten Rippen.

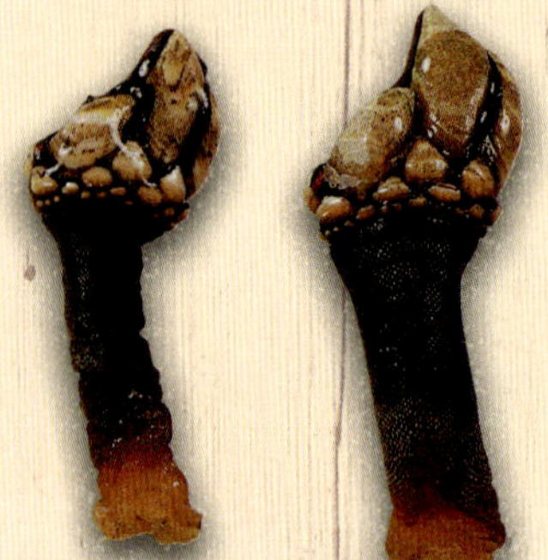

Die daumengroßen Entenmuscheln sind keine Muscheln, sondern äußerst wohlschmeckende Rankenfußkrebse.

Dreiecksmuscheln sind kleiner, aber bedeutend geschmackvoller als die Teppichmuscheln.

Venusmuscheln gibt es in über 500 verschiedenen Arten. Alle haben harte gerippte Schalen und kommen in sandigen Küstenbereichen vor.

Miesmuscheln sind die auch in Italien am häufigsten verzehrten Muscheln. Sie werden oft mit Gemüse in Weinsud gegart.

Die Schwertmuschel oder Messerscheide hat scharfkantige Schalenhälften. Sie wird gegrillt oder gedünstet.

Kreuzmuster-Teppichmuscheln gehören zur Familie der Venusmuscheln. Sie gelten als die feinsten Vertreter dieser Muschelart.

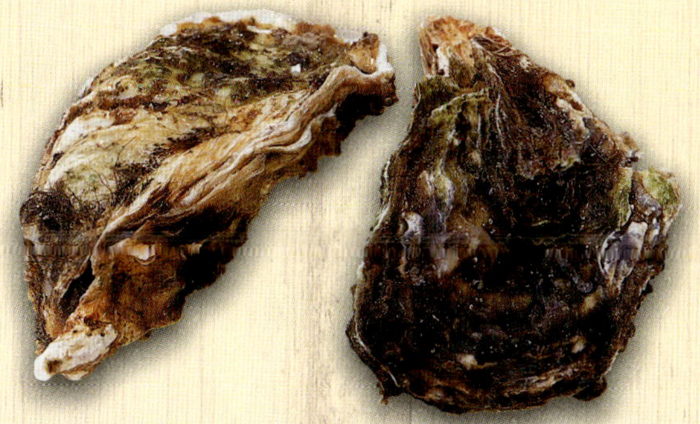

Austern isst man auch in Italien überwiegend roh. Man schlürft sie mit der Flüssigkeit aus der Austernschale.

Die europäische Auster ist rund und flach. Sie ist im Geschmack feiner als die ovalen, tieferen Austernarten und wird nach den Herkunftsgebieten oder den Zuchtmethoden benannt.

Felsenaustern haben eine längliche, tiefe Form und einen leicht nussigen Geschmack.

Jakobsmuscheln kommen in den Küstenschelfgebieten fast aller Meere vor. Sie sind in Italien sehr beliebt und gehören zu den delikatesten Muscheln.

Der Krake ist wesentlich größer als seine Verwandten, der Tintenfisch und der Kalmar. Meist werden die langen Fangarme in Stücke geschnitten und gebraten oder gegrillt.

Die Sepia, der Gemeine Tintenfisch, hat festes weißes, aromatisches Fleisch. Die Tinte aus dem Tintenbeutel wird zum Färben von Nudeln und Risotti verwendet.

Der Kalmar hat einen längeren, schlankeren Körper als die Sepia. Oft wird der Körper in Ringe geschnitten, paniert und gebacken.

Krustentiere

Flusskrebse haben einen breiten Brustpanzer, der etwa so lang ist wie der Schwanzteil.

Die Garnele hat keine Scheren und einen Schwanz, der am Ende spitz zuläuft.

Riesengarnelen können bis zu 30 cm groß werden.

Der Heuschreckenkrebs hat einen länglichen, dünnen Panzer.

Die Schwimmkrabbe hat einen trapezförmigen Panzer und kurze Scheren.

Mit den Langusten verwandt ist der Große Bärenkrebs, der einen stark abgeflachten Körper hat.

Der Scampo, Kaisergranat, ist orange bis lachsrot und dem Hummer sehr ähnlich, jedoch kleiner.

Die Seespinne, ein Meereskrebs, verdankt ihren Namen den spinnenartigen Beinen.

Der Hummer ist der König der Krebstiere. Sein Panzer färbt sich beim Kochen tiefrot.

Langusten sind bis zu 30 cm große Speisekrebse. Sie haben keine Scheren.

Hummer werden mit speziellen Körben, den Hummer-Reusen, gefangen, die mit Fischköder gefüllt und auf dem Meeresboden platziert werden (rechts).

Bis zu 30 cm breit wird der Panzer des zehnfüßigen Taschenkrebses.

Apulien

Carciofi ripieni
Gefüllte Artischocken mit Meeresfrüchten

4 große runde Artischocken
3 EL Zitronensaft
Salz
1 kleine Zwiebel, fein gehackt
2 Knoblauchzehen, fein gehackt
4 EL Olivenöl
250 g gemischte vorgegarte Meeresfrüchte, Tiefkühlware
2 EL fein gehackte Petersilie
frisch gemahlener Pfeffer
2 EL Semmelbrösel

Die Stiele und alle Blätter von den Artischocken entfernen. Mit einem Löffel das Innere, das sogenannte Heu, vorsichtig entfernen und die Artischockenböden abspülen.

In einem Topf 300 ml Wasser mit dem Zitronensaft und etwas Salz zum Kochen bringen. Die Artischockenböden einlegen und 30 Minuten kochen, dann in einem Sieb kopfüber abtropfen lassen.

Zwiebel und Knoblauch in 2 Esslöffeln Olivenöl andünsten. Die gefrorenen Meeresfrüchte dazugeben und so lange braten, bis die Auftauflüssigkeit eingekocht ist. Dann vom Herd nehmen, die Petersilie untermischen, mit Salz und Pfeffer würzen und in die Artischockenböden füllen. Den Backofengrill vorheizen.

Die gefüllten Artischocken nebeneinander in eine Auflaufform setzen, mit den Semmelbröseln bestreuen und mit dem restlichen Olivenöl beträufeln. Unter dem heißen Grill im Backofen goldbraun überbacken.

Apulien

Die Bewohner Apuliens verfügen über zwei Schätze: einen fruchtbaren Boden und ein Klima, in dem Gemüse und Getreide bestens gedeihen. Bis heute leben die Apulier vorwiegend von der Landwirtschaft. Ihre bäuerlich-einfache Küche basiert auf den Produkten, die Land und Meer für sie bereit halten: Gemüse, Getreide, Fisch und Meeresfrüchte, Olivenöl und Wein. Die Rezepte sind unkompliziert und unterstreichen vor allem den Eigengeschmack der Zutaten.

Apulien ist heute die Kornkammer Italiens. In der Ebene des Tavoliere wird ein Großteil des Hartweizens angebaut, aus dem in ganz Italien die *pasta secca* hergestellt wird. Kein Wunder also, dass Nudeln und Brot die Grundsäulen der apulischen Küche sind. Daneben ist diese Region der größte Olivenölproduzent in Italien.

Aber auch bei Fischliebhabern genießt Apulien einen ausgezeichneten Ruf. Auf den malerischen Fischmärkten von Porto Cesareo, Galipoli, Bari, Ostuni, Monopoli und Otranto werden vielerlei Fischsorten und Meeresfrüchte angeboten. In den kleinen Lokalen rund um die Märkte kann man den tagesfrischen Fang genießen. Im Frühjahr werden hier die frischen Seeigel ausgeschlürft wie anderenorts die Austern. Apulier schwören, es gäbe nichts Besseres.

Die Baia dei Turchi an der Stiefelspitze Italiens (links) gilt mit ihrem türkis glitzernden Wasser noch als Geheimtipp für einen Badeurlaub.

Seeigel isst man an der Küste lebendfrisch. Zum Öffnen legt man ihn zunächst so in die Hand, dass der Mund nach oben zeigt.

Dann sticht man mit einem spitzen scharfen Messer in die stachellose Haut um den Mund und schneidet ihn heraus.

Genießbar und eine wirkliche Delikatesse sind die orangefarbenen Teile des Seeigels (unten). Den Saft verwendet man für Saucen.

Fritto misto
Frittierte Meeresfrüchte

300 g frische Sardellen
400 g Seppioline (kleine Tintenfische), küchenfertig
300 g rohe kleine Garnelen
150 g Mehl
Salz
frisch gemahlener weißer Pfeffer
2 EL Olivenöl
2 Eiweiß
Öl zum Frittieren
Zitronenspalten zum Garnieren

Sardellen, Seppioline und Garnelen abspülen und gut abtropfen lassen. Die Seppioline halbieren. Das Mehl mit 200 ml lauwarmem Wasser, 1/2 Teelöffel Salz, Pfeffer sowie Olivenöl zu einem glatten Teig verrühren. Das Eiweiß halb steif schlagen und unter den Teig heben. Diesen 10 Minuten ziehen lassen.
Das Frittierfett auf 180 °C erhitzen. Sardellen, Seppioline und Garnelen einzeln durch den Teig ziehen und portionsweise goldbraun ausbacken. Auf Küchenpapier kurz abtropfen lassen und mit den Zitronenspalten anrichten.

Zitronen aus Sorrent

Im 17. Jahrhundert begannen die Jesuiten an der Amalfiküste in Massa Lubrense und auf der Halbinsel von Sorrent mit dem Anbau einer besonders hochwertigen Zitronensorte, der *limone di massa* oder Zitrone aus Sorrent. Von anderen Zitronen unterscheidet sie sich in Form und Geschmack. Die leuchtend gelben ovalen Früchte zeichnen sich durch ein sehr saftiges Fruchtfleisch aus, das sowohl viel Säure als auch eine leichte Süße hat.

Die Zitrone aus Sorrent trägt inzwischen das Gütesiegel I.G.P. (g.g.A.: geschützte geografische Angabe). Ihre angenehme Säure rundet den Geschmack von Fisch und Meeresfrüchten harmonisch ab.

Austern

Austern waren bereits in der Antike bei Griechen und Römern eine begehrte Delikatesse, die an keiner großen Tafel fehlen durfte. Sie waren so beliebt, dass man bereits im 2. Jahrhundert v. Chr. versuchte, ihren Konsum per Gesetz einzuschränken, allerdings vergeblich. Einige Zeit später errichteten die Römer die ersten Austernbänke, um die feinen Schalentiere zu züchten.

Der Erfinder des ersten Austernparks soll Sergius Orata gewesen sein. Wie der Schriftsteller Plinius beschreibt, legte Sergius auf seinem Landgut am Lukriner See die erste Austernzucht an. Trotzdem konnten die einheimischen Austern bald nicht mehr die ständig wachsende Nachfrage stillen, und man begann, Austern aus entfernten Kolonien wie der Bretagne und Britannien zu importieren. Dabei entwickelten die Römer eine erstaunliche Geschicklichkeit darin, die empfindlichen Austern so zu verpacken, dass sie den Transport unbeschadet überstanden. So soll der römische Feinschmecker und Kochbuchautor Marcus Gavius Apicius Kaiser Trajan frische Austern in das Landesinnere von Persien nachgeschickt haben – die dort angeblich lebend und damit auch genießbar ankamen.

Weniger glaubhaft ist die Geschichte von Kaiser Vitellius, der sich rühmte, bei einem Gastmahl 1000 Austern verschlungen zu haben. Auch dass Julius Cäsar Britannien vor allem deshalb eroberte, weil er an die wohlschmeckenden Austern kommen wollte, dürfte keinen großen Wahrheitsgehalt haben. Wahr ist allerdings, dass Austern seit jeher nicht nur wegen ihres Geschmacks genossen werden, sondern auch wegen ihrer angeblich aphrodisierenden Wirkung.

Austernverkäufer in Neapel

Ostricano fisico, kräftiger Austernhändler, stand früher auf den bunten Schildern an neapolitanischen Austernständen. Schuld daran soll Ferdinand II., König von Sizilien, gewesen sein, der bei einem Besuch des Fischerdorfs Santa Lucia beim Anblick eines gut gebauten jungen Austernhändlers ausgerufen haben soll: *Tu si nu fisico!* („Du hast aber einen kräftigen Körper!"). Geschmeichelt schrieb der solcherart Gelobte das königliche Kompliment auf sein Ladenschild. Seine Kollegen wollten nicht hintanstehen und verliehen sich selbst den schmückenden Titel *ostricano fisico*.

Am einfachsten lassen sich Austern mit einem speziellen Austernmesser öffnen, das eine scharfe kräftige Klinge hat.

Die Auster mit der flachen Seite nach oben in die Hand legen und mit dem Messer in die kleine Öffnung am Scharnier stechen.

Ostriche ai ferri
Überbackene Austern

2 Tomaten
1 Schalotte
2 EL Semmelbrösel
1 EL fein gehackte Petersilie
1 EL Parmesan
frisch gemahlener Pfeffer
1 kg grobes Meersalz
16 frische Austern
50 g Butter

Die Tomaten blanchieren, häuten, vierteln, entkernen und sehr klein würfeln. Die Schalotte auf einer Gemüsereibe fein reiben. Mit den Tomatenwürfeln, Semmelbröseln, Petersilie und Parmesan verrühren und mit Pfeffer würzen. Den Backofen auf 225 °C vorheizen.
Ein Backblech mit Meersalz ausstreuen. Die Austern mit einem Austernmesser vorsichtig öffnen, das Meerwasser abgießen und eine Austernschalenhälfte abbrechen. Das Austernfleisch in der anderen Schalenhälfte mit etwas Semmelbröselmasse bestreichen und die Butter in Flöckchen daraufsetzen. Die Austern in das Salzbett setzen. Im Backofen 10 Minuten überbacken.

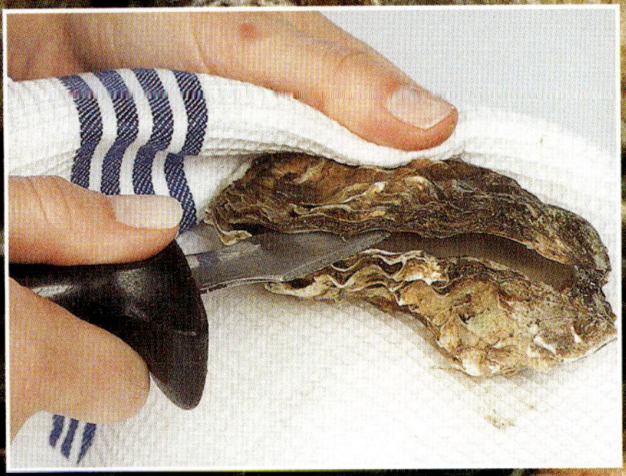

Die Klinge an der Innenseite der Austernschale entlangführen und den Muskel durchtrennen, der die Schalen zusammenhält.

Nun die obere Schale abheben, dabei darauf achten, dass die Flüssigkeit in der unteren Austernschale nicht herausläuft.

Austern werden lebendfrisch verkauft. In Kisten verpackt, halten sie sich bis zu drei Wochen, indem sie das zwischen ihren Schalen verbliebene Meerwasser immer wieder ventilieren (großes Bild).
Um sicherzugehen, dass sie noch leben, gibt man einen Spritzer Zitronensaft darauf. Wenn sie zusammenzucken, kann man sie bedenkenlos essen.

Miesmuscheln

Miesmuscheln, *cozze*, wachsen in Trauben, wobei sie sich durch selbsterzeugte Fäden an Felsen, Hafenmolen oder Schiffsrümpfe klammern. Diese Eigenschaft hat sich der Mensch bald zunutze gemacht, um Muscheln in sogenannten Muschelgärten zu kultivieren. Während man in Nordeuropa die Muscheln häufig in Bodenkultur im Wattenmeer züchtet, wachsen sie in Italien vorwiegend in Hängekultur heran. Dafür wird die Muschelsaat, ca. 1 cm große junge Muscheln, in langen schmalen Netzen im Wasser aufgehängt oder in große Schläuche aus einem netzartigen Material gefüllt, die um Pfähle im Wasser gewickelt werden. Nach einigen Monaten entwickeln sich entlang der Seile oder Schläuche neue Muscheln, die in 14 Monaten zu voller Größe heranwachsen und geerntet werden können. Der Vorteil dieser Methode ist, dass die Muscheln relativ sandfrei bleiben, weil sie nicht mit dem Meeresboden in Berührung kommen.

Kleine junge Muscheln werden an Schnüren, in langen schmalen Netzen oder in netzartigen Schläuchen ins Meer gehängt.

Vom Wasser umspielt, reifen sie in 12–14 Monaten zu voller Größe heran und können dann geerntet werden.

Cozze al vino bianco
Muscheln in Weißweinsauce

2 kg Miesmuscheln, küchenfertig
3 EL Butter
2 weiße Zwiebeln, fein gehackt
2 Knoblauchzehen, fein gehackt
2 Karotten, fein gewürfelt
100 g Petersilienwurzel, gewürfelt
2 Selleriestangen, gewürfelt
1 l Weißwein
Salz
1 Kräutersträußchen aus Thymian, Petersilienzweigen und Lorbeerblättern
1/2 TL schwarze Pfefferkörner
einige Pimentkörner

Die Muscheln unter fließend kaltem Wasser abspülen. Alle bereits geöffneten Muscheln oder Muscheln mit beschädigter Schale wegwerfen.

Die Butter in einem großen Topf erhitzen. Zwiebeln, Knoblauch und Gemüse darin andünsten. Die Muscheln zugeben und bei großer Hitze zugedeckt 4 Minuten dünsten, dabei den Topf mehrmals rütteln. Mit dem Wein aufgießen, salzen, das Kräutersträußchen, Pfeffer- und Pimentkörner zufügen und die Muscheln zugedeckt weitere 5 Minuten bei mittlerer Hitze garen.

Portionsweise mit dem Sud in vorgewärmten Schüsseln anrichten, dabei alle geschlossenen Muscheln aussortieren und wegwerfen.

Die Muschelstränge werden zunächst aufgehängt, dann werden die Muscheln abgetrennt und vorgereinigt (oben).

Die Muscheln werden für den Verkauf sortiert (rechts), kleinere Exemplare werden nochmals in Netzen ausgelegt (links).

Cozze alla napoletana
Muscheln in Tomatensauce

2,5 kg Miesmuscheln, küchenfertig
3 EL Olivenöl
2 Gemüsezwiebeln, fein gehackt
1 Knoblauchzehe, fein gehackt
1 Lauchstange, in Ringe geschnitten
600 g Tomaten, grob gehackt
Salz
frisch gemahlener Pfeffer
1 l Weißwein
3 EL fein gehackte Petersilie

Die Muscheln unter fließend kaltem Wasser abspülen. Alle bereits geöffneten Muscheln oder Muscheln mit beschädigter Schale wegwerfen.

Das Olivenöl in einem großen Topf erhitzen. Zwiebeln, Knoblauch und Lauch darin andünsten. Die Tomaten untermischen, mit Salz und Pfeffer würzen und kurz anbraten. Die Muscheln zugeben und zugedeckt 4 Minuten dünsten, dabei den Topf mehrmals rütteln. Mit dem Wein aufgießen, die Petersilie unterheben und die Muscheln zugedeckt weitere 10 Minuten bei mittlerer Hitze garen.

Portionsweise mit dem Sud in vorgewärmten Schüsseln anrichten, dabei alle geschlossenen Muscheln aussortieren und wegwerfen.

Zuppa di vongole
Scharfes Muschelragout mit Fenchel

1 kg gemischte Muscheln, z.B. Venus-, Herz- und Miesmuscheln, küchenfertig
1 Fenchelknolle
Salz
60 ml Olivenöl
2 Zwiebeln, fein gehackt
2 Knoblauchzehen, fein gehackt
2 frische rote Chillies, fein gehackt
2 fest kochende Kartoffeln, gewürfelt
2 Karotten, gewürfelt
1 Lorbeerblatt
3 Tomaten, gewürfelt
500 ml Gemüsebrühe
125 ml Weißwein
1 EL fein gehackte Petersilie

Die Muscheln waschen und abtropfen lassen. Den Fenchel putzen, das Grün abschneiden und beiseitelegen. Den Strunk herausschneiden und die Knolle in feine Streifen schneiden. Fenchelstreifen in kochendem Salzwasser blanchieren, abgießen und abtropfen lassen.

2 Esslöffel Öl in einem Topf erhitzen. 1 Zwiebel, 1 Knoblauchzehe und 1 Chili darin glasig dünsten. Kartoffeln, Karotten und Lorbeerblatt dazugeben, salzen und andünsten. Nach etwa 10 Minuten Tomaten und Fenchelstreifen hinzufügen. Die Brühe angießen und bei kleiner Hitze köcheln lassen.

Inzwischen in einem großen Topf mit Deckel das restliche Öl erhitzen und restliche Zwiebel, Knoblauch und Chillies darin andünsten. Mit Wein ablöschen, etwas einkochen lassen. Die Muscheln zugeben und zugedeckt 4 Minuten dünsten, dabei den Topf mehrmals rütteln. Die Muscheln aus dem Sud nehmen, diesen durch ein feines Sieb abgießen, die Brühe auffangen. Nicht geöffnete Muscheln wegwerfen. Einige schöne Muscheln beiseitelegen, übriges Muschelfleisch aus den Schalen lösen. Das Muschelfleisch unter das Gemüse heben, die Muschelbrühe angießen. Einige Minuten ziehen, aber nicht mehr kochen lassen. Das Fenchelgrün fein hacken. Das Muschelragout in eine vorgewärmte Schüssel umfüllen, mit der Petersilie bestreuen und mit den beiseitegestellten Muscheln garnieren.

Vongole veraci al vino bianco
Venusmuscheln in Weißwein

500 g Venusmuscheln
4 Knoblauchzehen
1/2 Bund glatte Petersilie
Olivenöl
250 ml trockener Weißwein

Venusmuscheln waschen, dabei bereits geöffnete aussortieren. Den Knoblauch schälen und halbieren. Die Petersilie waschen, trocken tupfen und grob hacken.

Das Olivenöl in einer Pfanne erhitzen, Knoblauchhälften hineingeben und andünsten. Muscheln und Petersilie zufügen, den Weißwein angießen und alles bei starker Hitze abgedeckt ca. 10 Minuten kochen, bis die Muscheln sich geöffnet haben. Die Pfanne mehrmals rütteln, um das Öffnen der Muscheln zu unterstützen. Ungeöffnete Muscheln aussortieren und wegwerfen. Die restlichen Muscheln mit dem Sud in kleinen Portionsschalen anrichten.

Jakobsmuscheln

Die delikaten Jakobsmuscheln werden in Italien gleich unter vier verschiedenen Namen angeboten: *capesante, canestrelli, ventagli* und *pellegrini*. Der letzte Name (dt.: Pilger) erinnert an die Geschichte der Jakobsmuschel. Einst wurden die Muschelschalen von Pilgern auf dem Jakobsweg nach Santiago de Compostela in Nordspanien als Trinkgefäße mitgeführt. Gleichzeitig dienten sie den Pilgern auch als Erkennungszeichen.

Kunstliebhabern ist die Muschel von dem berühmten Gemälde *Die Geburt der Venus* des Renaissancemalers Sandro Botticelli bekannt: Die Göttin Venus steht hier leichtfüßig in einer Jakobsmuschelschale. Der Sage nach soll die Göttin der Liebe aus dem Schaum des Meeres geboren worden sein und auf einer Muschelschale, die von sechs Seepferdchen gezogen wurde, auf die Insel Cythera gelangt sein. Im letzten Jahrhundert bekam die Muschel eine ganz profane Bedeutung – als Firmenlogo eines multinationalen Ölkonzerns.

Kulinarisch gehören Jakobsmuscheln zu den begehrtesten und teuersten Schalentieren. Sie bestehen aus drei Teilen: dem festen weißen Muskelfleisch, dem gelben oder orangefarbenen Rogen und den dunkleren Innereien, die nicht mitgegessen werden. In Italien genießt man das wohlschmeckende Muskelfleisch meist in Weißwein pochiert oder in der Schale überbacken.

Die Jakobsmuschel mit der flachen Seite nach oben in die Hand nehmen und das Messer zwischen die Schalen schieben.

Die Klinge flach an der Innenseite der Schale entlangführen, um den Muskel abzutrennen, dann die obere Schalenhälfte wegklappen.

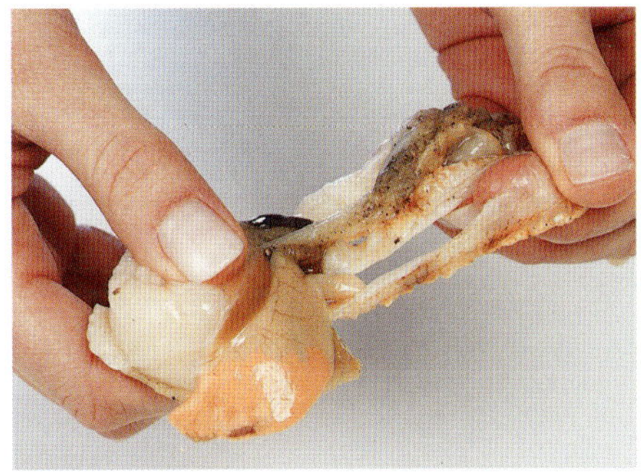

Die Muschel auslösen und die dunklen Organe im Ganzen von dem weißen Fleisch und dem orangefarbenen Rogen abtrennen.

Capesante di Chioggia
Jakobsmuscheln auf Chioggia-Art

8 Jakobsmuscheln, küchenfertig
1 Knoblauchzehe, fein gehackt
60 ml Olivenöl
125 ml Weißwein
1 EL fein gehackte Petersilie
Salz und Pfeffer

Muschelfleisch und Rogen waschen und trocken tupfen. Den Knoblauch im Olivenöl glasig dünsten. Den Wein angießen, die Petersilie zufügen und 2 Minuten köcheln lassen.
Die Muscheln hineingeben und bei reduzierter Hitze zugedeckt 5 Minuten pochieren. Mit Salz und Pfeffer würzen und in 4 Muschelschalen mit etwas Garflüssigkeit anrichten.

An der Küste werden Jakobsmuscheln lebend in der Schale angeboten. Man öffnet die Schale mit einem kurzen, kräftigen Messer.

Triest und seine Heuschreckenkrebse

Triest am gleichnamigen Golf im Nordosten Italiens ist seit Jahrhunderten einer der wichtigsten Häfen des Landes, ein Umschlagzentrum, das den unterschiedlichsten Einflüssen auch kulinarisch schon immer offenstand. Fisch und Meeresfrüchte werden rund um die Meerstadt, wie Triest auch genannt wird, mit vielen Aromen raffiniert zubereitet. Eine besondere Spezialität sind geschmorte Heuschreckenkrebse, *canocie in busara*. Die *busara* war ursprünglich ein Kochtopf aus Eisen oder Ton, den die Fischer in der Kombüse an Bord verwendeten. Heute bezeichnet das Wort auch eine Art der Zubereitung: Heuschreckenkrebse werden in einen Topf geschichtet, zwischen jede Lage kommt eine Mischung aus geschälten Tomaten, Semmelbröseln, Pfeffer und Salz. Dann wird Weißwein angegossen, und man stellt die Heuschreckenkrebse zugedeckt für etwa 10 Minuten in den heißen Backofen.

Friaul-Julisch Venetien

So abwechslungsreich wie die Landschaft dieser Region ist auch ihre Küche. Die Berge Karniens an der Grenze zu Österreich, die grünen Hügel des Friaul und die Karstlandschaft rund um den Golf von Triest sind kaum eine Autostunde voneinander entfernt. In der wechselvollen Geschichte des Landes haben hier in den letzten Jahrtausenden viele Kulturen ihre Spuren hinterlassen.

Dennoch haben sich in dieser Region die sehr unterschiedlichen Küchen – die venezianische, österreichische, griechische, ungarische, jüdische und slawische – in der Vergangenheit nicht überlagert, sondern sind zusammengerückt, ohne ihre Individualität zu verlieren. Bohnen und Polenta gehören hier ebenso zu den Grundnahrungsmitteln wie frisches Gemüse. Im Norden zeigen Fleischgerichte wie Gulasch und Wiener Schnitzel die kulinarische Nähe zur ehemaligen k.u.k.-Monarchie, im Süden dominieren Fischspezialitäten wie der *brodetto*, eine nahrhafte Fischsuppe aus Grado oder Scampi, und rund um Triest Heuschreckenkrebse *in busara.*

Der Canale Grande mit der Kirche Sant'Antonio Nuovo ist das Herzstück des Triester Stadtviertels Borgo Teresiano, das Kaiserin Maria Theresia von Österreich Mitte des 18. Jahrhunderts erbauen ließ.

Garnelen

Ob Garnelen, Shrimps oder Gamberoni – die leckeren Tiere schmecken am besten, wenn sie fangfrisch in der Schale gekocht oder gebraten werden. Wer sie am Tisch zum ersten Mal vor sich hat, fragt sich, wie man diesen gepanzerten Delikatessen am besten zu Leibe rückt. Am einfachsten geht das mit den Fingern. Auch in sehr guten Restaurants ist diese Methode durchaus üblich.

Zunächst dreht man den Kopf der Garnele ab und legt ihn beiseite, denn er ist schlicht ungenießbar. Dann biegt man mit beiden Händen die Panzerhülle entlang des Bauchs nach außen und löst den Panzer vom Fleisch. Wenn am Rücken der Garnele noch ein dünner schwarzer Faden, der Darm, sichtbar ist, entfernt man diesen mit der Messerspitze. Kopf und Panzer werden an den Tellerrand geschoben, falls kein Extrateller für die Reste auf dem Tisch ist.

Nun steht dem Genuss nichts mehr im Weg: Die ausgelöste Garnele wird mit den Fingern in die Sauce oder den Dip getaucht und gegessen. Die kleine Schale mit Zitronenwasser, die in vielen italienischen Restaurants dazu gereicht wird, ist zum Reinigen der Hände nach dem Essen gedacht.

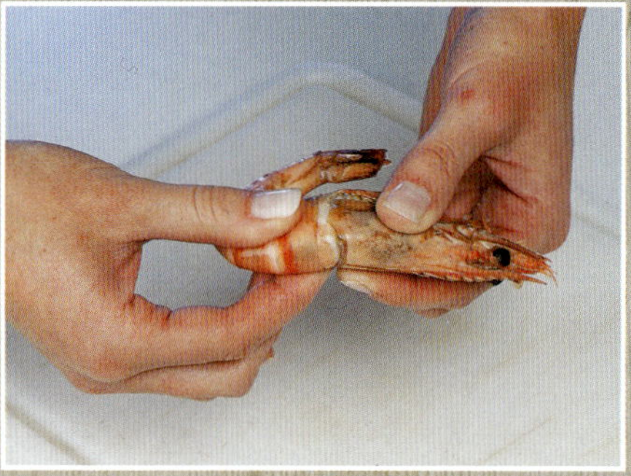

Die Garnele in die Hand nehmen, den Kopf abdrehen und beiseitelegen. Er ist ungenießbar.

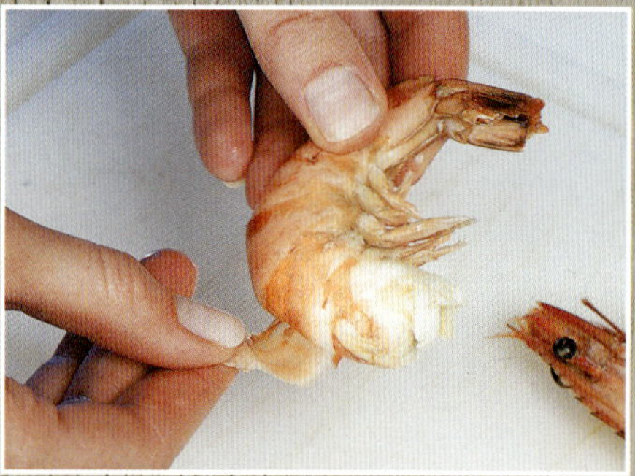

Die Panzerhülle mit den Fingern von der Bauchseite ausgehend nach außen ablösen.

Mit einem scharfen Messen entlang des Rückens einschneiden und den dunklen Darm entfernen.

Ausgelöste Garnelenschwänze mit den Fingern in die Sauce oder einen Dip tauchen und genießen.

Gamberoni arrabbiati
Garnelen in scharfer Tomatensauce

500 g rohe Garnelen
1 frische rote Chili, fein gehackt
10 EL Olivenöl
2 EL Zitronensaft
40 ml italienischer Weinbrand
2 Knoblauchzehen
500 g Tomaten, gewürfelt
125 ml Weißwein
Salz
frisch gemahlener Pfeffer
einige kleine Basilikumblätter

Die Garnelen gemäss der Beschreibung oben vorbereiten.
Die Chili mit 6 Esslöffeln Olivenöl, Zitronensaft und Weinbrand verrühren. Den Knoblauch schälen und in das Würzöl pressen. Die Garnelen 1 Stunde darin marinieren.
Das restliche Olivenöl erhitzen und die Garnelen darin auf jeder Seite etwa 3 Minuten braten. Aus der Pfanne nehmen und warm halten. Die Tomaten im Bratöl anbraten, mit dem Wein ablöschen. Die Garnelen wieder hineinlegen und die Sauce mit Salz und Pfeffer abschmecken. Mit Basilikumblättern garnieren.

Gamberoni alla griglia
Gegrillte Garnelen

20 rohe Riesengarnelen
3 große Knoblauchzehen
7 EL Olivenöl
1 Msp. Cayennepfeffer
1 TL getrockneter Oregano
1 Zitrone

Die Garnelen waschen und trocken tupfen. Den Knoblauch schälen und durch eine Presse in das Olivenöl drücken. Cayennepfeffer und Oregano einrühren. Die Garnelen in eine Schale legen, das Knoblauchöl darübergeben und die Garnelen abgedeckt im Kühlschrank 4 Stunden marinieren, dabei einmal wenden. Jeweils 5 Garnelen auf einen Grillspieß stecken. Auf dem Holzkohlengrill oder unter dem heißen Grill im Backofen auf jeder Seite 5 Minuten grillen. Die Zitrone in Spalten schneiden und zu den Garnelen servieren.

Flusskrebs

Früher waren die italienischen Flüsse und Bäche voller Flusskrebse, die damals ein alltägliches und beliebtes Nahrungsmittel waren. Mit zunehmender Gewässerverschmutzung ging ihr Bestand drastisch zurück. Die Süßwasserverwandten des Hummers werden heute vor allem aus China, Skandinavien, Polen und der Türkei importiert. Sie schmecken von Mai bis August am besten und dürfen nur lebend oder als Konserve verkauft werden. Bei gekochten Flusskrebsen ist ein nach innen gerollter Schwanz ein Zeichen dafür, dass das Tier frisch war, als es gekocht wurde. Essbar ist das Fleisch aus dem Schwanz und den Scheren.

Gamberoni arrabbiati

Scampi ai pomodori
Scampi in Tomatensauce

2 EL Butter
2 Schalotten, fein gehackt
1 Knoblauchzehe, fein gehackt
450 g Tomaten, gewürfelt
100 g süße Sahne
Salz
frisch gemahlener Pfeffer
40 ml Sambuca
600 g rohe Scampi, ausgelöst
1 EL fein gehackte Petersilie

Die Butter in einer tiefen Pfanne zerlassen, Schalotten und Knoblauch darin andünsten. Die Tomaten zufügen und 15 Minuten bei mittlerer Hitze köcheln lassen. Die Sahne einrühren und weitere 5 Minuten köcheln.
Tomatensauce mit Salz, Pfeffer und Sambuca würzen und die Scampi hineinlegen. 3–4 Minuten in der Sauce gar ziehen lassen. Mit Petersilie bestreut servieren.

Die eingeweichten Bohnen mit Knoblauch und Rosmarin in einen Topf geben und Wasser angießen.

Zwiebelringe in Rotwein mit Lorbeerblatt, Zimtstange und Essig garen, bis die Flüssigkeit verdampft ist.

Die Bohnen abgießen, dann mit Olivenöl pürieren und mit Salz und Pfeffer würzig abschmecken.

Die ungeschälten Scampi waschen und im Dämpftopf zugedeckt über Dampf garen.

Nicht alles, was beim Garnelenfang im Netz landet, ist später auf dem Markt verkäuflich (unten).

Scampi con fagioli e cipolle
Gedämpfte Scampi mit Bohnenpüree und rotem Zwiebelkompott

200 g getrocknete weiße Bohnen
1 Knoblauchzehe, fein gehackt
1 Rosmarinzweig
300 g rote Zwiebeln
400 ml süßer Rotwein
3 EL Balsamico-Essig
1 Lorbeerblatt
1 kleines Stück Zimtstange
1 TL Honig
Salz
frisch gemahlener Pfeffer
3–4 EL Olivenöl
600 g rohe Scampi, ausgelöst
1 Lorbeerblatt
1/2 TL abgeriebene Zitronenschale

Die Bohnen mit kaltem Wasser bedecken und über Nacht quellen lassen. Am nächsten Tag abgießen und mit frischem Wasser bedeckt einmal aufkochen. Dann Knoblauch und Rosmarin dazugeben und zusammen mit den Bohnen 1 Stunde kochen.

Inzwischen die Zwiebeln in feine Scheiben schneiden. Zwiebeln in einem Topf mit Wein, Essig, Lorbeer und Zimt zum Kochen bringen und bei kleiner Hitze kochen, bis die Flüssigkeit eingekocht ist. Mit Honig, Salz und Pfeffer abschmecken.

Die Bohnen abgießen, dabei die Kochflüssigkeit auffangen. Die Bohnen mit etwas Kochflüssigkeit und 2 Esslöffeln Olivenöl pürieren. Mit Salz und Pfeffer abschmecken, warm halten.

Die Scampi abspülen und abtropfen lassen. In einem großen Topf mit Deckel 1 Liter Wasser mit dem Lorbeerblatt und der Zitronenschale zum Kochen bringen. Die Scampi in ein Sieb legen. Das Sieb in den Topf über den Wasserdampf hängen und mit dem Deckel verschließen. Die Scampi 8–10 Minuten im Dampf garen.

Das Bohnenpüree in die Mitte einer Servierplatte geben und mit dem restlichen Olivenöl beträufeln. Die Scampi auf das Püree legen und die Zwiebeln darauf anrichten.

Die reiche Küche von Capri und Ischia

Bereits der römische Kaiser Tiberius hatte sich kurz nach Christi Geburt auf der steil abfallenden östlichen Spitze Capris ein luxuriöses Sommerhaus errichten lassen, die *Villa Jovis* (die Villa des Jupiter) mit 7000 Quadratmetern Grundfläche, acht Etagen und einer Gesamthöhe von 40 Meter. Hier genoss er im selbst gewählten „vergoldeten Exil" den grandiosen Blick auf eine der schönsten Buchten des Mittelmeers. Ihm sollten noch viele Prominente folgen.

Doch nicht nur die Schönheit der einzigartigen Landschaft und das ausgeglichene milde Klima ziehen seit zwei Jahrtausenden die Besucher an. Auch die heilende Wirkung der heißen Thermalquellen lockt bis heute jährlich Hunderttausende auf die Inseln vor der Amalfiküste. Kein Wunder, dass sich in dieser üppigen und mondänen Umgebung eine „reiche" Küche entwickelt hat, geprägt vom Fischreichtum des Meeres ringsum. Typisch für sie sind Krustentiere aller Art und von hoher Qualität, deren Wohlgeschmack auf ihrem einzigartigen Aroma beruht.

Daneben gibt es aber auch eine ausgezeichnete Volksküche, die keine kostspieligen Produkte verwendet und deren Luxus lediglich in der Zeit besteht, die man sich für die sorgfältige Zubereitung der Mahlzeiten nimmt. Salate mit frischen Wildkräutern und tausenderlei Geschmacksnuancen gehören ebenso dazu wie der *sartu' di riso in bianco*, ein aufwendiges Reisgericht mit frischen Pilzen, oder die *torta caprese*, ein süßer Schokoladenkuchen mit Mandeln und Likör.

Ein begehrter Ankerplatz sind die Liegeplätze in Capris Haupthafen, der Marina Grande.

Hummer auslösen

Den gekochten Hummer auf die Bauchseite legen und mit einem großen Messer hinter dem Kopf einstechen.

Den Hummer der Länge nach mit einem Schnitt in zwei Hälften teilen und auseinanderklappen.

Astice lesso
Gekochter Hummer

1 Zwiebel, gespickt mit 1 Lorbeerblatt und 2 Gewürznelken
1 Selleriestange, gewürfelt
1 Karotte, gewürfelt
1 Petersilienwurzel, gewürfelt
2 Zitronenscheiben
1 EL Meersalz
2 Hummer

Alle Zutaten bis auf die Hummer in einen großen Topf mit Wasser geben. Zum Kochen bringen und 25 Minuten köcheln lassen.
Die Hummer nacheinander kopfüber in das nun kochende Wasser geben und 5 Minuten sprudelnd kochen. Dann die Hitze reduzieren und die Hummer weitere 25 Minuten garen. Im Kochsud erkalten lassen.

Die Hummerhälften nebeneinander auf ein sauberes Arbeitsbrett legen.

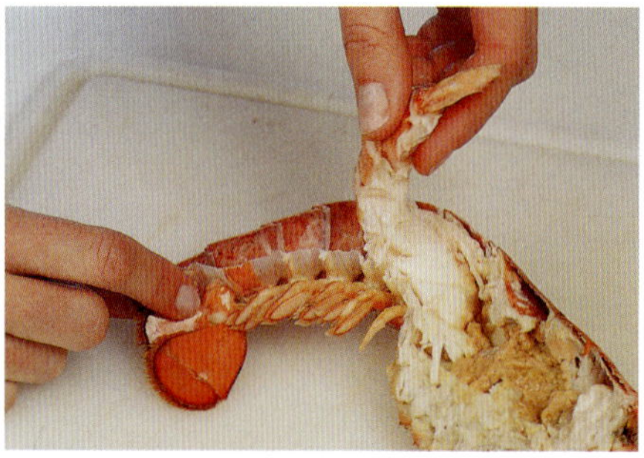

Das Schwanzfleisch vorsichtig mit den Fingern aus dem Panzer herauslösen.

Die beiden großen Hummerzangen mit dem Messer einschneiden.

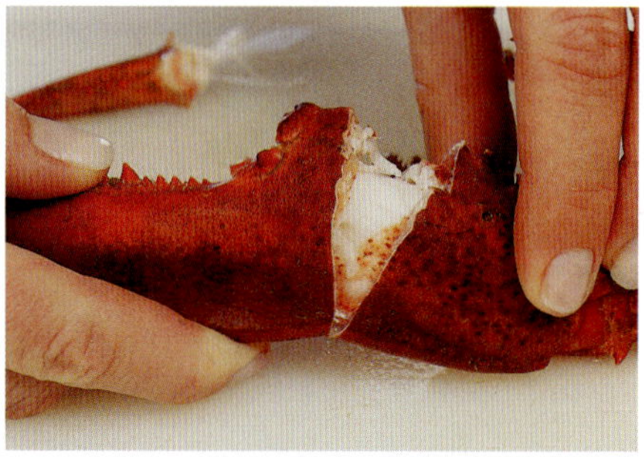

Die Zangen öffnen und das Hummerfleisch im Ganzen herausziehen.

Astice lesso

Astice arrosto
Überbackener Hummer

2 große gekochte Hummer à 800 g
5 EL Olivenöl
Salz
Pfeffer
2 EL Semmelbrösel
2 EL fein gehackte Petersilie

Beide Hummer mit einem großen Küchenmesser der Länge nach halbieren. Aus den Körperhälften Magen und Darm entfernen.
Eine Auflaufform mit etwas Olivenöl einfetten. Die Hummerhälften hineinsetzen, das Fleisch mit Salz und Pfeffer würzen. Die Semmelbrösel mit der Petersilie vermischen und über das Hummerfleisch verteilen. Mit dem restlichen Olivenöl beträufeln und unter dem heißen Grill im Backofen goldbraun gratinieren.

Hummer werden meist lebendfrisch angeboten. Bis zum Verkauf werden sie in Vivarien, sogenannten Hummerbecken, gehalten (unten).

Alghero und die Languste

An der Westküste Sardiniens liegt Alghero, oft auch Barcelonetta de Sardegna genannt, Sardiniens kleines Barcelona. Fast 150 Jahre lang, bis zum Ende des 15. Jahrhunderts, war die Stadt fest in der Hand der Katalanen. Bis heute zeigt sich das in der Architektur der Altstadt und in manchen Gerichten mit spanischer Note. Neben lokalen Spezialitäten wie Artischocken, Tomaten und Spanferkel spielen Meeresfrüchte eine große Rolle in der Küche, allen voran die Languste.

Rund um Sardinien finden Langusten die besten Lebensbedingungen vor. Das Meer hat hier einen idealen Salzgehalt, und das Nahrungsangebot ist reichlich: Muscheln, Korallen, Tintenfische und Kraken sowie eine ganz spezielle Algenart, *erba riccia* (krauses Kraut). All das gibt der Languste ihren unverwechselbaren Geschmack, der von Gourmets aus ganz Europa geschätzt wird. Langusten aus Alghero haben vor einem halben Jahrhundert sogar das Hochzeitsmahl der englischen Königin gekrönt. Und sie haben einem leichten sardischen Weißwein seinen Namen verliehen, dem *Aragosta*.

Jedes Jahr findet in Alghero zwischen Mai und Juni die Veranstaltung L'Aragosta nella cucina algherese (Langusten in der Küche von Alghero) statt. Viele Restaurants bieten dann spezielle Menüs zu günstigeren Preisen an. Die Krustentiere werden entweder gekocht und mit aromatischem Olivenöl und Zitrone serviert oder auf Holzkohle mit würzigen Kräutern gegrillt. An die spanische Vergangenheit erinnert die Zubereitungsart *alla catalana* mit grünen Paprika, Tomaten, Safran, Cayennepfeffer, Petersilie und einem Schuss Weinbrand.

Das malerische Städtchen Alghero an der sardischen Westküste ist ein bekanntes Zentrum des Langustenfangs (rechts).

Langusten werden in speziellen Reusen oder wie auf dem Foto mit Netzen gefangen.

Vorsichtig löst der Fischer die Languste aus dem Netz, ohne das Tier dabei zu verletzen.

Fangfrische Langusten sind bei Einheimischen und Gästen eine begehrte Delikatesse.

Aragosta alla sarde
Languste auf sardische Art

5 EL milder Weißweinessig
Salz
2 Langusten à 800 g
2 Selleriestangen
4 Eiertomaten
1 Zwiebel
1 Knoblauchzehe
Saft von 1 Zitrone
6 EL Olivenöl
1 EL gehackte Petersilie
frisch gemahlener Pfeffer

In einem großen Topf 5 Liter Wasser mit 4 Esslöffeln Essig und 2 Esslöffeln Salz zum Kochen bringen. Die Langusten nacheinander mit dem Kopf zuerst in das kochende Wasser geben und 5 Minuten sprudelnd kochen. Dann bei mittlerer Hitze in 20–25 Minuten gar ziehen lassen. Den Sellerie schräg in Ringe und die Tomaten in Scheiben schneiden. Die Zwiebel in dünne Ringe schneiden, den Knoblauch mit etwas Salz mit dem Messerrücken zerdrücken. Den Knoblauch mit dem übrigen Essig, Zitronensaft, Olivenöl, Petersilie, Salz und Pfeffer zu einem Dressing verrühren.
Langusten aus dem Sud nehmen, etwas abkühlen lassen und der Länge nach durchschneiden, dabei den Darm in der Schwanzmitte entfernen. Das Langustenfleisch auslösen und in 4 cm große Würfel schneiden. Eine Servierplatte mit den Tomatenscheiben auslegen. Sellerie, Zwiebelringe und das Langustenfleisch dekorativ darauf anordnen und mit dem Dressing beträufeln.

Das Grillen auf dem Holzkohlengrill betont den natürlichen Geschmack der Langusten (unten).

Aragosta alla griglia
Gegrillte Languste

Meersalz
2 Langusten à 800 g
frisch gemahlener Pfeffer
4 Stängel wilder Fenchel
2 EL Olivenöl

In einem großen Topf 5 Liter Wasser mit 2 Esslöffeln Meersalz zum Kochen bringen. Die Langusten nacheinander mit dem Kopf zuerst in das kochende Wasser geben und 5 Minuten sprudelnd kochen.
Die Langusten aus dem Topf nehmen und der Länge nach halbieren. Die Hälften mit wenig Salz und Pfeffer würzen und mit der Schnittfläche nach oben auf den heißen Grill legen. Fenchel daraufgeben und mit dem Öl beträufeln. Bei mittlerer Hitze 25 Minuten grillen. Kurz vor Ende der Garzeit wenden.

Die Schätze der Lagune

Das Meer bestimmt bis heute das Leben in der Lagune von Venedig. Ein schmaler Streifen Land trennt die Adria von der fast unbeweglichen Wasserfläche der rund 50 Kilometer langen und bis zu 14 Kilometer breiten Lagune. Rund acht Prozent der Lagunenfläche bestehen aus Inseln, darunter Murano, Burano, Torcello und die weltberühmte Lagunenstadt selbst, elf Prozent sind ständig von Wasser bedeckt, der Rest ist Watt- und Marschland.

Auch heute noch bietet die Lagune Lebensraum für eine Vielzahl von Fischen und Meeresfrüchten. Dem Venedig-Besucher zeigt sich diese Fülle am besten bei einem Bummel über den geschäftigen Fischmarkt an der Rialto-Brücke oder in dem 45 Kilometer entfernten Fischerhafen Chioggia – vorausgesetzt, man ist frühmorgens unterwegs. Verwirrend sind zunächst die Namen, unter denen Fische und Frutti di mare hier angeboten werden. So heißen beispielsweise Miesmuscheln im venezianischen Dialekt *peoci* (statt *cozze*). Neben den bekannten Sorten und Arten bietet die Lagune aber noch ganz besondere Spezialitäten: *gra'ncevole* (ital.: *granseole*), Seespinnen, oder *mo'leche*, weiche Krebse in der Zeit des Panzerwechsels. Zusammen mit den Seppioline, kleinen Tintenfischen, Scampis und edlen Genüssen wie Austern eröffnen sie dem Genießer eine wahre Symphonie von Meeres-Geschmacksnuancen.

Granceola mimosa
Seespinne Mimosa

4 gekochte Seespinnen
3 Eier, hart gekocht
3 EL Olivenöl
Saft von 1 Zitrone
Salz
frisch gemahlener weißer Pfeffer
1 EL fein gehackte Petersilie

Den Panzer der Seespinnen öffnen, das Fleisch auslösen und würfeln. Die Eier schälen und das Eigelb mit Olivenöl, Zitronensaft, Salz und Pfeffer zu einem Dressing verrühren. Das Eiweiß hacken, mit dem Seespinnenfleisch und der Petersilie in eine Schüssel geben. Das Dressing darübergeben und vorsichtig untermischen. Die Masse in den gesäuberten Seespinnenpanzern anrichten.

Als Dank für die Rettung der Stadt Venedig vor der Pest wurde im 17. Jahrhundert die barocke Kirche Santa Maria della Salute an der Einfahrt zum Canale Grande zwischen dem Kanal und dem Bacino di San Marco erbaut (rechts).

Cicheti

Wer sich abseits der dicht bevölkerten Touristenpfade in Venedig auf die Suche nach der authentischen Küche begibt, wird früher oder später in einem der kleinen, oft von einer Familie geführten Bacaro-Lokale landen. Diese venezianischen Weinschenken mit Bistrocharakter sind in zwei Gasträume aufgeteilt. Im vorderen Bereich befindet sich der Tresen, an dem man im Stehen ein Glas Wein oder einen Aperitivo trinkt und dazu eine Kleinigkeit essen kann. Der daran anschließende Gastraum ist meist holzgetäfelt und luxuriös eingerichtet, hat aber keine Fenster. Hier sitzen die Feinschmecker und genießen all die leckeren Spezialitäten der heimischen Fischküche. Viele Bacaros bieten ihren Gäste eine lokale Köstlichkeit an, die wieder voll im Trend liegt: *cicheti* (kleine Häppchen). Darunter versteht der Venezianer allerlei Feines aus der Lagune: kleine Vorspeisenteller mit warmen Tintenfischen, Seespinnen, Muscheln und andere Köstlichkeiten.

Granciporro con marinata
Taschenkrebs mit pikanter Marinade

4 gekochte Taschenkrebse
100 g Kirschtomaten, gewürfelt
2 Frühlingszwiebeln, gehackt
2 Selleriestangen, gewürfelt
Saft von 1 Zitrone
Saft von 1 Orange
Salz
frisch gemahlener Pfeffer
1 Msp. Cayennepfeffer
1 EL weißer Balsamico-Essig
4 EL Olivenöl
1 EL fein gehackte Petersilie
Friseésalat zum Garnieren

Scheren und Beine vom Taschenkrebspanzer abdrehen. Die Schwanzplatte an der Panzerunterseite entfernen. Ein Messer zwischen Unterseite und Schale schieben und die beiden Teile am Rand mit einem scharfen Messer voneinander lösen. Den Körper herausziehen und halbieren. Den Panzer säubern und die inneren Panzerstücke ausbrechen. Das Fleisch aus Körper, Scheren und Beinen auslösen und klein schneiden.

Tomaten, Frühlingszwiebeln und Sellerie mit dem Taschenkrebsfleisch vermischen. Aus Zitronen- und Orangensaft, Salz, Pfeffer, Cayennepfeffer, Essig und Öl eine Marinade anrühren, Petersilie unterziehen. Über den Taschenkrebssalat geben, gut unterheben und den Salat 30 Minuten im Kühlschrank ziehen lassen.

Den Salat in die Krebspanzer füllen, diese dekorativ auf den Friseésalatblättern anrichten und servieren.

Taschenkrebse haben weiches, saftiges und delikates Fleisch. Auch ihre Leber gilt als außergewöhnliche Delikatesse.

Zum Auslösen des Fleischs zunächst Scheren und Beine abbrechen, dann die Schwanzplatte abheben.

Das Fleisch aus dem Körper und aus den Scheren herauslösen und den Panzer säubern.

Tomaten, Frühlingszwiebeln und Sellerie mit dem Fleisch vermengen, die Marinade angießen.

Den Salat abschmecken, etwas ziehen lassen und zum Servieren in den Panzer füllen.

Kraken

Seit Jahrtausenden wird in Legenden von vielarmigen Seeungeheuern berichtet, die Matrosen nach dem Leben trachten. Der römische Schrifsteller Plinius der Ältere erzählte von einem großen Polypen mit ungefähr zehn Meter langen Armen, der in Carteia die Fischteiche am Meer geplündert haben soll und anschließend von den Wachen getötet wurde. Und in dem im Jahr 1755 erschienen Werk *Naturgeschichte Norwegens* werden Kraken beschrieben, die mehr als 2,5 Kilometer lang sein sollen, die „unbestreitbar längsten Seemonster der Welt".

Wissenschaftler halten es heute tatsächlich für möglich, dass in der Tiefsee Riesenkraken von über 25 Meter Länge leben, mit Saugnäpfen so groß wie Suppenteller. Die Kraken, die in Italien auf dem Teller landen, sind nur bis zu drei Meter groß und leben in Küstennähe. Ihr Fleisch ist zäh und muss darum lange gekocht oder vor dem Kochen geklopft werden. Auf den Fischmärkten kann man frühmorgens beobachten, wie die Fischer die Tiere 50–60 Mal kräftig auf den Steinboden schlagen. Dann werden die Kraken in einen Weidenkorb gelegt und darin kräftig geschüttelt, damit sie in eine blütenartige Form fallen.

Kraken werden traditionell in einer Mischung aus Meer- und Süßwasser gekocht. Kulinarisch werden meist nur die dicken Fangarme verwendet. Sie werden nach dem Kochen in Scheiben geschnitten oder im Ganzen gegrillt und mit viel Knoblauch und Zitrone gewürzt.

So ganz hat der Krake seinen Furcht einflößenden Ruf freilich noch immer nicht verloren. Vor allem im Süden Italiens ist sein Name ein Synonym für die Mafia, deren lange Arme in vielen Bereichen des öffentlichen Lebens mitmischen.

Traditionell werden Kraken zunächst im Ganzen in einer Mischung aus Salz- und Süßwasser gekocht.

Die Kraken werden zunächst eine Stunde zugedeckt bei kleiner Hitze geschmort.

Dann werden die Fangarme abgetrennt und in mundgerechte Stücke geschnitten.

Die Stücke dann in würziger Tomatensauce weitere 30 Minuten bei kleiner Hitze köcheln lassen.

Polpo con le patate

Polpo con le patate
Krake mit Kartoffeln

1 Krake, ca. 1 kg, küchenfertig
Meersalz
5 EL Olivenöl
1 große Zwiebel, fein gehackt
2 Knoblauchzehen, fein gehackt
4 Tomaten, gewürfelt
frisch gemahlener Pfeffer
1 Lorbeerblatt
500 g vorwiegend fest kochende Kartoffeln, gewürfelt
200 g Erbsen, Tiefkühlware aufgetaut

Den Kraken ohne Wasser in einen Topf geben, salzen und zugedeckt bei kleiner Hitze im eigenen Saft etwa 1 Stunde schmoren. Während dieser Zeit den Kraken dreimal mit einer Fleischgabel aus dem Topf heben, in einen Topf mit kochendem Wasser tauchen, dann kalt abschrecken und wieder in seinen Schmorfond zurückgeben.

Das Öl in einem weiteren Topf erhitzen, Zwiebel und Knoblauch darin andünsten. Tomaten zugeben und kurz anbraten. Mit Salz und Pfeffer würzen, das Lorbeerblatt zugeben und die Kartoffeln untermischen. Den Kraken aus dem Topf nehmen, in kleine Stücke schneiden und zu den übrigen Zutaten geben. So viel Schmorflüssigkeit zugießen, dass alles gut bedeckt ist. Zugedeckt bei mittlerer Hitze 30 Minuten köcheln lassen. Dann die Erbsen untermischen und weitere 5 Minuten garen.

Polpo alla luciana
Krake in Knoblauchsauce

1 Krake, ca. 1 kg, küchenfertig
100 ml Olivenöl
4 Knoblauchzehen, fein gehackt
1 frische rote Chili, fein gehackt
Saft von 2 Zitronen
Meersalz
frisch gemahlener Pfeffer
3 EL fein gehackte Petersilie

Den Kraken zugedeckt bei kleiner Hitze etwa 1 Stunde schmoren. Dann aus dem Topf heben und die Fangarme in Scheiben schneiden.

Das Olivenöl in einem Topf erhitzen, Knoblauch und Chili darin andünsten. Krakenscheiben zufügen und so viel Schmorflüssigkeit zugeben, dass alles gut bedeckt ist. Zugedeckt weitere 30 Minuten köcheln lassen.

Mit Zitronensaft, Salz und Pfeffer abschmecken und die Petersilie untermischen. In eine Servierschüssel umfüllen und etwas ziehen lassen. Lauwarm servieren.

Tintenfisch

Tintenfische sind in ganz Italien sehr beliebt und werden entlang der Küste auf vielerlei Art zubereitet. *Moscardini*, Mini-Tintenfische, findet man oft in Meeresfrüchtesalaten oder -saucen. In Ligurien dünstet man die Moscardini in Tomaten mit Knoblauch und Rosmarin und serviert sie als Antipasti.

Calameretti, etwas größere Tintenfische mit einem besonders zarten Fleisch, werden im Ganzen gegrillt oder mit Gemüse gegart. Eine neapolitanische Spezialität sind Calameretti in Tomatensauce mit Sultaninen, Pinienkernen und Oliven.

Seppie, mittelgroße Tintenfische, eignen sich hervorragend zum Füllen oder werden im Ganzen gegrillt oder gebraten. In Venetien schmort man sie in ihrer eigenen Tinte, oft auch als Risotto. Das Gericht sieht zwar merkwürdig schwarz aus, schmeckt aber hervorragend.

Calamari haben festes Fleisch. Meist wird ihr Körper in Ringe geschnitten, paniert und ausgebacken. Die so zubereiteten Tintenfischringe sind vor allem bei Touristen ein beliebtes Essen.

Als Erstes die Tentakel knapp vor den Augen vom Kopf abschneiden.

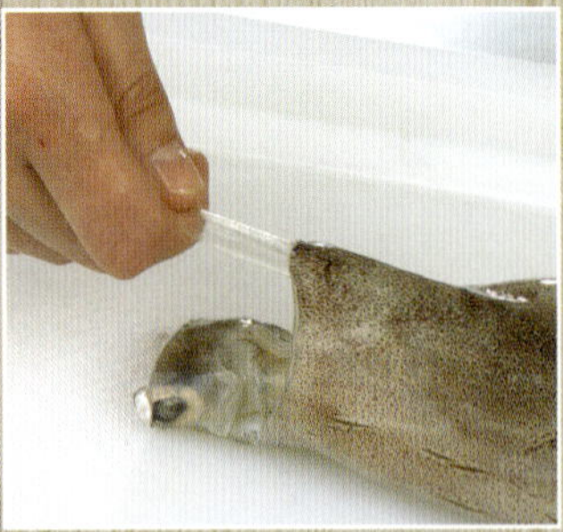

Hinter dem Kopf einschneiden und den farblosen Schulp herausziehen.

Den Kopf mit den anhängenden Innereien aus dem Körper ziehen.

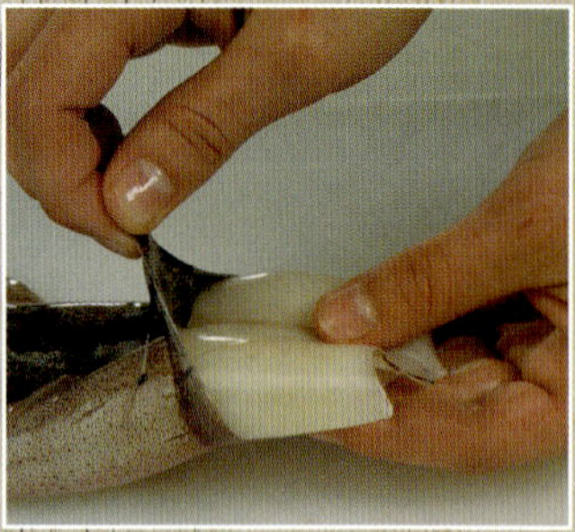

Die dunkle Haut abziehen und den Köpersack gründlich waschen.

Seppie con il nero alla veneziana
Tintenfisch auf venezianische Art

750 g ganze Tintenfische
1 Bund glatte Petersilie
Salz
1 kleine Zwiebel, fein gehackt
1 Knoblauchzehe, fein gehackt
4 EL Olivenöl
250 ml Weißwein
1 EL Zitronensaft
frisch gemahlener Pfeffer

Die Tintenfische säubern, Tintenbeutel vorsichtig aus dem Körper lösen. Die Tintenfische in schmale Streifen schneiden. Die Petersilie abspülen, die Stängel abschneiden und die Blätter fein hacken. Die Tintenbeutel mit den Petersilienstängeln, 1 Prise Salz und etwas Wasser einige Minuten kochen lassen. Dann abgießen, dabei die Flüssigkeit auffangen.
Zwiebel und Knoblauch im heißen Olivenöl glasig dünsten. Die Tintenfischstreifen dazugeben und kurz anbraten. Wein und Tintenfischsud angießen und die Hälfte der gehackten Petersilie unterrühren. Zugedeckt bei schwacher Hitze 30 Minuten köcheln lassen. Mit Zitronensaft, Salz und Pfeffer abschmecken und mit der restlichen Petersilie bestreuen.

Die Tintenfischtuben waschen und trocken tupfen.

Die Reisfüllung in die Tintenfischtuben verteilen.

Die Öffnung mit kleinen Holzspießen verschließen.

Die gefüllten Tintenfische in Olivenöl anbraten.

Gewürfelte Tomaten und Weißwein hinzufügen.

Seppie ripiene

Seppie ripiene
Gefüllte Tintenfische

4 Tintenfische
2 Schalotten
1 Knoblauchzehe
100 g gekochter Schinken
3 EL gekochter Reis
1 Ei
1 EL fein gehackte Petersilie
1 TL abgeriebene Zitronenschale
Salz
frisch gemahlener Pfeffer
500 g Tomaten
2 EL Olivenöl
200 ml Weißwein

Die Tintenfische säubern, waschen und trocken tupfen. Die Fangarme klein schneiden. Schalotten, Knoblauch und Schinken fein würfeln. Fangarme, Schalotten, Knoblauch und Schinken mit Reis, Ei, Petersilie und Zitronenschale gut vermengen, mit Salz und Pfeffer würzen. Die Masse in die Tintenfischtuben füllen und die Öffnung mit kleinen Holzspießen verschließen.

Die Tomaten häuten, vierteln, entkernen und klein würfeln. Das Olivenöl in einer tiefen Pfanne erhitzen und die Tintenfische darin von allen Seiten anbraten. Die Tomatenwürfel zufügen, den Weißwein angießen und einmal aufkochen lassen. Zugedeckt bei kleiner Hitze etwa 45 Minuten köcheln lassen. Die Sauce mit Salz und Pfeffer abschmecken und die Tintenfische in der Sauce servieren.

Calamari fritti
Panierte Tintenfischringe

800 g Tintenfischtuben, küchenfertig
Saft von 2 Zitronen
Öl zum Frittieren
2 Eier
Salz
frisch gemahlener Pfeffer
Mehl zum Wenden

Die Tintenfischtuben in Ringe schneiden. Mit dem Zitronensaft beträufeln und 15 Minuten ziehen lassen.

Öl in der Fritteuse auf 175 °C erhitzen. Die Eier mit Salz und Pfeffer verquirlen. Die Tintenfischringe in Mehl wenden, durch das Ei ziehen und im heißen Öl goldbraun ausbacken. Auf Küchenpapier kurz abtropfen lassen.

Calamari fritti

FLEISCH, WILD UND GEFLÜGEL

In Italien verzichtet man zwar selten ganz auf Fleisch, doch sind die Portionen in der Regel klein, denn die *primi piatti* haben bereits den ersten Hunger gestillt. Fleisch wird in sehr dünne Scheiben geschnitten und mit wenig Fett so zubereitet, dass nach einem mehrgängigen Menü auch noch Platz für ein Dessert bleibt. Eines der besten Beispiele für die italienische Fleischküche ist das römische *saltimbocca* (wörtlich: Spring in den Mund) – hauchdünn geschnittene Kalbfleischscheiben, die mit einer ebenfalls sehr dünnen Scheibe rohem Schinken und einem Salbeiblatt belegt sind.

Grundsätzlich werden die verschiedenen Fleischsorten in drei Kategorien eingeteilt:

- *Animali da macello*: Schlachtvieh (also Rind, Kalb, Schwein, Pferd, Lamm, Hammel und Ziege)
- *Animali da cortile*: Bauernhoftiere (Huhn, Pute, Ente, Gans, Perlhuhn, Taube und Kaninchen)
- *Selvaggina e cacciagione*: Wild (Reh, Wildschwein, Hase und Wildgeflügel wie Fasan, Wachtel und Rebhuhn)

Dass es nicht die *eine* italienische Küche gibt, wird gerade an den Fleischprodukten deutlich, die in den einzelnen Provinzen Italiens verarbeitet werden.

Im Norden, im Alto Adige und in Friaul-Julisch Venetien, ist der alpine, der österreichisch-ungarische und auch der slawische Einfluss noch immer spürbar. Dementsprechend werden auch die typischen Landesgerichte vom Schwein bestimmt. Eine Glanzzeit der Küchenkultur erlebte man hier während des Konzils von Trient (1545–1563), als mit den Delegierten reiche kulinarische Erfahrungsschätze in die Region kamen. Denn natürlich reisten die Bischöfe und Kardinäle nicht ohne ihre Köche nach Trient.

Wenn auch die Trennung zwischen Arm und Reich heute aufgehoben ist, wird doch im alltäglichen Leben neben Getreideprodukten, Gemüse und Obst vor allem Schweinefleisch genossen. Viele Wurstsorten und besonders Schinken und Speck wurden berühmt. Typisch für die einfachere Küche war und ist das Salzfleisch, für das Fleischteile hauptsächlich von Rind oder Schaf 20 Tage in hölzernen Fässern in einer Lake aus Salz, Pfeffer, Knoblauch, Lorbeer, Rosmarin, Wacholder und Weißwein haltbar gemacht werden.

In Venetien dagegen trifft man bereits vermehrt jene Küche an, die wir von Italien gewohnt sind. *La serenissima* (die Ehrwürdigste), wie Venedig respektvoll genannt wurde, hatte im Mittelalter und vor allem im 17. Jahrhundert eine wichtige Schlüsselstellung in der Region – als Tor zur Welt. Die goldene Zeit der Stadt mit ihrem deutlich orientalischen Einfluss lebt in der Küche bis heute in der großzügigen Verwendung der Gewürze weiter. Und statt Schafen und Ziegen gibt es in Venetien reichlich Kühe. Rind- und Kalbfleisch haben einen festen Platz auf den Speisezetteln, neben Schwein, Wild und Geflügel. Berühmte Schinken- und Wurstsorten, zum Beispiel die *sanguinacci*, Blutwürste, werden nach traditionellen Rezepten gefertigt. Die Rinderzucht führte auch zu einer Reihe delikater und aromatischer Käsesorten, zu denen etwa *Grana Padano*, *Asiago* oder *monte veronese* zählen.

Die Provinzen Piemont, Emilia-Romagna und Lombardei bilden in Italien eine Art „Speckgürtel". Hier ist Fleisch der Hauptdarsteller in der Küche, ob nun Rind, Kalb, Schwein, Geflügel, Kaninchen oder Wild. Mailand und Bologna, das auch den Spitznamen *la grassa* (die Fette) trägt, sind berühmt für ihre kulinarischen Produkte. Butter und Speck dominieren vor dem Olivenöl, Fleischerzeugnisse wie die *mortadella* und Käse wie der *Parmigiano-Reggiano* sind weltbekannt. Die ganze Fülle dieser Küche zeigt sich beim *bollito misto*, einem üppigen Gericht mit Huhn, Rind- und Kalbfleisch.

Gekochter Schinken, zampone, bollito misto – fleischlastige Spezialitäten wie diese finden sich in großer Fülle im Piemont, in der Emilia-Romagna und der Lombardei, dem „Speckgürtel" Italiens.

Für die Kochbrühe zunächst Wurzelgemüse und Zwiebeln grob hacken.

Huhn, Rindfleisch und Gemüse in einen Topf geben und Wasser angießen.

Die gekochte Zunge etwas abkühlen lassen und anschließend häuten.

Die Zunge und das ausgelöste Hühnerbrustfilet in Scheiben schneiden.

Bollito misto piemontese
Gemischtes gekochtes Fleisch auf Piemonteser Art

Für 8 Personen

2 Zwiebeln
2 Bund Suppengrün
1 frisches Suppenhuhn, ca. 2 kg, küchenfertig
1 kg Rinderbrust
1 TL schwarze Pfefferkörner
Salz
1 Kalbszunge
2 Lorbeerblätter
1 kg vorwiegend fest kochende Kartoffeln
4 Karotten
2 Petersilienwurzeln
2 Lauchstangen
Butter zum Anbraten
3 EL fein gehackte Petersilie

Zwiebeln und Suppengrün grob hacken. Huhn und Rindfleisch in einen großen Topf geben. Zwiebeln, Suppengrün, 1/2 Teelöffel Pfefferkörner und 1 Teelöffel Salz hinzufügen und so viel Wasser angießen, dass alles gut bedeckt ist. Zugedeckt 2 Stunden köcheln lassen.

Die Kalbszunge waschen, von Fett und Knorpeln befreien und in einen Topf legen. Mit Wasser bedecken, 1 Teelöffel Salz, die restlichen Pfefferkörner sowie die Lorbeerblätter zufügen und einmal aufkochen. Schaum abschöpfen und zugedeckt bei mittlerer Hitze etwa 1 Stunde garen.

Kalbszunge, Huhn und Rindfleisch aus der jeweiligen Brühe nehmen und etwas abkühlen lassen. Die Hühner-Rindfleischbrühe durch ein Sieb in eine Schüssel gießen.

Kartoffeln, Karotten und Petersilienwurzeln in Würfel schneiden. Den Lauch putzen und in dicke Ringe schneiden. Alles in Butter kurz anbraten, mit der abgeseihten Brühe aufgießen und 25–30 Minuten köcheln lassen. Den Backofen auf 200 °C vorheizen.

Inzwischen Kalbszunge und Huhn häuten. Die Zunge, ausgelöste Hühnerbrust und Rindfleisch in Scheiben schneiden und mit den Hühnerkeulen in einer großen Auflaufform anrichten. Kartoffeln und Gemüse mit der Brühe dazugeben. Alles im Backofen etwa 10 Minuten erhitzen. Vor dem Servieren mit der Petersilie bestreuen.

Zum *bollito misto* wird immer *bagnetto verde*, eine pikante grüne Sauce, serviert.

Fleisch in Mittel- und Süditalien

Im Gegensatz zu nördlicheren Regionen wie dem Piemont oder auch der Lombardei kommt Fleisch in der Toskana in aller Regel nicht geschmort, sondern gegrillt und gebraten auf den Tisch. Das gilt insbesondere für die *bistecca fiorentina*, die nur mit wenig Salz und Pfeffer sowie mit ein paar Tropfen besten Olivenöls aufgetischt wird. Das beste Fleisch liefert hier das Chianina-Rind, das auch beim nördlichen Nachbarn in der Emilia beliebt ist. Doch auch Schweinefleisch und Wildschwein haben einen festen Platz in der toskanischen Küche.

In den Marken ist der Fleischverzehr im Vergleich zu den anderen italienischen Regionen recht hoch. Eine Spezialität ist die *porchetta*, das mit Kräutern gefüllte und gegrillte Spanferkel. Wenngleich sie in der Toskana, in Umbrien und Latium ebenfalls bekannt ist – für die Marchigiani ist klar, dass das Originalrezept aus ihrer Gegend stammt. Regionale Unterschiede kommen vor allem in der Würzung zum Ausdruck. Rosmarin und Fenchel sind es beispielsweise in der Toskana, während eine schärfere Variante aus Perugia kommt, der Hauptstadt Umbriens. Das Schwein hat in der umbrischen Küche einen großen Stellenwert. Neben deftigen Fleischgerichten sind vor allem Wurstspezialitäten weit über die Region hinaus beliebt. Auch die Basilikata setzt in ihrer Küche besonders auf Schweinefleisch, gewürzt mit Peperoncini, die jedem Gericht eine kräftige Schärfe verleihen.

In Latium mit der Hauptstadt Rom im Zentrum der Halbinsel macht die Viehzucht einen wichtigen Teil der Landwirtschaft aus. Hauptsächlich sind es Schafe, die über die Weiden der landschaftlich überaus vielseitigen Region ziehen. Ihr Fleisch ist durch das Gras in den Berggebieten besonders aromatisch. Deshalb zählen Lammgerichte zu den ausgesprochenen Delikatessen Latiums, so das Milchlamm *(abbacchio) alla cacciatora*. Als Spezialität genießt in Rom seit der Antike der Lammkopf *(testicciuola di abbacchio)* eine hohe Wertschätzung. Er wird mit Brot, Knoblauch und Petersilie gefüllt, mit reichlich Olivenöl begossen und im Ofen gebacken. Aber auch für Geflügelgerichte, Schweinespeck und Würste ist die Region bekannt. Anders als in weiten Teilen des Landes wird hier in der Küche auch mehr Schweineschmalz verwendet.

Die südlichen Provinzen Italiens waren im Gegensatz zu den reichen Gegenden des Nordens schon immer mehr von einer bäuerlichen Küchenkultur geprägt. Was nicht bedeutet, dass etwa Apulien, Kampanien und Kalabrien über eine ärmliche Küche verfügten. Im Gegenteil: Die vermeintliche *cucina povera*, die arme Küche, hat hier eine Entwicklung erlebt, vor deren Einfallsreichtum die Landküchen anderer Nationen vor Neid erblassen müssten. Nicht zuletzt dem Einfluss der Araber und der Griechen ist es zu verdanken, dass die süditalienische Küche sich von der des Nordens und Mittelitaliens stark abhebt.

Das umbrische Norcia ist berühmt für seine Wurstwaren, die stolz in und vor den Metzgereien präsentiert werden (oben).

In der grünen Senke der Codula-di-Luna-Schlucht im Osten Sardiniens weiden die Hirten seit Jahrhunderten ihre Schafe (großes Bild rechts).

SARDINIENS FLEISCHKÜCHE

Die sardische Küche ist vor allem im Landesinnern bis heute eine „Küche der Erde", in deren Mittelpunkt gebratenes und gegrilltes Fleisch von wild lebenden Tieren und jungen Schweinen, den *porceddi*, steht. Zu den traditionellen Gerichten, heute fast in Vergessenheit geraten, gehört das *carne a carraxiu*, das „beerdigte Fleisch". Dafür wird ein tiefes Erdloch gegraben, in das man ein ganzes, frisch geschlachtetes Lamm oder Kalb legt. Das Tier wird mit verschiedenen Wildkräutern bedeckt, dann schaufelt man das Loch wieder zu und entfacht darüber ein Schwelfeuer. In den nächsten Stunden gart das Fleisch langsam in der heißen Erde.

Su malloru de su sabatteri ist eine andere kulinarische Spezialität der Insel: ein Rind, gefüllt mit einem Schwein, das wiederum mit einem Lamm gefüllt ist, welches einen Hasen beinhaltet, der zu guter Letzt vielleicht noch mit einer Wachtel gefüllt ist. Das Ganze wird über einem Holzfeuer am Spieß unter ständigem Drehen langsam gegart.

Sardischer Wacholder

Der immergrüne Wacholderstrauch, ein Symbol für Sardinien, gehört zur Familie der Zypressen. Er ist ein wichtiger Bestandteil der sardischen Macchia, die aus Niedrigbäumen, Sträuchern und aromatischen Pflanzen wie Myrte, Rosmarin, Thymian, Lorbeer, Salbei, Lavendel, Fenchel, Pfefferminze und Melisse besteht. Während man in vielen Ländern nur die getrockneten, dunkelvioletten Früchte des Wacholders zum Würzen von Wild, deftigen Fleischgerichten, Pasteten und Marinaden verwendet, nutzen die Sarden auch das Holz der Sträucher. Es wird beim Grillen in die Glut gelegt und gibt dem Fleisch ein besonderes Aroma – würzig, süßlich und leicht harzig.

Fleisch in der Küche

Einen Kalbsrücken entbeinen

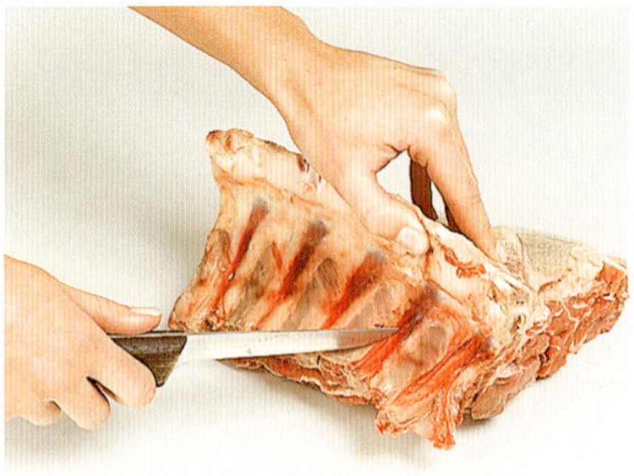

Den Kalbsrücken mit der Fleischseite nach unten auf ein Brett legen und die langen Rippenknochen freilegen.

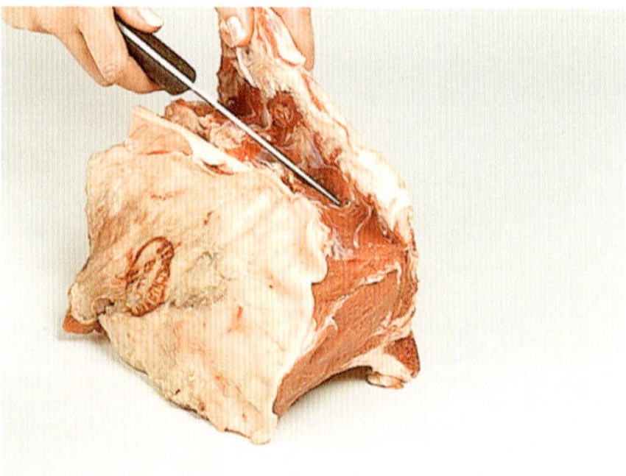

Den Kalbsrücken auf die Rippenseite legen und die Kalbslende in einem Stück von den Knochen lösen.

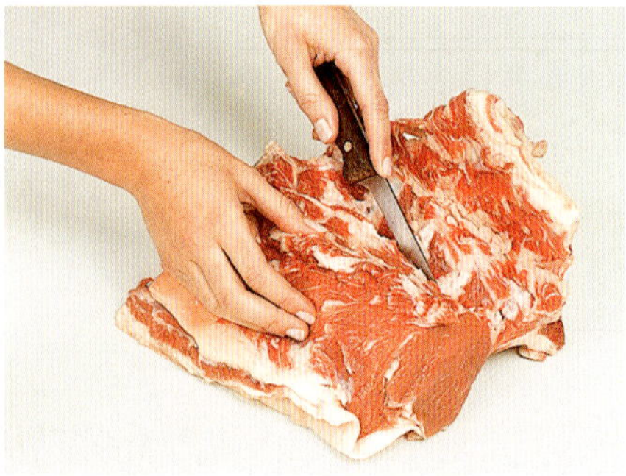

Dann das Lendenstück vom Rückgrat abtrennen, dabei das Fleisch zwischen den Knochen losschneiden.

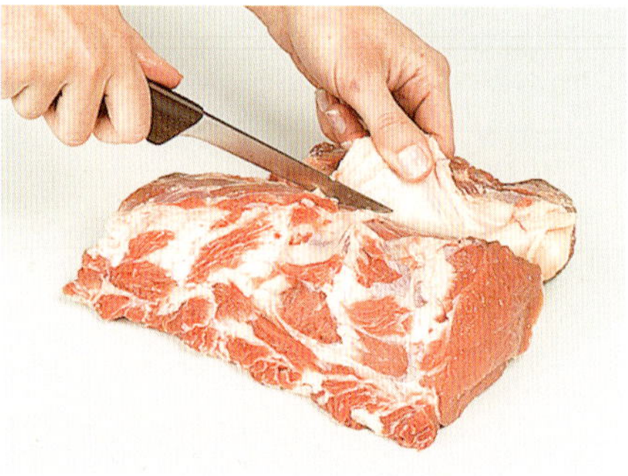

Zuletzt das Fleisch parieren: Fettschicht, Haut und Sehnen sorgfältig von der Kalbslende entfernen.

Seit Generationen führt die Familie Martini im toskanischen Sansepolcro ihre Metzgerei auf traditionelle Art (rechts). Hier präsentiert sie stolz Fleischstücke vom Chianina-Rind.

Eine Lammkeule auslösen

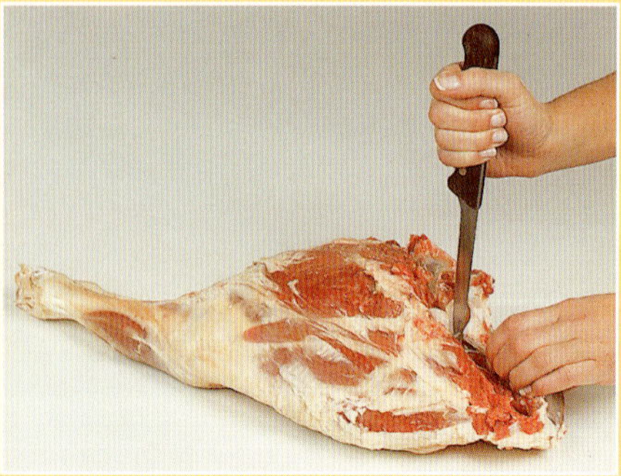

Die Lammkeule mit dem Beckenknochen nach oben auf ein Brett legen und den Knochen freilegen.

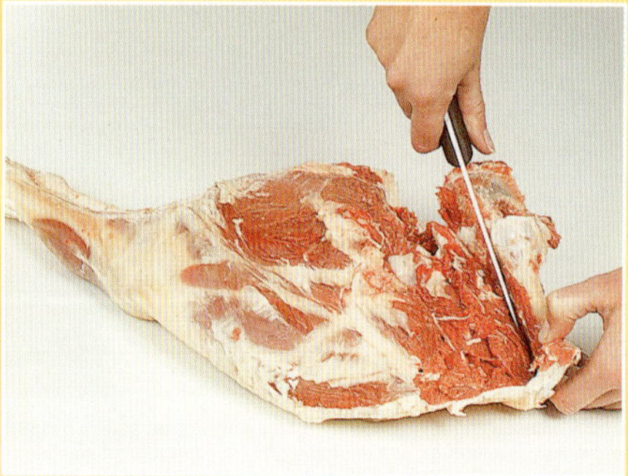

Den Beckenknochen am Gelenk freilegen, die Sehnen durchtrennen und den Knochen auslösen.

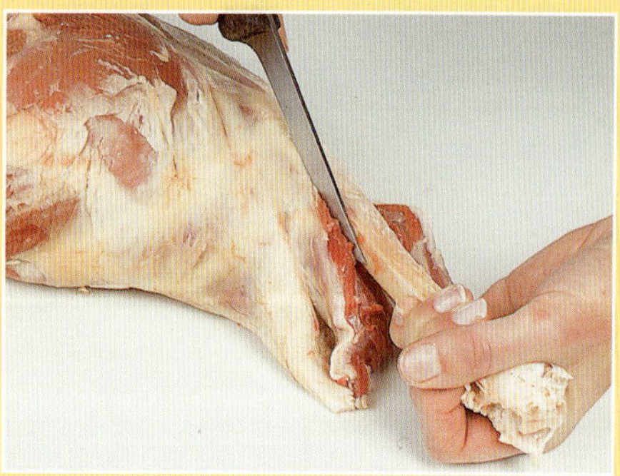

Den Unterschenkelknochen am Ende der Keule freilegen, dabei alle Sehnen durchtrennen.

Fleischschnitt

Auch beim Fleischeinkauf wird in Italien großer Wert auf erstklassige Qualität gelegt. Italienische Hausfrauen wissen genau, welches Stück sich für die verschiedenen Garmethoden am besten eignet. Allerdings gibt es eine verwirrende Vielfalt von Ausdrücken für die einzelnen Fleischteile, noch dazu teils im Dialekt. Obwohl eine staatliche Richtlinie die korrekten Bezeichnungen festlegt, halten sich viele Metzger nicht daran.

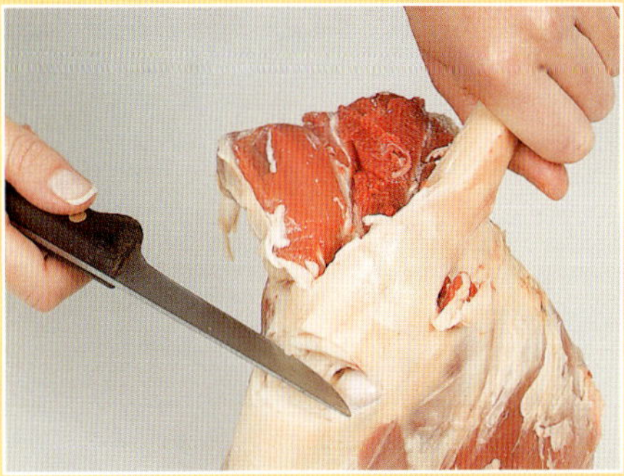

Den Unterschenkelknochen etwas anheben und am Kniegelenk vom Oberschenkelknochen abtrennen.

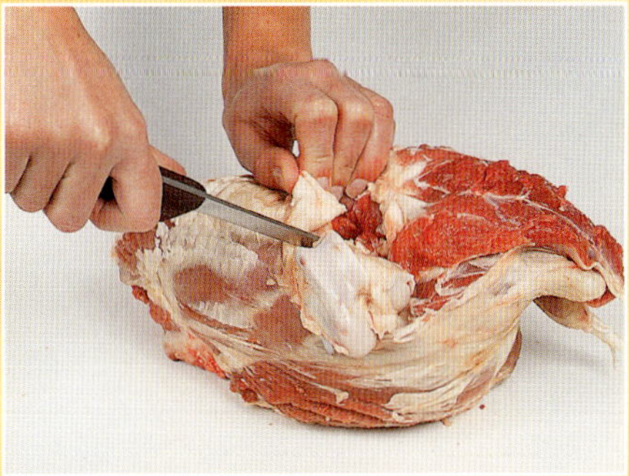

Mit dem Ausbeinmesser das Fleisch rund um den Oberschenkelknochen wegschneiden und den Knochen freilegen.

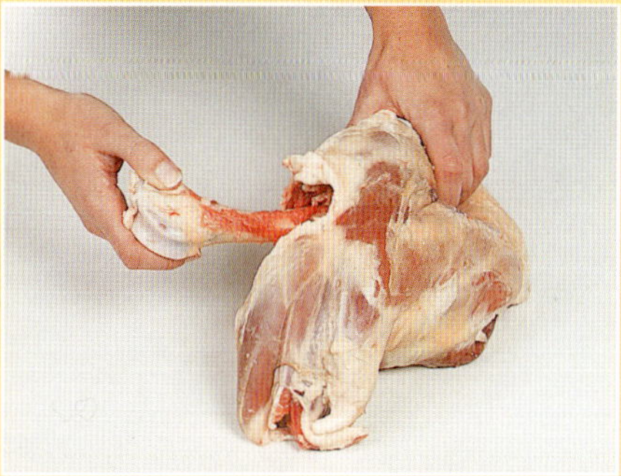

Den Knochen am Gelenk festhalten und mit einer Drehbewegung aus dem Fleisch herausziehen, dann die Sehnen durchtrennen.

Kalbfleisch

Das magere und saftige Kalbfleisch ist leicht verdaulich und besonders reich an hochwertigem Eiweiß. Kalbfleisch hat zarte Fleischfasern, eine feine Marmorierung und ist frei von Sehnen. Beim Anfassen weist es eine gewisse Festigkeit auf. Wegen seines höheren Preises wurde Kalbfleisch früher vor allem an Festtagen zubereitet.

Geschlachtet werden sowohl männliche wie weibliche Tiere, meist im Alter von fünf bis sechs Monaten. Ihr Alter und die Art der Fütterung bestimmen die Farbe des Fleischs. Kälber aus ökologischer Aufzucht, die bereits auf der Weide waren, haben ein hell- bis kräftig rotes Fleisch. Milchkälber, die bis zur Schlachtung ausschließlich mit Milch oder Milchersatzstoffen gefüttert wurden, haben weißrosafarbenes Fleisch.

Typisch für viele italienische Kalbfleischrezepte ist das Umwickeln oder Belegen des Fleischs mit Schinken, Pancetta oder Speckstreifen, damit das Fleisch beim Garen nicht zu trocken wird. Zu den berühmtesten Gerichten gehören das *vitello tonnato*, gekochtes, kaltes Kalbfleisch mit einer Thunfisch-Mayonnaise-Sauce, das *ossobuco*, eine Kalbshaxe, die in Scheiben geschnitten und mit Knochen und Knochenmark geschmort wird, Kalbsschnitzel in vielerlei Variationen sowie die leckeren *involtini*, zarte, sanft geschmorte Rouladen.

Scaloppine al limone
Zitronenschnitzel

4 dünn geschnittene Kalbsschnitzel à 150 g
2 EL Olivenöl
4 EL Zitronensaft
30 g Butter
Salz
frisch gemahlener Pfeffer
40 ml trockener weißer Vermouth
Zucker

Die Schnitzel abwaschen, trocken tupfen und mit dem Handballen so flach wie möglich drücken. Das Öl mit dem Zitronensaft verrühren. Die Schnitzel in eine flache Schale legen, mit dem Zitronen-Öl beträufeln und zugedeckt 30 Minuten marinieren, dabei einmal wenden. Dann aus der Marinade nehmen, abtropfen lassen und mit Küchenpapier trocken tupfen. Die Butter in einer großen Pfanne zerlassen und die Schnitzel darin von beiden Seiten anbraten. Aus der Pfanne nehmen, mit Salz und Pfeffer würzen und warm stellen. Den Bratensatz mit der Marinade unter Rühren lösen und den Vermouth hinzugeben. Die Sauce etwas einkochen lassen, mit Salz, Pfeffer und Zucker abschmecken. Die Schnitzel in der Sauce servieren.

Saltimbocca alla romana
Römische Salbeischnitzel

8 kleine dünne Kalbsschnitzel à 75 g
8 Scheiben Coppa di Parma, ersatzweise Parmaschinken
16 Salbeiblätter
Mehl zum Wenden
50 g Butter
Salz
frisch gemahlener Pfeffer
200 ml trockener Weißwein

Die Kalbsschnitzel flach klopfen. Jeweils mit 1 Scheibe Schinken und 2 Salbeiblättern belegen, zusammenklappen und mit einem kleinen Holzspieß feststecken. Dann in Mehl wenden, überschüssiges Mehl abklopfen.
Die Butter in einer großen Pfanne zerlassen und die Schnitzel bei starker Hitze auf beiden Seiten etwa 2 Minuten braten. Mit Salz und Pfeffer würzen und mit etwas Wein beträufeln. Sobald der Wein eingekocht ist, die Schnitzel aus der Pfanne nehmen und auf eine vorgewärmte Platte legen.
Den Bratensatz mit dem restlichen Wein unter Rühren lösen, durch ein Sieb passieren und über die Schnitzel gießen.

Scaloppine al limone

Die Kalbsschnitzel zwischen zwei Lagen Frischhaltefolie legen und behutsam flach klopfen.

Jedes Schnitzel mit 2 Salbeiblättern und 1 Scheibe rohem Schinken belegen.

Die Kalbsschnitzel zusammenklappen und mit einem kleinen Holzspieß verschließen.

Saltimbocca alla romana

Involtini in umido
Kalbsröllchen mit Schinken

8 dünne Kalbsschnitzel à 100 g
Salz und Pfeffer
50 g geriebener Pecorino
8 dünne Scheiben San-Daniele-Schinken
Mehl zum Wenden
2 EL Butter
2 EL Olivenöl
1 Zwiebel, fein gehackt
1 Knoblauchzehe, fein gehackt
1 EL Tomatenmark
125 ml Marsala
125 ml Kalbsfond
2 Tomaten, gewürfelt
1 kleiner Salbeizweig

Die Schnitzel zwischen 2 Lagen Frischhaltefolie dünn klopfen und nebeneinander auf eine Arbeitsfläche legen. Mit Salz und Pfeffer würzen. Mit Pecorino bestreuen und mit Schinkenscheiben belegen. Die Schnitzel einrollen und mit kleinen Holzspießen feststecken. Dann salzen, pfeffern und in Mehl wenden. Butter und Öl in einer Pfanne erhitzen. Die Röllchen darin von allen Seiten anbraten. Aus der Pfanne nehmen und beiseitestellen. Zwiebel, Knoblauch und Tomatenmark im Bratfett andünsten. Mit Wein ablöschen, den Bratensatz unter Rühren lösen und den Fond angießen. Kalbsröllchen, Tomaten und Salbei dazugeben, einmal aufkochen. Zugedeckt bei kleiner Hitze 20 Minuten köcheln lassen. Dann aus der Pfanne nehmen und auf einer Servierplatte warm stellen. Salbei entfernen. Sauce aufkochen, mit Salz und Pfeffer abschmecken und über die Kalbsröllchen gießen.

Cotolette alla milanese
Mailänder Kotelett

4 Kalbskoteletts à 200 g
Salz und Pfeffer
100 g Semmelbrösel
Mehl zum Wenden
2 Eier
60 g Butterschmalz
1 Zitrone

Die Koteletts abwaschen, trocken tupfen und mit Salz und Pfeffer einreiben. Die Eier verquirlen. Koteletts zuerst in Mehl, dann in den Eiern und zuletzt in den Semmelbröseln wenden. Die Panade fest andrücken.
Das Butterschmalz in einer großen Pfanne erhitzen, die Koteletts hineinlegen und auf jeder Seite bei mittlerer Hitze 5–6 Minuten goldbraun braten. Die Zitrone vierteln und zum Kotelett reichen.

Cotolette alla milanese

Goldene Speisen

Seit rund 50 Jahren hält sich hartnäckig das Gerücht, das appetitlich goldbraune Mailänder Kotelett sei quasi der Urahn des Wiener Schnitzels, das Feldmarschall Radetzky 1848 aus der Lombardei nach Wien gebracht habe. Tatsache ist: Bereits Jahrhunderte zuvor wurden sowohl in Italien, Frankreich als auch in Österreich Fleischstücke paniert und goldbraun ausgebacken. Entstanden ist diese Zubereitungsart aus der Not heraus – erfunden von Köchen, die sich kein Blattgold leisten konnten und nach einem preiswerten Ersatz für die verführerische Goldumhüllung suchten.

Schon im alten Byzanz nämlich wurden Speisen vergoldet, nicht nur aus optischen Gründen, sondern weil man glaubte, Gold sei gesund für das Herz. Über Konstantinopel fand die edle Küchenzutat ihren Weg in die vermögenden Handelsstädte Venedig und Mailand. Feines, reines Gold schimmerte fortan in hauchdünnen Blättchen und Flocken auf Gänseleber, Risotto und Zuckerwerk der reichen Adligen und Patrizier. Hergestellt wurde das sogenannte Blattgold in einer äußerst aufwendigen Prozedur von Blattgoldschlägern, die hochkarätiges Gold in vielen Arbeitsschritten durch Walzen, Hämmern und Schlagen in hauchzarte Folien verwandelten, die nur wenige hundertstel Millimeter dünn waren. Der Verzehr dieser kleinen Kostbarkeit ist übrigens aus medizinischer Sicht unbedenklich – allerdings leider auch ohne positive Wirkung auf die Gesundheit.

Medaglioni di vitello alla pizzaiola
Kalbsmedaillons mit Oliven und Tomaten

8 Tomaten
100 g schwarze entsteinte Oliven
8 Kalbsmedaillons à 75 g
2 EL Olivenöl
Salz
frisch gemahlener Pfeffer
1 Knoblauchzehe, fein gehackt
Zucker zum Abschmecken
1/2 TL getrockneter Oregano
50 ml trockener Weißwein

Die Tomaten häuten, entkernen und in Würfel schneiden. Die Oliven vierteln. Die Kalbsmedaillons waschen und trocken tupfen.
Das Olivenöl in einer großen Pfanne erhitzen und die Medaillons darin von beiden Seiten anbraten. Aus der Pfanne heben, salzen, pfeffern und warm stellen.
Den Knoblauch in die Pfanne geben, die Tomaten und Oliven zufügen. Mit Salz, Zucker, Pfeffer und Oregano würzen. Den Wein angießen, den Bratensatz unter Rühren lösen und bei starker Hitze einkochen lassen – die Tomaten dürfen nicht zerfallen. Medaillons dazugeben und bei kleiner Hitze noch einige Minuten in der Sauce ziehen lassen.

Cotolette con peperonata
Gefülltes Kalbskotelett mit Peperonata

2 eingelegte Sardellenfilets
1 EL Kapern
1 Knoblauchzehe
je 1 kleiner Rosmarin- und Salbeizweig
frisch gemahlener Pfeffer
3 EL Olivenöl
4 Kalbskoteletts à 200 g
Salz
1 Zwiebel, fein gehackt
300 g küchenfertige Peperonata (siehe Seite 64)

Sardellen und Kapern in einem Sieb abspülen und abtropfen lassen.
Die Knoblauchzehe schälen. Rosmarinblätter vom Zweig abstreifen. Salbeiblätter abzupfen. Alles in einem Mörser oder Küchenmixer mit Pfeffer und 1 Esslöffel Olivenöl zu einer Paste verarbeiten. Den Backofen auf 160 °C vorheizen.
Das Fleisch waschen und trocken tupfen. Mit einem spitzen Messer waagrecht eine Tasche in jedes Kotelett schneiden. Die Kräuterpaste in die Öffnungen füllen und mit kleinen Holzspießen verschließen. Salzen und pfeffern.
Restliches Olivenöl in einer Pfanne erhitzen und die Koteletts von beiden Seiten darin anbraten, dann in eine Auflaufform legen.
Die Zwiebel im Bratfett andünsten. Die Peperonata hinzufügen, erhitzen und über dem Fleisch verteilen. Im Backofen 20 Minuten garen.

Cotolette con peperonata

Sardellen, Kapern, Knoblauch, Rosmarin und Salbei mit Olivenöl zu einem Mus zermahlen.

Mit einem scharfen Messer waagerecht eine Tasche in jedes Kotelett schneiden.

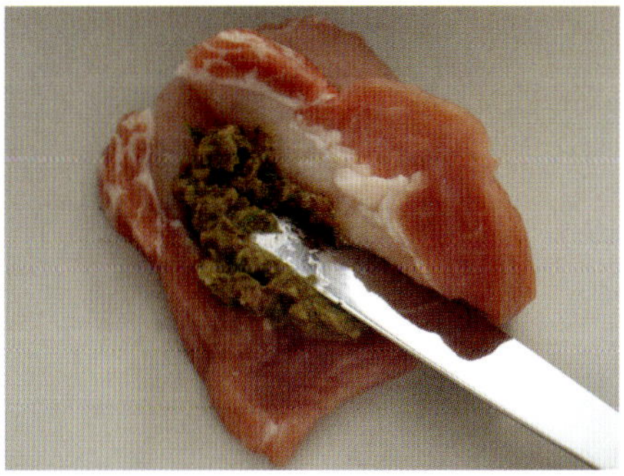

Die Kräuterpaste in die Öffnung streichen und diese mit kleinen Holzspießen verschließen.

Die gefüllten Koteletts in Olivenöl bei mittlerer Hitze auf beiden Seiten anbraten.

Die Kunst des sanften Garens

„Gut' Ding will Weile haben", daran haben auch die moderne Küchen mit ihren High-tech-Multifunktionsöfen nichts geändert. Zugegeben, man kann heutzutage innerhalb von 1 Minute in der Mikrowelle eine kalte in eine warme Speise verwandeln oder mit Heißluft mehrere Gerichte gleichzeitig zubereiten. Aber ein zarter saftiger Braten bleibt weiterhin eine Disziplin für den aufmerksamen geduldigen Koch.

In früheren Zeiten, als man noch mit Holz heizte und kochte, stand die optimale Nutzung des Feuers im Vordergrund. Die Zartheit des Fleischs durch langsames Garen über mehrere Stunden in Tonformen oder gusseisernen Töpfen in der Abwärme des Backofens, in dem man zuvor Brot gebacken hatte, war mehr eine zufällige, wenn auch sehr geschätzte Nebenwirkung.

Heute weiß man, dass das im Fleisch enthaltene Kollagen seine Zeit braucht, bis es zerfällt und die Zellen sich lockern können. Europäische Spitzenköche waren die Ersten, die sich auf die alten Niedrigtemperatur-Methoden (Garen bei 70 °C über mehrere Stunden) zurückbesonnen haben. In Italien ist diese traditionelle Zubereitungsmethode allerdings nie aus der Mode gekommen.

Brasato alla milanese
Mailänder Rinderbraten mit Tomaten

Für 6 Personen

1 kg Rinderbraten
2 Knoblauchzehen
Salz
frisch gemahlener Pfeffer
1 Karotte
2 Selleriestangen
1 Kohlrabi
2 Zwiebeln
2 EL Olivenöl
2 EL Butter
1 Lorbeerblatt
1 kleiner Thymianzweig
1 Gewürznelke
300 ml Barolo oder anderer kräftiger Rotwein
500 g Tomaten
300 ml Fleischbrühe
3 EL fein gehackte Petersilie

Das Fleisch abwaschen und trocken tupfen. Den Knoblauch in Scheiben schneiden. Mit einem spitzen Messer das Fleisch einstechen und mit dem Knoblauch spicken. Das Fleisch salzen und pfeffern. Karotte, Sellerie, Kohlrabi und Zwiebeln in kleine Würfel schneiden.
In einem Schmortopf Öl und Butter erhitzen und das Fleisch darin bei mittlerer Hitze rundum anbraten. Gemüse und Zwiebeln zugeben und anrösten. Lorbeerblatt, Thymian und Gewürznelke hinzufügen. Mit Rotwein ablöschen und etwas einkochen lassen.
Die Tomaten häuten, vierteln, entkernen und grob würfeln. Tomaten zum Fleisch geben, etwas Brühe angießen und einmal aufkochen lassen. Zugedeckt bei kleiner Hitze mindestens 2 Stunden schmoren lassen. Während dieser Zeit den Braten von Zeit zu Zeit mit etwas Schmorflüssigkeit begießen, nach und nach die restliche Brühe angießen.
Den fertigen Braten aus dem Schmortopf nehmen. Die Sauce durch ein feines Sieb streichen, nochmals aufkochen und mit Salz und Pfeffer abschmecken. Den Braten in Scheiben schneiden, auf eine vorgewärmte Servierplatte legen, mit heißer Sauce übergießen und mit Petersilie bestreuen.

Bardieren

Für einen brasato braucht man Rindfleisch aus der Oberschale, Speck und aromatische Kräuter.

Das Fleisch waschen, trocken tupfen und mit Salz, Pfeffer und den gehackten Kräutern einreiben.

Anschließend das Fleisch auf allen Seiten mit dünnen Speckscheiben belegen.

Küchengarn zunächst in Längsrichtung um das Fleisch binden, um den Speck zu fixieren.

Dann das Küchengarn um die Hand schlingen, eine Schlaufe um das Fleisch legen und festziehen.

Diesen Arbeitsschritt so lange wiederholen, bis das Fleisch ganz umwickelt ist. Das Küchengarn verknoten.

Den Braten in Brühe oder Wein langsam schmoren. Vor dem Anschneiden einige Minuten ruhen lassen.

Mit einem scharfen Fleischmesser in gleichmäßige Scheiben schneiden und das Küchengarn entfernen.

Brasato al Barolo
Rotwein-Schmorbraten

Für 6 Personen

1 kg Rinderlende
Salz
frisch gemahlener Pfeffer
2 EL Olivenöl
1 große Karotte, gewürfelt
2 Knoblauchzehen, in Scheiben geschnitten
2 Selleriestangen, gewürfelt
2 Rosmarinzweige
2 Lorbeerblätter
750 ml Barolo

Das Fleisch abwaschen, trocken tupfen und mit Salz und Pfeffer einreiben. Das Olivenöl in einem Schmortopf erhitzen und das Fleisch von allen Seiten darin anbraten. Karotte, Knoblauch, Sellerie, Rosmarin und die Lorbeerblätter zufügen und kurz anrösten. Den Rotwein angießen und das Fleisch bei kleiner Hitze zugedeckt etwa 2 Stunden schmoren. Während dieser Zeit mehrmals im Schmorfond wenden.
Den Braten aus dem Topf nehmen und 5 Minuten ruhen lassen. Die Sauce durch ein Sieb passieren, mit Salz und Pfeffer abschmecken. Das Fleisch in Scheiben schneiden, auf einer vorgewärmten Platte anrichten und die Sauce darübergeben.

Coda alla vaccinara
Geschmorter Ochsenschwanz

1,5 kg Ochsenschwanz, in Scheiben geschnitten
Salz
frisch gemahlener Pfeffer
3 EL Olivenöl
250 ml Rotwein
1 l Fleischbrühe
2 EL gehackte Kräuter (Rosmarin, Thymian, Oregano)
2 EL Rosinen
2 EL Pinienkerne
50 g geriebene Zartbitterschokolade
5 Selleriestangen

Den Ochsenschwanz abwaschen, trocken tupfen und mit Salz und Pfeffer kräftig einreiben. Das Olivenöl in einem Bräter erhitzen und die Fleischstücke darin auf beiden Seiten anbraten. Mit dem Rotwein ablöschen. Den Backofen auf 175 °C vorheizen.
Wenn der Wein fast eingekocht ist, die Brühe angießen und Kräuter, Rosinen, Pinienkerne und Schokolade hinzufügen. Den Bräter mit einem Deckel verschließen. Den Ochsenschwanz im Backofen 1,5 Stunden schmoren. Inzwischen den Sellerie in fingerlange Stücke schneiden. Zum Ochsenschwanz geben und alles zugedeckt weitere 30 Minuten garen, bei Bedarf noch etwas Wein angießen.

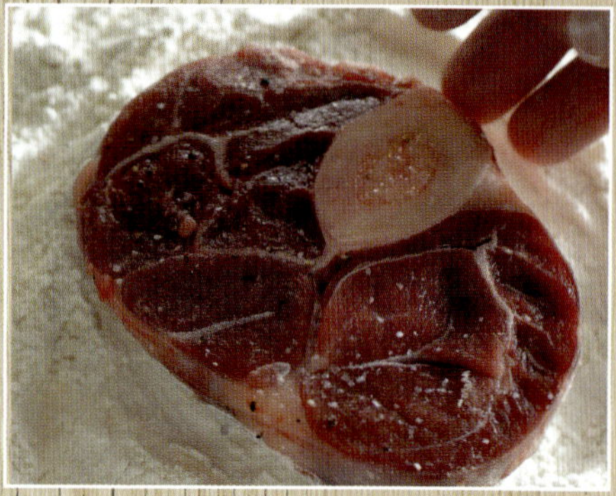

Die Kalbshaxe mit Salz und Pfeffer einreiben und in Mehl wenden.

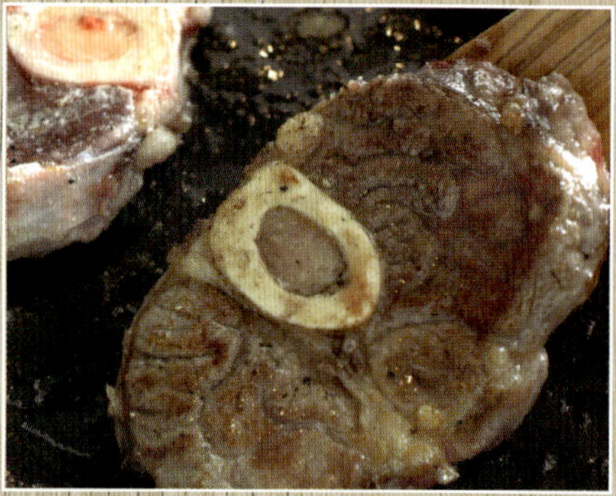

Das Fleisch bei mittlerer Hitze auf beiden Seiten in Butter anbraten.

Dann mit Weißwein ablöschen und den Wein etwas verdampfen lassen.

Die passierten Tomaten hinzufügen und das Fleisch darin schmoren.

Ossobuco alla milanese
Kalbshaxenscheiben auf Mailänder Art

4 Scheiben Kalbshaxe (ca. 4 cm dick)
Salz
frisch gemahlener Pfeffer
Mehl zum Wenden
50 g Butter
125 ml Weißwein
400 g passierte Tomaten aus der Dose
1 Knoblauchzehe
1 EL abgeriebene Zitronenschale
2 EL fein gehackte Petersilie

Die Fleischscheiben abwaschen und mit Küchenpapier trocken tupfen. Dann mit Salz und Pfeffer einreiben, in Mehl wenden und das überschüssige Mehl abklopfen.

Die Butter in einer tiefen Pfanne zerlassen und die Fleischscheiben darin auf beiden Seiten anbraten. Mit dem Wein ablöschen und den Wein etwas einkochen lassen. Die Tomaten einrühren, mit Salz und Pfeffer würzen. Fleischscheiben zugedeckt bei schwacher Hitze gut 1,5 Stunden schmoren, dabei mehrmals in der Tomatensauce wenden. Das Fleisch ist gar, wenn es beginnt, sich vom Knochen zu lösen.

Den Knoblauch fein hacken. Zitronenschale, Knoblauch und Petersilie mischen und kurz vor dem Servieren auf die Fleischscheiben geben.

Arrosto di vitello al latte
Kalbsbraten in Milch geschmort

800 g Kalbsbraten
Salz
frisch gemahlener Pfeffer
5 EL Olivenöl
1 Karotte, gewürfelt
1 große Zwiebel, gewürfelt
2 Selleriestangen, gewürfelt
600 ml Milch
400 g Schalotten
50 ml Weißweinessig
50 ml Weißwein
3 Lorbeerblätter
10 Pfefferkörner

Das Fleisch abwaschen und trocken tupfen. Mit Salz und Pfeffer würzen. 3 Esslöffel Olivenöl in einem Schmortopf erhitzen und das Fleisch darin von allen Seiten anbraten. Karotte, Zwiebel und Sellerie zufügen und andünsten. Mit der Hälfte der Milch ablöschen, aufkochen und zugedeckt ca. 1 Stunde bei kleiner Hitze garen. Dabei nach und nach die Milch zugeben und den Braten immer wieder begießen.

Inzwischen die Schalotten schälen und in Ringe schneiden. Restliches Olivenöl in einer Pfanne erhitzen und die Schalotten darin hellbraun andünsten. Mit Essig und Wein ablöschen, Lorbeerblätter und Pfefferkörner zufügen. Bei kleiner Hitze 30 Minuten köcheln lassen, bis die Flüssigkeit eingedickt ist. Lorbeerblätter und Pfefferkörner entfernen.

Den Braten aus dem Topf nehmen und warm halten. Die Schmorflüssigkeit durch ein feines Sieb zu den Schalotten gießen. Die Sauce erneut aufkochen und mit Salz und Pfeffer abschmecken.

Dann den Braten in dünne Scheiben schneiden, auf einer Servierplatte anrichten und mit etwas Sauce begießen. Restliche Sauce separat dazu reichen.

Involtini alla barese
Rinderrouladen mit Pecorino

8 dünne Scheiben Rindfleisch à 100 g
80 g entsteinte grüne Oliven, gehackt
Salz
frisch gemahlener Pfeffer
8 Scheiben Coppa
80 g mittelalter Pecorino, in dünne Scheiben gehobelt
2 EL Olivenöl
1 Zwiebel, fein gehackt
1 Knoblauchzehe, fein gehackt
1 EL Tomatenmark
100 ml trockener Rotwein
250 ml Rinderbrühe
1 Salbeizweig

Die Rindfleischscheiben abwaschen, trocken tupfen und flach klopfen. Die Oliven klein würfeln. Das Fleisch auf beiden Seiten leicht salzen und pfeffern und jeweils mit 1 Scheibe Coppa belegen. Die Oliven darüberstreuen und den Käse darauf verteilen. Die Rouladen aufrollen und mit Küchengarn festbinden.

Das Öl in einer Pfanne erhitzen und die Rouladen bei mittlerer Hitze anbraten. Zwiebel, Knoblauch und Tomatenmark zufügen und andünsten. Mit Wein ablöschen, den Bratensatz unter Rühren lösen und einkochen lassen. Die Brühe angießen, den Salbeizweig hineinlegen und mit halb aufgelegtem Deckel 30–40 Minuten bei kleiner Hitze schmoren. Rouladen herausnehmen, Küchengarn entfernen und die Rouladen warm stellen. Die Sauce aufkochen und mit Salz und Pfeffer abschmecken. Dann die Rouladen auf vorgewärmte Teller verteilen und mit der Sauce begießen.

Die Bistecca

Sie ist das Symbol der florentinischen Küche, wird von ihren Anhängern liebevoll und knapp *fiorentina* genannt und widersetzt sich allen Bemühungen, durch extravagante Zutaten oder Küchentechniken „aufgewertet" zu werden. Das köstliche Geheimnis der *bistecca fiorentina* beruht auf vier ganz einfachen Grundlagen:

- Das Fleisch muss von einem Chianina-Ochsen stammen und gut abgehangen sein.
- Entscheidend ist der richtige Fleischschnitt, den fast nur Metzger in der Toskana beherrschen: Die Bistecca ist ein hoch geschnittenes Lendenstück mit Filet und Lendenwirbelknochen, der wie ein T aussieht.
- Es sollte etwa 2,5 cm dick sein und zwischen 600 und 900 Gramm wiegen.
- Das Fleisch wird weder mariniert noch vor dem Grillen mit Öl bestrichen. Man legt es auf einen sehr heißen Holzkohlengrill und wendet es, sobald die Oberfläche dunkelbraun gebraten ist.

Eine perfekte Bistecca ist außen knusprig und sehr dunkel, innen noch roh, *al sangue*. Bereits in der Antike war sie als *carbonate* bekannt und beliebt. Ihren heutigen Namen verdankt sie einer Verballhornung des englischen Begriffs *beefsteak*, Rindersteak. Als im Jahr 1565 auf der Piazza S. Lorenzo in Florenz ein ganzer Ochse am Spieß gebraten wurde, befanden sich unter den Festgästen auch englische Reisende, die beim Anblick der saftigen Fleischstücke entzückt „beefsteak!" ausriefen, ein Wort, das bald für das beste Stück des Ochsen, die *bistecca*, reserviert wurde. Jedes Jahr findet in Cortona, im Herzen des Chiana-Tals, und zwar am 14. und 1. August, das Fest der Bistecca statt, die Sagra della bistecca.

Bistecca alla fiorentina
Florentiner Steak

2 gut abgehangene, ca. 2,5 cm dicke Ochsensteaks à 600 g
Salz
frisch gemahlener Pfeffer
Zitronenspalten zum Garnieren
3–4 EL Olivenöl

Die Steaks ungewürzt auf den heißen Rost eines Holzkohlengrills legen. Auf einer Seite 3 Minuten grillen, dann wenden und die gegrillte Seite mit Salz und Pfeffer würzen. Die zweite Seite ebenfalls 3 Minuten grillen. Steaks nochmals wenden, mit Salz und Pfeffer würzen und noch 1 Minute weitergrillen. Vom Rost nehmen, auf einer vorgewärmten Platte mit den Zitronenspalten anrichten und mit dem Olivenöl beträufeln. Sofort servieren.

Der richtige Fleischschnitt, den fast nur Metzger in der Toskana beherrschen, ist die Voraussetzung für eine echte bistecca fiorentina.

Chianina-Rinder

Kein anderes Tier erfreut sich in Italien eines solch klassischen, fast schon mythischen Ruhms wie das Chianina-Rind, das seit mehr als 22 Jahrhunderten zwischen Arezzo und dem Trasimenischen See gezüchtet wird und zu den ältesten und größten Rinderrassen der Welt gehört. Bereits von den Etruskern und Römern wurde es als Arbeitstier geschätzt, Chianina-Ochsen zogen die Triumphwagen bei römischen Umzügen. Heute werden die Tiere als reine Fleischrasse gezüchtet. Ihr Fleisch ist besonders zart und saftig, enthält viel wertvolles Eiweiß und wenig Cholesterin.

Obwohl die Chianina-Rinder robust und groß sind, wirken die Tiere elegant und würdevoll. Züchter preisen in blumigen Worten die schwarzen, eindringlichen Augen, die langen Wimpern und das ausdrucksstarke Gesicht, die breiten Schultern, den athletischen Körperbau, das glänzend weiße Fell – kurz, die Schönheit dieser Rinder. Die Tiere sind unempfindlich gegen Kälte und Hitze, aber in puncto Futter sehr anspruchsvoll. Ein Chianina Rind frisst täglich zwischen 22 und 26 Kilogramm Heu, braucht also große Weiden, auf denen es ständig in Bewegung ist auf der Suche nach dem besten Futter. Und die Kälber, die mit rötlich-braunem Fell geboren werden, das erst nach 4–5 Monaten weiß wird, haben eine intensive Bindung an die Mütter, von denen sie erst spät getrennt werden können. Alles Kriterien, die eine Zucht aufwendig und teuer gestalten.

Kochen à la Rossini

Gioacchino Antonio Rossini wurde 1792 in Pesaro geboren und gilt als bedeutendster Vertreter der italienischen Opera buffa, der komischen Oper. Zu seinen größten Erfolgen gehören die Opern *Der Barbier von Sevilla*, *La Cenerentola* (Aschenputtel) und *Wilhelm Tell*. Doch auch in der Küche war der Komponist ein Meister. Er versuchte, wie ein Chronist beschrieb, „aus dem Küchenherd die gleichen Harmonien wie aus dem Klavier herauszuholen", seine Mahlzeiten waren „eine Abfolge von Akkorden, als deren Chor die Landwirtschaft und das Handwerk halb Europas auftraten."

Rossinis Makkaroni, mit Trüffelfarce gefüllt und in wohlduftendem Wasserdampf gegart, waren legendär. Ebenso seine Festbankette, die er gemeinsam mit seiner Frau Isabella Colbran, einer berühmten Sopranistin, während seiner Jahre in Paris gab, als er dort Leiter der italienischen Oper war. Keiner, so ließ der berühmteste Koch der damaligen Zeit, Antonin Carême, verlauten, habe seine Küche besser verstanden als der italienische Komponist.

Bis heute berühmt sind die *Tournedos alla Rossini*, die gleich drei Luxusprodukte auf einem Teller vereinen: Rinderfilet, Gänseleber und Trüffel. Von der Entstehungsgeschichte dieses Rezepts gibt es zwei Versionen. Die erste besagt, dass der damalige Chef des Restaurants Maison dorée dieses Gericht Rossini gewidmet habe, die zweite lautet: Als Rossinis Küchenchef dieses neue Rezept ausprobieren wollte, verlangte der Maestro, dass es im Esszimmer vor seinen Augen und denen der Gäste zubereitet werde. Doch der Koch erklärte, es mache ihn verlegen, vor all den Menschen zu kochen, worauf Rossini erwiderte: „Na gut, dann drehen Sie mir eben den Rücken zu."

Die Opera buffa erfreut sich auch heute noch großer Beliebtheit. Das Foto zeigt eine Aufführung der Rossini-Oper La Cenerentola *mit Raquela Sheeran (als Clorinda), Lucia Cirillo (als Tisbe) und Luciano Di Pasquale (als Don Magnifico).*

Tournedos alla Rossini
Tournedos à la Rossini

4	*dicke Rinderfiletsteaks aus der Filetspitze*
2 EL	*Olivenöl*
2 EL	*Butter*
	Salz
	frisch gemahlener Pfeffer
4	*geröstete Weißbrotscheiben*
4	*Scheiben Gänseleberpastete*
4 EL	*Madeira*
1	*kleine Trüffel*

Die Filets mit Küchengarn rundum binden. Öl und Butter erhitzen und das Fleisch von beiden Seiten jeweils etwa 3 Minuten bei mittlerer Hitze braten. Mit Salz und Pfeffer würzen. Die Brotscheiben in Filetform schneiden, das Fleisch daraufsetzen und auf eine vorgewärmte Platte geben. Gänseleberpastete darauflegen. Den Bratensatz mit dem Madeira unter Rühren lösen und über das Fleisch verteilen. Die Trüffel dünn darüberhobeln.

Opera buffa

„Nach dem Nichtstun gibt es für mich keine schönere Beschäftigung als Essen, gutes Essen, wenn Sie wissen, was ich meine. Der Appetit ist für den Magen, was die Liebe für das Herz ist. Ein leerer Magen klingt wie ein Fagott, das unzufrieden knurrt, oder wie eine Piccoloflöte, die neidisch quietscht.

Im Gegensatz dazu klingt ein voller Magen wie ein fröhlicher Triangel oder ein lustiges Tamburin. Was die Liebe betrifft, sie ist die Primadonna par excellence, eine Diva, die die Kopf-Kavationen singt, an denen sich das Gehör erfreut und die einem das Herz rauben.

Essen und lieben, singen und verdauen: Das sind in Wahrheit die vier Akte dieser Opera buffa, die Leben heißt und wie Schaum in einer Champagnerflasche vergeht. Wer sich diesen Genuss entgehen lässt, muss verrückt sein."

Gioacchino Antonio Rossini

Filetto all'alloro
Rinderfilet im Lorbeerkranz

4 Rinderfiletsteaks à 250 g
4 TL scharfer Senf
12 frische Lorbeerblätter
Salz
3 EL Olivenöl
1 EL Pfefferkörner, grob zerstoßen
60 ml italienischer Weinbrand

Den Backofen auf 130 °C vorheizen. Die Ränder der Steaks mit Senf bestreichen. Je 3 Lorbeerblätter um jedes Fleischstück legen und mit Küchengarn fixieren. Die Filets salzen.
Das Öl in einer Pfanne erhitzen und das Fleisch von beiden Seiten kräftig anbraten. Dann im Backofen 15–20 Minuten garen.
Die Filets auf vorgewärmte Teller legen. Das Bratfett abgießen und die Pfefferkörner in die Pfanne streuen. Den Weinbrand angießen und etwas erhitzen, dann flambieren. Die Sauce über die Filets träufeln, diese sofort servieren.

Schwein

Seit Jahrhunderten wird in Italien vom Schwein buchstäblich alles gegessen. Jedes Stück wird zu köstlichen Gerichten und Produkten verarbeitet, sogar Füße, Schwarte, Backen und Schweineschwänzchen. In den Marken stellten früher viele Familien eine Art Mettwurst aus Schweinefleisch „zweiter Wahl" selbst her. Das Fleisch wurde fein geschnitten, mit Knoblauch und Fenchel gewürzt und als Brotaufstrich verwendet. Rund um Ancona füllte man gesalzene Schweinedärme mit Innereien, Peperoni, Fenchelsamen und Rosmarin. *Ciarimboli*, wie die inzwischen nur noch selten hergestellte Salami heißt, wurde getrocknet oder geräuchert und anschließend auf dem Holzkohlengrill oder in der Pfanne mit Knoblauch gebraten.

Auch heute noch werden Schweine in Italien weniger wegen des Frischfleischs, als vielmehr für die Verarbeitung zu Schinken, Speck und Wurstwaren gezüchtet. Für diese Produkte, die teilweise eine lange Reifezeit haben, braucht man schwere Schweine mit einem Schlachtgewicht von durchschnittlich 160 Kilogramm, deren Fleisch reif und von fester Konsistenz ist. Deshalb werden die Tiere nicht zu schnell gemästet und müssen mindestens zehn Monate alt werden. In Nordeuropa, wo Schweinefleisch für den sofortigen Konsum bestimmt ist, werden die Schweine dagegen schon mit rund 100 Kilogramm geschlachtet.

In den ländlichen Regionen Italiens dürfen Schweine noch ihr Leben im Freien genießen.

Umbrische Schweine

Das Schwein ist der ungekrönte König der Küche Umbriens. Die kleinen schwarzen Schweine, die vor allem mit Eicheln und Kastanien gefüttert werden, sind weder zu fett noch zu mager und haben einen intensiven und dennoch milden Geschmack. Ihr festes Fleisch eignet sich ideal für die Herstellung von Schinken und Wurstwaren. In der Küche wird es meist mit wildem Majoran oder Fenchelsamen gewürzt und über Holzkohle gegrillt oder mit Kräutern wie Rosmarin und Lorbeer im Backofen gebraten.

Das Zentrum der Schweinzucht und Wurstproduktion ist das Gebiet rund um Norcia. Typische Produkte sind die *mazzafegato* (Leberwurst), *mortadella*, *capocollo* (Wurst aus Schweinenacken) und der renommierte Rohschinken mit geschützter Herkunftsbezeichnung. Die handwerklich hergestellten luftgetrockneten und fein gewürzten Hartwürste haben bei Feinschmeckern seit Langem einen hohen Stellenwert. Das lässt sich unter anderem auch daran ablesen, dass in vielen Gegenden Italiens die Bezeichnung *norcino* – eigentlich der Name für die Einwohner der Stadt – zum Synonym für Metzger geworden ist.

Arista

Wie für viele italienische Gerichte, so gibt es auch zum Ursprung der Bezeichnung *arista* (Braten) eine Anekdote. Im Jahr 1439 soll der byzantinische Patriarch anlässlich eines Festmahls während des Unionskonzils in Florenz beim Anblick eines prächtigen Schweinebratens begeistert *aristos* (griech.: vorzüglich) ausgerufen haben. Die anderen Gäste glaubten, dies sei der Name des Gerichts, und nannten es fortan *arista*. Wahrscheinlicher ist jedoch, dass der Begriff aus dem Lateinischen kommt. Arista bedeutet hier so viel wie „etwas, das hochsteht", was durchaus auf die Schweinelende zutrifft, wenn sie, wie in der Toskana üblich, am Knochen gegart wird.

Arista di maiale all'umbra
Schweinefilet mit Kräutersauce

800 g Schweinefilet
2 Rosmarinzweige
4 Knoblauchzehen
Salz
frisch gemahlener Pfeffer
1 großes Schweinenetz
3 EL Olivenöl
250 ml Weißwein
125 ml Fleischbrühe

Das Fleisch abwaschen und trocken tupfen. Rosmarin und Knoblauch hacken, mit Salz und Pfeffer vermengen. Das Schweinefilet mit der Knoblauch-Kräuter-Mischung einreiben und 20 Minuten ziehen lassen. Den Backofen auf 200 °C vorheizen.

Inzwischen das Schweinenetz wässern, gut abtropfen lassen, auf ein Brett legen und mit Küchenpapier trocken tupfen. Das Schweinefilet in das Netz wickeln. Das Olivenöl in einem Bräter erhitzen und das Fleisch darin von allen Seiten anbraten und mit dem Weißwein ablöschen. Anschließend im Backofen 45–50 Minuten braten, dabei mehrfach mit etwas Fleischbrühe begießen, bis sie am Ende der Bratzeit aufgebraucht ist.

Das fertige Fleisch aus dem Bräter nehmen und noch 10 Minuten ruhen lassen. Die Bratensauce abgießen, mit Salz und Pfeffer abschmecken. Das Fleisch in dünne Scheiben schneiden und mit der Sauce servieren.

Auf den Hügeln der umbrischen Provinzhauptstadt Perugia gibt es eine Vielzahl sehenswerter Kirchen und Klöster. Am bekanntesten ist vielleicht das Kloster Monteridido (rechts).

Das Schweinefilet mit einer Knob-lauch-Kräuter-Mischung einreiben.

Das gewürzte Filet in ein gewässertes Schweinenetz einwickeln.

Das Schweinefilet von allen Seiten in heißem Olivenöl anbraten.

Sobald das Fleisch gebräunt ist, Weiß-wein und Brühe angießen.

Spanferkel

Ein ganzes gebratenes oder gegrilltes Spanferkel mit einem Apfel im Maul war früher der Mittelpunkt jeder großen italienischen Festtafel. Das junge Schwein wird vor dem Garen innen und außen mit einer Mischung aus Knoblauch, wilden Fenchelsamen, Pancetta und Weißwein gewürzt und anschließend über Holzkohle gegrillt oder in einem großen Ofen gebraten. Heute darf die *porchetta*, das Spanferkel, auf keinem Dorffest und auf keinem Jahrmarkt fehlen. Häufig wird es auch an mobilen Ständen am Straßenrand angeboten und scheibenweise mit Brot verkauft.

Auf Sardinien wird ein kleines Spanferkel traditionell mit Myrteblättern gewürzt und auf einem handgeschnitzten Holzstab über einem Feuer aus aromatischen Macchiahölzern gebraten. Gegessen wird *porceddu*, wie hier das ganze Ferkel heißt, samt Ohren und knuspriger Schwarte.

In den Abruzzen, der Toskana und im Latium entbeint man zunächst das Spanferkel. Dann wird das Fleisch mit würzigen Kräutern eingerieben, gesalzen, gepfeffert, aufgerollt und wie ein Rollbraten verschnürt. Anschließend brät man das Fleisch bei großer Hitze im Backofen knusprig und schneidet es zum Anrichten in dicke Scheiben.

Porchetta ist in den Marken auch die Bezeichnung für eine spezielle Zubereitungsart: Huhn, Kaninchen, Stockfisch oder Schnecken werden mit frischem, wildem Fenchel und Knoblauch umhüllt und in diesem würzigen Mantel gegart. Dabei behalten sie ihren Eigengeschmack, der durch die Würzmischung noch hervorgehoben wird.

Cosciotto suino alla Maremma
Spanferkelkeule aus der Maremma

Für 8 Personen

4 Knoblauchzehen
1 frischer Rosmarinzweig
1 TL Fenchelsamen
Salz
frisch gemahlener Pfeffer
60 ml Olivenöl
1 Spanferkelkeule ca. 2,5 kg, ausgelöst
500 ml Weißwein

Den Backofen auf 180 °C vorheizen.
Knoblauch und Rosmarinblätter fein hacken. Mit Fenchelsaat, Salz, Pfeffer und 1 Esslöffel Olivenöl zu einer Würzpaste mischen.
Die Keule innen und außen mit der Paste einreiben. Mit Küchengarn in Form binden.
Das restliche Öl in einem Schmortopf erhitzen und das Fleisch darin rundum anbraten. Mit etwas Wein ablöschen und dann im Backofen 2 Stunden garen. Zwischendurch die Keule mit Bratensaft begießen und den restlichen Wein zugeben.
Die fertige Keule aus dem Topf nehmen, das Küchengarn entfernen und den Braten in Scheiben schneiden. Auf einer vorgewärmten Servierplatte anrichten und mit dem Bratfond übergießen.

Die Spanferkelkeule bis auf den Unterschenkelknochen entbeinen und die Würzpaste herstellen.

Die abgewaschene Spanferkelkeule innen und außen mit der Würzpaste einreiben.

Das Fleisch bis zum Unterschenkel mit Küchengarn wie einen Rollbraten in Form binden.

An großen Festtagen sind die Tafeln in Italien immer noch üppig gedeckt. Ein im Ganzen gebratenes Spanferkel gehört traditionell dazu.

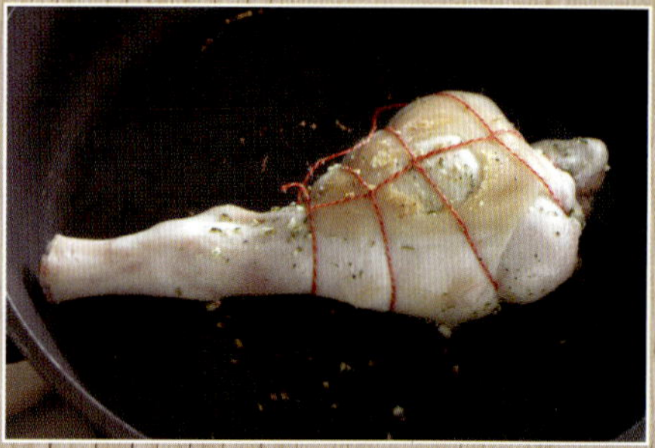
Die Keule in Olivenöl von allen Seiten bei mittlerer Hitze anbraten, dann mit Wein ablöschen.

Cosciotto suino alla Maremma

Beliebte Schweinefleischgerichte

Schweinefleisch wird je nach Region verschieden zubereitet und gewürzt. In den Abruzzen kocht man aus Schweinefüßen, Schulter, Rüssel, Ohr und Rippchen einen herzhaften Eintopf, *'ndocca 'ndocca*, was so viel heißt wie „in großen Stücken". Die Fleischteile werden mit Knoblauch, Lorbeerblättern, Rosmarin, Chillies, Essig, Salz und Pfeffer bei kleiner Hitze so lange gegart, bis die Brühe zu gelieren beginnt. Meist wird das Gericht kalt gegessen.

Im Piemont bereitet man aus Schweinelende, Herz, Lunge und Tomaten ein herzhaftes Ragout zu, die *rôstida*. In Kalabrien werden Leber, Lunge und Herz mit Tomaten und Chili zu *morseddu*, Happen, gekocht.

Eine umbrische Spezialität sind *fettine di maiale*, dünne Schweinefleischscheiben, die gebraten in einer Rotweinsauce mit Kapern serviert werden. Aus Mailand kommen Schweinerouladen, die mit einer Farce aus Hühnerleber, Petersilie, Salbei, Parmesan und Speck gefüllt sind. Und auf Sizilien genießt man den Schweinebraten mit karamellisierten Zitronen und frischem Rosmarin.

Sanguinaccio

In der Toskana war *sanguinaccio* lange die Bezeichnung für ein Konfekt aus Schweineblut und Schokolade oder für kleine Pfannkuchen aus zerstoßenen Mandelplätzchen mit Schweineblut, die in Olivenöl ausgebacken wurden. Inzwischen werden die Süßigkeiten ohne Blut hergestellt. Als Sanguinaccio bezeichnet man auch eine süßliche Blutwurst aus Ligurien. Sie wird zu gleichen Teilen aus Schweineblut und Frischmilch zubereitet, dem Pinienkerne, Salz und Pfeffer zugegeben werden. Früher wurden zusätzlich Rosinen untergemischt. Die Masse wird in einen Schweinedarm gefüllt und mit einem Faden zu dicken Würsten abgebunden.

Zampone con lenticchie
Gefüllter Schweinefuß mit Linsen

1 Zwiebel
1 Karotte
150 g Knollensellerie
1 Petersilienwurzel
50 g geräucherter Speck
2 EL Olivenöl
300 g Tellerlinsen
700 g vorgekochter, gefüllter Schweinefuß (Zampone)

Zwiebel, Karotte, Sellerie und Petersilienwurzel in kleine Würfel schneiden. Den Speck ebenfalls klein würfeln. Alles im heißen Olivenöl anrösten, die Linsen dazugeben und mit 1 Liter Wasser angießen. Die Linsen zugedeckt 1 Stunde köcheln lassen.

Inzwischen den Schweinefuß gründlich waschen und mit einer Fleischgabel mehrmals einstechen. In einen Topf geben, mit kaltem Wasser bedecken, salzen und langsam zum Kochen bringen. Etwa 40 Minuten köcheln lassen.

Einige Schöpflöffel Kochbrühe zu den Linsen geben und weitergaren, bis die Brühe aufgesogen ist. Den Schweinefuß aus der Brühe nehmen und in 2–3 cm dicke Scheiben aufschneiden. Auf den Linsen anrichten und sofort servieren.

Zampone

Angeblich leben in der Emilia-Romagna mehr Schweine als Menschen. In der kleinen Stadt Castelnuovo Rangone in der Nähe von Modena, hat man dem schmackhaften Tier sogar ein eigenes Monument errichtet. Schweinezucht und Wurstproduktion gibt es in der Region schon seit der Antike. Die charakteristische Wurst ist der *zampone*, der gefüllte Schweinefuß, der beweist, dass man vom Schwein fast alles verwerten kann. Zampone wird aus der Schwarte und dem Fleisch von Schulter, Backe und Haxe hergestellt. Die Zutaten werden sehr fein zerkleinert und mit Salz, Pfeffer, Nelkenpulver und Muskatnuss gewürzt. Dann wird die Masse in einen naturbelassenen entbeinten Schweinefuß gefüllt – wobei naturbelassen bedeutet, dass noch Klauen und Hufe an dem Fuß sind. Nun wird der Zampone in speziellen Öfen getrocknet.

Früher musste er vor dem Kochen zwölf Stunden lang in kaltem Wasser eingeweicht und anschließend mindestens drei Stunden langsam gegart werden. Inzwischen kann man bereits vorgekochten Zampone kaufen, der nur noch erwärmt werden muss. In der Emilia ist Zampone mit Linsen ein klassisches Gericht am Silvesterabend. Es soll für das kommende Jahr Glück bringen.

Spezzatino con piselli
Schweinegulasch mit Erbsen

600 g Schweinefleisch, in Würfel geschnitten
3 EL Olivenöl
Salz und Pfeffer
2 weiße Zwiebeln, grob gehackt
2 Knoblauchzehen, fein gehackt
1 frische rote Chili, fein gehackt
200 ml Rotwein
4 vollreife Tomaten, gewürfelt
500 g frische Erbsen, gepalt
1 EL fein gehackte Petersilie

Das Fleisch im heißen Olivenöl rundum anbraten, mit Salz und Pfeffer würzen. Zwiebeln, Knoblauch und Chili zufügen und andünsten. Mit dem Rotwein ablöschen und die Tomaten untermischen. Zugedeckt bei mittlerer Hitze 30 Minuten schmoren. Die Erbsen unter das Fleisch geben und alles weitere 30 Minuten garen. Vor dem Servieren mit Salz und Pfeffer abschmecken und mit Petersilie bestreuen.

Polpette dei preti
Hackbraten nach Pfarrersart

1 Schweinenetz
100 g Parmaschinken
100 g Mortadella
1 Bund Suppengrün
1 Zwiebel
400 g gemischtes Hackfleisch
1 Ei
3 EL Semmelbrösel
75 g geriebener Parmesan
Salz
frisch gemahlener Pfeffer
1 EL Butterschmalz
1 l heiße Milch
1 Knoblauchzehe
1 Lorbeerblatt

Das Schweinenetz 30 Minuten wässern. Parmaschinken und Mortadella in kleine Würfel schneiden. Das geputzte Suppengrün grob würfeln, die geschälte Zwiebel in kleine Würfel schneiden.

Das Hackfleisch mit Parmaschinken, Mortadella, Ei, Semmelbrösel und Parmesan gut vermengen, mit Salz und Pfeffer würzen. Fleischteig zu einem Laib formen. Das gut abgetropfte Schweinenetz ausbreiten, den Hackbraten daraufsetzen und mit dem Schweinenetz umwickeln.

Das Butterschmalz in einem Schmortopf erhitzen und den Hackbraten darin auf allen Seiten kurz anbraten. Dann aus dem Topf nehmen und Suppengrün sowie Zwiebel im Bratfett anrösten. Den Hackbraten wieder in den Topf geben, 250 ml Milch angießen. Die Knoblauchzehe mit dem Messerrücken zerdrücken und mit dem Lorbeerblatt in die Milch geben. Zum Kochen bringen und bei kleiner Hitze zugedeckt ca. 1 Stunde garen. Während dieser Zeit nach und nach die restliche heiße Milch zugießen.

Den fertigen Braten auf eine vorgewärmte Platte legen. Die Sauce mit Salz und Pfeffer abschmecken und getrennt zum Braten reichen.

Cassoeula
Lombardischer Eintopf

1 Schweinefuß, in Stücke gehackt
600 g Schweinerippen
150 g Schweineschwarte
3 EL Butter
3 EL Olivenöl
1 große Zwiebel, fein gehackt
Salz
frisch gemahlener Pfeffer
1 l Fleischbrühe
4 Karotten, in Scheiben geschnitten
2 Selleriestangen, gewürfelt
1 kleiner Wirsing
4 kleine lombardische Mini-Salami

Schweinefuß, Rippen und Schwarte abwaschen und trocken tupfen. Die Schwarte in Streifen schneiden. Butter und Öl in einem Schmortopf erhitzen und die Zwiebel darin hellbraun dünsten. Schwarte und Schweinefußstücke zufügen und rundum anbraten. Salzen und pfeffern. Die Schweinerippen zufügen, mit zwei Dritteln der Brühe ablöschen und zugedeckt bei kleiner Hitze 30 Minuten köcheln lassen. Karotten und Sellerie zum Fleisch geben und weitere 20 Minuten köcheln lassen.

Den Wirsing vierteln, den Strunk entfernen und die Blätter in kochendem Salzwasser 3 Minuten blanchieren. Dann in Eiswasser abschrecken. Dicke Blattrippen entfernen und die Blätter in breite Streifen schneiden.

Wirsingstreifen und Salami in den Topf geben, restliche Brühe angießen und zugedeckt weitere 20 Minuten köcheln lassen. Zum Ende der Garzeit sollte der Garsud eine sirupartige Konsistenz haben.

Spezzatino di maiale
Schweinegulasch

600 g mageres Schweinefleisch
2–3 EL Olivenöl
1 TL Fenchelsamen
5 Knoblauchzehen, fein gehackt
Salz
frisch gemahlener Pfeffer
1 frische rote Chili, entkernt und fein gehackt
300 g vollreife Tomaten, geschält und gewürfelt

Das Fleisch abwaschen, trocken tupfen und in mundgerechte Würfel schneiden. Das Olivenöl in einem Schmortopf erhitzen und rundum anbraten. Fenchelsamen und Knoblauch zufügen, das Fleisch mit Salz und Pfeffer würzen. Sobald das Fleisch bräunt, Chili und Tomaten zugeben. Zugedeckt ca. 1 Stunde bei kleiner Hitze schmoren lassen. Bei Bedarf etwas lauwarmes Wasser angießen.

Lamm, Schaf und Hammel

Schafe waren in vielen Teilen Italiens lange die Garanten für das Überleben der Menschen, vor allem in der kalten Jahreszeit. Sie lieferten Wolle zum Wärmen, täglich Milch und Käse und nicht zuletzt Fleisch. Sie galten eher als Speise der ärmeren Leute, aber inzwischen werden sie von Gourmets als Delikatesse geschätzt.

Viele Hirten halten ihre Schafherden noch traditionell in Hütehaltung auf Weiden. Die Tiere haben freien Auslauf in intakter Natur sowie natürliches Futter und entwickeln so ein besonders mageres Fleisch mit einem wunderbar würzigen Aroma. Die wichtigsten Regionen für die Schafszucht sind Molise, die Abruzzen und Sardinien. Das sardische Schaf gehört zu den besten Milchrassen der Welt.

Lamm- und Schaffleisch werden unter folgenden Bezeichnungen angeboten:

Agnello da latte ist die Bezeichnung für ein drei bis vier Wochen altes Milchlamm, das ausschließlich mit Muttermilch ernährt wurde. Sein Fleisch ist mild im Geschmack und unglaublich zart. Mit zwölf Wochen nennt man das Lamm *agnello*. Es eignet sich sehr gut zum Grillen und Kurzbraten.

Agnellone werden nach sechs Monaten geschlachtet und haben den typischen aromatischen Lammgeschmack. Ihr Fleisch eignet sich besonders gut für Schmorgerichte.

Pecora ist das ausgewachsene Schaf. Sein würziges Fleisch wird vor allem in Süditalien sehr geschätzt.

Montone und **Castrato** sind kastrierte Hammel, die aber kulinarisch eine eher untergeordnete Rolle spielen.

Spiedini al rosmarino
Lamm-Rosmarinspieße mit Zitronen-Knoblauch-Sauce

1 Schalotte
2 Knoblauchzehen
1 frische rote Chili
Saft von 1 Zitrone
Salz
80 ml Olivenöl
800 g Lammfleisch, Rücken oder Keule
4 große Rosmarinzweige
frisch gemahlener Pfeffer
1 TL getrockneter Oregano

Schalotte und Knoblauch schälen. Chili entkernen und alles im Küchenmixer mit Zitronensaft, 1 Prise Salz und 4 Esslöffeln Olivenöl zu einer sämigen Sauce verarbeiten.

Das Fleisch in gleich große Würfel schneiden. Jeden Fleischwürfel zuerst mit einem Metallspieß durchbohren und dann auf die Rosmarinzweige stecken. Auf diese Weise 4 Spieße vorbereiten. Mit Salz und Pfeffer würzen und mit dem restlichen Olivenöl einpinseln.

Die Spieße auf dem Holzkohlengrill oder in einer Grillpfanne auf beiden Seiten knusprig grillen. Auf eine vorgewärmte Servierplatte legen und mit Oregano bestreuen. Die Zitronen-Knoblauch-Sauce getrennt dazu servieren.

Schafe werden nach wie vor meist in Herden und Hütehaltung auf wechselnden Weiden gehalten. Frisches Gras und Kräuter verleihen dem zarten Lammfleisch zusätzliches Aroma.

Das Lammfleisch in mundgerechte Würfel schneiden und diese mit einem Metallspieß durchbohren.

Von kräftigen Rosmarinzweigen die Blätter bis auf die Spitze abstreifen, den Zweig am Ende anspitzen.

Die Fleischstücke auf die Rosmarinzweige stecken, dann mit Salz und Pfeffer würzen.

Beliebte Lammgerichte

Agnello all'uovo e limone
Lammgulasch mit Ei und Zitrone

800 g Lammschulter
Salz
frisch gemahlener Pfeffer
2 EL Mehl
60 g grüner Speck
1 Zwiebel
2 EL Öl
300 ml Weißwein
125 ml Fleischbrühe
Saft von 1 Zitrone
2 Eigelb
1 Knoblauchzehe
etwas abgeriebene Zitronenschale zum Abschmecken

Das Fleisch abwaschen, trocken tupfen und in 3 cm große Würfel schneiden. Salzen und pfeffern und die Würfel mit dem Mehl bestäuben. Speck und geschälte Zwiebel in kleine Würfel schneiden.

Das Öl in einem Schmortopf erhitzen und den Speck darin ausbraten. Das Fleisch portionsweise zufügen und unter Rühren anbraten. Die Zwiebel zugeben und glasig dünsten. Mit der Hälfte des Weins ablöschen und den Bratensatz unter Rühren lösen. Sobald der Wein eingekocht ist, die Brühe angießen und zugedeckt ca. 1 Stunde bei kleiner Hitze köcheln lassen. Zwischendurch den restlichen Wein dazugeben.

Die fertigen Fleischstücke mit einem Schaumlöffel herausnehmen und auf einer Servierplatte warm stellen. Zitronensaft und Eigelb verquirlen. Den Knoblauch pressen und dazugeben. Den Bratenfond erneut zum Kochen bringen und die Eier-Zitronen-Mischung unter Rühren zufügen, aber nicht mehr kochen lassen. Die Sauce mit Salz, Pfeffer und Zitronenschale abschmecken und heiß über das Fleisch gießen.

Filetto alle verdure
Lammfilet auf Gemüsenudeln

2 Karotten
2 kleine Zucchini
Salz
100 g Champignons
4 Lammfilets à 130 g
frisch gemahlener Pfeffer
2 EL Butterschmalz
400 ml Lammfond
200 g süße Sahne
250 g Bandnudeln
4 EL Butter

Die Karotten schälen und mit dem Sparschäler in lange Streifen schneiden. Die Zucchini waschen und ebenfalls längs in dünne Streifen schneiden. Die Gemüsestreifen in kochendem Salzwasser 2 Minuten blanchieren und in Eiswasser abschrecken. Abtropfen lassen.

Den Backofen auf 100 °C vorheizen. Champignons putzen und in dünne Scheiben schneiden. Die Lammrückenfilets abwaschen und trocken tupfen. Das Fleisch salzen und pfeffern. Butterschmalz in einer Pfanne erhitzen und die Filets darin auf beiden Seiten anbraten. Auf eine feuerfeste Platte legen und 20 Minuten im Backofen nachgaren lassen.

Das Bratenfett aus der Pfanne abgießen, den Bratensatz mit dem Lammfond unter Rühren lösen, die Sahne zufügen und alles auf die Hälfte einkochen lassen. Die Nudeln in kochendem Salzwasser *al dente* kochen.

Die Butter in einem Topf zerlassen und die Champignons darin glasig dünsten. Die Gemüsestreifen zufügen und erwärmen. Die Nudeln abgießen und mit Gemüsestreifen und Champignons mischen. Mit Salz und Pfeffer abschmecken.

Fleisch aus dem Backofen nehmen und schräg in Scheiben schneiden. Den Fleischsaft in die Sauce rühren und diese erhitzen. Die Nudeln auf vorgewärmte Teller verteilen, das Fleisch darauf anrichten und mit Sauce begießen.

Spezzatino di castrato
Hammelragout

1 kg Hammelfleisch aus der Schulter
100 ml Weißweinessig
2 Rosmarinzweige
2–3 Knoblauchzehen
5 EL Olivenöl
Salz
frisch gemahlener Pfeffer
400 g geschälte Tomaten aus der Dose
2 Lorbeerblätter
200 ml Weißwein
Zucker zum Abschmecken

Das Hammelfleisch abwaschen, trocken tupfen, von Haut, Sehnen und Fett befreien. Das Fleisch in mundgerechte Würfel schneiden. 1 Liter Wasser mit dem Essig und 1 Zweig Rosmarin zum Kochen bringen. Die Fleischwürfel dazugeben und etwa 10 Minuten im Essigwasser vorgaren. Dann herausnehmen und gut abtropfen lassen.

Den Knoblauch mit den Blättern des zweiten Rosmarinzweigs hacken. Das Olivenöl in einem Schmortopf erhitzen, die Fleischwürfel hineingeben und von allen Seiten anbraten. Knoblauch und Rosmarin zufügen und kurz mitbraten. Mit Salz und Pfeffer kräftig würzen. Die Tomaten abgießen, zum Fleisch geben und die Lorbeerblätter hineinlegen. Den Weißwein angießen und alles zum Kochen bringen. Das Ragout zugedeckt bei schwacher Hitze 1,5 Stunden schmoren, dabei gelegentlich umrühren. 15 Minuten vor Ende der Garzeit den Deckel abnehmen, damit die Sauce gut eindicken kann. Vor dem Servieren mit Salz, Zucker und Pfeffer abschmecken.

Agnello con olive
Lamm mit schwarzen Oliven

800 g Lammfleisch
2 Rosmarinzweige
1 Lorbeerblatt
1/2 TL schwarze Pfefferkörner
2 Knoblauchzehen
100 ml Olivenöl
200 g Kichererbsen
1 Zwiebel
1 Lauchstange
2 Karotten
150 g schwarze Oliven
2 Tomaten
Mehl zum Wenden
1 l Gemüsebrühe
1 TL abgeriebene Orangenschale
frisch gemahlener Pfeffer
1 EL fein gehackter Salbei

Das Fleisch in mundgerechte Würfel schneiden. In eine Schüssel geben, Rosmarinblätter, Lorbeerblatt, Pfefferkörner und Knoblauch zufügen und das Olivenöl angießen. Mit Frischhaltefolie abdecken und über Nacht im Kühlschrank marinieren. Das Fleisch mehrmals im Kräuteröl wenden. Die Kichererbsen in reichlich Wasser über Nacht quellen lassen.

Zwiebel, Lauch und Karotten klein schneiden. Einige schöne Oliven beiseitestellen, restliche Oliven entsteinen und grob hacken. Die Tomaten häuten, vierteln, entkernen und in kleine Würfel schneiden.

Das Fleisch aus dem Kräuteröl nehmen und abtropfen lassen. Dann in etwas Mehl wenden, überschüssiges Mehl abklopfen. Das Kräuteröl durch ein Sieb in eine Schüssel abgießen. Die Kichererbsen ebenfalls abgießen und gut abtropfen lassen.

3 Esslöffel Kräuteröl in einem Schmortopf erhitzen und das Fleisch darin leicht anbraten. Zwiebel und Tomaten zugeben und andünsten. Die Kichererbsen untermischen, die Brühe angießen und einmal aufkochen, dann zugedeckt 30 Minuten bei kleiner Hitze köcheln lassen. Anschließend gehackte Oliven, Lauch, Karotten und Orangenschale zugeben und weitere 30 Minuten garen.

Das Lammragout mit Salz und Pfeffer abschmecken. Portionsweise auf vorgewärmten Tellern anrichten, mit Salbei bestreuen und mit den ganzen Oliven garnieren.

Osterlämmer

Marz' e aprile, agnell' e caprette gendile, besagt ein altes Sprichwort aus Molise, das bedeutet: Im März und April sind die Lämmer und Zicklein am zartesten. Da Schafe nur im Frühjahr Junge zur Welt bringen, sind Milchlämmer lediglich in der Zeit um Ostern herum erhältlich, daher auch die Bezeichnung Osterlamm.

Bereits in der Antike gehörte das Lamm zu den wichtigsten Opfertieren, das die Versöhnung mit der Gottheit versinnbildlichte. Es steht seit Jahrtausenden für Leben, Geborgenheit, Fest, Opfer und Versöhnung. Das Schlachten von Osterlämmern anlässlich des Pessachfestes ist ein altes jüdisches Ritual.

Im jüdischen Glauben verweist das Lamm auf den kommenden Messias, im Christentum symbolisiert es Jesus, ebenso aber auch die Kirche und die vier Evangelien sowie Unschuld und Reinheit. Die frühen Christen legten Lammfleisch unter den Altar. Und schon im Mittelalter wurden zu Ostern Lämmer aus feinem Teig gebacken, um an Jesus Christus zu erinnern, das Lamm Gottes, das sich für die Sünden der Welt geopfert hat.

Arrosto pasquale
Osterlammbraten

1 Schweinenetz
1 entbeinte Lammkeule, ca. 1 kg
3 Knoblauchzehen
Salz
5 Thymianzweige
2 Rosmarinzweige
frisch gemahlener Pfeffer
400 ml Weißwein

Das Schweinenetz wässern. Die Lammkeule waschen und mit Küchenpapier trocken tupfen. Den Backofen auf 175 °C vorheizen. Den Knoblauch mit 1 Teelöffel Salz im Mörser zermahlen. Die Kräuter abspülen, trocken tupfen und die Thymianblätter von den Stielen streifen. Die Knoblauchpaste mit Thymian und Pfeffer vermischen und die Lammkeule damit bestreichen. Dann in das Schweinenetz wickeln und in einen Bräter legen. Die Rosmarinzweige dazugeben. Das Fleisch im Backofen etwa 1 Stunde braten, dabei mehrmals mit insgesamt 250 ml Wein begießen.
Den Lammbraten aus dem Bräter nehmen und 10 Minuten im abgeschalteten Backofen ruhen lassen. Inzwischen den Bratenfond mit dem restlichen Wein unter Rühren lösen, durch ein Sieb passieren und mit Salz und Pfeffer abschmecken. Das Fleisch in dünne Scheiben schneiden, auf eine vorgewärmte Platte legen und mit der Sauce übergießen. Sehr heiß servieren.

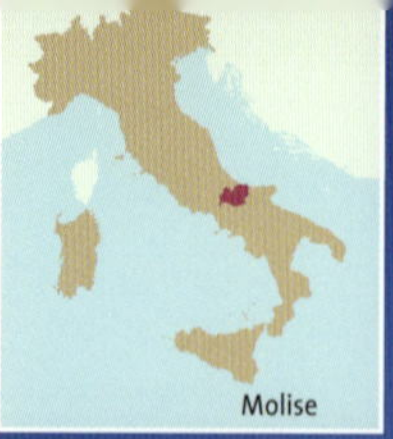

Molise

Sanfte Hügellandschaften und weite Grünflächen prägen die Landschaft des Molise. Es ist mit nur knapp 140 Ortschaften nach dem Aostatal die kleinste Region Italiens. Viele dieser Ortschaften sind malerisch an Felsen oder grünen Berghängen gelegen. Seit Jahrtausenden treiben die Hirten ihre Herden entlang der Treidelwege, die sich wie ein Netz über die Landschaft ziehen, auf die in verschiedenen Höhen liegenden Sommer- und Winterweiden.

Die Küche von Molise ist einfach und bäuerlich. Ziege und Schaf liefern nicht nur Milch für die in ganz Italien bekannten Käse, sondern auch das Fleisch für die stark gewürzten Gerichte der Region, wie Lamm mit Ei und Zitrone oder geschmortes Ziegenfleisch. Oft wird das Fleisch auch am Spieß gegrillt. Eine weitere Spezialität sind die *salsiccia ferrazzanese*, eine mit Peperoncini und wilden Fenchelsamen aromatisierte Wurst aus dem Fleisch von Schweinen, die mit Eicheln gemästet wurden.

Capra alla molisana
Ziege nach Art von Molise

700 g Ziegenfleisch von der Keule
1 frische rote Chili
2 Lorbeerblätter
2 Rosmarinzweige
750 ml Rotwein
1 weiße Zwiebel
500 g Eiertomaten
4 EL Olivenöl
Salz
frisch gemahlener Pfeffer

Das Fleisch in kleine Stücke schneiden und in eine Porzellanschüssel legen. Die Chili längs halbieren, entkernen und fein hacken. Mit den Lorbeerblättern und dem Rosmarin zum Fleisch geben und den Rotwein angießen. Die Schüssel mit Frischhaltefolie abdecken und das Fleisch über Nacht im Kühlschrank marinieren, dabei mehrmals in der Marinade wenden.
Das Fleisch aus der Marinade nehmen und trocken tupfen, die Marinade durch ein Sieb in eine Schüssel gießen. Die Zwiebel in kleine Würfel schneiden. Die Tomaten häuten, vierteln, entkernen und klein schneiden.
Das Olivenöl erhitzen und das Fleisch darin bei mittlerer Hitze anbraten. Die Zwiebel zufügen und goldgelb anbraten. Die Tomaten dazugeben, mit Salz und Pfeffer würzen und die Hälfte der Rotweinmarinade angießen. Zum Kochen bringen und zugedeckt bei kleiner Hitze ca. 45 Minuten fertig garen.

Abbacchio alla romana
Gebratenes Milchlamm

750 g ausgelöstes Milchlamm
3 EL Olivenöl
Salz
frisch gemahlener Pfeffer
4 EL Weinessig
200 ml Rotwein
500 g kleine Kartoffeln, in Scheiben geschnitten
4 Schalotten, in Scheiben geschnitten
2 Rosmarinzweige
2 in Salz eingelegte Sardellenfilets, fein gehackt

Das Fleisch abwaschen, trocken tupfen und in Würfel schneiden. Den Backofen auf 175 °C vorheizen.
Das Olivenöl in einem Bräter erhitzen und das Fleisch darin von allen Seiten anbraten. Mit Salz und Pfeffer würzen, mit dem Essig ablöschen. Sobald der Essig eingekocht ist, den Rotwein und 125 ml heißes Wasser angießen, Kartoffeln und die Schalotten zufügen, den Rosmarin hineinlegen.
Im Backofen ca. 30 Minuten garen, bei Bedarf noch etwas Wasser nachgießen. Sobald das Fleisch gar ist, 3 Esslöffel Bratenfond abnehmen und mit den Sardellen im Mixer pürieren. In den restlichen Bratfond rühren und noch einige Minuten köcheln lassen.

Nicht nur von italienischen Feinschmeckern wird das zarte, fettarme Fleisch junger Ziegen sehr geschätzt.

Umgeben von grünen Wiesen liegt das idyllische Bergdorf Pietrabbondante in der Provinz Molise (oben). Hier befindet sich eine der wichtigsten Ausgrabungsstätten aus der Zeit der Samniten.

Innereien

Während in vielen Ländern Innereien wie Herz, Lunge, Niere, Hirn, Leber und Kutteln fast schon aus der Alltagsküche verschwunden sind und auf der Liste der aussterbenden Delikatessen stehen, haben sie in Italien immer noch einen hohen Stellenwert. Ihre Tradition reicht bis in die Antike zurück, als der berühmte Apicius empfahl, Schweine mit Feigen zu füttern, damit ihre Leber einen besonders feinen Geschmack bekäme. Seine Aufzucht- und Mastmethode, *ficatum* genannt, gab der Leber ihren italienischen Namen: *fegato*.

Innereien, *frattaglie*, sind gesund, denn sie enthalten viele Mineralstoffe und Vitamine und wenig Fett. Während Lunge, Kutteln und Herz problemlos genossen werden können, sammeln sich allerdings in den „Entgiftungsorganen“ Nieren, Leber und Bries unter anderem bisweilen Schwermetalle an. Ein Grund mehr, auch bei Innereien zu Bio-Ware zu greifen, am besten zu solcher von Jungtieren. Sie sind weniger belastet und außerdem zarter. In manchen Fachgeschäften werden Innereien küchenfertig vorbereitet angeboten. Man sollte sie so frisch wie möglich verarbeiten.

Beliebte Innereien

Seit der Rinderwahn-Krise darf nur noch **Hirn** von Lamm, Schwein und Kalb verkauft werden. Vor dem Kochen wird es gesäubert, mehrere Stunden gewässert, kurz pochiert und dann paniert oder einfach in Butter gebraten.

Kutteln, der essbare Teil der Mägen von Rind, Kalb oder Lamm, gehören fest zur italienischen bäuerlichen Küche. Man kann sie bereits gesäubert und vorgekocht kaufen.

Zunge wird meist gepökelt angeboten, nur die zartere Zunge von Kalb, Lamm oder Schwein kauft man roh. Sie wird mit Wurzelgemüse und Gewürzen gekocht, dann zieht man die Haut ab und entfernt Schlund und Fett am Zungenboden. In dünne Scheiben geschnitten, wird Zunge in einer würzigen Sauce gegart oder in Essig eingelegt.

Leber wird meist gebraten, gegrillt oder geschmort, kommt aber auch in Pasteten, Terrinen und Füllungen zur Geltung. Die zarteste, aber auch teuerste ist die Kalbsleber, gefolgt von der Lammleber. Rinder- und Schweineleber wird wegen ihres intensiveren Geschmacks häufig einige Zeit in Milch eingelegt.

Herz besteht aus festem Muskelfleisch. Kalbsherz kann gefüllt und im Ganzen geschmort werden, Rinderherz wird vor dem Garen in Scheiben geschnitten. Es wird mit Kräutern gedünstet, gebraten oder gegrillt.

Nieren werden meist küchenfertig verkauft. Man muss sie vor der Zubereitung nur noch halbieren, von Fett und Harnsträngen befreien und gründlich waschen. Oft werden sie danach noch einige Zeit in Milch oder Essigwasser gelegt. Lamm- und Kalbsnieren kommen in der feinen Küche zur Verwendung, Rinder- und Schweinenieren eher in der Alltagsküche.

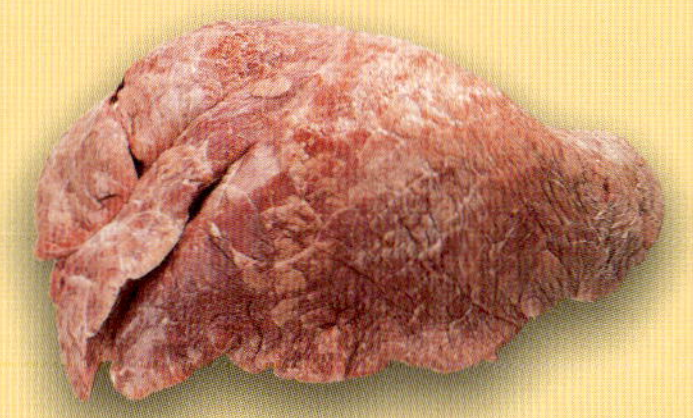

Rindermagen

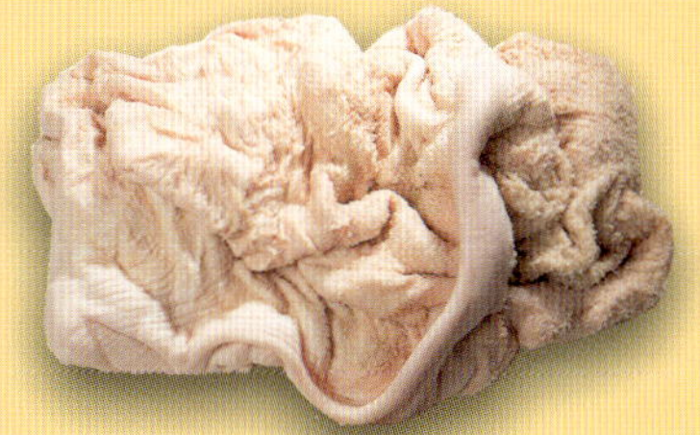

Kutteln

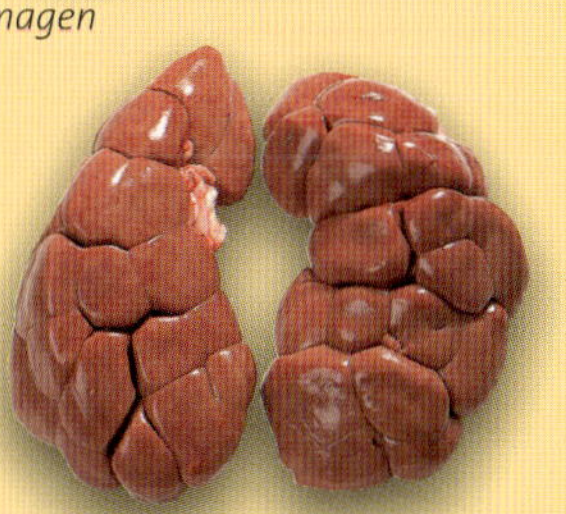

Rindernieren

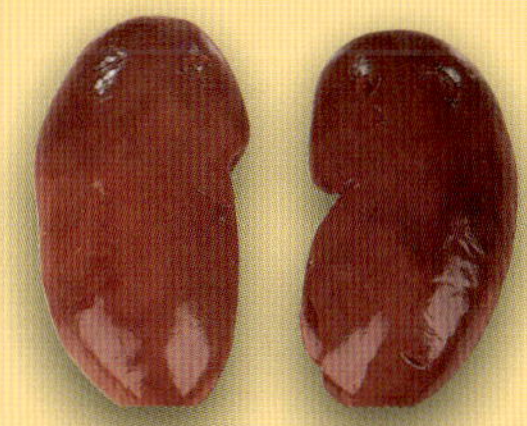

Schweinenieren

Rinderleber

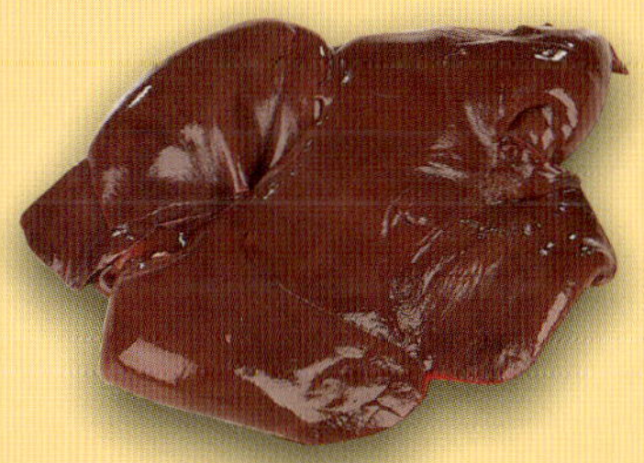

Schweineleber

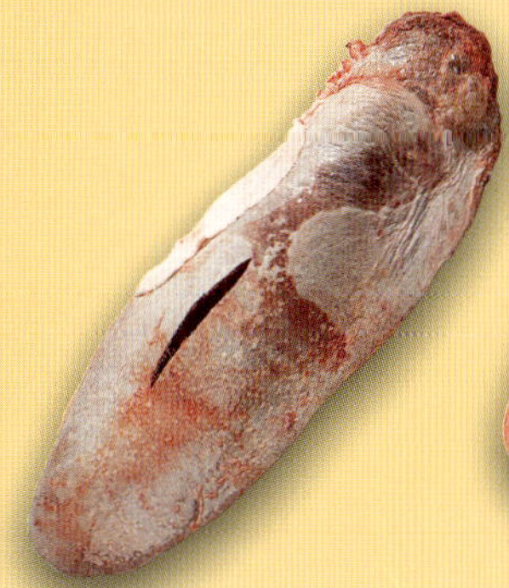

Rinderlunge

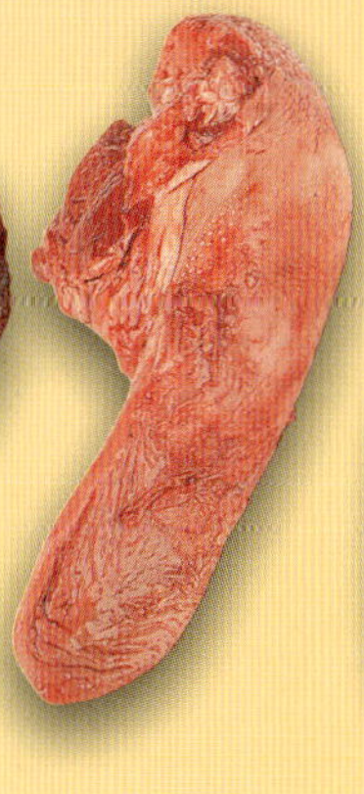

Zunge

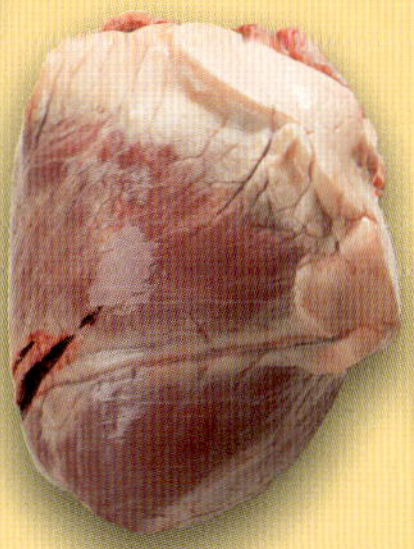

Rinderherz

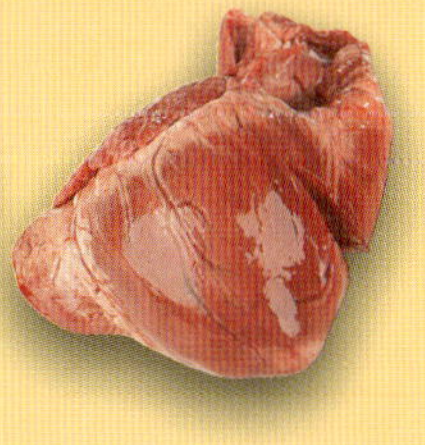

Schweineherz

Sguazzetto
Innereien-Ragout

600 g Hühnerinnereien (Leber, Magen, Herz und Hals)
2 EL Olivenöl zum Anbraten
4 Knoblauchzehen, grob gehackt
10 Mandeln, abgezogen und geröstet
125 ml Wein
Salz
frisch gemahlener Pfeffer
2 EL fein gehackte Petersilie

Die Innereien waschen, trocken tupfen, parieren und klein schneiden. Das Olivenöl erhitzen und die Innereien bis auf die Leber im Öl rundum anbraten. Den Knoblauch zufügen und glasig dünsten. Mandeln und Leber untermischen, den Wein angießen, mit Salz und Pfeffer würzen.

Das Ragout bei kleiner Hitze schmoren, bis die Sauce eingedickt ist. Vor dem Servieren mit der Petersilie bestreuen.

Fegato alla veneziana
Kalbsleber auf venezianische Art

500 g Kalbsleber
3 Zwiebeln
4 Tomaten
4 EL Olivenöl
1 EL Mehl
100 ml Rotwein
5–6 Salbeiblätter
Salz
frisch gemahlener Pfeffer

Die Kalbsleber in Scheiben schneiden, Sehnen und Adern entfernen und die Haut abziehen. Dann die Leberscheiben in schmale Streifen schneiden. Die Zwiebeln in dünne Scheiben hobeln. Die Tomaten häuten, vierteln, entkernen und klein würfeln.

Das Olivenöl in einer tiefen Pfanne erhitzen, die Zwiebelringe hineingeben und zugedeckt 15 Minuten dünsten. Dann die Kalbsleber unter Wenden in den Zwiebeln anbraten. Mit dem Mehl bestäuben, den Rotwein angießen und die Salbeiblätter zugeben. Alles bei kleiner Hitze 5 Minuten garen. Mit Salz und Pfeffer abschmecken und portionsweise auf vorgewärmten Tellern anrichten.

Rognone alla parmigiana
Kalbsnieren nach Art von Parma

600 g Kalbsnieren
500 ml Milch
1 EL Butter
2 EL Olivenöl
1 Knoblauchzehe, fein gehackt
2 EL fein gehackte Petersilie
125 ml Kalbsfond
Salz
frisch gemahlener Pfeffer
Saft von 1 Zitrone

Die Kalbsnieren der Länge nach aufschneiden, Harnröhren und Fett entfernen. Nieren gründlich waschen, in eine Schüssel legen und mit der Milch begießen. 30 Minuten darin ziehen lassen, dann herausnehmen, trocken tupfen und in feine Scheiben schneiden.

Butter und Öl in einer Pfanne erhitzen, den Knoblauch und die Hälfte der Petersilie darin anrösten. Die Nieren zugeben und unter Rühren anbraten. Den Kalbsfond angießen und die Nieren 3–4 Minuten darin schmoren. Mit Salz, Pfeffer und Zitronensaft abschmecken und portionsweise anrichten. Mit der restlichen Petersilie bestreuen.

Lingua alla piemontese
Zunge nach Art des Piemont

1 Zwiebel
1 Karotte
1 Selleriestange
1 Kalbszunge
Salz
5 Pfefferkörner
2 Lorbeerblätter
1 frische rote Chili
2 EL Olivenöl
1 EL Tomatenmark
1 EL Mehl
350 ml Fleischbrühe
1 EL Kapern
1–2 EL Balsamico-Essig
frisch gemahlener Pfeffer
1 EL fein gehackte Petersilie

Zwiebel und Karotte schälen, Selleriestange abziehen. Je 1/2 Zwiebel, Karotte und Selleriestange mit der Kalbszunge in Wasser aufsetzen, 1 Teelöffel Salz, Pfefferkörner und Lorbeerblätter zufügen. Zum Kochen bringen und 1 Stunde bei kleiner Hitze köcheln lassen. Dann die Zunge unter kaltem Wasser abschrecken und etwas abkühlen lassen.

Restliche Zwiebel, Karotte und Sellerie in kleine Würfel schneiden. Die Chili längs halbieren, entkernen und fein hacken. Alles im Olivenöl anbraten, das Tomatenmark unterrühren und kurz anrösten. Mit Mehl überstäuben und die Brühe unter Rühren angießen. Sauce bei kleiner Hitze ca. 20 Minuten köcheln lassen. Mit Kapern, Essig, Salz und Pfeffer abschmecken.

Die Haut von der Zunge abziehen und die Zunge in Scheiben schneiden. In die Sauce geben und kurz darin ziehen lassen. Vor dem Servieren mit der Petersilie bestreuen.

Spiedini alla toscana
Toskanische Leberspieße

600 g Putenleber
frisch gemahlener Pfeffer
100 g Lardo di Colonnata, in dünne Scheiben geschnitten
12–15 frische Lorbeerblätter
2 EL Olivenöl

Jede Putenleber halbieren, mit Pfeffer würzen und in eine Scheibe Speck wickeln. Auf 4 Metallspieße jeweils 1 umwickeltes Stück Leber, dann ein Lorbeerblatt und anschließend wieder Leber stecken. So fortfahren, bis alle Spieße komplett sind.

Das Öl in einer tiefen Pfanne erhitzen und die Leberspieße darin knusprig braten.

Huhn und Pute

Das zarte magere Fleisch von Hähnchen und Puten steht in Italien ganz oben in der Gunst ernährungsbewusster Genießer. Es ist nicht nur sehr vielseitig, sondern auch schmackhaft und eine preiswerte Alternative zum beliebten Kalbfleisch. Geflügel wird in allen ländlichen Regionen gehalten. Zwar kommen immer noch die meisten Hähnchen und Puten, die auf dem Teller landen, aus Käfighaltung, doch die Nachfrage nach Bio-Geflügel aus Freilandhaltung wächst auch in Italien.

Das klassische italienische weiße Huhn, auch als „Italiener" bekannt, hat einen gelben Schnabel und gelbe Beine und gleicht noch heute den Landhühnern der alten Römer. Ebenfalls sehr alt ist die zweite verbreitete Hühnerrasse, die „Sizilianer", die vor allem darum beliebt sind, weil sie schnell wachsen. Ein männliches Sizilianerküken kann schon nach vier bis fünf Wochen krähen, und die Hennen beginnen erstaunlich früh mit dem Legen. Beide Rassen waren häufig an Bord von Schiffen, die den Atlantik überquerten – weniger als Proviant, sondern als Lieferanten von frischen Eiern. In Amerika wurde durch Kreuzung und Züchtung aus dem Italiener der „Sicilian Buttercup". Gegen Ende des 19. Jahrhunderts kamen die neuen Rassen dann nach Europa zurück.

Ein „echter" amerikanischer Einwanderer ist der *tacchino* (Truthahn oder Pute). Einst ein magerer Wildvogel, hat er sich durch Zucht im Lauf der Zeit zu einem bisweilen mächtigen Haustier entwickelt und ist heute fast doppelt so groß wie seine Vorfahren. Rund ums Jahr beliebt sind Gerichte aus Putenbrust und geschmorte Putenkeulen. An Weihnachten werden Puten klassisch mit Kastanien, Pflaumen und Würstchen, Sellerie und Karotten gefüllt.

Kapaun

Der Kapaun, *cappone*, ist in vielen italienischen Regionen der traditionelle Weihnachtsbraten. Bereits in der Antike schätzte man die Junghähne, die noch vor dem Eintritt der Geschlechtsreife kastriert werden. Damit ihr Fleisch möglichst zart und weiß wird, gibt man ihnen Milch zu trinken und mästet sie mindestens fünf Monate lang mit Hirsemehl und Butter. Kapaune wachsen schnell und setzen gut Fett an. Mit ihren etwa drei Kilogramm Gewicht geben sie ein ideales Familien- und Festessen ab.

Truthähne – hier ein balzender Puter – erfreuen sich auch in Italien seit Jahren zunehmender Beliebtheit.

Huhn zerlegen

Um Geflügel fachgerecht zu zerlegen, braucht man ein scharfes Messer und eine Geflügelschere.

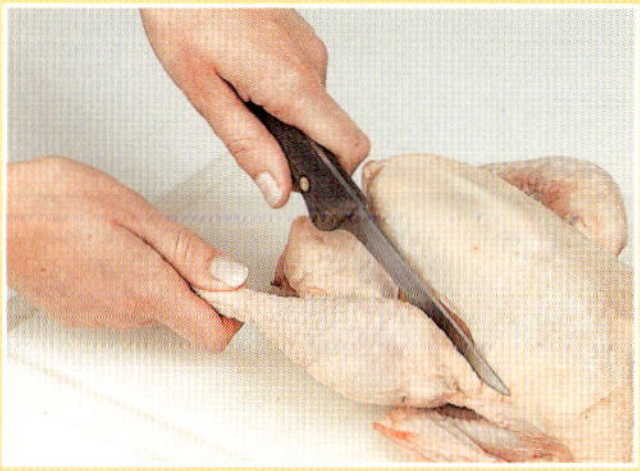
Zunächst die Keulen abtrennen: Haut zwischen Schenkel und Brust mit dem Messer durchtrennen.

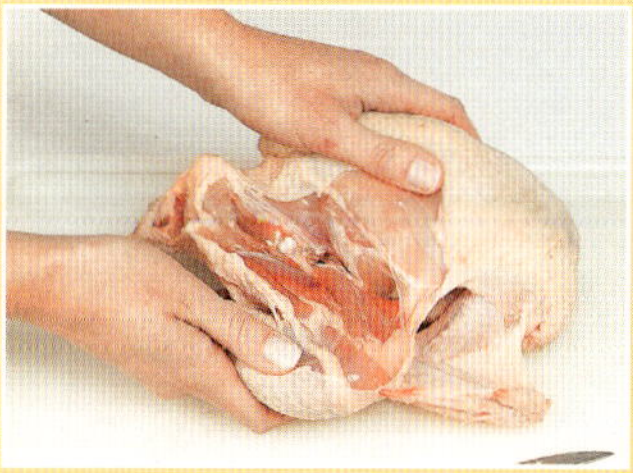
Anschließend das Fleisch am Rückenknochen so auslösen, dass es noch am Oberschenkelgelenk hängt.

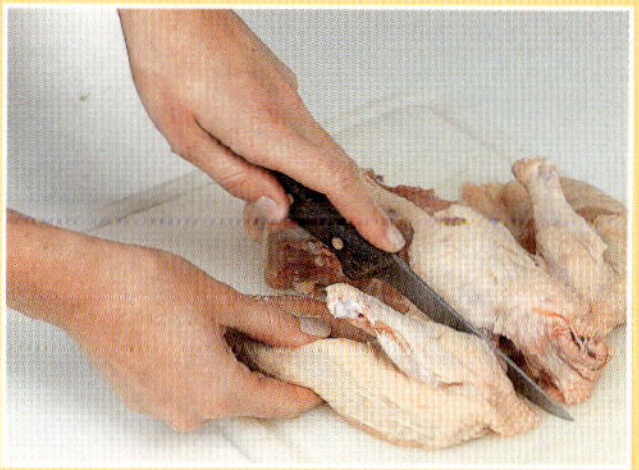
Schenkel mit einer Drehbewegung nach außen biegen, bis der Knochen aus der Gelenkpfanne springt.

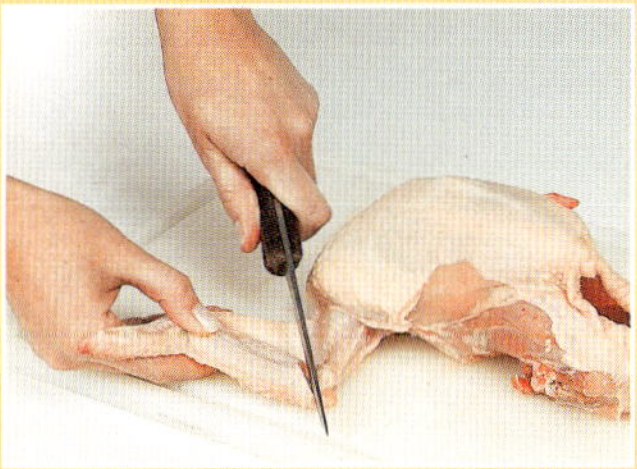
Dann die Flügelspitzen und das Mittelteil abschneiden und für die Sauce beiseitelegen.

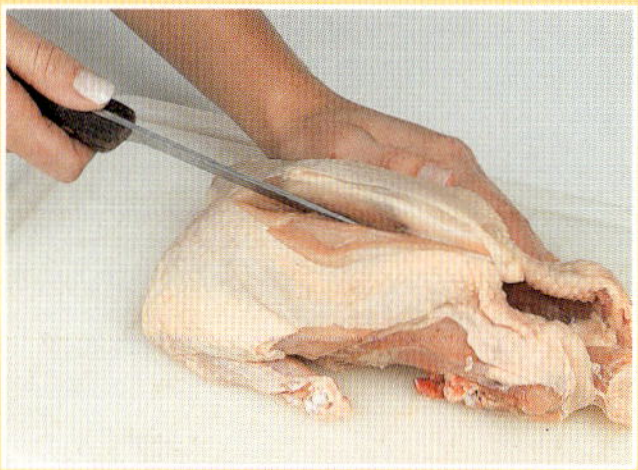
Das Huhn auf den Rücken legen und das Brustfleisch bis zum Knochen durchschneiden.

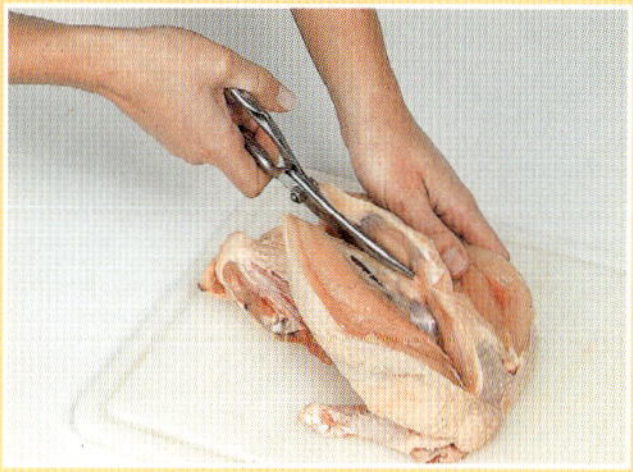
Das Knochengerüst mit dem Messer oder der Geflügelschere der Länge nach durchschneiden.

Huhn in acht Stücke teilen: Jedes Bruststück quer halbieren, Keulen zwischen Ober- und Unterschenkel trennen.

Truthahn tranchieren

Großes Geflügel tranchiert man am besten in der Küche. Zuerst mit dem Messer die Flügelspitzen abtrennen.

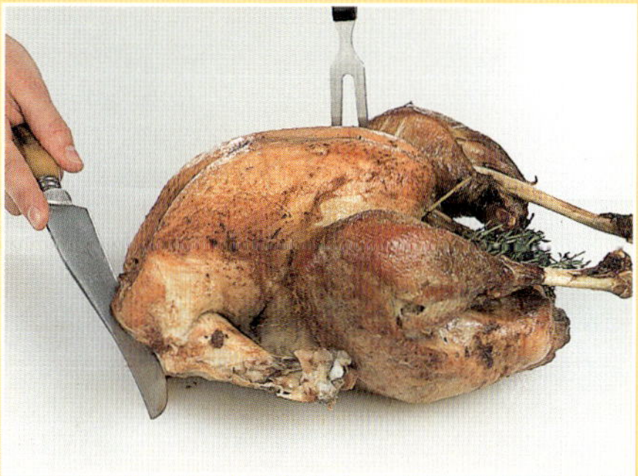
Mit der Fleischgabel hinter einer Keule einstechen, um den Truthahn zu fixieren. Am Flügelgelenk waagerecht einschneiden.

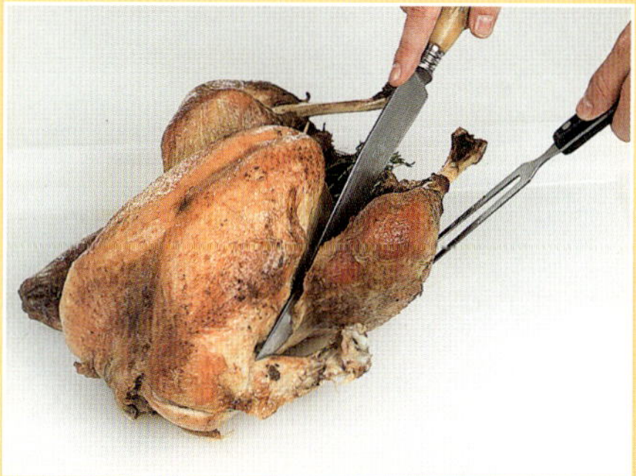
Dann mit dem Fleischmesser eine Keule abtrennen, die Keule nach außen biegen und auslösen.

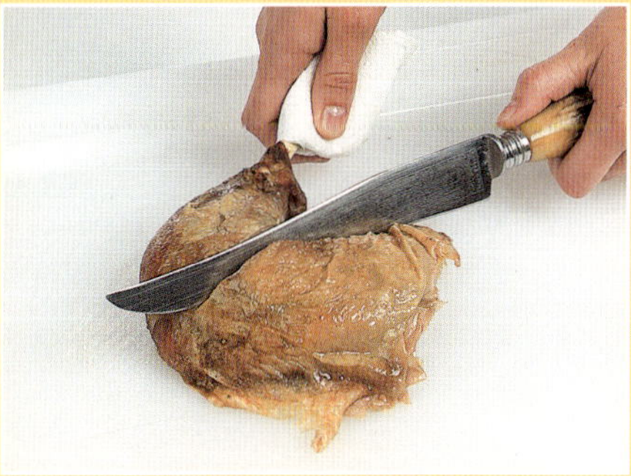
Die Keule mit einer Serviette festhalten und am Gelenk zwischen Ober- und Unterschenkel durchschneiden.

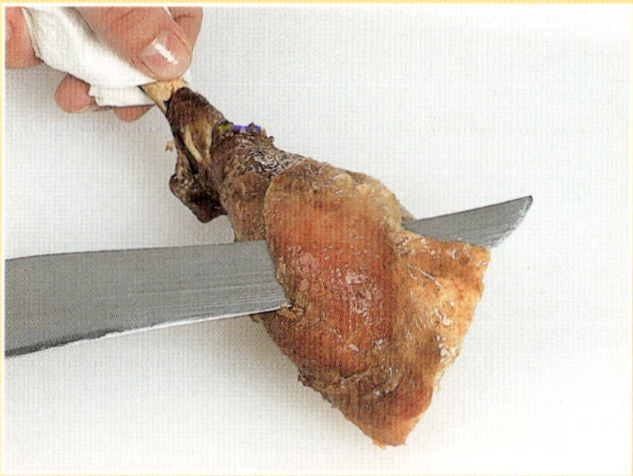
Das Fleisch von Unter- und Oberschenkel parallel zum Knochen in Scheiben schneiden und im Backofen warm stellen.

Zuletzt das Brustfleisch schräg in gleichmäßige Scheiben schneiden und warm halten, bis der ganze Truthahn tranchiert ist.

Beliebte Gerichte mit Huhn und Pute

Pollo alla salvia
Salbeihähnchen

1 Knoblauchzehe
4 Hähnchenbrustfilets mit Haut
2 Scheiben Parmaschinken
8 Salbeiblätter
Salz
frisch gemahlener Pfeffer
1 EL Fenchelsamen, im Mörser zerstoßen
1/2 Limette
4 EL Olivenöl

Den Backofen auf 170°C vorheizen. Den Knoblauch schälen und fein hacken.
Die Haut leicht von den Hähnchenfilets lösen und jeweils 1/2 Scheibe Parmaschinken und 1 Salbeiblatt darunterstecken. Den restlichen Salbei in Streifen schneiden. Das Fleisch mit Salz und Pfeffer würzen und mit Fenchelsamen und Knoblauch einreiben.
Die Limette in Scheiben schneiden. Das Olivenöl in einer Pfanne erhitzen und das Fleisch zuerst von der Hautseite, dann von der anderen Seite anbraten. Herausnehmen und in eine Auflaufform legen. Das Bratenfett darübergießen und die Limettenscheiben und die restlichen Salbeiblätter daraufgeben. Das Gericht ca. 30 Minuten im Backofen garen und anschließend auf einer heißen Platte servieren.

Pollo alla Marengo
Hähnchen Marengo

1 Hähnchen, küchenfertig
Salz
frisch gemahlener Pfeffer
3 EL Olivenöl
125 ml Weißwein
50 g Perlzwiebeln
2 Knoblauchzehen
2 EL Mehl
500 ml Geflügelbrühe
4 kleine Strauchtomaten
200 g kleine Champignons
4 gekochte Flusskrebsschwänze
1 EL fein gehackte Petersilie

Das Hähnchen waschen, trocken tupfen und in 4 Portionsstücke teilen. Kräftig mit Salz und Pfeffer einreiben.
Das Olivenöl in einem Schmortopf erhitzen und die Hähnchenteile darin von allen Seiten anbraten. Mit dem Wein ablöschen und zugedeckt 10 Minuten schmoren.
Perlzwiebeln und Knoblauch schälen, die Perlzwiebeln halbieren, den Knoblauch fein hacken. Beides zum Hähnchen geben, mit dem Mehl bestäuben und kurz anrösten. Dann die Geflügelbrühe angießen. Zugedeckt bei mittlerer Hitze 20 Minuten köcheln lassen.
Inzwischen die Tomaten häuten und vierteln. Die Champignons halbieren. Das Gemüse zum Hähnchen geben, salzen, pfeffern und bei Bedarf noch etwas Wein angießen. Bei kleiner Hitze 25–30 Minuten weiter schmoren.
Die Flusskrebsschwänze zugeben und in der Sauce erhitzen. Hähnchen mit Petersilie bestreut auf vorgewärmten Tellern anrichten.

Pollo alla diavola
Teuflisches Huhn

2 getrocknete rote Chillies, gehackt
2 EL Zitronensaft
3 EL Orangensaft
500 ml Weißwein
1 Lorbeerblatt
1 Poularde, küchenfertig
Salz
frisch gemahlener Pfeffer

Die Chillies mit Zitronensaft, Orangensaft und Wein verrühren, das Lorbeerblatt hineinbröckeln.
Hals und Flügelspitzen von der Poularde abschneiden. Das Huhn entlang des Brustbeins durchschneiden und auseinanderklappen. Dann vorsichtig so flach wie möglich klopfen, ohne dabei die Knochen zu verletzen. In eine Schale legen, mit der Weinmarinade begießen und zugedeckt im Kühlschrank 1 Tag marinieren, dabei einmal wenden.
Die Poularde aus der Marinade nehmen, gut trocken tupfen und mit Salz und Pfeffer einreiben. Auf dem heißen Holzkohlengrill ca. 40 Minuten unter Wenden knusprig braun braten.

Die Schlacht bei Marengo

Marengo, ein kleines Dorf in der italienischen Provinz Alessandria, wurde am 14. Juni 1800 zum Schauplatz jener historischen Schlacht, in der Napoleon den entscheidenden Sieg über die Österreicher errang. Als der glorreiche Feldherr nach Essen verlangte, musste sein Küchenchef Dunant, ein geborener Schweizer, improvisieren, hatte er doch im Lauf der Kampfhandlungen seinen ganzen Verpflegungstross verloren. So schickte er seine Soldaten auf die Suche nach Lebensmitteln. Sie brachten ein Hähnchen, Tomaten, Pilze und Flusskrebse mit, die Dunant zu einem sehr wohlschmeckenden Gericht kombinierte. Dem französischen Kaiser soll das Zufallsgericht sehr gemundet haben. Und es hat in den vergangenen 200 Jahren nichts von seiner Frische und Spontaneität verloren. Heute schätzen Feinschmecker nicht nur in Frankreich und Italien dieses nicht alltägliche Rezept (links).

Pollo alla diavola

Pollo alla cacciatora
Hähnchen nach Jägerart

1 Poularde, küchenfertig
Salz
frisch gemahlener Pfeffer
2 EL Olivenöl
50 g Pancetta, gewürfelt
1 weiße Zwiebel, fein gehackt
125 ml Weißwein
4 vollreife Tomaten
250 ml Fleischbrühe

Die Poularde unter fließendem Wasser waschen, trocken tupfen und in 8 Portionsstücke teilen. Kräftig mit Salz und Pfeffer einreiben.
Das Olivenöl in einem Schmortopf erhitzen, Speck und Zwiebel darin glasig dünsten. Die Hähnchenteile hineinlegen und rundum anbraten. Mit dem Wein ablöschen und 5 Minuten köcheln lassen.
Inzwischen die Tomaten häuten, vierteln, entkernen und in kleine Würfel schneiden. Zum Hähnchen geben, die Fleischbrühe angießen und alles zugedeckt 30–40 Minuten schmoren. Vor dem Servieren mit Salz und Pfeffer abschmecken.

Pollo alla griglia
Gegrilltes Maishähnchen

1 Maishähnchen, ca. 1,2 kg, küchenfertig
grob gemahlener Pfeffer
2 TL abgeriebene Zitronenschale
3 Knoblauchzehen, in dünne Scheiben geschnitten
Saft von 3 Zitronen
6 EL Olivenöl
Salz

Das Hähnchen waschen, trocken tupfen und der Länge nach halbieren. Die Hähnchenhälften in eine Schale legen, pfeffern, Zitronenschale und Knoblauch darüber verteilen. Mit Zitronensaft und Olivenöl begießen und abgedeckt über Nacht im Kühlschrank marinieren.
Am nächsten Tag die Hähnchenhälften aus der Marinade nehmen und abtropfen lassen. Das Fleisch salzen und auf einem mäßig heißen Holzkohlengrill von beiden Seiten langsam knusprig grillen. Zwischendurch mit der Marinade bestreichen.

Pollo al vino bianco
Huhn in Weißwein

1 Hähnchen, ca. 1,3 kg, küchenfertig
Salz
frisch gemahlener Pfeffer
2 EL Olivenöl
150 g Pancetta, gewürfelt
5 Schalotten, gewürfelt
1 EL Mehl
750 ml Weißwein
1 Rosmarinzweig

Das Hähnchen waschen, trocken tupfen und in Portionsstücke zerteilen. Mit Salz und Pfeffer einreiben. Den Backofen auf 175 °C vorheizen.
Das Öl in einem Bräter erhitzen und das Fleisch darin von allen Seiten anbraten. Pancetta und Schalotten zufügen und anrösten. Mit dem Mehl überstäuben und den Wein angießen. Den Rosmarin zugeben. Zugedeckt im Backofen 30 Minuten garen.
Den Deckel abnehmen und das Hähnchen ofen so lange weitergaren, bis der Wein fast eingekocht ist. Vor dem Servieren den Rosmarin entfernen.

Tacchino ripieno
Gefüllte Pute

Für 6 Personen

1 Baby-Pute, ca. 3,5 kg, küchenfertig
Salz
frisch gemahlener Pfeffer
100 g Pancetta, fein gewürfelt
2 Zwiebeln, fein gehackt
2 TL getrockneter Thymian
2 Selleriestangen, gewürfelt
3 Äpfel, gewürfelt
50 g Sultaninen
50 g Korinthen
100 g getrocknete Früchte (Aprikosen, Kirschen, Backpflaumen), gewürfelt
2 Eier
75 g Semmelbrösel
2 EL Öl, plus etwas mehr zum Einfetten
500 ml Geflügelbrühe
125 ml Rotwein

Die Pute waschen und trocken tupfen. Innen und außen kräftig mit Salz und Pfeffer einreiben. Den Backofen auf 175 °C vorheizen.
Den Pancetta in einer Pfanne auslassen. Die Zwiebeln zufügen und im Bratenfett glasig dünsten. Thymian und Sellerie untermischen und einige Minuten mitdünsten. Vom Herd nehmen, mit Äpfeln, Sultaninen, Korinthen und getrockneten Früchten vermengen und etwas abkühlen lassen. Dann Eier und Semmelbrösel dazugeben, mit Salz und Pfeffer würzen.
Die Pute mit der Masse füllen und die Öffnung mit kleinen Holzspießen verschließen. Einen Bräter mit Olivenöl einfetten und die Pute hineinsetzen. Mit dem Olivenöl bestreichen. Im Backofen 3,5–4 Stunden braten, dabei nach und nach mit der Geflügelbrühe begießen.
Die Pute aus dem Bräter nehmen und warm stellen. Den Bratenfond in einen Topf umgießen, entfetten und mit dem Rotwein einige Minuten aufkochen. Mit Salz und Pfeffer abschmecken und getrennt zur Pute servieren.

Taube und Perlhuhn

Beim Stichwort Taube fallen vielen Nicht-Italienern zunächst einmal die ungeliebten Vögel auf dem Markusplatz in Venedig oder in anderen Touristenzentren ein. Manche denken vielleicht auch an den köstlichen Osterkuchen in Taubenform aus süßem Hefeteig, die *colomba pasquale.* Doch Italiener denken sofort an kulinarische Hochgenüsse. Tauben haben aromatisches Fleisch und einen intensiven Geschmack. Ihr mageres Fleisch ist leicht verdaulich. Am besten schmecken junge Zuchttauben, die mit einem Gewicht von 300–400 Gramm angeboten werden. Sie werden gebraten, gegrillt oder geschmort. Ihr würziges Fleisch ist auch beliebt für Nudelfüllungen.

Faraona, Huhn der Pharaonen, heißt das Perlhuhn in Italien. Obwohl es längst domestiziert ist, hat es einen leicht wildartigen Geschmack behalten. Das feine Geflügel mit dem ausgeprägten Aroma ist ein beliebtes Festessen. Bei Aufzucht und Mast werden strenge Qualitätsmaßstäbe angelegt. Perlhühner werden in speziellen Ställen auf Stroh oder Holzspänen gehalten und erst geschlachtet, wenn sie ausgewachsen sind. Die vergleichsweise lange Zuchtdauer und das hochwertige Futter machen Perlhühner zu einem nicht ganz preiswerten Vergnügen. Perlhühner mit Gütezeichen wachsen in Weidehaltung auf. Durch den Auslauf an frischer Luft und das Grünfutter ist ihr Fleisch noch aromatischer. Dieses Geflügel gilt übrigens als besonders zänkisch. Man sagt dem Perlhuhn nach, dass es beständig mit Haushühnern, Puten und Gänsen im Streit liegt.

Faraona in porchetta
Perlhuhn mit Fenchel und Oliven

1 Perlhuhn, ca. 1,3 kg, küchenfertig
3 EL Olivenöl
Salz und Pfeffer
1 Fenchelknolle, gewürfelt
1 weiße Zwiebel, fein gehackt
125 ml Weißwein
500 ml Hühnerbrühe
50 g Pinienkerne
100 g entsteinte grüne Oliven

Das Perlhuhn waschen, trocken tupfen und in 4 Teile schneiden. Öl in einem Schmortopf erhitzen und die Perlhuhnteile von beiden Seiten darin anbraten. Salzen und pfeffern. Fenchel und Zwiebel zufügen und glasig dünsten. Mit Wein ablöschen und etwas einkochen lassen. Die Hälfte der Brühe zufügen. Zugedeckt 30 Minuten bei kleiner Hitze schmoren lassen.
Die Pinienkerne in einer Pfanne ohne Fett goldbraun rösten, die Oliven klein würfeln. Beides zum Perlhuhn geben, restliche Brühe angießen und weitere 30 Minuten zugedeckt garen.
Fertige Perlhuhnstücke auf einer Servierplatte anrichten, die Sauce mit Salz und Pfeffer abschmecken und über das Fleisch gießen.

Faraona con miele e rosmarino
Perlhuhn mit Honig und Rosmarin

1 Perlhuhn, küchenfertig
Salz
frisch gemahlener Pfeffer
150 g frische Perlzwiebeln
2 EL Olivenöl
2 Rosmarinzweige
200 ml Weißwein
2 EL Pinienkerne
2 EL sardischer Zitrusfrüchtehonig, ersatzweise Orangenblütenhonig
125 ml Geflügelbrühe

Das Perlhuhn in 4 Stücke zerteilen, mit Salz und Pfeffer einreiben. Die Perlzwiebeln schälen.
Das Olivenöl in einer großen hohen Pfanne erhitzen und die Fleischstücke darin auf beiden Seiten bei mittlerer Hitze goldbraun braten. Dann herausnehmen und die Perlzwiebeln im Bratenfett kurz anbraten. Fleisch mit der Hautseite nach oben wieder in die Pfanne setzen, den Rosmarin dazugeben und den Weißwein angießen. Zum Kochen bringen und etwas einkochen lassen. Die Pfanne abdecken und das Perlhuhn bei kleiner Hitze 30 Minuten schmoren.
Die Pinienkerne in einer zweiten Pfanne ohne Fett goldgelb anrösten, dann zum Perlhuhn geben. Die Geflügelhaut mit dem Honig glasieren. Die Geflügelbrühe angießen und einmal aufkochen. Zugedeckt weitere 30 Minuten schmoren.
Das Fleisch aus der Pfanne nehmen und auf eine vorgewärmte Servierplatte legen. Den Rosmarin entfernen, den Bratenfond mit Salz und Pfeffer abschmecken und mit den Perlzwiebeln rund um das Fleisch verteilen.

Die Keulen und die Brustfilets der Tauben auslösen. Restliche Knochen klein hacken.

Die Knochen anrösten, fein gewürfeltes Wurzelgemüse zufügen und ebenfalls anrösten.

Blanchierte Wirsingstreifen hinzufügen, würzen und bei kleiner Hitze dünsten.

Keulen und Brustfilets in einer Pfanne rundum anbraten, dann zugedeckt garen.

Piccione alla fiorentina
Taube auf florentinische Art

2 Tauben, küchenfertig
1 Zwiebel
1 Knoblauchzehe
1 Karotte
1 Selleriestange
60 ml Olivenöl
100 ml Weißwein
1 Lorbeerblatt
400 ml Gemüsebrühe
1/2 Wirsing
Salz
100 g Pancetta
frisch gemahlener Pfeffer
frisch geriebene Muskatnuss

Die Tauben waschen und trocken tupfen. Die Keulen mit einem scharfen Messer abtrennen und die Brustfilets auslösen. Geflügelteile abgedeckt in den Kühlschrank stellen. Ausgelöste Knochen in kleine Stücke hacken.

Zwiebel, Knoblauch, Karotte und Sellerie klein würfeln. 2 Esslöffel Öl in einem Topf erhitzen und die Knochen darin anrösten. Das Gemüse hinzufügen und alles goldbraun rösten. Mit dem Wein ablöschen, Lorbeerblatt dazugeben und mit Brühe aufgießen. 1 Stunde bei kleiner Hitze kochen. Den Taubenfond durch ein feines Sieb in eine Schüssel passieren.

Den Wirsing putzen und den Strunk entfernen. Die Wirsingblätter 2 Minuten in kochendem Salzwasser blanchieren und in Eiswasser abschrecken. Die Blätter ausdrücken und in feine Streifen schneiden.

Den Speck würfeln. In einem Topf 1 Esslöffel Öl erhitzen und die Speckwürfel darin glasig dünsten. Die Wirsingstreifen hinzufügen und mit Salz, Pfeffer und Muskatnuss würzen. 200 ml Wasser angießen und den Wirsing im halb geschlossenen Topf bei kleiner Hitze 15 Minuten dünsten.

Keulen und Brustfilets salzen und pfeffern. In einer Pfanne das restliche Olivenöl erhitzen. Zuerst die Keulen rundum anbraten, dann die Brustfilets zufügen und von beiden Seiten kurz braten. Die Pfanne mit einem Deckel verschließen und die Tauben 10 Minuten bei kleiner Hitze garen.

Keulen und Brustfilets mit dem Wirsing auf einer vorgewärmten Servierplatte anrichten. Den Taubenfond nochmals aufkochen und mit Salz und Pfeffer abschmecken. Etwas davon über das Fleisch gießen, den Rest als Sauce separat dazu reichen.

Gans

Die Gans ist ein vielseitiges Tier. Ähnlich wie beim Schwein kann man alles von ihr verwenden: Die Federn ergeben weiche Füllungen für Kissen, Decken und Mäntel, ihr Fett ist ein delikates Würzmittel, ihre Leber wird zu exquisiten Pasteten verarbeitet – und ihr Fleisch ist nahrhaft und wohlschmeckend. Gänse sind ähnlich leicht zu halten wie Schweine und obendrein sehr wachsam. Durch ihr Geschnatter, das die Wachen auf dem Kapitol weckte, verhinderten sie im Jahr 378 v. Chr. die Eroberung Roms durch die Gallier. Der Schrifsteller Plinius hielt Gänse für ein kluges und dem Menschen zugetanes Geflügel. Er berichtet, dass dem Philosophen Lacydes bei Tag und Nacht eine Gans nicht von der Seite gewichen sei, und folgerte daraus, dass diese Vögel wohl einen gewissen Verstand hätten.

Nach alter Tradition aß man in der Toskana an Allerheiligen Gänsebraten. Am Vortag fand auf der Piazza San Giovanni ein großer Gänsemarkt statt. Wer keinen eigenen Backofen hatte, ließ die Gans – oder zumindest ein Stück Gänsefleisch – im öffentlichen Backofen braten. Bis heute heißt die Straße, in der sich das Backhaus befand, Via dell'Oche, Gänsestraße. In den wohlhabenden venezianischen und paduanischen Familien bereitete man die *oca in onto* zu, die Gans unter Fett, um für den Winter ausreichend nahrhaftes Fleisch und Fett zur Verfügung zu haben. Man kochte die Gans langsam bei kleiner Hitze in einer Sauce aus Öl, Rosmarin, Knoblauch, Salz und Pfeffer. Dann wurden Haut und Knochen entfernt, Brust und Schenkel in Scheiben geschnitten, lagenweise mit Gänsefett und Lorbeerblättern in ein großes Tongefäß geschichtet und mit Olivenöl bedeckt. So hielt sich das Fleisch mehrere Monate.

Ein knuspriger Gänsebraten ist für viele Toskaner das traditionelle Festmahl an Allerheiligen (oben).

Viel Auslauf an der frischen Luft ist für eine optimale Fleischqualität wichtig (unten).

Petto d'oca al nasturzio
Gänsebrust mit Brunnenkresse

2 Gänsebrüste à 500 g, mit Knochen
Salz
frisch gemahlener Pfeffer
50 g Rosinen
100 ml Dessertwein
2 EL Gänseschmalz
300 ml Gemüsebrühe
3 Bund Brunnenkresse
1 Granatapfel
2 EL Rotweinessig
60 ml Olivenöl
2 EL Pinienkerne

Den Backofen auf 180 °C vorheizen. Die Gänsebrüste waschen, trocken tupfen, salzen und pfeffern. Die Rosinen in Dessertwein einlegen. Das Schmalz in einem Schmortopf erhitzen und das Fleisch zuerst auf der Hautseite darin anbraten, dann wenden. Die Gemüsebrühe angießen, aufkochen und den Topf mit dem Deckel verschließen. Im Backofen ca. 25 Minuten garen.

Inzwischen die Brunnenkresse putzen, waschen und trocken tupfen. Die Blätter von den Stängeln zupfen. Den Granatapfel quer halbieren und die Kerne auslösen. Essig und Öl mit einer Prise Salz verrühren, die Rosinen aus dem Wein heben und mit den Granatapfelkernen unter das Dressing heben.

Die Pinienkerne in einer Pfanne ohne Fett goldbraun rösten.

Das Fleisch aus dem Schmorfond nehmen, die Brustfilets auslösen und schräg in Scheiben schneiden.

Die Brunnenkresse auf 4 Teller verteilen. Das Granatapfel-Rosinen-Dressing darübergeben und mit den Pinienkernen bestreuen. Die Gänsebrustscheiben fächerförmig auf der Brunnenkresse anrichten und mit der Sauce beträufeln.

Ente à la Verdi

Giuseppe Verdi (1813–1901), einer der berühmtesten Komponisten Italiens, gilt als Reformer der italienischen Oper. Zu seinen bekanntesten Werken gehören die Opern *Nabucco, Rigoletto, La Traviata* und *Aida*. Weniger bekannt ist das „zweite Leben" des Komponisten als Landwirt und Bauer. Einige Jahre nach seinem ersten musikalischen Welterfolg kaufte er nämlich das heruntergewirtschaftete Landgut Sant'Agata di Villanova in der Bassa Padana, einer Ebene zwischen Parma und Piacenza, das er wieder in Schwung brachte. Er errichtete Molkereien und Käsereien und betrieb mit über 200 Landarbeitern mehr als 50 Jahre lang erfolgreich Ackerbau und Viehzucht.

Doch Verdi war nicht nur Bauer, wie er immer wieder mit Stolz betonte, sondern auch ein großzügiger Gastgeber, bekennender Feinschmecker und talentierter Hobbykoch. Nach einer gefeierten Opern-Uraufführung schrieb seine Gattin Giuseppina: „Wenn die nur wüssten, wie gut er einen *risotto alla milanese* komponiert, Gott weiß, welche Ovationen dann erst auf seine Schultern niedergingen."

An den Koch und Bauern Verdi erinnert bis heute ein Entenrezept, das nach ihm benannt ist: *anatra alla Verdi*. Eine frische Bauernente wird rundum gesalzen, gepfeffert und mit Olivenöl bestrichen. Dann wird sie auf ein Bett aus Zwiebeln und Möhren gesetzt, mit gewürfeltem, fettem Parmaschinken und Rosmarin bedeckt und im Backofen knusprig braun gebraten.

Enten werden bis heute auf vielen italienischen Bauernhöfen in Auslaufhaltung gezüchtet. Feinschmecker schätzen nicht nur ihr Fleisch, sondern auch die Leber.

Petto d'anatra farcito con radicchio
Entenbrust mit Radicchiofüllung

4 kleine Entenbrüste à 200 g
2 Radicchio trevigiano
4 EL Olivenöl
50 g Pancetta, gewürfelt
1 rote Zwiebel, fein gehackt
2 Knoblauchzehen, fein gehackt
Salz
frisch gemahlener Pfeffer
1 TL Zucker
1 EL Balsamico-Essig
50 ml Rotwein
1 TL gehackte Rosmarinblätter

Die Entenbrüste waschen und trocken tupfen. Mit einem spitzen Messer der Länge nach eine Tasche in das Fleisch schneiden. Radicchio in schmale Streifen schneiden.
Die Hälfte des Öls in einer Pfanne erhitzen. Pancetta, Zwiebel und Knoblauch darin glasig dünsten. Radicchio zufügen, salzen und pfeffern. Sobald der Radicchio zusammenfällt, mit dem Zucker bestreuen und karamellisieren lassen. Mit dem Essig ablöschen und den Wein zugießen. Die Flüssigkeit vollständig einkochen. Vom Herd nehmen und abkühlen lassen. Radicchiomasse und Rosmarin in die Fleischtaschen füllen und die Öffnung mit kleinen Holzspießen verschließen. Die Entenbrüste salzen und pfeffern. Den Backofen auf 150 °C vorheizen.
Das restliche Olivenöl in einer Pfanne erhitzen und die Entenbrüste zuerst auf der Hautseite bei mittlerer Hitze 10 Minuten anbraten. Dann wenden und weitere 3 Minuten braten. Die Entenbrüste auf eine feuerfeste Platte legen und im Backofen 15 Minuten nachgaren lassen.
Die Entenbrüste aus dem Backofen nehmen und die Holzspieße entfernen. Das Fleisch schräg in Scheiben schneiden und portionsweise anrichten.

Die Flügel entfernen, die Ente mit der Fleischgabel festhalten und die Keulen abtrennen.

Dann das Brustfleisch am Flügelgelenk mit einem waagerechten Schnitt einschneiden.

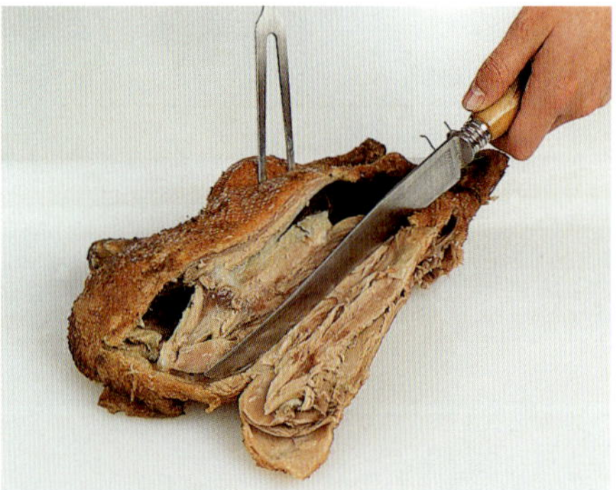

Das Fleisch bis zum Knochen längs durchschneiden und parallel zum Brustkorb auslösen.

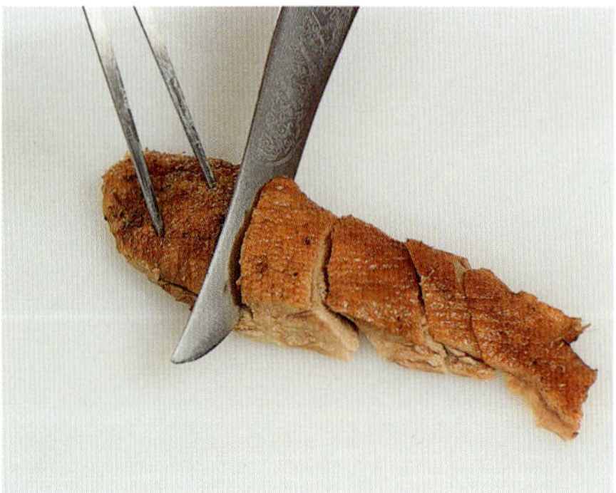

Das Entenbrustfilet mit Haut schräg in dicke Scheiben aufschneiden.

Anatra con verdure
Gekochte Ente mit Gemüse

1 junge Bauernente, ca. 1,4 kg, küchenfertig
1 Zwiebel
1 Lorbeerblatt
3 Gewürznelken
1 Bund Suppengrün
Salz
5 Pfefferkörner
5 Pimentkörner
500 g Karotten
500 g dicke Petersilienwurzeln
2 EL Olivenöl
250 ml Kalbsfond
frisch gemahlener Pfeffer
2 EL fein gehackte Petersilie

Die Ente waschen und in einen großen Topf legen. Die Zwiebel mit Lorbeerblatt und Gewürznelken spicken und mit dem Suppengrün zur Ente geben. So viel kaltes Wasser angießen, dass die Ente gut bedeckt ist. Salz, Pfeffer- und Pimentkörner zufügen. Zum Kochen bringen, den Schaum abschöpfen und bei kleiner Hitze ca. 75 Minuten köcheln lassen.
Karotten und Petersilienwurzeln in gleich große Scheiben schneiden. Das Gemüse im Olivenöl andünsten, mit dem Kalbsfond ablöschen und zugedeckt 10 Minuten garen. Mit Salz und Pfeffer würzen und die Petersilie untermischen. Gemüse warm halten.
Die Ente aus der Brühe nehmen und gut abtropfen lassen. Die Haut entfernen, Brust- und Keulenfleisch auslösen und in Scheiben schneiden. Entenfleisch mit dem Gemüse auf einer vorgewärmten Servierplatte anrichten.

Vielseitiges Kaninchen

Coniglio, Kaninchen, ist in der ländlichen Küche von ganz Italien beliebt. Sein weißes, mageres und zartes Fleisch eignet sich sowohl für einfache Gerichte wie für festliche Rezepte. Es wird hauptsächlich in der kalten Jahreszeit serviert.

Im Aostatal wird *coniglio* gern pikant zubereitet: Das Kaninchen wird in kleine Stücke zerlegt, mit Speck und Zwiebeln angebraten und mit Rosmarin, Knoblauch, Sardellenfilets und frischen Paprika in Fleischbrühe geschmort. In Ligurien schmort man die Kaninchenstücke *(coniglio in umido)* mit Tomaten, frischen Kräutern, Pinienkernen und Knoblauch in Weißwein. Ähnlich wird das *coniglio all'ischitana* auf Ischia zubereitet. Hier würzt man zusätzlich mit frischem Peperoncino.

Aus Sardinien kommt das Kaninchen mit Kartoffeln, *coniglio con patate*. Das ganze Kaninchen wird hier im Backofen mit frischen Wildkräutern, Knoblauch und Kartoffeln gebraten.

Eine sizilianische Spezialität ist das süßsaure Kaninchen, das zerteilt, kurz angebraten und anschließend in einer aromatischen Tomatensauce mit Oliven, Kapern, Mandeln, Zimt und Rotweinessig gekocht wird. Und in der umbrischen Küche schätzt man ein mit Fenchelwürfeln, Salami und Speck gefülltes Kaninchen, das behutsam in einem Fenchelsud geschmort wird.

Alle Zutaten für das gefüllte Kaninchen vorbereiten und griffbereit zurechtlegen.

Pancettawürfel in einer Pfanne auslassen, dann Zwiebel, Knoblauch und Innereien zufügen.

Das gefüllte Kaninchen mit Speckscheiben umwickeln und in einem Bräter garen.

Coniglio ripieno
Gefülltes Kaninchen

- *1 Kaninchen, küchenfertig, mit Herz und Leber*
- *Salz*
- *frisch gemahlener Pfeffer*
- *2 Brötchen vom Vortag*
- *100 g Pancetta, gewürfelt*
- *1 kleine Zwiebel, fein gehackt*
- *1 Knoblauchzehe, fein gehackt*
- *2 EL fein gehackte Petersilie*
- *2 Eier*
- *2 EL geriebener Parmesan*
- *6 Scheiben fetter Speck*
- *Öl zum Einfetten*
- *200 ml Geflügelbrühe*
- *Zucker zum Abschmecken*
- *1 TL gehackter Thymian*

Das Kaninchen waschen und mit Küchenpapier trocken tupfen. Innen und außen kräftig mit Salz und Pfeffer einreiben. Herz und Leber parieren und sehr fein hacken. Die Brötchen in heißem Wasser einweichen.

Den Backofen auf 200 °C vorheizen. Pancetta in einer Pfanne auslassen. Zwiebel, Knoblauch und Innereien zugeben und kurz anbraten. Vom Herd nehmen und die Petersilie untermischen. Abkühlen lassen. Speck-Zwiebel-Masse mit den ausgedrückten Brötchen, Eiern und Parmesan vermengen, mit Salz und Pfeffer abschmecken.

Die Masse in das Kaninchen füllen, die Öffnung mit Küchengarn zunähen. Das Kaninchen mit den Speckscheiben umwickeln, in einen gefetteten Bräter legen, abdecken und dann im Backofen 45 Minuten garen.

Den Deckel vom Bräter nehmen und das Kaninchen weitere 20–25 Minuten braten. Dann aus dem Bräter heben und tranchieren, dabei das Küchengarn entfernen. Den Bratenfond unter Rühren mit der Geflügelbrühe lösen und etwas einkochen lassen. Mit Salz, Zucker, Pfeffer und Thymian abschmecken und getrennt zum Fleisch reichen.

Coniglio al vino rosso
Gebeiztes Kaninchen

- *1 Kaninchen, küchenfertig*
- *1 Kaninchenleber*
- *4 Knoblauchzehen, grob gehackt*
- *5 Pfefferkörner*
- *grobes Salz*
- *1 Stück Zitronenschale*
- *5 EL Olivenöl*
- *250 ml Rotwein*
- *1 Zimtstange*
- *4 Gewürznelken*
- *2 Rosmarinzweige*
- *2 kleine Zwiebeln, fein gehackt*
- *100 g Speck, klein gewürfelt*
- *1 TL scharfes Paprikapulver*
- *2 Fleischtomaten, gehäutet, entkernt und geviertelt*
- *1 Msp. Kreuzkümmel*

Das Kaninchen in Stücke teilen, die Leber parieren, waschen, trocken tupfen und in eine Schüssel legen. Knoblauch, Pfefferkörner, Salz und Zitronenschale im Mörser zerstoßen, mit 3 EL Öl, Wein, Zimt und Gewürznelken zu einer Marinade verrühren. Die Rosmarinzweige hineinlegen. Die Kaninchenteile und -leber mit der Marinade bedecken und über Nacht in den Kühlschrank stellen.

Das Fleisch herausnehmen und die Marinade durch ein Sieb in eine Schüssel gießen. Die Leber hacken und beiseitestellen. Das restliche Öl in einem großen Topf erhitzen, Zwiebeln und Speck anbraten, die Kaninchenteile zugeben und goldbraun braten. Die Kaninchenleber zum Fleisch geben. Mit der Marinade ablöschen, Paprikapulver und Tomaten zufügen und das Gericht bei kleiner Hitze schmoren lassen. Mit Salz, Pfeffer und Kreuzkümmel abschmecken.

Coniglio con le olive
Kaninchen mit Oliven

- *1 kg Kaninchenteile*
- *Salz*
- *frisch gemahlener Pfeffer*
- *2 Karotten*
- *4 Tomaten*
- *1 Knoblauchzehe, fein gehackt*
- *3 EL Olivenöl*
- *40 ml Weinbrand*
- *100 g entsteinte Oliven*
- *1–2 EL Weißweinessig*

Die Kaninchenteile waschen, trocken tupfen und in portionsgerechte Stücke zerteilen. Kräftig mit Salz und Pfeffer einreiben und in eine kalte Pfanne legen.

Die Karotten in Scheiben schneiden. Die Tomaten häuten, vierteln, entkernen und in kleine Würfel schneiden. Karotten und Tomaten zum Kaninchen geben. Den Knoblauch zufügen. Dann alles mit dem Olivenöl beträufeln, auf den Herd stellen und erhitzen.

Fleisch und Gemüse wenden, den Weinbrand angießen und fast einkochen lassen. 125 ml warmes Wasser angießen, dann zugedeckt bei mittlerer Hitze etwa 40 Minuten garen.

Die Oliven grob hacken und unter das Kaninchen mischen. Noch 10–15 Minuten köcheln lassen, dann mit Essig, Salz und Pfeffer abschmecken.

Coniglio con patate
Kaninchen mit Kartoffeln

1 Kaninchen, ca. 1,2 kg, küchenfertig
6 EL Olivenöl
Salz
frisch gemahlener Pfeffer
4 Knoblauchzehen, fein gehackt
1 Rosmarinzweig
500 ml Weißwein
1 kg fest kochende Kartoffeln

Das Kaninchen waschen, trocken tupfen und in Stücke schneiden. Die Hälfte des Olivenöls in einem großen Schmortopf erhitzen und die Kaninchenstücke darin rundum anbraten. Salzen und pfeffern, Knoblauch und Rosmarin zufügen. Kurz andünsten und mit der Hälfte des Weins ablöschen.

Das Kaninchen mit leicht geöffnetem Deckel bei kleiner Hitze 40 Minuten schmoren lassen. Nach und nach den restlichen Wein zufügen. Inzwischen die Kartoffeln schälen und in große Würfel schneiden. Restliches Olivenöl in einer Pfanne erhitzen und die Kartoffelwürfel darin goldbraun anbraten. Kartoffeln zum Kaninchen geben und weitere 20 Minuten schmoren lassen, bei Bedarf noch etwas Wasser zufügen. Mit Salz und Pfeffer abschmecken und das Kaninchen mit Kartoffeln im Topf servieren.

Wildschwein

Im Oktober beginnt in der Toskana und im Latium die Wildschweinjagd. Drei Monate lang streifen Jäger aus ganz Italien mit ihren Hunden und ausländischen Jagdgästen durch die Wälder auf der Suche nach dem schmackhaften Bratenlieferanten. Und in vielen Orten finden turbulente Wildschweinfeste statt. Bereits in der Antike war die Wildschweinjagd beliebt, wie eine in Pompeji bei Ausgrabungen gefundene Jagdszenen-Skulptur zeigt.

Wildschweine, auch Schwarzwild genannt, sind große und schwere Tiere, die bevorzugt in feuchten, morastigen Wäldern leben. In den letzten Jahrhunderten hat sich ihr Bestand – vor allem durch die Ausbreitung landwirtschaftlicher Flächen – so weit dezimiert, dass in der Toskana um das Jahr 1900 fast kein Wildschwein mehr zu finden war. Inzwischen ist wieder Schwarzwild aus anderen Regionen in die toskanischen Wälder eingewandert. Doch der überwiegende Teil des im Handel angebotenen Wildschweinfleischs stammt von Tieren, die in großen Gehegen gezüchtet werden.

Wildschweine leben vor allem in den Wäldern der Toskana, im Latium, in Umbrien und den Marken.

Cinghiale agrodolce
Wildschweinragout süß-sauer

800 g Wildschweinfleisch aus der Keule
3 EL Olivenöl
Salz
frisch gemahlener Pfeffer
50 g Coppa, gewürfelt
1 weiße Zwiebel, fein gehackt
2 Karotten, in Scheiben geschnitten
2 Selleriestangen, gewürfelt
1 Petersilienwurzel, gewürfelt
1 EL Mehl
500 ml Wildfond
2 Lorbeerblätter
50 g Rosinen
100 ml Dessertwein
30 g geriebene Zartbitterschokolade
1 EL kandierte Früchte, fein gehackt
2 EL Zucker
2 EL Balsamico-Essig
2 EL Pinienkerne

Das Fleisch waschen, trocken tupfen und in mundgerechte Würfel schneiden. Das Öl in einem Schmortopf erhitzen und das Fleisch darin rundum anbraten. Mit Salz und Pfeffer würzen. Coppa, Zwiebel, Karotten, Sellerie und Petersilienwurzel zufügen und kurz anrösten. Mit dem Mehl bestäuben. Den Wildfond angießen und zum Kochen bringen. Dann die Lorbeerblätter zugeben. Zugedeckt bei kleiner Hitze ca. 2 Stunden garen, dabei gelegentlich umrühren.

Die Rosinen im Dessertwein 10 Minuten quellen lassen. Rosinen herausheben und mit Schokolade und kandierten Früchte unter das Fleisch heben. 10 Minuten köcheln lassen. Mit Zucker, Essig, Salz und Pfeffer abschmecken.

Die Pinienkerne in einer Pfanne ohne Fett goldbraun rösten und vor dem Servieren über das Wildschweinragout geben.

Eine ganz besondere toskanische Spezialität sind köstliche Wurstwaren aus Wildschwein, wie Salami und Schinken (rechts).

Cosciotto di cinghiale alla cacciatora
Wildschweinkeule nach Jägerart

1 kg Wildschweinkeule ohne Knochen
Salz
frisch gemahlener Pfeffer
4 EL Olivenöl
2 Zwiebeln, fein gehackt
100 g Pancetta, gewürfelt
1 EL Tomatenmark
250 ml Rotwein
2 vollreife Tomaten
25 g getrocknete Steinpilze

Das Fleisch waschen und mit Küchenpapier trocken tupfen. Mit Küchengarn in Form binden und mit Salz und Pfeffer kräftig einreiben. Den Backofen auf 175 °C vorheizen.

Das Olivenöl in einem Schmortopf erhitzen und das Fleisch darin von allen Seiten anbraten, dann herausnehmen. Zwiebeln und Pancetta im Bratenfett anrösten. Das Tomatenmark einrühren und ebenfalls etwas anrösten. Mit dem Rotwein ablöschen, den Bratensatz unter Rühren lösen und das Fleisch wieder hineingeben. Die Tomaten häuten, vierteln, entkernen und würfeln. Mit den Steinpilzen in die Sauce geben, 300 ml Wasser zugießen und alles zum Kochen bringen. Zugedeckt im Backofen knapp 2 Stunden schmoren lassen.

Dann das Fleisch aus der Sauce nehmen, Küchengarn entfernen. Den Braten 5 Minuten ruhen lassen, anschließend in dünne Scheiben schneiden. Die Sauce mit Salz und Pfeffer abschmecken und getrennt dazu reichen.

Beliebte Wildgerichte

Fagiano in carpione
Marinierter Fasan

- *2 Fasane, küchenfertig*
- *7 schwarze Pfefferkörner*
- *5 Wacholderbeeren*
- *1 Bund Suppengrün, gewürfelt*
- *2 Lorbeerblätter*
- *250 ml trockener Weißwein*
- *Salz*
- *frisch gemahlener Pfeffer*
- *5 EL Olivenöl*
- *1 EL Mehl*
- *Zucker*

Die Fasane jeweils in 4 Stücke zerteilen, waschen und trocken tupfen. Die Pfefferkörner mit den Wacholderbeeren in einem Mörser zerstoßen. Das Fleisch mit dem Suppengrün in eine Porzellanschüssel legen. Lorbeerblätter und die zerstoßenen Gewürze zufügen und alles mit dem Wein begießen. Mit Frischhaltefolie abdecken und 8 Stunden im Kühlschrank marinieren. In dieser Zeit das Fleisch mehrmals in der Marinade wenden.

Den Backofen auf 150 °C vorheizen. Die Fasanenteile aus der Marinade nehmen, abtropfen lassen, gut trocken tupfen und mit Salz und Pfeffer einreiben. Das Olivenöl in einem Bräter erhitzen, das Fleisch hineinlegen und von allen Seiten anbraten. Mit dem Mehl bestäuben, dann die Marinade mit dem Gemüse dazugeben und zum Kochen bringen. Zugedeckt im Backofen 2 Stunden schmoren lassen.

Fleisch und Lorbeerblätter aus dem Schmorfond nehmen. Die Sauce pürieren und mit Zucker, Salz und Pfeffer abschmecken. Fasanenstücke wieder hineingeben und in der Sauce nochmals erhitzen.

Quaglie al mandarino
Wachteln mit Mandarinen

- *4 Wachteln, küchenfertig*
- *Salz*
- *frisch gemahlener Pfeffer*
- *4 Scheiben Parmaschinken*
- *8 Lorbeerblätter*
- *2 EL Olivenöl*
- *200 ml Weißwein*
- *4 Mandarinen*
- *100 ml Marsala*

Die Wachteln waschen, trocken tupfen und mit Salz und Pfeffer würzen. Jede Wachtel mit 1 Scheibe Parmaschinken umwickeln, mit 2 Lorbeerblättern belegen und mit Küchengarn zusammenbinden.

Das Öl in einem Bräter erhitzen und die Wachteln unter häufigem Wenden anbraten. Mit dem Wein ablöschen und zugedeckt 10 Minuten bei kleiner Hitze schmoren.

Die Mandarinen mit Schale in Spalten schneiden und zu den Wachteln geben. Dann den Marsala zugießen und weitere 10 Minuten zugedeckt garen.

Pernici con lenticchie
Rebhuhn mit Linsen

- *4 Rebhühner, küchenfertig*
- *Salz*
- *frisch gemahlener Pfeffer*
- *75 g Pancetta*
- *2 Schalotten*
- *2 Selleriestangen*
- *1 EL Schmalz*
- *250 ml Geflügelbrühe*
- *200 g Castellucio-Linsen*
- *2 Knoblauchzehen, fein gehackt*
- *1 frische rote Chili*
- *100 g in Öl eingelegte getrocknete Tomaten*
- *3 EL Olivenöl*

Die Rebhühner innen und außen mit Salz und Pfeffer einreiben. Den Pancetta in Streifen schneiden. Schalotten und Sellerie würfeln, das Grün der Selleriestangen hacken und beiseitestellen.

Das Schmalz in einem Bräter erhitzen und die Rebhühner von allen Seiten darin anbraten. Speck, Schalotten und Selleriewürfel zugeben und anrösten. Die Geflügelbrühe angießen und einmal aufkochen. Zugedeckt bei kleiner Hitze ca. 40 Minuten schmoren.

Inzwischen die Linsen in einen Topf geben und so viel Wasser angießen, dass sie gut bedeckt sind. Zum Kochen bringen, Sellerieblätter und Knoblauch zufügen und 20 Minuten köcheln lassen. Dann abgießen und abtropfen lassen.

Die Chili längs halbieren, entkernen und fein hacken. Die Tomaten in schmale Streifen schneiden. Beides im heißen Olivenöl anbraten. Die Linsen zufügen und gut vermischen.

Die Rebhühner aus dem Bratenfond nehmen und halbieren. Auf 4 vorgewärmten Tellern mit dem Linsengemüse anrichten.

Quaglie con risotto
Wachteln mit Reis

4 Wachteln, küchenfertig
Salz
frisch gemahlener Pfeffer
1 kleiner Bund Thymian
100 g Butter
8 Scheiben fetter Speck
Öl zum Einfetten
1 weiße Zwiebel, fein gehackt
300 g Risotto-Reis
500 ml Hühnerbrühe
500 ml Milch
100 ml Weißwein
4 EL geriebener Parmesan

Den Backofen auf 220 °C vorheizen. Die Wachteln waschen und trocken tupfen. Innen und außen mit Salz und Pfeffer würzen und je 1 kleinen Thymianzweig und 1 Teelöffel Butter in die Wachtel legen. Jede Wachtel mit 2 Scheiben Speck umwickeln und mit Küchengarn zusammenbinden.

Die Wachteln in eine gefettete Auflaufform setzen und im Backofen 15 Minuten braten.

Die Hälfte der restlichen Butter in einem Topf zerlassen und die Zwiebel darin glasig dünsten. Den Reis zufügen und anrösten. Mit Brühe ablöschen und bei kleiner Hitze leicht quellen lassen. Die Milch erhitzen und portionsweise unter Rühren zum Risotto geben.

Die Wachteln mit dem Wein ablöschen, die Hitze auf 180 °C reduzieren und das Gericht weitere 10–15 Minuten braten. Sobald der Reis bissfest gegart ist, die restliche Butter und den Parmesan unterrühren. Den Risotto auf vorgewärmte Teller verteilen und die Wachteln darauf anrichten.

Capriolo in salmì
Rehpfeffer mit Schokolade

1 kg Rehkeule
2 Gewürznelken
1 Lorbeerblatt
4 Pimentkörner
1/2 TL schwarze Pfefferkörner
1 Bund Suppengrün, gewürfelt
750 ml Rotwein
125 ml Rotweinessig
2 EL Olivenöl
2 EL Butter
100 g Pancetta, gewürfelt
1 weiße Zwiebel, fein gehackt
Salz
frisch gemahlener Pfeffer
1 EL Mehl
50 g geriebene Zartbitterschokolade

Das Fleisch waschen, trocken tupfen und in mundgerechte Würfel schneiden. Gewürznelken, Lorbeerblatt, Piment- und Pfefferkörner in einem Mörser grob zerstoßen. Fleisch, Suppengrün und Gewürze in eine Porzellanschüssel geben und mit Rotwein und Essig begießen, bis das Fleisch ganz mit Flüssigkeit bedeckt ist. Die Schüssel mit Frischhaltefolie abdecken und das Fleisch über Nacht im Kühlschrank marinieren.
Am nächsten Tag das Fleisch aus der Marinade nehmen und trocken tupfen. Die Marinade durch ein feines Sieb in eine Schüssel gießen. Olivenöl und Butter in einem Schmortopf erhitzen und das Fleisch darin von allen Seiten anbraten. Pancetta und Zwiebel dazugeben und im Bratenfett anrösten. Mit Salz und Pfeffer würzen und mit Mehl bestäuben. Die Hälfte der Marinade angießen und die Schokolade einrühren. Das Gericht zugedeckt bei kleiner Hitze ca. 50 Minuten garen.

Capriolo alla griglia
Gegrillte Rehmedaillons

8 Rehmedaillons à 60 g
8 Scheiben magerer Speck ohne Schwarte
3 EL Olivenöl
2 Rosmarinzweige
400 g kleine gekochte Kartoffeln
Salz
frisch gemahlener Pfeffer

Jedes Rehmedaillon mit 1 Scheibe Speck umwickeln und mit kleinen Holzspießen feststecken.

Das Olivenöl in einer Grillpfanne erhitzen, die Rosmarinzweige hineinlegen und die Kartoffeln im Öl anbraten. Die Rehmedaillons zugeben, mit Salz und Pfeffer würzen. Das Fleisch auf jeder Seite 2–3 Minuten braten. Mit den Kartoffeln anrichten.

Sella di capriolo all'Amarone
Rehrücken in Amarone

1 Rehrücken, ca. 1,2 kg
4 EL Olivenöl
1 Zwiebel, fein gehackt
1 Karotte, gewürfelt
1 Selleriestange, gewürfelt
1 TL Mehl, plus etwas mehr zum Wenden
750 ml Amarone
Salz
frisch gemahlener Pfeffer

Den Rehrücken waschen und trocken tupfen. Das Fleisch auf beiden Seiten entlang der Wirbelsäule einschneiden und herauslösen. Häute und Sehnen entfernen, die Knochen klein hacken.

Die Hälfte des Öls in einem Schmortopf erhitzen, Knochen und Fleisch darin kräftig anbraten. Zwiebel, Karotte und Sellerie zufügen und anrösten. Mit dem Mehl bestäuben, kurz anrösten und mit der Hälfte des Weins ablöschen. 500 ml Wasser zugießen und bei kleiner Hitze 1 Stunde köcheln lassen, dabei gelegentlich umrühren.

Den Fond durch ein feines Sieb in eine Schüssel gießen. Den Backofen auf 160 °C vorheizen. Das Fleisch mit Salz und Pfeffer würzen und in Mehl wenden. Restliches Öl in einer Pfanne erhitzen und das Fleisch darin rundum anbraten. Mit der Hälfte des restlichen Weins ablöschen und 15 Minuten im Backofen nachgaren lassen.

Das Fleisch aus der Pfanne nehmen und warm stellen. Den restlichen Wein in die Pfanne gießen und den Bratensatz unter Rühren lösen. Den Fond angießen und etwas einkochen lassen. Die Sauce mit Salz und Pfeffer abschmecken. Das Fleisch schräg in Scheiben schneiden, auf Tellern anrichten und mit der Sauce übergießen.

Lepre con cantarelli
Hase mit Pfifferlingen

4 Hasenläufe
Salz
frisch gemahlener Pfeffer
Mehl zum Wenden
2 Zwiebeln, fein gehackt
250 ml Rotwein
250 ml Wildfond
300 g kleine Pfifferlinge
2 Schalotten, fein gewürfelt
1 EL Butter
1 EL fein gehackte Petersilie

Die Hasenläufe häuten und jeweils am Gelenk durchhacken. Das Fleisch mit Salz und Pfeffer würzen und in Mehl wenden.
Das Fleisch anbraten. Die Zwiebeln zufügen und andünsten. Mit Rotwein und Wildfond aufgießen und zugedeckt 50 Minuten köcheln lassen.
Die Pfifferlinge putzen und mit den Schalotten in der Butter so lange braten, bis die Flüssigkeit eingekocht ist. Mit Salz und Pfeffer würzen.
Das Fleisch aus dem Bratenfond nehmen und den Fond durch ein Sieb in eine Schüssel passieren. Die Hasenläufe mit den Pfifferlingen portionsweise anrichten, mit dem Fond übergießen und mit Petersilie bestreuen.

Hasenjagd

Bei der Hasenjagd ist es die Aufgabe der Hunde, die Beute aufzuspüren.

Die Feldhasen verbergen sich gern im Gebüsch oder im Unterholz.

Ist die Beute aufgeschreckt und will flüchten, wird sie durch einen Schuß mit der Schrotflinte erlegt.

Den Rehrücken parieren: Fett, Haut und Sehnen mit einem scharfen Messer abschneiden.

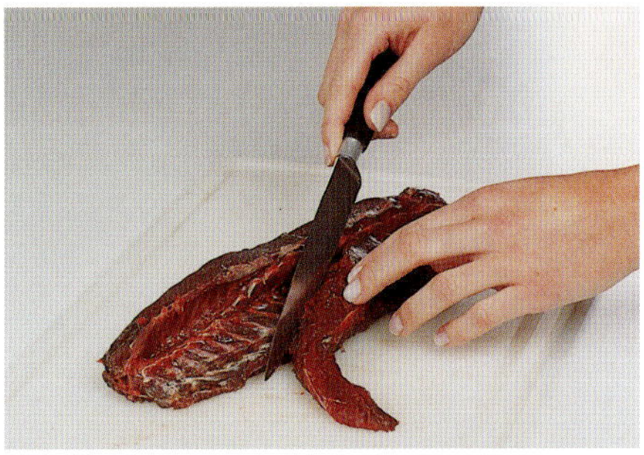

Das Fleisch entlang dem Rückgrat bis auf die Knochen einschneiden, dann von ihnen lösen.

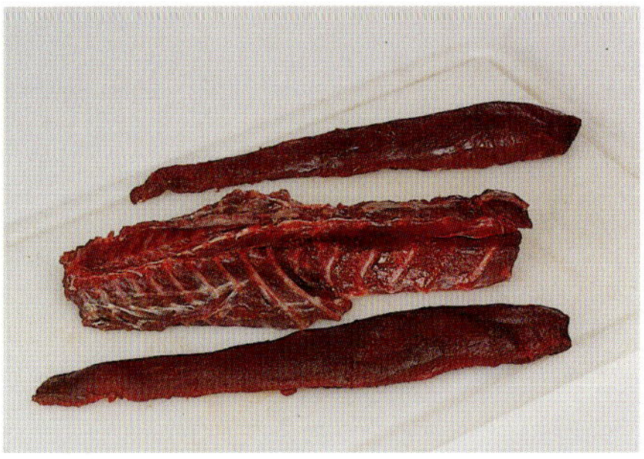

Das zweite Filetstück auf die gleiche Weise ablösen. Die Knochen für die Sauce verwenden.

Verdure e Contorni

Gemüse und Beilagen

GEMÜSE

Die italienische Küche ist ohne Gemüse undenkbar. Viele heute noch bekannte Gerichte, beispielsweise mit Spargel, haben ihre Wurzeln in der Antike oder lassen sich zumindest, wie die „Artischocken auf jüdische Art", bis ins Mittelalter zurückverfolgen. Gemüse wird in Italien roh als Salat genossen, zu deftigen Suppen und Saucen gekocht oder grob zerkleinert in etwas Olivenöl mit wenig Wasser oder Weißwein schonend so gegart, dass es noch Biss hat. Gewürzt wird ganz schlicht mit Meersalz und frisch gemahlenem Pfeffer, verfeinert durch die typischen Mittelmeerkräuter Basilikum, Salbei, Thymian und Rosmarin.

Als Antipasti hat knapp gegartes und lauwarmes oder kaltes mariniertes Gemüse seinen festen Platz in der italienischen Speisenfolge. Die *minestrone* als wohl bekannteste Suppe der Halbinsel wird je nach Jahreszeit mit den unterschiedlichsten Gemüsesorten zubereitet. Als *contorni* (Beilagen) tauchen viele Gemüsesorten spätestens bei den Secondi Piatti wieder auf – und natürlich darf auch nicht vergessen werden, dass zahlreiche Pastagerichte auf der Kombination mit Gemüse beruhen. Selbst zum Käse wird in Italien gern rohes Gemüse genossen.

Im Durchschnitt essen Italiener fast viermal so viel Gemüse wie Nordeuropäer. Vor allem im Süden des Landes haben vegetarische Gerichte eine lange Tradition. Beliebte pflanzliche Produkte sind Artischocken, Auberginen, Zucchini, Erbsen und dicke Bohnen, Fenchel, Kürbis, Mangold, Spargel, Stangensellerie und natürlich Tomaten in allen Variationen. Hinzu kommen je nach Region Pilze, Wildkräuter und *maroni* (Esskastanien). Schon Johann Wolfgang von Goethe zeigte sich im 18. Jahrhundert auf seiner Italienreise verwundert über die „unglaubliche Konsumption von Gemüse". Und um diese Zeit tauchten auch die ersten Rezepte mit Tomaten in neapolitanischen Kochbüchern auf – allerdings noch nicht in Verbindung mit Pizza oder Pasta. Diese Liaison, die sinnbildlich für die gesamte italienische Küche im Ausland werden sollte, kam dann erst im 19. Jahrhundert zustande.

Das große C

Bis heute werden in Italien nicht nur Salate und Rohkost, sondern auch gedünstetes oder gegrilltes Gemüse mit ein wenig Olivenöl aromatisiert. Dabei kommt es auf die richtige Dosierung an – nicht zu viel, aber auch nicht zu wenig sollte es sein. *Fare una C* (ein C schreiben), so beschreibt man in der Toskana die richtige Ölmenge. Eine Olivenölspur, in Form eines großen C über schlichtes Gemüse gezogen, genügt schon, um daraus eine echte Delikatesse zu zaubern.

Gemüseanbau

Gemüse, Obst und Südfrüchte werden in Italien zu jeder Jahreszeit in großer Vielfalt angeboten. Überall, ob privat im Garten oder in der professionellen Landwirtschaft, wird Gemüse angebaut und in den Küchen frisch zu wahren Hochgenüssen verarbeitet. Der Obst- und Gemüseanbau erstreckt sich über die ganze Halbinsel, wobei ein großer Teil der Produkte exportiert wird.

Jede Gemüse- (und auch Obst)sorte hat das für sie klimatisch ideale Anbaugebiet gefunden – von den Südtiroler Äpfeln bis hin zu den sizilianischen Zitrusfrüchten. Aus Venetien kommen Radicchio und Spargel. Berühmt sind die zarten Erbsen aus Lumignano, die dicken Bohnen aus Lamon und die Kürbisse aus Chioggia. Das Latium bietet eine Vielzahl an Gemüsesorten, von Artischocken bis Zwiebeln, die Abruzzen den roten Knoblauch. In Kampanien und der Basilikata wird eine Fülle der unterschiedlichsten Tomatensorten angebaut, in Kalabrien sind es Auberginen und Paprika, in Apulien Frühkartoffeln und Fenchel.

Italiener mögen kein Treibhausgemüse und keine Konserven – einzige Ausnahme ist hier die Tomate – und schätzen frische, aromatische Ware in bester Qualität. Seit jeher sind sie deshalb auch begeisterte Gemüsegärtner. Sei der Garten auch noch so klein, er hat auf jeden Fall eine Ecke, in der Gemüse angebaut wird. Auch das Einkochen von Tomaten und das Einlegen von Gemüse als aromatischen Vorrat für die kalte Jahreszeit sind immer noch weit verbreitet.

Frisches saisonales Gemüse und Obst aus der Region prägt das Straßenbild vieler italienischer Städte.

1000
AZ. AGR.
VENTURA PAOLO
Prodotti di Sicilia

Beliebte Dips zu Gemüse

Bagnetto verde
Pikante grüne Sauce

2 EL Semmelbrösel
2 EL Weißweinessig
1 kleine weiße Zwiebel
1 Knoblauchzehe
Salz
2 Eier, hart gekocht
1–2 Bund glatte Petersilie
175 ml Olivenöl
frisch gemahlener Pfeffer

Die Semmelbrösel mit dem Essig beträufeln und etwas ziehen lassen. Zwiebel und Knoblauch schälen, die Zwiebel fein hacken. Den Knoblauch mit 1/2 Teelöffel Salz mit dem Messerrücken zerdrücken, dann mit der Zwiebel unter die Semmelbrösel mischen.
Das Eigelb aus den harten Eiern herauslösen, das Eiweiß wegwerfen. Die Petersilie abspülen, gut trocken tupfen und die Blätter fein hacken. Das Eigelb zerdrücken und mit der Petersilie unter die Semmelbröselmasse mischen. Nach und nach das Öl einrühren, bis eine dickflüssige Sauce entstanden ist. Die Sauce mit Salz und Pfeffer abschmecken.

Salsa al cren
Bozener Sauce mit Meerrettich

1 Scheibe Weißbrot vom Vortag
2 EL Milch
150 g frischer Meerrettich
100 g süße Sahne
Salz
Zucker zum Abschmecken
1–2 TL Zitronensaft

Das Weißbrot entrinden und in der Milch einweichen. Den Meerrettich schälen und fein reiben. Das Brot gut ausdrücken und mit dem Meerrettich vermischen. Die Sahne steif schlagen und unter den Meerrettich ziehen. Mit Salz, Zucker und Zitronensaft abschmecken.

Salsa alla tartara
Tartarensauce

1 Ei, hart gekocht
1 EL in Salz eingelegte Kapern
1/4 rote Paprika
200 g selbst gemachte Mayonnaise
1 EL fein gehackte Petersilie
Salz
frisch gemahlener Pfeffer

Das Ei schälen, halbieren und Eigelb auslösen. Eiweiß und Kapern fein hacken. Die Paprika ebenfalls fein hacken. Das Eigelb mit einer Gabel zerdrücken und unter die Mayonnaise rühren. Eiweiß, Kapern, Paprika und Petersilie unterziehen, mit Salz und Pfeffer abschmecken.

Salsa alle olive
Olivensauce

200 g schwarze Oliven
1 Schalotte
150 ml Olivenöl
3 EL passierte Tomaten
1 Tl fein gehackter Rosmarin
Salz
frisch gemahlener Pfeffer

Die Oliven entsteinen und klein hacken. Die Schalotte in feine Würfel schneiden. Das Olivenöl erhitzen und die Schalotte darin andünsten. Oliven, passierte Tomaten und Rosmarin zufügen. 10 Minuten bei kleiner Hitze köcheln lassen. Mit Salz und Pfeffer abschmecken.

Salsa di pomodoro
Rohe Tomatensauce

4 Tomaten
2 Schalotten
2 Knoblauchzehen
75 ml Olivenöl
Salz
frisch gemahlener Pfeffer
1 Bund Basilikum

Die Tomaten häuten, vierteln, entkernen und in kleine Würfel schneiden. Schalotten und Knoblauch ebenfalls fein würfeln. Mit dem Öl vermischen, salzen und pfeffern. Das Basilikum waschen, trocken tupfen und die Blätter abzupfen. Die Blätter in sehr feine Streifen schneiden und unter die Tomatensauce geben. Im Kühlschrank 1–2 Stunden ziehen lassen.

Tomate

Wohl kaum ein anderes Gemüse ist im Bewusstsein der Genießer so sehr mit der italienischen Küche verbunden wie die Tomate. Und doch sind die Früchte dieses Nachtschattengewächses erst Mitte des 18. Jahrhunderts überhaupt in der Küche in Erscheinung getreten. Von den Spaniern Anfang des 16. Jahrhunderts in Süditalien eingeführt (das damals unter spanischer Herrschaft stand), wurde die Tomate zuerst lediglich der leuchtenden Farbe ihrer Früchte wegen als Zierpflanze in den Gärten des Adels kultiviert. Da ihre Blätter giftige Stoffe enthielten, die Magenschmerzen hervorriefen, hielt man auch die Früchte für giftig.

Ihrem verführerischen Aussehen, dem man offenbar widerstehen sollte, verdankt die Tomate die Namen Evas Apfel, Liebesapfel oder Paradiesapfel. Die ursprünglich gelbe Farbe der Frucht, die Anlass für die Bezeichnung *pomo d'oro* (Goldapfel) war, verwandelte sich im Laufe der Züchtungen in ein herrliches Rot, das farblich aufs Beste mit der hellgelben Pasta harmonierte. Inzwischen werden auch wieder alte, sehr aromatische und robuste Tomatensorten angebaut, deren Farben von einem leuchtenden Gelb bis zu fast Schwarz reichen.

Tiella di pomodori e patate
Überbackener Tomaten-Kartoffel-Auflauf

1 kg Tomaten
750 g fest kochende Kartoffeln
1 Bund Frühlingszwiebeln
125 ml Olivenöl, plus etwas mehr zum Einfetten
2 Knoblauchzehen, fein gehackt
1 TL getrockneter Oregano
Salz
frisch gemahlener Pfeffer
50 g Semmelbrösel
75 g geriebener Parmesan

Tomaten und Kartoffeln in Scheiben schneiden. Frühlingszwiebeln mit einem Teil des Grüns in dünne Röllchen schneiden. Den Backofen auf 175 °C vorheizen.

Eine Auflaufform mit Olivenöl einfetten. 1 Lage Tomatenscheiben hineinlegen, mit 1 Lage Kartoffeln und Frühlingszwiebeln bedecken und mit Knoblauch, Oregano, Salz und Pfeffer würzen. Diesen Vorgang wiederholen, bis das Gemüse aufgebraucht ist. Die letzte Lage sollte aus Kartoffeln bestehen.

Semmelbrösel und Parmesan vermischen und über den Auflauf streuen. Mit dem Olivenöl beträufeln und im Backofen ca. 1 Stunde goldbraun überbacken. Heiß oder lauwarm in der Form servieren.

Tomatenkonserven

Tomaten sind das einzige Gemüse, das in italienischen Küchen auch als Konserve akzeptiert wird. Die Saison für das beliebte Fruchtgemüse ist kurz, dennoch ist die Tomate das ganze Jahr über eine unverzichtbare Zutat in der italienischen Küche. Bevor man unreife Tomaten oder Gewächshausware ohne Aroma verwendet, greift man lieber zu Fertigprodukten aus reif geernteten Früchten, wie geschälten, gewürfelten oder passierten Tomaten. In Kampanien und Apulien, dem Hauptanbaugebiet und Zentrum der industriellen Verarbeitung von Tomaten, werden vor allem Eiertomaten angebaut, die fleischig, dickhäutig und aromatisch sind und sich besonders gut für die Weiterverarbeitung eignen. Die besten Dosentomaten sind die San-Marzano-Tomaten. Sie werden geschält als ganze Frucht oder gewürfelt als Tomatenfruchtfleisch oder Pizza-Tomaten angeboten.

Tomatenmark wird vor allem zum Nachwürzen von Saucen verwendet oder um Gerichten eine intensivere Farbe zu geben. Reife Früchte werden dazu zerkleinert, passiert, entsaftet und durch Erhitzen und Vakuumtrocknung konzentriert. In Italien gibt es Tomatenmark in fünf verschiedenen Konzentrationen. Am häufigsten wird in der Küche das doppelt konzentrierte Mark verwendet, das mindestens 28 Prozent Trockensubstanz enthält.

Auch in Italien besinnt man sich wieder auf den Anbau alter Tomatensorten, wie der sizilianischen Fleischtomaten.

Die kleinen, aromatisch süßen Kirschtomaten sind nicht nur im Inland beliebt, sondern auch ein Exportschlager.

Getrocknete Tomaten wurden halbiert in der Sonne getrocknet. Zusätzliches Salzen beschleunigt den Trocknungsvorgang.

Das Trocknen ist das älteste Konservierungsverfahren für Tomaten. Ihr Aroma intensiviert sich dabei enorm.

Die ersten Tomaten, die aus Südamerika nach Italien kamen, waren gelb und rund. Deshalb nannten die Italiener sie pomodoro, goldener Apfel.

Kennern gilt sie als die Tomate schlechthin: die San-Marzano-Tomate vom Fuß des Vesuvs, eine alte Sorte mit geschützter Herkunftsbezeichnung.

Die eiförmge Roma-Tomate wird wegen ihres knusprig-süßen Geschmacks auch die Praline unter den Tomaten genannt.

Die gerippten grün-roten Costoluto-Tomaten aus Sardinien haben ein festes Fleisch und einen intensiv-aromatischen Geschmack.

Die kleinen süßlichen Strauchfrüchte kommen als Kirsch- oder Cherrytomaten in den Handel.

Die großen gerippten Fleischtomaten haben einen geringeren Fruchtsäureanteil als runde Tomaten.

Pinienkerne

Pinienkerne, die Samenkörner der großen Pinienzapfen, sind eine beliebte Zutat in Salaten, Nudel- und Fleischgerichten. Sie haben ein süßlich nussiges Aroma, das ein wenig an Mandeln erinnert, und einen zarten Biss. Beim Rösten intensiviert sich ihr Geschmack. Durch ihren hohen Fettgehalt, der über 50 Prozent liegt, werden die Kerne aber schnell ranzig. Wegen der geringen Erträge und der aufwendigen Ernte und Verarbeitung – die Samenkörner müssen aus harten schwarzen Kapseln herausgelöst werden – sind Pinienkerne relativ teuer.

Strauch- oder Rispentomaten haben einen mildsüßen Geschmack. Sie werden mit Kelchen und Stielen geerntet.

Pomodori ai pinoli
Tomatengemüse mit Pinienkernen

750 g vollreife Tomaten
Salz
30 g Pinienkerne
1 weiße Zwiebel
1 Knoblauchzehe
2–3 Wirsingblätter
3 EL Olivenöl
frisch gemahlener Pfeffer

Die Tomaten häuten, vierteln, entkernen und in kleine Würfel schneiden. Tomatenwürfel salzen und in einem Sieb 30 Minuten abtropfen lassen.

Die Pinienkerne in einer Pfanne ohne Fett goldbraun rösten. Die Zwiebel vierteln und in dünne Streifen schneiden. Den Knoblauch fein hacken.

Die Wirsingblätter in kochendem Salzwasser kurz blanchieren, in Eiswasser abschrecken und gut abtropfen lassen.

2 Esslöffel Olivenöl in einer Pfanne erhitzen, Zwiebel und Knoblauch darin glasig dünsten. Die Tomatenwürfel zufügen und kurz darin erwärmen. Vom Herd nehmen, restliches Olivenöl untermischen, mit Pfeffer würzen und auf den Wirsingblättern anrichten.

In Kampanien serviert man dieses aromatische Sommergemüse gern zu Fleischgerichten, beispielsweise einem Rindergulasch.

Auberginen

Mitte des 13. Jahrhunderts wurden die ersten Auberginen von Arabern in Süditalien und auf Sizilien angebaut, doch erst einige Jahrhunderte später hatte sich die Frucht in ganz Italien durchgesetzt. Lange Zeit sagte man dem Nachtschattengewächs nach, es würde Liebestollheit und Wahnsinn hervorrufen.

Auberginen gibt es in vielen Formen und Farben, von kleinen eiförmigen weißen Früchten über runde gelbe bis hin zu großen leicht gekrümmten dunkelvioletten Sorten, die am häufigsten angebaut werden. „Eine Aubergine ohne Knoblauch ist eine Aubergine ohne Seele", sagt ein Sprichwort. Da die Aubergine, *melanzane*, relativ wenig Eigengeschmack hat, braucht sie aromatische Kräuter und Gewürze, um sich zu entfalten – und sehr viel Olivenöl.

Wegen des giftigen Solanins kann sie nicht roh verzehrt werden, sondern ist nur gekocht, gebraten oder gegrillt genießbar. Auberginen können Bitterstoffe enthalten, deshalb werden sie vor der Zubereitung oft in Scheiben geschnitten und gesalzen. Mit der dadurch austretenden Flüssigkeit verschwindet auch ein Großteil der bitteren Ingredienzen.

Die Auberginen der Länge nach in gleichmäßige Scheiben schneiden.

Melanzane alla parmigiana
Auberginenauflauf

4 Auberginen
Salz
1 große Zwiebel
125 ml Olivenöl, plus etwas mehr zum Einfetten
800 g geschälte Tomaten aus der Dose
Salz
frisch gemahlener Pfeffer
2 Mozzarella à 150 g
1 Bund Basilikum
Mehl zum Wenden
50 g geriebener Parmesan

Die Auberginen der Länge nach in dünne Scheiben schneiden, salzen und 30 Minuten in einem Sieb Wasser ziehen lassen. Inzwischen die Zwiebel fein hacken und in 2 Esslöffel Olivenöl glasig dünsten. Die Tomaten samt Saft dazugeben, mit Salz und Pfeffer würzen und einkochen lassen.
Den Mozzarella in Scheiben schneiden. Basilikumblätter in feine Streifen schneiden. Die Auberginen abspülen, mit Küchenpapier gut trocken tupfen, in Mehl wenden und portionsweise im restlichen Olivenöl auf beiden Seiten goldbraun backen. Dann auf Küchenpapier abtropfen lassen. Den Backofen auf 200 °C vorheizen.
Eine gefettete Auflaufform schichtweise mit Auberginen, Tomatensauce, Basilikum und Mozzarella füllen, als Letztes Tomatensauce darübergeben. Mit dem Parmesan bestreuen und im Backofen 30–40 Minuten überbacken. Heiß oder kalt servieren.

Melanzane ripiene
Gefüllte Auberginen

4 Auberginen
1 Zwiebel, fein gehackt
3 Knoblauchzehen, fein gehackt
2 EL fein gehackte Petersilie
75 g entsteinte schwarze Oliven, fein gehackt
250 g Rinderhackfleisch
1 Ei
Salz
frisch gemahlener Pfeffer
2 vollreife Fleischtomaten
125 ml Olivenöl

Die Auberginen waschen und der Länge nach halbieren. Mit einem Löffel das Fruchtfleisch bis auf einen 1 cm breiten Rand herauslösen. Den Backofen auf 175 °C vorheizen.
Auberginenfleisch, Zwiebel, Knoblauch, Petersilie und Oliven zum Hackfleisch geben. Mit Ei, Salz und Pfeffer gut verkneten und die Auberginen damit füllen. Die Auberginen nebeneinander in eine Auflaufform setzen.
Die Tomaten häuten, halbieren und in Streifen schneiden. Über die Auberginen verteilen und das Olivenöl langsam darübergießen, damit es von den Zutaten sofort aufgenommen wird. Die gefüllten Auberginen im Backofen etwa 50 Minuten backen.

Die Auberginen in genügend Olivenöl auf beiden Seiten goldbraun braten.

Dann die gebratenen Auberginen auf Küchenpapier abtropfen lassen.

Alle Zutaten für die Auberginenröllchen griffbereit auf die Arbeitsfläche legen.

Involtini di melanzane
Auberginenröllchen

- *2 große Auberginen*
- *Salz*
- *125 ml Olivenöl*
- *2 Knoblauchzehen, fein gehackt*
- *400 g passierte Tomaten aus der Dose*
- *1/2 Bund Basilikum, in feine Streifen geschnitten*
- *frisch gemahlener Pfeffer*
- *1 Büffelmilch-Mozzarella, ca. 300 g, in Scheiben geschnitten*
- *1 EL Oreganoblätter*
- *1–2 EL Rotweinessig*

Die Auberginen der Länge nach in 1 cm dicke Scheiben schneiden, salzen und 30 Minuten in einem Sieb ziehen lassen.
3 Esslöffel Olivenöl erhitzen, den Knoblauch darin glasig dünsten. Die Tomaten zufügen, mit Basilikum, Salz und Pfeffer würzen und die Sauce bei schwacher Hitze 15 Minuten köcheln lassen.
Die Auberginenscheiben abspülen, trocken tupfen und portionsweise im restlichen Olivenöl auf beiden Seiten goldbraun braten. Dann herausnehmen und auf Küchenpapier abtropfen lassen. Die Auberginenscheiben auf der Arbeitsfläche ausbreiten, mit dem Mozzarella belegen und mit Oregano bestreuen. Die Auberginenscheiben zu Rouladen aufrollen, mit kleinen Holzspießen feststecken, nebeneinander in eine flache Form setzen und mit dem Essig beträufeln. Die Tomatensauce darüber verteilen. Einige Stunden durchziehen lassen.
Dieses Gericht wird häufig auch heiß serviert. Dann die Auberginenröllchen in der Tomatensauce im 175 °C heißen Backofen 20–25 Minuten garen.

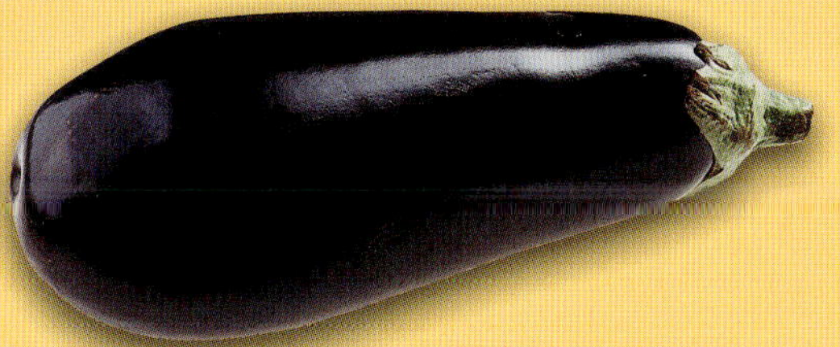

Auberginen gibt es in vielen Formen und Farben. Am häufigsten ist die längliche violette Sorte.

Aufgeschnitten verfärbt sich das weiße Auberginenfleisch schnell braun. Um das zu verhindern, die Scheiben mit Zitronensaft beträufeln.

Die Haut der runden, kleinen weißen Auberginen enthält keine Farbpigmente, deshalb schimmert das weiße Fruchtfleisch durch.

Kleine, violette, schlanke Auberginen sind aromatischer als die dickeren Früchte, weil sie weniger Wasser enthalten.

Im Süden Italiens bevorzugt man die länglichen schlanken Auberginen, die ein festes Fleisch haben.

Violett-weiß gestreift sind die großen würzigen Früchte der reich tragenden italienischen Auberginensorte Listada de Gandia.

Latium

Latium

Die Traditionen der bodenständigen und ehrlichen Küche Latiums mit der Hauptstadt Rom reichen bis in die Antike zurück. Bis heute sind die Speisen hier meist deftig und gut gewürzt. Auch der Grundsatz, so viel wie möglich von jedem Produkt zu verwenden, hat sich bis in die Neuzeit gehalten. Gemüse und Fleisch werden nach einfachen Rezepten zubereitet. Hühnerklein, Ochsenschwanzragout, Rinderkutteln und Schweinebacken sind typische Spezialitäten der Volksküche. Fast schon legendär ist die Vorliebe nicht nur der Römer für kräftige Nudelgerichte wie *bucatini all'amatriciana* oder *spaghetti alla carbonara*.

Das Angebot an Feldfrüchten ist groß, und Gemüse hat in der Küche einen Ehrenplatz. Ein kurzer Bummel über den römischen Markt Campo dei fiori zeigt die bunte Vielfalt von Gemüse aus der Region: Fast alle Kohlsorten, Tomaten, dicke Bohnen, Zwiebeln und Knoblauch werden hier in großem Stil angebaut. Nicht zu vergessen die beliebte Artischocke, *carciofo romanesco*, die einzige innerhalb der EU geschützte italienische Artischockensorte, sowie die Chicoréesorte *puntarelle*, die nur im Latium kultiviert wird. Wie in keiner anderen italienischen Region ist vor allem in Rom noch heute der Einfluss der traditionellen jüdischen Küche lebendig, wie zahlreiche Gemüsegerichte *alla giudia*, auf jüdische Art, zeigen.

Carciofi alla giudia
Artischocken auf jüdische Art

8 junge violette Artischocken
Öl zum Fritieren
2 Zitronen

Die äußeren harten Blätter von den Artischocken entfernen. Die obere Hälfte der zarten Innenblätter so abschneiden, dass sie spitz zulaufen. Die Artischocken sollten etwa die Form einer Zitrone bekommen. Den Stiel auf 2 cm kürzen und den Stielansatz schälen.
Das Öl auf 175 °C erhitzen und die Artischocken darin 8–10 Minuten frittieren. Aus dem Öl nehmen und auf Küchenpapier abtropfen lassen. Die Zitronen achteln und mit den Artischocken anrichten.

Eingebettet in eine herrliche Landschaft findet man im Latium eine Vielzahl typischer Landvillen und liebenswerter Städtchen.

Zwiebeln

Seit vier Jahrtausenden ist die Zwiebel ein beliebtes Würz- und Heilmittel. Die aus Vorderasien stammende, 60–120 cm hohe robuste Pflanze wurde in Europa zuerst in Italien angebaut. Obwohl sie schon in der Antike wegen ihrer Heilwirkungen gepriesen wurde, gelang ihr erst im Mittelalter der kulinarische Durchbruch. Inzwischen findet man das würzige Gemüse mit den sieben Häuten in fast allen Küchen der Welt, ob roh, gedünstet oder gebraten.

Am bekanntesten ist die kleine braunschalige Haushalts- oder Speisezwiebel, die eine angenehme Schärfe hat. Ihre größeren Verwandten, die Gemüsezwiebeln, können bis zu 500 Gramm wiegen und sind ideal zum Füllen. Perl- oder Silberzwiebeln sind kleine weiße Zwiebeln, die meist süß-sauer eingelegt werden, sich aber auch gut zum Schmoren eignen. Die länglichen Schalotten sind die feinste und mildeste Zwiebelart. Feinwürzige Frühlings- oder Lauchzwiebeln werden meist bundweise angeboten und mit einem Teil ihrer grünen Laubblätter hauptsächlich für Salate und leichte Gemüsegerichte verwendet.

Die berühmteste italienische Zwiebel ist die rote Zwiebel aus Tropea, die entlang dem kalabrischen Küstenstreifen zwischen Capo Vaticano und Vibo Valentina angebaut wird. Das Herstellungsgebiet umfasst insgesamt 21 Gemeinden. Die geschützte geografische Angabe (g.g.A.) Cipolla Rossa di Tropea Calabria gilt für drei Formen der milden Zwiebel:

- *Tonda piatta*, die große süße, zarte und weiße Frühzwiebel.
- *Mezza campana*, die später geerntete, ebenso zarte und süße rot-violette Zwiebel.
- *Allungata*, die milde, bissfeste Spätzwiebel, die lagerfähig ist und auch in Zöpfen verkauft wird.

Artischocken

Artischocken in den unterschiedlichsten Farben und Formen sind rund um das Mittelmeer seit der Antike ein fester Bestandteil des Speisezettels. Im alten Rom waren sie eine begehrte und auch teure Spezialität und zählten neben dem Spargel zu den edelsten Gemüsesorten. Die Etrusker sollen als Erste das gesunde Gemüse in größerem Stil angebaut haben, wie Wandmalereien in etruskischen Gräbern belegen. Nach dem Zusammenbruch des römischen Imperiums geriet das distelartige Gemüse mit seinen delikaten, essbaren Blüten ein wenig in Vergessenheit. In der Renaissance wiederentdeckt, trat es dann von Italien aus seinen Siegeszug nach Frankreich an.

Doch nicht nur wegen ihres zartbitteren, feinherben Geschmacks, der leicht an Sellerie mit Haselnüssen erinnert, sind Artischocken gern gesehene Gäste in der Küche. Ihre Blätter enthalten den Wirkstoff Cynarin, der sowohl Leber wie Galle anregt und schützt. „Wer das Bett wegen schlechten Essens hütet, kuriert sich mit der Artischocke", berichtete ein Reisender im 16. Jahrhundert nach einem Besuch Neapels – lange bevor auch wissenschaftlich die Heilkraft der Artischocke erwiesen war.

Die Verwandtschaft der Artischocken mit den Disteln erkennt man an den harten Blattspitzen und dem „Heu" in der Mitte der Blüten.

Carciofi in fricassea
Artischockenfrikassee

8 junge violette Artischocken
Saft von 1 Zitrone
1 Knoblauchzehe
75 ml Olivenöl
1 EL fein gehackte Petersilie
Salz
frisch gemahlener Pfeffer
125 ml Weißwein
2 Eigelb
60 g geriebener Parmesan

Die Artischocken putzen. Die äußeren holzigen Blätter und die harten Spitzen der übrigen Blätter entfernen, den Stiel bis auf etwa 6 cm kürzen und schälen. Die Artischocken der Länge nach in dünne Scheiben schneiden und sofort in eine Schüssel mit Zitronenwasser legen.
Den Knoblauch schälen und in dünne Scheiben schneiden. Die Artischocken abtropfen lassen und trocken tupfen.
Das Olivenöl erhitzen und die Artischocken darin kurz anbraten. Knoblauch und Petersilie untermischen und andünsten. Mit Salz und Pfeffer würzen und den Weißwein angießen. Zugedeckt bei kleiner Hitze 15–20 Minuten dünsten.
Das Eigelb mit 1 Esslöffel Wasser und dem Parmesan verquirlen. Artischockengemüse vom Herd nehmen, die Ei-Käse-Mischung unterrühren und sofort servieren.

Carciofi ripieni
Gefüllte Artischocken

4 Artischocken
Saft von 1 Zitrone
Salz

Füllung:
2 Avocados
100 g süße Sahne
50 g Mascarpone
150 g Mailänder Salami, gewürfelt
Salz und Pfeffer
1 EL Zitronensaft
2 EL geriebener Parmesan
1 TL grüner Pfeffer

Die Spitzen der Artischocken etwa 1,5 cm abschneiden, den Stiel vorsichtig herausbrechen und die Schnittflächen mit Zitronensaft benetzen, damit sie sich nicht zu schnell braun verfärben. Mit einer Schere die übrigen Blattspitzen abschneiden. Die Artischocken in einen Topf mit kochendem Salzwasser und dem restlichen Zitronensaft geben und 20 Minuten kochen lassen, in ein Sieb geben und abtropfen lassen. Wenn sie abgekühlt sind, zupft man die inneren, hellen Blätter heraus und kratzt am Ende auch das so genannte Heu mit einem Löffel vom Artischockenboden ab.

Für die Füllung die Avocados halbieren, den Kern entnehmen und das Fruchtfleisch in eine Schale geben.

Das Avocadofleisch mit Sahne und Mascarpone zerdrücken, dann die restlichen Zutaten, bis auf den grünen Pfeffer, darunterrühren.

Die Füllung in die ausgehöhlten Artischockenhälften geben und mit grünem Pfeffer bestreuen.

Insalata di carciofi
Artischockensalat

8 kleine junge Artischocken
6 EL Olivenöl
1 Knoblauchzehe
2 EL Weißweinessig
Salz
Saft von 1 Zitrone
grob gemahlener Pfeffer

Die äußeren harten Artischockenblätter bis auf das Herz entfernen. Den Stiel kürzen und schälen, die Herzen der Länge nach vierteln. Die Hälfte des Olivenöls mit dem Knoblauch in einer Pfanne erhitzen. Die Artischocken darin bei mittlerer Hitze langsam von allen Seiten braten. Das Bratenöl abgießen, Knoblauch entfernen und die Artischocken mit dem Essig ablöschen. In eine Schüssel geben und mit Salz, Zitronensaft und restlichem Olivenöl mischen. Mit Pfeffer bestreut servieren.

Karden

Karden ähneln äußerlich dem Stangensellerie, ihre stacheligen Blütenstängel erinnern an Disteln. Doch geschmacklich ist die Gemüsepflanze eine Mischung aus Artischocke und Spargel. Gegessen werden lediglich die gebleichten fleischigen Blattstiele. Neben der stacheligen Urpflanze werden heute vor allem Sorten angebaut, die keine Stacheln aufweisen und darum leichter zu handhaben sind, jedoch nicht so aromatisch und weniger fein sind. Traditionell werden die Pflanzen nach dem ersten Frost mit dem Wurzelballen ausgegraben und in den Keller gestellt, wo sie innerhalb von zwei bis drei Wochen bleichen. Im professionellen Anbau werden in der zweiten Oktoberhälfte die bis zu 1,50 Meter hohen Äste der ausgewachsenen Pflanze aufrecht zusammengebunden, dann hüllt man die Pflanze in eine dunkle Plastikfolie, um die Blätter zu bleichen. Nach drei Wochen werden die Folien entfernt, die Blätter abgeschnitten, eventuelle Stacheln beseitigt und die hellen Blattstiele auf dem Frischmarkt angeboten.

Cardi alla parmigiana
Überbackene Karden

1 kg Karden
3 EL Zitronensaft
Salz
75 g Butter, plus etwas mehr zum Einfetten
125 ml Geflügelbrühe
frisch gemahlener Pfeffer
frisch geriebene Muskatnuss
100 g geriebener Parmesan
5 EL Semmelbrösel

Die Karden putzen: Die dicksten Stiele und die Blätter entfernen. Die zarten Stiele abziehen und in 5–6 cm lange Stücke schneiden. Sofort in eine Schüssel mit Wasser und Zitronensaft legen, damit sie nicht braun werden. Den Backofen auf 225 °C vorheizen.
Die Karden in kochendem Salzwasser ca. 10 Minuten gerade bissfest garen. Dann abgießen und gut abtropfen lassen. 50 g Butter in einer Pfanne zerlassen und die Karden hineingeben. Die Geflügelbrühe angießen, mit Salz, Pfeffer und Muskatnuss würzen und 5 Minuten köcheln lassen. In eine gefettete Auflaufform 1 Lage Karden einschichten, mit etwas Parmesan und Semmelbröseln bestreuen, dann so lange wiederholen, bis alle Zutaten aufgebraucht sind, die letzte Lage sollte aus Parmesan und Semmelbröseln bestehen. Die restliche Butter in Flöckchen daraufsetzen. Im Backofen etwa 15 Minuten goldbraun überbacken.

Beliebte Gemüsegerichte

Broccoli strascinati
Brokkoli mit Sardellensauce

1 kg Brokkoli
Salz
4 in Öl eingelegte Sardellenfilets
100 ml Olivenöl
frisch gemahlener Pfeffer

Brokkoli putzen und in kleine Röschen teilen. Die Stiele schälen, je nach Dicke halbieren oder vierteln und in dünne Scheiben schneiden. Brokkolistiele in kochendes Salzwasser geben und 10 Minuten darin garen. Dann die Röschen zufügen und weitere 8–10 Minuten köcheln lassen.
Die Sardellenfilets unter fließend kaltem Wasser abspülen, trocken tupfen und fein hacken. Das Olivenöl in einer tiefen Pfanne erhitzen, die Sardellen dazugeben und zu einer Paste zerdrücken. Brokkoli abgießen, gut abtropfen lassen und mit der Sardellensauce vermischen. Mit Pfeffer würzen und heiß servieren.

Carote al Marsala
Karotten mit Marsala

1 Bund Karotten, ca. 500 g
1 weiße Zwiebel
2 EL Olivenöl
1 TL brauner Zucker
Salz
frisch gemahlener Pfeffer
4 EL Marsala
2 EL Pinienkerne

Die Karotten schälen und in dünne Scheiben schneiden. Die Zwiebel schälen und in kleine Würfel schneiden.
Das Olivenöl erhitzen und die Zwiebel darin anbraten. Die Karotten zufügen und kurz andünsten, dann mit dem Zucker bestreuen und bei großer Hitze karamellisieren lassen. 100 ml Wasser angießen, mit Salz und Pfeffer würzen. Die Karotten bei kleiner Hitze ca. 10 Minuten garen, bis das Wasser eingekocht ist. Dann den Marsala über das Gemüse gießen und weiter einkochen lassen.
Die Pinienkerne in einer Pfanne ohne Fett goldgelb rösten. Vor dem Servieren über das Gemüse streuen.

Beliebte Gemüsegerichte aus dem Ofen

Finocchi gratinati
Fenchelgratin

- *4 Fenchelknollen*
- *1 EL Zitronensaft*
- *Salz*
- *2 EL Butter*
- *2 EL Mehl*
- *500 ml lauwarme Milch*
- *100 g süße Sahne*
- *2 EL Weißwein*
- *frisch gemahlener Pfeffer*
- *frisch geriebene Muskatnuss*
- *125 g geriebener Fontina*
- *50 g Pinienkerne*

Das Grün von den geputzten Fenchelknollen entfernen und beiseitestellen. Die Knollen in ca. 5 mm dicke Scheiben schneiden und mit dem Zitronensaft 3 Minuten in kochendem Salzwasser blanchieren. Dann mit einem Schaumlöffel herausheben und in Eiswasser abschrecken. In ein Sieb geben und gut abtropfen lassen. Den Backofen auf 175 °C vorheizen.
Die Butter in einem Topf zerlassen, das Mehl einrühren und leicht anschwitzen. Unter Rühren die Milch und die Sahne zugießen und die Sauce einkochen lassen. Sauce mit Weißwein, Salz, Pfeffer und Muskatnuss abschmecken.
Eine Auflaufform mit Butter einfetten und die Fenchelscheiben hineinlegen. Die Sauce zugießen, mit dem Käse bestreuen, dann im Backofen ca. 25 Minuten goldbraun überbacken.
Die Pinienkerne in einer Pfanne ohne Fett goldbraun rösten. Das Fenchelgrün fein hacken und vor dem Servieren mit den Pinienkernen über das Gratin streuen.

Peperoni ripieni
Überbackene Paprika

- *2 rote Paprika*
- *2 gelbe Paprika*
- *7 in Öl eingelegte Sardellenfilets, fein gehackt*
- *4 Tomaten*
- *75 ml Olivenöl, plus etwas mehr zum Einfetten*
- *1 weiße Zwiebel, fein gehackt*
- *2 EL fein gehackte Petersilie*
- *2 EL geriebener Parmesan*
- *2 EL Semmelbrösel*
- *Salz*
- *frisch gemahlener Pfeffer*

Die Paprika waschen und der Länge nach halbieren. Kerngehäuse mit Stielansatz entfernen. Die Sardellenfilets kalt abspülen, trocken tupfen und fein hacken. Die Tomaten häuten, vierteln, entkernen und in kleine Würfel schneiden. Den Backofen auf 225 °C vorheizen.
2 Esslöffel Olivenöl erhitzen, Sardellen und Zwiebel darin andünsten. Dann in eine Schüssel umfüllen, Tomatenwürfel, Petersilie, Parmesan und Semmelbrösel untermischen. Mit Salz und Pfeffer würzen und auf die Paprikahälften verteilen.
Die Paprika nebeneinander in eine gefettete Auflaufform setzen. Mit Alufolie abdecken und die Paprika im Backofen 15 Minuten überbacken. Dann die Folie entfernen, die Paprika mit dem restlichen Olivenöl beträufeln und weitere 10–15 Minuten backen. Lauwarm oder kalt servieren.

Cavolini di Bruxelles alla panna
Überbackener Rosenkohl

- *1 kg Rosenkohl*
- *60 g Butter, plus etwas mehr zum Einfetten*
- *1 Zwiebel, fein gehackt*
- *1 Knoblauchzehe, fein gehackt*
- *Salz*
- *frisch gemahlener Pfeffer*
- *frisch geriebene Muskatnuss*
- *250 ml Gemüsebrühe*
- *250 g süße Sahne*
- *2 Eier*
- *60 g geriebener Parmesan*

Den Rosenkohl putzen. Die Hälfte der Butter in einem Topf zerlassen, Zwiebel und Knoblauch darin glasig dünsten. Den Rosenkohl zufügen, mit Salz, Pfeffer und Muskatnuss würzen und die Brühe angießen. Zugedeckt bei mittlerer Hitze 15 Minuten dünsten.
Den Backofen auf 175 °C vorheizen. Eine Auflaufform mit Butter einfetten und den Rosenkohl samt Kochflüssigkeit einfüllen. Die Sahne mit den Eiern verquirlen und über den Rosenkohl geben. Mit Parmesan bestreuen, restliche Butter in Flöckchen daraufsetzen. Im Backofen ca. 20 Minuten überbacken.

Die Knollen der Roten Beten waschen, trocken tupfen und einzeln in Alufolie wickeln.

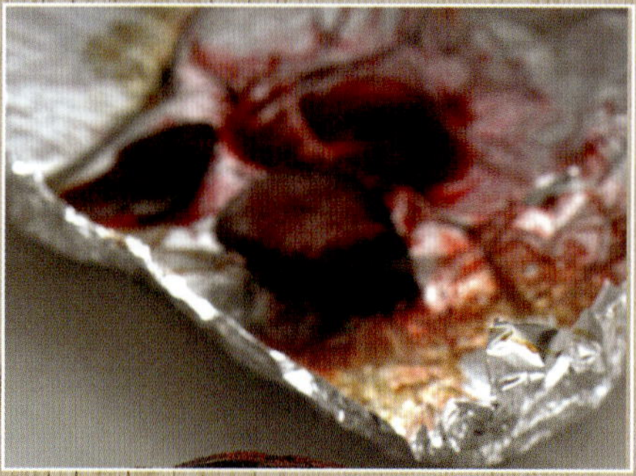

Nach dem Backen die Knollen aus der Alufolie wickeln und etwas abkühlen lassen.

Barbabietole al forno
Gebackene Rote Bete mit Balsamico-Essig

500 g Rote Bete
2 EL Balsamico-Essig
1 TL Senf
5 EL Olivenöl
Salz und Pfeffer
1 kleines Bund frische Minze

Backofen auf 200 °C vorheizen. Rote Beten waschen, trocken tupfen und jede Knolle in Alufolie einwickeln. Auf ein Backblech legen und je nach Größe 40–60 Minuten im Backofen backen.

Rote Beten aus der Folie nehmen, etwas abkühlen lassen und schälen. Die Knollen färben sehr stark, deshalb am besten Küchenhandschuhe tragen. Die Knollen in Scheiben scheiden und auf einer Servierplatte anrichten.

Essig, Senf, Öl, Salz und Pfeffer verrühren und über die Scheiben träufeln. Die Minze waschen, trocken tupfen und die Blätter von den Stängeln zupfen. Minzeblätter in feine Streifen schneiden und über das Gemüse streuen.

Kürbis und Zucchini

Mit über 800 Sorten gilt der Kürbis als ein Symbol für die Vielfalt in der Natur. Schon in der Antike war er weit mehr als nur ein Lebensmittel. In der Heilkunde wurde er wegen seiner gesunden Inhaltsstoffe eingesetzt. Hohle getrocknete Flaschenkürbisse dienten als Wasser- und Weingefäße, kleine ausgehöhlte Früchte als Salztiegel. Die Köche der Renaissance füllten große Kürbisse mit Geflügel, reichten ihn als Beilage zum Kapaun oder füllten die zarten Blüten mit aromatischen Farcen.

Auch in der Kunst war der Kürbis ein beliebtes Motiv. Der Florentiner Schriftsteller Francesco Doni verfasste 1543 das berühmte satirische Werk *La zucca* („Der Kürbis"), das neben vielen Rezepten auch zahlreiche Anekdoten rund um den Kürbis enthielt. Und der italienische Maler Giuseppe Arcimboldo porträtierte Ende des 16. Jahrhunderts Kaiser Rudolf II. als antiken Gott Vertumnus und komponierte sein Bild aus Früchten, Blumen, Getreide, Gemüse und einem Kürbis. Dennoch sah dieses „Porträt" dem Kaiser verblüffend ähnlich.

Zucca gialla in agrodolce
Kürbis süß-sauer

750 g Kürbisfruchtfleisch
1 Knoblauchzehe
125 ml Olivenöl
Salz
frisch gemahlener Pfeffer
1 Zimtstange
2 Gewürznelken
1 EL brauner Zucker
200 ml milder Weißweinessig
10 Basilikumblätter

Das Kürbisfruchtfleisch in mundgerechte Stücke schneiden. Den Knoblauch schälen und fein hacken.
Das Olivenöl in einer tiefen Pfanne erhitzen. Kürbiswürfel und Knoblauch zufügen und andünsten. Mit Salz und Pfeffer würzen, Zimtstange und Gewürznelken einlegen und das Gemüse bei kleiner Hitze unter Wenden in etwa 30 Minuten bissfest garen.
Zimtstange und Gewürznelken entfernen, das Gemüse mit Zucker und Essig süß-sauer abschmecken. Das Basilikum in feine Streifen schneiden und unter das Gemüse mischen. Lauwarm oder kalt servieren.

Zucca gialla in agrodolce

Zucca al forno con patate
Gebackener Kürbis mit Kartoffeln

500 g Kürbisfruchtfleisch
1 Gemüsezwiebel
5 Kartoffeln
5 Tomaten
3 EL Olivenöl, plus etwas mehr zum Einfetten
Salz
frisch gemahlener Pfeffer
1 EL gehackte Thymianblätter
100 g Mozzarella

Den Backofen auf 180 °C vorheizen. Kürbisfruchtfleisch in 5 mm dicke Scheiben schneiden. Die Zwiebel in Ringe schneiden, die Kartoffeln schälen und in 3 mm dicke Scheiben schneiden. Die Tomaten häuten, vierteln, entkernen und würfeln.

Eine Auflaufform einfetten. Abwechselnd Kürbis, Zwiebel und Kartoffeln in die Form schichten. Salzen und pfeffern, mit Thymian bestreuen und die Tomatenwürfel darüber verteilen. Mit dem Öl beträufeln und 45 Minuten im Backofen backen.

Den Mozzarella in Scheiben schneiden und auf dem Auflauf verteilen. Weitere 15 Minuten im Backofen überbacken.

Zucchine fritte
Frittierte Zucchini

4 Zucchini
150 g Mehl
200 ml Weißwein
1 Ei, getrennt
Chilipulver zum Abschmecken
Salz
Olivenöl zum Frittieren
2 Zitronen

Die Zucchini der Länge nach in dünne Scheiben schneiden. Aus Mehl, Wein und Eigelb einen Teig anrühren, mit Chilipulver und Salz würzen und 20 Minuten quellen lassen.

Das Öl in der Fritteuse auf 175 °C erhitzen und die Zucchinischeiben darin portionsweise goldgelb frittieren. Auf Küchenpapier abtropfen und etwas abkühlen lassen.

Das Eiweiß steif schlagen und unter die Teigmasse heben. Die Zucchinischeiben einzeln durch den Teig ziehen und im heißen Öl portionsweise goldbraun ausbacken. Auf Küchenpapier abtropfen lassen. Die Zitronen achteln. Die Zucchinischeiben auf einer Servierplatte anrichten und mit den Zitronenachteln garnieren.

Kürbisse gehören zu den ältesten Nahrungspflanzen der Menschen. Ihre Sortenvielfalt ist erstaunlich groß – sie reicht vom Riesenkürbis bis zu Zucchini und Rondini.

Vor dem Füllen die Stempel aus den Zucchiniblüten entfernen.

Blüte in die Hand nehmen und die Kalbfleischfarce hineinfüllen.

Die Blüte schließen und die Blütenblattenden zusammendrehen.

Fiori di zucca ripieni
Gefüllte Zucchiniblüten

200 g mageres Kalbfleisch
100 g Ricotta
1 EL geriebener Parmesan
1 Eigelb
1 EL fein gehackter Oregano
Salz
frisch gemahlener Pfeffer
12 Zucchiniblüten
5 EL Olivenöl, plus etwas mehr zum Einfetten
2 EL Zitronensaft

Den Backofen auf 200 °C vorheizen. Das Kalbfleisch würfeln und zweimal durch die feine Scheibe des Fleischwolfs drehen. Dann mit Ricotta, Parmesan und Eigelb verrühren und mit Oregano, Salz und Pfeffer würzen. Die Masse in einen Spritzbeutel mit großer Tülle geben.
Die Stempel aus den Zucchiniblüten brechen. Die Kalbfleischmasse in die Blüten füllen, die Blüten schließen und ihre Enden zusammendrehen.
Eine flache Auflaufform mit Olivenöl ausstreichen und die Zucchiniblüten nebeneinander hineinlegen. Mit Olivenöl und Zitronensaft beträufeln, dann im Backofen 15–20 Minuten backen.

Mangold und Spinat

Erbette, bietole (biete) und *coste* – hinter diesen drei Namen verbirgt sich eine Pflanze, der Mangold, der vor allem in Norditalien dem Spinat vorgezogen wird. Erbette ist der Jungmangold, dessen kleine Blätter noch dem Spinat ähneln. Sie werden häufig für Suppen und Füllungen verwendet, schmecken aber auch roh mit Wildkräutern im Salat. Bietole oder Biete heißen die älteren, größeren Mangoldblätter, bei denen die Mittelrippe bereits deutlich ausgeprägt ist. Als Coste bezeichnet man die großen Mangoldblätter mit dicker Mittelrippe und Stiel. Sowohl Mittelrippe als auch Stiele haben eine längere Garzeit als die Blätter und werden deshalb kleingehackt und früher in den Kochtopf gegeben. In Ligurien werden die Mangoldstiele blanchiert, paniert und in Öl goldbraun ausgebacken.

Ein weiterer unentbehrlicher Bestandteil der italienischen Gemüseküche ist Spinat. Als feiner Blattspinat ist er einer der ersten Frühlingsboten und wird auch im Sommer nicht nur gegart, sondern auch als Salat genossen. Als derberer, aber auch geschmacklich kräftigerer Spinat mit Wurzeln kommt er im Herbst und Winter auf den Tisch. Anders als in Nordeuropa, wo Spinat gern zerkleinert und gekocht als Rahmspinat serviert wird, haben die Italiener ein Faible für den nur kurz gedünsteten Blattspinat. Da er sehr empfindlich ist, sollte man ihn nur tropfnass im eigenen Saft garen, um seine wertvollen Inhaltsstoffe zu erhalten.

Bietole alla genovese
Mangold nach Genueser Art

1 kg Baby-Mangold
Salz
5 in Öl eingelegte Sardellenfilets, fein gehackt
1 Zwiebel, fein gehackt
2 Knoblauchzehen, fein gehackt
2 EL Olivenöl
125 ml Weißwein
frisch gemahlener Pfeffer
50 g Pinienkerne

Den Mangold in kochendem Salzwasser kurz blanchieren, in Eiswasser legen und abtropfen lassen.
Sardellenfilets, Zwiebel und Knoblauch im heißen Olivenöl andünsten. Mit Weißwein ablöschen und den Mangold unterheben. Bei kleiner Hitze einige Minuten unter Rühren garen, mit Salz und Pfeffer abschmecken.
Die Pinienkerne in einer Pfanne ohne Fett goldbraun rösten. Vor dem Servieren unter den Mangold geben.

Katharina von Medici und der Spinat

Es war Katharina von Medici, die dem Spinat – ihrem Lieblingsgemüse – zu kulinarischen Ehren verhalf. Als sie 1533 ihre Heimatstadt Florenz verließ, um den französischen Thronfolger zu ehelichen, kam das gesunde grüne Blattgemüse auch am französischen Hof in Mode. Seitdem heißen italienische Gerichte, die mit Spinat oder auf einem Spinatbett zubereitet werden, *alla fiorentina*, gleichgültig, ob es sich dabei nun um Fisch oder *crespelle*, die zarten gefüllten Pfannkuchen, handelt. Sehr beliebt ist vor allem die Kombination von Spinat und Frischkäse (Ricotta) oder überbackene Nudeln mit Käse und Spinat (Cannelloni, Lasagne). Im Allgemeinen bezeichnet *alla fiorentina* jedoch lediglich die Art und Weise, wie in der Hauptstadt der Toskana gekocht wird – nämlich schnörkellos und geradlinig.

Spinaci al gorgonzola
Spinat in Gorgonzolasauce

1 kg Blattspinat
60 g Butter
Salz
frisch gemahlener Pfeffer
frisch geriebene Muskatnuss
125 ml Weißwein
125 ml Milch
125 g milder Gorgonzola
2 Eigelb

Den Spinat verlesen, welke Blätter und grobe Stiele entfernen. Spinat gründlich waschen.
Die Hälfte der Butter in einem großen Topf zerlassen. Den Spinat noch tropfnass dazugeben und zusammenfallen lassen. Mit Salz, Pfeffer und Muskatnuss würzen und bei kleiner Hitze warm halten.
Wein und Milch in einer Kasserolle etwas einkochen lassen. Den Gorgonzola hineinbröckeln und unter Rühren in der Sauce schmelzen. Dann vom Herd nehmen, etwas Sauce abnehmen und mit dem Eigelb verquirlen. In die restliche Sauce rühren und den Spinat unterheben. Nochmals mit Salz und Pfeffer abschmecken.

Die groben Stiele vom Spinat entfernen und die Blätter waschen.

Den tropfnassen Spinat in einem Topf zusammenfallen lassen.

Spinat abgießen, abtropfen lassen und mit den Händen ausdrücken.

Toskanische Bohnentradition

Hülsenfrüchte werden in ganz Italien nicht nur frisch, sondern fast noch lieber getrocknet verwendet. Doch in keiner Region stehen Bohnen so hoch im Kurs wie in der Toskana, und nicht von ungefähr werden die Toskaner im Rest des Landes *mangia fagioli*, Bohnenesser, genannt. Während man in anderen Ländern früher im Herbst die Kartoffeln für den Winter einlagerte, kaufte man sich in der Toskana, sobald die Bohnenernte vorüber war, einen Jahresvorrat an Bohnen.

Papst Clemens VII., ein geborener Medici, soll im 16. Jahrhundert die ersten Bohnen, die aus Amerika zunächst nach Spanien kamen, in Florenz eingeführt haben. Von hier aus eroberten sie dann den Rest Italiens – zunächst auf prunkvollen Banketten, später als preiswerter und nahrhafter Fleischersatz auch auf den Tischen der ärmeren Bevölkerung. Denn Bohnen sind nicht nur schmackhaft und vielseitig zuzubereiten, sie sind auch sehr sättigend.

In der toskanischen Küche werden vor allem die frischen oder getrockneten Bohnenkerne verwendet, am liebsten von der Cannellini-Bohne, die besonders mild und aromatisch schmeckt. Das perfekte Kochen von Bohnen gilt bis heute als Kunst, die von der Mutter an die Tochter weitergegeben wird. Die Bohnen dürfen nicht mehr hart sein, aber auch nicht zu weich werden oder aufplatzen. Deshalb gart man sie auf kleiner konstanter Hitze knapp unter dem Siedepunkt.

Frische Bohnenkerne werden traditionell einfach mit gutem Olivenöl, etwas Salz und Pfeffer sowie frisch gehackten Zwiebeln angemacht. Ebenso beliebt sind die *fagioli all'uccelletto* (nach Art von Vögelchen). Der Name stammt aus Zeiten, als die Jagd, auch auf Singvögel, noch das Privileg der großen Gutsbesitzer war. Deshalb ersetzten die armen Bauern und Landarbeiter die Vögel durch Bohnen, die sie auf die gleiche Weise zubereiteten – mit Tomaten und Salbei, dem typischen Würzkraut für Vogelbraten.

Fagioli all'uccelletto
Grüne Bohnen mit Tomaten

750 g breite grüne Bohnen
4 Schalotten
2 Knoblauchzehen
250 g Eiertomaten
2 EL Olivenöl
250 ml Gemüsebrühe
einige Bohnenkrautzweige
Salz
frisch gemahlener Pfeffer
2 EL fein gehackte Petersilie

Die Bohnen putzen und in mundgerechte Stücke schneiden. Schalotten und Knoblauch schälen und in feine Scheiben schneiden. Die Tomaten häuten, vierteln, entkernen und in Würfel schneiden.

Das Olivenöl erhitzen, Schalotten und Knoblauch darin andünsten. Bohnen und Tomaten zugeben und unter Rühren kurz anbraten. Mit der Gemüsebrühe ablöschen, das Bohnenkraut hineinlegen, mit Salz und Pfeffer würzen. Das Gemüse in ca. 20 Minuten bissfest garen. Vor dem Servieren mit der Petersilie bestreuen.

Piselli alla menta
Erbsen mit Minze

1 kg Erbsen
1 weiße Zwiebel
2 Knoblauchzehen
4 in Öl eingelegte Sardellenfilets
1 Bund frische Minze
3 EL Olivenöl
125 ml Gemüsebrühe
Salz
Zucker zum Abschmecken
frisch gemahlener Pfeffer

Die Erbsen aus den Hülsen lösen. Zwiebel und Knoblauch in kleine Würfel schneiden. Sardellenfilets fein hacken. Die Minzeblätter in schmale Streifen schneiden.

Das Olivenöl erhitzen, Zwiebel und Knoblauch darin andünsten. Die Sardellenfilets zufügen und ebenfalls kurz andünsten. Die Erbsen dazugeben, die Brühe angießen und leicht salzen. Die Erbsen 5 Minuten bissfest garen, dann vom Herd nehmen.

Die Minze untermischen und das Gemüse mit Zucker und Pfeffer abschmecken.

Fagioli con peperoncini
Scharfe dicke Bohnen

4 Schalotten
2 Knoblauchzehen
2 frische Chillies
2 Tomaten
2 EL Olivenöl
250 ml Gemüsebrühe
400 g frische dicke Bohnen, gepalt
2 Bohnenkrautzweige
1 Lorbeerblatt
Salz
frisch gemahlener Pfeffer
100 g Pancetta, gewürfelt
1 EL fein gehackte Petersilie

Schalotten und Knoblauch schälen, halbieren und in feine Scheiben schneiden. Die Chillies längs halbieren, entkernen und fein hacken. Die Tomaten häuten, vierteln, entkernen und in Würfel schneiden.

Das Olivenöl erhitzen, Schalotten, Knoblauch und Chillies darin andünsten. Mit der Gemüsebrühe aufgießen und einmal aufkochen. Bohnenkerne, Bohnenkraut und Lorbeerblatt zufügen und zugedeckt ca. 30 Minuten köcheln lassen. Dann die Kräuter entfernen, die Tomaten unterheben und das Gemüse mit Salz und Pfeffer abschmecken.

Den Speck in einer Pfanne ohne Fett knusprig ausbraten. Mit der Petersilie unter das Gemüse mischen.

Bohnenkraut

Schon in der Antike war das Bohnenkraut, *santoreggia*, als Küchengewürz und Heilpflanze bekannt. Zudem galt es als Aphrodisiakum. Beim Versuch, es zu kultivieren, verwilderte es schnell und breitete sich im ganzen östlichen Mittelmeerraum aus. Das frische Kraut hat einen intensiven, leicht pfeffrigen Geschmack, der sich erst beim Erhitzen voll entwickelt. Es wird gern mit Knoblauch und Rosmarin kombiniert und aromatisiert außer Gemüsegerichten auch Fleisch, vor allem Lamm und Hammel.

Die weißen Bohnen mit Gewürzen und Chillies weich kochen.

Mehl mit kalter Bohnenbrühe zu einem glatten Teig verrühren.

Die gekochten Bohnen mit Lauchstreifen unter den Teig mischen.

Den Teig in kleinen Portionen in heißem Olivenöl goldbraun ausbacken.

Frittelle
Bohnenplätzchen

200 g getrocknete kleine weiße Bohnen
1 Lorbeerblatt
1 Knoblauchzehe
1 getrocknete rote Chili
300 g Mehl
Salz
frisch gemahlener Pfeffer
frisch geriebene Muskatnuss
1 Lauchstange
Olivenöl zum Ausbacken

Die Bohnen mit kaltem Wasser bedeckt über Nacht quellen lassen, dann in einem Topf mit frischem Wasser bedecken. Lorbeerblatt, Knoblauchzehe und Chili hinzufügen und die Bohnen weich kochen. In ein Sieb abgießen, die Brühe auffangen. Alles abkühlen lassen, dann die Gewürze entfernen.

Das Mehl in eine Schüssel geben. 1 Suppenkelle von der kalten Bohnenbrühe dazurühren und so viel Brühe hinzufügen bis der Teig eine cremige Konsistenz hat. Mit Salz, Pfeffer und Muskatnuss würzen. Den Teig abgedeckt 30 Minuten ruhen lassen.

Den Lauch putzen, waschen, der Länge nach halbieren und in feine Streifen schneiden. Mit den Bohnen unter den Teig mischen.

Das Öl in einer Pfanne erhitzen, löffelweise den Teig hineingeben und von beiden Seiten zu kleinen knusprigen Plätzchen ausbacken. Fertige Plätzchen auf Küchenpapier abtropfen lassen und bis zum Servieren warm stellen.

Kichererbsen

Cicerum italicum, wie die Kichererbse mit botanischem Namen heißt, war schon in der Antike ein Grundnahrungsmittel. Sie gehört nur dem Namen nach zu den Erbsen. Gegessen werden die haselnussgroßen getrockneten Samen der Pflanze. Sie haben einen würzig-nussigen Geschmack und behalten auch beim Kochen ihre feste Konsistenz. Wegen ihres hohen Anteils an Fetten, Eiweiß, Mineralien und Vitaminen sind sie mit die nährstoffreichsten Hülsenfrüchte.

Pasta e ceci
Kichererbsen und Nudeln

200 g Kichererbsen
1 TL Fleischextrakt
1 Gemüsezwiebel, gehackt
1 Lorbeerblatt
2 Rosmarinzweige
200 g Ziti, ersatzweise Makkaroni
Salz
3 EL Olivenöl
1 frische rote Chili, fein gehackt
2 Knoblauchzehen, in Scheiben geschnitten
2 EL Tomatenmark
frisch gemahlener Pfeffer
1 EL fein gehackte Petersilie

Die Kichererbsen über Nacht in reichlich Wasser quellen lassen. Am nächsten Tag abseihen, in einen Topf umfüllen und so viel Wasser angießen, dass sie gut bedeckt sind. Den Fleischextrakt einrühren, Zwiebel, Lorbeerblatt und Rosmarin zugeben und die Kichererbsen 1 Stunde bei kleiner Hitze köcheln lassen. Dann abgießen, dabei die Brühe auffangen.

Die Ziti in kleine Stücke brechen und in Salzwasser *al dente* garen. Abgießen und abtropfen lassen.

Das Olivenöl in einem Topf erhitzen, Chili und Knoblauch darin andünsten. Das Tomatenmark einrühren und kurz anrösten. Mit 500 ml der Brühe aufgießen, Nudeln und Hälfte der Kichererbsen dazugeben. Die restlichen Kichererbsen pürieren und unter die Nudeln rühren. Bei kleiner Hitze einige Minuten ziehen lassen. Mit Salz und Pfeffer abschmecken und vor dem Servieren mit Petersilie bestreuen.

BASILIKATA

Zwischen dem Ionischen und dem Tyrrhenischen Meer liegt die Basilikata, das einstige Lukanien, das schon in prähistorischer Zeit besiedelt war. Ihren heutigen Namen hat die kleine Region erst nach Ende des Zweiten Weltkriegs erhalten. In vielen Teilen Italiens heißt die Salsiccia immer noch *lucanica*, lukanische Wurst. Denn die Rezeptur dieser Wurstspezialität reicht bis in die Antike zurück. Schon Cicero und Apicius priesen die geschmacklichen Vorzüge der würzigen Bratwurst in höchsten Tönen.

Die einfache unverfälschte Küche der Basilikata hat sich bis in die Neuzeit ihre Traditionen bewahrt. Gemüse und Hülsenfrüchte sind die Basis vieler Gerichte. Sie werden häufig als erster Gang allein oder in Kombination mit Nudeln serviert. Käse, vor allem aus Schafs- und Ziegenmilch, gehört zu jeder Mahlzeit, ebenso wie Brot, das vielerorts noch in alten Holzöfen gebacken wird. Frische Kräuter und Peperoncini – Chili- oder Pfefferschoten – geben den bäuerlichen Gerichten Aroma und Schärfe, werden aber dennoch wohldosiert eingesetzt. Eine lokale Spezialität sind die *lampascioni*, eine Art wilder Zwiebel, die allein oder in Kombination mit anderem Gemüse zubereitet wird.

Die Landschaft der Basilikata ist von Bergen und Hügeln geprägt. Künstlich angelegte Seen wie der Lago Pietra del Pertusillo haben sich in den vergangenen Jahren zu wahren Naturparadiesen entwickelt.

Peperoni ripieni con l'abbacchio
Paprika mit Hackfleischfüllung

4 grüne Paprika
1 Zwiebel, fein gehackt
2 Knoblauchzehen, fein gehackt
100 g gekochter Reis
400 g Hackfleisch
2 Eier
Salz
frisch gemahlener Pfeffer
1 TL getrockneter Oregano
1 EL gehackte Petersilie
Olivenöl zum Einfetten
500 g passierte Tomaten aus der Dose

Den Backofen auf 225 °C vorheizen. Die Paprika waschen, jeweils einen Deckel mit dem Stielansatz abschneiden und entkernen. Zwiebel und Knoblauch mit Reis, Hackfleisch und Eiern vermengen. Die Masse mit Salz, Pfeffer, Oregano und Petersilie würzen und in die Paprika füllen. Auf jede Frucht einen Paprikadeckel setzen. Eine hohe Auflaufform mit Olivenöl einfetten und die Paprika nebeneinander hineinstellen. Die Form mit Alufolie abdecken und die Paprika im Backofen 15 Minuten backen. Dann die Folie entfernen und die passierten Tomaten angießen. Die Paprika offen weitere 30 Minuten im Ofen garen. Die Sauce mit Salz und Pfeffer abschmecken und in der Sauce heiß servieren.

Zum Füllen die Paprika halbieren und die Kerngehäuse entfernen.

Gehackte Zwiebel und Knoblauch in Olivenöl dünsten, dann die Petersilie hinzufügen.

Alle Zutaten für die Füllung in einer Schüssel gründlich vermischen.

Anschließend die Paprikahälften mit der Reis-Gemüse-Mischung füllen.

Peperoni ripieni
Gefüllte Paprika

je 1 rote, gelbe,
orange und violette Paprika
1 Zwiebel, fein gehackt
2 Knoblauchzehen, fein gehackt
4 EL Olivenöl, plus etwas mehr zum Einfetten
2 EL fein gehackte Petersilie
3 kleine Tomaten
100 g schwarze entsteinte Oliven
100 g Gorgonzola
150 g gekochter Reis
2 Eier
Salz
frisch gemahlener Pfeffer

Die Paprika samt dem Stielansatz halbieren und die Kerngehäuse entfernen.
Zwiebel und Knoblauch in 1 Esslöffel Olivenöl andünsten. Vom Herd nehmen, die Petersilie untermischen und etwas abkühlen lassen.
Die Tomaten häuten, vierteln, entkernen und in kleine Würfel schneiden. Die Oliven hacken.
Den Gorgonzola zerbröckeln und mit Reis, Zwiebelmischung, Eiern, Oliven und Tomaten vermischen. Mit Salz und Pfeffer abschmecken.
Den Backofen auf 200 °C vorheizen.
Die Paprikahälften mit der Reismasse füllen. Eine Auflaufform mit Olivenöl einfetten und die Paprika nebeneinander in die Form setzen, mit dem restlichen Olivenöl beträufeln. Im Backofen ca. 30 Minuten backen.

Die Farbe der Gemüsepaprika ist kein Sortenmerkmal, vielmehr färben sich bei fortschreitender Reife die grünen Früchte zuerst gelb, dann rot oder wechseln direkt von grün zu rot.

Spitzpaprika hat vorwiegend milde und sehr aromatische Früchte. Sie werden mariniert, gefüllt oder ausgebacken.

Peperoncini, die scharfen, würzigen roten und grünen Gewürzpaprika, auch Chillies genannt, gibt es in vielen Sorten. Die größten werden bis zu 15 cm lang.

Die kleinen milden Früchte der Mini-Paprika eignen sich besonders gut zum Rohessen und Dekorieren.

Tomatenpaprika ist eine ursprünglich ungarische Züchtung. Die fleischigen Früchte schmecken leicht süß, sind aber dennoch schärfer als die Gemüsepaprika.

Spargel

Während die Griechen einst den Spargel lediglich als Heilpflanze zur Blutreinigung nutzten, erkannten die Römer schon früh, welch köstliche Delikatesse die zarten Stangen sind. Plinius bezeichnete sie als eine Schmeichelei des Gaumens und als die zuträglichste Speise für den Magen. Im antiken Rom war Spargel vor allem eine beliebte Beilage zu Fisch und Meeresfrüchten. Verarbeitet wurde zunächst vor allem der wild wachsende, dünnstängelige Spargel. Die erste Anleitung, wie Spargel angebaut und geerntet wird, stammt von Cato dem Älteren, einem römischen Staatsmann und Feldherrn. Und dem Feldherrn Lucullus wird der Satz zugeschrieben: „Es kann nur der kochen, dem es gelingt, Spargel ohne jede Zutat in wonnigster Vollendung aufzutischen."

Auf ihren Feldzügen brachten römische Legionäre den Spargel nach Germanien, wo er vor allem in den klimatisch milderen Regionen an Rhein, Main und der Donau angebaut wurde. 300 v. Chr. war das zarte Gemüse in Rom so beliebt, dass sich Kaiser Diokletian genötigt sah, eine Spargel-Höchstpreisverordnung zu erlassen. Die Nachfrage stieg trotzdem weiter, und bald musste man den Spargel aus dem fernen Obergermanien importieren.

Der Zusammenbruch des römischen Reichs war zunächst auch das Ende des kultivierten Spargelanbaus. Erst im 15. Jahrhundert entdeckte die höfische Küche das Gemüse wieder neu, doch blieb es die nächsten Jahrhunderte eine teure Delikatesse.

Asparagi alla fiorentina
Florentiner Spargel

1,5 kg grüner Spargel
Salz
150 g Butter
4 Eier
frisch gemahlener Pfeffer
60 g Parmesan, in dünne Späne gehobelt

Den Spargel waschen, die holzigen Enden abschneiden und alle Spargelstangen auf die gleiche Länge zurechtschneiden. In kochendem Salzwasser bei mittlerer Hitze ca. 15 Minuten bissfest garen. Dann aus dem Wasser nehmen und abtropfen lassen.
100 g Butter in einer großen Pfanne zerlassen und den Spargel darin bei kleiner Hitze einige Minuten ziehen lassen, dabei mehrmals vorsichtig wenden.
In der restlichen Butter die Spiegeleier braten. Die Eier auf eine Servierplatte legen, den Spargel darauf anrichten, mit Pfeffer und Salz würzen und mit Parmesan garnieren.

Asparagi al formaggio
Gratinierter Spargel

1 kg grüner Spargel
Salz
1 Prise Zucker
Butter zum Einfetten
100 g Fontina, in Scheiben geschnitten
50 g geriebener Parmesan
100 g süße Sahne
frisch gemahlener Pfeffer

Den Spargel waschen, die holzigen Enden abschneiden. Dann in reichlich kochendem Salzwasser mit dem Zucker in etwa 15 Minuten gerade noch bissfest garen. Den Backofen auf 250 °C erhitzen.
Eine Auflaufform mit Butter einfetten und die abgetropften Spargelstangen hineinlegen. Die Käsescheiben darüberlegen, mit Parmesan bestreuen und die Sahne darübergießen. Im Backofen etwa 8 Minuten gratinieren. Vor dem Servieren mit Pfeffer bestreuen.

Italiener schätzen den grünen und violetten Spargel, der aromatischer ist als der weiße. Eine ganz besondere Delikatesse ist der dünne Wildspargel (Bild unten links, Spargelstange rechts), den man nur selten auf Märkten findet.

Asparagi alla fiorentina

Kampanien

Lange bevor die „Mittelmeerdiät" zum Inbegriff der gesunden Ernährung wurde, prägten ihre Zutaten bereits die Küche Kampaniens: Gemüse, Olivenöl, Brot und Nudeln, Fisch und Käse. Hier ist das Geburtsland von so köstlich einfachen und gesunden Gerichten wie *caprese*, dem Salat aus Büffelmilch-Mozzarella, Tomaten und Basilikum, der klassischen Tomaten- und anderer Gemüsesaucen – und der Pizza, einer preiswerten und zugleich nahrhaften Speise. Über Jahrhunderte waren die Menschen dieser Region arm und mussten sich in der Alltagsküche auf das beschränken, was erschwinglich war – Gemüse und Milchprodukte. Fleisch und Fisch kamen nur an Feiertagen auf den Tisch.

Eine Ausnahme bildete die opulente Adelsküche der Renaissance, die üppige und aufwendige Speisen hervorbrachte und sich von der französischen Hofküche inspirieren ließ. Doch der kulinarische Erfindungsreichtum der Armen brachte – nicht zuletzt im Bemühen, es der reichen Küche gleichzutun – mit bäuerlichen Produkten Gerichte hervor, die so reich an Farben und Düften waren, dass sie über die Landesgrenzen hinaus als Urform der Mittelmeerküche bekannt wurden. Immer noch prägt Gemüse die Küche Kampaniens. Zu den klassischen Sorten des *agro campano* (der Äcker Kampaniens) gesellte sich im 18. Jahrhundert die Tomate, die schnell zu einer der wichtigsten Gemüsesorten dieser Region wurde. Neben ihr sind es vor allem Kohl und Blattsalate, die hier hoch im Kurs stehen. Dieser Vorliebe verdanken die Bewohner Kampaniens auch ihren Spitznamen: In anderen Regionen Italiens werden sie scherzhaft „Blattesser" genannt.

Positano ist die Perle der Amalfiküste. Das ehemalige Seefahrerstädtchen wurde terrassenförmig an den steilen Hängen des Monte Sant'Angelo al tre pizzi und des Monte Comune erbaut.

Für die Sauce zunächst die Tomaten häuten, entkernen und würfeln.

Zwiebel, Knoblauch und Tomaten in Olivenöl dünsten, Wein angießen.

Die Wirsingblätter in leicht gesalzenem Wasser kurz blanchieren.

Die dicke Rippe in der Mitte der Blätter keilförmig herausschneiden.

In die Mitte jedes Blattes etwas von der Reis-Mozzarella-Füllung geben.

Anschließend die obere Seite des Blattes über die Füllung schlagen.

Die Seitenränder über die Füllung schlagen und das Blatt einrollen.

Die Rouladen in Olivenöl anbraten und in die Tomatensauce legen.

Involtini di cavolo verza
Gefüllte Weihnachtsrouladen

750 g Eiertomaten
60 ml Olivenöl
1 weiße Zwiebel, fein gehackt
2 Knoblauchzehen, fein gehackt
125 ml Weißwein
Salz
1 Prise Zucker
frisch gemahlener Pfeffer
8 große Wirsingblätter
200 g Büffelmilch-Mozzarella
200 g gekochter Reis
1 Ei
2 EL fein gehackte Petersilie

Die Tomaten häuten, vierteln und würfeln. 3 Esslöffel Olivenöl in einem Topf erhitzen, Zwiebel und Knoblauch darin andünsten. Tomaten zufügen, Wein angießen, mit Salz, Zucker und Pfeffer würzen und 20 Minuten bei kleiner Hitze köcheln lassen.

Die Wirsingblätter in Salzwasser kurz blanchieren. Dann mit einem Schaumlöffel herausnehmen und in Eiswasser abschrecken. In ein Sieb geben und gut abtropfen lassen.

Für die Füllung den Mozzarella würfeln und mit Reis, Ei und Petersilie vermengen. Mit Salz und Pfeffer abschmecken.

Die Wirsingblätter auf der Arbeitsfläche ausbreiten und die Füllung in die Mitte der Blätter geben. Seitenränder der Blätter über die Füllung schlagen und die Blätter einrollen. Bei Bedarf mit Küchengarn in Form binden.

Restliches Öl in einer großen Pfanne erhitzen und die Rouladen darin kurz auf beiden Seiten anbraten. Die Rouladen mit der Nahtstelle nach unten in die Tomatensauce legen. Zugedeckt bei kleiner Hitze ca. 40 Minuten schmoren. Bei Bedarf etwas Wasser oder Wein angießen, damit die Sauce nicht zu dickflüssig wird.

Cavolo in umido
Geschmorte Wirsingviertel

1 kleiner Wirsing
2 EL Olivenöl
1 EL Butter
1 kleine Zwiebel, fein gehackt
Saft von 1 Zitrone
250 ml Gemüsebrühe
2 Lorbeerblätter
Salz
frisch gemahlener Pfeffer
frisch geriebene Muskatnuss
1 Msp. gemahlener Piment

Den Wirsing putzen, vierteln und den holzigen Strunk keilförmig so herausschneiden, dass die Blätter noch zusammenhalten.

Olivenöl und Butter in einem großen Topf erhitzen und die Zwiebel darin andünsten. Wirsingviertel zufügen und kurz anbraten. Mit dem Zitronensaft beträufeln und die Brühe angießen. Lorbeeblätter zugeben, mit Salz, Pfeffer, Muskatnuss und Piment würzen. Zugedeckt bei mittlerer Hitze 25–30 Minuten schmoren.

Kräuter

Mit Italien verbinden viele Genießer das Bild von sonnendurchfluteten südlichen Landschaften, die verführerisch nach Rosmarin, Thymian und Oregano duften.

Und tatsächlich sind frische aromatische Kräuter neben Knoblauch, Pfeffer und Olivenöl die würzige Basis der italienischen Küche. Zu fast jeder Hauptzutat gibt es auch ein passendes Gewürzkraut, das meist wild wächst. Ihren guten Ruf und ihre Beliebtheit verdanken die Kräuter nicht nur ihren betörenden Aromen, sondern auch ihrer Eigenschaft, sanfte, aber wirkungsvolle und vielseitige Helfer aus der Apotheke der Natur zu sein.

Italiener waren bei der Verwendung von Würzkräutern von jeher verschwenderischer als die Nord- und Mitteleuropäer. Kräuter haben hier seit der Antike einen festen Platz in der Alltagsküche. Das Universalkraut ist die Petersilie, die geschmacklich mit vielen anderen Kräutern harmoniert. Sie hat ein kräftiges Aroma und dennoch keinen aufdringlichen Eigengeschmack, und sie würzt, fein gehackt, Saucen, Suppen, Eierspeisen, Gemüse-, Fisch- und Fleischgerichte.

Typisch mediterrane Kräuter sind Basilikum, Oregano, Lorbeer, Rosmarin und Thymian, die vor allem im letzten Jahrhundert endlich auch die internationalen Küchen erobert haben.

Den Radicchio mit einem scharfen Messer der Länge nach halbieren.

Die Hälften in Mehl, verquirltem Ei und zuletzt in Semmelbröseln wenden.

Den panierten Radicchio portionsweise in Olivenöl goldbraun ausbacken.

Salat als Gemüse

Blattsalate haben eine lange Küchentradition in Italien. Doch sie werden nicht nur als gesunde Rohkost zubereitet, sondern finden auch in der warmen Gemüseküche Verwendung. Der Mönchsbart, *barba di frati*, sieht ähnlich wie Schnittlauch aus. Das fast nur in Italien bekannte Salatgemüse wird sowohl roh als auch gekocht zubereitet. *Lattughe ripiene*, gefüllter Kopfsalat, ist ein beliebtes Gericht in Ligurien. Dafür werden blanchierte Kopfsalatherzen mit einer Farce aus Fleisch, Bries und Hirn vom Kalb gefüllt und in heißer Fleischbrühe gegart. In Kalabrien werden Salatherzen mit Knoblauch, gehackten Chillies und Olivenöl in eine Terrine geschichtet, mit einem Brett beschwert und zwei Tage im Kühlschrank mariniert. Aus Kampanien kommt die *pizza di scarola*. Sie wird mit blanchierten Endiviensalatstreifen, Pinienkernen, Rosinen, Sardellen und Oliven belegt. In Südtirol schätzt man einen Kartoffelauflauf mit Endiviensalatstreifen und rohem Schinken, der mit Käse überbacken wird. Und nicht nur in Venetien ist der gegrillte oder gebratene Radicchio eine beliebte Beilage zu Fleischgerichten.

Indivia a crudo
Endiviengemüse mit Minze

1 großer Endiviensalat
3 EL Olivenöl
2 rote Zwiebeln, fein gehackt
150 g süße Sahne
1 EL fein gehackte frische Minze
Salz
frisch gemahlener Pfeffer

Den Salat putzen, waschen und gut abtropfen lassen. Die Endivienblätter in breite Streifen schneiden.
Das Olivenöl in einer tiefen Pfanne erhitzen und die Zwiebeln darin andünsten. Die Endivienstreifen zufügen und einige Minuten mitdünsten. Die Sahne einrühren und etwas einkochen lassen. Die Minze unterheben und das Gemüse mit Salz und Pfeffer abschmecken. Lauwarm oder kalt servieren.

Radicchio fritto
Gebratener Radicchio

300 g Radicchio trevisano
Mehl zum Wenden
2 Eier, verquirlt
Öl zum Frittieren
Salz
frisch gemahlener Pfeffer

Von den Radicchio die äußeren Blätter entfernen. Die Köpfe abspülen, trocken tupfen und der Länge nach halbieren.
Mehl, verquirlte Eier und Semmelbrösel getrennt in 3 tiefe Teller geben. Die Radicchiohälften zunächst in Mehl, dann in den Eiern und zuletzt in den Semmelbröseln wenden.
In einer tiefen Pfanne reichlich Öl erhitzen und den panierten Radicchio portionsweise darin goldbraun ausbacken. Auf Küchenpapier abtropfen lassen, mit Salz und Pfeffer würzen und sehr heiß servieren.

Die Italiener kaufen Obst, Gemüse und Salat am liebsten auf einem der zahlreichen Märkte, die in jedem Stadtviertel zu finden sind. Hier erfährt man auch gleich die aktuellen Neuigkeiten aus der unmittelbaren Nachbarschaft.

Kartoffeln

Kartoffeln werden in der italienischen Küche nicht als sättigende Beilage serviert, sondern haben wie jedes Gemüse einen eigenen Stellenwert. Man brät die nahrhaften Knollen mit aromatischen Kräutern oder bereitet aus ihnen Aufläufe und Gemüsekuchen zu. In Form von Gnocchi kommen Kartoffeln vor allem in Norditalien auf den Tisch.

Im 16. Jahrhundert wurde die Kartoffel von spanischen Eroberern in den südamerikanischen Anden entdeckt. Die Inkas bereiteten aus den knollenartigen Verdickungen der Pflanze Gerichte zu, die auch den Spaniern schmeckten. Weil die Konquistadoren die unter der Erde wachsenden Knollen auf den ersten Blick für Trüffel hielten, nannten sie das ihnen unbekannte Gemüse *taratoufli* (Trüffel) der Inkas.

Timballo verde
Gemüseauflauf

600 g mehlig kochende Kartoffeln
Salz
500 g Blattspinat
1 weiße Zwiebel, fein gehackt
1 EL Olivenöl
2 Bund Petersilie
frisch gemahlener Pfeffer
frisch geriebene Muskatnuss
4 Eier
100 g süße Sahne
100 g geriebener Parmesan
3 EL Butter, plus etwas mehr zum Einfetten

Die Kartoffeln waschen und in der Schale in Salzwasser 20 Minuten kochen.

Den Spinat verlesen, putzen und gründlich waschen. Die Zwiebel im Olivenöl andünsten, den noch tropfnassen Spinat dazugeben und zugedeckt 2–3 Minuten dünsten. Abgießen und gut abtropfen lassen. Die Kartoffeln schälen und noch heiß zerstampfen.

Die Petersilie waschen, trocken tupfen und die Blätter abzupfen. Mit dem Spinat pürieren, mit Salz, Pfeffer und Muskatnuss würzen. Den Backofen auf 175 °C vorheizen.

Die Eier mit der Sahne verquirlen und unter die Kartoffelmasse rühren. Spinatpüree und die Hälfte des Parmesans untermischen, mit Salz und Pfeffer abschmecken.

Eine runde Auflaufform mit Butter einfetten und die Kartoffel-Spinat-Masse einfüllen. Den restlichen Parmesan darüberstreuen und die Butter in Flöckchen daraufsetzen. Im Backofen ca. 25 Minuten goldbraun überbacken.

Gekochte Kartoffeln schälen und noch warm zerstampfen.

Den Spinat verlesen, grobe Stiele entfernen und die Blätter gründlich waschen.

Petersilienblätter und Spinat mit einem Stabmixer glatt pürieren.

Spinatpüree, Parmesan, Eier und Sahne unter die Kartoffelmasse rühren.

Die Kartoffel-Spinat-Masse in eine gefettete runde Auflauf- oder Backform füllen und überbacken.

Patate al rosmarino
Rosmarinkartoffeln

800 g vorwiegend fest kochende Kartoffeln
3 Knoblauchzehen
3 Rosmarinzweige
75 ml Olivenöl, plus etwas mehr zum Einfetten
Salz
frisch gemahlener Pfeffer

Die Kartoffeln waschen, schälen und in kleine Würfel schneiden. Den Knoblauch schälen und grob hacken. Die Rosmarinblätter von den Zweigen abzupfen und ebenfalls grob hacken. Den Backofen auf 200 °C vorheizen.
Eine flache Auflaufform mit Olivenöl einfetten und 1 Lage Kartoffelwürfel hineingeben. Mit etwas Knoblauch, Rosmarin, Salz und Pfeffer würzen. Diesen Vorgang so lange wiederholen, bis alle Zutaten aufgebraucht sind. Mit dem Olivenöl beträufeln und im Backofen etwa 45 Minuten garen, dabei mehrmals wenden. In der Form servieren.

EIERSPEISEN

Während in vielen Ländern zum morgendlichen Frühstück ein gekochtes Ei gehört, erfreut sich in Italien das Ei vor allem in Form von Eierspeisen großer Beliebtheit. Die Basis dieser Gerichte sind frische Hühnereier. Das war nicht immer so. In früheren Zeiten waren auch die Eier von Enten und Puten in der Küche sehr beliebt.

Die bekannteste Eierspeise ist die *frittata*, die italienische Variante des Omeletts. Der Name Omelett ist angeblich aus den beiden lateinischen Wörtern *ovum* (Ei) und *mellitus* (süß wie Honig) entstanden. Vom altrömischen Feinschmecker Marcus Gavius Apicius ist das Rezept für ein süßes Omelett mit Pfirsichen, Honig und Nüssen überliefert.

Eine klassische Frittata wird nur aus Eiern, Salz und Pfeffer zubereitet. Doch es gibt unzählige Varianten des Klassikers, mit frischen Kräutern, Gemüse, Hülsenfrüchten, Schinken, Salami, Fisch, Käse oder Kartoffeln, die durch Eier gebunden werden. Die Frittata ist vielseitig. Sie wird entweder als Vorspeise, Hauptgericht oder als unkompliziertes, preiswertes Zwischengericht serviert.

Picknick

Ostern ist in Italien nicht nur ein wichtiges Kirchenfest. Es ist auch der Beginn einer langen Reihe von fröhlichen Festen unter freiem Himmel. Am Ostermontag, der auch *Pasquetta* (kleines Ostern) heißt, fährt man mit Familie, Freunden und Bekannten traditionellerweise zum ersten Picknick des Jahres aufs Land. Ob am Meer, in Olivenhainen oder in Parks – an diesem Tag bleibt kein Picknickplatz frei.

Den ganzen Sommer über bis weit in den Herbst hinein verbringen viele Italiener den Sonntag im Grünen, bestens ausgerüstet mit Klappstühlen, Tischen und meist auch mit einer kleinen Kochgelegenheit, um frische Pasta zu kochen. Wo immer es möglich ist, wird auch ein Grill aufgestellt. Im gut gefüllten Picknickkorb dürfen neben Brot, eingelegtem und frischem Gemüse, süßem Gebäck und einer Flasche Wein auch leckere Eierspeisen wie eine *frittata* nicht fehlen.

Wer keine Zeit oder Lust hat, auch am Wochenende selbst zu kochen, findet in den auch sonntags geöffneten Feinkostgeschäften und Pasticcerien ein vielfältiges Angebot an *panini* und *crostini* (belegten Broten), Snacks und Kuchen. Wer keinen eigenen Grill hat, kann in einer *rosticceria* Brathähnchen, Spanferkelbraten oder komplette Mahlzeiten mitnehmen. Frisches Brot oder ofenfrische Grissini aus der *panetteria* runden das kulinarische Angebot ab.

Auf vielen kleinen Märkten werden frische Hühnereier von den Bauern aus der Umgebung verkauft.

Frittata con prezzemolo
Frittata mit Petersilie

1 Bund glatte Petersilie
6 Eier
Salz
frisch gemahlener Pfeffer
4 EL Olivenöl

Die Petersilie abspülen, trocken tupfen und die Blätter grob hacken. Die Eier mit Salz und Pfeffer in einer Schüssel leicht schaumig rühren. Petersilie unterrühren.

In einer schweren Pfanne das Olivenöl erhitzen, bis es leicht raucht. Dann die Eimasse hineingießen und die Oberfläche mit einem Holzspachtel glatt streichen.

Die Hitze reduzieren und die Eimasse stocken lassen. Das Omelett mithilfe eines Deckels oder Tellers im Ganzen wenden, sobald es an der Unterseite zu bräunen beginnt.

Das Omelett auch auf der anderen Seite goldbraun backen. Dann in 4 gleiche Teile schneiden und heiß oder lauwarm servieren.

Aus frischen Eiern, Petersilie, Salz und Pfeffer bereitet man die klassische frittata *zu.*

Eier mit Salz und Pfeffer schaumig rühren und die gehackte Petersilie unterrühren.

Olivenöl in einer Pfanne erhitzen und die Ei-Kräuter-Masse hineingießen.

Das Omelett auf beiden Seiten bei mittlerer Hitze goldbraun backen.

ABRUZZEN

Das fast 3000 Meter hohe Bergmassiv des Gran Sasso trennt die Abruzzen im Westen von Latium. Die Berge haben diese Region über Jahrhunderte vom restlichen Italien abgeschnitten, mit ein Grund dafür, dass sich hier Traditionen, Bräuche und kulinarische Geheimnisse lange halten konnten. Für die Landbevölkerung war das Essen vor allem eines: die Möglichkeit, gesellig zusammenzusitzen. Bis heute wird in einigen Dörfern noch die *panarde*, ein Festmahl, zelebriert. Überwältigend ist dabei die Anzahl der Gänge, die bis zu 50 Speisen betragen kann. Ein anderes Ritual ist die Zubereitung der *minestrone delle virtù*, der Suppe der Tugenden. Sie symbolisiert die sieben Kardinaltugenden und wird zum Maifest aus sieben getrockneten Hülsenfrüchten, sieben frischen Frühlingsgemüsesorten, sieben Fleischsorten und sieben Nudelsorten gekocht.

Schon zu Zeiten des Römischen Reichs wurde in der Hochebene von Navelli Safran kultiviert – bereits damals eines der teuersten Gewürze. Er aromatisierte nicht nur edle Speisen und verlieh ihnen einen verlockenden Goldton. In gemahlener Form wurde er auch als Pigment für Wandfarben verwendet. Obwohl bis ins 16. Jahrhundert hinein die Provinz Aquila ein Zentrum der Safranproduktion war, spielte er in der Volksküche keine allzu große Rolle. Er war einfach zu kostbar und wurde vor allem für den Export angebaut. In Navelli findet jährlich Mitte August die Sagra di ceci e dello zafferano statt, zu Ehren der dort angebauten Kichererbsen und des Safran. In den kleinen Lokalen des mittelalterlichen Städtchens werden zu dieser Zeit regionale Köstlichkeiten wie Gnocchetti mit Kichererbsen und Kartoffelplätzchen mit Safran angeboten.

In den frühen Morgenstunden werden die Blüten des Crocus sativus von Hand geerntet.

Fast 2000 Blüten sind notwendig, um aus deren Blütennarben 1 Gramm Safran zu gewinnen.

Die goldgelben Blütennarben des Safran gelten als das teuerste Gewürz der Welt.

Frittata allo zafferano
Safran-Frittata

2 Kartoffeln, gekocht
1 weiße Zwiebel, fein gehackt
1 EL Butter
einige Safranfäden
50 ml heiße Milch
12 große Basilikumblätter
6 Eier
Salz
frisch gemahlener Pfeffer
2 EL geriebener Parmesan
4 EL Olivenöl

Die Kartoffeln schälen und durch eine Kartoffelpresse drücken. Die Zwiebel in der Butter andünsten. Vom Herd nehmen und unter die Kartoffelmasse geben. Die Safranfäden in der heißen Milch einweichen, dann die Mischung unter den Kartoffelteig rühren.

Das Basilikum in dünne Streifen schneiden. Die Eier mit Salz und Pfeffer in einer Schüssel leicht schaumig rühren, den Parmesan sowie das Basilikum dazugeben und alles gründlich mit dem Kartoffelteig verrühren.

In einer schweren Pfanne das Olivenöl erhitzen, bis es leicht raucht. Dann die Masse hineingießen und die Oberfläche mit einem Holzspachtel glatt streichen. Die Hitze reduzieren und die Eier stocken lassen.

Das Omelett mithilfe eines Deckels oder Tellers im Ganzen wenden, sobald die Unterseite zu bräunen beginnt. Das Omelett auch auf der anderen Seite backen. Dann in 4 gleiche Teile schneiden und heiß oder lauwarm servieren.

Das alte abruzzische Dorf Caramanico Terme liegt malerisch auf einer Felsspitze zwischen zwei Tälern. Schwefelhaltige Quellen speisen die Therme, die schon im Mittelalter genutzt wurde.

Torta verde
Grüner Gemüsekuchen

250 g Mehl, plus etwas mehr zum Bestäuben
5 EL Olivenöl
Salz
1,5 kg Blattspinat
1 Zwiebel, fein gehackt
1 Knoblauchzehe, fein gehackt
frisch gemahlener Pfeffer
5 Eier
100 g geriebener Parmesan
Öl zum Einfetten
1 Eigelb

Das Mehl auf die Arbeitsfläche sieben, in die Mitte eine Mulde drücken. 2 Esslöffel Olivenöl, 1 Prise Salz und 2–4 Esslöffel Wasser zugeben und alles zu einem glatten, geschmeidigen Teig verkneten. Den Teig zu einer Kugel formen, in Frischhaltefolie wickeln und 30 Minuten im Kühlschrank ruhen lassen.

Inzwischen den Blattspinat verlesen, welke Blätter und grobe Stiele entfernen. Den Spinat gründlich waschen und in kochendem Salzwasser einige Minuten blanchieren. Spinat abgießen, kalt abschrecken, gut abtropfen lassen und fein hacken.

Zwiebel und Knoblauch im restlichen Olivenöl andünsten, dann den Spinat zufügen, mit Salz und Pfeffer würzen und noch einige Minuten unter Rühren dünsten. Vom Herd nehmen und abkühlen lassen. Die Eier verquirlen, Parmesan und Spinat unterheben. Den Backofen auf 200 °C vorheizen.

Den Teig auf einer bemehlten Arbeitsfläche dünn ausrollen. Eine Springform (26 cm Ø) einfetten. Aus dem Teig 2 Kreise in der Größe des Springformbodens ausschneiden. 1 Teigkreis auf den Boden der Springform legen, aus Teigresten einen hohen Rand formen. Die Gemüsefüllung auf dem Teig verteilen, die Oberfläche glatt streichen und den zweiten Teigboden darauflegen, mehrmals mit einer Gabel einstechen. Überstehenden Teigrand darüberklappen und festdrücken. Den Kuchen mit Teigresten verzieren und mit dem Eigelb bestreichen. Im Backofen etwa 1 Stunde backen.

Den Kuchen lauwarm oder kalt servieren.

Den Spinat putzen und in kochendem Salzwasser einige Minuten blanchieren.

Den gedünsteten Spinat mit Eiern und geriebenem Parmesan vermischen.

Den Spinat auf den Kuchenboden geben und gleichmäßig darauf verteilen.

Mit einer Teigplatte bedecken und die Teigränder fest zusammendrücken.

Erbazzone
Mangoldkuchen

250 g Mehl, plus etwas mehr zum Bestäuben
50 g weiche Butter
3 EL Olivenöl, plus etwas mehr zum Einfetten
Salz
750 g Mangold
75 g Pancetta, gewürfelt
2 Knoblauchzehen, fein gehackt
2 EL fein gehackte Petersilie
frisch gemahlener Pfeffer
75 g geriebener Pecorino
1 Ei

Das Mehl auf die Arbeitsfläche sieben und in die Mitte eine Mulde drücken. Die Butter in Stückchen, 1 Esslöffel Olivenöl und 1 Prise Salz hineingeben und alles zu einem glatten, geschmeidigen Teig verkneten. Bei Bedarf etwas Wasser zufügen. Den Teig zu einer Kugel formen, in Frischhaltefolie wickeln und 1 Stunde im Kühlschrank ruhen lassen.
Inzwischen den Mangold putzen, waschen und in kochendem Salzwasser einige Minuten blanchieren. Dann abgießen, kalt abschrecken, gut abtropfen lassen und fein hacken.
Die Hälfte des Specks im restlichen Olivenöl anbraten. Knoblauch, Mangold und Petersilie dazugeben und unter Rühren einigen Minuten dünsten. Vom Herd nehmen, mit Salz und Pfeffer würzen und abkühlen lassen. Pecorino und Ei unterrühren. Den Backofen auf 200 °C vorheizen.
Zwei Drittel des Teigs auf einer bemehlten Arbeitsfläche ausrollen und eine gefettete Springform (26 cm Ø) damit auskleiden, dabei einen Rand formen. Die Gemüsemasse einfüllen und glatt streichen. Den restlichen Teig in Größe der Form ausrollen und auf das Gemüse legen. Die Teigränder fest zusammendrücken. Den übrigen Pancetta auf dem Kuchen verteilen. Im Backofen etwa 1 Stunde backen. Lauwarm oder kalt servieren.

Frittata di carciofi
Artischocken-Frittata

6 eingelegte Artischockenherzen
1 kleiner Bund Rucola
1 Zwiebel
1 Knoblauchzehe
6 Eier
3 EL süße Sahne
Salz
frisch gemahlener Pfeffer
1 EL fein gehackte Petersilie
2 EL Olivenöl
1 EL Butter

Die Artischockenherzen gut abtropfen lassen und vierteln. Den Rucola verlesen, grobe Stiele entfernen und die Blätter hacken. Zwiebel und Knoblauch in kleine Würfel schneiden.
Die Eier mit der Sahne verquirlen, mit Salz und Pfeffer würzen und die Petersilie unterheben.
Olivenöl und Butter in einer beschichteten Pfanne erhitzen. Zwiebel und Knoblauch darin glasig dünsten. Artischocken zufügen und kurz anbraten. Die Eiersahne darübergießen und bei kleiner Hitze backen. Sobald die Oberfläche gestockt ist, die Frittata mithilfe eines Deckels oder Tellers wenden und auch von der anderen Seite goldbraun backen.
Die Frittata entweder heiß servieren oder abkühlen lassen und in mundgerechte Würfel schneiden.

Crespelle-Grundrezept

3 Eier
150 g Mehl
250 ml Milch
Salz
60 g Butter

Die Eier verquirlen und mit Mehl und Milch zu einem dünnflüssigen Teig verrühren. Mit 1 Prise Salz würzen und 30 Minuten ruhen lassen.
Etwas Butter in einer kleinen beschichteten Pfanne zerlassen und 1 kleine Schöpfkelle Teig hineingeben. Die Pfanne schwenken, um den Teig gleichmäßig zu verteilen. Den Pfannkuchen auf beiden Seiten goldbraun backen, anschließend warm stellen.
Auf diese Weise insgesamt 8 Crespelle herstellen.

Crespelle al prosciutto di Parma
Crespelle mit Parmaschinken

8 Crespelle (siehe Grundrezept)
1 kleine Zwiebel, fein gehackt
1 Knoblauchzehe, fein gehackt
3 EL Olivenöl, plus etwas mehr zum Einfetten
400 g gewürfelte Tomaten aus der Dose
Salz
schwarzer Pfeffer
1 EL gehacktes Basilikum
100 g Parmaschinken
50 g geriebener Parmesan

Die Crespelle nach Grundrezept zubereiten und etwas abkühlen lassen. Zwiebel und Knoblauch in 2 Esslöffeln Olivenöl glasig dünsten, dann die Tomaten zugeben, mit Salz, Pfeffer und Basilikum würzen und 10 Minuten köcheln lassen. Den Backofen auf 225 °C vorheizen.
Den Parmaschinken auf die Crespelle verteilen. Aufrollen und nebeneinander in eine gefettete Auflaufform legen. Die Tomatensauce darüberverteilen, mit dem Parmesan bestreuen und das Olivenöl darüberträufeln. Im Backofen 15 Minuten überbacken.

Crespelle al forno
Überbackene Crespelle

8 Crespelle (siehe Grundrezept)
300 g gemischte Waldpilze
1 kleine Zwiebel, fein gehackt
50 g Butter
100 g gekochter Schinken, in Streifen geschnitten
2 EL gehackte Petersilie
Salz
frisch gemahlener Pfeffer
500 ml Béchamelsauce
100 g Gorgonzola, zerbröckelt

Die Crespelle nach Grundrezept zubereiten und warm stellen. Die Pilze putzen und in dünne Scheiben schneiden.
Die Zwiebel in 30 g Butter glasig dünsten, den Schinken dazugeben und die Pilze untermischen. Unter Wenden etwa 10 Minuten dünsten, bis die Garflüssigkeit eingekocht ist. Die Petersilie einrühren und die Pfanne vom Herd nehmen.
Pilzgemüse mit Salz und Pfeffer würzen und auf die Crespelle verteilen. Aufrollen und nebeneinander in eine mit der restlichen Butter eingefettete Auflaufform legen. Die Béchamelsauce darübergießen und mit dem zerbröckelten Gorgonzola bestreuen. Im Backofen etwa 15 Minuten überbacken.

Trüffel

Trüffeln sind die ungekrönten Könige der Pilze. Und wer einmal eine frische Trüffel gekostet hat, versteht, dass diese rare Delikatesse ihren Preis hat, nicht nur weil sie so selten ist, sondern weil sie eine kulinarische Freude für Nase und Gaumen bedeutet.

Schon in der Antike schrieb man der Trüffel aphrodisische Eigenschaften zu. Und der große Komponist Rossini nannte sie „den Mozart unter den Pilzen". Die Trüffel ist kapriziös: Bis heute haben die kostbaren Pilze allen Versuchen, sie künstlich zu vermehren oder zu züchten, trotzig widerstanden.

Beim Trüffelkauf sollte man darauf achten, dass der Pilz keine Wurmlöcher hat und sauber ist. In ein feuchtes Tuch eingewickelt, kann man die Trüffel in einem gut verschlossenen Glas 3–4 Tage ohne Aromaverlust aufbewahren. Auf keinen Fall sollte man sie in Reis gebettet aufbewahren, denn der Reis entzieht ihr Feuchtigkeit und Aroma.

Alba-Trüffel

Tuber magnatum pico – *so* lautet der botanische Name der besten und zugleich teuersten Trüffel, die umgangssprachlich auch *tartufo bianco di Alba*, Alba-Trüffel, oder *tartufo bianco del Piemonte*, Piemonteser Trüffel, heißt. Der Name täuscht: Die kostbarste aller Trüffeln wächst nicht nur im piemontesischen Alba, sondern auch in der Emilia-Romagna, in den Marken, in Umbrien, der Toskana, in Latium und in den Abruzzen. Sie gedeiht in Symbiose mit Eichen, Kastanien, Pappeln, Weiden und Linden – wobei der Baum die Farbe ihres Fruchtfleischs bestimmt. Pappeln und Weiden geben der Trüffel eine fast weiße Farbe, Eichen lassen sie hellbraun, Linden hellbraun bis rötlich werden. Unabhängig von der Farbe ist das Fruchtfleisch fest und kompakt und von zahlreichen weißen Adern durchzogen. Erntezeit ist vom 1. Oktober bis 31. Dezember. Die Trüffel wird immer roh und am besten frisch mit einem speziellen Trüffelhobel in hauchdünne Scheiben geraspelt. Ihr unvergleichliches Aroma entfaltet sie am besten auf hausgemachten dünnen Nudeln, Frittata, Risotto oder in Verbindung mit Sahne- und Buttersaucen.

Frittata ai tartufi
Frittata mit schwarzen Trüffeln

2 kleine schwarze Trüffeln
5 Eier
3 EL süße Sahne
Salz
40 g Butter
2 EL fein gehackte Kräuter (z.B. Kerbel, Brunnenkresse oder Basilikum)

Die Trüffeln mit einer weichen Bürste unter lauwarmem Wasser sanft abbürsten. Abtrocknen, mit dem Sparschäler schälen und in dünne Scheiben schneiden.

Eier und Sahne verquirlen, mit 1 Prise Salz würzen. In einer großen Pfanne die Butter zerlassen und die Trüffelscheiben darin bei schwacher Hitze einige Minuten schwenken. Dann die Eimasse hineingießen, mit den Kräutern bestreuen und mit einem Holzlöffel kurz durchrühren. Die Eimasse stocken lassen. Die Frittata mithilfe eines Deckels wenden, sobald die Unterseite zu bräunen beginnt. Auf der anderen Seite braten und heiß servieren.

In Italien werden zur Trüffelsuche Hunde eingesetzt, denn die Trüffeljagd mit Schweinen ist verboten. Die Hunde, meist aus der Rasse lagotto romagnolo *oder Mischlinge, sind der ganze Stolz der Trüffelsucher und ihr gut bewachtes Kapital.*

Hunde verursachen beim Erschnüffeln und Auffinden der edlen Pilze keine Schäden an den Wurzelspitzen und Myzelien.

Ein weiterer Pluspunkt: Im Gegensatz zu Schweinen fressen die Hunde die gefundenen Trüffeln nicht auf.

Haben die Hunde eine Trüffel erschnuppert, geben sie Laut und lassen ihr Herrchen selbst graben.

Die teuren schwarzen Norcia-Trüffeln werden hauptsächlich in der Gegend um Norcia und Spoleto gesammelt.

Formaggi

Käse

Wann auch immer jemand zum ersten Mal erkannte, dass dick gewordene Milch keineswegs verdorben ist, sondern weiterverwertet werden kann – es war einer der kulinarischen Glücksmomente in der Geschichte der menschlichen Ernährung. Die Legende besagt, dass der Hirte Aristeus, ein Sohn der Nymphe Cyrene und des Gottes Apoll, der erste „Käser" der Geschichte war. Tatsache ist: Käse ist eines der ältesten und vielseitigsten Nahrungsmittel überhaupt. Und die Käseherstellung gehört zu den ältesten Handwerkskünsten der Menschheit.

Käse war in der Antike ein Grundnahrungsmittel. Die Römer aßen regelmäßig frischen und gereiften Kuh-, Ziegen- und Schafskäse. Sie kultivierten als Erste den Labkäse aus Süßmilch, die mithilfe von Labmägen junger Wiederkäuer dickgelegt wurde. Käserezepte finden sich bereits im Apicius-Kochbuch aus der römischen Kaiserzeit, darunter ein Rezept für süßen Frischkäse mit Honig, Pfeffer, Salz, Öl und Koriander. Von Rom aus verbreitete sich die Käsekultur in alle Provinzen des Weltreichs. Im Mittelalter perfektionierten dann die Mönche, vor allem die Zisterzienser und Benediktiner, die Kunst der Käseherstellung.

Bis heute ist die Liebe der Italiener zu ihrem Käse ungebrochen. Jede Region hat ihre traditionellen Spezialitäten, die oft noch nach den alten Rezepturen hergestellt werden. Zwei Käsesorten aus der Campagna romana wurden bereits im alten Rom produziert: der *pressato a mano* (von Hand gepresst), ein weicher Schafskäse, der gepresst und anschließend über Apfelholz geräuchert wird, und der *cacio fiore*, ein Hartkäse aus Schafsmilch, der Vorfahre des *pecorino romano*. Die bekanntesten Sorten sind heute durch EU-Gütezeichen ursprungsgeschützte D.O.P.-Käse (Denominazione di Origine Protetta). Bei der geschützten Ursprungsbezeichnung muss laut EU-Verordnung „sowohl die Erzeugung als auch die Herstellung und Verarbeitung eines Agrarerzeugnisses in einem bestimmten geografischen Gebiet nach einem anerkannten und festgelegten Verfahren erfolgen". Das Gütesiegel wird nur Produkten verliehen, die in vollem Umfang, also einschließlich der Rohwaren – in diesem Fall die Milch –, in der angegebenen Region erzeugt werden, womit die intensive Bindung zwischen dem Produkt und seiner Herkunft gewürdigt wird.

Käse und Wein

Die häufigste kulinarische Verbindung bei Tisch ist in Italien die von Käse und Wein. Jeder Käse hat seine eigene Geschichte und bestimmte geschmackssensorische Eigenschaften, die bei der Wahl des passenden Weins berücksichtigt werden sollten. Dazu kommen noch die persönlichen Vorlieben der jeweiligen Genießer. Dennoch gibt es einige Kriterien, die dabei helfen, die ideale Verbindung zu finden, welche die Komplexität des einen wie des anderen betont, ohne dass der eine den anderen übertönt. Dabei muss der Wein nicht zwangsläufig aus derselben Region kommen wie der Käse.

Zarte **Frischkäse** passen am besten zu leicht aromatischen, weichen Weißweinen mit mittlerem Alkoholgehalt, wie einem Traminer oder Müller-Thurgau.

Kurz gereifte Hartkäse oder **halbfester Schnittkäse** aus Rohmilch harmonieren mit strukturierten Weißweinen mit etwas höherem Alkoholgehalt, Roséweinen und jungen Rotweinen mit wenig Tannin, die leicht gekühlt getrunken werden.

Hartkäse, Halbfett- und **Fettkäse mit mittlerer Reifung** aus pasteurisierter Milch sind ideale Begleiter zu ausgewogenen Rotweinen mit einem ausgeprägten Körper und einem betonten Bouquet.

Lange gelagerte und **reife Hartkäse** brauchen tanninhaltige Rotweine mit viel Körper und Struktur sowie hohem Alkoholgehalt.

Schimmelpilzkäse, pikante und **würzige Käse** sind ideale Begleiter zu Likörweinen wie einem Marsala oder Strohweinen wie dem Amarone.

Käsesorten

Es gibt verschiedene Möglichkeiten, die einzelnen Käsesorten einzustufen. Zunächst einmal kann man sie nach ihrer Herkunft in Käse aus der Milch von Schafen, Kühen, Ziegen und Büffel unterscheiden. In Italien werden Käse auch nach ihrem Fettgehalt in Magerkäse mit einem Fettgehalt von unter 20 Prozent in der Trockenmasse, Halbfettkäse (20–40 Prozent Fett i. Tr.) und Fettkäse mit einem Fettgehalt über 42 Prozent eingeteilt. Die Reifezeit ist ebenfalls ein Kriterium. Neben dem Frischkäse, der ohne weitere Reifung verkauft wird und nicht lange haltbar ist, gibt es mittelgereifte *(mezzano)* und gereifte *(vecchio)* Käse, oft von der gleichen Käsesorte. Am bekanntesten ist die Zuordnung zu Käsegruppen entsprechend ihrem Wassergehalt. Hier unterscheidet man zwischen Weichkäse (Wasseranteil über 40 Prozent), halbfestem Schnittkäse und Hartkäse.

Eine Auswahl von bekannten Käsesorten (von links nach rechts):
1 Parmigiano-Reggiano
2 Taleggio
3 Pecorino dolce
4 Fontina
5 Asiago
6 Pecorino spazzarello
7 Montasio
8 Marzolino
9 Pecorino misto
10 Pecorino senese

Käsebesteck und -reibe

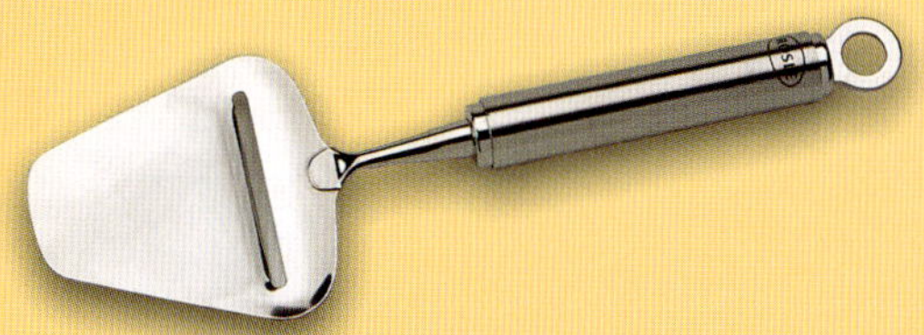

Mit dem Käsehobel zieht man hauchdünne Käsescheiben von einem größeren Stück Schnittkäse ab.

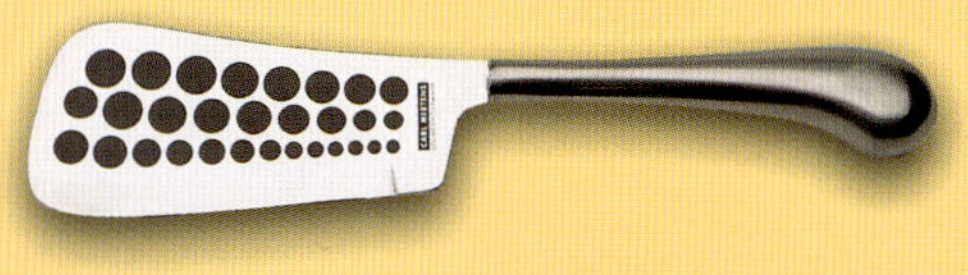

Wegen der Löcher im Käsemesser bleibt der Käse nicht an der Klinge haften.

Mit der Gabelspitze dieses Käsemessers kann man den Käse bequem aufnehmen.

Nach dem Reiben kann der Käse aus der Schublade des Holzbehälters praktisch portioniert werden.

Beliebte Käsesorten

Jahrhundertelang war Käse in den ländlichen Gebieten ein Hauptbestandteil jeder Mahlzeit, vor allem in den ärmeren Regionen. Jede Gegend und fast jedes Dorf hatte sein eigenes Herstellungsverfahren entwickelt und im Lauf der Zeit immer weiter verfeinert. Im Zeichen der Globalisierung findet auch beim Käse eine Rückbesinnung auf die traditionellen Sorten statt.

Asiago
Traditioneller Schnittkäse aus Vicenza und Trient, früher aus Schafsmilch, heute aus Kuhmilch hergestellt. Er hat eine gelb-rötliche Rinde und reift zwischen vier Monaten und zwei Jahren. Mit zunehmendem Alter wird er härter und würziger.

Bel Paese
Bel Paese heißt auf Deutsch „schönes Land". Es ist ein sehr milder, aromatischer halbfester Schnittkäse aus der Lombardei, der auch außerhalb Italiens sehr beliebt ist.

Pecorino „foja de noce"
Käsespezialität aus den Marken. Die Käsemasse aus Schafsmilch wird in Walnussbaumblätter gewickelt und reift darin mehrere Wochen. Das verleiht dem Käse ein spezielles Aroma.

Fontina
Der bekannteste Käse der valdostanischen Berge. Der halbfeste Kuhmilchkäse mit nussigem Geschmack eignet sich sehr gut zum Schmelzen und bildet die Grundlage der fonduta.

Formaggio di fossa di Sogliano
Berühmter würziger Schafskäse aus dem Gebiet von Sogliano. Er reift mehrere Monate in Tuffsteingruben, die traditionell am 25. November geöffnet werden und die Delikatesse freigeben.

Caciotta
Halbfester Rohmilchkäse aus der Toskana und Umbrien. Er wird aus Schafs- und etwas Kuhmilch hergestellt und hat ein feines, nach Blüten und Gras schmeckendes Aroma.

Caciocavallo
Gebrühter Knetkäse, der in Flaschenkürbisform gebunden wird und mindestens sechs Monate reift. Sein Inneres ist goldgelb mit vollem, leicht süßlichem Geschmack. Wird auch geräuchert angeboten.

Castelmagno
Traditioneller kräftiger Blauschimmelkäse aus dem Piemont. Er wird aus teilentrahmter Kuhmilch mit etwas Schafs- oder Ziegenmilch hergestellt und reift in Kellern bis zu fünf Monate.

Gorgonzola piccante
Eine der weltweit bekanntesten italienischen Käsesorten. Er ist von grünblauem Edelschimmel durchzogen, hat eine cremig weiche Konsistenz und einen pikant-würzigen Geschmack.

Gorgonzola dolce
Die mildere Variante des Gorgonzola mit streichfähiger Konsistenz stammt ebenfalls aus der gleichnamigen Stadt Gorgonzola und besteht zu 100 Prozent aus Kuhmilch.

Bitto
Almkäse aus den Veltliner Bergen, die der Fluss Bitto durchquert. Ein würziger Kuhmilchkäse mit einem kleinen Anteil Ziegenmilch. Wird als junger Schnittkäse oder gereift verkauft.

Stracchino
Der weiche und streichfähige Tafelweichkäse aus der Provinz Bergamo hat eine weiche dünne Rinde. Er wird ohne Konservierungsmittel aus Rohmilch hergestellt und ist zum raschen Verzehr bestimmt.

Mascarpone
Mascarpone entsteht aus gereiftem Rahm, der bei der Käseproduktion von der Milch abgeschöpft wird. Er hat eine wunderbar schmelzende Konsistenz und ist die Hauptzutat für das beliebte Dessert tiramisù.

Montasio
Eine Spezialität aus dem Friaul und dem gleichnamigen Bergmassiv. Ein kleiner Kuhmilchkäse mit vollem Aroma, der je nach Reifegrad mild oder pikant schmeckt und der regionalen Spezialität frico Würze verleiht.

Burrata
Käse-Köstlichkeit aus Apulien: Unter einer Hülle aus Käseteig verbirgt sich eine Frischkäsefüllung mit Mozzarella-Stückchen, umschlossen von den Blättern einer Lilienart.

Mozzarella affumicata
Wird der Büffelmilch-Mozzarella geräuchert, bekommt er eine trockenere festere Konsistenz, wird haltbarer und erhält einen wunderbar würzigen, leicht rauchigen Geschmack.

Parmigiano-Reggiano
Der bekannteste italienische Käse, der auf der ganzen Welt geschätzt wird, ist ein halbfetter Hartkäse aus der Emilia-Romagna. Er wird in verschiedenen Reifestufen angeboten.

Pecorino romano
Pecorino romano wird ausschließlich aus Schafsmilch hergestellt. Nach fünf Monaten Reifezeit wird er als Tafelkäse genossen und nach acht Monaten gibt er gerieben den Speisen eine unnachahmliche Würze.

Mozzarella di bufala
Der authentische Mozzarellakäse wird in Kampanien aus Wasserbüffelmilch hergestellt. Er hat eine elastische Konsistenz und einen angenehm säuerlichen Geschmack.

Provolone
Pikant würziger Knetkäse aus Kampanien mit langer Tradition, der aus Kuhmilch hergestellt wird und mehrere Monate reift. Die Farbe der Rinde hängt vom Reifegrad ab.

Quartirolo
Ein junger viereckiger Kuhmilchkäse aus der Lombardei mit einer dünnen weichen Rinde, einer leicht krümeligen Struktur und säuerlichem Geschmack.

Pecorino sardo
Schnittkäse aus Schafsmilch mit weniger kräftigem Geschmack. Behält auch im reiferen Zustand eine weiche Konsistenz durch die harte Rinde, die kurz in kochendem Wasser gebrüht wird.

Pecorino toscano
Wird in verschiedenen Gebieten der Toskana aus Schafsmilch hergestellt. Er ist als junger oder reiferer Käse erhältlich und wird mit rein pflanzlichem Lab hergestellt.

Ricotta di pecora
Der Frischkäse aus ungesalzener Schafsmolke kommt aus Kampanien. Er wird mit Milch oder Sahne angereichert.

Ricotta stagionata
Sardischer Schafsmolkekäse, dessen fast schmelzender Teig einen angenehm süßlichen Geschmack entfaltet. Er wird meist frisch verzehrt.

Ragusano
Ein sizilianischer Kuhmilchkäse in Quaderform. Er hat zunächst eine hellgelbe Rinde, die sich im Lauf der Reife dunkel verfärbt.

Scamorza
Süditalienischer gebrühter Knetkäse aus Kuhmilch, der nur kurz reift und einen milden Geschmack sowie eine weiche Konsistenz hat. Wird naturbelassen oder geräuchert angeboten.

Taleggio
Ein weicher Käse aus dem Taleggiotal in der Provinz Bergamo. Er hat eine zartrosa dünne weiche Rinde, eine strohgelbe Käsemasse und reift mindestens 35 Tage.

Tomino del boscaiolo
Ein frischer piemontesicher Käse aus Kuhvollmilch. Er wird in der Pfanne oder auf dem Grill geröstet, dabei verhindert die dünne Rinde, dass er ausläuft, wenn er geschmolzen ist.

Emilia-Romagna

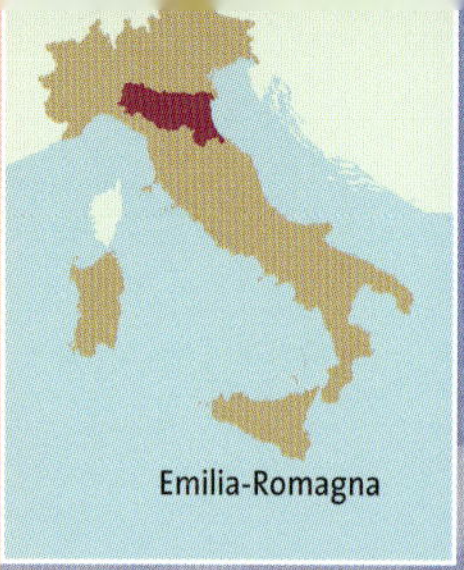

Ein Schlaraffenland für Genießer ist die Emilia-Romagna, die eigentlich aus zwei Regionen besteht: der Emilia mit ihren weiten Ebenen im Westen und der Romagna, die sich im Osten entlang der Adria erstreckt. Bologna, die bekannte Universitätsstadt, liegt in der Mitte und ist weit über die Grenzen hinaus als Geburtsstadt der Tortellini und der Mortadella berühmt. Aus Modena kommen *zampone*, der gefüllte Schweinefuß, und der weltweit begehrte *aceto balsamico*.

Einfache, geschmackvolle Gerichte aus hervorragenden Produkten prägen die regionale Küche, deren Wahrzeichen gefüllte Pasta ist – nicht ganz zu Unrecht sagt man den Bewohnern nach, sie würden, wenn sie könnten, ihr Hab und Gut in Eiernudelteig verpacken. Jede Stadt hat ihre eigenen kulinarischen Spezialitäten, die inzwischen zu Klassikern der italienischen Küche geworden sind. Zu den gastronomischen Schätzen gehören der Parmaschinken und der *Parmigiano-Reggiano*, zwei Produkte, die auf keinem italienischen Tisch fehlen dürfen.

Die mittelalterliche Steinbrücke Ponte Gobbo führt bei Bobbio (Emilia-Romagna) über die Trebbia.

Parmigiano-Reggiano

Parmesan ist auf der ganzen Welt ein Synonym für italienischen Hartkäse, der meist über Nudelgerichte gerieben wird. Dabei unterscheiden viele nicht zwischen dem echten Parmesan, dem Parmigiano-Reggiano (D.O.P.), und all den preiswerteren Produkten, die lediglich „Parmesan" heißen.

Der echte Parmigiano wird in den norditalienischen Provinzen Parma, Modena, Reggio Emilia, Bologna und Mantua aus Rohmilch hergestellt. Die Milch stammt ausschließlich von rot und schwarz gefleckten Frisona-Italiana-Kühen, einer nordamerikanisch-niederländischen Kreuzung, die nur mit Gras und Luzerne gefüttert wird. Aus 16 Litern Milch entsteht 1 Kilogramm Käse. Die Produktion wird streng von einem Konsortium überwacht, dem über 500 kleine und mittelständische Molkereien angeschlossen sind. Seit 800 Jahren sind Herstellungsart, Aussehen und Aroma des weltweit beliebten Klassikers gleich geblieben.

Parmigiano schmeckt mild und aromatisch und hat eine feinkörnige Struktur, die in Schuppenform bricht. Sein unvergleichlicher Geschmack entwickelt sich während der langen Reifezeit. Nach einem Jahr Lagerung wird jeder Käselaib einer strengen Kontrolle unterzogen und erhält nach bestandener Prüfung ein ovales Brandzeichen auf die Rinde. Je nach Alter trägt der Parmigiano verschiedene Bezeichnungen: *nuovo* oder *fresco* bedeutet eine Reifezeit zwischen 12 und 18 Monaten, *vecchio* von 18–24 Monaten und *stravecchio* von 24–36 Monaten. Alter Parmesan, der bis zu vier Jahre lagert, ist auch im Erzeugerland eine teure Delikatesse. Kenner schneiden ihn nicht mit dem Messer, sondern brechen mit einem speziellen Parmesanmesser kleine Stücke aus dem Laib und genießen ihn pur, mit einem Hauch *aceto balsamico* oder mit Honig.

Die Gallerte wird zu feinkörnigem Bruch zerteilt.

Dann wird der Käsebruch erwärmt und ausgerührt.

Dabei setzt sich der Käsebruch von der Molke ab.

Unter den Käsebruch wird ein Leinentuch gezogen.

Beim Herausheben des Käsebruchs fließt die erste Molke ab.

Der Käsebruch wird noch im Tuch in eine Form gehoben.

Das Tuch wird über dem Bruch zusammengeschlagen.

Die restliche Molke wird sanft aus dem Bruch gepresst.

Der reife Parmigiano-Reggiano wird in Spanschachteln verpackt.

Nach der strengen Qualitätsprüfung erhält er das Gütesiegel.

Grana Padano

Grana Padano, ebenfalls ein D.O.P.-Käse, ist inzwischen der weltweit am meisten verkaufte Käse. Er wird häufig mit dem echten Parmigiano verwechselt, unterscheidet sich aber in einigen Merkmalen deutlich vom teureren *Parmigiano-Reggiano.* Der halbfette Hartkäse wird aus teilentrahmter Milch von Kühen hergestellt, die neben Wiesengras auch Silo- und Trockenfutter erhalten. Seine Lagerzeit beträgt zwischen 12 und 24 Monaten. Auch beim Grana Padano gibt es hervorragende Sorten, die den Vergleich mit dem Parmigiano nicht scheuen müssen. Ob Parmigiano oder Grana Padano – beide Käse werden in Italien immer erst kurz vor dem Verzehr frisch gerieben.

Pecorino

Kaum ein italienischer Käse kommt in so vielen unterschiedlichen Formen, Geschmacksrichtungen und Reifegraden auf den Markt wie der *pecorino*. Er hat seinen Namen vom italienischen *pecora* (Schaf). Jede Region hat ihren eigenen Pecorino, und es lohnt sich, die verschiedenen Sorten zu probieren. Denn obwohl alle Käse aus Schafsmilch hergestellt werden, haben sie doch ganz differenzierte Aromen. Manche Produzenten reiben sie mit Holzkohle ein, andere aromatisieren sie mit grünen Pfefferkörnern oder geben ihnen eine intensive Rauchnote.

Vier Pecorinosorten tragen das konsumentenfreundliche D.O.P.-Siegel und genießen damit Ursprungsschutz:

Pecorino romano wurde bereits in der Antike geschätzt – sowohl als würzige Delikatesse bei Festmählern wie als Proviant für römische Legionäre. Er schmeckt aromatisch und angenehm pikant. Nach fünfmonatiger Reifezeit wird er gern als Tafelkäse mit frischem Obst serviert, nach acht Monaten Reife eignet er sich zum Reiben und gibt vielen römischen Gerichten ihren unverwechselbaren Geschmack.

Pecorino sardo produziert man auf Sardinien erst seit dem 18. Jahrhundert, entweder aus Rohmilch oder aus halbgekochter Milch, wobei man den Käselaib kurz in kochende Salzlauge taucht, um die Haltbarkeit zu verlängern. Junger *pecorino sardo* schmeckt mild und aromatisch, die reife Variante hat ein kräftiges und angenehm pikantes Aroma.

Pecorino siciliano hat seine küchengeschichtlichen Wurzeln in der Antike und wurde schon von Plinius als einer der besten Käse seiner Zeit gerühmt. Der junge *pecorino siciliano* wird auch *primo sale* genannt und wie ein Mozzarella verwendet, der gereifte ist eine wohlschmeckende Alternative zum Parmesan.

Pecorino toscano schmeckt jung, aber auch als älterer Hartkäse wesentlich milder und weicher als die anderen drei Sorten. Er wird meistens als junger Käse unter dem Namen *pecorino tenero* mit einer Reifezeit von 20 Tagen angeboten und nach einer Reifezeit von vier Monaten als *pecorino a pasta dura*. Der toskanische Pecorino wird häufig mit zusätzlichen Aromen hergestellt: Beim *pepato* wird die Rinde mit gemahlenem Pfeffer eingerieben, beim *senese* mit Tomatenpüree gebürstet, der *peperoncini* ist mit frischen Chillies gewürzt, der *tartufato* mit schwarzen Trüffeln.

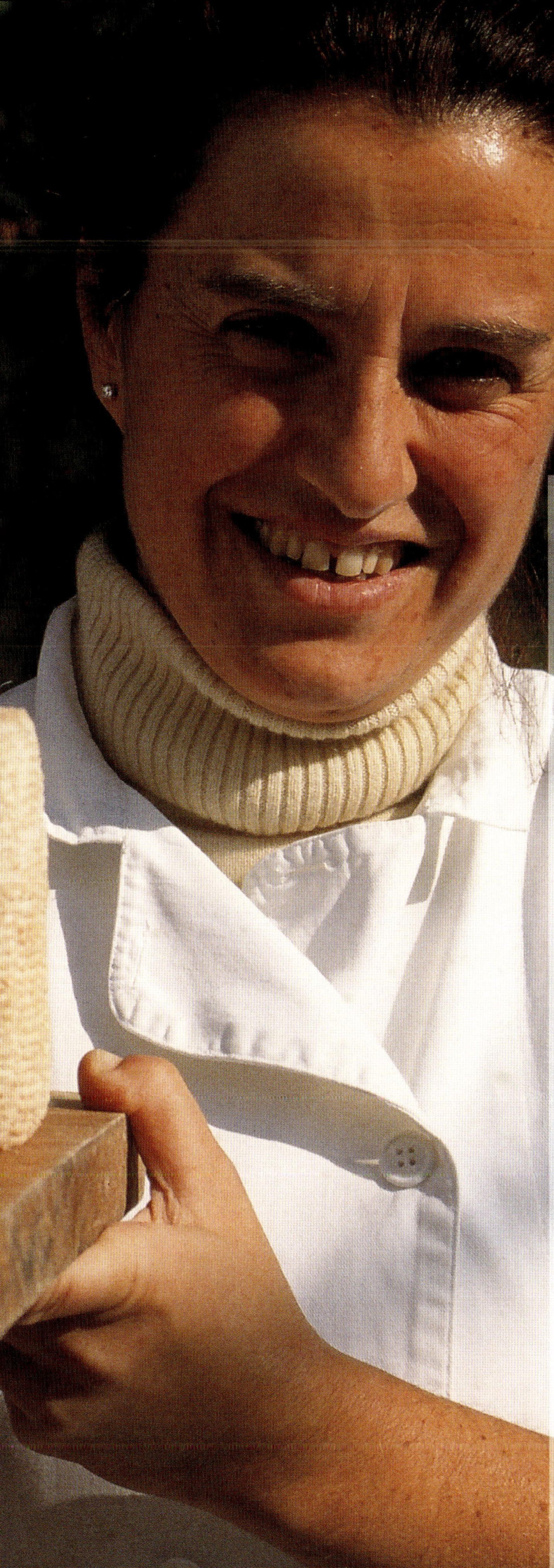

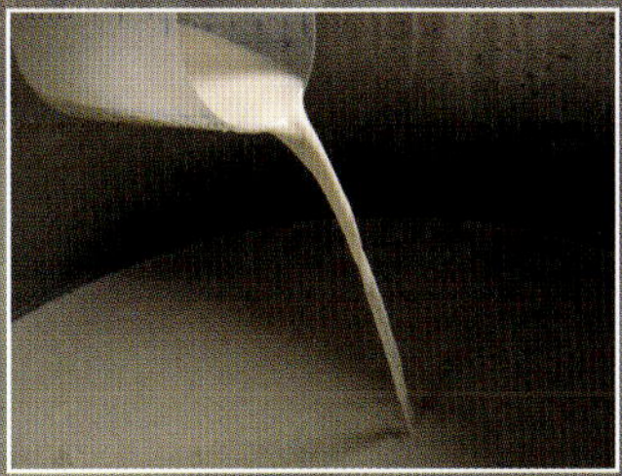

Der Milch werden Milchsäurebakterien und Lab zugegeben.

Die dickgelegte Milch wird zu feinkörnigem Bruch geschnitten.

Bruch und Molke werden durch Kneten voneinander getrennt.

Anschließend wird der Bruch in zylindrische Formen gepresst.

Er bleibt dann ein bis zwei Tage stehen, damit die Molke abtropfen kann.

Der Pecorino wird aus der Form gestürzt und mit Salz eingerieben.

Im Reifekeller lagert er zwischen zwei Monaten und einem Jahr.

Pecorino isst man meist pur, verwendet ihn aber auch als Reibkäse.

Mascarpone und Ricotta

Vielen Nicht-Italienern ist der Mascarpone vor allem als kalorienreiche Zutat für das *tiramisù* bekannt. Er wird durch Kochen von Sahne und Zugabe von Zitronensäure oder Weißweinessig in fast jeder Region Italiens produziert. Die eher fette, streichfähige Creme hat den Geschmack und die Farbe von Milch und wird hauptsächlich zur Zubereitung von Süßspeisen oder als Ersatz für Butter oder Sahne in Saucen verwendet.

Ricotta ist ein Frischkäse aus Schafs-, Büffel- oder Kuhmilchmolke, die bei der Herstellung von Mozzarella, Provolone und Pecorino anfällt. Der weiche, leicht krümelige Käse wird meist frisch verzehrt – als Brotaufstrich, zum Verfeinern und Abrunden von Gerichten, für Nudelfüllungen oder als Basis für Desserts. In Sizilien trocknet man Ricotta in kleinen Formen in der Sonne so lange, bis er hart ist und sich zum Reiben eignet. Rund um Norcia verwendet man getrockneten Ricotta als Ersatz für den Parmigiano, in Apulien gibt er Saucen einen unverwechselbaren Geschmack. Andere Ricottasorten werden gesalzen, geräuchert oder gebacken und erhalten dadurch ein ganz besonderes Aroma.

Die geronnene Molke-Milch-Mischung wird in ein Tuch gegossen.

Dann gibt man sie im Tuch zum Abtropfen in ein Sieb.

Direkt nach der Fertigstellung schmeckt der Ricotta mild aromatisch.

Vor dem Verpacken kühlt die Käsemasse noch in Körbchen aus.

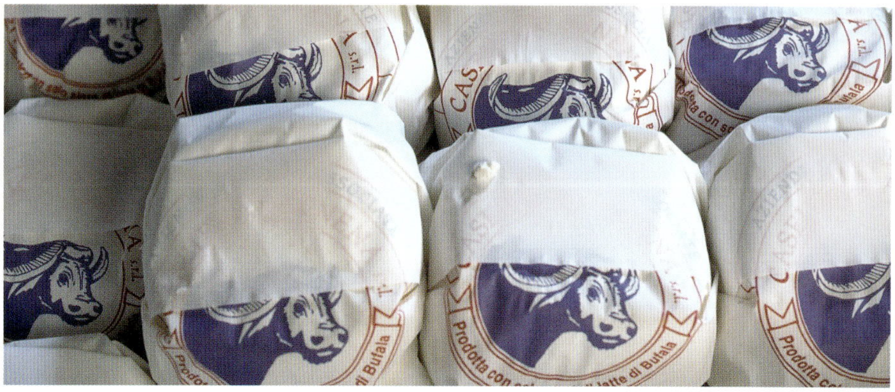

Eine besondere Spezialität ist der ricotta di bufala *aus der Milch von Wasserbüffeln (rechts).*

Gorgonzola

Gorgonzola, der markanteste Käse unter den italienischen Spezialitäten mit einer langen Tradition, wurde zuerst im gleichnamigen Städtchen in der Nähe von Mailand schon im 11. Jahrhundert hergestellt. Ursprünglich hieß er *stracchino di Gorgonzola* (wörtlich: Der Müde von Gorgonzola), eine Anspielung auf seine Entstehung. Denn der Käse, so will es die Legende, wurde erfunden, als sich ein Melker nach dem Abendmelken von einer schönen Magd betören ließ und am nächsten Morgen todmüde die frische Morgenmilch mit der geronnenen des Vorabends zusammenschüttete.

Gorgonzola wird aus Kuhmilch ohne Erhitzung des Bruchs hergestellt, der mit Schimmelpilzkulturen geeimpft wird. Um das Schimmelwachstum zu fördern, werden die Käselaibe mit Kupfer- oder Edelstahlnadeln durchbohrt, damit Sauerstoff in den Käse gelangt. Die milde Sorte, *gorgonzola dolce*, ist cremig, weist relativ wenige Blauschimmelstreifen auf und reift zwei Monate. *gorgonzola piccante*, die klassische Version, reift dagegen bis zu einem Jahr, ist kompakter und von vielen Blauschimmeladern durchzogen, die dem Käse einen ausgeprägt pikanten Geschmack geben.

Je nach Typ des Gorgonzola-Käses reifen die Laibe in Natursteinhöhlen oder Reifekellern zwischen zwei Monaten und einem Jahr (oben rechts).

Nach dem Dicklegen der Milch setzt sich der Käsebruch von der Molke ab.

Dem Käsebruch werden Sporen eines Edelschimmelpilzes beigefügt.

Der Käsebruch wird in Formen gefüllt, die mit Tüchern ausgelegt sind.

Dann ruht er einige Tage in den Formen, bis die Molke abgeflossen ist.

Anschließend werden die Käserohlinge aus der Form gestürzt und gewendet.

Um das Schimmelwachstum zu fördern, werden die Laibe mit Nadeln durchbohrt.

Während der Reifezeit wird der Käse regelmäßig vom Käsemeister kontrolliert.

Dabei wird dem Käse eine Probe entnommen, um den Reifegrad zu überprüfen.

Caprino in crosta
Ziegenkäse im Teigmantel

8 g Trockenhefe
1 Prise Zucker
200 g Mehl, plus etwas mehr zum Bestäuben
1/2 TL Salz
2 EL Olivenöl, plus etwas mehr zum Einfetten
1 EL fein gehackter Oregano
300 g Ziegenfrischkäse (Rolle)
1 Ei, getrennt

Die Trockenhefe in 100 ml lauwarmem Wasser mit dem Zucker auflösen. Das Mehl in eine Schüssel sieben, in die Mitte eine Mulde drücken. Salz, Olivenöl und das Hefewasser hineingeben und alles zu einem geschmeidigen Teig verkneten. Den Teig zu einer Kugel formen und abgedeckt an einem warmen Ort etwa 1 Stunde zum doppelten Volumen aufgehen lassen.

Den Teig nochmals kräftig durchkneten, dabei den Oregano einarbeiten, dann auf einer bemehlten Arbeitsfläche ausrollen. Den Backofen auf 200 °C vorheizen.

Den Ziegenkäse in 4 gleich dicke Scheiben schneiden. Aus dem Hefeteig 8 Kreise ausstechen, die etwas größer als die Käsescheiben sind. Auf 4 Teigkreise jeweils 1 Käsescheibe setzen, die Teigränder mit Eiweiß bestreichen. Mit den restlichen Teigkreisen belegen und die Teigränder festdrücken.

Die gefüllten Teigtaschen auf ein eingefettetes Backblech setzen, mit dem verquirlten Eigelb bestreichen und im Backofen etwa 20 Minuten backen.

Den fein gehackten Oregano unter den Hefeteig kneten und den Teig ausrollen.

Acht Teigkreise ausstechen, die etwas größer als die Käsescheiben sind.

Die Käsescheiben mit den restlichen Teigkreisen belegen und die Ränder festdrücken.

Die gefüllten Teigtaschen mit verquirltem Eigelb bestreichen und backen.

Pere con gorgonzola
Blattsalate mit Gorgonzola-Birne

Salat:

1 kleiner Radiccio
100 g Lollo bionda
100 g Eichblattsalat
1 rote Zwiebel
1 Avocado, geschält
Saft von 1 Limette
4 EL frische Linsensprossen
frisch gemahlener weißer Pfeffer
Zucker zum Abschmecken
Salz
4 EL Walnusskernöl

Gorgonzola-Birnen:

100 g Gorgonzola
2 EL Crème fraîche
frisch gemahlener weißer Pfeffer
2 kleine, vollreife Birnen

Blattsalate in mundgerechte Stücke pflücken und in einer Schüssel mischen. Die Zwiebel schälen und in feine Ringe schneiden. Die Avocado in schmale Streifen schneiden. 2 Esslöffel Limettensaft über die Avocadostreifen träufeln, den Rest in ein Schälchen geben. Die Linsensprossen kalt abspülen und abtropfen lassen. Pfeffer, Zucker und Salz unter den Limettensaft rühren, das Öl darunterrühren. Das Dressing über die Salatblätter geben, den Salat mischen und auf 4 Teller verteilen. Zwiebelringe, Sprossen und Avocadostreifen darauf anrichten. Den Gorgonzola fein würfeln, mit einer Gabel zerdrücken, dann mit der Crème fraîche in ein Rührgefäß geben und alles zu einer glatten Creme verarbeiten. Mit Pfeffer würzen. Die Käsecreme in einen Spritzbeutel füllen. Birnen halbieren, schälen und von den Kerngehäusen befreien. Auf jeder Salatportion 1 Birnenhälfte anrichten und die Käsecreme in die Birnen spritzen.

Sfogliette al miele di castagno
Gorgonzolatörtchen mit Kastanienhonig

150 g Blätterteig, Tiefkühlware
Butter zum Einfetten
100 g Gorgonzola dolce
1 Apfel
1 EL Kastanienhonig

Den Blätterteig auftauen lassen. Den Backofen auf 220 °C vorheizen.
4 kleine Tartelettformen einfetten und mit Blätterteig auskleiden. Den Gorgonzola in einer Schüssel glatt rühren und dann in die Formen füllen. 10 Minuten im Backofen goldbraun backen.
Inzwischen den Apfel vierteln, entkernen und in dünne Spalten schneiden. Die Törtchen aus den Formen nehmen und die Apfelspalten in den Käse stecken. Den Kastanienhonig darüberträufeln. Warm servieren.

Pere con gorgonzola

Dolci e Caffè

Nachspeisen und Kaffee

Eine verführerische Creme, ein luftiges Soufflé, ein zart schmelzendes Eis, eine gelungene Komposition aus süßen Früchten – Desserts sind in Italien nicht nur für Schleckermäuler der krönende Abschluss eines Essens. Das süße Finale erfordert die ungeteilte Aufmerksamkeit der Küche, denn der letzte Bissen bleibt am besten im kulinarischen Gedächtnis haften. Das wissen italienische Köche und Köchinnen und praktizieren mit viel Fantasie, Liebe und Sorgfalt die hohe Kunst der Dessertküche, ob im Restaurant oder am eigenen Herd. Und deshalb wird der kleine süße Schlusspunkt mit ganz besonderer Aufmerksamkeit komponiert und zubereitet.

Auch beim Dessert gibt es in der Landesküche ein Nord-Süd-Gefälle: Süßes ist im Süden noch süßer, dafür sind im Norden die Desserts eleganter. In vielen norditalienischen Restaurants gibt es sogar eine eigene Karte für Desserts.

Die Liebe zum süßen Leben hat alte Wurzeln. Bereits in der Antike schätzte man den Honig, der nicht nur den Wein, sondern auch viele Speisen versüßte. Nach Sizilien brachten die Araber im 9. Jahrhundert außer den trockenen Teigwaren auch Marzipan, kandierte Früchte und anderes Naschwerk wie Zuckermandeln mit. Doch sie hinterließen nicht nur zuckersüße Spuren. Während ihrer 250-jährigen Herrschaft führten sie auf der Insel ein ausgeklügeltes Bewässerungssystem ein und schufen damit die Voraussetzung für den Obstgarten Sizilien, in dem heute nicht nur „die Zitronen blühn, im dunklen Hain die Goldorangen glühn", wie einst Johann Wolfgang von Goethe reimte.

Um 1150 werden die ersten europäischen Zuckerbäcker in Venedig erwähnt, die diese alte Kunst des Orients übernahmen und weiterentwickelten. In der Renaissance erblühte das in jeder Hinsicht süße Leben des Adels in der Toskana zu höchster Pracht. Zu besonderen Anlässen wurden jetzt Zuckermandeln und kandierte Früchte gereicht. Schöne Mädchen und reiche junge Männer gönnten sich, wie im *Decamerone* nachzulesen ist, zwischen ihren aristokratischen Mahlzeiten süßes Gebäck und Konfitüre zum Wein. Süßwaren waren zu jener Zeit Luxusartikel und blieben noch einige Jahrhunderte lang für das einfache Volk unerschwinglich.

Selbst Klöster und Klerus waren gegen die süßen Versuchungen nicht gefeit, und das galt sogar für den Papst. An den Höfen von Mailand bis Mantua, von Ferrara bis Florenz wetteiferten die Zuckerbäcker mit immer neuen Kreationen um den Ruf, der Beste zu sein. Mit ihren bildhauerischen Fähigkeiten modellierten sie aus Zucker ganze Jagdszenen und Landschaften oder die jeweiligen Lieblingstiere des Gastgebers.

Lorenzo der Prächtige aus dem Hause Medici ließ jedes Bankett mit einem prächtigen Festzug enden, bei dem die Reste der üppigen Gastmähler, vor allem die Süßigkeiten, an die Bürger von Florenz verteilt wurden. Katharina von Medici nahm nach ihrer Hochzeit nicht nur ihre Köche, sondern auch die Zuckerbäcker mit nach Paris. Fortan begeisterten sie den französischen Adel mit ihren süßen Leckereien.

Ein Höhepunkt in der Geschichte des Zuckers ist zweifelsohne das legendäre Bankett, das die Republik Venedig im Jahr 1574 zu Ehren des französischen Königs Heinrich III., eines Sohns Katharinas, gab. Sowohl die Tischdecke als auch Teller und Besteck bestanden aus Zucker, ebenso der Tafelschmuck: zwei Löwen, eine Königin zu Pferd zwischen zwei Tigern, David und Markus zwischen Skulpturen von Königen und Päpsten, Tiere, Pflanzen und Obst.

Heute werden in Italien nach einem einfachen Essen oft nur frische Früchte oder ein Obstsalat gereicht, der aber dank der hervorragenden Qualität der Produkte vermutlich weitaus besser schmeckt als die barocken Zuckerbomben früherer Zeiten.

Süßes hat in Italien seit der Antike eine lange Tradition. Patisserien bieten die köstlichsten Leckereien für diejenigen, die sich die Zubereitung zu Hause ersparen wollen – hier schneidet ein Konditor eine cassata *an.*

Macedonia
Obstsalat

5 große blaue Pflaumen
2 Nektarinen
2 Birnen
Saft von 1 Limette
je 200 g blaue und weiße Weintrauben
2 EL feiner Zucker
1 Päckchen Vanillezucker
100 ml frisch gepresster Orangensaft
60 ml Amaretto
2 frische Feigen

Pflaumen und Nektarinen entsteinen und in schmale Spalten schneiden. Die Birnen schälen, vierteln, entkernen und würfeln. Das Obst in eine Schüssel geben und mit dem Limettensaft beträufeln.
Die Trauben halbieren und mit einem spitzen Messer die Kerne entfernen. Zucker und Vanillezucker mit Orangensaft und Amaretto verrühren, dann über den Obstsalat gießen und vorsichtig untermischen. Abgedeckt im Kühlschrank 1 Stunde ziehen lassen.
Die Feigen vierteln. Den Obstsalat in Glasschalen mit den Feigen anrichten. Je nach saisonalem Angebot können Sie die Obstsorten variieren.

Früchte in Italien

Der Braeburn hat saftiges, festes Fruchtfleisch und ein harmonisches Säure-Zucker-Verhältnis.

Elstar ist eine relativ neue Apfelsorte mit aromatischem Fruchtfleisch und dünner Schale.

Der mittelgroße Winterapfel Cox Orange ist wegen seines kräftigen, süß-säuerlichen und aromatischen Geschmacks sehr beliebt.

Die reife Williams Christbirne ist saftig, hat süß-schmelzendes Fruchtfleisch, eine dünne Schale und ein intensives Aroma.

Reife Brombeeren sind süß und aromatisch.

Wildwachsende Himbeeren schmecken intensiver als kultivierte Beeren.

Zu den beliebtesten Beeren gehört die saftig-süße Erdbeere.

Das süß-saure Fruchtfleisch der Kaktusfeige wird mit den schwarzen Kernen gegessen.

Wegen ihres hohen Zuckergehalts eignen sich die süßen Feigen ideal zum Trocknen.

In Italien werden vor allem Süßkirschen angebaut.

Die essbaren Kerne des Granatapfels sind von aromatischem Fruchtfleisch umgeben.

Vor rund 60 Jahren wurde die Washington Navel aus Brasilien eingeführt, eine saftige und kernarme Orangensorte.

Nektarinen gibt es mit weißem und gelbem Fruchtfleisch.

Reife Aprikosen haben ein feines, süßes Aroma und einen zarten Duft.

Der Zitronenbaum trägt gleichzeitig Blüten und Früchte. Deshalb können Zitronen das ganze Jahr über geerntet werden.

Die Limette hat eine dünne grüne Schale und kann im Gegensatz zu anderen Zitrusfrüchten nur schwer geschält und in Segmente zerteilt werden.

Der saftige Pfirsich ist eine echte Sommerfrucht. Es gibt weiß- und gelbfleischige Sorten.

Kalabrien

Grüne und blaue Tafeltrauben sind in Italien ein beliebtes Frischobst.

Die Casaba-Melone hat weißliches, cremiges Fruchtfleisch, das allerdings nicht so aromatisch wie das anderer Honigmelonen ist.

Eine echte Italienerin ist die süße Cantaloupe-Melone mit dem orangefarbenen Fruchtfleisch. Sie wurde nach der Sommerresidenz des Papstes, Cantalupo, benannt, wo sie vor rund 300 Jahren aus armenischen Samen gezogen wurde.

Die Galia-Melone ist sehr süß und saftig. Ihre gelbe oder grüne Schale wird von einem gelblichen Netz überzogen.

Die längliche gelbe Honigmelone hat saftiges, festes Fruchtfleisch und eine glatte dünne Schale.

Wie ihr Name schon vermuten lässt, besteht die Wassermelone vor allem aus Wasser. Gut gekühlt ist sie an heißen Sommertagen eine süße Erfrischung.

Die süße Pepinomelone mit den violetten Streifen wird 10–20 cm groß. Im Geschmack erinnert sie an eine Mischung aus Melone und Birne. Reife Pepinos können mit Schale gegessen werden.

Kalabrien

An der südlichen Stiefelspitze Italiens liegt die Region Kalabrien, umrahmt von hohen Bergketten und rund ums Jahr verwöhnt von der Sonne. Kleine malerische Bergdörfer, Pinien- und Olivenhaine, grüne Wälder und weiße Sandstrände prägen die Landschaft zwischen zwei Meeren, dem Tyrrhenischen und dem Ionischen. Hier gedeihen Zitrusfrüchte, Gemüse, Oliven und Wein. Die kalabrische Provinz Cosenza ist die wichtigste Feigenregion Italiens. Dort wachsen die Dottato-Feigen, Hauptzutat der Feigensalami, einer bekannten süßen Köstlichkeit. Dafür werden die aromatischen, süßen Feigen zuerst gebacken, dann gehackt und mit Gewürzen, Rum und Orangenessenz verfeinert, zu einer Rolle geformt und mit Zartbitterschokolade überzogen. Mit Zucker bestreut und verschnürt, sieht sie einer echten Salami zum Verwechseln ähnlich.

Die bäuerliche Küche Kalabriens ist nicht nur bei Süßigkeiten sehr fantasievoll. Sie wird von zwei Produkten geprägt: der Pasta und dem Peperoncino. Eine Frau, so sagt man in Kalabrien, sei erst dann zur Ehe tauglich, wenn sie auf mindestens 15 verschiedene Arten Wasser und Mehl zu Nudeln verarbeiten könne – und die entsprechenden Saucen dazu beherrsche. Der heimische Peperoncino, die schärfste Chili von ganz Süditalien, verleiht Suppen, Gemüse, Hülsenfrüchten, Ragouts aus Ziegen- und Lammfleisch und selbst Fischgerichten aus Stock- und Schwertfisch eine pikante Würze. *Se non è piccante, non è calabrese* („Wenn es nicht scharf ist, ist es nicht kalabrisch"), sagt ein Sprichwort. Und dass es auch so bleibt, dafür sorgt eine Peperoncino-Akademie, *Accademia Italiana del Peperoncino*, die in Diamante am Tyrrhenischen Meer ein kleines Museum unterhält und umfassend über Anbau und Verwendung der scharfen Frucht informiert.

Das Wahrzeichen des kalabrischen Städtchens Tropea ist die Wallfahrtskirche Santa Maria dell'Isola. Das ehemalige Benediktinerkloster wurde auf einem Felsen errichtet, der einst ganz vom Meer umgeben war. Heute ist die Kirche vom Strand aus über eine kleine steile Treppe zu erreichen.

Beliebte Dolci

Die Palette der italienischen Desserts ist bunt und abwechslungsreich wie das Land selbst. Vereinfacht könnte man die *dolci* aufteilen in Fruchtdesserts, Creme- und Sahnedesserts, die meist gestürzt werden, sowie in halb oder ganz gefrorene Köstlichkeiten. Die Skala der Rezepte reicht von einfach bis kompliziert, von schlicht bis anspruchsvoll – wobei aufwendige Zubereitungsmethoden noch lange kein Garant für wohlschmeckende Dolci sind. Wichtig ist auch hier wie in allen anderen Bereichen der Kochkunst die optimale Qualität der verwendeten Produkte. Früchte sollten reif, aber nicht überreif sein und ihr volles Aroma erreicht haben. Cremes sollte man stets die Zeit geben, ganz zu erkalten und dabei sturzfest zu werden.

Die meisten Desserts werden portionsweise auf Tellern frisch angerichtet und mit Kräutern, Nüssen, Sahne, Puderzucker oder Kakao dekoriert. Bei der Zusammenstellung von verschiedenen Dolci auf einem Teller sollte man darauf achten, dass sich die Geschmacksrichtungen harmonisch ergänzen und nicht gegenseitig übertönen. Neutrale Beilagen sind Früchtecoulis (Fruchtsauce), Löffelbiskuits oder Eiscreme, am besten hausgemacht. Auch hier gilt: Wenige gute Zutaten sind oft mehr wert als eine geschmacklich unüberschaubare Fülle.

Pere al vino rosso
Birnen in Rotwein

750 ml kräftiger Rotwein
250 g Zucker
1 Zimtstange
2 Gewürznelken
1 kg kleine feste Kochbirnen

Den Rotwein mit Zucker, Zimt und Gewürznelken in einer Kasserolle langsam zum Kochen bringen. Den Backofen auf 150 °C vorheizen. Die Birnen ungeschält mit dem Stiel nach oben nebeneinander in eine tiefe Auflaufform setzen. Mit dem gewürzten Rotwein übergießen und im Backofen knapp 1 Stunde garen, bis sie weich sind, aber noch nicht zerfallen. Dann aus dem Backofen nehmen und im Weinsud abkühlen lassen. Aufgeschnitten lauwarm oder kalt servieren. Je nach Birnensorte kann sich die Garzeit verringern, deshalb rechtzeitig eine Garprobe machen.

Fragole all'aceto balsamico
Erdbeeren mit Balsamico-Essig

500 g Erdbeeren
2 EL feiner Zucker
2–3 EL hochwertiger Balsamico-Essig
einige frische Minzeblätter zum Dekorieren

Die Erdbeeren von den Stielen zupfen. Die Früchte je nach Größe halbieren oder vierteln und in eine Schale geben. Mit dem Zucker bestreuen, den Essig darüberträufeln und alles vorsichtig vermengen. Mit Frischhaltefolie abdecken und mindestens 1 Stunde ziehen lassen. Vor dem Servieren vorsichtig mischen und mit den Minzeblättern garnieren.

Pesche ripiene
Gefüllte Pfirsiche

4 feste gelbe Pfirsiche
1 EL Zitronensaft
75 g Zitronat, fein gehackt
75 g Amaretti
3 EL Zucker
1 Eigelb
40 ml Marsala
8 abgezogene Mandeln
Butter zum Einfetten
250 ml Weißwein

Die Pfirsiche halbieren und die Hälften gegeneinander vorsichtig vom Stein drehen. Mit dem Zitronensaft beträufeln.

Das Zitronat fein hacken, die Amaretti zerbröseln. Beides mit Zucker, Eigelb und Marsala vermischen. Die Masse in die Pfirsichhälften füllen und jeweils 1 Mandel in die Mitte drücken. Den Backofen auf 175 °C vorheizen.

Eine Auflaufform mit Butter ausfetten, die gefüllten Pfirsiche nebeneinander hineinsetzen und den Wein angießen. Im Backofen 15–20 Minuten überbacken. Warm oder kalt im Weinsud servieren.

Mandeln

Der Mandelbaum wächst im gesamten Mittelmeerraum. Schon in der Antike schätzte man die aromatisch-süßlichen und gesunden Samenkerne nicht nur als Nahrungs-, sondern auch als Heilmittel. Mandeln enthalten viele hochwertige Fettsäuren, Vitamine und Mineralstoffe. In Italien sind sie eine beliebte Zutat für viele Süßspeisen, Kuchen und Gebäck.

Gezuckerte Mandeln kommen in Italien traditionell auf Hochzeiten zum Einsatz: Das Hochzeitspaar verschenkt als Dankeschön für die erhaltenen Geschenke jeweils fünf mit Zucker überzogene Mandeln in einem kleinen Päckchen. Die Kerne symbolisieren Gesundheit, Wohlstand, Fruchtbarkeit, Glück und ein langes Leben. Besonders berühmt sind die Zuckermandeln aus dem abruzzischen Sulmona. Rund 500 Tonnen Zuckermandeln werden jedes Jahr in die ganze Welt verschickt.

Pesche ripiene

Mele cotte al vino bianco
Apfelspalten in Weißwein

1 kg Äpfel
5 EL Zitronensaft
500 ml Weißwein
200 g Zucker
1 Zimtstange
2 Gewürznelken

Die Äpfel schälen, vierteln und entkernen. Dann in schmale Spalten schneiden und sofort mit dem Zitronensaft beträufeln.

Den Wein mit Zucker, Zimtstange und Gewürznelken langsam zum Kochen bringen. Die Apfelspalten zufügen und bei kleiner Hitze 10 Minuten köcheln lassen. Die Äpfel mit einem Schaumlöffel herausheben und beiseitestellen.

Den Weinsud zu einem dicken Sirup einkochen. Zimtstange und Gewürznelken entfernen. Die Apfelspalten wieder in den Sirup legen und darin abkühlen lassen.

Bianco mangiare
Gestürzte Mandelcreme

3 Blatt weiße Gelatine
100 g gemahlene Mandeln
250 ml Milch
75 g Zucker
1 Päckchen Vanillezucker
1 TL Bittermandelaroma
250 g süße Sahne

Die Gelatine in kaltem Wasser quellen lassen. Die Mandeln mit Milch und Zucker langsam zum Kochen bringen. Dann vom Herd nehmen, die ausgedrückte Gelatine darin auflösen, Vanillezucker und Bittermandelaroma einrühren. Durch ein Sieb in eine Schüssel passieren und auskühlen lassen.

Sobald die Creme zu gelieren beginnt, die Sahne steif schlagen und darunterheben. 4 kleine Souffléförmchen kalt ausspülen und die Creme einfüllen. Abgedeckt im Kühlschrank mindestens 3 Stunden fest werden lassen. Die Förmchen vor dem Servieren kurz in heißes Wasser tauchen, dann die Creme auf Teller stürzen.

Crema di marroni
Maronencreme

500 g Maronen
Salz
50 g Zucker
1 Päckchen Vanillezucker
1 Msp. Zimt
200 g süße Sahne
Amaretti zum Garnieren

Den Backofen auf 200 °C vorheizen. Die Maronen auf der rund gewölbten Seite über Kreuz einritzen, mit der flachen Seite auf ein Backblech legen und im Backofen etwa 20 Minuten rösten, bis die Schale aufplatzt. Maronen schälen und das braune Häutchen entfernen.

Die Maronen knapp mit Wasser bedecken, leicht salzen und etwa 40 Minuten bei kleiner Hitze köcheln lassen. Dann abgießen, im Mixer pürieren, Zucker, Vanillezucker und Zimt unterrühren und das Püree auskühlen lassen.

Die Sahne steif schlagen und unter das kalte Maronenpüree ziehen. In Dessertschalen verteilen und mit Amaretti garnieren.

Maronen

Es gibt zwei Formen von essbaren Kastanien: die Maronen, *marrone*, und die Esskastanien, *castagne*. Die echte Marone kommt nur in Italien, im Schweizer Tessin und in einigen Teilen Frankreichs und Spaniens vor. Ihre Früchte sind etwas flacher als die der Esskastanie und lassen sich leichter schälen. Deshalb – und weil ihr Geschmack kräftiger und sahniger ist als der der Esskastanie – wird sie in der Küche bevorzugt. Auf italienischen Märkten werden Maronen im Herbst als Rohware ungeschält angeboten. In Lebensmittelgeschäften kann man sie als Konserve bereits geschält und gekocht oder als Püree kaufen.

Über Jahrhunderte galten Maronen als sättigendes Grundnahrungsmittel und Kartoffel der Armen. *Albero del pane*, Baum des Brotes, nannte man in Italien den Maronenbaum. Wegen ihres hohen Stärkegehalts wurden die Früchte zu Mehl vermahlen und zum Brotbacken verwendet. Noch heute gibt es in Italien als regionale Spezialität flache Brote aus Maronenmehl, die traditionell auf heißen Steinen gebacken werden. Als süße Delikatesse werden sie kandiert oder glasiert im ganzen Land geschätzt.

Zimt

Zimt wird aus der Rinde dünner Äste des immergrünen Zimtbaums gewonnen. Die Rinde wird von ihrem äußeren Korkmantel befreit, getrocknet und in Stücke geschnitten. Der Zimt gilt als eines der ältesten Gewürze der Welt und stammt ursprünglich aus Ceylon, dem heutigen Sri Lanka. Nach wie vor kommt der beste Zimt auch von dort. Er gelangt als echter Ceylon-Zimt, Kaneel oder Canehl in den Handel und wird in Stangen oder gemahlen angeboten und verleiht nicht nur Süßspeisen, sondern auch Fleisch- und Gemüsegerichten eine fein-aromatische Note.

Creme caramel
Crème Caramel

250 g Zucker
1 Vanillestange
300 g süße Sahne
300 ml Milch
4 Eier
2 Eigelb

150 g Zucker und 5 Esslöffel Wasser nussbraun karamellisieren lassen. Den heißen Karamell in 4 kleine Souffléförmchen verteilen und abkühlen lassen.

Die Vanillestange längs aufschlitzen und das Mark herauskratzen. Frucht und Mark mit Sahne und Milch langsam zum Kochen bringen. Vom Herd nehmen und die Stange entfernen. Den Backofen auf 150 °C vorheizen.

Eier und Eigelb mit dem restlichen Zucker schaumig rühren. Die lauwarme Vanillemilch unter Rühren zugießen. Anschließend in die Förmchen verteilen. Förmchen in eine Auflaufform stellen und so viel kochend heißes Wasser angießen, dass sie zu zwei Drittel im Wasser stehen. Im Backofen ca. 40 Minuten garen. Die Förmchen aus dem Wasserbad nehmen, abkühlen und über Nacht im Kühlschrank fest werden lassen.

Vor dem Servieren die Förmchen kurz in heißes Wasser tauchen, dann die Creme auf Dessertteller stürzen.

Frutti di bosco con gelato
Waldbeeren mit Vanilleeiscreme

250 g frische rote Johannisbeeren
250 g frische Brombeeren
250 g frische Waldbeeren
2 EL Puderzucker
Saft von 1/2 Zitrone
Saft von 1 Orange
60 ml Amaretto
8 Scheiben Vanilleeiscreme
frische Minzeblätter zum Dekorieren

Die Beeren verlesen und in eine Schüssel geben. Puderzucker mit Zitronen- und Orangensaft und Amaretto verrühren, dann über die Beeren geben. Vorsichtig unterheben und 15 Minuten ziehen lassen.

Die Eiscreme auf 4 Teller verteilen, den Beerensalat darübergeben und mit Minzeblättern garnieren.

Die Klassiker

Drei Desserts repäsentieren die italienische süße Küche weltweit: *tiramisù, panna cotta* und *zabaione.* Sie haben längst eine internationale Küchenkarriere gemacht. Ohne eine dieser sahnig-cremigen süßen Sünden ist für viele Genießer auch außerhalb Italiens ein mediterranes Menü nicht komplett.

Tiramisù (wörtlich übersetzt: Zieh mich hoch) verdankt seinen Namen wahrscheinlich der Tatsache, dass die perfekte Mischung aus Espresso, Kakao, Zucker und Likör eine belebende Wirkung hat. Das Urrezept stammt wohl aus der Toskana. Erstmals soll das Dessert Ende des 17. Jahrhunderts in Siena zu Ehren des Großherzogs Cosimo III. von Medici kreiert worden sein. Für den als Feinschmecker berühmten Cosimo wählten die besten Konditoren nur die edelsten Zutaten aus, wie Mascarpone aus reiner Büffelmilch, und ergänzten sie durch die Luxusprodukte Schokolade und Kaffee. Das Dessert gefiel dem hohen Herrn und seiner weiblichen Entourage. Seither sagt man der Tiramisù nach, dass sie nicht nur reichhaltig, sondern auch in jeder Hinsicht anregend sei.

Panna cotta (wörtlich übersetzt: gekochte Sahne) ist in der Emilia-Romagna zu Hause. Die gestürzte Creme gehört zu den zartesten Versuchungen der norditalienischen Küche. Man serviert sie dort immer mit einer Sauce aus frischen Früchten, Karamell oder Schokolade, in anderen Regionen auch mit marinierten Früchten.

Zabaione, im Original aus trockenem Weißwein zubereitet, ist eine traditionelle Spezialität aus dem Piemont, wo sie nicht nur als Dessert, sondern auch in einer ungesüßten Version zu gekochtem gemischtem Gemüse serviert wird. Ihren Namen soll die zarte Weinschaumcreme nach dem Schutzheiligen der Bäcker, San Giovanni di Baylon, erhalten haben. Wer sie zum ersten Mal zubereitet hat, bleibt ebenso ein Geheimnis wie ihr Alter. Denn während die einen Quellen berichten, Zabaione sei die Kreation von Bartolomeo Scappi, einem italienischen Koch aus dem 16. Jahrhundert, behaupten andere, die delikate Schaumcreme sei zum ersten Mal im 18. Jahrhundert am Hof von Herzog Karl Emanuel I. von Savoyen aufgeschlagen worden.

In eine tiramisù gehören Eier, Mascarpone, Löffelbiskuits, geraspelte Schokolade, Zucker und Espresso. Man kann die Tiramisù in einer Form wie im Rezept zubereiten oder kuppelförmig wie auf den Fotos.

Tiramisù

3 Eigelb
4 EL Amaretto
150 g feiner Zucker
50 g Zartbitterschokolade, fein geraspelt
500 g Mascarpone
200 g süße Sahne
24 Löffelbiskuits
500 ml starker Espresso
Kakaopulver zum Bestäuben

Das Eigelb mit dem Amaretto verquirlen. Nach und nach den Zucker einstreuen und so lange schaumig rühren, bis sich der Zucker ganz aufgelöst hat. Die Schokolade mit dem Mascarpone in die Eicreme rühren. Die Sahne steif schlagen und unter die Creme heben.

Die Löffelbiskuits mit der ungezuckerten Seite in den Espresso tauchen. Den Boden einer rechteckigen Form mit der Hälfte der Biskuits auslegen, dann die Hälfte der Creme darauf verstreichen. Mit den restlichen Biskuits belegen, die übrige Creme daraufgeben und glatt streichen.

Abgedeckt über Nacht im Kühlschrank ziehen lassen. Das Dessert vor dem Servieren dick mit Kakaopulver bestäuben.

Die steif geschlagene Sahne unter die Creme aus Eiern, Zucker und geraspelter Schokolade heben.

Den Amaretto unter die Creme rühren und die Hälfte der Creme in einen Spritzbeutel füllen.

Die Löffelbiskuits auf einer runden Platte auslegen und die Creme daraufspritzen.

Die Creme gleichmäßig verteilen. Die Schichtung mehrmals wiederholen und mit dekorativen Cremetupfen beenden.

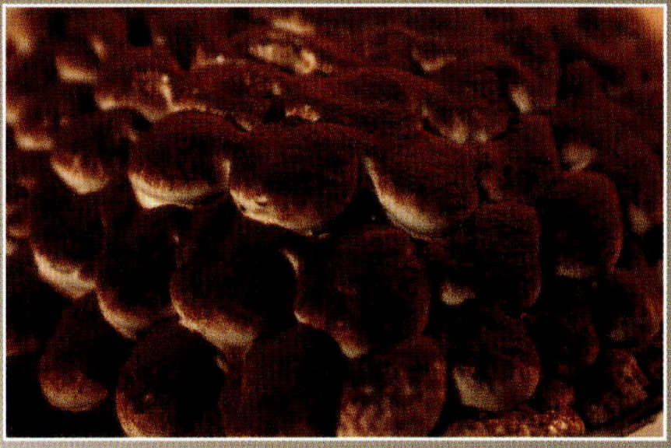

Das Dessert über Nacht ziehen lasen und dann zum Abschluss vor dem Servieren dick mit Kakaopulver überstäuben.

Zabaione

4 Eigelb
4 EL Zucker
8 EL Marsala
1 TL abgeriebene Zitronenschale

Das Eigelb mit dem Zucker und 1 Esslöffel lauwarmem Wasser in einer Metallschüssel mit dem Schneebesen zu einer dicken weißen Creme aufschlagen.

Die Creme über einem heißen Wasserbad weiterschlagen, dabei nach und nach den Marsala zugeben. Die Creme so lange rühren, bis sie dick und schaumig ist. Dann aus dem Wasserbad nehmen, die Zitronenschale zufügen und weiterschlagen, bis die Creme nur noch lauwarm ist. In Dessertschalen füllen und sofort servieren. Dazu reicht man Amaretti oder Löffelbiskuits oder gießt die Creme über frische Waldbeeren.

Für die zabaione das Eigelb mit dem Zucker zu einer dicken weißen Creme aufschlagen.

Creme über dem heißen Wasserbad schaumig rühren, dabei nach und nach den Marsala zugeben.

Panna cotta

1 Vanillestange
500 g süße Sahne
60 g Zucker
4 Blatt weiße Gelatine
500 g Erdbeeren
3 EL Puderzucker

Die Vanillestange aufschlitzen und das Mark herauskratzen. Stange und Mark mit der Sahne in einem Topf zum Kochen bringen, den Zucker einrühren. Bei kleiner Hitze 15 Minuten köcheln lassen.

Die Gelatine 10 Minuten in kaltem Wasser quellen lassen. Die heiße Sahnemischung durch ein feines Sieb in eine Schüssel gießen, dann die ausgedrückte Gelatine in der Sahne auflösen. 4 kleine Souffléförmchen mit kaltem Wasser ausspülen und die Sahnecreme einfüllen. Abgedeckt über Nacht im Kühlschrank fest werden lassen.

Die Erdbeeren putzen, einige Beeren für die Dekoration beiseitestellen. Die restlichen Erdbeeren mit dem Puderzucker einmal aufkochen. Heiß durch ein Sieb in eine Schüssel streichen und auskühlen lassen.

Die Panna cotta zum Servieren auf Dessertteller stürzen, die Beerensauce angießen und mit den übrigen Beeren dekorieren.

Frutta martorana: Marzipanfrüchte

Buntes, täuschend echt aussehendes Marzipanobst ist ein Aushängeschild der sizilianischen Konditoren. Die *frutta martorana* sind nach dem Kloster Monastero della Martorana in Palermo benannt, dessen Nonnen über viele Generationen das Geheimnis der kunstvollen Verarbeitung von Marzipan hüteten. Der Teig aus gemahlenen Mandeln, Zucker, Eiweiß, Vanillemark und Zitronenessenz wird zu Früchten geformt, mit pflanzlichen Stoffen gefärbt und zuletzt mit *Gummi arabicum* überzogen, um die leuchtenden Farben der Früchte zu konservieren. Die Marzipanfrüchte sollen erstmals im Jahr 1308 auf einem Bankett zu Ehren von Papst Clemens V. serviert worden sein. Sie zierten zwei Bäume, die mit Trauben, Feigen und Äpfeln aus Marzipan dekoriert waren.

Marzipanherstellung

Marzipan wird aus Mandeln, Puderzucker, Eiweiß, Aromaten und Wasser hergestellt.

Aus Wasser und Zucker einen Sirup kochen. Die Temperatur prüfen, indem man Zeigefinger und Daumen in Eiswasser taucht …

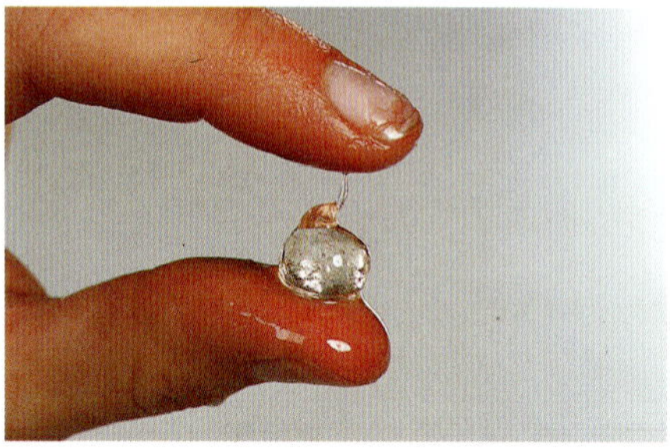

… und etwas Sirup dazwischen verreibt. Der Sirup sollte eine geschmeidige Konsistenz haben.

Die Mandeln mit Wasser zerkleinern, den abgekühlten Sirup und die restlichen Zutaten zufügen und zu einer glatten, geschmeidigen Masse verkneten.

Den Marzipanteig zu einer dicken Rolle formen, in Frischhaltefolie wickeln und über Nacht ruhen lassen.

Aus Marzipanteig werden auf Sizilien täuschend echt wirkende Früchte geformt, mit pflanzlichen Stoffen gefärbt und zum Konservieren der Farben mit Gummi arabicum überzogen.

Das weiße Gold des Orients

Während in anderen europäischen Ländern der kostbare Rohrzucker noch den Apothekern zur Versüßung ihrer bitteren Pillen diente, war er für die wohlhabenden Italiener bereits eine begehrte und fast alltägliche Nascherei. Möglich wurde sie durch venezianische Kaufleute, die über vier Jahrhunderte den Zuckerhandel in Europa kontrollierten. Während der Kreuzzüge im 12. und 13. Jahrhundert, an denen sich die Venezianer mit Geldern und Schiffen beteiligten, lernten sie die süße Welt des Orients kennen und lieben – die kandierten Früchte und Mandeln, Marzipan und Nougat, Karamell und Konfekt. 1204 erhielt der Doge von Venedig die Herrschaft über drei Achtel des Byzantinischen Reichs verliehen, womit Venedig alle Handelswege in den Orient offenstanden. Mithilfe des Salzes ihrer Lagunen reich geworden, baute die Stadt den gesamten Gewürz- und Zuckerhandel zum Monopol aus.

Der Zucker war ein Geschenk des Zuckerrohrs, und dieses stammte ursprünglich aus Indien. Doch erst die Perser erfanden die Kunst, den Zuckerrohrsaft in konischen Tonformen zu raffinieren (daher stammt auch die heute kaum mehr übliche Form des Zuckerhuts). Araber und Ägypter gelangten später durch den Anbau von Zuckerrohr zu großem Wohlstand. Vergeblich hatten die Araber schon im 9. Jahrhundert versucht, Zuckerrohr in größerem Stil in Sizilien anzubauen. Auch die Versuche der Venezianer, die süßen Stängel auf Zypern zu kultivieren, schlugen fehl. Bis zum Beginn der Plantagenwirtschaft im 16. Jahrhundert blieb darum der Orient Hauptlieferant des weißen Goldes, das früher auch Indisches Salz genannt wurde. Erst Mitte des 18. Jahrhunderts entdeckte ein deutscher Chemiker, dass sich auch aus dem Saft der Runkelrübe Zucker gewinnen lässt. Nun wurde Zucker auch für einfache Bürger erschwinglich und löste allmählich den bis dahin üblichen Honig als Süßungsmittel ab.

Cassata und Cannoli

In Sizilien ranken sich um viele Süßspeisen zahlreiche kleine Legenden. So soll die *cassata* um das Jahr 1000 von den Hofköchen eines arabischen Emirs kreiert worden sein, der zu dieser Zeit in Palermo lebte. Einige Jahrhunderte später, 1575, bescheinigte ein Dokument der Synode von Mazara der süßen Köstlichkeit, dass sie „unabkömmlich für die Osterfeierlichkeiten" sei. Lange Zeit wurde die Cassata also nur an Ostern gebacken, um das Ende der kulinarischen Entbehrungen während der Fastenzeit zu feiern. Heute schmückt sie rund ums Jahr die Auslagen sizilianischer Konditoreien und viele private Festtafeln.

Auch die *cannoli siciliani*, eine weitere Spezialität der Insel, haben arabische Wurzeln und sind angeblich im Harem von Caltanissetta erfunden worden. In Schmalz gebackene knusprige Waffelröllchen werden mit einer süßen Ricottacreme und kandierten Früchten, Pistazien oder Schokolade gefüllt und mit Puderzucker überstäubt. Diese süße Versuchung soll in früheren Zeiten für die Benediktinermönche so groß gewesen sein, dass sie Unsummen dafür ausgaben und immer dicker wurden – was ihnen im Volk den Beinamen *porci di Cristo* (Schweine Christi) einbrachte. Ende des 19. Jahrhunderts wurden die Mönche von der Insel vertrieben – die köstlichen Röllchen aber blieben und erfreuen sich noch immer großer Beliebtheit.

Eine sizilianische cassata *ist schon eine Sünde wert. Die süße Biskuit-Ricotta-Torte wird meist so verlockend verziert, dass man ihr kaum widerstehen kann.*

Cassata siciliana
Sizilianische Cassata

600 g Ricotta
2 EL Orangenblütenwasser
350 g Zucker
300 g kandierte Früchte
100 g Zartbitterschokolade
50 g Pistazien, gehackt
4 EL Maraschino
1 Biskuitboden
2 EL Zitronensaft

Den Ricotta mit dem Orangenblütenwasser zu einer dicken Creme verrühren. 200 g Zucker und 250 ml Wasser zu einem klaren Sirup aufkochen. Kurz bevor der Sirup bräunt, vom Herd nehmen, etwas abkühlen lassen und unter die Ricottacreme rühren.

150 g kandierte Früchte und die Schokolade möglichst klein hacken. Beides mit den Pistazien unter die Creme heben.

Den Biskuitboden waagerecht in zwei gleich dicke Böden teilen. 1 Boden in 12 Kuchenstücke schneiden und eine Eisbombenform damit auskleiden. Den Biskuit mit 2 Esslöffeln Maraschino tränken. Die Ricottacreme in die Form geben und glatt streichen. Mit dem zweiten Biskuitboden belegen und leicht andrücken. Die Torte im Kühlschrank 5 Stunden fest werden lassen. Dann auf eine Tortenplatte stürzen.

Den restlichen Zucker mit dem übrigen Maraschino, Zitronensaft und etwas Wasser unter Rühren aufkochen. Die Torte mit der Glasur überziehen und mit den restlichen kandierten Früchten verzieren. Noch 1 Stunde in den Kühlschrank stellen und dann servieren.

Die unbehandelten Zitrusfrüchte waschen, abtrocknen und in gleichmäßige Scheiben schneiden.

Dann die Fruchtscheiben in heißen Sirup tauchen und bei kleiner Hitze darin köcheln lassen.

Vom Herd nehmen und im Sirup abgedeckt über Nacht ziehen lassen.

Frutta candita
Kandierte Früchte

500 g Orangen
1 kg Zucker

Die Orangen heiß waschen, abtrocknen und mit der Schale in etwa 1 cm dicke Scheiben schneiden.
In einem großen Topf den Zucker unter Rühren in 1 Liter Wasser so lange erhitzen, bis er sich aufgelöst hat.
Die Orangenscheiben auf dem Gittereinsatz des Topfs in den heißen Sirup tauchen.
Einmal aufkochen lassen, die Hitze reduzieren und die Orangenscheiben etwa 15 Minuten bei kleiner Hitze im Sirup köcheln lassen. Dann vom Herd nehmen.
Die Orangenscheiben abgedeckt 24 Stunden im Sirup ziehen lassen. Den Topf während dieser Zeit nicht bewegen und die Früchte nicht berühren.
Danach die Früchte mit dem Gittereinsatz vorsichtig aus dem Sirup heben und etwa 1 Stunde abtropfen lassen. Dann auf Küchenpapier auslegen und 4–5 Stunden trocknen lassen.
Auf die gleiche Weise kann man auch Kirschen, Erdbeeren, Ananasstücke oder Zitronenscheiben kandieren.

Eiscreme

Gelato, Eiscreme – für viele Kinder und Junggebliebene ist die zart schmelzende gefrorene Köstlichkeit der Inbegriff von Italien, Sonne, Sand, Meer und Urlaub. Wie die Pizza, so ist auch die Eiscreme weltweit ein kulinarischer Botschafter des Bel Paese, des schönen Lands im Mittelmeer. Eiscreme, so behaupten die Sizilianer, sei auf ihrer Insel erfunden worden. Und tatsächlich scheint es hier noch mehr fantasievolle und verführerische Kreationen zu geben als anderswo. Dennoch waren die Sizilianer nicht die Väter der Eiscreme – wohl aber die Erfinder der *granita di limone*, einer eiskalten Erfrischung aus Wasser, Zucker und Zitronensaft, der manchmal auch Wein, Minze oder Orangensaft zugefügt wird. Auch in der kleinsten Bar Siziliens findet man die großen Rührgeräte, in denen das flüssig-körnige Sorbet den ganzen Tag über frisch gehalten wird.

Die moderne Erfolgsgeschichte der italienischen Eiscreme begann im 16. Jahrhundert, als es erstmals gelang, künstlich Kälte zu erzeugen: Mithilfe von Salpeter wurde Wasser zum Gefrieren gebracht. Dann wurde eine Trommel mit Eisbrocken so weit heruntergekühlt, dass man in ihr anschließend die eigentlichen Zutaten zu Speiseeis gefrieren konnte. *Gelatiere*, Eismacher, verbreiteten die Kunst der Speiseeisherstellung nicht nur in Italien, sondern auch in anderen europäischen Ländern. Und natürlich hatte die umtriebige Katharina von Medici auch einen Gelatiere unter ihren Köchen, der zu ihrer Hochzeit mit Heinrich II. 1533 in Paris ein legendäres Dessert aus gefrorenen Früchten kredenzte.

Als die besten Eismacher der Neuzeit bezeichnen sich die Gelatiere aus dem Veneto, genauer gesagt aus dem Val di Zoldo, einem Tal in den Dolomiten. Jährlich findet hier in Longarone im November die Eiscreme-Messe statt, weltweit die größte ihrer Art. Fachleute und Speiseeisfans aus aller Welt kommen hierher, um sich über neue Sorten und Trends zu informieren – oder um einfach nur die kühlen Köstlichkeiten zu kosten.

Eiscreme-Geschichten

Speiseeis war bereits vor über 5000 Jahren bei den Chinesen bekannt und beliebt. Auch der weise König Salomon soll schon Eis genossen haben, hergestellt aus Fruchtsaft, der mit Schnee und Honig vermischt wurde. Der griechische Held Orpheus erfrischte sich auf seinem Weg in die Unterwelt mit Fruchteis, das sich auch Alexander der Große, so die Überlieferung, vor jeder Schlacht servieren ließ. Selbst Kaiser Nero erlag der süßen Versuchung. Ausgewählte Sklaven brachten im Staffellauf aus den Alpen nach Rom Gletschereis, das mit Honig und Fruchtsäften, Ingwer, Koriander, Zimt, Rosen- oder Veilchenwasser aromatisiert wurde.

Nicht nur Kinderträume werden wahr beim Besuch einer italienischen Eisdiele. Nirgendwo sonst wird hausgemachte Eiscreme so fantasievoll und verlockend dargeboten (rechts).

Eiscremeherstellung

Grundzutaten für Milcheiscreme sind neben Milch und Sahne auch frische Eier, Zucker und Aromen.

Zunächst wird das Eigelb mit dem Zucker cremig gerührt und die geschlagene Sahne zugefügt.

Dann werden die restlichen Zutaten vermischt und in die Eismaschine gegeben.

Granita di limone
Zitronen-Granita

2 Zitronen
250 ml frisch gepresster Zitronensaft
250 g feiner Zucker
250 ml trockener Weißwein
4 große Zitronen

Die Zitronen heiß waschen, abtrocknen und die Schale fein abreiben. Die weiße Haut ganz abschälen, das Fruchtfleisch würfeln, von den Kernen befreien und pürieren. Mit Zitronenschale, Zitronensaft und Zucker in einen Topf geben. Den Weißwein sowie 125 ml Wasser angießen und alles unter Rühren so lange erhitzen, bis sich der Zucker aufgelöst hat. Dann in eine Metallschüssel umfüllen, abkühlen lassen und 3 Stunden ins Tiefkühlfach stellen. Während dieser Zeit die Masse mehrmals mit dem Schneebesen oder einer Gabel durchrühren, um die Eiskristalle zu zerkleinern.
Von den großen Zitronen einen Deckel abschneiden, die Früchte aushöhlen (Fruchtfleisch wegwerfen) und 15 Minuten gefrieren lassen. Die Granita vor dem Servieren mit dem Stabmixer pürieren und in die angefrorenen Zitronen füllen.

Die Masse wird anschließend unter ständigem Rühren in der Eismaschine gefroren.

Je höher der Fettgehalt der Masse und je schneller das Rühren, desto feiner wird die Eiscreme.

Seit zwei Jahrhunderten ist italienische Milcheiscreme ein süßer Botschafter in vielen Ländern.

Granita di cachi
Kaki-Granita mit Chili

100 g ungesalzene Pistazien
4 Kaki-Früchte
1 frische Chili
100 g Zucker
100 ml Wasser
Saft und abgeriebene Schale von 1 Zitrone

Pistazien ohne Fett in einer Pfanne anrösten, hacken und beiseitestellen.
Kaki waschen, trocken tupfen und Stiele entfernen. Die Früchte klein schneiden.
Die Chili längs halbieren, entkernen und fein hacken.
Zucker und Wasser in einem Topf sirupartig einkochen. Etwas abkühlen lassen. Zitronensaft, Zitronenschale und Chili dazugeben.
Fruchtfleisch und Sirup in einem Mixer pürieren. Die Hälfte der Pistazien unterrühren und in eine Metallschüssel füllen. Im Gefrierfach anfrieren lassen und mit einem Schneebesen das angefrorene Fruchtfleisch vom Schüsselrand nach innen rühren. Auf diese Weise gefrieren lassen, bis die Fruchtmasse eine cremige Konsistenz erreicht hat. Wenn die Masse ganz durchgefroren ist, vor dem Servieren 30 Minuten im Kühlschrank antauen lassen.
In Sektschalen füllen und mit den restlichen Pistazien bestreut servieren.

Sorbetto sprizzetto
Spritziges Sorbet

500 ml Weißwein
Schale von 1 Zitrone
175 g Zucker
Saft von 1 Orange
100 ml Aperol
200 ml Prosecco
frische Minzeblätter zum Garnieren

Den Wein mit Zitronenschale und Zucker langsam zum Kochen bringen. 1–2 Minuten köcheln lassen, dann vom Herd nehmen, den Orangensaft einrühren und dann erkalten lassen.
Den Weinsirup durch ein feines Sieb in eine Schüssel gießen und mit dem Aperol verrühren. In der Eismaschine zu Sorbet verarbeiten.
Das Sorbet in langstielige Cocktailgläser füllen, mit Prosecco aufgießen und mit Minzeblättern garnieren.

Schokolade und Pralinen

Wer kennt sie nicht, die zarten Küsse aus Schokolade mit der knackigen Haselnuss aus Perugia. *Baci*, die wohl bekannteste Praline der Welt, verdankt ihren Siegeszug um den Globus einer genialen und sehr italienischen Marketing-Idee. Auf das silberne Einwickelpapier wurden romantische Sprüche gedruckt, und so wurde der kleine Schokoladenkuss rasch zum idealen Geschenk verliebter Italiener an ihre Angebeteten.

Torrone

Die Römer sind als Feinschmecker und Süßschnäbel in die kulinarische Geschichte eingegangen. *Cupedia* (Begierde) nannten sie den *torrone*, die süße Mischung aus Honig, Eiweiß und gerösteten Nüssen, wohl in Anlehnung an die Tatsache, dass sie einfach begierig nach dieser Delikatesse waren. Im 17. Jahrhundert tauchte der weiche weiße Nougat in verschiedenen Variationen wieder auf. *Il perfetto amore* (die perfekte Liebe) oder Torrone hieß er nun. Bis heute wird er rund um die piemontesische Stadt Alba nach einem traditionellen Rezept hergestellt, das als Zutaten nur Honig, weißen Zucker, einen Hauch von Vanille und ausschließlich die Haselnuss „Piemonte" (I.G.P.) zulässt. Diese Haselnussart wächst in dem Gebiet der Langhe und gilt als die beste Haselnuss der Welt: eine runde, glatte Nuss mit intensivem Duft und delikatem Geschmack. Diese Nüsse werden sorgfältig geröstet und anschließend mit den übrigen Zutaten lange in Kesseln gekocht. Das Ausziehen der Torronemasse in Holzformen erfolgt immer noch in Handarbeit.

Ihren Eroberungszug durch Italien trat die Schokolade zunächst in flüssiger Form im Süden des Landes an, das zur damaligen Zeit zur spanischen Krone gehörte. Doch während die Spanier das heiße, belebende Getränk aus Südamerika lediglich mit Ingwer und Chillies würzten, wie sie es im Ursprungsland kennengelernt hatten, fügten die Italiener dem bitteren Gebräu Jasmin, Amber und Vanille zu.

Es waren zunächst die Mönche, vor allem die Jesuiten, die den Trank in Klöstern, Fürsten- und Königshäusern einführten. Bald schon stellte sich den gläubigen Katholiken die Frage, ob die Schokolade nun ein Getränk oder eine Speise sei. Wäre Letzteres der Fall gewesen, hätte man während der Fastenzeit auf sie verzichten müssen. Die Jesuiten, die sehr erfolgreich mit Schokolade handelten, vertraten vehement die Auffassung, sie sei zweifelsfrei ein Getränk, während die strengen Dominikaner darauf bestanden, die nahrhafte Schokolade sei eindeutig eine Speise. Sieben Päpste mussten sich immer wieder mit dieser Streitfrage beschäftigen – sie entschieden alle zugunsten der Schokolade und bestätigten ihr, sie sei ein Getränk und damit ein rund um das Jahr erlaubter Genuss.

Zwei Städte teilen sich heute den ersten Platz in der Schokoladenproduktion: Perugia und Turin, das vor allem für seine Nougatspezialitäten bekannt ist. In Turin wurde im Jahr 1678 die erste italienische Lizenz für die Eröffnung einer *bottega di cioccolateria*, eines Schokoladenladens, erteilt. Bis zu diesem Zeitpunkt war die süße Schleckerei dem Adel und Klerus vorbehalten gewesen. Innerhalb kurzer Zeit entstanden Dutzende von Schokoladengeschäften. Bereits Ende des 18. Jahrhunderts wurden in Turin täglich 350 Kilogramm Schokolade hergestellt und nicht nur im eigenen Land verzehrt, sondern auch nach Frankreich, Österreich, Deutschland und in die Schweiz exportiert.

Als wegen einer napoleonischen Blockade die Kakaobohnen knapp wurden, machten die Turiner Schokoladenmeister aus der Not eine Tugend und mischten den Kakao mit heimischen Haselnüssen, die reichlich vorhanden und obendrein auch preiswerter waren als die edlen Bohnen. Die Nusspralinen waren geboren. Sie hatten die Form des Dreispitz-Huts der Turiner Karnevalsmaske *gianduia* und erhielten darum den Namen *gianduiotti*. Bis heute werden sie in unveränderter Form hergestellt und in goldenes Stanniolpapier eingepackt.

Schokoladenmesse in Perugia

Seit 1994 findet in Perugia jährlich im Oktober die internationale Schokoladenmesse Eurochocolate statt. An mehr als 100 Ständen, die über die ganze Altstadt verteilt sind, werden den rund 800 000 Besuchern Schokoladenspezialitäten aus der ganzen Welt präsentiert. Neben süßen Kostproben erwarten die Messebesucher Ausstellungen, Lesungen, Geschmacksseminare, musikalische Darbietungen, Spiele und sogar Schokoladenskulpturen. Dem Schokoladengenuss sind kaum Grenzen gesetzt: Beauty-Farmen bieten Aromabäder, Cremes und Masken rund um die Schokolade an.

In den vergangenen Jahren hat sich Norditalien als Hochburg der Schokoladenherstellung etabliert. Die Kreationen sind vielfältig (Hintergrund).

Die zunächst noch fast pulverartige Schokoladenmasse wird beim Conchieren langsam flüssig.

Die Masse wird einige Tage gewendet, gedreht, temperiert und gelüftet und dadurch homogen.

Für die Herstellung von feinen Pralinentrüffeln werden zunächst die Formen gestanzt.

Dann wird die flüssige Schokoladenmasse von Hand in die kleinen Formen eingefüllt.

Die Trüffeln werden mit Kuvertüre überzogen und auf einem Pralinengitter gerollt.

Kuchen

Kuchen gehören zu den wenigen kulinarischen Dingen, die italienische Frauen auch fertig zubereitet kaufen. Während sie weder Zeit noch Mühen scheuen, um Antipasti, Pasta und aufwendige Hauptgerichte selbst zuzubereiten, ja sogar Gemüse selbst einzulegen, kaufen sie Kuchen und vor allem Torten gern auch in der *pasticceria*, der Konditorei. Ein Blick in die Schaufenster einer typisch italienischen Pasticceria zeigt auch, warum. Das Angebot an kleinen und großen Kunstwerken aus der Bäckerstube ist einfach überwältigend, und es verlangt schon viel Disziplin, um den betörenden Naschereien nicht sofort zu verfallen.

Neben klassischen Kuchen und Torten, die es in ganz Italien gibt, hat auch jede Region ihre süßen Spezialitäten. In den Ostalpen und der Emilia-Romagna backt man mit Maronenpüree eine köstliche Maronitorte, in Sardinien ist die *torta alle mandorle* beliebt, aus der Toskana kommt der *zuccotto,* und im Latium ist der Kirschkuchen zu Hause. Doch überall wird die *torta della nonna*, die Torte nach Omas Rezept, geliebt. Von diesem köstlichen Kuchen gibt es fast so viele Rezepte wie Großmütter.

Die crostata *ist eine traditionelle italienische Kuchenspezialität aus einem knusprigen Mürbeteigboden, der mit frischem Obst, Kompott oder Konfitüre bedeckt wird. Oft wird ein kreuzartiges Teiggitter auf die Füllung gelegt (rechts).*

Panforte *ist ein traditioneller Früchtekuchen aus Siena. Obwohl er in vielen toskanischen Bäckereien erhältlich ist, schmeckt er in Siena am besten.*

Beliebte Kuchen

Crostata di limone
Zitronenkuchen

200 g Mehl
250 g Zucker
5 Eigelb
Salz
abgeriebene Schale und Saft von
2 Zitronen
100 g kalte Butter
Öl zum Einfetten
500 g Hülsenfrüchte zum Blindbacken
3 Eier
150 g süße Sahne
2 EL Puderzucker

Das Mehl auf die Arbeitsfläche sieben, 100 g Zucker untermischen und in die Mitte eine Mulde drücken. 4 Eigelb, 1 Prise Salz, Zitronenschale und Butter in Stückchen hinzufügen und alles zu einem geschmeidigen Teig verkneten. Zur Kugel formen, in Frischhaltefolie wickeln und 1 Stunde im Kühlschrank ruhen lassen.
Den Backofen auf 175 °C vorheizen. Den Teig auf einer bemehlten Fläche etwa 3 mm dick ausrollen und eine gefettete Springform (26 cm Ø) damit auslegen, dabei einen Rand formen. Den Teigboden mehrmals mit einer Gabel einstechen, mit Backpapier abdecken und mit getrockneten Hülsenfrüchten auffüllen. Im Backofen 15 Minuten backen, dann herausnehmen, Hülsenfrüchte und Papier entfernen und den Teigboden in der Form abkühlen lassen.
Den Backofen auf 160 °C vorheizen. Das restliche Eigelb mit den ganzen Eiern, dem übrigen Zucker und der Zitronenschale zu einer dicken weißen Creme aufschlagen. Den Zitronensaft einrühren. Die Sahne steif schlagen und unter die Creme heben. Die Zitronencreme auf dem Kuchenboden verteilen und die Oberfläche glattstreichen. Im Backofen 20 Minuten backen. Dann mit dem Puderzucker bestäuben und unter dem Grill hellbraun überbacken.

Torta di zucca
Kürbiskuchen

175 g Mehl
125 g Butter, plus etwas mehr zum Einfetten
200 g Zucker
Salz
250 ml Milch
125 g Rundkornreis
500 g Kürbisfruchtfleisch
2 Eier
100 g Ricotta
frisch gemahlener Pfeffer
1 Päckchen Vanillezucker
2 EL Semmelbrösel

Das Mehl auf eine Arbeitsfläche sieben und in die Mitte eine Mulde drücken. 75 g Butter in Stückchen, die Hälfte des Zuckers sowie 1 Prise Salz und 75–85 ml Wasser zufügen. Alles zu einem glatten und geschmeidigen Teig verkneten, zu einer Kugel formen und in Frischhaltefolie wickeln. Den Teig 1 Stunde im Kühlschrank ruhen lassen.
Inzwischen Milch mit 250 ml Wasser und Reis zum Kochen bringen. 2 Minuten kochen, dann vom Herd nehmen und bei geschlossenem Deckel abkühlen lassen.
Das Kürbisfruchtfleisch in kleine Würfel schneiden und unter Rühren in der restlichen Butter dünsten, bis die Garflüssigkeit eingekocht ist. Das Kürbisfruchtfleisch pürieren und mit der Reismasse vermischen. Eier, Ricotta, Pfeffer, restlichen Zucker und Vanillezucker unterziehen. Den Backofen auf 200 °C vorheizen.
Eine runde Springform (24 cm Ø) einfetten und mit den Semmelbröseln ausstreuen. Den Teig auf einer bemehlten Fläche dünn ausrollen und die Form damit auslegen, dabei einen Rand formen. Den Teigboden mit einer Gabel mehrmals einstechen. Die Reis-Kürbis-Masse darauf verstreichen. Im Backofen 35–40 Minuten backen.

Crostata di limone

Crostata di visciole
Kirschkuchen

300 g Mehl
150 g feiner Zucker
Salz
2 Eier
abgeriebene Schale von 1 Orange
75 g kalte Butter
75 g frisches Schmalz
Öl zum Einfetten
400 g Sauerkirschmarmelade
1 Eigelb, verquirlt
2 EL Puderzucker

Das Mehl auf die Arbeitsfläche sieben, den Zucker untermischen und in die Mitte eine Mulde drücken. 1 Prise Salz, Eier, Orangenschale sowie Butter und Schmalz in Stückchen zufügen. Alles zu einem geschmeidigen Teig verkneten. Zu einer Kugel formen, in Frischhaltefolie wickeln und 1 Stunde im Kühlschrank ruhen lassen.
Den Backofen auf 190 °C vorheizen. Zwei Drittel des Teigs auf einer bemehlten Fläche etwa 3 mm dick ausrollen und eine gefettete Springform (28 cm Ø) damit auslegen, den Rand andrücken. Die Marmelade auf dem Teig verstreichen. Den restlichen Teig dünn ausrollen und mit dem Teigrädchen ca. 2 cm breite Streifen schneiden. Die Teigstreifen gitterförmig auf den Kuchen legen. Mit dem verquirlten Eigelb bestreichen. Im Backofen ca. 45 Minuten backen.
Den fertigen Kuchen in der Form etwas abkühlen lassen, dann auf ein Kuchengitter setzen und auskühlen lassen. Vor dem Servieren mit Puderzucker überstäuben.

Zuccotto
Gefrorene Biskuittorte

1 Biskuitboden
3 EL Lemoncello
600 g süße Sahne
150 g Puderzucker
100 g Zartbitterschokolade, fein geraspelt
150 g gehackte Mandeln

Den Biskuitboden waagerecht in zwei gleich dicke Böden teilen. 1 Boden in 12 Kuchenstücke schneiden und mit ihnen eine Eisbombenform auskleiden. Die Stücke mit 2 Esslöffeln Lemoncello tränken.

Die Sahne steif schlagen, dabei 100 g Puderzucker einstreuen. Die Hälfte der Sahne mit der geriebenen Schokolade vermischen, in die ausgelegte Form füllen und glatt streichen. Die restliche Sahne mit den Mandeln vermischen, auf die Schokoladensahneschicht geben und glatt streichen. Mit dem zweiten Biskuitboden belegen. Diesen leicht andrücken und mit dem restlichen Lemoncello tränken. Die Torte dann im Gefrierfach mindestens 6 Stunden gefrieren.

Zum Servieren auf eine Platte stürzen und mit dem restlichen Puderzucker überstäuben.

Einen Biskuitboden in zwölf Stücke schneiden und eine runde Form damit auslegen.

Anschließend die Biskuitstücke mit zwei Esslöffeln Lemoncello tränken.

Die Schokoladensahne in die Form geben und die Oberfläche glatt streichen.

Mit dem zweiten Biskuitboden belegen und mit dem restlichen Lemoncello tränken. Die Torte gefrieren.

Parozzo
Schokoladenkuchen aus den Abruzzen

5 Eier
100 g feiner Zucker
75 g Butter, plus etwas mehr zum Einfetten
100 g Mehl
2 EL Speisestärke
100 g gemahlene Mandeln
200 g flüssige Schokoladenkuvertüre

Die Eier trennen. Eigelb mit Zucker schaumig rühren. Die Butter in einem Pfännchen zerlassen, dann vom Herd nehmen. Mehl, Speisestärke und Mandeln vermischen und esslöffelweise kurz unter die Ei-Zucker-Creme rühren. Zuletzt die flüssige Butter in den Teig rühren.

Den Backofen auf 200 °C vorheizen. Eine Springform (28 cm Ø) mit Butter ausfetten. Das Eiweiß sehr steif schlagen und unter den Teig heben. In die Springform füllen und die Oberfläche glatt streichen. Im Backofen 25 Minuten backen. Mit Alufolie abdecken und weitere 10 Minuten backen.

Kuchen aus der Form stürzen und auf einem Kuchengitter abkühlen lassen. Dann mit der Kuvertüre überziehen. Mit einer Gabel ein wellenförmiges Muster in die Kuvertüre ziehen.

Crostata con i fichi freschi
Feigenkuchen

200 g Mehl
150 g Zucker
6 Eigelb
Salz
abgeriebene Schale von 1 Zitrone
100 g kalte Butter
Öl zum Einfetten
500 g Hülsenfrüchte zum Blindbacken
200 ml Milch
1 EL Speisestärke
200 g süße Sahne
6–8 große frische Feigen

Das Mehl auf die Arbeitsfläche sieben und mit 100 g Zucker mischen. In die Mitte eine Mulde drücken. 4 Eigelb, 1 Prise Salz, Zitronenschale und Butter in Stückchen zufügen und alles rasch zu einem glatten Teig verkneten. Zu einer Kugel formen, in Frischhaltefolie wickeln und 1 Stunde im Kühlschrank ruhen lassen.

Den Backofen auf 175 °C vorheizen. Den Teig auf einer bemehlten Fläche 3 mm dick ausrollen und damit eine eingefettete Kuchenform (24 cm Ø) auslegen, dabei einen Rand formen. Den Teigboden mehrmals mit einer Gabel einstechen, mit Backpapier abdecken und mit Hülsenfrüchten auffüllen. Im Backofen 15 Minuten blindbacken. Dann die Hülsenfrüchte und das Papier entfernen und den Teigboden weitere 10 Minuten backen. In der Form abkühlen lassen und danach auf ein Kuchengitter setzen.

Die Milch mit 1 Esslöffel Zucker zum Kochen bringen. Das restliche Eigelb mit dem übrigen Zucker und der Speisestärke verquirlen. Mit einem Schneebesen unter die heiße Milch rühren und die Masse bei schwacher Hitze unter Rühren einige Minuten köcheln lassen. In eine Schüssel gießen und abkühlen lassen, dabei zwischendurch mit dem Schneebesen aufschlagen, damit sich keine Haut bildet.

Die Sahne steif schlagen, unter die kalte Creme heben und auf dem Kuchenboden verstreichen. Die Feigen abspülen, trocken tupfen und in Scheiben geschnitten auf die Creme legen.

Torta della nonna
Vanillecremekuchen

300 g Mehl
100 g kalte Butter, plus etwas mehr zum Einfetten
175 g Zucker
2 Eier
Salz
4 Eigelb
Mark von 1 Vanillestange
2 EL Speisestärke
400 ml Milch
Puderzucker zum Überstäuben
50 g Pinienkerne, gehackt

Das Mehl auf die Arbeitsfläche sieben, in die Mitte eine Mulde drücken. Die Butter in Stückchen, 100 g Zucker, Eier und 1 Prise Salz zugeben und alles zu einem glatten geschmeidigen Teig verkneten. Bei Bedarf noch 2–3 Esslöffel Wasser zufügen. Den Teig zu einer Kugel formen, in Frischhaltefolie wickeln und 1 Stunde im Kühlschrank ruhen lassen.

Das Eigelb mit dem restlichen Zucker, Vanillemark und Speisestärke zu einer dicken Creme aufschlagen. Die Creme über einem heißen Wasserbad weiterschlagen, dabei nach und nach die Milch unterrühren. So lange rühren, bis die Creme wieder eindickt. Vom Herd nehmen und im kalten Wasserbad unter Rühren auskühlen lassen.

Den Backofen auf 175 °C vorheizen. Eine Springform (26 cm Ø) ausfetten. Den Teig auf einer bemehlten Arbeitsfläche dünn ausrollen und 2 Teigkreise in der Größe der Springform ausschneiden. Den Boden der Form mit 1 Kreis auslegen, aus den Teigresten einen Rand formen und festdrücken. Die Creme auf dem Teigboden verteilen und mit dem zweiten Teigkreis belegen. Die Ränder gut zusammendrücken. Im Backofen auf der unteren Schiene ca. 45 Minuten backen.

Den Kuchen auf einem Kuchengitter auskühlen lassen. Vor dem Anschneiden dick mit Puderzucker bestäuben und mit den Pinienkernen bestreuen.

Für die torta della nonna *hat jede italienische Hausfrau ihr ganz eigenes Familienrezept.*

Alle Zutaten für den Vanillecremekuchen auf der Arbeitsfläche bereitstellen.

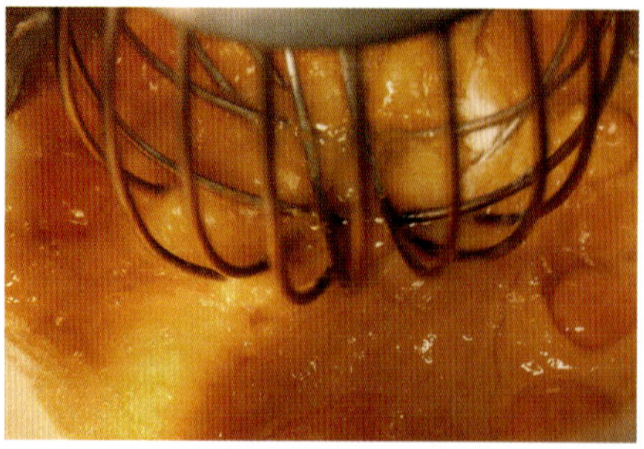

Die Eier mit dem Zucker und dem Vanillemark zu einer dicken Creme aufschlagen.

Biscotti

Amaretti

Anicini

Bigué al caffè

Bacio di dama

Biscotti alla mandola

Biscotti alla mandola

Brutti ma buoni

Biscotti alla mandola

Biscotti Regina

Krapfen

Cantucci

Cannoli alla ricotta

Die Speisestärke untermischen und die Creme über dem heißen Wasserbad schlagen.

In der Bäckerei wird die Vanillecreme in die mit Mürbeteig ausgelegten Formen verteilt.

Wenn man den Kuchen ohne Teigdeckel backt, bestreut man die Creme mit Pinienkernen.

Nach dem Backen lässt man den Kuchen auskühlen und überstäubt ihn mit Puderzucker.

Kuchen und Kleingebäck

Pan di arancia

Pastine all'anguria

Pastine con fragoline

Torta bigué e frutta

Stola alla ricotta

Cassata

Dolci di carnevale – Karnevalsgebäck

Maskenbälle, historische Umzüge, Feuerwerk und künstlerische Darbietungen verwandeln jedes Jahr vor Aschermittwoch viele italienische Städte in bunte, turbulente Narrenhochburgen. Tagelang prägen historische Masken und farbenprächtige Kostüme das Stadtbild. Seinen Ursprung hat das fröhliche Kostümtreiben in den römischen Saturnalien, großen Maskenfesten, die zur Jahreswende veranstaltet wurden. Mit dem Christentum kam der Name „Carneval" für das närrische Treiben auf. *Carne vale* (Fleisch lebe wohl) bezeichnete die letzte Fleischmahlzeit vor der Fastenzeit und wurde später für alle Karnevalsfeiern vor Beginn der Fastenzeit am Aschermittwoch übernommen. Im Mittelalter war *il carnevale* die einzige Zeit des Jahres, in der jeder, ob arm oder reich, ohne Klassenunterschiede und ohne Angst vor Repressalien respektlos und freizügig auftreten durfte.

Das weltweit bekannteste Karnevalsfest findet inzwischen in Venedig statt. Noch im 18. Jahrhundert dauerte es mehrere Monate, geriet aber in der Zeit der österreichischen Besetzung im 19. Jahrhundert in Vergessenheit. Erst 1980 wurde es von Künstlern wiederentdeckt und neu belebt. Doch auch Bagnolino und Viareggio, San Giovanni Bianco und Fano, Arezzo und Putignano, Sciacca und Misterbianco sind fröhliche Hochburgen des Karnevals. In ganz Italien werden in dieser Zeit traditionell besondere Süßigkeiten gebacken, Krapfen und Kringel, frittierte Teigstreifen und süße Ravioli.

Frappe
Römisches Karnevalsgebäck

400 g Mehl
2 EL Speisestärke
1 EL Trockenhefe
250 ml Weißwein
60 g Butter
1 TL abgeriebene Zitronenschale
1 TL abgeriebene Orangenschale
1 EL Zimt
Fett zum Frittieren
Puderzucker zum Bestäuben

Mehl und Speisestärke in eine Schüssel sieben. Die Trockenhefe in 2 Esslöffeln lauwarmem Wasser auflösen. Den Wein in einem großen Topf erhitzen und die Butter darin schmelzen. Vom Herd nehmen und das Mehl löffelweise

Alle Zutaten für die Toskanischen Teigstreifen zu einem Teig verarbeiten.

Den Teig in vier Portionen teilen und jede 1–2 mm dünn ausrollen.

Die Teigplatten in 8–10 cm lange, unterschiedliche Streifen schneiden.

Dann die Teigstreifen portionsweise in heißem Fett goldbraun frittieren.

einrühren. Zuletzt die aufgelöste Hefe untermischen. Den Teig zugedeckt an einem warmen Ort 1 Stunde zu doppeltem Volumen aufgehen lassen.

Zitronen- und Orangenschale sowie Zimt unter den Teig kneten und den Teig auf einer bemehlten Arbeitsfläche 2 cm dick ausrollen. Ein Backblech mit Backpapier auslegen. Aus dem Teig 5 cm große Kreise ausstechen und mit etwas Abstand auf das Backpapier setzen. Zugedeckt 1 Stunde gehen lassen.

Das Frittierfett auf 175 °C erhitzen und die Krapfen portionsweise darin goldbraun ausbacken. Auf Küchenpapier abtropfen lassen, mit Puderzucker bestäuben und heiß servieren.

Cenci
Toskanische Teigstreifen

500 g Mehl
1 TL Backpulver
50 g Zucker
1 Päckchen Vanillezucker
Salz
50 g weiche Butter
2 Eier
1 EL abgeriebene Orangenschale
100 ml Vin santo
Fett zum Frittieren
Puderzucker zum Bestäuben

Mehl und Backpulver in eine Schüssel sieben, in die Mitte eine Mulde drücken. Zucker, Vanillezucker, 1 Prise Salz, Butter in Stückchen sowie Eier hineingeben. Zuletzt Orangenschale und Wein zufügen. Alles zu einem glatten und geschmeidigen Teig verkneten, zu einer Kugel formen und unter einem feuchten Tuch 30 Minuten ruhen lassen.

Den Teig in 4 Portionen teilen und jede auf Backpapier 1–2 mm dünn ausrollen. Mit einem Teigrädchen 8–10 cm lange Streifen in unregelmäßigen Breiten schneiden. Die Teigstreifen einreißen, an den Enden verknoten oder verdrehen, damit sie wie Fetzen aussehen.

Fett in der Fritteuse auf 175 °C erhitzen und die Teigstücke portionsweise darin goldbraun ausbacken. Auf Küchenpapier abtropfen lassen und zum Abkühlen auf ein Kuchengitter legen. Vor dem Servieren mit Puderzucker bestäuben.

Der venezianische Karneval ist weltberühmt. Tagelang prägen historische Masken und farbenprächtige Kostüme das Bild der Lagunenstadt.

Castagnole fritte
Venezianische Krapfen

2 Eier
3 EL Zucker
1 Päckchen Vanillezucker
Salz
200 g Mehl
4 EL Olivenöl
30 ml Weinbrand
1 TL abgeriebene Zitronenschale
Fett zum Frittieren
Puderzucker zum Bestäuben

Die Eier mit Zucker, Vanillezucker und 1 Prise Salz schaumig rühren. Nach und nach Mehl, Olivenöl, Weinbrand und Zitronenschale unterrühren. Den Teig 30 Minuten ruhen lassen, dann nochmals kräftig schlagen und bei Bedarf etwas Wasser oder Mehl hinzugeben. Das Frittierfett auf 175 °C erhitzen. Mit 2 Teelöffeln kleine Bällchen vom Teig abstechen und in das heiße Fett geben. Portionsweise goldbraun ausbacken. Auf Küchenpapier abtropfen lassen und vor dem Servieren mit Puderzucker bestäuben.

Ostern

Pasqua, Ostern, ist im katholischen Italien das wichtigste Kirchenfest. Nach den großen traurig-besinnlichen Prozessionen am Karfreitag beginnt mit der Osternacht ein fröhliches Fest des Schlemmens. *Natale con i tuoi, pasqua con chi vuoi!* („Weihnachten mit der Familie, Ostern mit wem du willst!") ist der italienische Leitspruch, und so wird Ostern fröhlich und ausgiebig gefeiert. Anders als im nördlichen Europa kennt man in Italien allerdings keinen Osterhasen, der Schokoladeneier versteckt. Zwar sind auch hier Eier, immer in einer ungeraden Anzahl, ein wichtiger Bestandteil von Osterkuchen und -kränzen. Doch das eigentliche Ostersymbol ist die Taube, die landauf, landab alle Auslagen von Bäckereien und Konditoreien schmückt: aus feinem Hefeteig mit Mandeln, Trockenfrüchten und Hagelzucker.

Die *colomba pasquale*, die Ostertaube, stammt ursprünglich aus der Lombardei. Der gefürchtete Lombardenkönig Alboin hatte einst nach erbittertem Widerstand die Stadt Pavia erobert und wollte fürchterliche Rache an den Bewohnern nehmen. In ihrer Not beteten sie um göttlichen Beistand, und tatsächlich wurde Alboin von seinem sich aufbäumenden Pferd abgeworfen, was den König noch wütender machte. Erst als ein Mädchen das Pferd mit Kuchen in Form einer Taube fütterte, beruhigte sich das Tier und wurde friedlich. Der König gab den Bewohnern ihre Freiheit zurück und machte Pavia zur Hauptstadt seines Reichs. Seitdem wird der Kuchen an Ostern als Zeichen des Friedens gebacken und gegessen.

Neben süßen Kuchen bereitet man in ganz Italien auch die *torta di Pasquetta*, einen pikanten Kuchen, zu, der früher aus 33 knusprigen Teigschichten bestehen musste – stellvertretend für die 33 Lebensjahre Jesu Christi. Zwischen die Teigschichten kam eine Füllung aus Blattspinat, Ricotta, Eiern und Parmesan. Heute begnügt man sich mit nur zwölf Schichten.

Am Karfreitag finden in ganz Italien die traditionellen Osterprozessionen statt. Im sizilianischen Modica tragen Gläubige die Figuren von Jesus und der Mutter Maria durch die spätbarocke Stadt zur Kathedrale San Giorgio.

Für den Osterkranz zunächst das Mehl auf die Arbeitsfläche sieben.

Eine Mulde in das Mehl drücken und die übrigen Zutaten hineingeben.

Den Teig in drei gleiche Portionen teilen und zu langen Strängen formen.

Aus den Teigsträngen einen Zopf flechten und zu einem Ring formen.

Den Osterkranz mit verquirltem Ei bestreichen und goldbraun backen.

Scarcedda
Osterkranz

500 g Mehl
1 Prise Salz
1/2 Päckchen Backpulver
100 g Zucker
1 Päckchen Vanillezucker
abgeriebene Schale von 1/2 Zitrone
100 ml Olivenöl, plus Öl zum Einfetten
2 Eigelb
4 Eier

Das Mehl auf die Arbeitsfläche sieben. Mit Salz, Backpulver, Zucker, Vanillezucker und Zitronenschale vermischen, in die Mitte eine Mulde drücken. Olivenöl und Eigelb hineingeben und alles zu einem geschmeidigen Teig verkneten. Den Backofen auf 200 °C vorheizen.

Den Teig in 3 Portionen teilen und zu Strängen formen. Aus den Teigsträngen einen Zopf flechten. Den Teigzopf zu einem Ring formen, den Teig an den Enden zusammendrücken. Ein Backblech mit Öl einfetten und den Zopf darauflegen.

3 Eier säubern und in den Teigzopf drücken. Das restliche Ei verquirlen und den Zopf damit bestreichen. Im Backofen ca. 30 Minuten goldbraun backen. Den Osterkranz auf einem Kuchengitter auskühlen lassen.

Weihnachten

Das klassische Weihnachtsgebäck ist der *panettone*, der aus Mailand stammt. Früher wurde er in Form von Brotlaiben gebacken, und das Backen beaufsichtigte der Hausherr persönlich. Er ritzte in jeden Laib als Segenszeichen ein Kreuz, bevor er in den Ofen kam. Auch heute noch findet man das Kreuz auf jedem Panettone. Jedes Familienmitglied bekommt eine Scheibe des Weihnachtskuchens, denn das bringt Glück und Wohlstand im kommenden Jahr.

Um den Namen des Weihnachtsgebäcks ranken sich viele Legenden. Eine besagt, dass im Lauf der Zeit das Weihnachtsbrot nur noch mit teurem weißen Weizenmehl zubereitet wurde, um die Einzigartigkeit hervorzuheben. Deshalb wurde es *pan del ton*, Luxusbrot, genannt. Glaubt man einer anderen Legende, so soll ein Küchengehilfe namens Toni das süße Brot, *pan del Toni*, aus Butter, kandierten Früchten und Teigresten zubereitet haben, nachdem der Hofkoch das Dessert für das Weihnachtsbankett seines Fürsten verbrannt hatte.

Ossa di mortu
Totenknochen

5 Eier
200 g Zucker
150 g Mehl
2 TL Backpulver
100 g gemahlene Mandeln
1 TL Nelkenpulver
Zucker zum Bestreuen

Die Eier mit 2 Esslöffeln heißem Wasser schaumig schlagen. Nach und nach den Zucker einstreuen und schlagen, bis eine weiße cremige Masse entsteht.
Das Mehl mit dem Backpulver, den gemahlenen Mandeln und dem Nelkenpulver vermischen und unter die Eicreme heben. Den Backofen auf 170 °C vorheizen.
Ein Backblech mit Backpapier auslegen. Den Teig in einen Spritzbeutel mit großer Tülle füllen und etwa 10 cm lange Streifen auf das Papier spritzen. Mit Zucker bestreuen und im Backofen 15–20 Minuten backen.

Alle Zutaten für den panettone auf der Arbeitsfläche bereitstellen.

In den Bäckereien verarbeitet man weiche Butter mit den übrigen Zutaten.

Panforte

Das toskanische Siena ist die Geburtsstadt des *panforte*, eines traditionellen Kuchens, der aus der mittelalterlichen Bauernküche stammt. Der ursprüngliche Teig war einfach eine Masse aus Mehl, Wasser, Nüssen und Trockenfrüchten, allesamt Zutaten, die in jeder Bauernküche vorhanden waren. Panforte (starkes Brot) war damals noch keine süße Köstlichkeit, sondern eine nahrhafte und haltbare Speise für den Winter, die einen sehr intensiven und eher säuerlichen Geschmack hatte.

Später entwickelten die Klosterküchen das schlichte Rezept weiter und fügten Honig, Zucker und Gewürze zu. Der Kuchen wurde kostspieliger und zunächst nur für das Weihnachtsfest gebacken. Im traditionellen Rezept werden die gewürfelten Trockenfrüchte in Honig und Zucker bei 112 °C gekocht, damit die Früchte fest bleiben. Später kommen Mandeln, Zitronat, Orangeat und Gewürze wie Muskatnuss und Zimt dazu. Diese Mischung wird dann, leicht abgekühlt, mit Mehl verknetet.

Panforte

150 g Zucker
150 g Honig
2 EL Zitronensaft
250 g kandierte Früchte, fein gehackt
175 g Mehl
150 g Walnusskerne, gehackt
150 g Mandeln, gehackt
1 TL Zimt
1 TL gemahlener Piment
1/2 TL gemahlener Koriander
1 Prise frisch geriebene Muskatnuss
15 große Oblaten
2 EL Puderzucker

Zucker mit Honig und Zitronensaft unter Rühren erhitzen, bis die Mischung Blasen wirft. Vom Herd nehmen und die kandierten Früchte unterziehen.
150 g Mehl mit den gehackten Nüssen und den Gewürzen gründlich vermischen. Nach und nach unter die Früchtemasse ziehen und glatt rühren. Den Backofen auf 170 °C vorheizen.
Eine Springform (26 cm Ø) mit den Oblaten auslegen, die Masse einfüllen und glatt streichen. Den Puderzucker mit dem restlichen Mehl vermischen und auf den Kuchen streuen. 30–40 Minuten backen. Vor dem Servieren in der Form auskühlen lassen.

Zitronat, Orangeat und Zitronenschale unter den Teig kneten.

Dann den Teig zugedeckt an einem warmen Ort aufgehen lassen.

Den Teig portionsweise in Papierformen füllen und darin backen.

Der panettone wird in der Papierform verkauft, sie hält ihn saftig.

Panettone

200 ml Milch
1 Würfel frische Hefe
125 g Zucker
125 g Butter, plus etwas mehr zum Einfetten
2 Eier
2 Eigelb
1 Prise frisch geriebene Muskatnuss
Salz
500 g Mehl
100 g Rosinen
60 ml Rum
50 g gewürfeltes Zitronat
50 g gewürfeltes Orangeat
1 TL abgeriebene Zitronenschale

Die Milch erwärmen und die Hefe hineinbröckeln. 1 Teelöffel Zucker unterrühren und zugedeckt 15 Minuten an einen warmen Ort stellen.
Die Butter zerlassen, in eine Schüssel gießen und Eier sowie Eigelb unterrühren. Muskatnuss und 1 Prise Salz zugeben.
Das Mehl auf die Arbeitsfläche sieben und in die Mitte eine Mulde drücken. Den restlichen Zucker, Hefemilch sowie Butter-Ei-Mischung hineingeben und alles zu einem glatten Teig verkneten. In eine Schüssel legen und zugedeckt an einem warmen Ort 1 Stunde gehen lassen.
Die Rosinen waschen und im Rum 20 Minuten einweichen. Dann mit Zitronat und Orangeat sowie Zitronenschale unter den Teig kneten. Zugedeckt weitere 30 Minuten gehen lassen.
Den Backofen auf 175 °C vorheizen. Aus Backpapier einen 45 cm langen und 25 cm breiten Streifen falten. Eine Springform (22 cm Ø) mit Butter einfetten. Den Rand der Springform mit dem Backpapier auskleiden, damit er höher wird. Den Hefeteig hineinfüllen und im Backofen 30 Minuten backen. Dann die Oberfläche kreuzweise einschneiden und den Kuchen weitere 20 Minuten backen. In der Form abkühlen lassen.

Panettone war einst der klassische Weihnachtskuchen in Mailand. Heute wird er in ganz Italien gebacken und traditionell an Weihnachten gegessen.

Caffè

Wieder einmal waren es die Venezianer, die den Grundstein legten für eine nationale Leidenschaft. 1585 berichtete G. F. Morosini, Mitglied einer der ältesten Adelsfamilien, dem Senat der Republik Venedig über eine ungewöhnliche Vorliebe der Araber: „Vom einfachsten Manne bis zum vornehmsten Herren sitzen sie in Gasthöfen und auf der Straße, und zu ihrem Vergnügen trinken sie öffentlich ein schwarzes, sehr heißes Wasser, das man aus einem Samen gewinnt, den sie Cavèe nennen, und von dem sie sagen, dass es einen wach hält."

30 Jahre später, 1615, führte der Venezianer Pietro della Valle die Kaffeebohne in der Lagunenstadt ein, und weitere 30 Jahre danach eröffnete am Markusplatz das erste Kaffeehaus Europas, eine *bottega del caffè*. Ende des Jahrhunderts gab es bereits mehr als 200 Kaffeehäuser. Eines der bekanntesten, schönsten und teuersten Kaffeehäuser der Welt ist heute das Caffè Florian, gegründet 1720. Purpurroter Samt, goldene Spiegel, kleine intime Nischen und Tischchen versetzen den Besucher in die Zeit zurück, als sich Giacomo Girolamo Casanova hier hellwach der Damenwelt widmete.

Von Venedig aus breiteten sich die Kaffeehäuser in ganz Italien und Europa aus. Bald waren sie mehr als nur Stätten, an denen man einen Kaffee zu sich nahm. Sie wurden zu einem Synonym für den weltoffenen venezianischen Lebensstil, ein Treffpunkt von Künstlern und Kaufleuten, an dem Geschäftliches und Vergnügliches, Politik und Kultur diskutiert wurde. Kaffeehäuser stellten die Bühne für eine gesellschaftliche Kommunikation, die, wie ein Zeitzeuge berichtet, „für Fortschrittlichkeit, Aktualität und schließlich für Humanität stand".

Das geschichtsträchtigste Kaffeehaus Roms liegt in der Via Condotti, nur einen Steinwurf von der Spanischen Treppe entfernt. Ein Grieche, Nicola della Maddalena, eröffnete hier im Jahr 1760 das Caffè Greco, das schon bald zum Zentrum der „Deutschen Künstlerkolonie" und internationaler Künstler werden sollte. Goethe und Wagner, Liszt und Mendelssohn schätzten im Greco die belebende Wirkung des Kaffees auf ihre schöpferische Arbeit und das Gespräch mit Gleichgesinnten jenseits von Hierarchien und gesellschaftlichen Zwängen.

Bis heute ist *il caffè* für den Italiener ein Symbol für Geselligkeit und Freundschaft. In vielen Variationen begleitet er ihn durch den ganzen Tag – vom morgendlichen Cappuccino (den man in Italien nur zum Frühstück trinkt) bis zum Espresso vor dem Zubettgehen. Jeder Italiener hat zwei oder drei Lieblingsbars in der Nähe seiner Wohnung und seines Arbeitsplatzes, in denen er mehrmals täglich meist im Stehen seinen Espresso trinkt. *Prendiamo il caffè!* („Nehmen wir doch einen Kaffee!") ist die freundschaftliche Einladung auf eine kurze Unterhaltung und einige Minuten Pause im Alltagsstress, die man zu fast jeder Tageszeit in den Straßen hört.

Die soziale Bedeutung des Kaffees zeigt sich am schönsten in dem alten neapolitanischen Brauch des *sospeso* (Aufgehobener). Hat man ein Geschäft erfolgreich abgeschlossen oder einen besonders gelungenen Tag hinter sich, bestellt man in der Kaffeebar einen Sospeso, einen Espresso für einen guten Zweck. Man trinkt einen Espresso und bezahlt zwei. Der zweite ist für Gäste bestimmt, die sich keinen Kaffee leisten können. Kommt jemand vorbei und fragt *C'è un sospeso?* („Gibt es einen Aufgehobenen?"), wird ihm der Espresso kostenlos serviert.

Das historische Caffè Florian am Markusplatz in Venedig ist nicht nur eines der schönsten, sondern auch der teuersten Kaffeehäuser der Welt (rechts).

Espresso-Kunst

Heiß wie die Hölle, schwarz wie der Teufel, rein wie ein Engel und süß wie die Liebe muss der perfekte Espresso sein. Kaffee- und Wassermenge, Druck, Wassertemperatur und Zubereitungszeit – für einen perfekten *caffè* sind viele Details zu beachten. Das Wasser darf nicht zu kalkhaltig sein, der Kaffee sollte portionsweise frisch gemahlen werden, die Espressomaschine muss die richtige Temperatur haben, die Tassen sollten vorgewärmt sein, einen gewölbten Boden haben und weder zu dick noch zu dünn sein.

Die Qualität eines Espresso erkennt man auf den ersten Blick an der *crema*, dem leichten Schaum, der sich auf der Oberfläche befindet. Hat die goldbraune Crema eine feste Konsistenz, auf der der Zucker liegen bleibt, und eine geschlossene Decke, die auch nach dem Umrühren erhalten bleibt, dann steht dem perfekten Genuss nichts mehr im Weg.

Italienische Kaffeevielfalt

Caffè ist in Italien zunächst einmal ein Espresso. Trotz des kräftigen Geschmacks enthält ein *caffè* nur 40 Prozent der Koffeinmenge einer „normalen" Tasse Filterkaffee. Die italienische Röstung der Bohnen entspricht dem dunkelsten der fünf klassischen Röstgrade, die Kaffees mit eher bitterem oder leicht süßlichem Aroma, weniger Koffein und einen relativ geringen Säuregehalt hervorbringen – und damit besser bekömmlich sind.

Kleine, aber feine Unterschiede liegen zwischen den bekanntesten italienischen Kaffeespezialitäten.

Caffè, Espresso: kleiner, stark konzentrierter Kaffee
Espresso doppio: doppelter Espresso
Ristretto: stark konzentrierter, kleiner Espresso mit der halben Wassermenge
Caffè corretto (verbesserter Kaffee): Espresso mit einem Schnaps oder Likör
Caffè latte: doppelter Espresso in heißer Milch (ohne Milchschaum)
Caffè macchiato (gefleckter Kaffee): Espresso mit einem kleinen Schuss Milch und etwas Milchschaum
Caffè lungo: Espresso mit mehr Wasser
Caffè americano: Espresso mit viel heißem Wasser
Cappuccino: Espresso mit Milch und Milchschaum, im Idealfall zu gleichen Teilen
Latte macchiato: heiße Milch mit Milchschaum, in die vorsichtig ein Espresso gegossen wird
Bicerin: Espresso mit Kakao, Zucker, Zimt und Milchschaum
Caffè freddo: eisgekühlter, gezuckerter Espresso mit viel Wasser
Granita di caffè: gefrorener Espresso

Das glänzende Herzstück jeder italienischen Bar ist die große Espressomaschine.

Das heiße Wasser schießt mit hohem Druck durch das Espressomehl in die Tasse.

Das Zusammenspiel von Mensch und Maschine ergibt einen perfekten Espresso.

Die Qualität eines Espressos erkannt man an der goldbraunen festen Crema.

Ein guter baristo zaubert auf den Cappuccino ein Herz aus cremigem Milchschaum.

Digestivi

Piasì
1997
BRANCA
CASA FONDATA NEL 1845
FERNET-BRANCA
AMARO

Verdauungs-schnäpse

Digestivi, „Verdauungshilfen" – mit diesem nüchternen Wort bezeichnen die Italiener Getränke, die üblicherweise am Ende eines Mahls genossen werden. Haben die Aperitivi den Reigen der Genüsse eröffnet und den Appetit angeregt und hat der Wein den Genuss an den Speisen gehoben, so ist es die Aufgabe der Liköre, Bitter und Brände, dafür zu sorgen, dass eben der Genuss und nicht die Beschwernis der Verdauungsarbeit in Erinnerung bleibt. Insbesondere Bitterstoffe, aber auch starke Alkoholika sollen die Verdauung fettreicher und üppiger Gerichte erleichtern. Das hat seinen guten Grund. Die Wirkstoffe von Kräutern, Obst oder Gemüse wie der Artischocke unterstützen die Leber- und Gallenfunktion und helfen beim Abbau von Fettsäuren. Und natürlich sollen sie auch selbst ein Genuss sein und mehr als bloß eine scharfe oder bitter-süße Medizin.

In Italien trinkt man in der Regel nach dem Essen keinen Wein mehr. Den Abschluss eines Menüs bilden sowohl geschmacklich als auch alkoholisch stärkere Getränke wie Liköre oder Brände. Lediglich im Süden Italiens ist aufgrund des dort herrschenden Klimas der Konsum starker Brände nicht in diesem Maß üblich. Trotzdem kommen von dort einige der klassischen Liköre, was nicht zuletzt darauf zurückzuführen ist, dass der Süden Italiens – und insbesondere Sizilien – lange Zeit einem starken arabischen Einfluss ausgesetzt war.

Ob vor oder nach dem Essen – Italiener gehen gern in ihre Stammbar, um einen aromatischen Kräuterlikör oder Bitter zu genießen (rechts).

Das Angebot an aromatischen Likören ist überaus groß. Viele werden nach jahrhundertealten Rezepturen hergestellt (unten).

Liköre

Als eine Vorform der Liköre gelten die aromatisierten Weine der römischen und griechischen Antike. Kräuterauszüge mit Wein waren schon in der Heilkunst der Griechen und Römer bekannt. Die Karriere des Likörs, wie wir ihn kennen – als starkes, zuckerhaltiges Konzentrat – begann aber erst in den Kräutergärten und Apotheken der Klöster, nachdem man im Mittelalter die Kunst der Destillation von den Arabern erlernt und weiterentwickelt hatte. Dabei wurden zumeist Kräuter in starken Alkohol eingelegt, um ihre Wirkstoffe herauszulösen (Mazeration). Meist wurde dieser Auszug dann noch mehrmals destilliert und anschließend mit Honig versetzt, um ihn genießbarer zu machen. Auch heute noch sind solche Kräuterauszüge oder ausgesprochene Magenbitter in Apotheken erhältlich.

Im 14. Jahrhundert begann man damit, Liköre als Genussmittel zu produzieren. Ihre Zutaten – Alkohol, Süße und Aromen – sowie die kostspielige Herstellung machten sie zum exklusiven Genuss der Reichen. Bei der Hochzeit Katharinas von Medici mit dem französischen König Heinrich II. gehörten auch Spezialisten für die Fabrikation von Likören zum Gefolge. Nachdem dann Zucker zum erschwinglichen Allgemeingut wurde, hat sich die Likörherstellung rasant verbreitet.

Als Liköre bezeichnet man heute stark zuckerhaltige Getränke (in der EU mindestens 100 g/Liter) mit einem Alkoholgehalt meist zwischen 15 und 40 Prozent. Doch es gibt auch Ausnahmen, die über 50 Prozent Alkohol enthalten. Inzwischen werden zwar viele preiswerte Liköre auf Sirupbasis hergestellt, aber die besten sind nach wie vor die handwerklich produzierten – sie zeichnen sich durch ein besonders feines Aroma aus und schmecken nicht übersüßt und klebrig, sondern vollmundig und abgerundet.

Der bekannteste italienische Likör ist der *Amaretto*, der aus Mandel- und Aprikosenkernen hergestellt und unter anderem mit Vanille verfeinert wird. Sein Geschmack erinnert stark an Marzipan. Die Stadt Saronno in der Lombardei, nordwestlich von Mailand,

Amaretto *und* Zitronenlikör *sind die bekanntesten Liköre.* Sambuca *wird oft* con la mosca, *mit drei Kaffeebohnen, serviert, die man beim Trinken zerkaut.*

Für die Herstellung von Limoncello werden die Zitronen zunächst gewaschen.

Die Früchte werden dann gründlich mit einer festen Bürste abgerieben.

Von Hand wird ausschließlich die äußere gelbe Zitronenschale abgeschält.

Wasser und Zucker werden zu einem klaren Zuckersirup aufgekocht.

Der Sirup wird zu den eingeweichten Zitronenschalen gegossen.

Mit hochprozentigem Alkohol zieht die Mischung etwa eine Woche lang.

Dann wird der Zitronenlikör in speziellen Abfüllanlagen gefiltert.

Nun kann der fertige Limoncello auf Flaschen gezogen werden.

hat sich mit diesem Likör weltweit einen Namen gemacht. Amaretto wird für Desserts, aber auch als Grundlage für verschiedene Longdrinks verwendet und als „Amaretto sour" oder auf Eis getrunken.

Aus der Gegend um Neapel, von der Amalfiküste und Sizilien stammt der *Limoncello*, ein äußerst beliebter Zitronenlikör, der durch Mazeration von besonderen Zitronen mit einer aromatischen und dicken Schale und reinem Alkohol gewonnen wird. In Ligurien wird unter dem Namen *Limoncino* ein ähnlicher Likör produziert.

Der *Mirto* ist die Spezialität Sardiniens. Seine weiße Version wird aus den Blüten und Blättern des Myrtenstrauches, einer immergrünen Spezies, erzeugt, die rote Version aus den Myrtenbeeren. Sein Geschmack ist herb-aromatisch und samtig-würzig, mit sanften ätherischen Bitterstoffen.

Frangelico – ein Nusslikör, den ein Mönch vor 300 Jahren erfand – ist im Piemont zu Hause. Der Herstellungsprozess umfasst fünf Schritte, die sorgfältig ausgeführt werden müssen, um die Qualität des Endprodukts zu garantieren: Ausgewählte piemontesische Haselnüsse werden geschält, geröstet und gemahlen und schließlich in eine Lösung aus Wasser und Alkohol gegeben. Ein Teil dieses Gemischs wird dann destilliert. Natürliche Aromazutaten wie Kakao, Kaffee, Vanille, Rhabarber oder Orangenblüten werden mit dem Destillat und dem restlichen Gemisch zu einem Konzentrat vermengt. Dieses Konzentrat wird dann langsam in Eichenfässern gereift. Nach der Reife wird es mit Wasser auf Trinkstärke verdünnt und zur geschmacklichen Abrundung noch weitere vier Monate gelagert.

Amari und Bitter

Italien hat eine große Vielfalt an sogenannten Bitterspirituosen, die meistens als Digestif gereicht werden. Man fasst sie unter der Bezeichnung *Amaro* zusammen. Amari leben von der Ausgewogenheit zwischen dem Grad der Bitternis und der Süße. Die bittere Note kommt manchmal aus Chinarinde, einem natürlichen Geschmacksstoff. Die bekanntesten Amari sind *Averna, Fernet-Branca* und *Ramazzotti.*

Im 19. Jahrhundert entwickelte der Kapuzinermönch Fra Girolamo einen Kräuterlikör, dessen Rezept er kurz vor seinem Tod seinem Freund Salvatore Averna vererbte. Damit begann die Produktion des *Amaro siciliano.* Avernas Sohn Francesco übernahm den Vertrieb und entwarf ein Flaschenetikett, das leicht abgeändert bis heute in Gebrauch ist. Nach wie vor ist in Caltanissetta, der Heimatstadt Avernas auf Sizilien, der Hauptsitz des Familienunternehmens. Die Grundlage des *Averna* bilden 60 verschiedene Kräuter, Wurzeln und Fruchtschalen. Die Rohstoffe werden sorgfältig ausgewählt, klein geschnitten und mit Mörsern zermahlen. Die Mischung, die bis heute Familiengeheimnis ist, ruht 30–40 Tage in reinem Alkohol. Danach wird sie mehrmals gefiltert und mit Zuckersirup und gebranntem Zucker angereichert. Bis heute ist bei den wichtigsten Produktionsschritten Handarbeit üblich. Nach einer Lagerzeit von zwei Monaten wird der Averna in Flaschen abgefüllt.

Alchermes – Kräuterelixier der Medici

Die Farmacia di Santa Maria Novella, gegründet im 14. Jahrhundert in Florenz, ist eine der berühmtesten Apotheken in Italien. Sie blickt auf eine jahrhundertealte Tradition zurück. Zu Zeiten der Medici servierten hier die Mönche ihren zumeist adligen Kunden selbst gebraute Kräuterelixiere wie den *Alchermes*. Ursprünglich handelte es sich dabei um ein arabisches Rezept. Er enthält neben Alkohol, Zucker, Rosenwasser, Orangenschale und Vanille verschiedene Gewürze wie Zimt, Koriander, Macisblüte, Gewürznelken, Anisblüten und Kardamom. Seine leuchtend rote Farbe stammt von der Koschenille, einer Schildlaus, die für die Gewinnung des Farbstoffs getrocknet und gemahlen wird und auf spanisch *alquermes* heißt, abgeleitet vom arabischen *quirmiz* für „scharlachfarben". Heute findet Koschenille vor allem im Campari (*siehe* Aperitivi) Verwendung.

Nicht nur am Hof der Medici schätzte man den Alchermes sowohl als Likör wie zur Zubereitung vieler Süßspeisen. Er wurde als „Elixier des langen Lebens" bezeichnet und wie so manche andere kulinarische Spezialität durch Katharina von Medici in Frankreich eingeführt, wo er unter dem Namen „Liquore de' Medici" bekannt wurde. Da er sehr dickflüssig und vor allem farblich sehr intensiv ist, wird der Alchermes heute fast nur noch bei der Zubereitung von Süßspeisen wie der *Zuppa inglese* verwendet. Der besondere Geschmack, den er durch die zahlreichen Gewürze erhält, lässt die Erinnerung an ihn fortleben und macht sein fast vollständiges Verschwinden äußerst bedauerlich. Doch in der Florentiner Farmacia di Santa Maria Novella kann man ihn immer noch kaufen.

Averna wird in Italien vorwiegend pur getrunken. Beliebt ist jedoch auch die Zugabe von Eis, Zitronen- oder Blutorangensaft.

Fernet-Branca wird seit 1845 in Mailand von der Fratelli Branca Distillerie S.r.L. nach einem geheimen Familienrezept mit über 40 Kräutern hergestellt. Laut Hersteller enthält Fernet-Branca neben anderem Enzian, Safran, Kamille, Myrrhe und Holunderblüten. Der Alkoholgehalt beträgt 40 Vol.-% (in Italien 43 Vol.-%). Fernet-Branca reift über ein Jahr in Eichenfässern, um seinen Geschmack zu entfalten. Getrunken wird er pur, auf Eis oder als Longdrink.

Ramazzotti wurde erstmals 1815 in Mailand produziert. Die geheime Rezeptur stammt von Ausano Ramazzotti. In der Mischung finden sich 33 verschiedene, besonders aromatische Kräuter und Pflanzen, unter anderem süße und bittere Orangenschalen, Chinarinde, Engelwurz, Kaiserwurz, Rosenblüten, Vanille und Sternanis. Ramazzotti enthält keine künstlichen Farb- oder Aromastoffe. Sein Alkoholgehalt beträgt etwa 30 Vol.-%. Er wird als Digestif oder auch Magenbitter getrunken. Meist wird er mit Eiswürfeln und einer kleinen Zitronenscheibe gereicht. Er kann auch mit Ginger Ale oder Sodawasser gemixt werden. Durch Hinzufügen einer Portion Minze entsteht ein Mixgetränk, der *Ramazzotti Menta*.

Die Farmacia di Santa Maria Novella in Florenz (links) ist eine der berühmtesten Apotheken Italiens

Fernet Branca, *den weltweit bekannten Kräuterbitter, gibt es in der klassischen Variante und mit Minze als* Fernet Branca Menta.

Grappa

Für viele ist ein gelungenes Mahl erst dann komplett, wenn es zum Espresso einen Grappa gibt. Dabei ist *Grappa* vom grammatischen Geschlecht her feminin, sodass es korrekt „eine" Grappa heißen müsste. Gemeint ist jedoch das Gleiche: ein Brand aus den Trestern, den ausgepressten und noch einmal destillierten Traubenrückständen aus der Weinproduktion.

Was heute von vielen – inzwischen oftmals zu Recht – als eines der edelsten Produkte der Destillationskunst angesehen wird, hat seinen Ursprung schlicht in der Resteverwertung, also der Kunst, selbst aus scheinbar Wertlosem noch Genussvolles zu zaubern. Die Methode der Destillation wurde schon seit dem 11. Jahrhundert zur Bereitung von Weinbrand angewendet. Zur Weinherstellung werden im Allgemeinen die Trauben nur bis zu 70 Prozent ausgepresst. Die Idee, diese Pressrückstände nochmals einzumaischen und dann zu destillieren, war die Geburtsstunde eines sich bald zum Volksgetränk entwickelnden Produkts.

Erstmals wird Grappa Mitte des 15. Jahrhunderts namentlich erwähnt, als ein piemontesischer Notar seinen Erben eine Destillationsanlage samt größeren Mengen an *aqua vitae* und *grape* vermachte. Bereits zu dieser Zeit existierte ein eigenständiger Handel mit der Spirituose. Den Bauern erlaubte man, für den Eigenbedarf Grappa zu produzieren, was dazu beitrug, dass er lange Zeit das Image des Arme-Leute-Schnapses hatte.

Zu gleichsam patriotischen Ehren kam der Tresterschnaps zur Zeit der Entstehung der italienischen Nation im 19. Jahrhundert. Und im Ersten Weltkrieg erhielten die italienischen Soldaten ihre tägliche Grappa-Ration, um die Schrecken des Krieges besser aushalten zu können. Das trug nicht eben zur Verbesserung des Ansehens der Spirituose bei. Dies gelang erst, als sich ambitionierte Erzeuger Mitte des 20. Jahrhunderts mit der Destillation größere Mühe gaben. Voraussetzung war neben der Optimierung der Destillationsprozesse auch höherwertiges Brenngut, das durch die allgemeine Qualitätssteigerung der Weinbereitung zunehmend zur Verfügung stand. Heute hat fast jede Region in Italien ihre eigenen Grappa-Spezialitäten, die oft reinsortig gewonnen werden. Auch hinsichtlich der Verfeinerung – z.B. durch längere Lagerung im Holzfass oder mehrmalige Destillation – hat man Qualitäts- und Geschmacksfortschritte erzielt.

Die Anforderungen an eine gute Grappa sind hoch: Man benötigt einen möglichst frischen Trester, und der Destillationsprozess muss mit großer Sorgfalt überwacht werden. Die Grappa lebt ganz von ihren Fruchtaromen. Sie sollte am Ende weich, kräftig und fruchtig im Geschmack sein und trotz ihres starken Charakters angenehm den Gaumen umschmeicheln.

Zu den bekanntesten Produzenten, die teilweise hochbegehrte und entsprechend hochpreisige Produkte erzeugen, zählen Nonino, Sardini und Jacopo Poli. Gleichwohl kann man vor allem bei Feinschmeckermessen wie dem Salone del Gusto in Italien oder der Vinitaly immer wieder lohnende Entdeckungen kleiner Erzeuger machen, die nur einen Fehler haben: Ihre Produktion ist nicht groß genug, um ein größeres Publikum zu erreichen.

Eine gute Grappa *verdient auch eine edle Flasche und ein ansprechend gestaltetes Etikett.*

Der Destillationsprozess einer hochwertigen Grappa *muss mit großer Sorgfalt und viel Fachwissen überwacht werden.*

Die meisten Grappa-Sorten sind klar, farblos und hell.

Für eine gute Grappa braucht man die Trester von hochwertigen Weinen.

Während des Destillationsprozesses wird der Alkoholgehalt des Destillats mittels einer Senkwaage bestimmt.

Die fertige Grappa wird auf Flaschen gezogen und anschließend ettiketiert.

Vini e Acque

Wein und Wasser

WEIN

Ohne Übertreibung kann man behaupten, dass Italien das vielfältigste Weinland der Welt ist. Es hat mehr als 2000 verschiedene Rebsorten zu bieten und verfügt damit unbestreitbar über die meisten der Welt. Einige davon wurden schon in der griechischen und römischen Antike angebaut. Der Boden des Landes ist von großer Vielfalt geprägt, doch das Klima schafft gemeinsame Einflüsse. Die Alpen schirmen gegen kalte Nordwinde ab, und der Apennin bildet vom Piemont bis Sizilien eine Wetterscheide. Die Adria im Osten und das Tyrrhenische Meer im Westen sowie zahlreiche Flüsse und Seen prägen das Klima mit. In den besten Regionen liegen die Temperaturen im Durchschnitt zwischen 12 und 16 °C, ausreichende Schnee- und Regenfälle im Winter und warme bis heiße Sommer mit Sonnenschein bis spät in den Herbst hinein fördern und fordern die Reben. Weingärten gibt es auf Meeresniveau ebenso wie noch auf 1000 Meter Höhe.

Obwohl schon seit Jahrhunderten durch einige Gewächse berühmt, galt dennoch im 20. Jahrhundert italienischer Wein lange Zeit als billiger Durstlöscher und Stimmungsmacher. Einige Weine hatten auch lediglich lokale Bedeutung und waren den Weinliebhabern außerhalb Italiens schlichtweg unbekannt. Auch beim Rivalen Frankreich war dies nicht viel anders. Nur überstrahlten hier die Gewächse der berühmtesten Weinregionen Bordeaux, Burgund und Champagne die preiswerten, aber meist unterdurchschnittlichen Allerweltsgewächse aus dem Süden.

Eine Wiederbelebung des Images setzte ein, als namhafte und traditionelle Erzeuger wie Antinori oder Frescobaldi neue Wege beschritten und mit neuen Spitzengewächsen auf sich aufmerksam machten. Wegweisend waren dabei Weinfachleute, Önologen, die ihr Interesse auf international angesehene Weine richteten und diesen Vorbildern nacheiferten. Auch eine verbesserte Kellertechnik und Informationsreisen ins Ausland trugen zur intensiven Qualitätssteigerung bei.

In den 70er-Jahren des 20. Jahrhunderts tauchten die sogenannten „Super-Toskaner" auf, toskanische Rotweine aus internationalen Rebsorten wie Cabernet Sauvignon und Merlot, produziert von Kellermeistern, die sich am Vorbild der begehrten und großen Bordelaiser Gewächse orientierten. Da diese Weine nicht den engen Kriterien des geografischen Anbaugebietes (D.O.C. oder D.O.C.G.) entsprachen – zudem oft auch aus für die jeweiligen Gebiete nicht zugelassenen Rebsorten

Rebsorten

400 Rebsorten sind in Italien offiziell zugelassen. Unter den „Großen Weinen" sind fast ausschließlich Rotweine zu finden. Gleichwohl gibt es auch ausgezeichnete und originelle Weißweine. Zu den meistverbreiteten Rebsorten zählen:

Trebbiano (weiß)
Sangiovese (rot)
Catarratto Bianco (diverse Varianten, weiß)
Malvasia (diverse Varianten, weiß und rot)
Barbera (rot)
Merlot (rot)
Montepulciano (rot)
Negroamaro (rot)
Primitivo (rot)
Nero d'Avola = Calabrese (rot)

Mit der Toskana verbinden viele ein ganz besonderes Lebensgefühl – romantische Landschaften, gutes Essen und hervorragende Weine.

Je reifer die blauen Trauben sind, umso leichter löslich sind ihre Farbstoffe und umso stabiler sind diese während der späteren Reife des Rotweins.

gekeltert waren – wurden sie anfangs nur als „Tafelwein" deklariert. Die bekanntesten sind der *Tignanello*, der *Ornellaia* und der *Sassicaia*. Ihr Erfolg hat dazu beigetragen, dass die italienische Gesetzgebung diesem Umstand angepasst wurde und man die Kategorie „IGT" (Indicazione Geografica Tipica) für hochwertige, aber nicht den D.O.C.-Regeln entsprechende Weine schuf. Das wirkte sich auch auf andere Regionen, etwa Umbrien oder die Marken, aus, die vorher nicht so angesehen waren. Zwischenzeitlich sind die großen Weinnamen Italiens weltweit heiß begehrt (und entsprechend kostspielig). Ausschlaggebend dafür war vor allem eine Rückbesinnung auf die Qualität und eine kritischere Auswahl der Rebsorten.

Die Konzentration auf internationale Sorten hat jedoch auch zu einer Gegenbewegung geführt. Heute stehen auch die traditionellen „autochthonen" Rebsorten wieder hoch im Kurs. Damit sind Reben gemeint, die nur in einem fest umrissenen Anbaugebiet vorkommen oder dort vorwiegend beheimatet sind. Meist handelt es sich um alte Rebsorten, die aus der Mode gekommen waren, weil sie dem allgemeinen Geschmack nicht mehr entsprachen. Italien ist eines der Länder mit den meisten autochthonen Rebsorten, schätzungsweise sind es rund 350. Manche stehen seit einiger Zeit wieder ganz hoch in der Gunst der Weinliebhaber. Der renommierte Weinführer *Gambero Rosso*, der unter der Federführung von Slow Food Italien herausgegeben wird und alljährlich rund 18 000 Weine in den verschiedenen Kategorien bewertet, hat in den letzten Jahren seine begehrte Auszeichnung „Drei Gläser" vermehrt an Weine aus autochthonen Rebsorten vergeben.

Weinland Italien

Von Menge und Anbaufläche her liegt Italien mit Frankreich und Spanien im Spitzenfeld. Wein wird vom Norden des Landes (Trentino-Südtirol) bis in den tiefsten Süden (Sizilien) und auf den Inseln im Mittelmeer angebaut und gekeltert. Zwei Millionen Erzeuger, 340 000 Kellereien und 45 000 Weinabfüller bringen Wein in den Handel. Mehr als die Hälfte aller landwirtschaftlichen Betriebe besitzen auch Rebflächen (rund 80 Prozent unter 5 Hektar und nur 1 Prozent mehr als 50 Hektar).

Italiens große Weine

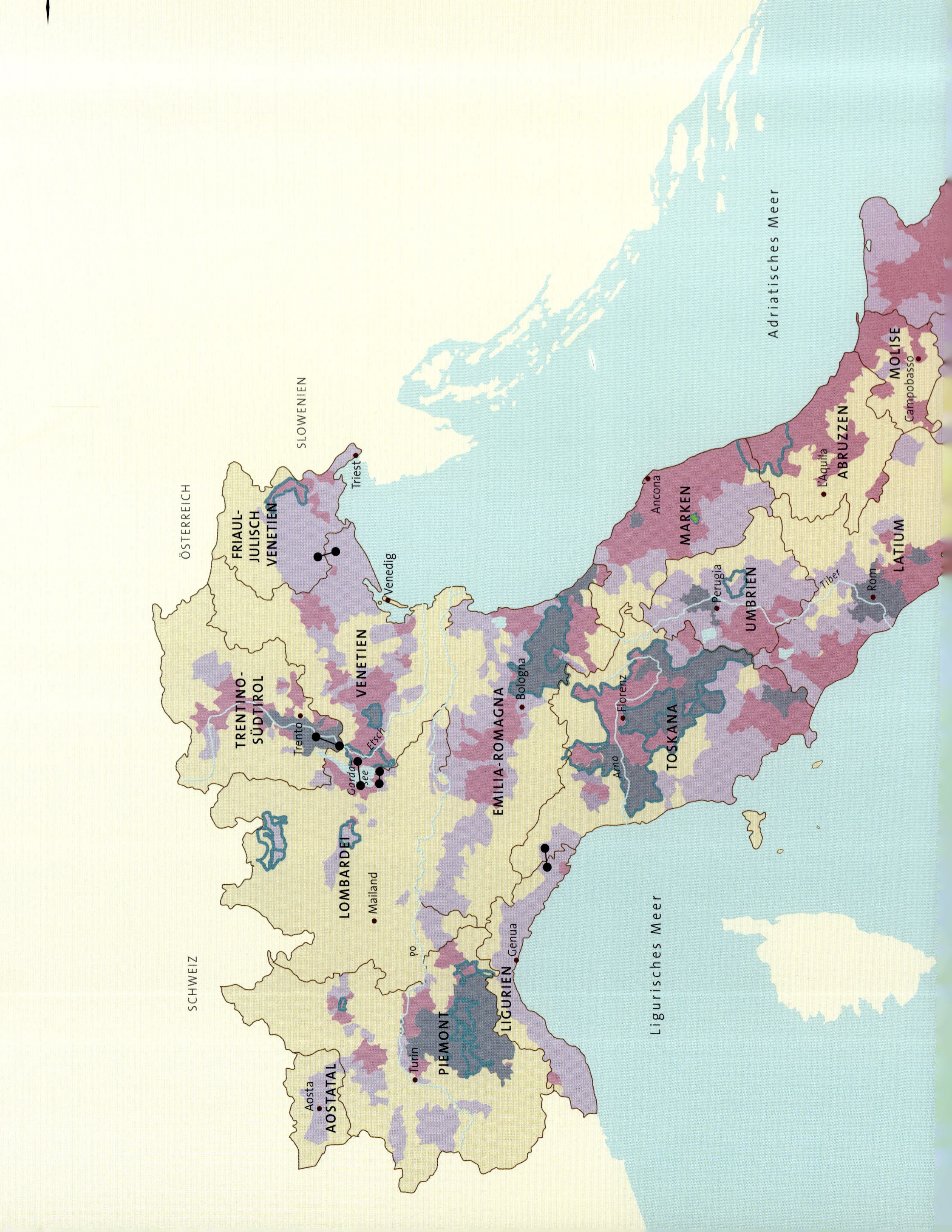

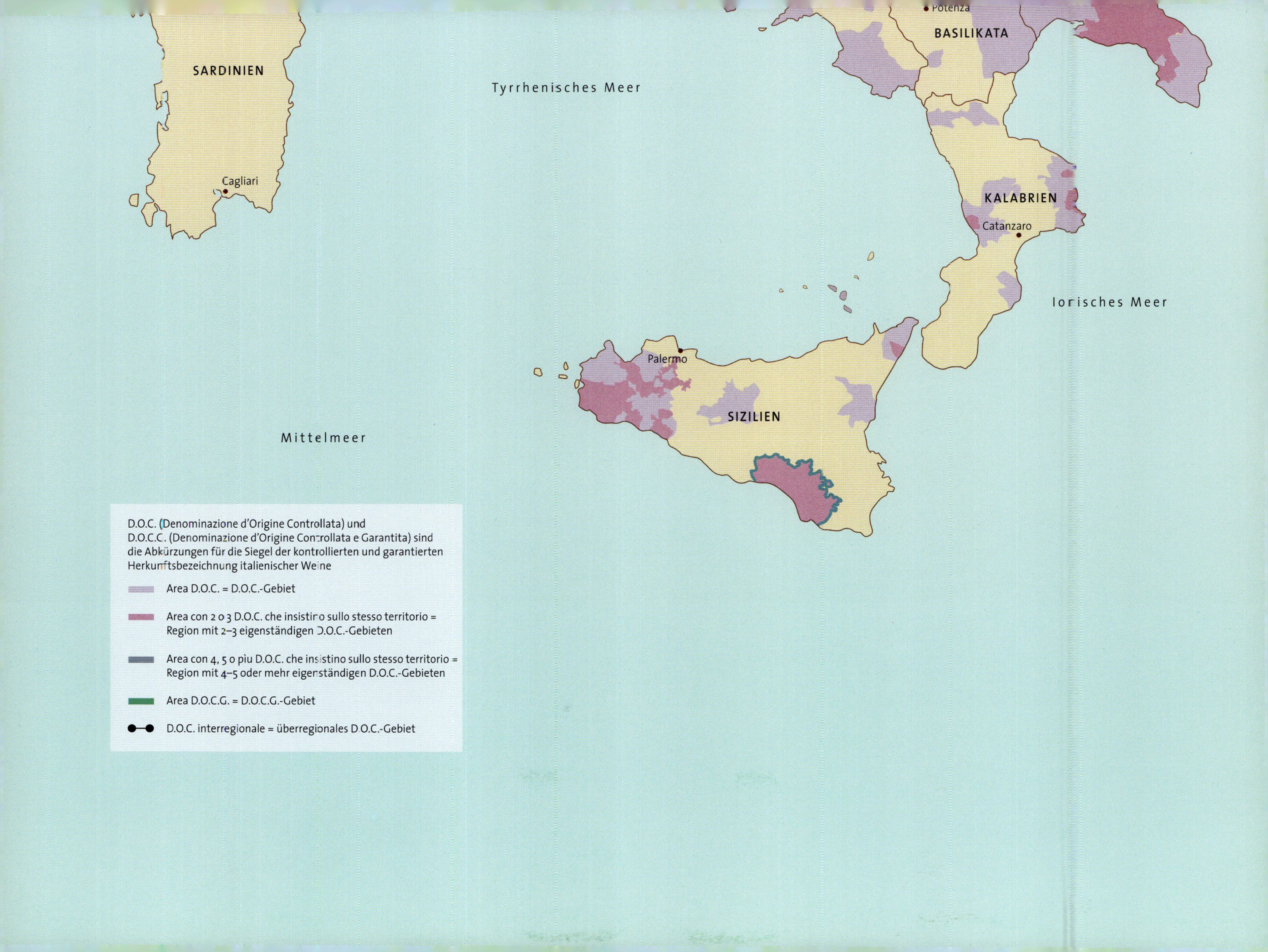

SARDINIEN
Cagliari
Tyrrhenisches Meer
Potenza
BASILIKATA
KALABRIEN
Catanzaro
Ionisches Meer
Palermo
SIZILIEN
Mittelmeer
D.O.C. (Denominazione d'Origine Controllata) und D.O.C.G. (Denominazione d'Origine Controllata e Garantita) sind die Abkürzungen für die Siegel der kontrollierten und garantierten Herkunftsbezeichnung italienischer Weine
Area D.O.C. = D.O.C.-Gebiet
Area con 2 o 3 D.O.C. che insistino sullo stesso territorio = Region mit 2–3 eigenständigen D.O.C.-Gebieten
Area con 4, 5 o piu D.O.C. che insistino sullo stesso territorio = Region mit 4–5 oder mehr eigenständigen D.O.C.-Gebieten
Area D.O.C.G. = D.O.C.G.-Gebiet
D.O.C. interregionale = überregionales D.O.C.-Gebiet

Weinvielfalt

Italien hat Weine für jeden Anlass und für jeden Geldbeutel zu bieten – vom leichten, spritzigen Weißwein über *Spumante* und *Frizzante* und unkomplizierte Rotweine wie *Bardolino*, *Valpolicella* oder *Lambrusco* bis hin zu beeindruckenden großen roten Gewächsen und voluminösen Süßweinen, die den Vergleich mit Weinen aus Deutschland und Frankreich nicht scheuen müssen.

Die unterschiedlichen klimatischen Zonen haben auch eine Vielzahl von Stilen zur Folge. Im Friaul und in Südtirol wachsen einige der begehrtesten Weißweine – nicht nur Italiens, sondern der Welt – und als Spezialität der *Picolit*, ein sagenumwobener, betörender Süßwein, der in erschreckend geringer Menge produziert wird. Das Piemont hat mit dem *Barolo* und dem *Barbaresco* zwei Matadore in der „Champions League“.

Venetien ist nicht nur mit dem *Prosecco* und dem süffigen *Valpolicella* vertreten, sondern ebenso mit den mächtigen *Amarone* und *Recioto*, die Toskana schickt *Brunello* und *Nobile di Montepulciano* neben dem allseits beliebten *Chianti* ins Rennen (nicht zu reden von den bereits erwähnten „Super-Toskanern“), die eine Zierde für die besten Tafeln der Welt sind. Auch die Mitte und der Süden des Landes warten mit imposanten Weinen auf. Aus Kampanien und Sardinien sowie Apulien kommen feurige Tropfen wie der *Aglianico del Vulture*, der *Cannonau* oder der *Negroamaro*.

Wein sollte liegend, möglichst dunkel, bei hoher Luftfeuchtigkeit und bei einer gleichmäßigen Temperatur von 10–15 °C gelagert werden. Dann reift er langsam, und sein Geschmack entfaltet sich intensiv.

Klassifikationen

Wein ist in Italien ein Alltagsgetränk. Die großen Weine sind rar und teuer und daher besonderen Gelegenheiten vorbehalten – und natürlich einer kleinen Gruppe von kaufkräftigen Weinfreunden, die zudem nicht auf Italien beschränkt ist, sondern weltweit zu finden ist. Daher wundert es nicht, wenn die Hauptmasse der italienischen Weine einfach als „Tafelwein" deklariert wird. *Vino da tavola* (frz.: Vin de table, dt.: Tafelwein) macht rund 40 Prozent der italienischen Produktion aus. Laut Gesetz darf er weder eine Herkunfts- noch eine Rebsortenbezeichnung auf dem Etikett tragen, sondern lediglich als *bianco* (weiß) oder *rosso* (rot) bezeichnet werden.

Mit der Reform der Kategorie „Vino da Tavola Indicazione Geografica" zur heute gültigen Bezeichnung „Indicazione Geografica Tipica" (IGT) setzte ein Aufschwung ein, nachdem einige hervorragende Weine, die zuvor als Tafelweine deklariert werden mussten, Vorbilder für weitere Weine mit geografischer Herkunftsbezeichnung wurden. Für IGT-Weine gelten höhere Anforderungen hinsichtlich Mindestalkoholgehalt und Rebflächenertrag als für einfache Tafelweine, aber geringere als für die nächsthöheren Stufen der „Denominazione di Origine Controllata (D.O.C. – kontrollierte Herkunftsbezeichnung) und „Denominazione di Origine Controllata e Garantita (D.O.C.G. – kontrollierte und garantierte Herkunftsbezeichnung). Darunter fallen rund 30 Prozent des erzeugten Weins, während zurzeit etwa 130 IGT-Weine existieren.

Die D.O.C.- und D.O.C.G.-Weine werden nach genau festgelegten Methoden aus zugelassenen Rebsorten in einem fest umrissenen Gebiet produziert. Auch die Hektar-Höchsterträge sind vorgeschrieben. D.O.C.-Weine machen etwa 25 Prozent der jährlichen Produktion aus, D.O.C.G. die restlichen fünf Prozent. Insgesamt gibt es rund 320 verschiedene Herkunftsbezeichnungen. Manche Gebiete bringen nur einen Wein hervor, andere sowohl weiße als auch rote oder mehrere (z. B. das Piemont). Der Begriff *Riserva* bzw. *Gran Riserva* kann verwendet werden, wenn die Weine eine längere Fass- und Flaschenlagerung (meist zwei bis vier Jahre) haben.

Prosecco, Frizzante und Spumante

Perlender Wein ist keine Erfindung der Neuzeit. Bereits die Römer beherrschten die Kunst, die Gärung eines Weines durch Kühlung zu unterbrechen und sie dann wieder in Gang zu setzen. Aus Italien ist insbesondere der *Prosecco* zum Synonym für alles Prickelnde geworden. Kaum ein Gebiet, das seinen perlenden Wein nicht irgendwie mit „-secco" bezeichnet. Ein Irrtum. Denn Prosecco bezeichnet einfach nur eine Traubensorte, die vornehmlich in Venetien heimisch ist und einen leichten perlenden Wein, aber auch einen Stillwein liefert.

Die eigentlich korrekte Bezeichnung für die meisten perlenden Prosecco-Weine ist *frizzante*, wenn der Kohlensäuredruck unter 2,5 bar liegt, und *spumante*, wenn er als Schaumwein mindestens 2,5 bar aufweist. Weine mit zugesetzter Kohlensäure müssen auf dem Etikett den Zusatz *gassificato* oder *vino addizionato di andride carbonica* tragen. Spumante-Weine werden im Tankgärverfahren oder im klassischen Flaschengärverfahren erzeugt.

Die Bezeichnungen *extra brut, brut, extra dry, secco* (oder *asciutto*), *abboccato* und *dolce* kennzeichnen den Süßegrad des Schaumweins. Zu den bekanntesten zählen *Asti* (D.O.C.G., Piemont), *Franciacorta* (D.O.C.G., Lombardei) und *Conegliano-Valdobbiadene* (D.O.C., Venetien). Der zumeist liebliche bis süße *Asti Spumante* wird aus der Traube Moscato Bianco gekeltert. Der *Moscato d'Asti* war schon im Mittelalter als perlender Wein berühmt und geschätzt.

Im 19. Jahrhundert wurde das Champagner-Verfahren eingeführt und begründete den Ruhm des Asti-Schaumweins. Der Moscato d'Asti – häufig als bessere Variante angesehen – hat einen sehr niedrigen Alkoholgehalt von etwa 4,5–5,5 Vol.-%. Der Asti Spumante dagegen kommt schon auf 11 Vol.-%. Mit einer Produktion von rund 80 Millionen Flaschen pro Jahr steht Asti Spumante mengenmäßig weltweit hinter Champagner als zweiter in der Rangliste.

In Italien gibt es auch eine Reihe hochwertiger Schaumweine, die nach dem Champagner-Verfahren in Flaschengärung hergestellt werden. Sie sind ihren französischen Verwandten durchaus ebenbürtig.

Franciacorta

Rund 1000 Hektar Rebfläche umfasst das Gebiet des für viele Weinliebhaber besten Schaumweins Italiens. 23 Gemeinden am Südrand des Lago d'Iseo in der Provinz Brescia in der Lombardei produzieren dort den *Franciacorta*. Der Name leitet sich vom lateinischen Begriff *francae curtes* ab, der Steuerbefreiung für die dortigen Klöster und Stifte. Gern wird das Gebiet auch als „Italiens Champagne" bezeichnet.

Der junge Weinmacher Franco Ziliani, der im Champagner-Haus Moët et Chandon gelernt hatte, begann 1961, auf dem Weingut Guido Berlucchi Schaumwein zu produzieren. Schon bald wurden die Weinliebhaber auf seine Qualitätserzeugnisse aufmerksam. Viele andere Weingüter folgten seinem Beispiel. Im Jahre 1995 erhielt der Wein als erster flaschenvergorener Spumante Italiens den D.O.C.G.-Status.

Der strohgelbe bis grünliche Wein wird nach der *metodo classico* (Flaschengärung) aus Chardonnay, Pinot Nero, Pinot Bianco mit maximal 15 Prozent Pinot Grigio gekeltert. Eine Flaschenlagerung auf der Hefe von 18 Monaten – bei Jahrgangs-Erzeugnissen 30 Monate – ist verbindlich vorgeschrieben. Der Mindestalkoholgehalt beträgt 11,5 Vol.-%. Häufig werden die Grundweine im Barrique ausgebaut. Die Variante *Satèn* (früher *Crémant*) wird ausschließlich aus Chardonnay und/oder Pinot-Bianco-„Blanc de blancs" und ausschließlich als „brut" gekeltert. Weitere Bedingungen sind geringere Erträge und ein längeres Hefelager.

Beim „Rosé" sind zumindest 15 Prozent Pinot Nero verarbeitet. Er und der Brut haben beide ebenfalls den D.O.C.G.-Status. Bekannte Produzenten sind Bellavista, Berlucchi, Ca' del Bosco, Cavalleri, Faccoli und Monte Rossa. Seit dem Schaumwein 1995 die höchste Kategorie D.O.C.G. zuerkannt wurde, wurden die Stillweine in die D.O.C.-Klassifikation *terre di Franciacorta* (in der Zwischenzeit umbenannt in *Curtefranca*) eingeordnet.

Leichte Weißweine

Mit der Sorte Trebbiano, einer Traube mit einer relativ hohen Säure, wenig Extrakt, aber hohen Erträgen, werden in Italien häufig die leichtesten Weißweine erzeugt. Die zahlreichen Varianten der uralten Sorte, die schon Plinius der Ältere (23–79 n. Chr.) erwähnte (u.a. Trebbiano d'Abruzzo, Trebbiano toscano, Trebbiano romagnolo, Trebbiano di Soave) spiegeln die Vielfalt der Stile wider, die diese Traube hervorbringt, und natürlich auch deren Mutationsfreudigkeit.

Aus Venetien kommt der beliebte *Soave*, überwiegend aus der Garganega-Traube gekeltert, meist mit einem variablen Anteil von Trebbiano di Soave, aber auch Chardonnay und Pinot Bianco. Er ist – vor allem als *Soave Classico* und *Soave Classico Superiore*, die einem eng begrenzten Gebiet von etwa 1500 Hektar Anbaufläche entstammen – ein idealer Begleiter bei Tisch, weil er sich problemlos den Speisen anpasst. Es gibt auch eine Spumante-Version des Soave sowie eine schwerere Süßwein-Variante, den *Recioto di Soave*.

Auch die Frizzante-Weine aus der Prosecco-Traube zählen zu den erfrischenden, belebenden Tropfen Venetiens. Gern nimmt man bereits am Vormittag ein Glas in einer der zahlreichen Bars. Aus der Toskana, berühmt vor allem für Rotweine, kommt der weiße *Vernaccia di San Gimignano*, der mindestens 11 Prozent natürlichen Alkohol vorweisen muss. Er war der erklärte Lieblingswein des berühmten Malers und Bildhauers Michelangelo Buonarroti (1475–1564).

Anbaugebiete

Die Hauptanbaugebiete für Weißweine sind die nördlichen Provinzen Italiens: Südtirol, Friaul, Venetien, die Lombardei und auch das Piemont. Gleichwohl werden entlang der Halbinsel und im Süden lokale Besonderheiten gekeltert, wie z.B. der *Vermentino* (Sardinien) oder auch der *Verdicchio* in den Marken. Der Vermentino ist ein aromatischer Wein, der vor allem zu den kräftigen Aromen der Küche Sardiniens passt. In den Marken mit ihren fischreichen Gründen in der Adria wird der *Verdicchio dei Castelli di Jesi* von vielen als der beste Begleiter zu allen maritimen Genüssen betrachtet. Das Gebiet gehört ebenso wie die zweite, etwas kleinere Zone *Verdicchio di Matelica* zur Kategorie der D.O.C.-Weine.

Die modernen Weißweine Italiens werden jedoch auch zu einem großen Teil aus

den „Global Playern", den Rebsorten Chardonnay und Sauvignon blanc, gekeltert. Insbesondere Südtirol macht immer wieder mit beeindruckenden Qualitäten auf sich aufmerksam. Neben diesen beiden Sorten werden vor allem Riesling und Müller-Thurgau, aber auch Weißburgunder (Pinot bianco) und Gewürztraminer angebaut, der ursprünglich sogar von hier, nämlich aus Tramin, stammt.

Im Friaul, das von vielen Weinliebhabern zu den besten Weißweinregionen der Welt gezählt wird, sind mit der Ribolla Gialla und der Friulano-Traube (früher Tocai friulano) zwei eigenständige Spezialitäten beheimatet. Den Weißweinen von Friaul-Julisch Venetien setzt Slow Food FVG regelmäßig ein Denkmal mit der informativen Veranstaltungsreihe „Super Whites" (www.superwhites.it). Dabei werden die ausgewählten besten regionalen Weine vor Ort in den einzelnen Provinzen Italiens vorgestellt, um ihren Bekanntheitsgrad zu steigern.

Aus dem Piemont stammt der *Arneis*, dort auch schmeichelhaft *Barolo Bianco* genannt, ohne jedoch im mindesten qualitativ an die berühmte Rebsorte Nebbiolo heranzureichen, die Grundlage für die weltberühmten Rotweine *Barolo* und *Barbaresco* ist. Die Arneis-Traube, die mit dem Nebbiolo nicht verwandt ist, liefert einen recht säurearmen leichten Wein, der in der Jugend nach Mandeln duftet, im Alter aber schnell verblasst.

Das Städtchen Ruttars auf dem gleichnamigen Hügel in Friaul-Venetien ist für seine hervorragenden Weine und seine guten Trattorien bekannt.

Rotweine

Der Ruhm von Italiens Weinen beruht, bei allem Respekt vor der Qualität des Weißweins, insbesondere auf den roten Weinen. Auch hier gibt es eine Vielzahl von unterschiedlichen Stilen. Die Heimat der leichten, unkomplizierten Rotweine wie *Bardolino* oder *Valpolicella* ist natürlich der Norden. Dennoch ist es keineswegs so, dass die nördlichen Anbaugebiete ausschließlich diese leichten Qualitäten hervorbringen.

Mit dem *Amarone* und dem *Recioto di Valpolicella* stellt Venetien unter Beweis, wie alkoholstarke und beeindruckende Rote auch in diesen Breiten entstehen können. Ausschlaggebend dafür ist ein Trick, nämlich das Eintrocknen der Trauben vor der Pressung. Dennoch sind Amarone-Weine – anders als die Recioto-Tropfen – nicht süß. Immer haben sie aber einen beeindruckenden Alkoholgehalt von mindestens 15 Prozent, was sie fast likörartig erscheinen lässt.

Zu den eher leichten Rotweinen des Nordens zählt der *Marzemino* aus dem Trentino ebenso wie der *Vernatsch* (Trollinger) aus Südtirol. Beheimatet in allen diesen Regionen sind aber auch die klassischen Rebsorten Merlot, Pinot Nero und Cabernet Franc. Viele dieser Gewächse füllen vor allem Italiens „Weinsee" und sind vom Anspruch her oft kaum mehr als angenehme, unkomplizierte Durstlöscher – einige können aber durchaus erstaunliche Qualitäten entwickeln. Dies gilt insbesondere für Weine aus autochthonen Rebsorten – und an diesen ist Italien ja besonders reich.

Eine der wichtigsten und häufigsten roten Rebsorten in Italien ist der Sangiovese. Die Rebsorte ist Hauptbestandteil des Chianti und wurde bereits von den Etruskern angebaut.

Rotweinlese

Die reifen Trauben für hochwertige Weine werden auch heute noch von Hand gelesen.

30 Weinleser brauchen einen Tag, um die Trauben von 1 Hektar Weinberg abzuernten.

Die Trauben werden gesammelt und anschließend in größere Transportbehälter umgefüllt.

Autochthone Rebsorten

Mit dem Begriff „autochthon" (griech.: *autós* = selbst, *chthón* = Erde) werden in Bezug auf Geologie und Biologie (tierische oder pflanzliche Lebewesen) „am Fundort entstandene oder vorkommende Arten" bezeichnet. Der Weinfachmann nennt jene Rebsorten autochthon, die aus der Gegend stammen, wo sie beheimatet sind, und dort bis heute traditionell angebaut werden. Auch wenn sich eine Rebsorte ausgebreitet hat, kann sie für ihre Ursprungsregion immer noch typisch und prägend sein.

Viele Rebsorten haben sich jedoch so über die ganze Welt verbreitet, dass vielfach die Ursprungsregion nicht mehr sicher festgestellt werden kann. Die aktuelle Häufigkeit einer Rebsorte im Anbau sagt also noch nichts darüber aus, ob sie im Anbaugebiet autochthon ist oder nicht. Wenn eine seltene Rebsorte aber bis heute nur in einem bestimmten Gebiet – etwa auf der Insel Sardinien – vorkommt und sonst nirgends, kann man davon ausgehen, dass sie dort wohl auch autochthon entstanden ist. Bei alten Rebsorten, die sich im Verlauf ihrer Geschichte weit verbreiteten, haben sich bisweilen durch Mutationen lokale und regionale Varianten herausgebildet, die dann für die jeweiligen Anbaugebiete autochthon sind. Jede Region Italiens verfügt über solche Sorten. In den letzten Jahren wurden besonders die süditalienischen Weine vermehrt aus autochthonen Rebsorten hergestellt. Aus Apulien, Kalabrien, Kampanien und Sizilien kommen vor allem beeindruckende Rotweine aus autochthonen Sorten (*Primitivo* und *Negroamaro* aus Apulien, *Aglianico* in Kampanien und Kalabrien, *Nero d'Avola* auf Sizilien).

In der Kellerei werden sie zunächst von den dicken gerbsäurehaltigen Stielen getrennt.

Dann werden die Beeren mit den Schalen eingemaischt, also aufgerissen und gequetscht.

Anschließend werden sie vergoren, wobei sich die Farb- und Aromastoffe aus den Schalen lösen.

Barolo und Barbaresco

In dem hügeligen Gebiet der Langhe im Piemont gedeihen mit dem *Barolo* und dem *Barbaresco* zwei der größten und begehrtesten Rotweine der Welt. Hier findet die spät reifende Nebbiolo-Traube, die für beide allein zugelassene Rebsorte, ideale Bedingungen vor. Die Gebiete Ghemme und Gattinara – auch im Piemont gelegen – sind zwar ebenfalls bekannt, reichen aber bei Weitem nicht an die Qualität der beiden Grands Crus aus den Langhe heran. Bis Mitte des 19. Jahrhunderts wurde der Wein nicht trocken ausgebaut. Bedingt durch die späte Reife und die dadurch erst in der kalten Jahreszeit im November und Dezember erfolgende Gärung konnte das Durchgären des Mostes nur mit wenigen unzureichenden Hefen gelingen. Damit verblieb immer eine relativ hohe Restsüße im Wein.

Dem französischen Önologen Louis Oudart gelang es dann um das Jahr 1850 als Erstem, den Wein trocken auszubauen. Damit begann der unaufhaltsame Siegeszug des Barolo. Die Gemeinsamkeit aller Barolo-Weine ist eine granatrote Farbe, ein relativ hoher Alkohol-, Tannin- und Säuregehalt sowie ein komplexes Aroma aus Pflaumen, Rosen, Teer und Lakritze. Um die Tannine zu mildern, benötigt der Wein eine lange Reifezeit von bis zu zehn Jahren, Dabei verändert sich die Farbe von rubin- zu ziegelrot. Die Lagerfähigkeit des Barolo beträgt mindestens 25 Jahre.

Bei vielen Weinliebhabern genießt der Barolo Kult-Status: Die Italiener bezeichnen ihn als „König der Weine und Wein der Könige" (ein Titel, der allerdings dem Tokayer von Ludwig dem XIV. ebenfalls zugesprochen und auch vom burgundischen *Grand Cru Chambertin* beansprucht wird). In den Handel kommt der Barolo frühestens nach drei Jahren, von denen er zwei im Fass verbracht haben muss. Ist auf dem Etikett der Zusatz *Riserva* vermerkt, sind mindestens fünf Jahre Lagerzeit vergangen. Eine Spezialität ist der *Barolo Chinato*, der mit Chinarinde und anderen Gewürzen versetzt und auf rund 16 Vol.-% Alkoholgehalt aufgespritet wird – er ist ebenfalls als D.O.C.G. klassifiziert. Junge Winzer haben in den letzten Jahren begonnen, neue Weinbereitungstechniken zu erproben. Dazu zählt auch der Ausbau im Barrique-Fass.

Den *Barbaresco* könnte man als den Zwillingsbruder des Barolo bezeichnen, doch seine Rebfläche umfasst nur etwas mehr als ein Drittel des Barolo-Gebiets. Auch hier leistete der französische Önologe Oudart „Geburtshilfe" bei der Erzeugung der heute ausschließlich produzierten trockenen Variante. Ab den 1960er-Jahren trug der berühmte Weinmacher Angelo Gaja am meisten zu der enormen Qualitätssteigerung bei.

Alte, gereifte Weine sind der Stolz und die Freude jedes Weinsammlers und Weinkenners.

Angelo Gaja

Angelo Gaja (geb. 1940) zählt heute zu den einflussreichsten italienischen Weinerzeugern. Er führt seit 1969 das 1859 gegründete Weingut in Cuneo, südlich von Alba im Piemont. Seine Qualitätsbestrebungen, die er zusammen mit seinem Önologen verfolgte (unter anderem eine rigorose Beschränkung des Ertrags) sowie seine Experimentierfreude mit den neu eingeführten Sorten Cabernet Sauvignon und Chardonnay machten ihn bald zur Leitfigur der Region.

Eine weitere Neuerung ist ein Rotwein im Stil eines Beaujolais. Mit dem *Barbaresco* aus den Einzellagen Costa Russi, Sori Tildin und Sori San Lorenzo erregte Gaja internationales Aufsehen. Seit dem Jahr 1996 verzichtet er aber auf diese Einzellagen-Bezeichnungen. Heute umfasst das Weingut 90 Hektar im Piemont und 114 Hektar in der Toskana. Gaja ist auch in anderen Bereichen sehr aktiv, so zum Beispiel als Generalimporteur von Weingläsern und des berühmten französischen Süßweins Château d'Yquem und sogar als Hotelbesitzer. Er gilt bereits zu Lebzeiten als Legende und erhielt den Ehrentitel *Angelo nazionale* – Engel der Nation. Im bekannten italienischen Weinführer *Gambero Rosso* wurden Gajas Weine bisher über 40-mal mit den überaus begehrten „Drei Gläsern" ausgezeichnet (Stand 2008).

Wein degustieren

Als Erstes prüft man die Klarheit, die Farbtiefe und den Farbton des Weins.

Dann riecht man am Wein und erkundet kritisch sein Geruchsspektrum.

Um den Geruchseindruck zu verstärken, schwenkt man den Wein im Glas.

Zum Schluss nimmt man einen Schluck und lässt ihn über die Zunge laufen.

Die großen Gewächse

Brunello di Montalcino

Rund um die malerisch auf einem Hügel liegende Stadt Montalcino – 40 Kilometer südlich von Siena – wird in der gleichnamigen Provinz der *Brunello* produziert. Er wird zu 100 Prozent sortenrein aus der Brunello-Traube gewonnen, einer Variante der Chianti-Rebsorte Sangiovese, die ab dem Jahr 1870 auf dem Weingut der Familie Biondi-Santi gezüchtet wurde. Ein Wein daraus wurde von Clemente Santi erstmals 1865 unter der Bezeichnung *Vino Rosso Scelto* produziert.

Ferruccio Biondi-Santi – der Enkel des „Erfinders" – betrieb die Selektion weiter und bestockte damit einen Großteil seiner Weinberge. In den Jahren 1888 und 1891 kelterte er erstmals einen als Brunello bezeichneten Wein (dieser Name wurde aber Dokumenten zufolge schon im 14. Jahrhundert verwendet). Er ließ ihn mehrere Jahre in großen Fässern aus slawonischer Eiche reifen. Von diesen zwei legendären Jahrgängen gibt es im Keller noch heute einige wenige Flaschen. Die zwei nächsten Generationen der Familie (Ferruccios Sohn Tancredi und dessen Sohn Franco) machten dann den Wein in aller Welt berühmt. Bis zum Jahre 1945 wurden nur vier Jahrgänge Brunello produziert: 1888, 1891, 1925 und 1945. Die sparsame Produktion war neben der herausragenden Qualität auch ein Grund für die exorbitant hohen Preise. Das Weingut besaß viele Jahrzehnte ein ausschließliches Produktionsprivileg – bis nach dem Zweiten Weltkrieg wurde der Name Brunello allein von der Familie Biondi-Santi verwendet. Noch bis in die 1970er-Jahre stammte der Großteil der Produktion von diesem Weingut, denn es gab nur 25 Produzenten.

Heute wird der *Brunello di Montalcino* von rund 200 Weingütern erzeugt. Im Jahre 1960 betrug die Rebfläche nur rund 60 Hektar, dies steigerte sich dann bis 1980 auf knapp 700 und bis heute auf etwa 1500 Hektar Weinberge. Diese Expansion trug leider auch dazu bei, dass die Bandbreite der Qualitäten doch recht groß ist. 1980 erhielt der Brunello mit dem *Vino Nobile di Montepulciano* als erster Wein in Italien die D.O.C.G.-Klassifikation.

Ein wichtiger Aspekt der Qualität des Brunello ist im besonderen lokalen Klima begründet, denn es ist wärmer und trockener als in den nahen Chianti-Zonen, und die Nächte sind kühler. Der Alkoholgehalt muss zumindest 12,5 Vol.-% betragen, in der Regel sind es aber bei den meisten Produzenten 13,5 Vol.-%. Die Gesamtreifezeit in Fass und Flasche muss 48 Monate betragen. Das bedeutet, dass die Freigabe für den Handel ab dem 1. Januar des vierten (früher sechsten), beim *Riserva* ab dem fünften (früher siebten) des auf die Ernte folgenden Jahres erfolgt.

Mit der Reduzierung einher geht der Trend in Richtung eines vermehrten Barrique-Ausbaus, was aber nicht unumstritten ist. Der intensiv rubinrote Wein hat einen trockenen, tanninbetonten Geschmack mit einem Bouquet von aromatischen Hölzern, Früchten, Vanille und Marmelade. In der Jugend ist der

Aus der Toskana kommen zwei weltberühmte Weine, nämlich der Brunello di Montalcino *und der* Nobile di Montepulciano.

Meditationswein

Zu einem italienischen Essen wird fast immer Wein getrunken. Oder anders herum: Wein wird in der Regel ausschließlich zu Mahlzeiten, zumindest aber mit einem Imbiss getrunken. Manche Weine jedoch verlangen die vollkommene Aufmerksamkeit des Genießers. Bei ihrem Genuss würde Essbares – und sei es nur Käse oder Brot – stören. Solche Weine werden im Anschluss an den italienischen Gastronomie- und Weinkritiker Luigi Veronelli (1926–2004) *Vini da Meditazione*, Meditationsweine, genannt. Veronelli beschreibt sie als „besonders vielschichtige, nicht alltägliche Weine, die sich eignen, an einem langen Winterabend Schlückchen für Schlückchen am Kaminfeuer genossen zu werden und bei jedem Schluck wieder ein Stückchen Überraschung, wohlige Wärme und Glück zu erzeugen". Beliebte Meditationsweine sind vor allem die außergewöhnlichen *Barolo* und *Brunello* von Spitzenerzeugern, *Amarone* oder *Recioto di Valpolicella* (z. B. von Romano dal Forno), aber auch Süßweine wie der *Vin Santo* oder Likörweine.

Große Gewächse bezeichnet man auch als Meditationsweine, weil ihr Genuss viel Zeit und Aufmerksamkeit erfordert.

Wein noch hart und unzugänglich und entwickelt sich erst nach einigen Jahren. Er ist extrem langlebig – beim *Riserva* wird der Höhepunkt oft erst nach 25 Jahren erreicht.

Nobile di Montepulciano

Montepulciano, 120 Kilometer südöstlich von Florenz im oberen Chiana-Tal, zählt zu den schönsten Städten der Toskana. Jährlich im August findet in der als „Perle der Renaissance" gerühmten Stadt das Weinfässerrennen Bravio delle Botti statt, bei dem Vertreter der acht „feindlichen" Stadtteile Weinfässer von fünf Doppelzentnern Gewicht durch die steilen, engen Gassen rollen.

Schon im Mittelalter war der Wein aus Montepulciano, der heute auch als „Doyen aller toskanischen Weine" bezeichnet wird, in ganz Europa berühmt und begehrt. Viele Dichter haben ihn besungen. Der beste Wein wurde traditionell immer für den Papst und die Kurie im Vatikan reserviert, wohl nicht zuletzt, weil zwei Päpste aus Montepulciano stammten. Einer von ihnen, Papst Paul III. (1468–1549), war dem Wein seiner Heimatstadt ganz besonders zugetan. Aus diesem Brauch stammt der erst ab dem 18. Jahrhundert gebräuchliche Zusatz bzw. schmückende Beiname *vino nobile*: „Wein für die Vornehmen", sprich den Adel.

Der *Montepulciano* besitzt ein Veilchen-Bouquet, reift zumindest zwei Jahre in Eichen- oder Kastanienfässern, muss zumindest 12,5 Vol.-% Alkoholgehalt haben und ist lange lagerfähig. Er darf nur im Anbaugebiet in Bordeaux-Flaschen abgefüllt in den Handel kommen. Mit drei Jahren Lagerung (davon sechs Monate in der Flasche) und 13 Vol.-% Alkoholgehalt darf er im Etikett zusätzlich die Bezeichnung *Riserva* führen. Rotweine aus der gleichen Gemeinde mit weniger strengen Bestimmungen sind als D.O.C. *Rosso di Montepulciano* klassifiziert.

Sowohl der Brunello als auch der Nobile di Montepulciano sind hervorragende Begleiter bei Tisch, sei es zu bekannten Grill-Gerichten, wie einer *bistecca fiorentina*, oder zu beliebten Wildgerichten oder zu Hartkäse wie Pecorino. Wie sein großer Rivale Barolo aus dem Piemont wird vor allem der Brunello von Spitzenerzeugern gern als „Meditationswein" genossen.

Bekannte Brunello-Produzenten sind Castello Banfi, Biondi-Santi, Castelgiocondo, Poggio di Sotto, Poggione, Salvioni, Talenti, Tenuta La Fuga, Tenute Silvio Nardi, Valdicava und Vasco Sassetti.

Süßweine

Süße Weine sind nicht mehr sehr in Mode. In der Antike und auch noch im Mittelalter und bis zur Neuzeit war das jedoch ganz anders. Italien hat eine lange Tradition im Herstellen süßer Weine. Eine ganze Reihe von Trauben, insbesondere aber Malvasia, wird dafür verwendet. Süßweine sind beliebt in Kombination mit *cantuccini*, einem Mandelgebäck, passen aber auch zu Blauschimmelkäse, etwa Gorgonzola.

Aus dem Friaul stammt der selten gewordene *Picolit*. Einer einzigen Familie ist es zu verdanken, dass diese Traube weiter kultiviert und veredelt wurde. Aus seinen getrockneten Trauben stellt man den *Colli Orientali*, einen sehr teuren Süßwein, her. Er wird in ganz Mittelitalien und im Trentino produziert, der bekannteste aber kommt in zahlreichen Varianten aus der Region Toskana. Dort wird er in nahezu allen D.O.C.-Zonen (und darüberhinaus) produziert. Im April 2006 wurde der *Colli Orientali del Friuli Picolit* als D.O.C.G. klassifiziert. Bis Mitte des 18. Jahrhunderts war er an den Tafeln des europäischen Adels sehr geschätzt, geriet danach aber etwas in Vergessenheit.

In den drei D.O.C.-Bereichen Chianti, Chianti Classico und Montepulciano gibt es für den *Vin Santo* die eigenen D.O.C.-Zonen Vin Santo del Chianti, Vin Santo del Chianti Classico und Vin Santo di Montepulciano. Ein überwiegender Teil des Vin Santo wird jedoch ohne D.O.C.-Deklaration erzeugt und vermarktet. Der Name dieses berühmten italienischen Weines leitet sich von seiner Beliebtheit als Messwein her. Fast jeder Bauernhof stellt einen in dieser speziellen Art gekelterten Wein her, sehr oft nur für den Eigenverbrauch bei besonderen Anlässen und Festen wie zum Beispiel Hochzeiten oder Geburten. Zumeist sind es süße Varianten *(dolce)*, aber es werden auch halbsüße *(amabile)* und trockene *(secco)* mit unterschiedlichem Gehalt an Alkohol und Restzucker erzeugt.

Für Vin Santo werden ausgesuchte und oft per Hand ausgelesene Trauben der bevorzugten weißen Sorten Malvasia Bianca, Trebbiano oder Grechetto, sowie der roten Sorten Sangiovese und Malvasia Nera verwendet. Sie werden zum Trocknen unter Lufteinfluss vorwiegend unter dem Dach in Speichern auf Regale gehängt oder auf Schilfrohr- oder Strohmatten flach aufgelegt (Passito-Verfahren). Erst frühestens Ende Dezember werden

Die Benediktinerabtei Rosazzo in den Colli Orientali (Friaul) war über viele Jahrhunderte wichtig für die Bewahrung der Weinkultur. Noch heute befindet sich dort ein Weingut.

die eingeschrumpften Trauben dann sanft gepresst, wobei man verschimmeltes Lesegut sorgfältig entfernt.

Aus dem dickflüssigen Most vergärt ein Wein mit bis zu 16 Vol.-% Alkohol- und hohem Restzuckergehalt. Nach der Gärung wird der Wein traditionell halbhoch in kleine Kastanien- oder Eichenholzfässer (70–200 Liter) gefüllt. Häufig wird auch *Madre del Vin Santo* (Mutter des Heiligen Weines) zugegeben, Heferückstände des vorigen Weines für die Einleitung einer zweiten Gärung. Dann werden die Fässer versiegelt und gelagert – zumeist auf dem luftigen Dachboden des Weingutes, wodurch die Fässer dem Wechsel von kaltem Winter und heißem Sommer ausgesetzt sind.

Nach frühestens 2–6 Jahren werden die Fässer wieder geöffnet. Das Ergebnis ist ein üppiger, alkoholstarker und süßer Wein mit dem typischen Aroma von Nüssen, Aprikosen, Honig und Gewürzen. Der Vin Santo wird rosé, rot und weiß produziert und von trocken bis süß ausgebaut.

Im rund 140 Hektar großen Anbaugebiet Cinqueterre in Ligurien wird der halbtrockene bis süße *Cinqueterre Sciacchetrà* aus rosinierten Trauben produziert. Die verwendeten Rebsorten sind Bosco, Albarola und Vermentino sowie einige andere zugelassene weiße Sorten, deren Anteil bis zu 20 Prozent betragen darf. Vom Sciacchetrà gibt es auch eine Riserva-Version.

Malvasia

In Italien existieren besonders viele Spielarten der Rebsorte Malvasia, die insgesamt rund 50 000 Hektar belegen. Die häufigsten sind die weißen Malvasia Bianca (Latium, Umbrien, Toskana), Malvasia di Sardegna (Sardinien) und Malvasia Istriana (Friaul), sowie die roten Malvasia Nera (Apulien, Toskana), Malvasia Nera di Casorzo und Malvasia Schierano (Piemont). Malvasia-Varianten werden auch häufig für Vin Santo verwendet.

MINERAL-WASSER

Ein Krug mit frischem Wasser oder eine Flasche Mineralwasser gehört in Italien bei jeder Mahlzeit auf den Tisch, ob im Restaurant oder zu Hause. Menschen, die große Gebinde mit Kunststoff-Wasserflaschen tragen, sind ein alltägliches Bild in den Straßen vom Aostatal bis nach Sizilien. Und Touristen, die zum ersten Mal einen Supermarkt an der Adria oder in Apulien besuchen, staunen zunächst über die gleich neben dem Eingang aufgestapelten Berge von Mineralwasserflaschen.

Mineralwasser hat in Italien eine lange Tradition – nicht zuletzt, weil die Halbinsel ein vulkanisches Land mit unzähligen Naturquellen und einem weitverzweigten Netz von unterirdischen Kanälen ist. Legendär ist die Leidenschaft der alten Römer für heiße Thermal- und kalte Mineralquellen, sei es, um darin zu baden oder um davon zu trinken. Heilquellen und Thermalbäder wie Abano, Salsomaggiore oder Fiuggi locken bis heute gesundheitsbewusste Besucher an. Da es in Italien neben den bekannten Mineralwässern auch unzählige kleine, regionale und lokale Wassersorten gibt, ist es im Restaurant seit langem üblich, nicht nur *acqua minerale con* oder *senza gas* (Mineralwasser mit oder ohne Kohlensäure) zu bestellen, sondern direkt die gewünschte Marke.

Das bekannteste italienische Mineralwasser ist *San Pellegrino*. Entsprungen aus 700 Meter Tiefe in den Lombardischen Alpen verdankt es seinen Geschmack dem langen Weg durch dicke Schichten von Kalk- und Vulkangestein, auf dem es gefiltert, gereinigt und mit wertvollen Mineralien und Spurenelementen angereichert wird.

Der größte Getränkeabfüller Italiens exportiert heute sein Wasser in über 100 Länder. Schon im 13. Jahrhundert war das sprudelnde Wasser aus Bergamo (Lombardei) bekannt. Und Leonardo da Vinci war ein begeisterter Anhänger dieser Quelle.

Ebenfalls aus der Lombardei stammt *Levissima* aus einer Quelle in den Voralpen unweit des Wintersportortes Bormio. Es ist ein Allroundwasser, das extrem niedrig mineralisiert und praktisch natrium- und kochsalzfrei

Wasser ist ein wichtiges Lebensmittel in Italien. Ein Krug mit frischem Wasser oder eine Flasche Mineralwasser gehört zu jedem Essen.

ist. Aus Venetien kommt *San Benedetto*. Das reine Wasser aus den Dolomiten liegt in 200 Meter Tiefe und ist in Italien weit verbreitet. Es hat einen extrem geringen Mineralgehalt und ist praktisch kochsalzfrei. *Acqua panna* – ein bezeichnender Name, denn *panna* bedeutet „Sahne" – wird in der Toskana abgefüllt. Es kommt aus dem Hügelland südlich von Florenz.

Als „leichtestes Wasser Europas" firmiert *Lauretana*, benannt nach der heiligen Madonna di Loreto. Das Wasser entspringt im über 4600 Meter hohen Monte-Rosa-Massiv, strömt unterirdisch in tiefen Windungen durch kristallines Gestein zur 1050 Meter hoch gelegenen Quelle und wird in Graglia im Piemont abgefüllt. Es handelt sich dabei um eine sogenannte artesische Quelle, aus der das Wasser durch Eigendruck und ohne Pumpen gefördert und ohne mechanischen Druck abgefüllt wird. Seine extrem geringe Mineralisation macht es zu einem vielseitig verwendbaren Wasser. Gern wird es als Begleiter bei Weinproben eingesetzt, da es den Gaumen nicht belastet.

Neben den international bekannten Mineralwässern findet man in Italien eine Vielzahl von regionalen und lokalen Wassersorten.

Wasser und Wein

Wenngleich Wein als Essensbegleiter durchaus üblich ist, so ist doch Wasser auf den Tischen Italiens unabdingbar. Wein soll – in Verbindung mit Speisen – Genuss bereiten, nicht den Durst löschen. Dem Wasser dagegen kommt genau diese erfrischende und sättigende Aufgabe zu. Die alten Römer tranken Wein nicht pur, sondern vermischten ihn mit Wasser, eine Sitte, die sich bis weit in die Neuzeit hielt.

Auch wenn wir heute, abgesehen von Weinmischgetränken wie Schorle, diese Sitte nicht mehr pflegen, weil der Weingenuss – gerade bei wertvollen Sorten – unverfälscht sein soll, so ist doch die Angewohnheit geblieben, Wasser zum Wein zu trinken. Sie ist auch und gerade im Hinblick auf die Verträglichkeit von Wein sehr empfehlenswert. Um den Folgen übermäßigen Weingenusses bei Tisch vorzubeugen, wird empfohlen, stets mindestens die gleiche Menge Wasser zum Wein zu trinken.

Anhang

Garmethoden

Gar ziehen
Garen bei 75–98 °C in Flüssigkeit unterhalb des Siedepunkts. Geeignet für Fisch, Reis, Nudeln, Knödel.

Dünsten
Garen ohne Bräunen bei 98–100 °C mit wenig Fett und/oder Flüssigkeit im eigenen Saft. Geeignet für Gemüse, Obst, Fisch und zartes Fleisch.

Dämpfen
Garen bei 98–100 °C in einem Siebeinsatz in heißem Wasserdampf, wobei das Gargut das kochende Wasser nicht berühren sollte. Geeignet für Gemüse, Kartoffeln, Obst, Fisch und zartes Fleisch.

Kochen
Garen bei 100 °C in viel Flüssigkeit.
Geeignet für Hülsenfrüchte, Kartoffeln, Gemüse, Fleisch und Geflügel.

Braten in Pfanne oder Bräter
Garen und Bräunen bei 160–200 °C in heißem Fett.
Geeignet für portionierte Fisch- und Fleischstücke, Kartoffeln, Gemüse und Würste.

Braten im Backofen
Garen und Bräunen bei 160–275 °C in heißer Luft, eventuell mit Fett und Flüssigkeitszugabe.
Geeignet für größere Fleischstücke, ganze Fische und ganzes Geflügel.

Backen
Garen und Bräunen bei 160–225 °C in heißer Luft.
Geeignet für Aufläufe, Gratins, Brot, Kuchen und Pizza.

Frittieren
Garen und Bräunen bei 170–180 °C in viel Fett, wobei das Gargut schwimmend ausgebacken wird.
Geeignet für panierte Gemüse-, Fleisch-, Geflügel- und Fischstücke (auch in Backteig), Kartoffeln und Gebäck.

Grillen
Rösten, Garen und Bräunen bei 180–200 °C durch hohe Strahlungshitze.
Geeignet für Gemüse, Polentascheiben, Brot, Geflügel und kleinere oder flache Stücke Fleisch.

Abkürzungen und Mengenangaben

1 g =	1 Gramm =	1/1000 Kilogramm
1 kg =	1 Kilogramm =	1000 Gramm

1 EL = 1 gestrichener Esslöffel = 3 TL
1 TL = 1 gestrichener Teelöffel

Maße und Gewichte von Lebensmitteln

Gewicht in Gramm

Lebensmittel	1 EL	1 TL
Wasser, Milch, Saft	15	5
Backpulver	10	3
Butter	15	5
Honig	20	6
Joghurt	17	6
Käse, gerieben	8	3
Kakao	6	2
Nüsse, gemahlen	8	3
Mehl	10	3
Öl	12	4
Puderzucker	10	3
Reis, ungekocht	15	5
Rosinen	10	5
Mayonnaise	15	5
Salz	15	5
saure Sahne	17	6
süße Sahne	15	5
Semmelbrösel	10	3
Senf	9	3
Speisestärke	9	3
Tomatenmark	18	6
Zucker	15	5

Bibliografie

Accademia Italiana della Cucina:
Cucina Italiana. Delphin, München 1987

Amandnico, Nikko:
La Pizza. Heyne, München 2000

Apicius, Marcus Gavius:
Das Kochbuch der Römer. Artemis & Winkler, Düsseldorf 1999

Artusi, Pellegrino:
Von der Wissenschaft des Kochens und der Kunst des Genießens.
Mary Hahn Verlag, München 1998

Baur, Eva Gesine und Irène Furtwängler:
Der Reichtum der einfachen Küche.
Italien, dtv, München 1997

Beauvert, Thierry und Peter Knaup:
Rossini, Bonvivant und Genießer.
Heyne, München 1997

Bingemer, Susanne und Hans Gerlach:
Alpenküche. Genuss & Kultur.
Gräfe und Unzer, München 2007

Bross-Burkhardt, Brunhilde:
Tomate. Kultur, Mythos, Gesundheit, Rezepte.
Umschau Braus, Frankfurt 2000

Bugialli, Susanne (Hrsg.):
Die traditionelle Landküche Italiens.
Droemer, München 1995

Bunzel, Susanne (Hrsg.):
Traditionelle Rezepte aus Italien.
Droemer, München 2000

Camporesi, Carla Geri und Barbara Golini:
Dall'Arte dei Medici alla tavola quotidiana. Maria Pacini Fazzi Editore, Lucca 1999

Davidson, Alan und Charlotte Knox:
Fische und Meeresfrüchte.
Droemer Knaur, München 1991

De' Medici, Lorenza:
Die Renaissance der italienischen Küche.
Heyne, München 1989

De' Medici, Lorenza:
Lorenzas Pasta. Christian Verlag, München 1997

Der Silberlöffel:
Phaidon, Berlin 2006

Dumont, Cédric:
Italienisch für Gourmets.
Hallwag, Bern und Stuttgart 1997

Editore Comunica:
Dizionario Enogastronomico Italino.
Comunica, Alessandria 2002

E.N.I.T., Staatliches Italienisches Fremdenverkehrsamt:
Verschiedene Informationsbroschüren

Hess, Reinhardt und Sabine Sälzer:
Die echte italienische Küche. Gräfe und Unzer, München 2007

Küster, Hansjörg:
Kleine Kulturgeschichte der Gewürze.
C. H. Beck, München 1997

Leeb, Thomas:
Kaffee, Espresso & Barista. Tomtom, München 2002

Millon, Marc und Kim:
Italien für Genießer. Müller Rüschlikon, Cham 1997

Odello, Luigi:
Tasting Balsamic Vinegar of Modena.
Centro Studi e Formazione Assaggiatori, Brescia 2004

Paczensky, Gert v. und Anna Dünnebier:
Kulturgeschichte des Essens und Trinkens. Albrecht Knaus Verlag, München 1994

Peter, Peter:
Cucina e cultura. Kulturgeschichte der italienischen Küche. C. H. Beck, München 2006

Petrini, Carlo:
Slow Food. Genießen mit Verstand.
Rotpunkt, Zürich 2003

Petroni, Paolo:
Das Florentiner Kochbuch.
Bonechi, Florenz 1984

Ricotti, Eugenia Salza Prina:
Dining as a roman emperor.
L'Erma di Bretschneider, Rom 1999

Root, Waverley:
Die Küche in Italien.
Vintage Books, New York 1992

Scotto, Elisabeth und Brigitte Forgeur:
Olivenöl. Das grüne Gold des Mittelmeers. Edition spangenberg bei Droemer Knaur, München 1996

Slow Food Editore:
Osterie d'Italia 2008/9.
Hallwag, München 2008

Slow Food, Magazin für intelligenten Genuß, verschiedene Ausgaben.
Münster

Slow Food Editore:
Vini d'Italia 2008. Gambero Rosso.
Hallwag, München 2008

slow, Magazin für Kultur und Geschmack, verschiedene Ausgaben, Münster

Tannahill, Reay:
Kulturgeschichte des Essens.
dtv, München 1979

Toesca, Catherine u.a.:
Casanova, Galan & Gourmet. Heyne, München 1998

Türck Wagner, Dagmar:
Original Italienische Küche, Band 1 und 2. Südwest-Verlag, München 2007

Vereinigung Arcigola Slow Food (Hrsg.):
Mammas Küche im Piemont.
Edition spangenberg, München 1993

Vollenweider, Alice:
Die Küche der Toskana.
Wagenbach, Berlin 2000

Willan, Anne:
Die große Schule des Kochens.
Christian Verlag, München 1996

Danksagung

Der Verlag, die Autoren und der Fotograf danken nachstehenden Personen und Institutionen für die freundliche Unterstützung und Mithilfe bei der Realisierung des Projekts.

Ein besonderer Dank der Autoren geht an Monika Sodomann, die über viele Monate die Autoren mit Pasta, Espresso und aufmunternder Zuversicht bei Kräften gehalten hat.

Dr. Alessandro Marino, Italienische Handelskammer München
Antica Marcelleria Falorni, Greve
Artigian Salumi, Torremaggiore
Azienda Agricola e Frantoio, Vitiano, Arezzo
Camera di Commercio Industria Artigianato e Agricoltura di Verona, Verona
Christian Valentini, Italienische Zentrale für Tourismus E.N.I.T., München
Cipressi Deutschland, Gersthofen
De Cecco, Fara San Martino S.p.A.
Farris, Industria Agroalimentare, Troia
Federico Pierazzi, Villa Rigacci, Reggello
Giardinetto, Soc. Coop. Agricola, Orsara di Puglia
Gundula Dietrich, Food Marketing, Italienische Handelskammer München
Handelskammer Südtirol, Bozen
Konstanze Nimis, Orsara di Puglia
LaSelva, San Donato, Ortobello
Mazzetti, Mirandola, Modena
Raimondo Cusmano, Slow Food International, Bra
Regionale Associazioni Toscane, Florenz
Regione Marche, Assessorato al Turismo, Ancona
Riseria Ferron, Isola della Scala
Slow Food International Office, Bra
Veronica Veneziano, Slow Food International, Bra

Ein besonderer Dank des Fotografen für die tatkräftige Unterstützung geht an:

Deutschland: Catrin Wagner, Alessandra Agliata

Italien:
La Pasticceria ALBA Enzo Costa, Palermo
Ercoli, Rom
Tamborini, Bologna
Pietro Prandini e figli, Modena
Mulino Sobrino, Piemont
Le Baladin, Piemont
La Cambusa Baldo, Positano
Pasticceria Nanini, Siena
Adelfio, Sizilien
G. Cova & C, Mailand
Panificio Paolo Atti e Figli, Bologna
Canta Napoli, Neapel
Zafferano purissimo dell'Aquila, Aquila
C.A.T.A., Amalfi

In den Dank möchten wir auch all jene mit einbeziehen, die, ohne uns namentlich bekannt zu sein, unser Projekt unterstützt und gefördert haben.

Bildnachweis

Alle Produktfotos und Freisteller:
Martin Kurtenbach, Jürgen Schulzki, Ruprecht Stempell

Alle anderen Fotos:

Martin Kurtenbach, außer

Buenavista Studio: alle Holzhintergründe, 8, 44, 46, 47 (o.), 51 (u.), 54 (o. l., o. M.), 55, 60/61 (Steps, gr.), 62/63 (außer Freisteller), 64/65, 68/69 (Steps, gr.), 70, 72/73 (gr.), 74, 89 (r.), 94, 95 (o.), 96, 97, 101, 102, 103, 104, 105, 114, 115, 116, 117, 120 (o. l.), 121, 125, 131 (o.), 134, 135, 137, 142, 147, 151, 154 (gr.), 160, 162, 163, 169 (r.), 171 (o.), 172 (o.), 176, 177, 180/181, 184, 185, 186 (o. r.), 187, 189, 191, 205, 206, 207, 208, 209, 220, 221, 226, 227, 229, 231, 233, 237, 238, 239, 242, 244, 246, 247, 260, 266, 267, 268, 273, 274 (Steps), 275, 278–279 (gr.), 285, 287, 289, 290/291, 292 (Steps), 293, 299, 300, 301, 302 (u.), 303, 305, 306 (Steps), 307, 308, 309, 313, 314 (o.), 315 (Steps), 316 (Steps), 317, 319, 320, 321, 323, 325, 327 (o.), 329, 330 (o. M., o. r.), 331, 335, 336, 338, 339, 341, 343, 346, 349, 350, 352, 355 (u.), 358 (M., r.), 359, 367, 368–374, 376, 377 (o.), 379 (o.), 380, 381 (Steps), (o. r.), 382 (Steps), 383 (o. l.), 385, 387, 388, 390, 391 (o.), 392/393, 398, 399 (gr.), 400, 401 (r.), 418/419, 429, 430, 432, 433, 440, 444, 445, 450–452, 453 (gr.), 458, 459, 461, 462 (Steps), 463

Botanik Bildarchiv Laux: 188

Corbis: 2 J. Hall/photocuisine, 8 Colin McPherson, 10/11 Ingolf Hatz/zefa (gr.), 12/13 Envision, 13 Atlantide Phototravel, 15 Atlantide Phototravel (u.), 16 Historical Picture Archive (l.), 16/17 Bettmann (gr.), 17 Gustavo Tomsich (r.), 20/21 Atlantide Phototravel, 22 Atlantide Phototravel (u.), 23 Owen Franken (o. r.), 24/25 Marco Cristofori (gr.), 26 Atlantide Phototravel, 29 Atlantide Phototravel, 30 Sergio Pitamitz, 36 Atlantide Phototravel, 38 Image Source (gr.), 38 Swim Ink 2, LLC (o.), 39 Roulier/Turiot/photocuisine (o.), 40/41 Guido Baviera/Grand Tour (gr.), 42 Jose Fuste Raga (o. r.), 45 Mark Bolton, 47 Todd Gipstein (u.), 48 Austrian Archives (Kasten), 48/49 Atlantide Phototravel (gr.), 50/51 Atlantide Phototravel (gr), 52/53 Atlantide Phototravel (gr.), 56 (o.), 57 Sandro Vannini (o.), 58 Enzo & Paolo Ragazzini (u.), 76/77 Robert Harding World Imagery (gr.), 78/79 Atlantide Phototravel, 81 Jean-Bernard Vernier (Kasten), 86 Atlantide Phototravel (Kasten r.), 98/99 (gr.) Cultura, 106/107 Sandra Ivany/Brand X, 118 Poisson d'Avril/photocuisine, 122 Sebastiano Scattolin/Grand Tour, 124/125 Hussenot/photocuisine (gr.), 126/127 Hulton-Deutsch Collection, 129 Atlantide Phototravel (o.), 132/133 Atlantide Phototravel, 138 Massimo Ripani/Grand Tour, 140/141 Vittoriano Rastelli (gr.), 141 Roy Morsch (o.), 149 Atlantide Phototravel, 152/153 Grand Tour, 155 (u.) Mascarucci, 158 Puku/Grand Tour, 158/159 Sergio Pitamitz (gr.), 164/165 Grand Tour (gr.), 168/169 Grand Tour (gr.), 174/175 Guido Baviera/Grand Tour, 182/183 Massimo Ripani/Grand Tour (gr.), 190/191 Hussenot/photocuisine (gr.), 192/193 Angelo Giampiccolo/Grand Tour, 193 Max Power, 194 Mimmo Jodice, 194/195 The Art Archive (gr.), 198 Y. Bagros/photocuisine, 210/211 Dale Spartas (gr.), 212/213 H. Taillard/photocuisine, 214/215 (gr.) Walter Bibikow/JAI, 219 Elio Ciol, 230 Grand Tour (o. l.), 232/233 (gr.), 234/235 (gr.) Atlantide Phototravel, 240/241 P. Hussenot/photocuisine (gr.), 248 Riccardo Spila/Grand Tour (l.), 248/249 Angelo Cavalli/Robert Harding World Imagery (gr.), 252/253 (gr.) Hall/photocuisine, 258 Riccardo Spila/Grand Tour (gr.), 270/271 Grand Tour (gr.), 276/277 Bob Krist, 280 Peter Adams/JAI (o.), 294 Tom Bean, 295 Gunter Marx Photography (o.), Giraud Phillippe/Corbis Sygma (u.), 297 Atlantide Phototravel (gr.), 311 Atlantide Phototravel (kl.), 312 Robbie Jack, 315 Guido Baviera/Grand Tour (gr.), 316 Ted Spiegel (u.), 326/327 Atlantide Phototravel (gr.), 332 Roger Tidman (u.), 340 Ryman Cabannes/PhotoCuisine (o.), Frank Lukasseck (u.), 347 Stefan Meyers/zefa (u.), 348 P. Kettenhofen/photocuisine (o.r.), 354/355 Sara Danielsson/Etsa (gr.), 364/365 Atlantide Phototravel (gr.), 382 Atlantide Phototravel (u. l.), 386 Peter Adams, 396/397 Atlantide Phototravel (gr.), 410/411 Guido Baviera/Grand Tour, 420/421 C. Fleurent/photocuisine (gr.), 423 image100 (o.), 426/427 Richard Broadwell/Beateworks, 442/443 (gr.) Michael Jenner, 446/447 Atlantide Phototravel (gr.), 462 Bob Sacha (l.), 466/467 Sergio Pitamitz/zefa (gr.), 470/471 Gary Houlder (gr.), 474/475 Alinari Archives (gr.), 478/479 SPS (gr.), 479 Stefano Scata/Grand Tour (r.), 488/489 Grand Tour, 496/497 Grand Tour (gr.)

Michael Ditter: 364 (l.)

ditter.projektagentur GmbH: 37 (u. r.), 172, 188, 282/283 (gr.), 460, 469 (r.)

Burga Fillery: 22/23 (Speisekarten)

Jo Kirchherr: 41 (u.), 225, 268, 291 (r.), 367

Jürgen Schulzki: 81 (r.), 95 (Kasten), 200/201 (außer 2. Reihe), 203/203 (außer u. r.), 219 (u. r.), 269, 272 (Steps), 278 (Steps), 296/297 (Steps), 302, 304, 312 (o.), 324 (o. l.), 333, 342 (Steps), 353 (Steps u.), 377 (Steps), 438 (Steps)

Slow Food: 18/19

Ruprecht Stempell: 54 (o. l.), 57 (Steps r.), 58 (o. l.), 66 (u.), 66/67 (gr. Foto), 86 Salametto, 110 (Step 1, 3–5), 154, 156 (o. l.), 161 (Kasten), 178/79 (gr.), 204, 218 (u.), 230 (o. r.), 243, 253 (o.), 257, 262 (l.), 262/263 gr.), 262 (Step l.), 264 (o.), 265, 279 (r.), 284 (o.), 286, 322 (u.), 327 (u.), 330 (o. l.), 332 (u.), 337 (o. l.), 340 (u.), 342 (o.), 345 (o. r.), 351 (u. r.), 353 (o. l.), 361 (o. r.), 365 (o.), 378 (gr.), 384 (l.), 389, 447 (Steps), 479 (kl.), 481 (o.), 495 (gr.)

Rezeptregister deutsch

Aperitifs

Americano 47
Bellini von Giuseppe Cipriani 47
Fruchtsaft-Cocktail 47
Gingerino col Bianco 47
Negroni-Cocktail 47
Spritz 47

Antipasti

Artischocken mit Meeresfrüchten 70
Bresaola mit Rucola 82
Eingelegte Paprika 64
Fenchel-Salami-Carpaccio 75
Frittierte Sardinen 72
Garnelen in Zitronendressing 73
Gebackene Salbeiblätter 55
Gefüllte Cocktailtomaten 54
Gefüllte frittierte Oliven 54
Gefüllte Steinpilze 69
Gefüllte Tomaten 68
Gefüllte Zwiebeln 69
Gegrillte Paprika 66
Gegrillte Steinpilze 66
Gegrillter Radicchio 67
Gemüsefondue 77
Geröstete Brotschnitten mit Geflügellebercreme 59
Geröstete Brotschnitten mit Kräutern und Tomaten 58
Geröstete Brotschnitten mit Olivenpaste 59
Geröstete Brotschnitten mit Tomaten 59
Geröstetes Brot mit Knoblauch und Öl 58
Geröstetes Brot mit Mozzarella 55
Gratinierte Muscheln 72
Grissini 83
In Essig eingelegtes Gemüse 62
In Öl eingelegte Pilze 62
In Öl eingelegtes gemischtes Gemüse 61
Kalbfleisch in Thunfischsauce 79
Kalbfleisch-Tatar 78
Marinierte Auberginenscheiben auf ländliche Art 54
Marinierte Venusmuscheln 55
Marinierte weiße Bohnen 63
Meeresfrüchtesalat 72
Mozzarella mit Tomaten und Basilikum 57
Paniertes Mozzarella-Sandwich 57
Parmaschinken mit Feige und Melone 81
Perlzwiebeln in Balsamico 63
Rinderfilet-Carpaccio 75
Sandwich mit Garnelen 44
Sandwich mit Schinken und Rucola 44
Sandwich mit Thunfisch 44
Sardinen venezianische Art 71
Schwertfisch-Carpaccio 75
Steinpilz-Carpaccio 75
Steinpilze mit Kräutern 64

Pizza und Brot

Apulische Kartoffelpizza 101
Brotkringel 95
Fladenbrot mit Salbei 97
Fladenbrot mit Zwiebeln 97
Grissini 83
Hausgebackenes Olivenbrot 94
Kleine Pizzen 101
Pizza auf Seemannsart 103
Pizza aus Neapel 104
Pizza-Grundrezept 101
Pizza Margherita 103
Pizza mit Artischocken 104
Pizza mit Garnelen 102
Sizilianische Pizza 104
Vier-Jahreszeiten-Pizza 103
Zwiebelpizza 104

Salat und Suppen

Artischockensalat 115
Bohnensalat mit Thunfisch 114
Brotsalat 116
Brotsuppe 123
Fischsuppe 120
Gemüsesuppe 118
Grünkernsuppe 121
Orangensalat 114
Radicchiosalat 115
Rucola mit Parmesan 116
Spargelsalat mit Balsamico-Essig 116
Speckknödelsuppe 120
Tomatensalat mit Gurke, Zwiebeln und Brot 115
Tomatensuppe 123
Toskanische Bohnensuppe 123
Zwiebelsuppe 120

Der erste Gang

Nudeln

Artischocken-Speck-Sauce 135
Basilikumsauce 139
Bologneser Sauce 136
Bucatini mit Tomaten, Kapern und Oliven 143
Buchweizennudeln mit Wirsing 154
Cannelloni mit Spinat 163
Gemüselasagne mit Seeteufel 161
Gorgonzolasauce 134
Grüne Lasagne mit Hackfleisch 161
Grüner Nudelteig 131
Handgerollte Nudeln mit rotem Pesto 150
Hausgemachte Nudeln (frische Nudeln) 130
Jägersauce 135
Kürbisravioli 157
Lasagne nach Art der Marken 165
Linguine mit Fischsauce 146
Muschelsauce 135
Nudelauflauf mit Thunfisch 162
Nudeln mit Linsen 152
Orecchiette mit Brokkoli 150
Panzerotti mit Garnelenfüllung 160
Pappardelle mit Hasenragout 147
Pipe mit Seeteufel 149
Ravioli mit Schafskäse 157
Rigatoni mit Speck und Zwiebeln 148
Roter Nudelteig 131
Scharfe Penne 148
Schlutzkrapfen 159
Schmetterlingsnudeln mit getrockneten Tomaten 150
Schwarzer Nudelteig 131
Spaghetti mit Knoblauch, Öl und Chili 143
Spaghetti mit Tomatensauce 143
Spaghetti nach Köhlerart 142
Tagliolini mit weißer Trüffel 146
Tomaten-Speck-Sauce 135
Tortellini mit Pilzfüllung 157
Ziti mit Bratwurst 148

Gnocchi

Gnocchi auf römische Art 171
Gnocchi-Grundrezept 167
Gnocchi mit Pferdefleischragout 169
Gnocchi zubereiten 167
Kürbisgnocchi aus Mantua 167
Lombardische Gnocchi 171
Venezianische Gnocchi mit Hummersauce 170

Polenta

Polenta-Grundrezept 173
Polenta mit Fontina 172
Polenta mit Sardinen 177
Polenta mit Wachteln 176
Trentiner Polenta mit Kapern und Sardellen 177

Reis

Gefüllte Reiskugeln 186

Risotto 180
Risotto-Grundrezept 180
Risotto mit Garnelen 181
Risotto mit Spargel 186
Rotweinrisotto mit Radicchio 185
Schwarzer Risotto mit Tintenfisch 185
Steinpilzrisotto 189
Venezianischer Reis mit Erbsen 186

Der zweite Gang

Fisch

Barsch mit Salbei 208
Fisch in Folie garen – Grundrezept 239
Fischsuppe 220
Fischtopf 241
Forellen in Weißwein 205
Forellenfilets mit Steinpilzen 205
Forellenröllchen 204
Friaulischer Fischtopf 209
Frittierte Sardellen 224
Gebackener Seebarsch 224
Gebackener Thunfisch 236
Gefüllter Aal 207
Gefüllter Wolfsbarsch 227
Gegrillte Sardinen 224
Gegrillter Schwertfisch 230
Geschmorter Wolfsbarsch mit Zucchini 227
Goldbrasse in der Salzkruste 224
Karpfen in Fenchel 206
Klippfisch auf Bologneser Art 245
Klippfisch mit Mangold 245
„Magerer Kapaun" 247
Meerbarben mit Orangen 233
Meerbarbenröllchen mit Kräuterfüllung 228
Rotbarbe mit Petersilienpesto 226
Sardellensuppe 241
Scharfer Fischeintopf nach Vasto-Art 220
Schwertfisch in der Folie 239
Schwertfisch-Rouladen 228
Seeteufel in Weißweinsauce 236
Seeteufel mit Rosmarin 228
Seezunge mit Artischocken 227
Seezungenfilets en papillote 237
Sizilianischer Fisch-Couscous 242
Stockfisch auf Florentiner Art 245
Thunfisch mit Lorbeerblättern 236

Meeresfrüchte

Frittierte Meeresfrüchte 261
Garnelen in scharfer Tomatensauce 272
Gedämpfte Scampi mit Bohnenpüree und rotem Zwiebelkompott 275
Gefüllte Artischocken mit Meeresfrüchten 260
Gefüllte Tintenfische 291
Gegrillte Garnelen 272
Gegrillte Languste 281
Gekochter Hummer 278
Jakobsmuscheln auf Chioggia-Art 269
Krake in Knoblauchsauce 287
Krake mit Kartoffeln 287
Languste auf sardische Art 281
Muscheln in Tomatensauce 266
Muscheln in Weißweinsauce 264
Panierte Tintenfischringe 291
Scampi in Tomatensauce 274
Scharfes Muschelragout mit Fenchel 267
Seespinne Mimosa 282
Taschenkrebs mit pikanter Marinade 284
Tintenfisch auf venezianische Art 289
Überbackene Austern 263
Überbackener Hummer 279
Venusmuscheln in Weißwein 268

Fleisch

Florentiner Steak 310
Gebratenes Milchlamm 327
Gefüllter Schweinefuß mit Linsen 318
Gefülltes Kalbskotelett mit Peperonata 302
Gemischtes gekochtes Fleisch auf Piemonteser Art 293
Geschmorter Ochsenschwanz 306
Hackbraten nach Pfarrersart 319
Hammelragout 324
Innereien-Ragout 330
Kalbsbraten in Milch geschmort 308
Kalbshaxenscheiben auf Mailänder Art 307
Kalbsleber auf venezianische Art 330
Kalbsmedaillons mit Oliven und Tomaten 302
Kalbsnieren nach Art von Parma 330
Kalbsröllchen mit Schinken 300
Lamm mit schwarzen Oliven 325
Lammfilet auf Gemüsenudeln 324
Lammgulasch mit Ei und Zitrone 324
Lamm-Rosmarinspieße mit Zitronen-Knoblauch-Sauce 322
Lombardischer Eintopf 320
Mailänder Kotelett 300
Mailänder Rinderbraten mit Tomaten 304
Osterlammbraten 326
Rinderfilet im Lorbeerkranz 313
Rinderrouladen mit Pecorino 309
Römische Salbeischnitzel 298
Rotwein-Schmorbraten 306
Schweinegulasch 321
Schweinegulasch mit Erbsen 318
Schweinefilet mit Kräutersauce 314
Spanferkelkeule aus der Maremma 316
Tournedos à la Rossini 312
Toskanische Leberspieße 331
Ziege nach Art von Molise 327
Zitronenschnitzel 298
Zunge nach Art des Piemont 329

Geflügel und Wild

Entenbrust mit Radicchiofüllung 342
Gänsebrust mit Brunnenkresse 341
Gebeiztes Kaninchen 345
Gefüllte Pute 337
Gefülltes Kaninchen 345
Gegrillte Rehmedaillons 351
Gegrilltes Maishähnchen 337
Gekochte Ente mit Gemüse 343
Hähnchen Marengo 334
Hähnchen nach Jägerart 336
Hase mit Pfifferlingen 353
Huhn in Weißwein 337
Kaninchen mit Kartoffeln 346
Kaninchen mit Oliven 345
Marinierter Fasan 348
Perlhuhn mit Fenchel und Oliven 338
Perlhuhn mit Honig und Rosmarin 338
Rebhuhn mit Linsen 348
Rehpfeffer mit Schokolade 352
Rehrücken in Amarone 351
Salbeihähnchen 334
Taube auf florentinische Art 339
Teuflisches Huhn 334
Wachteln mit Mandarinen 348
Wachteln mit Reis 350
Wildschweinkeule nach Jägerart 347
Wildschweinragout süß-sauer 347

Gemüse und Beilagen

Artischocken auf jüdische Art 365
Artischockenfrikassee 366
Artischocken-Frittata 401
Artischockensalat 368
Auberginenauflauf 362
Auberginenröllchen 363
Bohnenplätzchen 381
Bozener Sauce mit Meerrettich 358
Brokkoli mit Sardellensauce 370
Endiviengemüse mit Minze 391
Erbsen mit Minze 379
Fenchelgratin 372
Florentiner Spargel 384
Frittierte Zucchini 375
Gebackene Rote Bete mit Balsamico-Essig 373
Gebackener Kürbis mit Kartoffeln 375
Gebratener Radicchio 391
Gefüllte Artischocken 367
Gefüllte Auberginen 362
Gefüllte Paprika 383
Gefüllte Weihnachtsrouladen 387

Gefüllte Zucchiniblüten 376
Gemischtes Gemüse 358
Gemüseauflauf 392
Geschmorte Wirsingviertel 388
Gratinierter Spargel 384
Grüne Bohnen mit Tomaten 379
Karotten mit Marsala 371
Kichererbsen und Nudeln 381
Kürbis süß-sauer 374
Mangold nach Genueser Art 377
Olivensauce 359
Paprika mit Hackfleischfüllung 382
Pikante grüne Sauce 358
Rohe Tomatensauce 359
Rosmarinkartoffeln 393
Scharfe dicke Bohnen 379
Spinat in Gorgonzolasauce 377
Tartarensauce 359
Tomatengemüse mit Pinienkernen 361
Überbackene Karden 369
Überbackene Paprika 372
Überbackener Rosenkohl 372
Überbackener Tomaten-Kartoffel-Auflauf 360

Eierspeisen

Artischocken-Frittata 401
Crespelle-Grundrezept 401
Crespelle mit Parmaschinken 401
Frittata mit Petersilie 395
Frittata mit schwarzen Trüffeln 402
Grüner Gemüsekuchen 398
Mangoldkuchen 399
Safran-Frittata 397
Überbackene Crespelle 401

Käse

Blattsalate mit Gorgonzola-Birne 419
Gorgonzolatörtchen mit Kastanienhonig 419
Ziegenkäse im Teigmantel 418

Nachspeisen und Kaffee

Apfelspalten in Weißwein 430
Birnen in Rotwein 428
Crème Caramel 433
Erdbeeren mit Balsamico-Essig 428
Feigenkuchen 453
Gefrorene Biskuittorte 452
Gefüllte Pfirsiche 428
Gestürzte Mandelcreme 431
Kaki-Granita mit Chili 445
Kandierte Früchte 441
Kirschkuchen 451
Kürbiskuchen 450
Maronencreme 431
Obstsalat 423
Osterkranz 463
Panettone 465
Panforte 464
Panna cotta 436
Römisches Karnevalsgebäck 458
Schokoladenkuchen aus den Abruzzen 452
Sizilianische Cassata 440
Spritziges Sorbet 445
Tiramisù 434
Toskanische Teigstreifen 459
Totenknochen 464
Vanillecremekuchen 454
Venezianische Krapfen 460
Waldbeeren mit Vanilleeiscreme 433
Zabaione 436
Zitronen-Granita 443
Zitronenkuchen 450

Rezeptregister italienisch

Aperitivi

Americano 47
Bellini 47
Gingerino col Bianco 47
Negroni-Cocktail 47
Spremuta di frutta 47
Spritz 47

Antipasti

Bagna cauda 77
Bresaola con rucola 82
Bruschetta 55, 58
Carciofi e frutti di mare 70
Carne cruda all'albese 78
Carpaccio cipriani 75
Carpaccio di finocchi con finocchiona 75
Carpaccio di pesce spada 75
Carpaccio di porcini 75
Cipolle all'agrodolce 63
Cipolle ripiene 69
Cozze e vongole passate ai ferri 72
Crostini al pomodoro 59
Crostini alla toscana 59
Crostini con erbe e pomodori 58
Crostini neri 59
Fagioli all'agrodolce 63
Funghi alla griglia 66
Funghi porcini all'ambrosiana 64
Funghi porcini ripieni 69
Funghi sott'olio 62
Gamberetti olio e limone 73
Grissini 83
Insalata caprese di bufala 57
Insalata di mare 72
Melanzane alla campagnola 54
Mozzarella in carrozza 57
Olive ascolane 54
Peperonata 64
Peperoni alla griglia 66
Pomodori ripieni di tonno 68
Pomodorini ciliegia ripieni 54
Prosciutto con melone e fichi 81
Radicchio ai ferri 67
Salvia fritta 55
Sarde in saor 71
Sardine impanate 72
Tramezzini al prosciutto e rucola 44
Tramezzini di gamberi 44
Tramezzini di tonno 44
Verdure miste sott'olio 61
Verdure sottaceto 62

Vitello tonnato 79
Vongole veraci marinate 55

Pizza e Pane

Focaccia con cipolle 97
Focaccia alla Salvia 97
Grissini 83
Pane casalingo alle olive 94
Pizza alla marinara 103
Pizza alla napoletana 104
Pizza con carciofi 104
Pizza con gamberi 102
Pizza di patate 101
Pizza-Grundrezept 101
Pizza Margherita 103
Pizza quattro stagioni 103
Pizzette 101
Sardenaira 104
Sfinciuni 104
Taralli 95

Insalate e Minestre

Asparagi all'olio e aceto balsamico 116
Canederli allo speck in brodo 120
Cipollata 120
Insalata con rucola e parmigiano 116
Insalata di arance 114
Insalata di carciofi 115
Insalata di tonno e fagioli 114
Minestra di farro 121
Minestrone 118
Olio e sale alla barese 115
Panata 123
Panzanella 116
Pappa al pomodoro 123
Radicchio alla vicentina 115
Ribollita 123
Zuppa di pesce 120

Primi Piatti

Pasta

Bucatini alla puttanesca 143
Cannelloni agli spinaci 163
Farfalle con pomodori secchi e basilico 150
Lasagne con verdure e coda di rospo 161
Lasagne verde al forno 161
Linguine con salsa di pesce 146
Orecchiette con broccoli 150
Panzerotti al gambero 160
Pappardelle al sugo di lepre 147
Pasta e lenticchie 152
Pasta fatta in casa (pasta fresca) 130
Pasta nera 131
Pasta rossa 131
Pasta verde 131
Penne all'arrabbiata 148
Pesto alla genovese 139
Pipe con rana pescatrice 149
Pizzoccheri 154
Ragù alla bolognese 136
Ravioli al formaggio 157
Ravioli alla zucca 157
Rigatoni all'amatriciana 148
Salsa al gorgonzola 134
Salsa all'amatriciana 135
Salsa alla cacciatara 135
Schlutzkrapfen 159
Spaghetti aglio, olio e peperoncino 143
Spaghetti al pomodoro 143
Spaghetti alla carbonara 142
Sugo ai carciofi e speck 135
Sugo con le conchiglie 135
Tagliolini al tartufo 146
Tortellini ai funghi 157
Trenette al forno con tonno 162
Trofie pesto rosso 150
Vincisgrassi 165
Ziti con salsiccia 148

Gnocchi

Gnocchi 167
Gnocchi alla romana 171
Gnocchi con patissada de caval 169
Gnocchi con salsa all'astice 170
Gnocchi di zucca mantovani 167
Malfatti 171

Polenta

Polenta 173
Polenta con le quaglie 176
Polenta con le sardine 177
Polenta e fontina 172
Polenta smalzada trentina 177

Reis

Arancini di riso 186
Risi e bisi 186
Risotto 180
Risotto ai funghi porcini 189
Risotto al radicchio 185
Risotto con gamberi 181
Risotto con gli asparagi 186
Risotto nero con seppie 185

Secondi Piatti

Pesce

Acciunghe alla griglia 224
Anguille ripiene 207
Baccalà alla bolognese 245
Baccalà in ziminio 245
Branzino al forno 224
Branzino alla pugliese 227
Branzino ripieno 227
Brodetto alla vastese 220
Brodetto friulano 209
Burrida 241
„Cappon magro" 247
Carpa con finocchio 206
Coda di rospo al rosmarino 228
Coda di rospo al vino bianco 236
Cuscusu 242
Filetti di sogliola al cartoccio 237
Involtini di mullo alle erbe 228
Involtini di pesce spada 228
Involtini di trotelle 204
Orata al sale 224
Pesce persico alla salvia 208
Pesce spada ai ferri 230
Pesce spada al cartoccio 239
Sardine alla griglia 224
Sogliola ai carciofi 227
Stoccafisso alla fiorentina 245
Tonno all'alloro 236
Tonno fresco al forno 236
Triglie alla siciliana 233
Triglie di fango al pesto 226
Trote affogate 205
Trotelle ai funghi porcini 205
Zuppa di acciughe 241
Zuppa di pesce 220

Frutti di mare

Aragosta alla griglia 281
Aragosta alla sarda 281
Astice arrosto 279
Astici lesso 278
Calamari fritti 291
Capesante di Chioggia 269
Carciofi ripieni 260
Cozze al vino bianco 264
Cozze alla napoletana 266
Fritto misto 261
Gamberoni alla griglia 272
Gamberoni arrabbiati 272
Granceola mimosa 282
Granciporro con marinata 284
Ostriche ai ferri 263
Polpo alla luciana 287
Polpo con le patate 287
Scampi ai pomodori 274
Scampi con fagioli e cipolle 275
Seppie con il nero alla Veneziana 289
Seppie ripiene 291
Vongole veraci al vino bianco 268
Zuppa di vongole 267

Carni

Abbacchio alla romana 327
Agnello all'uovo e limone 324
Agnello con olive 325
Arista di maiale all'umbra 314

Arrosto di vitello al latte 308
Arrosto pasquale 326
Bistecca alla fiorentina 310
Bollito misto piemontese 293
Brasato al Barolo 306
Brasato alla milanese 304
Capra alla molisana 327
Cassoeula 320
Coda alla vaccinara 306
Cosciotto suino alla Maremma 316
Cotolette alla milanese 300
Cotolette con peperonata 302
Fegato alla veneziana 330
Filetto alle verdure 324
Filetto all'alloro 313
Involtini alla barese 309
Involtini in umido 300
Lingua alla piemontese 329
Medaglioni di vitello alla pizzaiola 302
Ossobuco alla milanese 307
Polpette dei preti 319
Rognone alla parmigiana 330
Saltimbocca alla romana 298
Scaloppine al limone 298
Sguazzetto 330
Spezzatino con piselli 318
Spezzatino di castrato 324
Spezzatino di maiale 321
Spiedini al rosmarino 322
Spiedini alla toscana 331
Tournedos alla Rossini 312
Zampone con lenticchie 318

Pollame e Selvaggina
Anatra con verdure 343
Capriolo alla griglia 351
Capriolo in salmì 352
Cinghiale agrodolce 347
Coniglio al vino rosso 345
Coniglio con le olive 345
Coniglio con patate 346
Coniglio ripieno 345
Cosciotto di cinghiale alla cacciatora 347
Fagiano in carpione 348
Faraona con miele e rosmarino 338
Faraona in porchetta 338
Lepre con cantarelli 353
Pernici con lenticchie 348
Petto d'anatra farcito con radicchio 342
Petto d'oca al nasturzio 341
Piccione alla fiorentina 339
Pollo alla cacciatora 336
Pollo alla diavola 334
Pollo alla griglia 337
Pollo alla Marengo 334
Pollo alla salvia 334
Pollo al vino bianco 337
Quaglie con risotto 350
Quaglie al mandarino 348
Sella di capriolo all'Amarone 351
Tacchino ripieno 337

Verdure e Contorni

Asparagi alla fiorentina 384
Asparagi al formaggio 384
Bagnetto verde 358
Barbabietole al forno 373
Bietole alla genovese 377
Bollito misto di verdure 358
Broccoli strascinati 370
Carciofi alla guida 365
Carciofi in fricassea 366
Carciofi ripieni 367
Cardi alla parmigiana 369
Carote al marsala 371
Cavolini di Bruxelles alla panna 372
Cavolo in umido 388
Fagioli all'uccelletto 379
Fagioli con peperoncini 379
Finocchi gratinati 372
Fiori di zucca ripieni 376
Frittelle 381
Indivia a crudo 391
Insalata di carciofi 368
Involtini di cavolo verza 387
Involtini di melanzane 363
Melanzane alla parmigiana 362
Melanzane ripiene 362
Pasta e ceci 381
Patate al rosmarino 393
Peperoni imbottiti 372
Peperoni ripieni 383
Peperoni ripieni con l'abbacchio 382
Piselli alla menta 379
Pomodori al pinoli 361
Radicchio fritto 391
Salsa al cren 358
Salsa alla tartara 359
Salsa alle olive 359
Salsa di pomodoro 359
Spinaci al gorgonzola 377
Tiella di pomodori e patate 360
Timballo verde 392
Zucca al forno con patate 375
Zucca gialla in agrodolce 374
Zucchine fritte 37

Uova
Crespelle al forno 401
Crespelle al prosciutto di Parma 401
Erbazzone 399
Frittata ai tartufi 402
Frittata allo zafferano 397
Frittata con prezzemolo 395
Frittata di carciofi 401
Torta verde 398

Formaggi

Caprino in crosta 418
Pere con gorgonzola 419
Sfogliette al miele di castagno 419

Dolci e Caffè

Biancomangiare 431
Cassata siciliana 440
Castagnole fritte 460
Cenci 459
Crema di marroni 431
Creme caramel 433
Crostata con i fichi freschi 453
Crostata di limone 450
Crostata di visciole 451
Fragole all'aceto balsamico 428
Frappe 458
Frutta candita 441
Frutti di bosco con gelato 433
Granita di cachi 445
Granita di limone 443
Macedonia 423
Mele cotte al vino bianco 430
Ossa di mortu 464
Panettone 465
Panforte 464
Panna cotta 436
Parozzo 452
Pere al vino rosso 428
Pesche ripiene 428
Scarcedda 463
Sorbetto sprizzetto 445
Tiramisù 434
Torta della nonna 454
Torta di zucca 450
Zabaione 436
Zuccotto 452

Sachregister

Aal 207
Abruzzen 33 f, 172, 316, 318, 396 f
Accademia Italiana della Cucina 19
Aceto balsamico 112
  Herstellung 113
  Sorten 112
Adriaküste 164, 196
Affettati 53
Agnello 322
Agnello di latte 322
Agnellone 322
Agriturismo 21
Al dente 133
Alassio 232
Alba 32, 402, 446
Alghero 280
Alimentari 37
Alla fiorentina 377
Amalfiküste 386, 473
Amari 474 f
Anchovis 76
Ancona 196
Antike, Speisenfolge 193
Antipasti 22 f, 52 f
  Gemüse 64, 356
Antipasto misto 23, 53
Antipasto misto mare 53, 70, 73
Aostatal 32, 158
Apennin 164
Aperitivo 42 ff, 48
Aphrodite 219
Apicius, Marcus Gavius 52, 262, 328, 382, 392, 406
Apoll 406
Apulien 258 f
Aquakultur 212
Araber 422
Arborio 179
Archimboldo, Giuseppe 374
Arista 314
Artischocken 366
Auberginen 362
  Sorten 363
Austern 262 f
  öffnen 262 f
Averna, Salvatore 474

Bacaro-Lokale 283
Baci 446
Bagnun 240
Bar 21, 46 f
Barsch 208
Basilikata 34, 382
Basilikum 56, 139
Bellagio 152 f
Bianchetti 70
Bier 48
Bistecca fiorentina 23, 294, 310
  Fest der 310
Bitter 470 f, 474 f
Blattgold 301
Bohne, Borlotti- 119
Bohne, Zolfino- 119
Bologna 155 ff, 410
Bresaola 53, 82, 152
Brodetto 220
Brot 90 ff
  backen 94 f
  Mythologie 91
  regionale Sorten 92 f
Bruschetta 52, 58
Bucatini 141
Buchweizen 152, 172
Büffelmilch-Mozzarella 386
Burrida 240
Burrielli 56

Cacciucco 220
Caffè 466
Caffè Florian 466 f
Calamari 288
Calamaretti 288
Campari 43
Cannoli 439
Capocollo calabrese 84
Cappon magro 246
Capri 276 f
Cappuccino 23
Carnaroli 179
Carpaccio 74
Carpaccio, Vittore 74
Carta da musica 92
Cassata 439
Cassola 220
Castrato 322
Chiana-Tal 310
Chianina-Rind 294, 310 f
Chicorée 109
Chioggia 282
Cicheti 283
Cinque Terre 250 f
Cinta senese 84
Cinzano 48
Cipriani, Giuseppe Arrigo 47, 74
Ciuppin 240
Colomba pasquale 338, 462
Colonnata 86
Comer See 152 f
Contorni 356
Coppa 87
Couscous 240
Cozze 264 f
Crostata 448 f
Crostini 52, 58
Cucina casalinga 21, 192
Cucina povera 294

Dante 207
de Montaigne, Michel 195
Digestivi 23, 470 f
Dolci 23, 428
Doria, Andrea 195

Eierspeisen 394
Eiscreme 442 f
  -Geschichten 442
  -herstellung 442 f
  -messe 442
Emilia-Romagna 18, 32, 100, 155, 292, 318, 410 f, 434
Enoteca 21
Ente 342
  tranchieren 342
Esposito, Raffaele 98
Espresso-Kunst 466
Essig 112
  Orleans-Verfahren 112
Etrusker 122, 366
Etsch 168

Fastengebote 192
Ferdinand II. von Neapel 141
Fernet-Branca 475
Ferrara 155
Festmahl der Dogen 186
Fettuccine 146
Fettunta 58
Filata-Käse 56
Finocchiona 85
Fisch 196 ff
  ausnehmen 201
  braten 202
  filetieren 202 f
  Frische prüfen 198
  frittieren 202
  garen in Backpapier 237
  garen in Salzkruste 224
  Mythologie und Religion 219
  pochieren 203
  Salzwassersorten 216 ff
  Süßwassersorten 210
  vorbereiten 200
  zerlegen 203
  zubereiten 202
Fisch-Antipasti 73
Fischbesteck 201
Fische, Blaue 212 f
Fischeinkauf 198
Fischeintöpfe, Traditionen 240
Fischfang, Regionen 196
Fischfond 253
Fischmesse 199
Fischmärkte 214 f
Fischsuppe, Traditionen 220
Fleisch 292
  bardieren 304
  -konsum 294
  -schnitt 297
  -sorten 292
Florenz 310
Flusskrebs 272
Focaccia 96 f
Forellen 204
Franciacorta 487
Frangelico 473
Friaul-Julisch Venetien 81, 271
Frittata 70, 394
Frittelle 70
Früchte in Italien 22, 424 f
Frutti di Mare 248 ff

Galleria Vittorio Emanuele II 42
Gans 340
Gänsebraten 340
Gänsefest 182
Garibaldi, Giuseppe 127, 166
Garnelen 272
Geflügel 292
Gelato 38, 442 f
Gemüse 356 f
  einlegen 60
  füllen 68
  grillen 66
Gemüse als Salat 391
Gemüse, Dips 358 f
Genua 97, 196, 199
Getreidebrei 170
Gnocchi 166 ff, 392
  Fest der 168
  Herstellung 167
  Sorten 170
Goethe, Johann Wolfgang von 356, 422
Goldene Speisen 301
Gorgonzola 182, 417
  Herstellung 417
Grana Padano 413
Granita 442
Grappa 476 f
Grissini 90

Hammel 322
Harry's Bar 47, 74
Hartweizen 129
Haselnuss 446
Hasenjagd 353
Hauptgerichte, Bedeutung 192
Hecht 208
Heinrich II. 195
Hemingway, Ernest 47
Heuschreckenkrebse 270
Hochzeit zu Kana 195
Homer 230
Horaz 90

Huhn 332
zerlegen 333
Hühnerrassen 332
Hülsenfrüchte 119, 378
Hummer, auslösen 278

Innereien 328
Insalata caprese 56
Insalata di frutti di mare 53
Ischia 276
Italienische Küste 250 f

Jakobsmuscheln 269
Jakobsweg 269

Kabeljau 243
Kaffee 466
-häuser 466
-vielfalt 466
Kalabrien 34, 318, 426 f
Kalb 78, 298
Rücken entbeinen 296
Kampanien 34, 127, 386
Kaninchen 344
Kapaun 332
Kapern 79
Kapernäpfel 79
Karden 369
Karnevalsfest 458
Karnevalsgebäck 458
Karpfen 207
Kartoffeln 166, 392
Käse 22 f, 406
-sorten 407, 408 f
und Wein 406
Käsebesteck und -reibe 407
Katalanen 280
Kekse und Kleingebäck, Sorten 456 f
Kichererbsen 119, 381
Kirschkuchen 448
Klippfisch 243
Knoblauch 161
Konservieren 60
Kraken 286
Kräuter, Verwendung 389
Krustentiere, Sorten 256
Kuchen 448, 457
Kulinarische Regionen 30 ff
Kulinarisches Lexikon 27 f
Kürbis 374

La Serenissima 292
Lago di Bolsena 207
Lago di Trasimeno 119, 197
Lago Maggiore 76 f, 197
Lamm 294, 322
Keule auslösen 296 f
und Religion 326
Languste 280
Langustenfang 280
Lardo di Arnad 32
Lardo di Colonnata 86
Lasagne 161
Latium 33, 294, 316, 364 f
Ligurien 32, 138 f, 97, 119, 155, 194, 246, 318, 473
Liköre 472 f
Limoncello, Herstellung 473
Linguine 141
Linsen 119
Löffel 194
Lombardei 32, 64, 152, 170, 172, 182 f, 292
Lorbeer 63
Lucullus 384
Luganega 85

Märkte, italienische 36 f
Mailand 42, 182, 318
Mailänder Dom 182
Mailänder Kotelett 301
Mais 172 ff
Maisgries 175
Makkaroni 149, 166
Makrelen 212
Malvasia 497
Mandeln 428
Mangold 377
Maremma 70
Maria Theresia, Kaiserin von Österreich 271
Marken 33, 155, 164 f, 196, 294, 316
Maronen 431
Maronitorte 448
Marsala 222
Martini 48
Marzipanfrüchte 438
Marzipanherstellung 438
Mascarpone 416
Mattanza 234
Medici-Kräuterelixier 475
Mediterrane Kräuter 389
Meeresfrüchte 248 ff, 252 f, 276
Miesmuscheln 264 f
Milchkalb 298
Milchlamm 322
Mineralwasser 498 f
Minestrone 22, 118
Mirto 473
Mittelmeer-Diät 386
Modena 112, 410
Molise 34, 326 f
Mönchsbart 391
Montepulciano 495
Montone 322
Mortadella 53, 410
Moscardini 288
Mozzarella 56 f, 182
di bufala 56
fior di latte 56
Herstellung 57
Muscheln 254, 264

Nachspeisen und Kaffee 422 f
Napoleon 334
Neapel 149
Austernverkäufer 262
Pizza 98
Neptun 250
Nero 442
Niedrigtemperatur-Methode 304
Norcia 314
Nudelauflauf 161
Nudeln 126 ff
Bandnudeln 146
gefüllte Sorten 155 ff
hausgemachte 130 f
Herstellung 128 f
Kochen 133
Saucen 134
Sorten 144 ff

Olivenöl 38, 110, 356
Anbauzonen 111
Güteklassen 111
Herstellung 110
Ombretta 45
Omega-3-Fettsäuren 212
Opera buffa 312
Osterie 21
-Führer 12
Osterlamm 326
Ostern 462
Ostertaube 462

Pacaco 222
Padua 67
Pancetta 85
Panettone 464
Panforte 464
Panna cotta 434
Pappardelle 146
Paprika häuten 67
Paprika, Sorten 383
Papst Martin IV. 207
Parma 155
-schinken 38, 80, 410
Parmigiano-Reggiano 412
Herstellung 38, 410, 412 f
Pasquetta 394
Pasta 38
Geschichte 126 f
Produktion 149
Pasta all'uovo 129
Pasta di semola di grano duro 129
Pastasciutta 144
Pasticceria 448
Pecora 322
Pecorino 414 f
Herstellung 413
Peperoncino 427
Perlhuhn 338
Perugia 446
Pesto 139
Petrini, Carlo 18
Petrus 219
Piatto unico 23
Picknick 394
Piemont 18, 32, 76 ff, 64, 155, 170, 172, 178, 292, 318, 434, 446
Pilger 269
Pilze 188
sammeln 188
Pinienkerne 361
Pizza 38, 98 ff, 102 ff, 386
Herstellung 99
Margherita 98
Pizzaofen 99
Pizzeria 21
Platina 193, 195
Plinus der Ältere 248, 286, 340, 384, 488
Po-Ebene 178
Polenta 170
Pomo d'oro 360
Pompeji 248
Porchetta 294
Positano 386
Primi piatti 22 ff
Pute 332

Radetzky, Feldmarschall 301
Radicchio 67
Ragù 136
Ramazzotti 475
Reh, Rücken auslösen 353
Reis 178 f
Anbau 179
Ernte 179
Renaissance 17, 52, 195, 386
Restaurant-Kategorien 21
Restaurant-Knigge 24
Reusen 257
Rialto-Brücke 214, 282
Ricotta 416
Risi e bisi 186
Risotto, kochen 180 f
Risotto, Mailänder 182
Risotto-Reis 179
Ristorante 21
Rom 170
Römer 194, 262, 406
Römische Küche 16
Rossini, Gioacchino Antonio 312, 402

Rucola 116
Rundkornreis 180

Sacchi, Bartholomeo 193
Safran 182, 396
Salami, Herstellung 84
Salat als Gemüse 391
Salatsorten 108 f
Salbei 168
Salinen 223
Salone del Gusto 19
Salsiccia 382
Saltimbocca 292
Salumi 38, 84 f
  di pesce 232
Salz 222 f
  -museum 222
  -straße 222
San Daniele 81
San Pellegrino 498
Sanftes Garen 304
Sanguinaccio 318
Santa Lucia 262
Sardellen 76, 212
Sardinen, einlegen 71
Sardinien 34, 92, 170, 196, 212, 220, 280, 316, 473
Scappi, Bartolomeo 434
Schaf 322
Schalotten 365
Schinken 38, 81
Schlacht bei Marengo 334
Schokolade und Pralinen 446 f
Schokoladenmesse 446
Schwein 81, 314
  regionale Gerichte 318
  umbrisches 314
Schweinefuß 318
Schwertfisch 212, 230
Scilla 230
Secondi piatti 22 f, 192
Seeigel 259
Seppie 288
Siena 464
Sizilien 34, 232 f, 126, 196, 230, 318, 439, 442, 473
Slow Fish 199
Slow Food 18 f
Soppressata 53, 85
Spaghetti 38, 141
  alla chitarra 141
Spaghettini 141
Spanferkel 164, 316
Spargel 384
Speisekarte 22
Speisenfolge 23, 193
Spinat 377
Spritz 45
Steinpilze 188
Stoccafisso 243
Stockfisch 243
Straße von Messina 230
Südtirol 159
Suppen, italienische 118
Süßspeisen 23, 428, 434
Syrakus 196

Tagliarellini 146
Tagliatelle 146
Tagliolini 146
Taleggio 182
Taube 338
Teigtaschen, gefüllte 155 ff
Thunfisch 234 f
  -Mayonnaise 78
Tiberius, Kaiser 276
Tintenfisch 255, 288
  füllen 290
Tiramisù 434
Tischkultur, italienische 194 f
Tischsitten 194 f
Tomaten 360, 361
  getrocknete 61, 360
  -konserven 360
Törggelen 159
Torrone 446 f
Torta alle mandorle 448
Torta della nonna 448
Torta di Pasquetta 462
Tortellini 156, 410
Toskana 32, 122, 119, 178, 197, 220, 292, 310, 316, 340
Toskana, Bohnentradition 378
Toskanisches Landbrot 58
Tournedos Rossini 312
Trapani 222
Trattoria 21
Trenette 146
Trentino-Südtirol 32, 158 f, 170
Treviso 67
Triest 270 f
Trinkgeld 24
Trüffel 32, 164, 402 f
Truthahn tranchieren 333
Turin 19

Umbrien 33, 197, 315, 318
Universität der gastronomischen Wissenschaften 19

Veltliner Küche 152
Venedig 45, 67, 172, 196, 282 f, 292, 422, 458, 466
  Doge von 439
  Lagune von 282 f
Venetien 32, 174 f, 292
Venezianische Küche 175, 340
Venus 156
Verdauungsschnäpse 470 f
Verdi, Giuseppe 342
Verdure 356 f
Vergani, Orio 19
Vermouth 48
Verona 168 f
Veronelli, Luigi 494
Vialone Nano 179
Vincisgrassi 164
Vitello tonnato 78
Von Medici, Cosimo III 434
Von Medici, Katharina 195, 377, 422, 472
Von Medici, Lorenzo 422

Wacholder, sardischer 295
Wasser und Wein 499
Wasserbüffel 56
Weihnachten 464
Weihnachtskuchen 464
Wein 38, 480 f
  Autochthone Rebsorten 491
  degustieren 493
  große Gewächse 494
  Klassifikation 485
  Meditationswein 494
  Rebsorten 480
  Rotwein 490 f
  Süßweine 496 f
  Weißweine 488 f
Wild 292
Wilde, Oscar 77
Wildschwein 347
Windisch-Graetz 164
Wurstwaren, italienische 86 f

Zabaione 434
Zampone 53, 85, 318, 410
Zimt 431
Zitronen 261
Zucchini 374
Zuccotto 448
Zucker 439
Zuckerbäcker 422
Zuppa 22, 118
Zuppa di pesce 220
Zwiebeln 365